Hilarion Petzold (Hrsg.)

Leiblichkeit

Philosophische, gesellschaftliche und therapeutische Perspektiven

JUNFERMANN-VERLAG · PADERBORN

1985

CIP-Kurztitelaufnahme der Deutschen Bibliothek

Leiblichkeit: philos., gesellschaftl. u. therapeut.
Perspektiven/Hilarion Petzold (Hrsg.). –
Paderborn: Junfermann, 1985.
(Reihe innovative Psychotherapie und
Humanwissenschaften; Bd. 25)
ISBN 3-87387-214-5
NE: Petzold, Hilarion (Hrsg.); GT

© Junfermannsche Verlagsbuchhandlung, Paderborn 1985
Lektorat: Christoph Schmidt
Einband-Gestaltung: Christof Gassner
Alle Rechte, insbesondere das der Übersetzung in fremde Sprachen, vorbehalten.
Nachdruck oder Vervielfältigung des Buches oder von Teilen daraus nur mit ausdrücklicher Genehmigung des Verlages.
Gesamtherstellung: Junfermannsche Verlagsbuchhandlung und Verlagsdruckerei, Paderborn
ISSN 0720-2385
ISBN 3-87387-214-5

Der Mitbegründerin der Integrativen Therapie und des Fritz Perls Instituts

Dr. med. Hildegund Heinl

*zum 65. Geburtstag
und 40 Jahren ärztlicher Tätigkeit
im Dienste einer ganzheitlichen Medizin
in Freude und Dankbarkeit
zugeeignet*

εἰς πολλὰ ἔτη

Hilarion G. Petzold

HABE ICH MEINEN KÖRPER VERLOREN,
SO HABE ICH MICH SELBST VERLOREN.
FINDE ICH MEINEN KÖRPER, SO FINDE ICH MICH SELBST.
BEWEGE ICH MICH, SO LEBE ICH UND BEWEGE DIE WELT.
OHNE DIESEN LEIB BIN ICH NICHT, UND ALS MEIN LEIB BIN ICH.
NUR IN DER BEWEGUNG ABER ERFAHRE ICH MICH ALS MEIN LEIB,
ERFÄHRT SICH MEIN LEIB, ERFAHRE ICH MICH.
MEIN LEIB IST DIE KOINZIDENZ VON SEIN UND ERKENNTNIS,
VON SUBJEKT UND OBJEKT. ER IST DER AUSGANGSPUNKT
UND DAS ENDE MEINER EXISTENZ.

PARIS 1965　　　　　　　　　　　　　　　　　VLADIMIR ILJINE

Inhalt

Hilarion Petzold, Vorwort 9

I. Philosophische Perspektiven

Gabriel Marcel, Leibliche Begegnung. Notizen aus einem gemeinsamen Gedankengang, bearbeitet von *Hans A. Fischer-Barnicol*   15

Karl-Otto Apel, Das Leibapriori der Erkenntnis. Eine erkenntnisanthropologische Betrachtung im Anschluß an Leibnizens Monadenlehre 47

Hermann Schmitz, Phänomenologie der Leiblichkeit 71

Herbert Plügge, Über das Verhältnis des Ichs zum eigenen Leib   107

Heinrich Schipperges, Das Konzept der Leiblichkeit bei Friedrich Nietzsche 133

Bernhard Waldenfels, Das Problem der Leiblichkeit bei Merleau-Ponty 149

Heinrich Dörrie, Leiblichkeit in der griechischen und römischen Antike 173

II. Gesellschaftliche Perspektiven

Herman Coenen, Leiblichkeit und Sozialität. Ein Grundproblem der phänomenologischen Soziologie 197

Klaus Ottomeyer, Peter Anhalt, Leib, Sinnlichkeit und Körperverhältnis im Kontext der Marxschen Theorie 229

Walter Herzog, Der Körper als Thema der Pädagogik 259

Gert Bastian, Till Bastian, Körper und Krieg 303

Martina de Ridder, Der Körper als Ware. Über die weibliche Lustlosigkeit an der männlichen Lust 313

F. Schott-Billmann, Körper und Besessenheit als Medien der Psychotherapie in primitiven Gesellschaften 323

III. Therapeutische Perspektiven

Hilarion Petzold, Die modernen Verfahren der Bewegungs- und Leibtherapie und die „Integrative Bewegungstherapie" 347

Günter Ammon, Die Rolle des Körpers in der Psychoanalyse 391

Renate C. Weyde, Leiberfahrung und Darstellung 431

Laura Sheleen, Bewegung in Raum und Zeit. Zum Sinn von Tanz und Bewegung in der „Expression Corporelle" 453

Elke Willke, Tanztherapie. Zur Verwendung des Mediums Tanz in der Psychotherapie 465

Frauke Teegen, Verstärkte Atmung und seelisches Erleben ... 499

Hilarion Petzold, Der Schrei in der Therapie 547

Werner Singer, Wirksam durch Nicht Handeln. Erfahrungen mit Körperorientierter Psychotherapie und chinesischer Weisheit . 573

Hilarion Petzold, Zur Ausbildung von dynamisch orientierten Leib- und Bewegungstherapeuten 587

Bibliographischer Nachweis 604

Vorwort

Seit einigen Jahren wird dem Körper in unserer Gesellschaft eine neue Aufmerksamkeit zuteil. Die *„neue Körperkultur"*, die „neue Sinnlichkeit" und mit ihnen die „neuen Körpertherapien" finden eine breite Resonanz. Die Jogging-Clubs, Aerobics- und Yoga-Kurse quellen über, und die Gesundheits- und Bodybuilding-Studios haben Hochkonjunktur. Der Markt „Körper" ist entdeckt worden. Es gilt, den Körper als Leistungsaggregat, Konsum- und *„pleasure machine"* fit zu halten. Unter der Hand hat sich das Interesse am Körper, die Sorge um den Leib, verkehrt in neue Formen der Verwertung. Es ist kennzeichnend für die Mehrzahl der neuen Strömungen der Körperkultur — auch der körpertherapeutischen —, daß sie den *Körper als Objekt* betrachten, das in der vollen Verfügbarkeit der Interessen steht. Eine anthropologische Sicht findet sich selten. Der Leib als Selbst, als Ausdruck personaler Identität, als Möglichkeit des Erlebens und Begegnens, Ort der individuellen und kollektiven Geschichte (in ihm ruhen die Geheimnisse der Phylogenese) wird nicht in den Blick genommen. Und es will nicht gesehen werden, daß er sterblich ist, der Leib, daß er Anfang und Ende hat.

Der Kult der Körperlichkeit ist ohne Basis, unsensibel, blind, taub für die Dimensionen der Leiblichkeit: der Leib als Mikrokosmos, der Leib als Schicksal, der Leib als Verzauberung, der Leib als Schönheit und Ekstase, aber auch der Leib als Ort ultimativer *Gewalt*, als geknechteter, gefolterter, zerrissener Leib. Und so bleibt die neue Begeisterung für den Körper nicht nur oberflächlich, von harmloser Nützlichkeit, sondern sie trägt bei zur Verdinglichung des Körpers, indem sie ihn in die Welt reproduzierbarer, verwertbarer Objekte einreiht, gut für die Arbeit, den Konsum, fürs Herzeigen und für das, was man Liebe nennt. — Der alte Leib ... altes Eisen.

Doch der Körper meldet sich zu Wort; und daß er Resonanz findet, aus welchen Gründen und in welchen Formen, ja Pervertierungen auch immer, zeigt, daß es Bedürfnisse gibt, eine Sehnsucht der Menschen nach *Leiblichkeit*, eine Ahnung von dem Leib, *der wir sind* und der unsere letztendliche Wirklichkeit und Heimat ist. Der Körper hat Grund, sich zu Wort zu melden; denn die Basis seines Lebens, die Lebenswelt, ist bedroht. Er ist lebens-bedroht. Doch diese Artikulationen des Körpers, die in den Phänomenen der Körperkultur Ausdruck finden, werden nicht oder von nur wenigen vernommen; die Bewußtheit ist auf den Körper als Objekt gerichtet, sieht ihn „von außen". Sie erfaßt den Innenraum nicht, bleibt in der Exzentrizität und erfüllt nicht das Zentrum, in dem sich Innen und Außen verbinden. Deshalb wird eine *neue Bewußtheit* notwendig werden, — *Bewußtheit für Leiblichkeit*, für den Leib als Subjekt und Mit-Subjekt zugleich, für den Leib als Teil der Ganzheit Leben: „corps de l'humanité et de ce monde" (*Iljine*).

Es soll dieses Buch einen Beitrag dazu leisten, den Körper in einen umfassenderen Kontext zu stellen, anthropologische und gesellschaftliche Dimensionen aufzuzeigen, auf deren Hintergrund Fragen des alltäglichen und therapeutischen Umganges mit dem Leibe, dem eigenen wie dem anderer Menschen, reflektiert werden können. Als derjenige, der die *„neuen Körpertherapien"* in den deutschsprachigen Ländern bekannt gemacht und zur Verbreitung einiger dieser Verfahren wesentlich beigetragen hat, als Begründer einer leibtherapeutischen Methode, der „Integrativen Bewegungstherapie", ist es mir ein besonderes Anliegen, das Konzept der *Leiblichkeit* und die sich mit ihm verbindenden Perspektiven stärker ins Bewußtsein zu bringen. Seit der Veröffentlichung meines Buches *„Psychotherapie und Körperdynamik"* (1974) sind zehn Jahre vergangen. Damals waren Verfahren der Körper- bzw. Leibtherapie kaum bekannt, geschweige denn verbreitet. Diese Situation hat sich gänzlich gewandelt — positiv als Aufkommen einer neuen Bewußtheit, aber auch negativ. Neben einer Inflation von körpertherapeutischen Techniken und Methoden, die weder den theoretischen Fundus noch die Praxeologie eines ernstzunehmenden Behandlungsverfahrens aufweisen, finden wir eine Inflation von „Körpertherapeuten" ohne seriöse Ausbildung oder angemessene klinische Erfahrung, die „Körper-Trips" verkaufen. Das durchaus für eine Zeit sinnvolle Stadium des Experimentierens wird bei vielen Körperverfahren chronifiziert. Die notwendige Vertiefung erfolgt nicht, weil die Gesetze des Marktes die Körpertherapeuten in den Strudel der Verdinglichung reißen, dem zu begegnen sie angetreten waren. Aber ohne anthropologische und politische Reflexion des Körpers und des körpertherapeutischen Handelns im gesellschaftlichen Kontext läßt sich der Anspruch, zu unentfremdeter Leiblichkeit beizutragen, nicht einlösen; und so tritt der Warencharakter des Körpers, der Körpertherapien und damit — von ihnen unbemerkt — der Körpertherapeuten selbst immer mehr in den Vordergrund und zerstört, worum es eigentlich geht: Leiblichkeit in ihren personalen und dialogischen Dimensionen.

Es finden sich aber auch Differenzierungen, Weiterentwicklungen und ein ernsthaftes Bemühen, sich den *Geheimnissen der Leiblichkeit* anzunähern, ohne in Mystifikationen abzugleiten. Ich sehe diese Entwicklungen an erster Stelle im Fortschritt klinischer Erfahrungen, die durch sorgfältige und geduldige leibtherapeutische Behandlung kranker Menschen gewonnen wurden, weiterhin in einer größeren Offenheit für die philosophischen, soziologischen und nicht zuletzt politischen Perspektiven der Leiblichkeit. Die Auseinandersetzung mit fernöstlichen und religiösen Traditionen der Sicht des Leibes fügt kulturhistorische Aspekte hinzu, deren Kenntnis für das Be-greifen unserer leiblichen Existenz wichtige Impulse geben kann, wenn sie mit Klarheit in einer Gesamtschau berücksichtigt werden.

Dieses Buch ist eine Materialsammlung. Es will in der Vielfalt der Perspektiven zum Thema Leiblichkeit eine Auswahl bieten, Akzente setzen und dazu anregen, über *Leiblichkeit* erneut und vielleicht aus anderen Richtungen nachzudenken, den Leib aus einem anderen Blickwinkel zu betrachten und in der leibtherapeutischen, bewegungs- und sportpädagogischen Arbeit zu einer differenzierteren Praxis zu finden, die dem menschlichen Leib, dem Menschen als Leib, dem Menschenleib, dem Menschheitsleib besser entspricht.

Hilarion Petzold
Fritz Perls Institut
Düsseldorf

Teil I
Philosophische Perspektiven

Leibliche Begegnung
Notizen aus einem gemeinsamen Gedankengang
Gabriel Marcel †

In den Jahren 1964 bis 1973 hat *Gabriel Marcel* gemeinsam mit mir, dem jüngeren Freunde, versucht, die seinen Lebens- und Denk-Weg bestimmenden Probleme und Einsichten noch einmal zusammenzufassen und, wenn nicht systematisch, so doch methodisch zu ordnen. Aufgrund dieser Rekapitulation und zuweilen rigorosen Selbstkritik gelang es ihm, einige weiterführende Konsequenzen zu ziehen.

Der gemeinsame Gedankengang ist von der grundlegenden Unterscheidung des Körpers, den ich habe, vom Leibe, der ich bin, — *corps que j'ai / corps que je suis* — ausgegangen. Bald zeigte sich, daß eben diese Unterscheidung in sich außerordentlich problematisch ist; die phänomenologischen, epistemologischen und ontologischen Fragen, die sie aufwirft, sind nicht nur die philosophiegeschichtlich bedeutsamste Entdeckung *Gabriel Marcels*, sie verweisen in die Mitte jener „einen, entscheidenden Frage, um die sich alle Einsichten dieses langen Lebens kristallinisch ordnen".

Die Gespräche wurden in beiden Sprachen, Deutsch und Französisch, geführt, dann aber aus Gründen terminologischer Deutlichkeit deutsch notiert. *Marcel* hat die Aufzeichnungen mehrfach überarbeitet, korrigiert und ergänzt. Vor seinem Tode autorisierte er diese Dokumentation als eine neue, deutsche Fassung seiner Gedanken.

Nachfolgend habe ich einige Stationen dieses gemeinsamen Gedankengangs zusammengestellt als Zeichen der Dankbarkeit *Gabriel Marcels*, in der er sich *Hubertus Tellenbach* freundschaftlich verbunden fühlte.

Hans A. Fischer-Barnicol

I.

Im Unterschied zum Wissenschaftler hat der Philosoph seine Gedanken selber zu denken und zu verantworten. Er kann sich nicht in ein unpersönliches oder gar entpersönlichtes Subjekt des Wissens flüchten, in eine imaginäre Position, von der aus irgendwelche abstrakten

Gesetze erlassen und schematische Urteile ausgesprochen werden können. Die besondere kritische Aufgabe der Philosophie besteht gerade darin, nachzuweisen, daß es einen solchen archimedischen Punkt, ein imaginäres Observatorium, von dem aus sich die Wirklichkeit wie ein beliebiger Gegenstand beobachten und analysieren ließe, nicht geben kann.

Philosophen, die in ihrer Eigenschaft als Philosophen urteilen, die sich mit ihrer gesellschaftlichen oder akademischen Funktion als Philosophen identifizieren, verdienen extremes Mißtrauen. Sie geraten immer wieder in Gefahr, im Zentrum ihrer eigenen Existenz eine Scheidung vorzunehmen, durch die ihr Denken unheilbar verstümmelt wird. Das dialektische Instrumentarium ihrer Überlegungen droht ganz für sich, nach seinen eigenen Gesetzen im Leeren zu spielen. Die wesentlichen Denker des letzten Jahrhunderts haben deshalb unermüdlich auf die Dialektik aufmerksam gemacht, durch die ein Philosoph gezwungen wird, sich selber zu übersteigen, sich als den bloßen Fachmann, den Spezialisten für Philosophie zurückzulassen. Denn das echte philosophische Denken beginnt mit dem existentiell Unbezweifelbaren.

Das Existierende als das Unbezweifelbare ist mit einem Bewußtsein seiner selbst verbunden. Dieses Bewußtsein ist durch nichts vermittelt und bedarf auch keiner Vermittlungen. Es ist ein Gewahrwerden. In ihm wird das Selbst wachgerufen, verwirklicht sich das „Ich bin". Ich bin mir selber jedoch ein undurchdringliches, aller Anzweifelung in seine Wirklichkeit entrücktes Geheimnis. Als solches bin ich mein Leib. Das heißt, daß dieser Leib nicht wie ein Werkzeug betrachtet und gehandhabt werden kann; mein Leib ist nie Objekt unter anderen, sondern die Voraussetzung aller denkbaren und möglichen objektiven Verhaltensweisen und aller Wahrnehmungen im Objektiven. Er ist mein Leib und existiert als solcher nur für andere. Zwar leide ich an den Krankheiten und Gebrechlichkeiten meines Leibes, aber der Sinn dieses Leidens ist gerade die Erfahrung des Verwachsenseins mit dem Leibe. Dasein ist immer nur inkarniertes Sein.

Es ist mein Leib, der meine besondere und von keinem einzunehmende Form begründet, mich der Welt einzufügen. Inkarnation muß zugleich als eine geheimnishafte und erhellende Gegebenheit erkannt werden, die darin besteht, daß ich Leib bin. Insofern ist Inkarnation, wiewohl sie in der Geschichte der abendländischen Philosophie kaum bedacht wurde, Grund und Stütze aller denkbaren Metaphysik: die Entscheidung der Erkenntnis zur konkreten Philosophie. Denn existieren heißt eben inkarniert sein. Wenn ich das Wort existieren gebrauche, beziehe ich mich überhaupt nicht auf ein Objekt, sofern es nur als Objekt betrachtet wird, sondern auf meinen Leib, insofern dieser mehr und etwas anderes ist als ein Instrument, das heißt, insofern ich mich vom Leibe gar nicht trennen und unterscheiden kann. Wird dieser Leib, als der ich inkarniert lebe, objektiviert, so erscheint mein Körper, das Mißverständnis des Leibes. Dieser Körper kann, wie die imaginäre Seele, die ihn informieren soll, in beliebiger Weise objektiv betrachtet, klinisch untersucht und chirurgisch amputiert werden. Diesen Körper habe ich; ich bin aber mein Leib.

Da mein Leib auf keine Weise Objekt abstrakter Kenntnisnahme werden kann, stigmatisiert die Verbindung zwischen dem Leibe und mir selbst als dem denkenden Ich des cartesianischen cogito mein Einbezogensein in die Welt; als Leib bin ich in geheimnisvoller Weise immer schon auf alles, was da ist, bezogen. Ich bin leibhaft der Welt verwachsen. Die Inkarnation: die Situation eines Wesens, das sich leibhaftig erscheint, ist deshalb die zentrale Gegebenheit der Metaphysik. Sie stellt eine Ursituation dar, die, streng genommen, überhaupt nicht beherrscht, gemeistert, nicht einmal analysiert werden kann. Sie ist eine Gegebenheit, durch die der Bestand der Tatsachen, die Begegnung mit den Objekten und jede innerhalb der Objekt-Subjekt-Spaltung mögliche Leistung des Denkens und der Technik erst möglich werden. Inkarnation als solche entzieht sich der Objekt-Subjekt-Spaltung, ist ihr transzendent. Deshalb kann es keine Definition des Seins oder Daseins geben, denn Definitionen sind nur im Schema Objektivität — Subjektivität möglich.

Da die Objektivität per definitionem gleichsam der Ort ist, in dem das dialektische Denken sich entfaltet und von dem aus es von Frage zu Antwort fortschreitet, bedeutet das Existenzurteil (*jugement d'existence*) den Bruch mit der dialektischen Möglichkeit. Zur Existenz eines Wesens habe ich nur durch eine Art unmittelbare Gewißheit Zugang, die wesentlich nicht von derjenigen unterschieden ist, durch die ich selber existiere. Die Subjektivität übersteigt die Objektivität oder, wenn man will, sie ist deren Paroxysmus. Dabei gilt es zu beachten, daß ich mir einen lebendigen Leib nur vorstellen kann als einen Leib von jemandem, der geboren worden ist, aufgewachsen ist, möglicherweise geheiratet hat, Vater oder Mutter von Kindern ist, sterben wird, kurzum, der eine Lebensgeschichte sein eigen nennt. Mit der Leiblichkeit ist immer die Geschichtlichkeit gegeben.

Zugleich aber — und dies ist eine andere, ebenso unbestreitbare Dimension leibhaften Daseins — verbindet uns der Leib allem, was wir zur Hand nehmen, anrühren, halten und haben können; im Leibe ist das Haben, das unsere phänomenologischen Analysen so rigoros vom Sein unterschieden haben, verankert. Der Leib ist die Wurzel des Habens und die Bedingung jedes dinghaften Besitzes. Trotzdem ist und bleibt er unverfügbar. Hier bricht die abgründige Zweideutigkeit der Leibhaftigkeit auf, die nun in der Tat — mein anfänglicher Verdacht gegenüber diesen Möglichkeiten der deutschen Sprache bestätigt sich jetzt — durch die auf deutsch mögliche Unterscheidung zwischen dem Körper, der ich bin: dem Leibe — und dem Körper, den ich habe, unklar zu werden droht. Daß es möglich ist, zwei Worte einzusetzen und als Begriffe zu bestimmen, erleichtert zwar das Verständnis der verschiedenen Aspekte, unter denen gefragt und gedacht wird, bringt aber in Gefahr, deren innere Verschränkung außer acht zu lassen. Das Zugleich von Leibsein und Einen-Körper-Haben bleibt unter Umständen undeutlich. Dieses Zugleich steht aber in Frage. Es läßt sich in der deutschen verbalen Unterscheidung nur etwas mühsam formulieren: indem ich Leib bin, habe ich einen Körper — aber zugleich verfüge ich nur scheinbar über diesen Körper, eben weil ich Leib bin.

Das wird deutlicher im Problem des Selbstmörders: er meint, über seinen Körper, den er wie eine Hülle als quälendes Anhängsel betrachtet, verfügen zu können. Er will dieses irdene Gefäß zerbrechen, diese Last abwerfen. Aber indem er versucht, sich zu töten, sich zu entleiben, wie es heißt, stürzt ihn dieses Verfügenwollen über den Körper in die Unfähigkeit, über diesen Körper zu verfügen: womöglich wird er wider Willen gerettet und findet sich wieder, ans Klinikbett gefesselt, noch immer leibhaft, in wütender Verzweiflung. Nach wie vor hat er diesen Körper, dem er — und mit ihm der Welt, an die ihn dieser Körper kettet, zu entfliehen trachtete.

So erscheint uns der Körper als die Grundform des Habens. Was ich habe, habe ich durch ihn, kann ich allein erfassen, weil ich einen Körper habe. Wie alles Habhafte kann mich mein Körper tyrannisieren und entmachten. Stets bin ich ihm und seinen Schmerzen ausgesetzt, immer in Gefahr, mich an ihn zu verlieren, mich in ihm, dem ich auf rätselhafte Weise anhafte, aufzulösen. In dem Maße, in dem er ein Haben bedeutet, frißt er mich auf wie alle Besitztümer, die irgendwie an ihm angebracht, aufgehängt, festgemacht sind. Schließlich lande ich — so heißt es schon im *Journal Métaphysique* — im nackten Widersinn: da ist mein Körper, ein Objekt unter anderen und wie alle anderen, und ich — bin nichts. Nun wählt der Idealismus die Ausflucht, ich sei eben der Akt, der die objektive Realität dieses meines Körpers setze. Ich fürchte, das ist nichts als ein Taschenspielertrick. Zwischen dieser Art von Idealismus und einem schieren Materialismus besteht nur ein Unterschied, der kaum zu bemerken ist. Womöglich wird er nur behauptet oder eingebildet.

Die langwierige, oft recht mühselige Aufklärungsarbeit, die das Metaphysische Tagebuch beschreibt, ist hier nicht in allen Reflexionen und gelegentlichen Abschweifungen wiederzugeben; gerade die Umwege haben sich späterhin als notwendig erwiesen, immer wieder kommt der Gedankengang auf die entscheidende Ausgangsfrage zurück. Nun, im Positiven, läßt sie sich noch schwieriger klarstellen als zuvor im Negativen: galt es erst einmal, die Betrachtungsweise des Körpers als eines Instruments einzugrenzen und in ihrer Unzulänglichkeit zu zeigen, so ist nun die Aufmerksamkeit auf die Tatsache zu richten, daß ich, wiewohl ich einsehe, daß mir meine leibhafte Existenz dadurch nicht verständlich wird, doch tagtäglich mit meinem Körper umgehe, als sei er nichts anderes als ein Instrument, und ihn — zum Beispiel medizinisch — unter bestimmten Bedingungen auch gar nicht anders betrachten kann, es sei denn als Gegenstand, der mir seltsamerweise zur Verfügung gegeben ist. Eben diese Bedingungen, unter denen ich, wie es scheint, tatsächlich meinen Körper *habe*, wären genau zu bestimmen. Wodurch werden sie geschaffen, ermöglicht, hergestellt?

Der Leib ist also die Wurzel des Habens, wiewohl er *kein* Gegenstand ist, den ich *habe*. Er ermöglicht jede Form des dinghaften Besitzes, wiewohl er selber nicht zu besitzen und nicht verfügbar ist. Wenn ich mich selber töte, ergibt sich aus diesem Versuch, über meinen Körper zu verfügen, im Tode lediglich die absolute Unfähigkeit, über mich selber zu verfügen. Leibhaft bin ich mir selber gegeben, ohne die Möglichkeit zu haben, diese Gabe auszuschlagen. Leiblich bin ich mir selber ein Geheimnis.

In diesem Lichte wird verständlich, daß einem Denken, das diese konkrete Offenheit zum unabschließbar Konkreten, damit auch die Verwundung durch den *Biß des Realen* nicht aufweist, die kritische Disziplin und die eigentliche philosophische Würde abgesprochen werden muß.

II.

In gewisser Weise gilt das gleiche für unser inneres Erleben. In Wirklichkeit ist nichts so kompliziert und vieldeutig wie die Beziehung, die mich mit mir selber verbindet. Durch eine ärgerliche Vereinfachung der geistigen Realität konnten Philosophen lange Zeit diese Verbindung, die das Ich zu sich selber unterhält und die, tiefer betrachtet, das Ich als solches erst konstituiert, unter dem Gesichtspunkt der Identität zu denken versuchen. Es handelt sich in Wahrheit in mir um ein geistiges Gemeinwesen, das fähig ist, ebenso vielfältige, ebenso abgestufte Formen anzunehmen wie die soziale Gemeinschaft selber. Ich kann mit mir selber wie ein Liebhaber, wie ein Freund, wie ein Bruder, aber auch mißtrauisch und feindselig wie der ärgste Gegner umgehen. Solange diese verschiedenen Modalitäten des Mit-sich-selbst-Seins gar nicht untersucht worden sind, bleiben die Wirklichkeiten der Seele ein Rätsel.

Könnten die Konsequenzen dieser Überlegung hier ausgeführt werden, so würde deutlich, daß die meisten psychologischen Theorien in einer verwunderlichen Naivität von kritisch überhaupt nicht reflektierten Annahmen ausgehen, z. B.: daß es nämlich so etwas wie ein Ich gäbe, dem irgendwelche Fähigkeiten oder Unfähigkeiten, normale oder vermeintlich anormale Eigenschaften zukommen sollen. Dieses imaginäre Ich, das sich phänomenologisch überhaupt nicht auffinden läßt, soll Neurosen, Psychosen, Komplexe „haben". Sofern man den psychologischen Theorien Glauben schenken darf, erklären sich diese Krankheiten, die das Ich „hat", zumeist aus einem ungeregelten oder ungeschickten Umgang mit dem vermeintlichen Instrumentarium psychischer Kräfte und Vermögen. Bringt man den Leuten durch etwas Aufklärung und analytische Freiübungen bei, wie sie „richtig" mit ihren Trieben und Regungen und unbewußten Kräften umgehen können, soll ihr Leben wieder in Ordnung kommen. Absurd an diesen Vorstellungen, von denen die meisten psychologischen Theorien ausgehen, ist vor allem, daß sie eine in der abendländischen Metaphysik leider vorherrschende Einbildung: daß nämlich eine abgelöste Innerlichkeit die instrumentell verstandene Äußerlichkeit, eine imaginäre Seele einen abstrakten Körper handhaben könne, ins innere Erleben des Menschen projizieren. Damit werden die Aporien lediglich verdoppelt.

Das gilt, mutatis mutandis, für alle psychologischen Theorien oder Kategorien oder Begriffe oder — wie man wohl richtiger und ehrlicher sagen sollte: Vorstellungen, die sich räumlicher Assoziationen bedienen. Vorstellungen sind es, nichts anderes, mit denen man „tiefen"-psychologisch die Dimensionen seelischen Erlebens raumhaft verständlich machen möchte als Vorgänge in einem „Unter"- oder gar „Über"-Bewußtsein oder schlichtweg im Un-Bewußten, das wie eine Region schmuddeliger, trister Vorstädte die City des Bewußtseins, die Zitadelle des Ichs umgibt. Jeder von uns nennt dann, solchen Vorstellungen zufolge, ein recht düsteres, beängstigendes Kellerchen sein eigen, in dem sich lediglich der Psychoanalytiker, der gelegentlich mit seiner Taschenlampe hineinleuchtet, etwas auskennt. Sobald räumliche Vorstellungen in unser psychisches Erleben projiziert werden, ohne mit kritischen Warnungen versehen zu sein, gerät auch und gerade die scharfsinnigste Analyse in Gefahr, illegitim zu objektivieren und sich letzten Endes ins Absurde zu verlieren.

Daß sich solche „Tiefen"-Psychologie dann gern den himmelblauen Mantel eingeweihter Gnosis umwirft, ist übrigens nur zu verständlich; gnostisches Bescheid-Wissen versucht eben den Aporien zu entkommen, und sei es ins Absurde, weil es das Unerkennbare, das Geheimnis, nicht zu ertragen und nicht anzuerkennen vermag. Ließ sich schon das obligate Leib-Seele-Problem im Zuge der Geschichte abendländischen Denkens nicht aufklären, weil es vom Ansatz her falsch gestellt war, so werden nun auch alle psychologischen Fragen unaufklärbar, wenn sie von der Abstraktion eines Ich aus gestellt werden, dem seelische Fähigkeiten objektiv wie Instrumente gegeben sein sollen.

Demgegenüber hat Philosophie darauf aufmerksam zu machen, daß alle fiktiven Absonderungen einer abstrakten Subjektivität von einer nicht minder abstrakten Objektivität der inneren Spaltung des menschlichen Selbstbewußtseins und Selbstverständnisses entsprechen. Wird das Leibsein zum Körperhaben objektiviert, zerfällt die innere Einheit des Wesens, die wir Seele nennen, gleichermaßen in ein unauffindbares, sich selbst lediglich postulierendes und behauptendes Ich und in verschiedene Fähigkeiten, die ihm als psychische Vermögen zugeschrieben werden. Äußere und innere Entgegensetzungen rufen sich wechselseitig hervor. In ihnen wird die Existenz wie das Konkrete undenkbar.

Denn nur unzerspalten, als sich innen wie außen, physisch, psychisch wie geistig — gleichsam dreidimensional — entfaltende Einheit leibhafter Präsenz ist Existenz zu erfragen. Mit diesem ihrem leiblichen Einbezogensein in Natur und Welt wird auch die Wirklichkeit selber als das konkrete Ganze undenkbar. Das gilt gleichermaßen für alle sozialen Beziehungen. Sie können nur funktional als Relationen oder Interaktionen für sich bestehender abstrakter Wesenheiten erfaßt und interpretiert werden, solange dieses zu Grunde liegende Einbezogensein der Existenz als Leib nicht erkannt und verstanden worden ist. Dies zwingt zu weitreichenden methodischen Konsequenzen, unter anderem zur kritischen Relativierung der Möglichkeiten, aber auch zur unnachgiebigen Aufklärung der Gefahren, die durch die psychologischen und soziologischen Wissenschaften heraufbeschworen werden. Denn indem sie sich als Wissenschaften nach dem Vorbild der exakten Naturwissenschaften zu entwickeln und zu verstehen suchen, indem sie also objektivieren, verstellen sie die Realitäten, nach denen sie fragen. Sie müssen den ontologischen Grund der seelischen und sozialen Wirklichkeit außer acht lassen, um die psychischen und sozialen Phänomene als Gegenstände betrachten zu können.

Mehr noch: Sobald ihre in vorgefaßten und deshalb immer der Relativierung bedürftigen Perspektiven gewonnenen Einsichten für normativ gehalten und anerkannt werden, verfälschen und verderben diese Wissenschaften, indem sie sozialen und politischen Einfluß gewinnen, das Selbstverständnis und das Verhalten der Menschen. In dem Maße, in dem sie die Fiktion erwecken, überschaubar und verfügbar könne werden, was wesentlich undurchschaubar und unverfügbar ist, werden diese Wissenschaften zum Symptom der Krankheit, die sie zu heilen vorgeben.

III.

Was mir aus den vielfältigen Reflexionen des *Journal Métaphysique* über diese Problematik nach wie vor gültig zu sein scheint, ist die simple Feststellung, daß ein Instrument nur von einem Vermögen gehandhabt werden kann, das als solches nicht instrumental verstanden werden kann. Alles, was ich handhabe, setzt die Hand voraus, die es halten und manipulieren kann. Alles Instrumentelle setzt etwas voraus, was nicht instrumental zu denken ist. Denn betrachte ich diese Hand selbst wiederum als bloßes Instrument, überantworte ich mich einem Regreß ad infinitum, der zuletzt denjenigen, der das Instrument handhabt und beherrscht, unauffindbar werden läßt. Als Instrument ein möglicherweise reich differenziertes oder registriertes Organon ohne Organisten.

Daraus läßt sich schließen, daß alle Vermittlung auf Beziehungen, auf ein Bezogen-Sein, vielleicht läßt sich sagen: auf ein Einvernehmen angewiesen ist, das keiner Vermittlung bedarf. Wie differenziert sie sich auch entfalten, alle Modi der Kommunikation setzen etwas voraus, das der Telepathie ähnlich ist. Der Telepathie als wirklicher Sym-pathie. Je mehr sich nun die Mittel der Kommunikation in den Vordergrund drängen, desto weniger kommt jenes unvermittelte Einvernehmen, das allen Mitteilungsmöglichkeiten zugrunde liegt, zum Vorschein. Die Mittel überwiegen und verdecken. Was sich nicht vermitteln läßt und auch gar keiner Vermittlung bedarf: das spontane Gewahrwerden erstickt in den Vermittlungen.

Selbstverständlich, dies gilt in besonders deutlicher Weise für die Sprache als Medium oder Organ der Vermittlung: sie teilt nichts mehr mit, wenn sie nur noch und nichts anderes mehr als Vermittlung ist; ohne Schweigen würde sie verstummen bzw. sich ins bedeutungslose Wortgeräusch verlieren.

Das gilt auch nicht nur im konkreten Erleben, in dem sich Menschen, je mehr sie sich auf das Mittelbare einlassen, des Unmittelbaren entwöhnen. (Auch hier ist die merkwürdige Beziehung zwischen Sich-Verlassen und Sich-Einlassen-Auf ... zu dem, was eben dadurch Macht über mich gewinnt, zu beobachten.) Es gilt vor allem theoretisch. Denn theoretisch — und ich zögere nicht zu erklären, daß sich in dieser Problematik u. a. entscheidet, ob im Ernst von Theorie gesprochen werden darf, ob Theorie möglich ist oder lediglich die Methode, mit der sie von den Wissenschaften, vom Positivismus nur zu gern verwechselt wird — theoretisch stellt die Mißachtung des unvermittelten, durch nichts zu vermittelnden und, wie gesagt, auch keiner Vermittlung bedürftigen Gewahrwerdens eine grobe Fahrlässigkeit dar. Nur kritiklose Unaufmerksamkeit vermag von Vermittlungen zu reden, ohne reflexiv des Unvermittelbaren gewahr zu werden. Für ein aufmerksames Denken ist das unstatthaft, weil es undenkbar ist.

In diesem Sinne müßte eine *Theorie der Medizin* oder, wie es gelegentlich formuliert wird, eine *Anthropologie der Heilkunde* im Unvermittelten einsetzen. Im Unbezweifelbaren — im Gewahrwerden des Leibes. Sie müßte den Mut aufbringen, wirklich Theorie zu sein. Gerne würde ich in diesem Sinn mit Ärzten wie *Tellenbach* oder *Kimura* zusammenarbeiten, sofern sie nicht davor zurückschrecken — aus übrigens nur zu verständlichen Gründen — metaphysisch und, was die seelischen Phänomene angeht, wahrhaft metapsychisch und metapsychologisch zu denken. In diesem Sinn hat, glaube ich, *Bergson* das Wertvollste, was er gesagt hat, in Richtung auf eine sach-, d. h. wesensgemäße Psychologie gesagt. Selbstverständlich, der strikte oder gar fanatische Antipsychologismus, in dem sich manche Philosophen gefallen, ist verräterisch und ungerecht. Andererseits scheint mir jedoch in dem, was psychologisch bislang zum Besten gegeben wurde, das eigentliche Thema der Psychologie ähnlich undeutlich zu bleiben wie der Leib in der Physiologie. Und das dürfte auch auf die nämliche Abblendung eines für alle Psychologie, die diesen Namen verdiente, fundamentalen Problems zurückzuführen sein: auf die Weigerung, Sterblichkeit und Tod zu bedenken; auf die Befangenheit gegenüber den unbestreitbaren Phänomenen der sog. Parapsychologie, deren theoretische Bedeutung deshalb gar nicht wahrgenommen werden kann. Das ist beklagenswert. Denn ohne Metapsychologie ist eine psychologische Theorie womöglich gar nicht zu entwerfen.

Wie Anwesenheit erfahren wird und worin, wodurch sie sich zu erkennen gibt — diese Vorfrage bleibt auf diese Weise dunkel. Wenn nun atmosphärische Phänomene die Aufmerksamkeit gewinnen, die sie verdienen, wenn Psychiatrie sich zur Anerkennung des „Zwischen" bereitfindet, aus dem sich ein jeder von uns empfängt, um zu sich selbst zu kommen — so dürfen diese Probleme nicht psychologisch verstanden werden. Im einen wie im anderen Fall erkundigt man sich, wenn ich recht verstanden habe, nach dem Leib. Das Atmosphärische ist wesentlich Ausstrahlung des Leibes, und im Unterschied zum Körper-Haben, das sich gleichsam isoliert, erschließt sich das Leib-Sein dieser Sphäre des „Zwischen", ja, es konstituiert sich in ihr.

Nicht zuletzt daraus ließe sich dann auch bestätigen, was *Kimura* zum „therapeutischen" Gespräch bemerkt, das er meines Erachtens mit Recht ablehnt. Die japanische Sensibilität spürt hier durchaus richtig, daß die Spontaneität möglicherweise verletzt wird, durch die im Gespräch in wechselseitiger Unbefangenheit und ungefiltert durch Reflexionen Austausch, Teilnahme, Begegnung eintreten können. Absichtslos — auch im Therapeutischen. Dies sollte doch zum Selbstverständnis des wirklichen Arztes gehören, daß allen seinen diagnostischen Reflexionen und therapeutischen Anstrengungen ein spontanes Gewahrwerden des anderen Menschen voraus und zugrunde liegt, dank dessen wir immer schon, gleichsam ursprünglich, jedenfalls stets unwillkürlich beim anderen sind, mit ihm, für ihn da. Aus dieser Teilnahme, dieser Fähigkeit, sich auf den Anderen rückhaltlos einzulassen und sich im Mit-Sein mit ihm zu entdecken: daraus ergibt sich doch alles ärztliche Tun.

Mir scheint auch evident zu sein, daß eine solche philosophisch-ärztliche Anthropologie dazu beitragen könnte, jene „Beziehung", die mich mit mir selbst verbindet, aufzuklären, weil sie zugleich dazu verhilft, mich als einbezogen und eingebunden in das zu bestimmen und zu verstehen, was meistens völlig abstrakt heutzutage „die Gesellschaft" genannt wird. Ich weiß nicht, was soll das bedeuten ... ich kenne „die Gesellschaft" nicht. Ich kenne Familien, Freundeskreise, Wohngemeinschaften, Gemeinden, Betriebsgruppen, Belegschaften, Vereinigungen etc. — aber das sind so vielfältig strukturierte Gesellschaften, daß mir der Singular dieses Wortes Gesellschaft nahezu ohne Inhalt zu sein scheint. Wie ehedem das Sein, meinethalben auch das Seyn, dünkt mich dieser Begriff ebenso umfassend wie leer. Dies vorausgesetzt, vermag ich nicht einzusehen, wie es möglich ist, psychisches Erleben aus seinem sozialen Kontext zu lösen, also in einem strikten Sinn Individual-Psychologie zu treiben. Auch dies wäre eine

Abstraktion der Unaufmerksamkeit. Insofern hat jede Psychologie stets Sozialpsychologie zu sein. Die pathologischen Erscheinungen treten nur in der Beziehung eines Menschen zu anderen auf, als Störungen seiner sozialen Situation, genauer gesagt: seines Einbezogenseins. Die sog. seelischen oder geistigen Störungen lassen sich samt und sonders als Störungen, als Zerfall oder gar als Entzug des „Zwischen" verstehen.

Dies sind nur vorläufige Hinweise, aber doch mehr als Vermutungen; Aufgaben künftiger Forschung. Gerade die ärztliche Praxis kann ihr den Weg weisen. Sie kann darauf aufmerksam machen, daß im spontanen Dabeisein, in offener, wacher Anwesenheit ein zugrundeliegendes Beisammen-, ein Mitsammensein, das Mit-Sein enthalten ist und erfahrbar wird, ein Moment der Inkorporation mit dem Anderen, bei dem ich bin. Präsenz steht in Beziehung. Anwesenheit ist nicht für sich selbst da. Ich bin, indem ich immer schon dem Anderen verbunden und der Gemeinschaft anderer Menschen einbezogen bin; Gesellung, Gemeinsamkeit, Beisammsein wird dann nicht mehr als Funktion zwischen Individuen verstanden, die negative Konflikte aufweist und positiv geregelt werden müßte — sondern als Grund der Existenz selber.

In diesem Sinn ist den heutigen sozialen Theorien und vermeintlich modernen Soziologien entgegenzuhalten, daß sie philosophisch im 19. oder gar im 18. Jahrhundert verwurzelt sind. Tendieren sie nun nach rechts oder nach links, sie denken reaktionär. Der Mensch, den sie kennen, ist nicht eigentlich, vom Grunde seiner Existenz her, beim Du; ein *mit* anderen lebendes Wesen, das nicht nur metaphorisch „Wir" sagt. Er ist, als solcher bestätigt oder kollektiviert, ein Individuum für sich — im Konzept des deutschen Idealismus.

Gerade die Erkrankung eines Menschen läßt deutlich werden, daß er als der Einzelne, der leidet, nicht nur auf andere angewiesen, sondern immer schon in Gemeinschaft ist. Das Mit-Sein ist ursprünglich. Das menschliche Selbst ist nicht nur nicht ablösbar; es ist vielleicht nichts anderes als dieses Beim-Anderen-Sein. Psychische Erkrankung ist darum immer auch in irgendeiner Weise soziale Krankheit. Interpretationen der sog. Geisteskrankheiten im Sinne des Idealismus sind stets falsch.

Angesichts dessen gibt ein Terminus wie Sozial-Psychologie nicht mehr als eine Verlegenheit zu erkennen. Würde nur verstanden, was der Leib ist, könnte Psychologie stets als Sozialpsychologie verstanden werden; ich möchte sogleich hinzufügen: dann müßte Soziologie auch immer Aufschluß über das seelische Erleben bieten als Lehre von den

Formen und Funktionen der Kommunikation oder Kommunion, in der sich die Existenz des Einzelnen erfährt und verstehen kann.

Andererseits sei nicht verschwiegen, daß beinahe alles, was vom buddhistischen Denken zu dieser Problematik mit oft verwunderlicher Prätention geäußert wird, mir unzureichend zu sein scheint. Ich werde den Verdacht nicht los, daß da einfach unernst gesprochen wird. Was vom Nicht-Ich gesagt, wie eine ominöse Ich-Losigkeit proklamiert wird, verrät wenig Verständnis der Problematik, aber eine überraschende Selbstsicherheit in der Diagnose abendländischer Ichhaftigkeit. Als ließen sich mit solchen Wörtern alle Rätsel lösen, verschreibt man uns Paradoxien als Medikament. Vermutlich ergibt sich dieser peinliche Eindruck, weil Hinweise, die ein erfahrener Meister seinem die mystische Erfahrung suchenden Schüler gibt, als philosophische Termini mißbraucht werden. Man überträgt einfach Sprachbilder aus dem intimen Dialog in das offizielle, öffentliche Gespräch philosophischer Vergewisserung, in dessen kritischen Reflexionen die bloße Negation einer Sache, von der man nicht weiß und nicht wissen kann, was sie ist, schlechterdings keinen Sinn ergibt. Insofern ärgert mich die Rede, um nicht zu sagen das Gerede, vom Nicht-Ich — als ob man zu sagen wüßte, was dieses Ich in seiner nahezu unauffindbaren Lichtlosigkeit denn sei. Die Negation dieses Unkenntlichen mag meditativ gelegentlich auf die Sprünge helfen, philosophisch erklärt sie nichts. Vielmehr läßt sie auch das wenige, worin sich dem Wort „Ich" ein unbestreitbarer und unaufgebbarer Sinn verbindet, undeutlich werden; Aussagen wie „ich erkenne", „ich liebe", „ich vertraue", „ich glaube" oder auch „ich verantworte dies", „ich bereue", die doch nicht nur Vordergründiges bedeuten, entspringen einem Bereich, in dem das Ich nicht ersetzt werden kann und nicht geleugnet werden darf.

Selbstverständlich ist das Ich nicht ursprünglich — hierzu ließe sich wohl aus der Kinderpsychologie viel lernen. Aber das Heranwachsen, das Reiferwerden führt dann in diese Welt der Beziehungen zwischen den Einzelnen. Der Zustand zwischen Mutter und Kind, wie innig er sein mag, nach der leiblichen die noch jahrelange, gleichsam intra-uterine Geborgenheit der Seele, muß überwunden werden. Diese seelische Abnabelung schmerzt, ist aber notwendig. Auch das Heimweh nach jenem verlorenen Paradies muß überwunden werden. Der Einzelne hat sich anzunehmen.

Auch dieses kindliche Inne-Sein ist ein Zustand *vor* dem Zwischen, im „Vor-Zwischen", wie es *Kimura* anzudeuten versucht. Distanz und damit der Raum haben sich noch nicht aufgetan. Dieser Zustand gehört nicht zum Körper, aber zum Leib, zu seiner „Geschichte" als

Zeit-Gestalt. Und in gewiser Weise ließe sich wohl auch soziologisch ein Vor-Zwischen denken und aufdecken.

Diese Zustände sind vorgängig und liegen gewiß der Ausbildung des Zwischen zugrunde. Jedoch nicht als innigere Vorformen in paradiesischer Unschuld. Das Heimweh nach ihnen trügt. Wenn ich überhaupt verstehe, was mit einem Vor-Zwischen gemeint ist, scheint es mir im Zwischen zur Entfaltung zu gelangen. Es büßt jedoch in der Entfaltung seine Ursprünglichkeit nicht ein. Es erschließt sich in der artikulierten Beziehung, im verantwortlichen, gewissenhaften Mit-Sein. Dieses gleichsam offene (und auch öffentliche) Geheimnis kann sich nur ausbilden und klar werden, wenn — wie wenig ursprünglich das Ich auch ist — der Einzelne als Ausgang der Subjektivität, dieses Ich als unersetzlicher Ansatz akzeptiert wird. Sonst bleibt die konkrete Situation unartikuliert. Die Existenz bleibt diffus — ohne Tragik, ohne Verantwortung. In einer scheinbaren Unschuld büßt sie mit der Möglichkeit des Mit-Seins auch die der Freiheit ein.

Wie vorläufig alle Philosophie bleiben muß, die vom cogito ihren Ausgang nimmt, glaube ich zu wissen. Und ich zögere auch nicht einzugestehen, daß mit jener Entfaltung noch nicht alles erreicht ist. Darüber hinaus ist in einem religiösen Sinn das „Wir" zu denken, das philosophisch allenfalls angedeutet werden kann. Philosophie ist wie Sand, in dem eine Quelle versickert ... alles, was sich ursprünglich ereignet und ins Transhistorische mündet ... Musik läßt mir in diesem Sinne das „Wir" viel deutlicher werden. Doch wie dem auch sei — in keinem Fall schließen die Betroffenheit, das Beisammen-Sein, die Intimität des Mit-Seins den Abstand aus. Ich werde nicht eingeschmolzen — sondern eingefordert, gerufen, bestimmt, vielleicht sogar erwählt und geliebt.

Entscheidend für die Richtigstellung unseres Problems dürfte sein, daß wir versuchen, jene raumhaften Vorstellungen von einer „Innensphäre" gegenüber der „Außenwelt" zu überwinden. Das heißt: Psychologie wie Soziologie sind als Disziplinen in jenen metaphysischen Horizont zu verweisen, in dem ihr „Gegenstand", der Mensch, sich befindet — als Seele und zugleich als Wesen in Gemeinschaft. Deshalb beharre ich darauf, daß die Sprache und die Kategorien einer korrekten Psychologie aus der Metapsychologie gewonnen werden können, wie erst Metasoziologie lehren könnte, die Formen, die Strukturen und den Sinn menschlicher Gesellschaften adäquat zu bestimmen.

Der Philosophie, die in der besonderen Aufmerksamkeit (*awareness*) dem Konkreten zuliebe ihre eigenen methodischen Kriterien gewinnt, kommt dabei ein Wächteramt zu: Sie hat die Möglichkeit der

Freiheit zu hüten, indem sie die Denkmöglichkeit der Freiheit verteidigt. An der Schwelle der Katakomben, die sich vielleicht schon bald wieder über uns schließen werden, hat sie daran zu erinnern, daß dieselben Kräfte schöpferischer Treue, die sich in glücklichen Zeiten in Architektur, Musik und Dichtung entfalten konnten, heute die Tapferkeit derer bestärken, die in sich und um sich herum der Verleugnung des Menschen durch den Menschen widerstehen.

IV.

Die Frage der zweiten Reflexion: Aus welchem offenbar verborgenen Zentrum wird jener unendliche Prozeß analytischer Aufgliederung, Entflechtung und Zersetzung in Gang gesetzt und fortgeführt, der in der ersten Reflexion zu beobachten ist? Man übersieht die Auswirkungen dieser Frage auf die Problematik im ganzen, wenn man meint, in der zweiten Reflexion werde das Denken unversehens durch einen jähen Sprung ins Metaproblematische versetzt. Die entscheidende Bedeutung der zweiten Reflexion, die heimkehrt ins Konkrete, ist indessen darin zu sehen, daß in ihr kein Sprung erfolgt, sondern ein schrittweiser, in jeder Bewegung bedachter und methodisch verantworteter Überstieg. In ihm findet das fragende Denken nichts mehr vor, was als Anhalt dienen könnte, keine Idee, kein Prinzip; nichts, an dem sich als an einem objektiv gegebenen Anker das Floß einer Gewißheit, ein systematisches Gefüge welcher Art auch immer, festmachen ließe. Das Denken wird vielmehr zurückgeworfen auf ein wesentlich Unfaßliches, durch das es sich ermöglicht und in das es sich immer schon eingesenkt erfährt: auf die Existenz als leibliches Dasein, wahrnehmbar allein aufgrund einer *versunkenen Intuition, eingelassen ins Konkrete* und selbst ganz konkret, weil unabgrenzbar. Dieser entscheidende Durchbruch widerfährt dem Fragen, wenn es sich dazu bereit findet, nach der Möglichkeit, dem Grund, den Voraussetzungen seines Fragens zu fragen. Indem es dies tut, tritt es ins Metaproblematische, in das, was ich in philosophischem Sinn das Geheimnis nenne. Und nur hier, im Metaproblematischen, läßt sich der Punkt finden, um den sich die Erkenntnisse im Problematischen kristallinisch anordnen. Jede Idee eines Ganzen, die offenbar oder insgeheim dem geordneten Denken und jeder methodischen Frage, aller sinnvollen Erkenntnis inne- und voraus liegt, erweist sich nun als die Ausspiegelung der mysteriösen Einheit, die wir selber sind, der Existenz. Deren innerste Dramatik bildet sie nach: ausgespannt und unterwegs zu sein zu der Identität mit sich selbst, die sich als das undurchdringliche Geheimnis ihrer selbst *empfängt*.

Die Kritik der wissenschaftlichen Möglichkeiten zwingt zurück zur Sache selbst; was die Philosophie unter der zweiten Reflexion versteht, ist jeder Wissenschaft, insbesondere Psychologie und Soziologie, heutzutage unausweichlich aufgetragen, will sie nicht gegen ihre eigentlichen Kriterien, gegen die Wissenschaftlichkeit verstoßen. Das erzwingt eine methodologische Engführung, durch die allein, wie es scheint, der Zugang zum Konkreten gebahnt werden kann. Im Problem, das als Problem problematisch bleibt, und das auf seine Möglichkeit hin befragt werden muß, hat sich das Denken der metaproblematischen Präsenz als Mysterium zu vergewissern.

Der *Leib* ist beides in einem: erfragbar, insofern ich über ihn verfügen kann und sagen darf, ich habe einen Körper; unerfragbar und unverfügbar, insofern ich — soll nicht außer acht bleiben, was diesen ersten Satz möglich macht, ihn begründet und sinnvoll werden läßt — *im gleichen Atemzug* sagen muß, daß ich mein Leib bin. In der zweiten Reflexion sieht sich das reflektierende Denken somit zurückgeworfen auf die leibhafte Existenz in Welt; es sieht sich nicht durch einen Sprung ins Unmittelbare, sondern durch kritische Konsequenz in eine Erfahrung versetzt, die der Inbegriff menschlichen Daseins in Welt ist — darf ich sagen, nicht nur „In-Welt", sondern menschlichen Welt-Seins. Seiner Verwurzelung in dieser Erfahrung gewahr werden heißt heimkehren ins Konkrete inkarnierter Existenz. Diese „Wiedergewinnung des Konkreten" wird kritisch notwendig für heutiges Philosophieren.

Für unsere Unterscheidungen zwischen dem Leib, der ich bin, und dem Körper, den ich habe, zwischen Sein und Haben, zwischen Metaproblematischem und Problematik, zwischen Mysterium und Technik, können Überlegungen leitend sein, die zwischen Verfügbarkeit und Verfügungsfähigkeit zu unterscheiden versuchen.

Bedeutsam ist dabei mein Verhalten gegenüber mir selbst: Verfügungsfähig bin ich nur durch und über den Körper, und nur insofern ich verfügen kann, habe ich einen Körper. Dabei wird das Ich stets als der Wille gedacht, durch den das Instrument des Körpers in Bewegung gesetzt wird und auf Gegenstände der Außenwelt wie eine Zange zugreift. Die Gegenüberstellung wird klar, wenn man davon ausgeht, daß innerhalb der Erfahrungen des Leibes, der ich bin, das Haben zunichte gemacht wird: es geht buchstäblich zugrunde. Das wird besonders deutlich in der Krankheit, die mich nicht zuletzt dessen vergewissert, daß dieser Leib, der ich bin, mir nicht restlos zur Verfügung steht, ja, daß er in dem Maße, indem er mein Leib ist, der ich wirklich und wahrhaftig bin, wesentlich unverfügbar ist.

Hinlängliche Klarheit herrscht lediglich auf der einen Seite, auf der ein Ich, irgendein Subjekt als Träger eines Willens, einem Körper gegenübersteht, der wie ein Instrument verstanden und gehandhabt wird, und der dieses Ich dazu befähigt, in der Außenwelt technische Manipulationen durchzuführen. Auf der anderen Seite entschwindet diese Klarheit der Gegenüberstellung vollkommen. Denn in dem Moment, in dem ich, weil ich krank bin, nicht mehr über meinen Leib verfügen kann, wird mir darin die Unverfügbarkeit meines Leibes bewußt, ist das Ich ohne einen ihm entgegengesetzten Pol, oder umgekehrt: dieser Leib kennt kein ihn bestimmendes Subjekt mehr. Die Behauptung, ich habe eine Krankheit, wird dann einigermaßen sinnlos gegenüber dem schlichten Satz: Ich bin krank. Aber auch hier gilt es, noch genauer zu unterscheiden.

Deutlicher noch als in einer akuten Krankheit, deren Schmerz provoziert und wiederum das Ich ins Spiel ruft, wird die Auflösung des Ich als Subjekt erkennbar im Unwohlsein. Derjenige, der sich unwohl befindet, verfügt nicht mehr, er steht auch nicht mehr gegenüber. Das Ich wird für ihn gleichsam in diesem maladen Körper absorbiert. Wer sich unwohl befindet, hat keinen schmerzhaft kranken Organismus. Er ist unwohl. Ihm widerfährt etwas Ähnliches wie dem Glücklichen, dessen Ich eingeschmolzen ist im Glück der Ruhe.

Wenn schon die Ruhe in ihrem Phänomenbestand keinerlei gegenständliche Bestimmungen zuläßt, um wieviel weniger das Glück, dessen Grund die Ruhe ist. Die phänomenologischen Unterschiede zwischen Ruhe und Glück scheinen am deutlichsten gekennzeichnet zu sein dadurch, daß Ruhe herbeigeführt werden kann, genauer gesagt: daß etwa durch Versenkung oder Meditation ein Zustand erlangt werden kann, in dem mit der Ich-Aktivität alles zur Ruhe gelangt. Die Ruhe steigt wie Grundwasser im Wesen auf und erfüllt es; sie erfüllt zugleich die in der Versenkung abgeblendete Umgebung, die im wach-bewußten Zustand jedoch einbezogen ist ins universale Ruhigsein. Ruhe zeigt sich also erst in ihrer Aktualisierung als etwas, das uns widerfährt; sie ist erreichbar. Glück ist wesentlich unzugänglich. Glück tritt ein. Glück ist ein reines Widerfahrnis. Im Glück ist jedoch ebenso wie in der Ruhe die Struktur der Sorge als Existential, das die Verfassung unseres Daseins charakterisiert, eigentümlich „überformt". Glück ist sorglos wie die Ruhe. Glück ist in diesem Sinne begründet in dem Urphänomen, das allein der ontologische Widerpart der Angst ist, im Ruhigsein. Das hat *Carl Albrecht* klargestellt.

Aufschlußreich ist, daß in der Ruhe nicht nur die Sorge erlischt und ein gleichsam unbekümmertes Zeiterleben vielleicht nicht eigentlich

Dauer, aber doch strömende, vom Entgleiten nicht beängstigte Präsenz erfährt; alle Habseligkeit ist entschwunden; die Sphäre des Instrumentellen ist zerfallen. Die Räder stehen still. Ruhe ist reine Leib-Erfahrung, in der sich der Körper nahezu aufgelöst hat, gleichsam gewichtslos schwimmend im tragenden Wasser der Ruhe.

Bemerkenswert ist, daß ich, wenn ich mich unwohl fühle, nicht an der Hinfälligkeit eines Instrumentes leide, sondern ich leide. Das Ich leidet. Das Eigentümliche am Unwohlsein ist dabei die relative Abgeschlossenheit dieses leidenden Ich. Das leidende Ich ist nicht in einer besonderen Weise empfänglich, es ist ganz passiv in sich selber verschlossen. Empfänglichkeit als die Bestimmung des Ich wird im Unwohlsein so gemindert zugunsten einer dumpf vor sich hinleidenden Passivität, die so weit gehen kann, daß Unwohlsein eigentlich gar nicht mehr leidet, daß das Ich gleichsam verschluckt wird vom Gefühl des Unwohlseins. Und auch dieses ist phänomenologisch noch komplizierter. Am Unwohlsein läßt sich beispielhaft zeigen, daß es sich selber erst identifizieren muß. Es ist an sich ein nahezu „ich-loses" Erleben. Kommt jemand zu mir und sagt: „Du sieht heute aber schlecht aus" — dann übersetze ich dieses Erleben in ein ich-bezogenes Bewußtsein. Von der Sprache her werde ich dialogisch dazu erweckt, daß ich mich unwohl fühle. So erst — was natürlich auch in mir selber durch einen inneren Zuspruch geschehen kann — werde ich mir meines Unwohlseins bewußt. Wie in anderen Beziehungen, tritt das Ich im Unwohlsein nur *dialogisch* in Erscheinung. Es ist darauf angewiesen, angesprochen und wachgerufen zu werden.

Durch diese Beobachtungen werden die gängigen Vorstellungen, daß ein Ich die aktive Mitte der Bestimmungen des Lebens sei, in Frage gestellt. Aus solchen Vorstellungen entwickelt sich der Begriff der Verfügbarkeit; durch diese Vorstellungen wird der Begriff der Verfügbarkeit auf ganz bestimmte und vor allem sehr enge Grenzen festgelegt. Nur innerhalb dieser bestimmbaren Grenzen gewinnt er einen gewissen Sinn. Außerhalb dieser Grenzen wird er sinnlos. Damit hängt zusammen, daß dieser Begriff offenbar den Anforderungen menschlicher Bequemlichkeit genügt. Es ist nämlich einfachhin bequem, im Begriff des Verfügens, des Habens, der Technik das Ich und den Körper in eine wie auch immer reflektierte und gespannte Zusammenstellung zu denken. Indem ich den Körper als Instrument ansehe, gerate ich zwar immer in die Gefahr, mich selber zu verlieren, insofern dieser Körper und alles, was ich durch ihn begreifen kann, das heißt die Welt des Habens, der Kosmos des Habhaften, mich überwältigen und gleichsam erschlagen. Die Beziehung zwischen dem Ich und dem, was ich habe, ist stets gespannt.

Nun tritt aber im Begriff eines Körpers, den ich habe — noch deutlicher in der Imagination, ein mir begegnender Mensch sei nicht mehr als ein Körper, der von irgendeiner Seele besessen ist —, eine für das Denken durchaus bequeme Situation ein, in der diese Spannung abgeblendet ist. Sie ist nichts anderes als die Imagination eines gewissen Hochmutes.

Beim Unwohlsein aber gerate ich *unter* dieses Ich-Niveau. Ist das Glück, das ich selber in gar keiner Weise reflexiv begründen kann, unter Umständen über dieses Ich-Niveau erhoben, wird das Ich in der Ruhe etwa transzendiert, bin ich mir und meinem Ich als Glücklicher entronnen, enthoben — so sinke ich in den Zuständen des Unwohlseins unter das Niveau eines normalen Ich-Bewußtseins hinab. Dieses Absinken im Unwohlsein wäre nun phänomenologisch im einzelnen zu untersuchen. Entscheidend ist aber, daß in ihm das Ich sich als ein sekundäres Phänomen erweist. Ohne Sprache bleibt es undenkbar, es ist in jedem Fall provoziert. Ohne Sprache, ohne Angesprochensein, wird das Ich-Bewußtsein zu einem sinnlosen Begriff. Das Wohlbefinden, das Glück, die Ruhe sind sprachlos; Liebenden versagt die Sprache; Worte sind für die eigentliche Verfassung der Existenz stets unzureichend.

Zu beachten ist, daß im Unterschied zum beinahe ich-losen Wohlsein oder Unwohlsein der Schmerz durchaus ich-bewußt und das Ich provozierend erfahren wird. In ihm ist das Ich gegenwärtig wie in der Angst. Schmerz ist ein Appell. Meine Aktivität wird aufgerufen, die Forderung nach irgendeinem Handeln, das den Schmerz lindert, ist gegeben. Der Schmerz beängstigt und wird gerade dadurch unerträglich. Angst aber ist immer konzentriert auf das Ich, oft sogar so sehr, daß die Angst ein Du gar nicht wahrzunehmen vermag. Angst wird gesprengt und aufgelöst, wird von sich selber befreit, wenn das Ich angerufen und durch alle Schranken und Sperren der Angst hindurch von einem Du berührt wird. Angst ist wesentlich allein. Die Überwindung der Angst geschieht vom Du her.

Ohne Zweifel wäre es nun notwendig und auch möglich, diese Vorstellungen von einem Ich, das einen Körper besitzt, sorgsam und gründlich genug zu analysieren, um sie als Objektivationen oder Imaginationen einer verborgenen Angst aufzudecken, die das heutige Denken allenthalben beherrscht. Diese Angst erzwingt eine Gebärde herrischer Selbstbehauptung, die sich alles, auch den eigenen Körper, aber auch den anderen als Körper, untertan machen möchte. Ihr Machtanspruch annektiert, indem er das andere zu einem verfügbaren Gegenstand werden läßt. Angst will *haben*. Sie möchte versuchen, ihr eigenes Nichtigsein durch die Tyrannei, ja durch das Vernichten der anderen zu betäuben. Aus einer illegitimen Identifikation mit sich selber verführt sie dazu, auch dem eigenen Körper, der eigenen Existenz gegenüber unachtsam zu sein, ja, sie macht sich der Unbarmherzigkeit gegenüber dem eigenen Ich schuldig. Diese Mitleidlosigkeit mit sich selber mißachtet vor allem die Tatsache, daß ich in mir selbst nicht allein bin, sondern stets eine Gemeinschaft darstelle, und sie weist auch sich selber gegenüber die alte Weisheit zurück, daß allein Mitleid erkenntnisfähig werden läßt.

Dieses Mitleiden mit mir selber darf nicht verwechselt werden mit einem sentimentalen Mitleid-haben mit sich selbst; es ist einer solchen Mitleidigkeit geradezu entgegengesetzt, von der *Nietzsche* zu Recht fordert, ein vornehmer Mensch habe sie als erstes zu verlernen. Hier geht es darum, daß das Leiden als mein Leid konkret angenommen wird, und zwar so angenommen wird, daß es zugleich ein Leiden an meiner Situation, an meiner Verfassung, an mir selber ist, wie es ein Leiden in einer Situation durch andere und unter der Konstitution der anderen ist. Dieses Zugleich von Leiden in mir, an mir und unter den Bedingungen des Daseins ist offenzuhalten für die Möglichkeit der Tröstung. Wenn ich nicht mitleide mit mir selber, kann ich dieses Leiden nicht dahingehend transzendieren, daß ich mich, als den Leidenden, der ich bin, verlasse in jener Gelassenheit im Leiden, die bereit ist oder bereit werden kann, sich trösten und — falls das möglich ist — durch die Verwandlung meiner selbst erlösen zu lassen.

Damit sind zwei Pole der weiterführenden Überlegungen gegeben: Der eine ist durch die Reflexion der Verfassung des Ich und des Menschseins im Unwohlsein, im Schmerz, in Verzweiflung und Ratlosigkeit, im Leiden gegeben; der andere durch die durch alle diese Reflexionen in keiner Weise verhinderten oder verstellten Möglichkeiten, auf die Veränderung meiner Verfassung zu warten, auf das Befreitwerden durch erlösendes Weinen, in der Gelassenheit, im Vertrauen, in der Hoffnung, im wahrhaften Trost. Zwischen diesen beiden phänomenologisch erkennbaren Polen, der Annahme der eigenen Existenz im Leiden und der unbeirrbaren Hoffnung auf eine Befreiung aus dem Leiden der Existenz, spannen sich die Probleme, durch die allein Krankheit als Kranksein und Heilung als Heilwerden erfragt werden können.

V.

Von Pathologie — sei es nun im Sinn einer Pathologie des Zeitalters, der Gesellschaften oder der Individuen, menschlichen Verhaltens oder menschlicher Beziehungen wie Erotik und Sexualität — darf und kann nur die Rede sein, wenn das Wesen des „Pathos", des Leidens, gründlich genug erfragt worden ist. Existenz ist nie frei vom Leid. Als Dasein in Zeit ist sie immer leidvoll. Alle Pathologien, die sich auf diesen undurchsichtigen Kern des Problems nicht beziehen oder beziehen lassen, bleiben oberflächlich. In einem gewissen Sinne sind sie unmenschlich: indem sie das Leiden der Existenz bagatellisieren und trivial werden lassen, verstellen sie die Möglichkeit zur Heilung: indem sie *Hoffnung auf Heil* in die Zuversicht pervertieren, der individuelle organische oder der soziale kollektive Apparat werde schon über kurz oder lang durch therapeutische Techniken repariert werden können.

Derartige Erwartungen, wie sie durch die verschiedenen politischen und szientistischen Ideologien heutzutage geweckt werden, sind nicht nur utopisch, sie sind leiblos und leblos.

Denn in dieser Hinsicht bedeutsam an den bisherigen Überlegungen ist doch, daß Leiberfahrungen wie das Unwohlsein, der Schmerz, das Leiden in jedem Falle auf eine konkrete Geschichte bezogen sind. Ich erfahre mich als dieser Leib, und der Arzt hat den Leib eines Kranken in diesem Sinne als die Gestalt zu erkennen, die ein besonderes Schicksal, eine unübertragbare, nur diesem Wesen zukommende Lebensgeschichte angenommen hat. In das Angesicht dieses Leibes sind die Erfahrungen, Leiden und Freuden, ist die Möglichkeit dieses Menschen eingeschrieben. Wer ihm offenen Auges entgegentritt, vermag ihn als Existenz, als leibhafte Möglichkeit wahrzunehmen. Leib ist eine Zeitgestalt.

Der Kliniker, der einen Körper unter den Röntgenschirm legt oder irgendwelche Präparate mikroskopisch untersucht, wird demgegenüber immer in die Versuchung geraten, sich seinen Gegenstand, den leibhaften Menschen, zeitlos vorzustellen. Denn der Körper läßt sich untersuchen, wiegen, messen und sezieren, ohne daß man sich seiner Geschichte vergewissert. Einen Leib kann ich aber nicht wahrnehmen, ohne zugleich seine Geschichte wahrzunehmen, mitzuerfahren und mitzuerleiden: zu *verstehen*. Insofern genügt es nicht zu sagen, daß ich mein Leib bin. Ich bin als Leib auch immer meine Vergangenheit, ja meine Zukunft. Negativ ist im gleichen Atemzug zu formulieren, daß hinsichtlich meines Erlebens, hinsichtlich meiner Vergangenheit, hinsichtlich dessen, was mich in meinem Ich-Bewußtsein aus meiner

Geschichte, die ich habe und die mir zukommt, konstituiert, die Kategorie des Habens, damit also der Körper, ganz und gar sinnlos und inadäquat wird. In dem Maße, in dem ich einen Körper habe, kann ich bestenfalls Gegenstand volkswirtschaftlicher und raumtechnischer Untersuchungen sein, etwa als Verbraucher, als Verkehrsteilnehmer, als potentielles Mitglied irgendeiner Partei, das heißt in bereits abstrahierten Situationen, in denen ich mich als Teil unter anderen Teilen vorfinde. Als Körper brauche ich mich nicht geschichtlich zu verstehen. Dem entspricht, daß die Menschheit in dem Maße ihre Geschichte einbüßt, in dem sie sich in raumhaften, lediglich auf den Körper bezogenen Kategorien zu begreifen sucht.

Hierzu ist eine Anmerkung notwendig: Mit diesen Überlegungen ist eine Frage gesetzt, die für die Methodologie verschiedener Wissenschaften entscheidend sein kann, insbesondere für die Geschichtswissenschaften; aber auch für Philosophie und Theologie, sofern diese sich als Reflexion der Geschichtlichkeit des Denkens verstehen. Die Frage lautet: Kann der Satz „Ich habe Geschichte" ontologisch irgendeinen guten Sinn haben? Bedeutet die Betrachtung eines Geschehens, das vergangen ist — als sei es etwa wie die Vorgänge unterm Okular einer Perspektive in meine Verfügung gerückt, als handle es sich um eine habhafte Gegenständlichkeit —, nicht immer schon einen Verstoß gegen das Wesen geschichtlicher Wirklichkeit? Scheint doch der Bezugspunkt solcher historischer Perspektiven und ihrer Untersuchungsmethoden genaugenommen der Körper, den ich habe, zu sein.

Ontologisch wäre nun zu fragen, ob damit nicht eine methodologische Aporie gesetzt ist: Kann denn der Körper als derjenige, den ich habe, der wenig oder gar keine geschichtlichen Bestimmungen aufweist, Fluchtpunkt von Perspektiven sein, in denen ich geschichtliches Verständnis zu gewinnen suche? Ist nicht diese auf den Körper bezogene Betrachtungsweise katexochen unfähig dazu, Geschichte zu verstehen; ja, vielleicht sogar unfähig dazu, Geschichte überhaupt wahrzunehmen? Bedeuten diese vermeintlich objektiven historischen Techniken nicht im Grunde genommen dasselbe wie die Sektion eines Leichnams? Und erliegt damit die historische Methode und die historische Kritik nicht, ohne es zu wissen und vermutlich auch ohne es aus sich selbst heraus reflektieren zu können, der Schwerkraft ihrer Voraussetzungen, das heißt dem Magnetismus ihres Ansatzes: der raumhaften Körperlichkeit, auf die alles Habhafte bezogen ist und durch die alles, was sich haben läßt, bestimmt ist. Damit verfiele freilich auch das Bedürfnis, aus der Geschichte zu lernen, der Kritik; denn es imaginiert Geschichte als einen Raum, als ein unermeßliches Archiv von

Erfahrungen, dem man Kartothekkarten mit Hinweisen auf die Möglichkeiten der Zukunft entnehmen könnte.

Halten wir fest: Mein Leib als Gestalt meines Lebens und Sterbens ist nicht wie der Körper nahezu zeitlos zu betrachten und zu verstehen, sondern nur geschichtlich: als eine nicht klar konturierte, nicht eindeutig abgrenzbare, vieldimensionale — oder polyphone — Form meiner Anwesenheit. In ihr präsentieren sich symbolisch meine Vergangenheit, das in mir fortlebende Erbe meiner Ahnen, meiner Tradition, wie meine ebenso uneingrenzbaren Möglichkeiten und Verheißungen in Zukunft. *Als Präsentation ist der Leib eine Zeitgestalt.* Als solche kann und darf er deshalb nicht objektiviert werden. Auch Begriffe wie Karma und Reinkarnation, in denen sich das Geheimnis symbolisiert, daß unser Wesen leibliche Gestalt in Zeit annimmt und ihm über die Zeiten hinweg Anwesenheit gewährt wird, dürften deswegen nicht vergegenständlicht werden, als springe ein ominöses Ich von einer zeitlichen Existenz in die andere, von Punkt zu Punkt auf der Zeitlinie.

In diesem Zusammenhang wäre eine andere Frage aufzuklären, die für das moderne Bewußtsein sehr schwer zugänglich ist: daß nämlich leibhafte Existenz nicht ohne ein spezifisches Schicksal zu denken ist. Das Schicksal haftet gleichsam dem Leibe an, ja bildet sich in ihm aus. Leib selbst ist ein Schicksal. Der Leib ist vielleicht nichts anderes als die uns faßbare Gestalt jener universalen dynamischen Satzung oder Verfügung oder Ordnung des wesentlich Unverfügbaren, das wir Schicksal nennen. Zumindest spiegelt sich in der Unverfügbarkeit des Leibes das furchtbar Zufällige, Unvorhersehbare und Unvorstellbare, das Unausdenkbare und deshalb so Unausweichliche wider, Kontingenz.

Was immer im abendländischen Denken unter dieser vom Ursprung her wirkenden und alles durchwaltenden Macht verstanden worden ist, die unsere Existenz bestimmt und eine Überwindung ihrer ontologischen Verfassung, die Befreiung herausfordert — Schicksal betrifft nie mich allein. Der Sinn des bestimmenden Geschicks gilt für alle. Er faßt mich mit allen anderen in eine Schicksalsgemeinschaft zusammen. Diese Schicksalsgemeinschaft, in der alle Lebenden und Toten miteinander verbunden sind, wird nicht nur in den verschiedenen Formen der Kulturen und Gesellschaften erkennbar, sie nimmt insgeheim immer schon in jeder konkreten leibhaften Existenz Gestalt an. Denn Existenz ist immer schon bei und mit anderen, eingesenkt in das Beisammensein mit vertrauten, geliebten, ihr brüderlich verbundenen Menschen, die in irgendeiner Weise durch ihre Anwesenheit unseren Leib als Zeitgestalt mitbestimmen und ausbilden. Vielleicht darf diese undurchsichtige Beziehung der Einzelexistenz zu allen anderen Wesen so zur Sprache gebracht werden: In unserem Leibe nimmt die Beziehung zu allen Menschen, die wir lieben, und nimmt die Geschichte unseres Einbezogenseins ins Universum Gestalt an.

Daß die Menschheit als ganze in einer geheimnisvollen organischen Einheit verstanden werden muß, ist in verschiedenen Bildern und Symbolen von den Kulturen gedacht worden. So im Bild des *Adam Kadmon*, des Urmenschen, aus dem wir alle erwachsen sind und zu dem wir wieder in eins gefügt werden sollen; im symbolischen Begriff des *Purusha*, im Gedanken der universalen Buddhanatur wie in der Idee eines *Corpus Christi Mysticum*, dem alle menschliche Existenz einverleibt wird. Diese universale Bruderschaft wurde nicht als eine äußere, auch nicht als bloß psychische Lebensgemeinschaft im wechselseitigen Austausch der Erfahrungen verstanden, sondern als eine ontologische Gegebenheit, durch die Teilnahme am Schicksal des Gefährten, durch die Schicksalsgemeinschaft erst möglich wird.

Für eine solche Schicksalsgemeinschaft kann ich mich nicht entscheiden. In sie bin ich immer schon eingeboren und mit allen Fasern meines Wesens eingeflochten. Sie entspringt nicht der Einwilligung ihrer Teilnehmer in dieses Beisammensein (was die Möglichkeit voraussetzen würde, sie könnten in ihrem Selbstverständnis die Autonomie aufbringen, die sich gegen dieses Beisammensein entscheidet), vielmehr ergeben sich alle Möglichkeiten menschlicher Selbstauslegung und menschlichen Selbstverständnisses, wie vielfältig sie auch sein mögen, aus diesem zugrundeliegenden Beisammensein.

Dieser Gedanke hat weitreichende Konsequenzen. Würde die Verwurzelung des Einzelnen und der Gemeinschaften in dieser konkreten Lebens- und Schicksalseinheit aller aufgeklärt, so ließen sich sowohl die individuellen, leiblichen und seelischen Erkrankungen wie auch die Störungen zwischen den Gruppen und Gesellschaften, deren Auswirkungen wir in wirtschaftlichem Mißbrauch der technischen Möglichkeiten, in weltweiter Ungerechtigkeit, in sozialen Konflikten und kriegerischen Auseinandersetzungen beobachten können, auf Perversionen des Selbstverständnisses und ihnen zugrundeliegenden Schädigungen des gemeinsamen Organismus zurückführen. Im Leben der Einzelnen wie der Gemeinschaften ergibt sich nämlich ein falsches Selbstverständnis, das zumeist versucht, sich im Widerspruch und Gegensatz zu anderen zu konstituieren und zu behaupten, aus einer Störung der Beziehung zu diesen anderen. Innere Krankheit erwächst aus einer Erkrankung des Bezuges zu anderen. Krankheit tritt überhaupt nur in jenem „Raum" auf, der uns mit den anderen verbindet. Krankheit ist wirklich ein Phänomen des „Zwischen".

Dieses „Zwischen" ist eine im strengen Sinne ontologische Kategorie, die den Bereich bestimmt, in dem allein Existenz sich erkennen kann. Es ist der Bereich dessen, was ich etwas ungeschickt *Intersubjektivität* genannt habe.

Dies macht erklärlich und darf nun auf einer tieferen Windung der meditativen Spirale noch einmal wiederholt werden, daß alle soziologischen und psychologischen Theorien, die uns heute vorliegen, insgeheim oder offensichtlich so tief unbefriedigend bleiben. Sie fordern weder dazu heraus noch lassen sie es zu, sich der Wirklichkeit unserer Existenz in ihrem konkreten Einbezogensein zu vergewissern. Sie genügen nicht einmal den Anforderungen einer korrekten Phänomenologie: indem sie versuchen, soziale Phänomene ohne Rücksicht auf ihre psychologisch allein erfaßbaren Konstituentien zu verstehen, und indem sie zugleich außer acht lassen, daß sich diese psychischen Phänomene nur innerhalb der konkreten sozialen Beziehungen feststellen lassen. Weil ihre Abstraktion von jenem geheimnisvollen Zwischenbereich absieht und deshalb die den Phänomenen zugrundeliegenden ontologischen Strukturen gar nicht wahrnehmen kann, bleiben selbstverständlich auch die Interpretationen der politischen Geschehnisse, der Konflikte zwischen den Nationen, den Konfessionen und Kulturen ganz und gar vordergründig und unzulänglich.

In diesem Zusammenhang verdient ein Gedanke erwähnt zu werden, der, wenn er richtig interpretiert wird, das Problem klarstellen kann: die Intuition *Nietzsches* von der *Ewigen Wiederkehr des Gleichen* im *amor fati*. Dieser Gedanke spricht eine vom Grund des Seins und der Existenz erwachende Bejahung aus, die dem Willen zur Inkarnation entspricht. Diese Einwilligung in die ewige Wiederkehr des Gleichen ist der Müdigkeit, dem Gefühl des Genug- und Übergenugseins, der Erschöpfung und dem Mißmut radikal entgegengesetzt, wenn sie auch nicht frei ist von der Gefahr einer ebenso radikalen Ungenügsamkeit, die sich von der Gier gefangennehmen läßt. Recht verstanden kann eine solche Einwilligung als Bewährung der dankerfüllten Bewunderung, des ursprünglichen Staunens begriffen werden, jener überschwenglichen Erfahrung, durch die sich das abendländische Denken zur Frage ermächtigt weiß und in der das Sein mit dem Unerschöpflichen koinzidiert. In dieser Erfahrung kommt die eigentliche geistige Vitalität zum Ausdruck.

Nicht zufällig verbindet sich dieser Intuition *Nietzsches* die Forderung, das Schicksal und das Leben des Menschen einer Daseinsinterpretation „*am Leitfaden des Leibes*" zu unterziehen. Lassen wir dahingestellt, ob *Nietzsche* imstande gewesen ist, den Leib und konkrete Leiberfahrungen zu denken, wie es *Maine de Biran* ohne Zweifel getan hat, oder ob er sich letzten Endes nicht doch in der Proklamation erschöpft hat, — entscheidend ist, daß er die *Frage* richtig gestellt hat. Als könne der Leib, die schicksalhafte Zeitgestalt der Existenz, nur erfragt werden, wenn sich das Denken zur Annahme seiner Zeitlichkeit, seiner Geschicklichkeit, seines Geschicks bereitfindet, tritt die Frage nach dem Leibe hier zum ersten Mal wieder in großer Klarheit und Tiefe auf. Sie ist nicht abzulösen von der Frage nach dem Wesen des Krankseins.

VI.

Aus dem bisher Gesagten läßt sich ablesen, von welchen Voraussetzungen aus nach einer Pathologie zwischenmenschlicher Beziehungen, etwa in Erotik und Sexualität, gefragt werden kann. Solche Erkrankungen sind nur vordergründig auf individuelle Unfähigkeiten zu Kontakt und Zärtlichkeit, auf Fehler in frühkindlicher Erziehung, auf Störungen in der Persönlichkeitsentfaltung usw. zurückzuführen. Ihnen liegen tiefere Schädigungen im Gesamtbezug der Existenz zu anderen Existenzen, zur Welt im ganzen zugrunde, denen nicht selten die Unfähigkeit entspricht, das Dasein des Menschen in seiner Einbezogenheit zu verstehen. Diese Erkrankungen müssen tatsächlich als Störungen, ja oft als die Zerstörung des Zwischen gedeutet werden. Gerade sie können einer Heilung überhaupt nicht zugeführt werden, wenn das Wesen, das Geheimnis dieses Zwischenbereiches nicht erkannt und anerkannt wird. Sobald sich die tatsächlich gegebene Fähigkeit des Menschen, über seine Beziehungen zu anderen zu verfügen, des Zwischen bemächtigt, wird dieses Geheimnis um sein Wesen, um seine Möglichkeit gebracht. Es wird zerstört — durch eigenmächtige, willkürliche Manipulationen, durch den Machtanspruch, durch den Terror der Konventionen wie durch den therapeutischen Eingriff.

Um dies im einzelnen zu erklären, müßte deutlich gemacht werden, wie der Leib des Menschen in Mitleidenschaft gezogen werden kann durch den objektiven Mißbrauch des Körpers. Im Bereich der körperlichen Kategorien lassen sich z. B. die tragischen Probleme der Sexualität überhaupt nicht aufklären. Sobald der Körper wie ein Instrument verwendet wird, sobald leibliche Anwesenheit als Hingabe an das unverfügbare Geschehen verweigert wird, ist die Begegnung unmöglich geworden. Dies gilt natürlich auch für gewisse asketische Anweisungen, die lediglich die körperlichen Begierden verbieten, eine leibliche Präsenz aber weder erklären noch herbeiführen.

Deshalb läßt sich nicht ohne Zynismus über die Moral und die Ethik der Zivilisation sprechen, die meist nichts anderes waren als eine mißverständliche spirituelle Hygiene. Das Wesen, und das heißt, die Geheimnisse der wahren Beziehungen zwischen leibhaften Existenzen in der Sexualität wurden nur sehr selten aufgeklärt. Hier öffnet sich ein im Abendland bislang verschlossenes Feld für künftige gemeinsame Forschungen; Phänomenologie und Ontologie der Sexualität sind vorerst ungeklärte Aufgaben. Vieles spricht dafür, daß nicht einmal die Voraussetzungen, die Vorfragen für diese Aufgabenstellung im philosophischen Bewußtsein, geschweige denn im allgemeinen Bewußtsein unserer Tage vorliegen.

Die Besinnung auf das Sein zum Tode, auf die Sterblichkeit unserer leiblichen Existenz, müßte ihre wesentliche Ergänzung finden in Reflexionen auf die gleicherweise unergründliche Problematik der Zeugung, die bis hinein in den biologischen Befund eine rätselhafte Zufälligkeit in Erscheinung treten läßt, in Reflexionen auf die durch die Möglichkeit zur Zeugung bestimmte leibliche Vereinigung von Mann und Frau. Denn sicherlich bietet die Sexualität, wenn der Leib als Körper und sie selbst als körperliche Betätigung zum Lustgewinn zwecks Senkung des Hormonpegels mißverstanden wird, ein Muster jenes Mißbrauches des Leibes. Die religiösen Traditionen der Menschheit sind im Recht, wenn sie auf die Sündhaftigkeit eines solchen Mißbrauches hinweisen. Die Überbetonung durch Prüderie und neoplatonische Leibfeindlichkeit in gewissen Spielarten christlicher Moraltheologie darf nicht davon abhalten, den ernsten Sinn solcher Warnungen anzuerkennen. Denn in der Tat geht es in der leiblichen Beziehung von Mann und Frau in letzter Wahrheit „ums Ganze". Dem entspricht, daß in diesem Bereich der Mensch auch am deutlichsten den Sinn seiner Ganzheit und seiner Beziehungen zur Ganzheit der Schöpfung einbüßen kann.

Halten wir fest: Ein rechtes Verständnis des Leibes als Zeit- und Schicksalsgestalt wäre der Grund und der Grundbegriff einer möglichen Moral, die den Anforderungen philosophischer Kritik genügen könnte. Intersubjektivität ist das Kriterium, und zwar nicht nur in dem Sinne, daß das Ich immer schon auf ein Du als unverfügbares Geheimnis und nicht objektivierbare Anwesenheit bezogen ist, sondern auch in jenem Sinne, daß es als ein in geheimnisvoller Weise sich selbst enteignetes Wesen vom Du her allein sich in Empfang nehmen darf. In der Begegnung von Leib und Leib und in der geschlechtlichen Vereinigung

treffen Schicksal und Schicksal, Lebensgeschichte und Lebensgeschichte aufeinander und durchdringen sich in unerkennbarer Tiefe.
Das wird besonders deutlich in zufälligen sexuellen Begegnungen. In sie kann die Geschichte eines Lebens, kann das Schicksal nicht eingebracht werden. Prostitution in diesem Sinne ist ganz und gar geschichtslos. Sie kann deshalb bloß körperlich sein, ein Spiel im Verfügbaren, ein Warenaustausch, ein Verfahren im Bereich der Käuflichkeit.

Dem entspricht, daß das Unverfügbare in einer echten Begegnung durchsichtig werden und *bleiben* kann; hier wäre eine Phänomenologie der Erfahrungen *après* aufschlußreich. Ist das Verlangen prostitutiv befriedigt, wird der bloße Körper des Partners als ein Gegenstand erfahren, der alles Interesse verloren hat.

Der Moral in Theologie und Tradition ist in diesem Zusammenhang der Vorwurf zu machen, daß sie das Phänomen der Sexualität durch eine falsche Betrachtung ihrerseits pervertierte. Sie hat das Verlangen, das ein Mensch zu einem anderen empfinden kann, wenn nicht ausschließlich, so doch vorwiegend aus der Begierde, und das heißt eben: aus der Verfügbarkeit des anderen Körpers zu erklären versucht. Damit mißachtete sie, daß in der liebenden Vereinigung von Leib und Leib sich eine Innigkeit ergeben kann, die einen völlig begierdelosen, gelassenen Blick, eine gelassene Erfahrung des Vereinigtseins gewährt. In diesem Zusammenhang wird deutlich, daß die Gelassenheit, die sich selbst vergessen und gelassen hat, eine Voraussetzung zur Vereinigung ist; sie allein gewährt auch jene Durchsichtigkeit, die fähig ist, Gestalt wahrzunehmen. Dem entspricht, daß die Prostituierte als Gegenstand der Begierde, und zwar einer rein körperlich manipulierbaren Begierde, in käuflicher Objektivität, ganz und gar undurchsichtig bleibt. Genaugenommen besteht kein wesentlicher Unterschied zwischen einer Hure und dem Bidet, dessen Gebrauch ihre Verwendung empfehlenswert werden läßt.

Sobald ich aber anerkenne, daß die geliebte Frau für mich absolut unverfügbar bleibt, daß ich sie nie „erobern", geschweige denn „besitzen" kann, gewinne ich, oder genauer gesagt, wird mir eine Gelassenheit zuteil, die mich dazu befähigen kann, sie als das zu sehen, was sie ist, so, wie sie ist, sie anzurufen als den konkreten anderen Menschen, auf den ich angewiesen bin. Ich darf nun selber jene Frage sein, die nur durch sie beantwortet werden kann. Denn in dem Maße, in dem der Mensch dem Menschen als Frage begegnet, kann er allein durch die Liebe und Hingabe des anderen wahrhaft als Existenz beantwortet werden. Beide Partner einer solchen Vereinigung sind füreinander und für sich selbst in dieser Transzendenz ihrer selbst durchsichtig. Diese Transparenz ergibt sich aus der wechselseitigen Erfahrung und Anerkennung des Geheimnisses, das der andere als wahrhaft anderer ist. Das setzt natürlich voraus, daß man zurücktritt. Eine gewisse Verhaltenheit läßt Vereinigung überhaupt erst möglich werden.

Dieses Sich-Verhalten, ja Von-sich-Absehen, um dadurch dem anderen mehr oder minder, wenn möglich ganz absichtslos sich zu öffnen und entgegenzutreten, ist das Gegenteil einer Vergewaltigung. Es ist auch jener falschen Nähe, die äußerste Entfernung bedeuten kann, entgegengesetzt, die durch eine pansexuelle Propaganda provoziert und durch gewisse Moden unter den jungen Menschen unserer Tage verbreitet wird. Für eine echte Vereinigung ist der Wegfall der Unterscheidung, ja der Unterscheidbarkeit von innen und außen kennzeichnend. In dieser Erfahrung wird realisiert, was Leib als Einbezogensein, als immer schon Verbundensein mit dem anderen in letzter Wahrheit ist: Wesensgestalt des Menschen ohne Ausschluß irgend eines anderen Seienden, das umfassende Präsentsein in Gemeinschaft. Und gerade dies wird in der Erfahrung geschlechtlicher Vereinigung offenbar.

Eine genauere Analyse würde, wie gesagt, auch biologisch erkennbar werden lassen, daß die Zeugung eines Kindes im wesentlichen, das heißt, hinsichtlich des Wesens, das zur Welt kommen soll, vollkommen unverfügbar und absichtslos ist. Sätze wie „Ich zeuge einen Sohn" oder „Ich bringe eine Tochter zur Welt" sind in komischer Weise absurd. Auch wenn unsere biologischen Kenntnisse viel weiter reichen würden, bliebe die Wesensbestimmung des Lebens, das in der Vereinigung von Mann und Frau hervorgerufen wird, unbestimmt. Unter den Millionen von Spermatozoen, die notwendig sind, um die Eihaut aufzulösen, kann nur ein einziges, zufällig, eindringen und das Ei befruchten. Es kennzeichnet auch in dieser Hinsicht leibliche Existenz, daß sie unbestimmbar bleibt. So wie wir sind und als das, was wir sind, gelangen wir gleichsam durch einen Zufallstreffer ins Leben. Der Mensch entspringt dem Unerklärlichen, wesentlich absichtslos.

Dieses Geheimnis wird besonders deutlich in der Möglichkeit, die dem Menschen gegeben ist, es zu verletzen. Sicherlich wird es angetastet durch die verschiedenen Techniken der Empfängnisverhütung, die in sich eine höchst komplizierte, hier nicht aufzuklärende Problematik darstellen. Es wird verletzt in der Abtreibung, einem, wie immer man die Fragen wenden will, eindeutigen Mord. Dies ist nüchtern anzuerkennen, ohne daß wir damit die tragischen Möglichkeiten leugnen dürfen, die soziale oder medizinische Indikationen ratsam erscheinen lassen. In letzter Konsequenz läßt sich vielleicht sagen, daß diese Problematik, so tragisch sie auch ist, eine Scheinproblematik darstellt, weil sie etwas als verfügbar ausgibt, das der Verfügungsgewalt des Menschen in seinem Wesen entzogen bleibt. Diese Scheinproblematik entspricht der Scheinhaftigkeit des uneigentlichen, sich selber verstellten Daseins, der Absurdität des Selbstmordes. Freilich ist auch offenbar, daß hier moralische Urteile, Wertungen aufgrund anderer als letzter, ontologischer Prinzipien nur irreführen können.

VII.

Dies führt zu einer letzten Überlegung:

Wie zu bezweifeln ist, ob das Wesen des Leibes und damit leiblicher Vereinigung in den Beobachtungsmöglichkeiten und Kategorien heutiger psychologischer oder physiologischer Wissenschaft adäquat zu beschreiben ist, so kann mit Fug und Recht bestritten werden, daß Eros und Sexualität durch die Kriterien herkömmlicher Moral und traditioneller religiöser Ethik erfaßt, bestimmt und diszipliniert werden. Zumeist liegt den moralischen Postulaten ein unzulängliches Verständnis von leiblicher Existenz und leiblicher Leidenschaft, von Liebe zugrunde.

Vor allem bieten die Denkmöglichkeiten der Philosophien vorerst nur geringe Chancen, auch die leibliche Liebe als ein echtes Bewußtseinserleben, als „Erkennen" verstehen zu lernen. Dafür wäre es notwendig, die Erfahrung der Liebenden in einer ganz neuen Weise ernst zu nehmen, was wiederum voraussetzte, daß Liebende diese ihre Erfahrungen adäquat reflektieren und zur Sprache bringen könnten. Der alttestamentarische Ausdruck „... und Adam *erkannte* sein Weib" ist in diesem Zusammenhang von unüberbietbarer Genauigkeit, und zwar wechselseitig: klarer läßt sich nicht sagen, worum es in der leiblichen Vereinigung geht — und was Erkennen gewährt und gewährleistet. Wird der Leib in diesem Sinn als das Organ und die Gestalt einer universalen Kommunion verstanden, darf von ihm als einem erkennenden Leib gesprochen werden: das Organ des Erkennens, in dem alle sinnenhaften und geistigen Wahrnehmungsfähigkeiten integriert und der Wirklichkeit empfangend aufgetan sind.

Viele Beobachtungen sprechen jedenfalls dafür, daß zwei Menschen, die einander lieben, gleichsam leibhaft die äußersten existentiellen Möglichkeiten des Geliebten wahrzunehmen vermögen. Weit entfernt davon, blind zu sein, scheint Liebe geradezu hellsichtig für die Möglichkeiten des anderen Menschen zu machen. Dies muß nicht, kann aber eintreten.

Damit stellt sich ganz allgemein die Problematik, wie Liebe, sei es im Sinne des Alten Testaments oder in einer präziseren Form der Wahrnehmungslehre, als Erkennen verstanden werden kann. Es ist eine äußerst schwierige Frage. Sie läßt sich nicht einmal in ihren Voraussetzungen als eine möglicherweise sinnvolle Frage erklären. Sicher ist immerhin, daß damit nicht gemeint sein kann, Liebe sei, wie es *Spinoza* versuchte, mit vernunftmäßiger Erkenntnis zu identifizieren. Eine Annäherung an das Problem könnte vielmehr durch die Phänomenologie des Befremdetseins und jener Vorgänge erlangt werden, die zu einem schrittweisen, allmählich anwachsenden Vertrautwerden, ins Vertrauen und zum endgültigen Vertrautsein führen. Von ihnen her ließe sich vielleicht Liebe als ein Erkennen im Sinne eines Einsehens verstehen, das der unbegrenzbaren und durch Reflexion auch gar nicht bestimmbaren Dimension des Du gewahr zu werden vermag, eine Einsicht, die sich in gar keiner Weise objektivieren läßt. Dieses Erkennen läßt sich am ehesten unter dem Begriff der *„awareness"* erfassen, als inneres Bewußtwerden, nicht ein Bewußtsein von, sondern ein Gewahren, in dem ein mehr oder minder vollkommenes Einbezogensein, ja ein Einswerden mit dem geliebten Menschen geheimnisvoll Gestalt und offenbare Gewißheit annimmt.

Zu überlegen wäre wohl im Lichte dieser Vorfragen, ob eine ähnliche Form des Sich-auf-den-anderen-Einlassens — so daß ich sein Leben und damit auch seinen Leib als Zeitgestalt seines Lebens mir in einem rätselhaften Sinn aneigne; so daß ich bereit bin, sie auf mich zu nehmen, in sie einzugehen, sie mitzuerleiden und auf diese Weise zu erkennen — als grundlegende Disziplin vom ärztlichen Tun gefordert werden muß. Freilich, diese Disziplin ist nicht zu lehren und nicht zu lernen. Sie transzendiert, was Medizin wissenschaftlich zu tun vermag, radikal. Aber sicherlich gehört diese Disziplin einer nüchternen, hellsichtigen, mitleidenden Liebe zur unerläßlichen Voraussetzung, einem anderen Menschen helfen zu können, heil zu werden.

Ein Arzt, der behauptet, einen Patienten heilen zu können, ist in jedem Falle ein komische Figur. Aber ein Mensch, der einem anderen Menschen Trost zu spenden vermag, weil er mit ihm leidet, und der, auch wenn er alle medizinischen Künste einsetzt, selbst auf Hoffnung angewiesen ist, dadurch aber Hoffnung mitteilt, ist vielleicht imstande, einem kranken Menschen zur Heilung zu verhelfen. In seiner Demut und in seiner Hoffnung entbindet er jene Energien, die uns als Hoffnung zum Bewußtsein kommen, richtet er die Existenz des anderen Menschen auf das Heil aus. Letzten Endes ist jede echte Hoffnung Hoffnung auf Heil.

Und so könnte man vielleicht formulieren: Außer der Liebe bezieht sich jede Form des menschlichen Erkennens immer nur auf einige, nie auf alle Dimensionen unseres Wesens. Allein die Liebe und durch sie ermächtigt wirkliches Mitleiden kann sämtliche Dimensionen des Wesens und damit auch dessen äußerste Möglichkeit erfassen, einsehen und verstehen lernen. Die Schwierigkeit besteht natürlich darin, daß dadurch zwar das Erkennen des Leibes möglich wird, aber noch keine genaue Kenntnis des Körpers gegeben ist. Schwierig bleibt, daß sich dieses Erkennen-in-Liebe überhaupt nicht reflexiv objektivieren läßt, also ein Erkennen ohne jede auswertbare Erkenntnis bietet. Das berechtigt uns indessen nicht dazu, einem solchen Erkennen das Vertrauen zu entziehen.

Vielmehr ist Philosophie dazu verpflichtet, durch die unnachgiebige Reflexion auf die Bedingungen und begrenzten Möglichkeiten reflektiver Kenntnisnahme zu erklären, daß ein solches Erkennen möglich ist und daß uns nichts verbietet, es als ein echtes Erkennen für möglich zu halten. Alle Erkenntnisse, die wir sammeln können und wissenschaftlich sammeln müssen, erfahren ihre Vollendung in dieser Transzendenz eines alles mögliche Wissen übersteigenden Erkennens ohne Erkenntnis.

Ein solches Erkennen ist dem Leibe verbunden, ja es ist nahezu ununterscheidbar vom Gewahrwerden des Leibes, der in einem letzten Sinn nicht nur Möglichkeit oder gar Instrument unserer Begegnung mit anderen Menschen, sondern als Gestalt diese Erschlossenheit und diese Beziehung zu den anderen ist.

Um dies verständlich zu machen, sei noch einmal der Satz: „Dies hier ist mein Körper" reflektiert. Zwar fällt auf, daß er eine gewisse Distanz anzeigt, die das Possessivpronomen „mein" sinnvoll und eine Aneignung möglich werden läßt. Diese Kennzeichnung meines Körpers als *dieser da* betrifft jedoch nicht nur meinen Körper, sondern in gleicher Weise jeden Gegenstand meiner Umwelt. Die *Zusammengehörigkeit* meines Körpers mit der Umwelt macht meinen Leib aus. Doch das Denken muß noch einen Schritt weitergehen. Diese Zusammengehörigkeit ist lediglich *ein* Aspekt der Leibhaftigkeit. Wie gesagt worden ist, Leben sei immer mehr als Leben, so läßt sich auch sagen, der Körper als dieser mein Körper ist immer mehr als nur Körper; dieses „mehr" ist Entfaltung und Beziehung: es ist mein Leib. Denn als die Gestalt meiner lebendigen Anwesenheit in Zeit ist mein Leib immer schon einbezogen: die leidvoll, aber auch verheißungsvoll *offene* Beziehung zu allen.

VIII.

Diese Reflexionen sind vorläufig. Sie können lediglich einige Hinweise geben. Sie möchten Fragen wachrufen, die dem Denken den Weg weisen, auf dem es durch alle kritischen Reflexionen hindurch zur konkreten Existenz zurückfinden, ins Konkrete heimkehren kann. Diese Fragen können vorerst kaum gestellt und — wenn überhaupt —, erst von kommenden Generationen beantwortet werden. Es sei denn, mit dem Mut zur Frage erlischt auch jene Möglichkeit des Menschen, auf die alle Hoffnung gerichtet ist: Leibhaft aufgenommen zu werden in eine uns unausdenkbare Endgültigkeit, in der wir ganz da sein dürfen in der Wahrheit, die uns frei macht. Dies bedeutet Verwandlung. In ihr beginnt Befreiung.

Das Leibapriori der Erkenntnis
Eine erkenntnisanthropologische Betrachtung im Anschluß an Leibnizens Monadenlehre
Karl-Otto Apel, Frankfurt a. M.

Problemstellung an Hand der Leibnizschen Philosophie

Im folgenden soll der Versuch gemacht werden, eine Lücke im Problembewußtsein der traditionellen Erkenntnistheorie aufzuweisen, die ihre Ergänzung durch eine *Erkenntnisanthropologie* erforderlich macht.

Was hier als Problembewußtsein der traditionellen Erkenntnistheorie gemeint ist, läßt sich vielleicht am besten an der *Leibniz*schen Ergänzung des schon in der Scholastik (im Anschluß an *Aristoteles*, De anima, I, III, c. 8) aufgestellten und von *J. Locke* neu akzentuierten Grundsatzes des Sensualismus verdeutlichen. *Leibniz* formuliert ihn so („Nouveaux Essais", II, 1, 2): „Nihil est in intellectu quod non fuerit in sensu" und ergänzt: „Nisi ipse intellectus" (nichts ist im Verstand, was nicht zuvor in den Sinnen war — außer dem Verstand selbst).

Diese Formel wurde ebenso wie die *Leibniz*sche Unterscheidung von „vérités de fait" und „vérités de raison" (Erfahrungswahrheiten und Wahrheiten, die der Vernunft von selber einleuchten) immer als klassischer Ausdruck einer Synthese der empiristischen und der aprioristischen Motive der traditionellen Erkenntnistheorie empfunden, und man kann in der Tat ähnliche Synthesen der späteren Erkenntnistheorie, z. B. den Kantianismus und noch den logischen Positivismus, in ihrem Lichte interpretieren. Angesichts dieser repräsentativen geschichtlichen Bedeutung der *Leibniz*schen Formel scheint sie mir ein besonders geeigneter Angriffspunkt für den Versuch einer kritischen Infragestellung der Voraussetzungen der neuzeitlichen Erkenntnistheorie zu sein. Versuchen wir zunächst, ihren Sinn und ihre Tragweite im traditionellen Interpretationshorizont zu erfassen:

„Nichts ist im Verstand, was nicht zuvor in den Sinnen war, außer dem Verstand selbst." — Damit soll offenbar eine vollständige Disjunktion hinsichtlich des Empirischen und des Apriorischen in unserer Erkenntnis ausgesprochen werden: Auf der einen Seite handelt es sich um alles, was überhaupt erfahren werden kann, auf der anderen Seite um die selbst nicht erfahrbaren Bedingungen der Möglichkeit der Erfahrung. So etwa würde die Formel aus *Kant*ischer Sicht aufzufassen sein. Indes, hier stutzen wir schon und fragen: Wie steht es denn mit den Sinnen selbst? Gehören sie zu dem empirisch Vorfindlichen oder zu den Bedingungen der Möglichkeit der Erfahrung? Man sagt: Das Auge, das sieht, kann sich nicht selbst sehen. Demnach kann das Auge als Sinn nicht sinnlich erfahrbar sein, es muß zu den Bedingungen der Möglichkeit der Erfahrung gehören. Aber dort finden wir es bei *Leibniz* nicht erwähnt. Es heißt nicht: „Nihil in intellectu quod non fuerit in sensu nisi ipse sensus" (nichts ist im Verstand, was nicht zuvor in den Sinnen war, außer dem Sinn selbst). Ein solcher Satz würde auch sprachlich zumindest unelegant sein; denn die Vorstellung, daß der Sinn selbst „im Intellekt" ist oder zum Intellekt gehört, bereitet uns ebenso große Schwierigkeiten wie die Vorstellung, daß er zuvor in den Sinnen, d. h. empirisch vorfindlich gewesen sei.

Aber vielleicht hilft uns hier *Platon* weiter; er sagt einmal: Nicht das Auge sieht, sondern die Seele sieht durch das Auge oder mittels des Auges („Theaitetos", 184 d, 1-5). Demnach ließe die von uns soeben aufgeworfene Problematik sich vielleicht als eine nur scheinbare Schwierigkeit auflösen: Die im Auge als „ipse sensus" steckende, selbst nicht erfahrbare und insofern transzendentale Bedingung der Möglichkeit des Sehens würde letztlich doch mit dem „ipse intellectus" zusammenfallen, das Auge als körperliches Organ aber gehörte zu dem empirisch in der Welt Vorfindlichen. Solchermaßen wäre die *Leibniz*sche Formel in der Tat als vollständige Disjunktion hinsichtlich des Apriorischen und des Empirischen in der Erkenntnis aufzufassen und zu rechtfertigen.

Es ist an dieser Stelle nicht unwichtig, darauf hinzuweisen, daß die soeben erwogene Auflösung des Problems des „ipse sensus", d. h. die Interpretation der *Leibniz*schen Formel als vollständige Disjunktion, genau der von *Descartes* inthronisierten Subjekt-Objekt-Relation der neuzeitlichen Erkenntnistheorie entspricht. Diese geht gewissermaßen von der Fiktion aus, daß der erkennende Geist alles, was nicht er selbst ist, als prinzipiell vorfindlich sich gegenüberbringen und eben deshalb in seinem objektiven Zusammenhang erkennen kann.

Die neuzeitliche Philosophie und Wissenschaft übernimmt hier seit *Descartes* die platonische Trennung von Körper und Seele (und damit den Ansatz des psychophysischen Problems) in eben der verschärften Form, in der sie in ihrem Willen zur objektiven Verfügbarmachung der Welt die griechische Konzeption der Weltorientierung aus theoretischer Distanz fortsetzt.

Am ehesten könnte man die durchgängige Geltung dieser Grundvoraussetzungen neuzeitlichen Philosophierens bei *Leibniz* selbst in Zweifel ziehen. Hat er nicht gerade in der Kritik des kartesischen Dualismus von „res cogitans" und „res extensa" (denkendes und räumliches Ding) den monadologischen Ansatz seiner Metaphysik gefunden? Und werden die Monaden bei *Leibniz* nicht zugleich als Seelen und als „Sehepunkte" perspektivischer Weltrepräsentation verstanden?

Im Hinblick auf diese neuen Voraussetzungen der *Leibniz*schen Metaphysik könnte man vermuten, daß in der psychophysischen Problematik, insbesondere soweit sie erkenntnistheoretisch relevant wird, die Platonische Trennung von Körper und Seele bzw. die kartesische Trennung von Subjekt und Objekt völlig überwunden und durch einen andersartigen heuristischen Gesichtspunkt ersetzt wäre. Eine solche Erwartung unterschätzt indessen die phänomenale Basis des platonisch-kartesischen Dualismus und die zwingende Führkraft des daraus gewonnenen Subjekt-Objekt-Schemas für das wissenschaftliche Denken der Neuzeit. *Leibniz* sucht zwar im Begriff der Monade die metaphysische Einheit von Seele und Körper (wie auch von Subjekt und Außenwelt) zu denken, sieht sich aber zu gleicher Zeit genötigt, dem Aspektunterschied zwischen körperlicher Außenwelt und seelischer Innenwelt schärfer Rechnung zu tragen als irgendein Denker vor ihm. Dies geschieht in dem Theorem der prästabilierten Harmonie bzw. der idealen Abhängigkeit zwischen mechanistischer Ordnung der Körperwelt und finalistisch-moralischer Ordnung der seelischen Innenwelt der Monaden. (Vgl. z. B. „Principes de la nature et de la grace", § 3: „Es gibt eine vollkommene Harmonie zwischen den Vorstellungen der Monade und den Bewegungen der Körper, die von Anfang an zwischen den Systemen der wirkenden Ursachen und dem System der Finalgründe [Endursachen] aufgerichtet ist. Hierin besteht die Übereinstimmung und die physische Union von Leib und Seele, ohne welche eins die Gesetze des anderen würde ändern können.") In der damit verbundenen Ablehnung jeder realen Wechselwirkung zwischen Körper und Seele bzw. zwischen Subjekt und Außenwelt wird durchaus die letzte Konsequenz aus dem kartesischen Substanzendualismus gezogen.

Für die von uns zu erörternde erkenntnistheoretische Problematik hat dies zur Folge, daß die Monade, um die Welt perspektivisch vorzustellen, auch den eigenen Leib, der doch das Zentrum der Perspektive, den *point de vue*, bestimmt, noch erst vorstellen muß; denn gemäß der Sphärentrennung muß er, wie das ganze übrige Universum, in der Weise der inneren Repräsentation in der Monade enthalten sein. So kommt *Leibniz*, um zu erläutern, daß die Monade die Welt „gemäß dem point de vue ihres zugehörigen Leibes" vorstellt, zu folgender Formulierung:

> „Obgleich also jede geschaffene Monade die ganze Welt vorstellt, so stellt sie doch mit besonderer Deutlichkeit den Körper vor, der ihr speziell angewiesen ist und dessen Entelechie sie ausmacht. Und da dieser Körper infolge des Zusammenhangs der gesamten Materie in dem Erfüllten die ganze Welt ausdrückt, so stellt auch die Seele die ganze Welt vor, indem sie diesen Körper vorstellt, der ihr auf eine eigentümliche Weise zugehört" („Monadologie", § 62).

Hält man sich genau an die soeben zitierte Übersetzung des französischen Urtextes der Monadologie, so muß es zwei ganz verschiedene Arten der *Vorstellung* oder *Repräsentation* geben: einmal die perspektivische Vorstellung des Universums durch die Monade „gemäß der Beziehung, die die anderen Körper zu dem ihrigen haben ..." und zweitens die Vorstellung eben dieses eigenen Körpers, die offenbar ohne Gesichtspunkt, d. h. ohne leibvermittelte Perspektive, zu denken ist. Man kann freilich dieser Schwierigkeit entgehen, indem man *représenter* nicht mit „vorstellen", sondern im Sinne der „prästabilierten Harmonie mit „ausdrücken" oder „entsprechen" übersetzt: der Perzeptionsgehalt der Monade entspricht dann unmittelbar dem zugehörigen Körper, insbesondere der Funktion der Sinnesorgane; mittelbar, d. h. gemäß den Beziehungen dieses Körpers zu allen anderen Körpern, entspricht er dem Universum. In diesem Falle geht aber der subjektiv-erkenntnistheoretische oder, anders gesagt, der aktphänomenologisch nachvollziehbare Sinn von „point de vue" und perspektivischer Weltvorstellung verloren, und es bleibt nur die logisch-ontologische These der durchgängigen Entsprechung oder idealen Abhängigkeit des Seelischen und des Körperlichen.

Wie immer man hier interpretieren will: Zunächst steht fest, wie mir scheint, daß der historische *Leibniz* auch durch seine Konzeption der Monadenlehre in letzter Instanz die platonisch-kartesische Trennung der Sphären von Körper und Seele bzw. Subjekt und Objekt nicht aufhebt, sondern bestätigt. Wenn man freilich — unabhängig von der historisch richtigen *Leibniz*-Interpretation — den erkenntnistheoretischen Sinn der perspektivischen Repräsentation der Welt durch die Monade gemäß der Bedeutung von „point de vue" und „perception" (Wahrnehmung) nachvollziehen will, so ergibt sich eine bemerkenswerte systematische Schwierigkeit. Dann nämlich erhebt sich, wie schon angedeutet, die Frage, ob wirklich der eigene Leib der Monade, insofern als er den *point de vue* des *ipse sensus* darstellt, philosophisch genauso behandelt werden darf wie die objektiv gegebene Körperwelt.

Die platonisch-kartesische Aufteilung der Sphären verlangt diese Auffassung der Subjekt-Objekt-Relation, aber der Begriff einer perspektivischen und insofern immer schon leibbedingten Weltvorstellung verbietet sie; denn er läßt sich nicht ohne *regressus ad infinitum* (unendlich weites Zurückgehen) auf das Verhältnis des vorstellenden Subjekts zum eigenen Leib anwenden. Hier scheint vielmehr — als Bedingung der Möglichkeit des Begriffs einer „Weltvorstellung" — eine Identifikation des Erkenntnissubjekts mit dem Körper qua Leib gefordert, anders gesagt: ein „Den-Leib-Sein" statt „Den-Körper-(sich-gegenüber-)Haben" (*Podlech* 1956).

Eben dies war nun aber auch unser Bedenken, als wir angesichts der explizit erkenntnistheoretisch orientierten Formel der „Nouveaux essais" die Frage aufwarfen, ob hier tatsächlich eine vollständige Disjunktion des empirisch Vorfindlichen und der apriorischen Bedingungen der menschlichen Erkenntnis erreicht sei oder ob der *ipse sensus* gleichsam schon im Ansatz ausgespart sei.

Es stellt sich also, wie es scheint, heraus, daß *Leibniz* weder als Metaphysiker noch da, wo er in der Auseinandersetzung mit *Locke* die spezifisch erkenntniskritische Haltung einnimmt, eine phänomenologisch zureichende Begründung der perspektivischen Weltvorstellung der Monaden gegeben hat. Das Apriori des „intellectus" genügt nicht, wenn die menschliche Erkenntnis a priori perspektivisch ist, gefordert scheint vielmehr so etwas wie ein „Leibapriori".

Hiergegen könnte man nun von *Leibniz* her einwenden, die Postulierung eines erkenntnistheoretischen Leibaprioris als Bedingung der Möglichkeit perspektivischer Weltvorstellung unterschätze die Bedeutung der jederzeit möglichen Reflexion des „intellectus" auf den Leibstandort und damit auf den apriorischen Gesichtspunkt der perzeptiven Welthabe (Weltvorstellung). In der Tat unterscheidet *Leibniz* ja zwischen „Perzeption" und „Apperzeption". In der ersteren drückt sich gewissermaßen die Endlichkeit der leibgebundenen Weltvorstellung der Monade aus, in der letzteren dagegen die nur dem Menschen verliehene Teilhabe an den „ewigen Wahrheiten", d. h. seine Nachahmung der göttlichen Schöpfungsgedanken, welche die prästabilierte Harmonie der besten aller möglichen Welten begründen und jeder geschaffenen Monade ihr individuelles Wesen aus der Beziehung zu allen anderen zukommen lassen. (Vgl. „Vernunftprinzipien der Natur und der Gnade", § 14: „Der Geist ist nicht bloß ein Spiegel der Kreaturenwelt [d. h. des Geschaffenen], sondern auch ein Abbild der Gottheit [d. h. des Schöpfers]. Der Geist vermag die Werke Gottes nicht nur zu perzipieren, sondern er ist sogar fähig, etwas ihnen Ähnliches, obzwar nur im Kleinen zu produzieren ...") Indem der Mensch kraft der Apperzeption das Wesen der monadischen Individualität, d. h. ihrer leibgebundenen Vorstellungsperspektive, denken kann, übersteigt sein Intellekt — so könnte man sagen — jedes mögliche Leibapriori und degradiert es zu einem innerweltlich vorkommenden Standort.

In der Tat hat *Leibniz* selbst ein System der Monadologie gewissermaßen von einem (im Sinne *Plessners*) *exzentrischen* Standpunkt her gedacht; so, als ob er selbst als Philosoph nicht einer bestimmten geschaffenen Monade und ihrer leibzentrischen Perspektive verhaftet wäre, sondern sämtliche Perspektiven und ihre Leibzentren aus einem idealen Beziehungsgefüge her zu deduzieren vermöchte. Er hat freilich die erkenntnistheoretischen Bedingungen der Möglichkeit solcher philosophischen Theoriebildung nur sehr vage angedeutet: Einmal ist der Mensch als *imago dei* (Ebenbild Gottes) nach *Leibniz* imstande, die das Relationsgefüge der Monadenwelt kontinuierlich stiftenden Gedanken Gottes, d. h. der durch keinen Leibstandpunkt eingeschränkten Geistmonade, „in seiner kleinen Welt" nachzuahmen. *Leibniz* folgt hier wie schon *Nikolaus von Cues* dem alten neuplatonisch-pythagoreischen Topos, demzufolge Gott eine „unendliche Kugel" ist, „deren Mittelpunkt überall, deren Umfang nirgends ist" (vgl. hierzu *Mahnke* und „Vernunftprinzipien der Natur und der Gnade", § 14). Auf der anderen Seite bleibt er aber doch eben der durch die leibzentrische Perspektive bestimmten kleinen Welt verhaftet. Von diesem prinzipiellen Unterschied her gesehen, erhält die Konzeption der *exzentrisch* gedachten Welt der Monaden, von denen jede durch ihre Beziehungen zu allen anderen in ihrem individuellen Standpunkt festgelegt ist, den Charakter eines Gleichnisses, modern ausgedrückt: einer metaphysischen Chiffre, deren empirische Verifikation nicht erwartet werden kann.

Wir können und müssen hier, wie mir scheint, das Problem heute schärfer fassen: Inwiefern bzw. inwieweit ist der Mensch tatsächlich in der Lage, *exzentrisch* gedachte und empirisch verifizierbare Relationstheorien aufzustellen, Theorien also, in denen sein eigener Standpunkt der Weltvorstellung in der Weise objektiv verfügbar gemacht ist, daß er zu einem möglichen empirischen Datum wird?

Die Einsteinsche Relativitätstheorie als empirisch verifizierbares Modell einer exzentrisch gedachten Monadologie

Ein instruktives Modell exaktwissenschaftlicher Realisierung einer exzentrisch gedachten Monadologie scheint mir heute in der (*Einstein-*

schen) Relativitätstheorie vorzuliegen. Die durch ihren Leibgesichtspunkt charakterisierten Monaden *Leibniz*ens entsprechen hier den verschiedenen möglichen „Bezugssystemen" der Beobachter von räumlich-zeitlichen Ereignissen. Je nach dem gewählten „Bezugssystem" perzipiert jeder Beobachter — ganz wie *Leibniz* es vorschreibt — die „Welt" (d. h. das „Raum-Zeit-Kontinuum" im Sinne *Minkowskis*) „gemäß den Beziehungen seines Körpers zu allen anderen Körpern". Dabei wird die *Leibniz*sche These, daß jede Monade nur durch ihre Beziehungen zu allen anderen Monaden individualisiert sei, mit anderen Worten, daß zwischen den Weltinhalten der „fensterlosen Monaden" eine ideale Abhängigkeit, eine prästabilierte Harmonie, bestehe, durch die mathematische Transformationstheorie (*Lorenz*-Transformation) sichergestellt. So wie bei *Leibniz* Gott als „unendliche Kugel, deren Mittelpunkt überall ist", zwischen den Weltperspektiven aller Monaden gleichsam unparteiisch vermittelt, indem er an jeder teilnimmt und zugleich die Harmonie garantiert, so vermittelt in der Relativitätstheorie das Licht als universales Meßmedium zwischen den Raum-Zeit-Aspekten der verschiedenen Bezugssysteme. Indem es in jedem Inertialsystem als konstanter Faktor auftritt, gibt es prinzipiell jedem Beobachter recht und legitimiert seine Perspektive des Raum-Zeit-Kontinuums.

Man könnte diese Analogien zwischen Monadologie und Relativitätstheorie noch weiter ausspinnen: Der Umstand etwa, daß nach *Leibniz* die Monaden „fulgurations" (Ausblitzungen) der Gottheit sind (Monadologie", § 47), läßt hier an die Tradition der neuplatonischen Lichtmetaphysik denken. Wir wollen jedoch zu unserer erkenntnistheoretischen Problemstellung zurückkehren und nach den Bedingungen der Möglichkeit der Relativitätstheorie fragen.

Zunächst ist festzustellen, daß es in der Relativitätstheorie dem menschlichen Geist in der Tat gelungen ist, gewissermaßen aus *exzentrischer* Positionalität heraus ein Relationssystem zu denken, in dem der eigene leibzentrische Gesichtspunkt möglicher Weltvorstellung objektiv enthalten und dergestalt zu einem möglichen empirischen Datum geworden ist. Dieser Befund scheint gegen die Postulierung eines Leibaprioris der Erkenntnis zu sprechen. Letztlich scheint die Formel „Nihil in intellectu quod non fuerit in sensu nisi ipse intellectus" doch eine vollständige Disjunktion des Empirischen und Apriorischen in unserer Erkenntnis auszusprechen. Der exzentrische Geiststandpunkt des Menschen scheint in der Lage zu sein, den „ipse sensus", d. h. aber: den leibzentrischen Gesichtspunkt seiner perspektivischen Weltvorstellung, im Sinne der platonisch-kartesischen Sphärentrennung sich gegenüberzubringen und zum innerweltlichen Objekt zu machen.

In gewissem Sinne wird diese Annahme durch die Relativitätstheorie zweifellos erhärtet.

Es zeigt sich jedoch bei näherem Zusehen, daß auch schon die Relativitätstheorie die Objektivierung des Leibgesichtspunktes der Erkenntnis keineswegs unter den Voraussetzungen der traditionellen Erkenntnistheorie und ihrer Subjekt-Objekt-Relation bewerkstelligt. Wenn die Relativitätstheorie eine kontinuierliche Objektivation des Naturgeschehens einschließlich der leiblichen Voraussetzungen der Beobachtung zustande bringt, so gelingt ihr das nur unter Verzicht auf die unmittelbare „Vorstellbarkeit" der so theoretisch objektivierten „Welt". Das „Raum-Zeit-Kontinuum" kann sich niemand vorstellen. Die *Vorstellbarkeit* der Welt wird von *ihr* gerade im vorhinein von der Identifikation des erkennenden Subjekts mit der Leibvermittlung der Erkenntnis abhängig gemacht. Dies geschieht m. E. durch die philosophisch revolutionäre Voraussetzung, daß anschaulich-schematisierbare Begriffe, z. B. „hier", „jetzt", „Vergangenheit", „Gegenwart", „Zukunft", „Gleichzeitigkeit", in ihrem Sinn a priori über einen Eingriff des leibhaften Menschen in die Welt vermittelt sind und daher nicht vom exzentrischen reinen Bewußtsein quasi aus eigener Machtvollkommenheit gedacht werden können. Während die traditionelle Erkenntnistheorie dazu neigte, „Vorstellungsnotwendigkeiten", z. B. die Axiome der euklidischen Geometrie, als „Denknotwendigkeiten" auszugeben, geht *Einstein* (1917) faktisch davon aus, daß der Sinn der Begriffe, die den Vorstellungsnotwendigkeiten entsprechen, im Hinblick auf mögliche Messungen definiert werden muß, also z. B. der Sinn des Begriffs „gerade Linie" im Hinblick auf ihre mögliche Realisierung durch einen Lichtstrahl, dessen sich die Raum- und Zeitmessung als eines Maßstabes bedienen kann. Der Begriff der *Denknotwendigkeit* ist dementsprechend in der modernen mathematischen Logik von jeder inhaltlichen Erfüllung des symbolischen Denkens und seiner „impliziten Definitionen" radikal befreit worden.

Man wird bemerkt haben, daß ich soeben eine Eigenart der *Einstein*schen Methodologie, die gewöhnlich mit dem neopositivistischen „Verifikationsprinzip" oder auch mit dem Pragmatismus und seiner Konzeption des „operationalisierbaren Begriffs" zusammengebracht wird, in etwas eigenwilliger Weise unter dem Gesichtspunkt der apriorischen Leibvermittlung der anschaulich-schematisierbaren Erkenntnis, mit anderen Worten: der „Weltvorstellung", interpretiert habe. In der Tat scheint mir eine solche „erkenntnisanthropologische" Begriffsbildung geeignet, die revolutionären philosophischen Voraussetzungen der modernen Naturwissenschaft — und vielleicht sogar die von ihnen inspirierten philosophischen Gesichtspunkte des „Verifikationsprinzips" und des „operationalisierbaren Begriffs" — zunächst einmal aus dem Zusammenhang einer voreiligen (und bis jetzt erfolglosen) Entlarvung aller Metaphysik herauszudrehen. Eben dadurch soll aber zugleich auch jene Verharmlosung der Probleme vermieden werden, die sich m. E. in der These ausdrückt: Die moderne Physik habe seit *Einstein* lediglich ihre „Beschränkung auf das Meßbare" klar erkannt und dadurch eo ipso ihre Grundlagenproblematik von der einer philosophischen Erkenntnistheorie geschieden. Als ob das Messen eine philosophisch so belanglose Angelegenheit wäre. Es könnte ja sein, daß alles technisch-physikalische Messen in einem vorquantitativen „Sichmessen" des leibhaft existierenden Menschen mit der Welt gründet und alles Erkennen zumindest im Moment seiner anschaulich-schematisierbaren (materialen) Sinnkonstitution a priori über das leibhafte „Sichmessen" des Menschen mit der Welt vermittelt ist.

In dieser Richtung scheint mir in der Tat eine erkenntnisanthropologische Deutung der revolutionären Voraussetzungen der Relativitätstheorie sich bewegen zu müssen. Dies sei im Hinblick auf die Grundlagen des Zeitbegriffs noch etwas näher verdeutlicht:

Begriffe wie *Vergangenheit, Gegenwart, Zukunft* wird man im Sinne der traditionellen Erkenntnistheorie mit Recht für fundamentale Voraussetzungen aller Erfahrungen halten. Das heißt aber zugleich: Man wird geneigt sein, ihren Sinn durch reines Nachdenken, durch Reflexion auf das vor aller Erfahrung *Vorstellbare*, bestimmen zu wollen: Solches Nachdenken führt z. B. dazu, die „Gegenwart" als einen strenggenommenen unendlich kleinen „Augenblick" des Übergangs der Zukunft in die Vergangenheit zu definieren. Ist eine solche Definition berechtigt?

Ich habe absichtlich als Bezeichnung für den unendlich kleinen Übergang das Wort „Augenblick" gewählt. In diesem Wort bekundet sich nämlich ein gewisser Widerspruch zwischen dem anschaulichen Gehalt unserer Zeitbegriffe und dem reinen Denkpostulat eines Zeitkontinuums aus unendlich kleinen Zeitatomen. Der „Augenblick" ist seinem Wortsinn nach etwas anderes als ein bloß „gedachter" Zeitpunkt. Man könnte z. B. an *K. E. v. Baer*s berühmte Zeitfiktionen denken, in denen an Hand physiologischer Kriterien die Augenblicke der Erlebniszeit bei verschiedenen Tierarten ermittelt und auf Grund dieser Differenzen eine Art Monadologie oder Relativitätstheorie der möglichen Weltbilder entworfen wird — ein Gesichtspunkt, den *J. v. Uexküll* später in seiner erkenntnisbiologischen Umweltlehre verallgemeinert hat. Sollte man nicht wie *K. E. v. Baer* den Sinn der Begriffe „Augenblick" und

„Gegenwart" von der physiologisch bedingten Erlebniszeit des Menschen her definieren, wie sie z. B. für die Bildfolge eines Films maßgebend ist? Der Einwand hiergegen wird von dem Umstand ausgehen, daß der Mensch in der Lage ist, die Zeit objektiv zu messen. Er kann Zeitraffer und Zeitdehner konstruieren und dergestalt die Erlebniszeiten der verschiedensten Lebewesen — und unter diesen auch seine eigene — auf „die" Zeitordnung beziehen. Mit Recht wird er daher eine Definition der Zeitbestimmungen anstreben, die nicht im Sinn seiner zufälligen physiologischen Organisation subjektiv ist, sondern die Bedingungen der Möglichkeit der objektiven Zeitmessung verständlich macht. — Und dennoch wird er bei diesem Bestreben nicht allein auf sein Denkvermögen, sondern auf eine Analyse des „Augenblicks" im leibbezogenen Sinne dieses Wortes zurückgeführt.

Das philosophische Ärgernis der Relativitätstheorie besteht m. E. in der impliziten These, daß der Mensch die erkenntnistheoretischen Bedingungen der Möglichkeit seiner Raum- und Zeitbegriffe weder im widerspruchsfrei Denkbaren noch — mit *Kant* — in einer reinen Anschauung des „Bewußtseins überhaupt" zu begründen vermag, sondern auf die natürlichen Bedingungen „leibvermittelter Erkenntnis überhaupt" zurückgehen muß. Eine solche Bedingung, gewissermaßen ein empirisches Apriori der Erkenntnis, ist z. B. das Licht. Es läßt sich zwar selbst als materielles Naturphänomen erforschen und messen, ist aber zugleich, indem es sich jeder Relativierung auf ein Bezugssystem der Beobachtung entzieht, apriorische Bedingung der Möglichkeit allen Messens und insofern „leibvermittelter Erkenntnis überhaupt". Demgemäß gründet der Begriff des „Jetzt" als eines unendlich kurzen Übergangs zwischen Zukunft und Vergangenheit nicht in einer Denknotwendigkeit und in „reiner Zeitanschauung" offenbar nur insofern, als diese in unserer Vorstellung wegen der praktisch unendlich schnellen Ausbreitung des Lichtes in unserer gewohnten Meßumwelt von der Raumanschauung getrennt werden kann.

Berücksichtigt man die immer vorhandene räumliche Dimension dieser Meßumwelt, so ist auch der nicht empirisch-physiologisch relativierte „Augenblick" der Gegenwart ein endliches Zeitintervall, dessen Dauer durch den Abstand meines Leibes von den Ereignissen bedingt ist. Schon meine Kenntnisnahme der Ereignisse muß sich buchstäblich durch den „Blick" des Auges vermitteln, d. h. im günstigsten Falle durch das Medium des im Vakuum sich fortpflanzenden Lichtstrahls. Damit ist für mich alles, was am Ort der Ereignisse nach Aussendung des vermittelnden Lichtstrahls geschieht, „schon Gegenwart". Ich kann davon prinzipiell keine Kenntnis mehr erhalten. Derselben Vermittlung bedarf aber auch eine experimentell relevante Unterscheidung von Gegenwart und Zukunft, indem sie von der prinzipiellen Möglichkeit einer praktischen Beeinflussung der Ereignisse abhängt. So kommt es, daß etwa bei einer astronomischen Beobachtung mein „Augenblick" der Gegenwart ein Jahre dauerndes Geschehen im Bereich der Sterne umfassen kann. Alles, was in dieser Zeit dort passiert, ist für mich im Moment der Beobachtung „gleichzeitig mit meinem Beobachtungsakt"; es hat keinen Sinn, durch reines Denken etwas darüber ausmachen zu wollen, welche von den entfernten Ereignissen in diesem Zeitintervall mit meiner Beobachtung „an sich" gleichzeitig stattfinden. Freilich kann eine weit genauere, die genauestmögliche Feststellung der Gleichzeitigkeit meiner Beobachtung mit einem solchen Ereignis von einem Beobachter gemacht werden, der von meinem Standort und dem Ort der Ereignisse — sagen wir auf dem Sirius — gleich weit entfernt ist und für den die von mir und dort ausgesandten Lichtsignale in seinem „Augenblick" zusammenfallen. Die Vermitteltheit des Gleichzeitigkeitsbefunds durch das Medium des Lichtes bringt es indessen mit sich, daß ein solcher Beobachter, je nach seiner Bewegungsrichtung und Geschwindigkeit, sehr verschiedene Siriusereignisse als gleichzeitig mit meinem Beobachtungsakt bestimmen wird. Letztlich muß sich für alle Siriusereignisse, die im Sinne meiner Fernbeobachtung für mich „gleichzeitig mit meinem Beobachtungsakt" sind, ein Bezugssystem finden, für das sie auch im Sinne des Zusammenfalls empfangener Lichtsignale, also mit optimaler Genauigkeit, als gleichzeitig zu meinem Beobachtungsakt bestimmt werden können.

Dergestalt beruht die scheinbar paradoxe Divergenz des Gleichzeitigkeitsbefunds in relativ gegeneinander bewegten Bezugssystemen auf der Sinnvermitteltheit des Begriffs der „Gegenwart" bzw. der „Gleichzeitigkeit" durch das leibhafte „In-der-Welt-Sein" des erkennenden Menschen, anders gesagt: auf seinem Intendieren der Ereignisse im lichtvermittelten „Augen-Blick".

Kant kommt im „Beweis" seiner dritten „Analogie der Erfahrung" als „Grundsatz des Zugleichseins nach dem Gesetz der Wechselwirkung oder Gemeinschaft" den erkenntnisanthropologischen Voraussetzungen der Relativitätstheorie sehr nahe. So, wenn er schreibt, daß das Licht, welches zwischen unserem Auge und den Weltkörpern spielt, eine mittelbare Gemeinschaft zwischen uns und diesen bewirken und dadurch das Zugleichsein der letzteren beweisen" muß, „daß wir keinen Ort empirisch verändern (diese Veränderung wahrnehmen) können, ohne daß uns allerwärts Materie die Wahrnehmung unserer

Stelle möglich mache ..." („Kritik der reinen Vernunft", B 260). Was *Kant* daran hindert, die erkenntnisanthropologischen Konsequenzen hinsichtlich der apriorischen Vermittlung aller Raum- und Zeitbegriffe nicht nur durch reine Anschauung, sondern durch den Leibeingriff des Subjekts (im Sinne des perspektivischen Bezugssystems der möglichen Information durch Wechselwirkung) zu ziehen, dürfte in den folgenden drei Punkten auszudrücken sein: 1. *Kant* ging vom „absoluten Raum" *Newton*s aus, der durch reine Anschauung als unabhängig von der Zeit bestehende Ordnung des Gleichzeitigen vorgestellt werden kann, 2. *Kant* konnte — auch wegen seiner absoluten Raum- und Zeitvorstellung — keine Naturkonstanten als empirisches Apriori der möglichen Information vorstellen, z. B. die Begrenzung der Lichtgeschwindigkeit als des materiellen Mediums der Feststellung der Gleichzeitigkeit. 3. *Kant* war — wie *Leibniz* — dem kartesisch-platonischen Dualismus von Geist (transzendentalem Bewußtsein bzw. *mundus intelligibilis*) und Körperwelt (Erscheinungswelt bzw. *mundus sensibilis*) so weit verhaftet, daß er ein *Leibapriori*, das die Bedingungen der Möglichkeit der Anschauung und Begriffsbildung durch die individuelle Situation eines Beobachters im materiellen Universum vermittelt, nicht denken konnte — ebensowenig wie die Einheit einer intentionalen Handlung, die zugleich aus Freiheit (im Sinne der praktischen Vernunft) gesetzt und in ihren kausalen Erfolgen in der Erscheinungswelt dem Subjekt der praktischen Vernunft dem Subjekt der praktischen Vernunft zugerechnet werden könnte. — Im „Opus postumum" freilich sah *Kant* sich genötigt, das für eine Grundlegung der *empirischen* Naturwissenschaft (die mit Prinzipien „in einer Hand", „mit dem *Experiment* ... in der anderen an die Natur gehen" muß) unentbehrliche Leibapriori gewissermaßen durch den — immer noch kartesisch konzipierten — Begriff der „Selbstaffektion des Ich" zu ersetzen (*Hoppe* 1969).

Wir haben diese Betrachtungen angestellt, um die These zu verdeutlichen, daß in der Relativitätstheorie der menschliche Geist zwar gewissermaßen eine Monadologie ausgearbeitet hat, welche die möglichen Leibstandpunkte und Perspektiven aller Monaden in einer *objektiven Theorie* beherrscht, daß der solchermaßen *exzentrisch* denkende Geist dafür aber im vorhinein alle Vorstellbarkeit (d. h. alle anschauliche Schematisierbarkeit der Begriffe) aus seiner Idee des *theoretisch Objektiven* eliminiert und ihre Konstitution a priori von der Identifizierung des Bewußtseins mit einer leibzentrischen Perspektive abhängig gemacht hat. Im gewissen Sinne ist also in der Relativitätstheorie doch, und gerade in ihr zuerst, die Voraussetzung eines Leibaprioris der Erkenntnis anerkannt worden. Freilich wird diese Voraussetzung zugleich auf die vorläufige Stufe einer sozusagen präreflexiven Weltkonstitution beschränkt und in der reflexionsvermittelten Stufe der exzentrischen Theoriebildung gewissermaßen eleatisch-pythagoreisch „aufgehoben".

Die pythagoreische, d. h. mit Hilfe mathematischer Transformationssysteme im Sinne immer radikalerer Invarianzpostulate verwirklichte Annäherung an das eleatische Denkideal der „Ein-Fachheit" des denkbaren Seienden ist in der allgemeinen Relativitätstheorie noch wesentlich weiter vorangetrieben. Indem durch *Einstein* (1917) — nach der Identifikation von Masse und Energie in der speziellen Relativitätstheorie — auch noch schwere Masse und träge Masse und wiederum die Materie- bzw. Energieverteilung im Universum mit der geometrischen Raum-Zeit-Struktur wesensmäßig identifiziert wurde, erhält hier der Philosoph vielleicht erstmalig einen theoretisch vermittelten Begriff von der Fähigkeit des exzentrischen (potentiell unendlich reflexionsvermittelten) Geistes, durch Verzicht auf ein unmittelbares Nachverstehen der präreflexiven, leibvermittelten Welterschließung in ihrer anschaulich-bedeutsamen Mannigfaltigkeit dem Postulat des *Parmenides* zu entsprechen, und zwar so, daß dabei die notwendige Entfaltung der anschaulich-bedeutsamen Welt der „Doxa" (Vorstellung) prinzipiell mitbegriffen ist. (Vgl. hierzu *Becker* 1959, S. 34, über die „pythagoreische Notwendigkeit".)

Die Frage erhebt sich, ob vielleicht gemäß einer „Selbstaufstufung des Geistes" wie sie *Litt* (1948a, Kap. 13, 14; 1948b) im Gefolge *Hegels* annimmt, auf allen Gebieten der Erkenntnis eine „Aufhebung" der präreflexiven, leibzentrisch bedingten Weltkonstitution zugunsten einer reflexionsvermittelten, exzentrischen Theoriebildung erwartet werden kann, womöglich so, daß dabei schließlich alle wissenschaftlichen Theoriebildungen selbst wieder in einer abschließenden philosophischen „aufgehoben" werden. In diesem Fall würde die Identifikation des menschlichen Bewußtseins mit dem Leibapriori, die zur Konstitution des anschaulich schematisierbaren Weltbildes erforderlich ist, durch die Selbstaufstufung des erkennenden Geistes in der Philosophie schließlich doch zugunsten einer klaren Disjunktion des Empirisch-Zufälligen und des *intellectus* als des einzig relevanten Aprioris rückgängig gemacht, und die *Leibniz*sche Formel, von der wir ausgehen, könnte als das letzte Wort der Erkenntnistheorie angesprochen werden.

Für diese Erwartung scheint zu sprechen, daß wir bei philosophischer Besinnung auf diese Probleme immer schon, gewissermaßen

59

ohne unser Zutun, eine Reflexionsstufe erklommen haben, die sogar die exzentrischen Theoriebildungen der Wissenschaft prinzipiell übersteigt, geschweige denn die leibzentrischen Perspektiven der vorwissenschaftlichen Weltkonstitution.

Hier muß indessen daran erinnert werden, daß die Relativitätstheorie nur deshalb als Aufhebung des Leibaprioris in das Apriori des *ipse intellectus* gedeutet werden konnte, weil sie eine empirisch verifizierbare Theorie ist. Als solche vermag sie in ihrem Rahmen tatsächlich den „Gesichtspunkt" jeder möglichen monadischen Weltperspektive, d. h. jedes mögliche Bezugssystem der Raum- und Zeitmessung, gemäß einer invarianten Form der Naturgesetze als innerweltlich vorkommenden Fall abzuleiten und somit gewissermaßen zum Objekt des *ipse intellectus* zu degradieren. In Anknüpfung an *Mahnkes Leibniz*-Interpretation (1925) könnte man sagen: In der Relativitätstheorie ist tatsächlich die „Individualmetaphysik" (*Leibni*zens in seiner „Universalmathematik" „aufgehoben".

Demgegenüber ist die „Selbstaufstufung des Geistes" die in der philosophischen Reflexion auf die wissenschaftliche und vorwissenschaftliche Erkenntnis immer schon vollzogen ist, gewissermaßen nur eine formale Antizipation der Aufhebung des Konkreten im Allgemeinen, und es ist zumindest sehr fraglich, ob die philosophische Besinnung des Menschen überhaupt die Erwartung hegen kann, irgendwann einmal die konkreten Erfahrungen des Daseins aus einer Theorie ableiten zu können.

Wenn aber eine theoretisch allgemeingültige Philosophie sich prinzipiell mit der formalen Reflexion zu begnügen hätte — und auch Litt (1948a, S. 336) scheint dieser Meinung zu sein —, so wäre damit m. E. auch schon entschieden, daß sie neben dem „Bewußtsein überhaupt" als der Bedingung der Möglichkeit ihrer formalen Reflexion das präreflexive Apriori des Leibgesichtspunktes als unaufhebbare Bedingung der Möglichkeit allen materialen (anschaulich-bedeutsamen) Weltgehalts anzuerkennen hat.

Für die Klärung der hier aufgeworfenen Fragen hängt offenbar viel davon ab, die mannigfaltigen konkreten Welterfahrungen, deren theoretische Reflexion in der Philosophie zum Abschluß kommt, in ihrer leibvermittelten Konstitution möglichst genau kennenzulernen. In dieser Hinsicht scheint mir heute die philosophische Erkenntnistheorie darauf angewiesen zu sein, ihre Analyse durch die Grundlagendiskussion der Einzelwissenschaften und ihre exemplarischen Problemisolierungen zu vermitteln. Wir wollen daher neben der Relativitätstheorie noch weitere instruktive Modelle einzelwissenschaftlicher Erkenntnis betrachten, ehe wir die Frage des Leibaprioris im Sinne einer philosophischen Erkenntnisanthropologie zu beantworten versuchen.

Die Unaufhebbarkeit des Leibaprioris der Erkenntnis in der Mikrophysik

Bis jetzt ist eine für unser Thema wesentliche Frage, die sich aus der Betrachtung der Relativitätstheorie ergibt, noch nicht zureichend beantwortet. Sie lautet: *Warum* konnte im Rahmen der physikalischen Relativitätstheorie eine rationale Objektivation des Leibaprioris der anschaulich-schematisierbaren Erkenntnis in einem exzentrisch gedachten und empirisch verifizierbaren Relationssystem erreicht werden? Lag dies einfach nur daran, daß hier umgekehrt zum erstenmal die Abhängigkeit der anschaulich-schematisierten Weltvorstellung vom Leibstandpunkt prinzipiell anerkannt und mathematisch präzis, d. h. als ein Meßproblem berücksichtigt wurde? Führt der Verzicht auf die Identifikation des anschaulich Verstehbaren oder wenigstens Vorstellbaren mit dem theoretisch Denkbaren notwendig zu einer theoretisch objektiven, sozusagen eleatisch-pythagoreischen *Aufhebung* der möglichen Beobachtungsperspektiven und ihrer Weltaspekte in einem mathematischen Transformationssystem?

Dagegen spricht die erkenntnistheoretische Situation der Mikrophysik. Auch die Quantentheorie ist eine exzentrisch gedachte, d. h. durch eine prinzipielle Reflexion auf den Beobachtungsakt vermittelte Theorie. In dieser Hinsicht setzt sie die erkenntnis-theoretische Revolution der Relativitätstheorie fort, ja bringt sie in vieler Hinsicht erst zum methodologischen Selbstbewußtsein. So ist es kein Zufall, daß meines Wissens erst die Vertreter der Kopenhagener Schule wie *Heisenberg* und *C. Fr. v. Weizsäcker* die konsequente Interpretation der Relativitätstheorie vom lichtvermittelten Meßeingriff des Beobachters her, d. h. im Hinblick auf das endliche Intervall des Augenblicks zwischen der passiv zu akzeptierenden Vergangenheit (sozusagen der „Merkwelt" im Sinne *v. Uexkülls*) und der aktiv beeinflußbaren Zukunft (sozusagen der „Wirkwelt" im Sinne *v. Uexkülls*), in Angriff genommen haben (*Heisenberg* 1945, S. 8 f.; 1959, S. 87 ff.).

Trotzdem gelangt die Quantentheorie nicht zur vollen, empirisch verifizierbaren Aufhebung der Leibvermittlung der Beobachtungsresultate in der mathematischen Theorie eines objektiven Kontinuums der Natur. Auch rein gedanklich, also bei Verzicht auf die anschauliche Vorstellung, kann die Quantentheorie die reinliche Trennung des Subjekts vom Objekt der Erkenntnis nicht mehr durchführen.

Genauer: Sie kann die Subjekt-Objekt-Trennung nur noch in der Ebene der statistischen Erklärung des Verhaltens von Teilchenmengen zur Geltung bringen, nicht aber in bezug auf die Beobachtung des einzelnen Teilchens. Die gegenüber allen Transformationen invarianten Gebilde (anders gesagt: die Symmetrieeigenschaften) ihres mathematischen Formalismus repräsentieren zwar, ähnlich wie in der Relativitätstheorie, die Objektivität der Naturgesetze, aber diese Objektivität umfaßt nicht mehr die Realität der Beobachtungstatsachen, sondern bedeutet im Hinblick auf diese nur eine „Potenz" der Materie, wie *Heisenberg* (1959, S. 25) in Anknüpfung an *Aristoteles* sagt. Die mathematische Theorie stellt in der Weise der Wahrscheinlichkeitsfunktion die quantitative Form einer objektiven Möglichkeit dar, aber diese Möglichkeit bedarf der Realisierung (Aktualisierung) durch den irreversiblen Akt der Beobachtung, der die Wahrscheinlichkeitsfunktion unstetig ändert. *Heisenberg* formuliert dies folgendermaßen (S. 112):

„Es ist der faktische Charakter eines mit den Begriffen des täglichen Lebens beschreibbaren Ereignisses, der im mathematischen Formalismus der Quantentheorie nicht ohne weiteres enthalten ist und der in ihre Kopenhagener Interpretation durch die Einführung des Beobachters eingeht."

Hier haben wir also, im Zusammenhang unserer Problematik gesehen, zum erstenmal den Fall einer reflexionsvermittelten, d. h. exzentrisch gedachten Theorie, in der neben dem Apriori des exzentrisch denkenden *ipse intellectus* auch noch das zentrische Apriori des leibvermittelten Beobachtungsaktes und seiner anschaulich-schematisierbaren Begrifflichkeit eigens berücksichtigt werden muß. Die unanschauliche mathematische Theoriebildung des *ipse intellectus* vermag die Bedingungen der Möglichkeit der faktischen Konstitution der Phänomene nicht objektiv aufzuheben: das zeigt sich unter anderem auch darin, daß die Begriffssprache des Experimentalphysikers eigenständig neben der mathematischen Präzisionssprache des Theoretikers stehenbleibt; zwischen beiden vermittelt die *Bohr*sche Korrespondenztheorie. Dergestalt muß die Mikrophysik gewissermaßen beide apriorischen Bedingungen der Erkenntnis durcheinander vermitteln, oder anders ausgedrückt: Das Erkennen ist vom handelnden Eingriff in die Welt prinzipiell nicht mehr zu trennen, und darin liegt die Aufhebung der kartesischen Subjekt-Objekt-Trennung.

Für uns erhebt sich nun die Frage, wie wir die allgemeine philosophische Bedeutung dieser erkenntnistheoretischen Situation der Mikrophysik einzuschätzen haben; ist sie spezieller oder allgemeingültiger als die der Relativitätstheorie?

Vom Standpunkt der Naturwissenschaft her gilt heute wohl allgemein die mikrophysikalische Theoriebildung als die allgemeingültigere und tiefer dringende; sie enthält die makrophysikalische Theorie eines objektiven Kontinuums der Natur als vereinfachten Grenzfall in sich, der dann in sein Recht tritt, wenn der erkennende Mensch nicht mit einzelnen Atomen, sondern mit riesigen Aggregaten derselben, d. h. eben mit den „Dingen" des Alltags, zu tun hat.

Man könnte jedoch gerade hieraus den Schluß ziehen, für die Grundsituation der vorwissenschaftlichen Erkenntnis und damit auch für die Geisteswissenschaften, sofern sie mit dem Nachverstehen der vorwissenschaftlichen Weltdeutung befaßt sind, sei — mutatis mutandis — die makrophysikalische Vereinfachung des Erkenntnisproblems das maßgebende Modell, d. h. also die Subjekt-Objekt-Trennung der klassischen Erkenntnistheorie. Schließlich hat es doch die vorwissenschaftliche Erkenntnis — so wird man vielleicht sagen — mit den „Dingen" des Alltags und nicht mit Elementarteilchen im Sinne der Mikrophysik zu tun.

Demgegenüber soll hier ausdrücklich die These vertreten werden, daß die mikrophysikalische Erkenntnissituation — in extremer Zuspitzung zwar, aber um so instruktiver — die Grundsituation der menschlichen Weltdeutung sichtbar macht, eine Situation, die weder die Geisteswissenschaften noch die Philosophie in einer objektiven Theoriebildung aufzuheben vermögen. Die in der klassischen Makrophysik sowie in der traditionellen philosophischen Erkenntnistheorie zugrundegelegte Subjekt-Objekt-Trennung und die entsprechende Disjunktion des Apriorischen und Empirischen stellen m. E. eine Idealisierung der Verhältnisse dar, die nur auf den Spezialfall der technischen Verfügbarmachung der Umweltdinge zugeschnitten ist. Dies gilt es näher zu begründen.

Das Leibapriori der geisteswissenschaftlich relevanten Weltkonstitution: Vermittlung des Weltsinns durch (existentielle) Praxis

Um die Analogie der mikrophysikalischen Erkenntnissituation zu der Grundsituation menschlicher Weltdeutung überhaupt wahrzunehmen, müssen wir unser Augenmerk auf die anschaulich-schematisierbaren Begriffe richten, mit deren Hilfe in der Mikrophysik die experimentellen Beobachtungen beschrieben werden müssen. Sie sind aus der klassischen Makrophysik entnommen, treten aber in ein neues Verhältnis zueinander, das *Niels Bohr* in der Kategorie der *Komplementa-*

rität fixiert hat. Damit soll gesagt sein, daß die makrophysikalischen Begriffe in der Mikrophysik so verwandt werden müssen, daß sie einander ausschließende, aber auch ergänzende Aspekte der Wirklichkeit konstituieren. Dafür, daß die Aspekte einander ausschließen, müssen wir — im Sinne unserer erkenntnisanthropologischen Begriffsbildung — das *zentrische Apriori* des Leibeingriffs verantwortlich machen, der an sich mit jeder Beobachtung notwendig verbunden ist und in der Mikrophysik zum provozierenden Störeingriff wird. Dafür andererseits, daß die einander ausschließenden Aspekte einander (auch) ergänzen, dürfen wir das Apriori der mathematischen Theoriebildung verantwortlich machen, durch die der *exzentrisch* denkende *ipse intellectus* gewissermaßen ohne Rücksicht auf die vorstellungsmäßige Vereinbarkeit der komplementären Aspekte in die Sache eindringt.

Bei unserer beabsichtigten Analogiebildung steht im Vordergrund die zuerst genannte Seite des Komplementaritätsphänomens: das wechselseitige Sichverdrängen der anschaulich-schematisierbaren Weltaspekte. Von dieser Seite der Aspektkomplementarität soll behauptet werden, daß sie schlechterdings das Urphänomen unseres alltäglichen, vorwissenschaftlichen Weltverstehens kennzeichnet, ein Moment, das z. B. *Heidegger* in der dialektischen Identifizierung der Begriffe „Entdecken" und „Verdecken", „Lichten" und „Verbergen", letztlich „Wahrheit" als „Offenbarkeit" und „Unwahrheit" als „Verborgenheit" zu treffen sucht. Daß die einander ausschließenden Aspekte des Weltverstehens einander auch ergänzen, gilt dagegen nur in allgemeinster Form auch für unser vorwissenschaftliches Weltverständnis. In der *Hegel*schen Dialektik ist diese allgemeine Ergänzung zwar theoretisch systematisiert; aber es wird sich zeigen, daß diese dialektische Ergänzung einen völlig anderen Charakter hat als die theoretische Ergänzung der Vorstellungsmodelle in der Mikrophysik.

Im Sinne unserer Hauptthese ist aber nun zu beweisen, daß die entdeckend-verdeckende Weltkonstitution des vorwissenschaftlichen Alltags und noch der Philosophie (sofern diese ein „Weltbild" stiftet) auf demselben Primat des Leibaprioris der Erkenntnis, gewissermaßen auf dem Einbruch des leibhaften Menschen in die Welt, beruht, der in der Mikrophysik als prinzipiell nicht korrigierbarer Störeingriff des Beobachters in das atomare Geschehen sich bemerkbar macht. Dieser Gedanke stößt zunächst auf großen Widerstand, weil wir, wie im vorigen bereits angedeutet, eher geneigt sind, die makrophysikalische Objektivierung der Dingwelt als Modell unserer alltäglichen Erkenntnis zu akzeptieren als die höchst künstliche Provozierung von Beobachtungsaspekten an Vorgängen der Mikrowelt, die normalerweise unsichtbar sind.

Zwar wird man nach den methodologischen Einsichten der Mikrophysik nicht leugnen können, daß jede alltägliche Sinneswahrnehmung des Menschen mit einem selbst prinzipiell nicht wahrnehmbaren Leibeingriff des Menschen in die Welt verbunden ist. Wie aber läßt sich denken, daß dieser mikrophysikalisch dimensionierte Leibeingriff in der Alltagserkenntnis eine a priori weltkonstitutive Rolle spielen könnte? Hier haben wir es doch — so wird man sagen — mit der makrophysikalisch erforschbaren Umwelt, d. h. mit jenen Meßbereichen zu tun, bei denen sogar die exakte Naturwissenschaft ihren Beobachtungseingriff als prinzipiell aus dem Resultat herauskorrigierbaren Meßfehler behandeln kann. Wie sollte dieser Beobachtungseingriff also in der schlichten Wahrnehmung des Alltags in unaufhebbarer Weise an der Gegenstandskonstitution beteiligt sein?

Allein: Trifft es wirklich zu, daß wir in der vorwissenschaftlichen, schlichten Weltwahrnehmung primär mit der makrophysikalisch erforschbaren Welt zu tun haben? Oder ist hier vielleicht durch die traditionelle Schematisierung des Erkenntnis-„Gegenstandes" als „Ding" im mathematisch meßbaren Raum eine falsche Voraussetzung ins Spiel gekommen?

Hier verbirgt sich m. E. eine tiefe Zweideutigkeit in der Begriffsbildung der traditionellen Erkenntnistheorie, die man am besten an Hand eines Beispieles zum Vorschein bringt. *Leibniz* illustriert im § 57 der Monadologie seine Lehre von der perspektivischen Weltwahrnehmung bzw. Weltvorstellung am Beispiel einer Stadt, die, von verschiedenen Standpunkten aus betrachtet, „immer wieder anders und gleichsam perspektivisch vervielfältigt erscheint". Nur allzuleicht wird man geneigt sein, die erkenntnistheoretische Bedeutung dieses Bildes und damit auch das ganze Problem des Perspektivismus im Sinne der geometrischen Projektionsmöglichkeiten eines Dinges zu Ende zu denken. Damit wird aber, wie wir jetzt betonen müssen, das monadologische Problem der individuellen Weltaspekte derart verharmlost, daß das *Leibniz*sche Modell für die philosophische Behandlung der sog. Weltanschauungsfragen geradezu untauglich wird. Als geometrische Projektion betrachtet, läßt sich jeder Weltaspekt aus der mathematischen Theorie im vorhinein ableiten; das gilt selbst dann noch, wenn bei der Voraussetzung gegeneinander bewegter Systeme (d. h. also der Stadt und ihres Betrachters) die Zeitdimension als 4. Koordinate ins Spiel kommt. Der Leibstandpunkt des Erkenntnissubjekts und seine zugehörige „Welt-Anschauung" lassen sich in dieser mathematisch-physikalischen Behandlung des Perspektivismusproblems stets eleatisch-pythagoreisch in einer Theoriebildung des exzentrischen *ipse intellectus*

„aufheben". Wir haben eben diese eleatisch-pythagoreische Aufhebung der *Leibniz*schen Problematik in der Relativitätstheorie im vorigen kurz verdeutlicht.

Jetzt gilt es demgegenüber, die geisteswissenschaftlich relevante Aspektkonstitution der Monade ins Auge zu fassen. Wir können durchaus das *Leibniz*sche Beispiel der Stadt und ihrer mannigfaltigen Aspekte festhalten, müssen aber berücksichtigen, daß diese Aspekte nur dann exzentrischer Theoriebildung im strengen Sinne zugänglich sind, wenn man die Stadt lediglich unter dem Gesichtspunkt eines Vermessungsingenieurs betrachtet. Allgemeiner und radikaler gesagt: Nur wenn im vorhinein auf das technisch Relevante hin abstrahiert wird, fügt sich das Weltbild der alltäglichen „Dinge" jener der Physik entlehnten erkenntnistheoretischen Idealisierung, die jeden Aspekt in das objektive Kontinuum der einen „Außenwelt" einordnet. Wenn aber z. B. von dem Aspekt einer Stadt die Rede ist, der sich einem bestimmten Maler eröffnet hat, so erhält dieser Aspekt das Eigengewicht einer einmaligen, individuellen Weltkonstitution, die prinzipiell durch keine Theoriebildung in einem allgemeinen System möglicher Aspekte „aufgehoben" werden kann. Die Wahrnehmung des Malers steht aber repräsentativ für das Problem jeder echten vorwissenschaftlichen Weltwahrnehmung bzw. anschaulich-bedeutsamen Weltvorstellung.

Hier von Aspekten „der" Welt zu reden ist nur möglich, wenn man dabei das Modell eines makrophysikalisch strukturierten Dings oder Aspektkontinuums als irrelevant völlig beiseite läßt. Man wird vielleicht hinzufügen wollen, genauso irrelevant sei hier das mikrophysikalische Modell der komplementären Aspekte, es handle sich eben um etwas ganz anderes. Nun, mir scheint, der Unterschied einer geisteswissenschaftlich relevanten „Wahrnehmung" von der Weltkonstitution des mikrophysikalischen Beobachtungseingriffs läßt sich gerade dann am schärfsten bestimmen, wenn man gleichwohl bestehende Analogiezüge auf der Gegensatzfolie der makrophysikalisch orientierten Subjekt-Objekt-Relation der traditionellen Erkenntnistheorie hervorhebt.

Verzichtet werden muß in beiden Fällen auf die Vorstellung eines objektiven Kontinuums der Außenwelt, dessen perspektivische Vervielfältigung prinzipiell unter die Kontrolle des theoretisch-distanzierten Bewußtseins fällt. Statt dessen treten objektiv unvereinbare (komplementäre) Weltaspekte auf, deren Verständnis an die Identifizierung des Bewußtseins mit der Leibvermittlung seiner Wahrnehmungsperspektive gebunden bleibt. Man kann m. E. sogar so weit gehen, im Falle der vorwissenschaftlichen Wahrnehmung wie im Falle des mikrophysikalischen Experiments von einem prinzipiell nicht korrigierbaren Leibeingriff in die Welt zu reden, der mit jeder Aspektkonstitution verbunden ist.

Wenn ich z. B. ein bedeutsames Lächeln eines anderen Menschen auffange, so bewegt sich die dabei einschlägige Leibvermittlung der sich kreuzenden Blicke zweifellos nicht im Meßbereich der Makrophysik. *Bohr* hat gelegentlich darauf hingewiesen, daß „die Empfindlichkeit des Auges die absolute Grenze erreicht, die durch den atomistischen Charakter der Lichtphänomene gesetzt ist", d. h. daß „die Absorption von ganz wenigen Lichtquanten, vielleicht sogar von einem einzigen Lichtquant durch ein solches Netzhautelement hinreicht, um einen Gesichtsausdruck hervorzubringen" („Atomphysik und menschliche Erkenntnis", S. 8; vgl. auch „Atomtheorie und Naturbeschreibung", S. 13 u. 76.) Wir müssen demnach damit rechnen, daß unsere alltäglichen Wahrnehmungen keineswegs nur mit makrophysikalisch idealisierbaren Kollektivphänomenen der Materie befaßt sind; in jedem nicht nur technisch relevanten Fall dürfte es sich vielmehr um individuell-organische Ausdrucksphänomene handeln, die in ihrer Leibhaftigkeit durch mikrophysikalisch feine Steuerungszentren bestimmt sind (*Jordan* 1938), und dies nicht etwa nur deshalb, weil der „Gegenstand" der Wahrnehmung oft selbst ein Organismus ist, sondern allein schon deswegen, weil die subjektive Konstitution des Anblicks stets in organischer Weise leibvermittelt ist — so etwa im Falle der Malerperspektive.

Die dadurch bedingte prinzipielle Einzigartigkeit und Unvoraussehbarkeit der jeweiligen Weltkonstitution geht nur im Falle der Abstraktion auf bloße Meßbarkeit im objektiven Kontinuum der einen Außenwelt und ihrer sog. „Dinge" gleichsam unter. In der Quantentheorie freilich ist die messende Physik selbst an den Punkt gelangt, wo auch schon der bloße Akt des Messens sich als in unvorhersehbarer Weise weltkonstitutiv erweist. Der weltkonstitutive Leibeingriff, der prinzipiell mit jeder Wahrnehmung verbunden ist, wird hier plötzlich in dem (defizienten) Modus der Wahrnehmung, in dem er bisher vernachlässigt werden konnte, im Bereich des Messens nämlich, in sensationeller Form auffällig. Und damit fällt allerdings ein ganz neues Licht auf die Problematik der alltäglichen Wahrnehmung, deren erkenntnistheoretische Deutung bis dahin nur allzu voreilig der methodischen Idealisierung der Erkenntnissituation in der Makrophysik gefolgt war. Diese Idealisierung ist das Kennzeichen der beginnenden Neuzeit als des Zeitalters der *Weltvorstellung*. So wurde z. B. die Theorie der Malerperspektive nicht zufällig im 15. Jahrhundert von Künstlertechnikern ausgebildet, die gleichzeitig als Vorläufer *Galileis* und der modernen Makrophysik angesprochen werden können. *Nikolaus von Kues*, der Freund dieser italienischen Künstlertechniker, führte die perspektivische Denkmethode im großen Stil in die Metaphysik ein.

Wir berühren hier, wie mir scheint, die Grundlage der möglichen Analogie zwischen mikrophysikalischer und geisteswissenschaftlich relevanter Erkenntnisproblematik und damit zugleich auch das Prinzip des Unterschiedes zwischen beiden Erkenntnisweisen.

Gemeinsam ist in *beiden Fällen der erkenntnisanthropologische* Befund einer *prinzipiell unvoraussehbaren Weltkonstitution*, welche offensichtlich durch das Leibapriori der anschaulich-schematisierbaren Erkenntnis bedingt ist. Die Mikrophysik spricht von einem irreversiblen Beobachtungsakt, dessen Ergebnis die Wahrscheinlichkeitsfunktion der mathematischen Theorie unstetig ändert (*Heisenberg* 1959, S. 37, 112). Die Geisteswissenschaften müssen mit menschlichen Wahrnehmungen rechnen, durch die unser Weltbild in epochemachender Weise verändert wird. In dieser Gegenüberstellung deutet sich indessen auch schon der prinzipielle Unterschied an: Wenn schon der Beobachtungsakt auch in der Mikrophysik irreversibel ist und insofern der Geschichtlichkeit des menschlichen Daseins unterliegt, wie insbesondere *C. Fr. v. Weizsäcker* (1948) gezeigt hat, so wird er doch durch dieselbe Wahrscheinlichkeitsfunktion der Quantentheorie, in welcher sich die prinzipielle Unvoraussehbarkeit des Beobachtungsresultates ausdrückt, aus seiner geschichtlichen Einzigartigkeit herausgenommen und einer gesetzmäßigen Verfügbarkeit im Rahmen einer Gesamtheit möglicher Vorgänge unterworfen.

Ähnlich ergeht es den anschaulich-schematisierbaren Weltaspekten, die im mikrophysikalischen Experiment sich konstituieren. Sie sind zwar objektiv unvereinbar und daher im Rahmen des Komplementaritätsbegriffs mit den einander ausschließenden Weltanschauungen vergleichbar, mit denen es die Geisteswissenschaften zu tun haben. Aber diese objektive Unvereinbarkeit hindert nicht ihre systematische Ergänzung im Rahmen einer Theorie, welche als solche auf anschaulich-schematisierbare Begriffe verzichtet. Demgegenüber sind die komplementären Weltkonstitutionen, mit denen es die Geisteswissenschaften zu tun haben, ebenso wie die leibhaften Daseinsakte, über die sie vermittelt sind, d. h. die in Haltung und Lebensstilen sich verfestigenden polaren Entscheidungen (*Rothacker* 1948), in ihrer einzigartigen anschaulichen Bedeutsamkeit um ihrer selbst willen interessant als Thema einer prinzipiell nicht abschließbaren hermeneutischen Rekonstruktion. Zwar lassen auch sie sich im Rahmen einer dialektischen

Theoriebildung als einander systematisch ergänzend auffassen, wie *Hegel* gezeigt hat. Aber diese Theoriebildung hat, wie früher schon angedeutet wurde, einen ganz anderen Charakter als die mathematische Theoriebildung der Mikrophysik. Diesen Unterschied gilt es jetzt im Horizont unserer erkenntnisanthropologischen Fragestellung näher zu verdeutlichen.

Die Quantentheorie vermag angesichts der komplementären Weltkonstitutionen ihrer experimentellen Beobachtungsakte in exzentrischer Position des *ipse intellectus* zu verharren und dergestalt die anschaulich-schematisierbaren Aspekte, etwa Teilchen und Welle, auf unanschauliche Weltbestände zu beziehen, die sie mathematisch beherrscht. Insofern verhält sich die Quantentheorie nicht anders als die Relativitätstheorie, wenn es ihr auch nicht gelingt, die Bedingungen und Resultate der Beobachtungen vollständig in einem theoretischen Begriff des Objektiven aufzuheben. Demgegenüber muß die *Hegel*sche Dialektik, um eine Synthese der anschaulich-bedeutsamen Weltkonstitutionen der Geistesgeschichte zu erreichen, selbst wieder durch einen präreflexiven, leibzentrischen Standpunkt, durch eine neue Haltung, durch existentielle Praxis oder wie man es nennen will, sich vermitteln.

Es ist dies ein Punkt, den *Hegel* selbst bezeichnenderweise nicht prinzipiell genug berücksichtigt hat. Für ihn ist die Welt zwar kein Aspektkontinuum wie für *Leibniz*, sondern eine diskontinuierliche Folge geschichtlicher Weltkonstitutionen. Aber diese diskontinuierliche Folge soll doch als dialektische Entfaltung allein des Geistes begriffen werden, und — was phänomenologisch noch wesentlicher ist — die abschließende Synthese der bisherigen geschichtlichen Weltkonstitutionen soll allein eine Angelegenheit der „Theoria", genauer einer Reflexion des *ipse intellectus* auf seinen substantiellen Gehalt sein. Hier zeigen sich *Hegel* wie *Leibniz* der letztlich platonischen Konzeption der Philosophie verhaftet, die ein Erkenntnisapriori des Leibes, anders ausgedrückt: der existentiellen Praxis, nicht anerkennt. Hier liegt daher auch der Problemstachel, an dem die schöpferische Philosophie des 19. und 20. Jahrhunderts ihre antithetische Antwort auf *Hegel* entzündet: Urmarxismus, *Kierkegaard*sche Existenzphilosophie, Lebensphilosophie und Pragmatismus konvergieren in dem Punkt, daß der Sinn der Welt sich niemals für ein reines Bewußtsein, das in theoretischer Distanz die Welt spiegelt, ergeben kann, sondern notwendig über ein leibhaftes Engagement, über materielle Praxis, über einen irreversiblen und daher riskanten Entwurf der Zukunft vermittelt ist.

(Wollte man hier die Spekulation *Hegel*s ergänzen, so müßte man vielleicht sagen: Der Mensch soll offenbar den Sinn der Welt nicht erkennen können, ohne sich immer erneut auf das Wagnis einer verantwortlichen Fortsetzung der Welt einlassen zu müssen. Gott will nicht nur zu sich kommen, er will sich auch überantworten.)

Literatur

Aristoteles, Über die Seele, 3. Aufl. Schöningh, Paderborn 1961.
Becker, O., Größe und Grenze der mathematischen Denkweise, Alber, Freiburg 1959.
Bohr, N., Atomtheorie und Naturbeschreibung, Springer, Berlin 1931.
Bohr, N., Atomphysik und menschliche Erkenntnis, 2 Bde., Vieweg, Braunschweig 1964, 1966.
Einstein, A., Über die spezielle und die allgemeine Relativitätstheorie, Vieweg, Braunschweig 1917 (21. Aufl. 1969).
Hegel, G. W., Sämtliche Werke, 4. Aufl., Frommann-Holzboog, Stuttgart 1961.
Heisenberg, W., Wandlungen in den Grundlagen der Naturwissenschaften, 6. Aufl., Hirzel, Leipzig 1945 (9. Aufl. Hirzel, Stuttgart 1959).
Heisenberg, W., Physik und Philosophie, Ullstein, Frankfurt 1959 (2. Aufl. 1972).
Hoppe, H., Kants Theorie der Physik. Eine Untersuchung über das Opus postumum, Klostermann, Frankfurt 1969.
Jordan, P., Verstärkertheorie der Organismen in ihrem gegenwärtigen Stand, *Naturwissenschaften* 26 (1938) 537-545.
Kant, I., Prolegomena zu einer jeden künftigen Metaphysik, die als Wissenschaft wird auftreten können, Meiner, Hamburg 1969.
Kant, I., Kritik der reinen Vernunft, Meiner, Hamburg 1971.
Kant, I., Opus postumum, 2 Bde., De Gruyter, Berlin 1963, 1971.
Leibniz, G. W., Vernunftprinzipien der Natur und der Gnade — Monadologie, hrsg. von H. Herring, Meiner, Hamburg 1960.
Leibniz, G. W., Neue Abhandlungen über den menschlichen Verstand (unveränd. Nachdruck der 3. Aufl. von 1915), Meiner, Hamburg 1971.
Litt, Th., Mensch und Welt. Grundlinien einer Philosophie des Geistes, Federmann, München 1948 a.
Litt, Th., Denken und Sein. Hirzel, Stuttgart 1948 b.
Mahnke, D., Leibnizens Synthese von Universalmathematik und Individualmetaphysik, Niemeyer, Halle 1925 (Faksimileneudruck: Frommann-Holzboog, Stuttgart 1964).
Mahnke, D., Unendliche Sphäre und Allmittelpunkt, Niemeyer, Halle 1937 (Faksimileneudruck: Frommann-Holzboog, Stuttgart 1966).
Platon, Theaitet, Schwabe, Basel 1946.
Plessner, H., Die Stufen des Organischen und der Mensch, De Gruyter, Berlin (2. Aufl. 1965).
Podlech, A., Der Leib als Weise des In-der-Welt-Seins. Eine systematische Arbeit innerhalb der phänomenologischen Existenzphilosophie, Bouvier, Bonn 1956.
Rothacker, E., Probleme der Kulturanthropologie, Bouvier, Bonn 1948 (2. Aufl. 1965).
v. Weizsäcker, C. Fr., Die Geschichte der Natur, Vandenhoeck & Ruprecht, Göttingen 1948 (7. Aufl. 1970).

Phänomenologie der Leiblichkeit
Hermann Schmitz, Kiel

Der folgende Forschungsbericht über die Beiträge, die ich in meinem Werk *System der Philosophie* (5 Bände in 10 Bänden, Bonn 1964-1980) und kleineren Publikationen zur Lehre vom Leib geliefert habe, ist so knapp gefaßt, wie es angeht, wenn die Darstellung in sich verständlich und einleuchtend sein soll. Auf Belege und kritische Diskussionen wird meist verzichtet; statt dessen verweise ich auf meine Publikationen, die ich im Text ohne meinen Namen — der Verweis beginnt also mit der Jahreszahl — anführe. Auch mit solchen Hinweisen bin ich sparsam; ich vertraue darauf, daß die umfangreichen Inhaltsverzeichnisse und Register der Bände bzw. Teilbände von *System der Philosophie* dem Interessierten das Eindringen erleichtern werden.

Ich erforsche das Gegenstandsgebiet des eigenleiblichen Spürens — des Spürens am eigenen Leibe — ohne Rücksicht auf das Vorurteil, dem ich vielmehr entgegentrete, daß es sich um etwas „bloß Subjektives" oder gar „Seelisches" handle. Was Menschen in der Gegend ihres Körpers von sich spüren, ohne die Zeugnisse des Sehens, Hörens, Tastens, Schmeckens und Riechens in Anspruch zu nehmen, ist ein reich gegliedertes, aber vor mir noch nicht mit Begriffen durchdrungenes Gebiet. Ich bemühe mich stets um scharfe Begriffe, aber solche, deren Gebrauch „am Boden" bleibt, d. h. an relativ trivialer Lebenserfahrung kontrolliert werden kann.

Mir genügt nicht die isolierende Durchmusterung des eigenleiblich spürbaren Gegenstandsgebiets; ich bin vielmehr bestrebt, dessen zentrale Bedeutung im Menschsein und in der Lebenserfahrung nach allen Seiten auszuleuchten. Insbesondere will ich mit dieser Darstellung dem Verdacht entgegenwirken, daß mein Ansatz solipsistisch sei, weil er sich zunächst auf das Spüren am eigenen Leibe bezieht. Schon der vierte Abschnitt am Beginn des speziellen Teils, nach den grundlegenden Abschnitten 1-3, ist dem Leib in der Kommunikation gewidmet.

Was ich zu sagen habe, kann nur zur Geltung kommen, wenn zähe, jahrtausendealte Dogmen der klassischen Erkenntnistheorie und Anthropologie mit den zugehörigen Scheinproblemen ausgerottet werden. Ich beginne daher mit Musterung der erkenntnistheoretischen Voraussetzungen, die für eine phänomenologisch unbefangene Würdigung des eigenleiblich Spürbaren und seiner Bedeutung in der Lebenserfahrung unerläßlich sind.

1. Erkenntnistheoretische Voraussetzungen

1.1 Physiologismus

Jeder vollsinnige Mensch nimmt Dunkelheit, Stille, leeren Raum, Zeit, Atmosphären, Sachverhalte und Situationen nicht weniger als Farben, Schälle, Flächen und Bewegungen wahr. Ich gebe einige Beispiele: Ein Ton, ein Pfiff, die lange anhalten, werden selbst langgezogen, im Gegensatz zu Farben; Zeit schmilzt anschaulich in sie ein. Stille hat Weite, Gewicht und Dichte; es gibt brütende Mittagsstille, dumpf lastende „bleierne" Stille, zarte Morgenstille, friedliche Abendstille, lähmende und feierliche Stille usw. Fremdartige Sonntagsruhe, kühl-fahle Abenddämmerung können als Stimmungen fast erschreckend in der Luft liegen. Frühlingsmorgen, trüber Novembertag, Sommerabend, Gewitterstimmung sind klimatisch-optische Atmosphären. Atmosphären sind auch überpersönliche, kollektive Gefühle wie die alberne oder strahlende Freude eines Festes, die kribbelige Aufgeregtheit einer Schlacht, *Goethes* „Kanonenfieber" vor Valmy (1969 S. 100f.). Solche Phänomene habe ich vielfach charakterisiert und analysiert (z. B. 1967 S. 153-166, 1969 S. 98-106, 201-208, 389-397). Man kann solche Atmosphären auch züchten und pflegen, z. B. die Gemütlichkeit einer Wohnung, die dem eintretenden Besucher auf den ersten Blick auffällt, noch ehe er sich umgesehen hat (1977 S. 263-265). An einem trüben Morgen sieht man mit *einem* Blick durchs Fenster, daß es regnet — einen Sachverhalt —, noch ehe man Farben und Formen des Regens ins Auge gefaßt hat. „Mit einem Blick" erfaßt der Offizier im Kampf die Lage, der Autofahrer die „brenzlige" Situation, der er durch sofortiges Ausweichen, Überholen oder Bremsen usw. entgeht, der Betrachter eines Genrebildes ein kompliziertes Beziehungsgeflecht unter den gemalten Personen. Der Feinfühlige und Geübte nimmt oft unter Menschen und Dingen leicht und deutlich wahr, „was los ist" (eine ganze Situation), ehe er auf Farben oder Geräusche u. dgl. achtet. Alles das ist echte, primäre Wahrnehmung.

Der Physiologismus verkürzt dieses breite Spektrum der Wahrnehmung in phänomenwidriger Weise. Als *Physiologismus* bezeichne ich die Lehre, daß Botschaften aus der Außenwelt zum Menschen nur auf dem Weg über gewisse Körperteile wie Auge, Ohr, Haut, Nase, peripheres Nervensystem und Gehirn gelangen, und nur in dem Maß, in dem solche Körperteile Reize aufnehmen, empfangen und durchlassen. Daß wir nicht ohne Augen sehen und daß Vorgänge an den Augen in starkem Maße darüber mitbestimmen, was wir sehen, ist Tatsache, aber daß wir mit den Augen sehen, ein physiologistischer Fehlschluß aus dieser Tatsache. Von allen eben aufgezählten Gegenstandssorten läßt der Physiologismus als Wahrnehmungsobjekte nur Farben, Schälle, Flächen und Bewegungen zu; die übrigen fallen durch, teils mangels ihnen entsprechender Signale an die Sinnesorgane (Dunkelheit, Stille, leerer Raum, Zeit, Sachverhalte, Situationen), teils wegen für Sender solcher Signale unstatthafter Diffusion (Atmosphären).

Der Physiologismus erwacht mit den Anfängen der Wissenschaft in Griechenland, setzt sich dort vor 400 vor Christus durch und erhält bei *Aristoteles* die klassische Gestalt, daß als Gegenstände der Wahrnehmung nur spezifische Sinnesqualitäten, die vier gemeinsinnlichen Qualitäten Größe, Form, Bewegung, Zahl und bloß am Rand und nebenbei Sachverhalte der Art, daß es sich beim Wahrgenommenen um dieses oder jenes Ding handelt, zugelassen werden. *Goethe* ist ein noch krasserer Physiologist als *Aristoteles*.[1] Daran, daß sich sogar der feinfühlige Dichter den Phänomenen so weit entführen ließ, kann man die durchschlagende Gewalt des traditionellen Dogmas ermessen.

1.2 Eindrücke

Die natürlichen Einheiten der Wahrnehmung sind schon gar nicht Empfindungen, aber auch nicht Dinge, sondern Eindrücke, als Gegenstände verstanden. Ich meine das Wort in dem Sinn, wie man von einem Reisenden sagt, daß er Eindrücke aufnimmt, von einem schönen Urlaub, daß er einen unvergeßlichen Eindruck hinterläßt, oder vom ersten Eindruck bei der Begegnung mit einem Menschen, daß er einen eigentümlich berührt. Sehr instruktiv ist das Beispiel eines fesselnden Porträts, das dem Betrachter einen bestimmten Eindruck macht, von dem er nicht loskommt. Der Eindruck ist vielsagend, aber man kann nicht genau, schon gar nicht vollständig, sagen, *was* er sagt. Man weiß aber mehr davon, als man sagen kann. Das wird an dem Eindruck klar, den man von einem etwas undurchsichtigen Menschen hat, mit dem man umgeht. Man lernt, ihn zu „nehmen", während noch ganz dürftig ist, was man von ihm zu sagen weiß. Man lernt es, weil der Eindruck ein Bescheidwissen gibt, das über das Formulierenkönnen hinausgeht. Es geht darüber nicht oder nicht bloß deshalb hinaus, weil man ein ungeschickter Sprecher ist, sondern weil die gewußten oder geahnten Sachverhalte (sowie Programme und Probleme) im Eindruck nicht als einzelne enthalten sind, sondern in chaotischer Mannigfaltigkeit. Mannigfaltiges nenne ich *chaotisch*, wenn in ihm alle oder einige Fälle von Identität und Verschiedenheit seiner Elemente mit bzw. von einander durch chaotisches Verhältnis ersetzt sind, d. h. Unentschiedenheit hinsichtlich Identität und Verschiedenheit; es ist das nicht zahlfähige Mannigfaltige (1964 S. 311-434; 1980a S. 1 f.; passim in meinem *System der Philosophie*).

Jeder Eindruck ist prägnant und gerundet, mit einer Sache oder Sachen (das Wort so weit verstanden, daß z. B. auch Atmosphären Sachen sind) als Kern und einem chaotisch-mannigfaltigen „Hof" von mehr oder weniger explizierbaren Sachverhalten, Programmen und Problemen. Zwischen den Spitzen auffälliger Eindrücke gibt es die Scharen der unauffälligen. Wir leben in einem Meer von Eindrücken. Dinge bieten Eindrücke z. B. durch ihren Charakter, der u. a. aus Protentionen besteht, d. h. aus Sachverhalten, auf die man unwillkürlich gefaßt ist, ohne sie einzeln bewußt zu haben. Auf Protentionen der „Sozialadäquanz" (*Welzel* 1967, S. 52-54) beruht das Zusammenleben. Besonders eindringlich, ja zudringlich sind die Eindrücke, mit denen die von mir sogenannten Halbdinge (1978a S. 116-139) begegnen, z. B. Stimme, Blick, musikalische Phrase, Nacht, manche Hitze (1969 S. 290), Kälte und Kühle (1978a S. 127 f.). Besonders reiche Eindrücke dürften — abgesehen von Gedichten (1977 S. 543-548; 1980a S. 16 f.; 1980c S. 82-93) — die Geruchserinnerungen sein (schöne Beispiele bei *Henning* 1924 S. 47); am Geruch und Geschmack eines Stückes Teegebäck haftete für *Proust* seine Vergangenheit als Eindruck, dem er durch die Bände seines Romanwerks nachging.

1.3 Sensualistische Reduktion

Aus Eindrücken kann man ebenso abstrahieren wie aus den isolierten Merkmalen, die der Physiologismus auf der Gegenstandsseite der Wahrnehmung zurückläßt. *Pindar* und ein Hymnendichter des Attharvaveda stellen die Figur der Glanzgöttin mit Gold, Roß und Kampfkraft zusammen (1977 S. 59; 1980c S. 43), weil sie — natürlich unabhängig — von diesen Gegenständen, wie sehr auch deren Merkmale abweichen, vielsagende Eindrücke empfangen, die ihnen Gleiches oder nah Verwandtes sagen. Auf Eindrücken beruht die chinesische Medizin, z. B. Pulsdiagnostik; über ihnen errichtet sie ihr zunächst befremdliches, aber konsistentes Analogiesystem (1980c S. 42), das als Universismus (*de Groot* 1918) die chinesische Weltanschauung beherrschte.

In Europa entsprach ihm — und entspricht ihm noch heute, unter dem Niveau der offiziellen Wissenschaft — das astrologisch-humoralpathologische Welt- und Menschenbild, in Blüte noch bei *Paracelsus* und *Kepler* (*Strauß* 1926). In der Theorie hat sich die von den Philosophen seit *Demokrit* eingeschärfte Klassifikationsweise der *sensualistischen Reduktion* erst im 17. oder 18. Jahrhundert entscheidend durchgesetzt. Dabei wird die Abstraktion an isolierten Merkmalen auf der Grundlage der Eindrucksfragmente, die der Physiologismus auf der Gegenstandsseite der Wahrnehmung übrig läßt, ausgeübt. Dadurch wird exakte Induktion und Statistik ermöglicht, aber der Boden der natürlichen Wahrnehmung verlassen und verkannt.

1.4 Rationalismus

Mit den Fragmenten, die der Physiologismus, bestärkt von der sensualistischen Reduktion, auf der Gegenstandsseite übrigläßt, kann man nicht leben. Regentropfen würden uns nichts (oder ganz anderes) sagen, wenn wir nicht sehen können, *daß* es regnet: einen Sachverhalt. Unter Sachverhalten, Programmen und Situationen kann der Mensch sich zurechtfinden, aber nicht unter Sinnesdaten. Da das Benötigte nicht mehr mit einem Schlage wahrgenommen werden darf, muß es vom Subjekt nachgeholt werden. Der Physiologismus ruft den Rationalismus herbei, der dem Verstand (Bewußtsein, Seele, Geist pp.) die Aufgabe überträgt, mit Urteilen, Kategorien, Synthesen, „unbewußten Schlüssen" (*Helmholtz*) u. dgl. nachzuholen, was bei der Zerschlagung der natürlichen Wahrnehmung verloren gegangen ist. Eine bloße Spielart dieses Rationalismus, der bei *Platon* (*Theätet*) zugleich mit dem Triumph des Physiologismus einsetzt und bei *Kant* einen bizarren Gipfel erreicht, ist der Empirismus (*Locke, Condillac*), der die nötige Verstandesarbeit auf Kombination sinnlicher Elemente beschränkt. Mit der Aufdeckung des physiologistischen Irrtums sollte der Spuk des Streites zwischen Rationalisten und sogenannten Empiristen aus der Erkenntnistheorie verschwinden.

1.5 Introjektion

Gemäß der Innenwelthypothese zerfällt für jedes Subjekt die Welt in dessen Außen- und Innenwelt mit der Maßgabe, daß ein Gegenstand der Außenwelt dem Subjekt höchstens zu Bewußtsein kommt, wenn er in dessen Innenwelt mindestens einen Vertreter hat. Solche Vertreter — im Falle eines gesehenen Gegenstandes z. B. ein Akt oder ein Empfindungskomplex oder ein seelisches Bild oder eine *idea* u. dgl. — sind im allgemeinen fiktiv, bloß auf Grund der scheinbar selbstverständlichen Innenwelthypothese hinzuerfunden (1968 S. 7-13, 33-51; 1978a S. 24-26); darüber hinaus wird diese Innenwelt aber auch durch Gegenstände angereichert, deren wirkliches Vorkommen jedermann zugeben muß, weil sie ihn betroffen machen und heimsuchen: leibliche Regungen; Gefühle, die ihn „ergreifen"; Gedanken, die ihm „einfallen" oder „kommen"; Entschlüsse, die er „faßt". Auch solche Gegenstände oder Vorkommnisse werden in die subjektive, private Innenwelt des Einzelnen hineingedeutet; das ist die *Introjektion*. Ich habe sie widerlegt (1969 S. 83-86) und ausführlich in ihre geschichtlichen Wurzeln zurückverfolgt (1978b S. 221-232; 1965 S. 445-528; 1969 S. 474-508); als Motive des Vorgangs erweisen sich teils der Physiologismus und die sensualistische Reduktion, teils und erst recht das Streben nach Selbstermächtigung und personaler Emanzipation im Verhältnis zu den unwillkürlichen Regungen. Dem Aufbau einer vom Irrtum der Introjektion gereinigten, dadurch zu unbefangenem Sehen und Verstehen nach vielen Richtungen befreiten Weltanschauung gilt die gesamte Anstrengung meines *Systems der Philosophie*. Dazu gehört die Würdigung der leiblichen Regungen als Gegenstände eigener Art, befreit vom Verdacht bloß subjektiven Vorkommens als „Organempfindungen" oder „Kinästhesen" in einer Seele oder einem Bewußtsein.

Dieser Verdacht wird nahegelegt durch die scheinbare Auszeichnung der leiblichen Regungen und Gefühle durch Privatheit: Jeder, meint man, kenne sie nur für sich selbst und könne sie bei anderen höchstens erraten oder vermuten. Eine solche Auszeichnung besteht nicht oder höchstens dem Grad nach. Leiblichen Schmerz kennen wir zwar nur als Privatsache, aber schon bei der (gleichfalls leiblichen) Angst ist es anders: Wenn es in einem Saal, in dem 100 Menschen zusammengedrängt sind, zu brennen beginnt, sagt man hinterher „Eine Panik brach aus", nicht „Hundert Paniken brachen aus", und meint mit „Panik" jedenfalls auch die (besinnungslose, kollektive) Angst, nicht nur den Bewegungssturm. Auch ist es ganz richtig, daß zwei Menschen nie entscheiden können, ob sie dieselben Farben sehen, aber es wäre verkehrt, deshalb jedem seine privaten, den anderen unzugänglichen Farbempfindungen zu vindizieren. Noch deutlicher ist das Entsprechende beim Wetter oder (um einen Ausdruck zu wählen, der auch den entsprechenden Zustand in umbauten Räumen bezeichnet) beim Klima: Noch hat niemand das Klima eines Zimmers in private Seelenklimata der Anwesenden umgedeutet, und doch gibt es höchstens vage Anhaltspunkte dafür, ob mehrere Menschen dasselbe Klima erleben. Daß Gefühle als Atmosphären (zu unterscheiden vom affektiven Betroffensein durch

Gefühl) kollektiv vorkommen, ist erst recht ersichtlich.[2] Ich habe in ausgedehnten Untersuchungen für zahlreiche Gefühle, auch wenn nur ein einzelner — sogar im Gegensatz zu seiner Umgebung — davon affektiv betroffen ist, den atmosphärischen Charakter sichergestellt (1969 S. 106-133, 280-304; 1973a S. 35-43; 1973c S. 8).

2. Der Leibbegriff
2.1 Absoluter Ort

Leiblich solle heißen — habe ich eingangs angedeutet —, was jemand in der Gegend seines Körpers von sich spüren kann, unabhängig vom Zeugnis des Sehens, Tastens und Hörens. Das ist keine brauchbare Definition — mancher Fakir spürt Leibliches nicht mehr als etwas von sich, und in der Gegend unseres Körpers spüren wir auch Leibfremdes wie die Temperatur der Atmosphäre um uns —, aber eine nützliche erste Orientierung, schon deshalb, weil sie darauf hinweist, daß Leibliches an Gegenden gebunden ist, an Plätze im Raum. Das gilt sogar noch, wenn es atmosphärisch ist, z. B. als das ganzheitlich den Leib durchflutende Behagen in der Badewanne. Es reicht nicht über deren Ränder hinaus und unterscheidet sich dadurch von dem — sonst qualitativ gleichen — Behagen, das eine harmonische Umgebung, etwa eine gemütliche Wohnung, ausstrahlt, wenn man sich richtig wohl fühlt und im Schoß seiner Familie glücklich ist, z. B. am Weihnachtsabend. Dieses Behagen ist ein randlos ergossenes, atmosphärisches Gefühl, das leibliche dagegen aus der Umgebung abgehoben und örtlich umschrieben.[3]

Ein anderes Beispiel des Gemeinten liefert die Wahrnehmung des Wetters (oder Binnenraumklimas). Man spürt es am eigenen Leib, aber nicht als etwas vom eigenen Leib, sondern als unbestimmt weit umgebende Atmopshäre; aber diese spürt man nur so, daß sich der eigene Leib, eventuell fast ungegliedert, als von ihr betroffener aus ihr abhebt: als ermatteter und schwitzender an schwülen Sommertagen, als fröstelnder an feuchten Novembertagen usw. Was sich so abhebt, ist dadurch in der Weite ausgezeichnet, und zwar als Gegend oder Stelle, die wechselnd besetzt sein kann, je nach dem Typ der gerade dominierenden leiblichen Regung: durch dumpfe Mattigkeit, nervöse Unruhe, frisches Behagen usw. Die wechselnd besetzbare Abhebung aus der Weite hat den Charakter eines Ortes, aber nicht eines relativen Ortes. Einen Ort nenne ich *relativ*, wenn er durch Lage- und Abstandsbeziehungen in einem System von Orten identifizierbar ist; das Bewußthaben solcher zur Identifizierung von Orten genügenden Beziehungen nenne ich *räumliche Orientierung*. Ein Ort ist *absolut*, wenn er auch schon unabhängig von räumlicher Orientierung bestimmt und identifizierbar ist. Absolut ist z. B. der Ort, an dem der eigene Leib in der angegebenen Weise unter dem Einfluß des Klimas gespürt wird. Dem bloßen Klimaspüren haftet ja nichts von räumlicher Orientierung an.

2.2 Leibesinseln

Mit dem Behagen in der Badewanne und dem vom Wetter bestimmten „Körpergefühl" habe ich leibliche Regungen namhaft gemacht, die atmosphärisch den ganzen Leib durchstimmen, wenn sie auch nicht uferlos ergossen, sondern merklich aus Weite abgehoben sind. Fast immer ist aber der spürbare Leib örtlich feiner gegliedert, wenn auch wesentlich anders als der sicht- und tastbare Körper und das perzeptive Körperschema, d. h. die habitualisierte optische Vorstellung, die man vom eigenen Körper zu haben pflegt. Körper und perzeptives Körperschema sind stetig ausgedehnt und flächig begrenzt. Versuche man aber nur einmal, an sich so stetig „hinunterzuspüren", wie man an sich hinuntersehen und hinuntertasten kann, aber ohne sich auf Augen und Hände oder die durch früheres Besehen und Betasten erworbenen Vorstellungsbilder zu verlassen! Das geht nicht. Statt stetigen Zusammenhangs begegnet dem Spürenden ein Gewoge verschwommener Inseln in größerer oder geringerer Zahl, dichterer oder dünnerer Verteilung. Sie befinden sich in beständiger, gewöhnlich fast unbemerkter Wandlung, ermangeln des scharfen Umrisses und der beharrlichen Lagerung. Man kann das Experiment auch an einzelnen Gliedern ausführen, z. B. am Fuß. Optische und taktile Wahrnehmung liefern die bekannte Gliederung zwischen Hacke und Zehen. Für das eigenleibliche Spüren pflegt dagegen die gestalthafte Einheit des Fußes zu fehlen, und auch die Gliederung fällt gewöhnlich anders aus. Die Gegenden des Fußgelenks, der Fußknöchel und der Sohle bilden eigene Leibesinseln und verschmelzen zu einem Gesamtfuß höchstens dann, wenn „der Fuß geschwollen ist" und als diffuse, müde, dumpfe, taube, schmerzhafte Masse gespürt wird.

Es gibt dauerhafte, fast immer (oft nur leise) spürbare, z. T. strukturell und dynamisch eigenartige Leibesinseln im Bereich des Mundes (1965 S. 305-316), der analen Zone (1965 S. 316-324) und der Sohlen, daneben flüchtigere Gebilde, die sich gut z. B. am Kopfschmerz studieren lassen. Die Phantomglieder der Amputierten sind abgespaltene Leibesinseln, in denen sich die diskrete Gliederung des spürbaren Leibes über die Ränder des noch vorhandenen sicht- und tastbaren Körpers hinaus fortsetzt; sie selbst sind keineswegs illusorisch, sondern verleiten bloß durch den irreführenden Fortbestand eines nicht mehr adäquaten perzeptiven Körperschemas den Amputierten, an ihrer Stelle mit Körperteilen zu rechnen, auf die er sich z. B. stützen könnte. So abgespaltene Leibesinseln kommen auch unter allerlei anderen Umständen vor (1965 S. 28-35).

2.3 Unteilbare Ausdehnung

Von der Haut als Oberfläche des eigenen Körpers wissen wir nur durch Besehen und Betasten; für das Spüren am eigenen Leibe gibt es keine Flächen.[4] Dennoch hat das dabei Gespürte ein Volumen, das als *prädimensional* zu bezeichnen ist, weil ein dreidimensionales Gebiet die Fläche als zweidimensionales voraussetzen würde. Prädimensionales Volumen kommt auch beim Schall vor: Flächen kann man nicht hören, aber der Schall hat Volumen (schwellende, ausladende Klänge; weit-schwer-lockerer Charakter des tiefen, dunklen Schalls gegenüber dem spitzen, engen, dichten, scharfen des hohen, hellen Schalls), und sogar die feierliche oder dumpfe und lastende Stille kann Volumen (Weite, Gewicht und Dichte) besitzen. Andere Beispiele prädimensionalen Volumens bieten der Geruch oder das Wasser, wie es dem Schwimmer, der es teilt (nicht sieht) begegnet (1967 S. 386-388). Prädimensionale Volumina sind unteilbar ausgedehnt; denn die Teilung eines Volumens verlangt Schnitte, die nur möglich sind, wo Schnittflächen entstehen können, und das ist bei prädimensionalem Volumen ausgeschlossen.

2.4 Ganzheitliche leibliche Regungen

Leibliche Regungen, die auf einzelne Leibesinseln verteilt sind, bezeichne ich als teilheitlich, selbst dann, wenn sie zufällig einmal auf allen Leibesinseln gleichermaßen stattfinden. Schmerz, Jucken, Kitzel, Herzklopfen, Kühle im Kopf sind Beispiele solcher teilheitlichen leiblichen Regungen. Sie sind stets in so etwas wie ein Klima leiblichen Befindens getaucht, das als ganzheitliche leibliche Regung jeweils mit einem Schlage den spürbaren Leib durchzieht. Dahin gehört zunächst, was Scheler „Lebensgefühle" nannte, wie Frische und Mattigkeit, aber diese Worte sind längst nicht spezifisch genug; unsere Sprache ist auf dem Gebiet der ganzheitlichen leiblichen Regungen nur dürftig entwickelt. Was gemeint ist, kann man sich an den jedermann vertrauten Varianten des spürbaren Befindens kurz nach dem Erwachen am Morgen klar machen, je nach dem, wie man geschlafen hat: Man fühlt sich z. B. dumpf oder hell, klar, federleicht, schlaff und lahm oder munter und beflügelt, ausgeruht oder nervös und wie zerschlagen; man läßt den Kopf hängen oder möchte beschwingt zu neuen Taten eilen. Dafür ist die spürbare „Atmosphäre" des eigenen Leibes verantwortlich, die dann schon durch einige Tassen Kaffee merklich beeinflußt werden kann. Besondere emotionale und kognitive Impulse gehören nicht dazu, und einzelne Leibesinseln (z. B. freier oder dumpfer Kopf) tragen zu dem betreffenden Zustand zwar bei, aber dieser ist trotzdem eine ganzheitliche leibliche Regung, weil man sich selbst leiblich spürend so fühlt, während man bei Zahnschmerz oder Jucken am Bein nicht sich, sondern den Zahn als schmerzend bzw. das Bein als juckend erlebt.

Alle ganzheitlichen leiblichen Regungen haben absolute Orte. Daß sie überhaupt örtlich umschrieben sind, im Gegensatz zu Atmosphären wie dem Wetter oder Gefühlen, die für die bloße unmittelbare Zuwendung zu ihnen unbestimmt weit ergossen sind, habe ich vorhin am leiblichen Behagen gezeigt. Daß ihr Ort kein relativer ist, kann man etwa an den Beispielen ganzheitlicher Frische oder Müdigkeit so einsehen: Ein Ort, an dem die eigene Frische oder Müdigkeit gespürt wird, ist im System der räumlichen Orientierung nur vage umschrieben. Wir können ihn nicht durch Sehen oder Tasten abgrenzen und ihm auch im eigenleiblichen Spüren keine Ränder anmerken. Er entzieht sich aber auch der Lokalisierung im perzeptiven Körperschema, da Müdigkeit und Frische als ganzheitliche Atmosphären mit einem Schlag den Leib und nicht einzeln dessen im Körperschema nach Lage und Abstand auf einander bezogene Teile besetzt halten. Wäre der jeweilige Ort solcher Müdigkeit spürbar nur durch räumliche Orientierung bestimmt, müßte jene also verschwommen in die Orte der umgebenden Dinge übergehen, wie ein Nebel, der uns umhüllt und sich nach Lagen und Abständen nicht eingrenzen läßt. So ist es nicht. Frische oder Müdigkeit breiten sich nie verschwommen in die Umgebung aus. Wir sind nie im Ernst in Versuchung, ihre Orte mit denen von Fremdkörpern zu vermischen und auch diesen deshalb Frische und Müdigkeit zuzuschreiben. Somit gibt es einen Ort der Frische und der ganzheitlichen Müdigkeit (es gibt auch teilheitliche Müdigkeit, z. B. müde Beine), der spürbar genau bestimmt ist, ohne durch räumliche Orientierung bestimmt zu sein. Dieser Ort ist der Definition gemäß ein absoluter Ort. Entsprechendes gilt für alle anderen ganzheitlichen leiblichen Regungen.

2.5 Mannigfaltigkeit absoluter Orte

Jede ganzheitliche leibliche Regung ist unteilbar ausgedehnt (2.3) und nimmt einen absoluten Ort ein (2.4), den ich als *absoluten Ganzort* des Leibes bezeichne. Außerdem hat jede teilheitliche leibliche Regung auf einer Leibesinsel einen Ort, der im eigenleiblichen Spüren vom absoluten Ganzort und den Orten anderer Leibesinseln deutlich und bestimmt unterschieden ist. Wenn diese bestimmte Unterscheidung erst auf räumlicher Orientierung über Lagen und Abstände beruhte, würde der absolute Ganzort durch die Orte der Leibesinseln eingeteilt werden, und mit ihm die dort befindliche ganzheitliche leibliche Regung, im Widerspruch dazu, daß sie unteilbar ausgedehnt ist. Also sind die Orte der Leibesinseln in der Art, wie sie sich dem bloßen Spüren am eigenen Leibe präsentieren, schon unabhängig von räumlicher Orientierung bestimmt, also absolute Orte. Das schließt aber nicht aus, daß sie obendrein (so gut wie der absolute Ganzort) auch an relativen Orten lokalisiert werden, etwa im perzeptiven Körperschema. Ein absoluter Ort liegt ja laut Definition nicht erst dann vor, wenn ein Ort nicht durch räumliche Orientierung bestimmt ist, sondern bereits dann, wenn er auch schon unabhängig von räumlicher Orientierung bestimmt (d. h. identifizierbar) ist.

Eine absolute Lokalisation am eigenen Leib hat schon 1906 *Hans Rupp* aus der Lokalisation von Druckreizen durch Versuchspersonen mit passiv und kompliziert verlagerten Händen und Fingern erwiesen. Sein Ergebnis ist so etwas wie eine experimentelle Gegenprobe auf meine Behauptung des Vorkommens absoluter Orte einzelner Leibesinseln (1967 S. 253-255).

2.6 Definition des Leiblichen

Der spürbare Leib umfaßt nach dem zuletzt gewonnenen Ergebnis eine Mannigfaltigkeit absoluter Orte. Dadurch gewinnt der Begriff des absoluten Ortes erwünschten zusätzlichen Kredit. Einen Ort möchte man sich nur in einem System von Orten denken, die unterschieden und aufeinander bezogen sind. Jetzt hat sich herausgestellt, daß diese Bedingung für absolute Orte durch den eigenen Leib jedes Beobachters erfüllt wird. Da andererseits nur im Gegenstandsgebiet des eigenleiblichen Spürens absolute Orte vorzukommen scheinen, ist damit ein präzises und objektives Kriterium gefunden, das ohne jede Rücksicht auf „bloß subjektive Empfindungen" eine Abgrenzung des spürbar Leiblichen vom sichtbar oder tastbar Körperlichen gestattet. Ich definiere daher: *Leiblich* ist, was sich an einem absoluten Ort befindet.

3. Das leibliche Befinden

Die Lehre vom leiblichen Befinden ist der Kern meiner Phänomenologie der Leiblichkeit. Es geht darum, ein Kategoriensystem oder „Alphabet" von Grundzügen zu finden, mit dessen Hilfe alle leiblichen Regungen kombinatorisch „nachbuchstabiert" werden können, wie die Stoffe mit dem chemischen System der Elemente. Da ich dieses System, soweit es mir vorschwebt, schon mehrfach dargestellt habe (besonders 1966 S. 19-35, breiter 1965 S. 73-172 und in Ausschnitten 1968, 1972, 1973c, 1975), beschränke ich mich hier auf eine Skizze des begrifflichen Skeletts.

Grundlegendes leibliches Kategorienpaar ist der Gegensatz von Enge und Weite. Die Worte „eng" und „weit" sind so auf Leiblichkeit zugeschnitten, daß sie ihren genuinen Sinn erst aus dem Spüren am eigenen Leibe schöpfen, nicht aus der optischen Erfahrung, die ohne Weisung jenes Spürens große und kleine Ausmaße, aber nicht Enge und Weite darbieten würde. Leiblich spüren wir uns stets eng oder weit in wechselnden Graden und Mischungsverhältnissen, zwischen Enge und Weite durch Engung (zur Enge hin) und Weitung (zur Weite hin) pendelnd. Die Engung überwiegt z. B. bei Schreck, Angst, Schmerz, gespannter Aufmerksamkeit, Beklommenheit, Hunger, dumpfem Zumutesein, die Weitung etwa dann, wenn es uns weit ums Herz wird, in tiefer Entspannung, bei Freude, die hüpfen läßt, in Stimmungen schwerelosen Schwebens, beim Einschlafen, beim Dösen in der Sonne, in der Wollust und wohligen Müdigkeit.

Engung und Weitung können sich auf zwei Weisen zueinander verhalten: in dynamischer Konkurrenz zusammengebunden und partiell sich voneinander lösend. Im ersten Fall wird die Engung zur Spannung, die Weitung zur Schwellung (im Sinne des Partizipiums „geschwellt", nicht „geschwollen"). Die simultane Konkurrenz von Spannung und Schwellung ist leibliche Intensität, die sukzessive leiblicher Rhythmus. Insofern sich Engung von Weitung (bzw. Weitung von Engung) mehr oder weniger löst, bezeichne ich sie als privative Engung (bzw. privative Weitung).

Die intensive und rhythmische Konkurrenz von Spannung und Schwellung kommt mit wechselnder Gewichtsverteilung vor. Spannung überwiegt bei Angst und Schmerz, Weisen des gehinderten „Weg!", d. h. eines gehemmten Dranges aus der Enge in die Weite (1964 S. 169-192). Dem entsprechen die polaren Weisen der Angst- und Schmerzersparung: immobilisierende durch Abschaltung des Dranges (z. B. „Totstellreflex"), mobilisierende durch ein Durchbrechen der

Hemmung, das mindestens symbolisch im nach draußen dringenden Schrei gelingt. Grundform des Übergewichts der Schwellung ist Wollust in ihren vielen (nicht nur geschlechtlichen) Gestalten. Ein ungefähres Gleichgewicht beider konkurrierender Impulse ist beim (namentlich tiefen) Einatmen erreicht, das simultan — also in leiblicher Intensität — sowohl schwellend weitet als auch spannend engt, ferner bei leiblicher Kraftanstrengung. Die vielfältigen Gelegenheiten der Konversion, aber auch gegenseitigen Verstärkung, von Angst/Schmerz, Wollust und Kraftanstrengung in- bzw. durcheinander werden kraft dieses Zusammenhangs verständlich. Die Konkurrenz von Spannung und Schwellung ist beim Einatmen bloß intensiv, bei Schmerz wesentlich intensiv, bei Angst und Wollust eher rhythmisch.

Privative Engung verhält sich zu Spannung wie Schreck zu Angst und Schmerz. Angst und Schmerz sind Weisen übermächtiger engender Hemmung eines gegen diese anschwellenden Dranges. Im plötzlichen Zusammenfahren bei (peinlichem oder freudigem) Schreck klinkt die Engung sozusagen aus, bis im Extrem der Mensch „weg" ist, während er bei Angst und Schmerz nur „weg" drängt. Den entsprechenden Übergang von Schwellung zu privativer Weitung kann man sich an der geschlechtlichen Ekstase klar machen. Dem stoßenden Vordringen übermächtiger, an rhythmisch abfangender Hemmung sich zum Gipfel emporsteigernder Schwellung folgt, wenn dieser erreicht und überschritten ist, ein gespürtes Verströmen und Versinken in von Enge sich lösende Weite, evtl. ein Versinken in den Schlaf, wie bei Zeus in der Ilias. Beim Versinken in den Schlaf ist der Mensch — genauer: mindestens das Bewußtsein — schließlich „weg" durch privative Weitung, wie beim Erstarren vor Schreck durch privative Engung. Exzessive Engung begünstigt das Zerreißen des intensiv-rhythmischen Bandes von Engung und Weitung und ermöglicht auf diese Weise exzessive privative Weitung (ein dramatisches Beispiel: 1977 S. 664, Anmerkung 2620).

Leibliche Richtung führt aus der Enge in die Weite, aber nicht umgekehrt aus der Weite in die Enge; es wäre, abgesehen freilich von abnormen Grenzfällen äußerster Entspannung z. B. im autogenen Training, ganz unangemessen, zu behaupten, mein Ausatmen oder Blick oder Schreiten käme aus unbegrenzter Weite über mich und ginge gleichsam, mich mit sich ziehend, durch mich hindurch, so wie Sehnsucht, Schwermut, Kummer den Menschen überfallen oder beschleichen. Jede Weitung ist auch Richtung, nicht aber umgekehrt. Eine nicht eigentlich weitende, wenn auch ziellos aus der Enge in Weite ausströmende Richtung ist das leiblich gespürte Ausatmen. Hierhin gehören auch die eingeschliffenen Richtungen des unter 6.2 zu besprechenden motorischen Körperschemas, die Bahnen gekonnter Motorik. Jede Gebärde, ja Gestikulation hat eine leiblich spürbare Gestalt, die aus der Enge hervor sich entfaltend Weite in Anspruch nimmt und oft über die sichtbar ausgeführte Bewegung weit hinausgeht: Ein kurzer Stoß des gereckten Zeigefingers kann als gespürte Gebärdefigur den Raum durchbohren, eine Geste der Umarmung ihn umschließen. Eine leibliche Richtung von besonderer Bedeutung ist der Blick. Seine Zugehörigkeit als leibliche Regung (mit unteilbarer Ausdehnung) zum leiblichen Befinden wird u. a. dann augenscheinlich, wenn er aus dem Gesichtsfeld abgezogen wird und als „Blick nach innen" nur noch der Konzentration dient (1967 S. 56; 1977 S. 207-209).

Leibinselbildung und Leibinselschwund sind mit der Spannung, die den Leib zur Einheit zusammenhält, durch gesetzmäßige Zusammenhänge verknüpft: Gesenkte Spannung führt zu Leibinselbildung mit Leibzerfall und umgekehrt; gesteigerte Spannung führt zu Leibinselschwund (1965 S. 151-169).

Nur *ein* Kategorienpaar der Leiblichkeit ist unabhängig vom Grundgegensatz der Enge und Weite: protopathische und epikritische Tendenz. Protopathisch ist die Tendenz zum Dumpfen, Diffusen, Ausstrahlenden, worin die Umrisse verschwimmen, epikritisch die schärfende, spitze, Punkte und Umrisse setzende Tendenz. Viele Typen leiblicher Regungen können sowohl nach der einen als auch nach der anderen Seite akzentuiert sein. Protopathisch ist z. B. die sanfte, schmelzende, zärtliche Wollust, die das Streicheln und Kosen der Haut zu wecken vermag, epikritisch dagegen das wollüstige Prickeln und feine Stechen, das z. B. den Rücken hinunterläuft oder -rieselt. Protopathischer Schmerz ist dumpf und wühlend, epikritischer spitz und stechend. Man könnte epikritische Tendenz auf Engung, protopathische auf Weitung reduzieren, wenn es nicht ausgeprägte Typen protopathischer Engung gäbe, z. B. den Hunger. Mit ihm und anderen Typen leiblicher Regung habe ich mich, das „Alphabet der Leiblichkeit" zur Rekonstruktion einsetzend, 1965 (S. 173-253) beschäftigt.

4. Der Leib in der Kommunikation

4.1 Einleibung

4.1.1 Innerleiblicher Dialog

Dank der intensiven und rhythmischen Konkurrenz von Spannung und Schwellung ist das leibliche Befinden in sich dialogisch. Angst und Schmerz z. B. sind Auseinandersetzungen zwischen einem expansiven

Drang und einer übermächtigen Hemmung (s. o.), die sich wie Dialogpartner verhalten. Sie drängen im Leib wie eigenmächtige Eindringlinge, so wie *Goethe* Gretchen klagen läßt: „Wer fühlet, Wie wühlet Der Schmerz mir im Gebein? Was mein armes Herz hier banget, Was es zittert, was verlanget, Weißt nur du, nur du allein!" (Faust, Verse 3596-3601) Besonders deutlich ist der Tausch des Übergewichts zwischen Spannung und Schwellung, Hemmung und Drang, bei den rhythmisch betonten leiblichen Regungen, in denen sich jene Antagonisten dieses Übergewicht wie einen Ball zuspielen und so einander in die Höhe treiben; die Dramatisierbarkeit von Angst und Wollust zu bombastischen Effekten („*thrill*" der Angst) und Höhepunkten beruht darauf, ebenso die Konvertierbarkeit von Angst und Schmerz in Wollust (Angst- und Schmerzlust, Schmerzzufügung beim Geschlechtsakt schon im Tierreich; 1964 S. 237-239; 1965 S. 328-359, wo auch der Sadismus unter diesem Gesichtspunkt breit erörtert wird).

4.1.2 Exteriorisierung des innerleiblichen Dialogs

In ungefährem Gleichgewicht sind die Konkurrenten Spannung und Schwellung beim Einatmen und bei der Kraftanstrengung (s. o.), aber während bei jenem der Dialog oder vielmehr — da in diesem Fall die rhythmische, sukzessive Konkurrenz fehlt — die Polyphonie der Antagonisten innerleiblich bleibt, drängt deren Zusammenspiel in der Kraftanstrengung nach außen und sucht sich Partner mit verteilten Rollen, idealtypisch im Ringkampf als Reindarstellung der simultanen und sukzessiven Konkurrenz von Spannung und Schwellung (1965 S. 120f.). So weit braucht die Sonderung nicht zu gehen, damit von einer Exteriorisierung des innerleiblichen Dialogs die Rede sein darf. Es gibt eine „Wahrnehmung mit verkehrten Fronten", wobei am eigenen Leib etwas Fremdes, diesem nicht Zugehöriges erfahren wird, oder auch eine eigene leibliche Regung wie ein eigenmächtiger Eindringling. Von Angst und Schmerz habe ich eben in diesem Sinn gesprochen, vom Wetter, das *am* eigenen Leibe, aber nicht als etwas *vom* eigenen Leibe (sondern als atmosphärisch diesen Umgebendes) gespürt wird, unter 2.1. Weitere Beispiele liefert die phänomenale Kausalität in solchen Fällen, in denen *Humes* Skepsis gegen Wahrnehmbarkeit des Bandes zwischen Ursache und Wirkung schon deswegen gegenstandslos wird, weil der Einfluß selber, nicht eine Ursache als Substrat hinter ihm, das anschaulich Wirkende ist (1978a S. 102-109). Beim elektrischen Schlag ist er eine fremde, unbegreiflich eindringende Übermacht, die am eigenen Leib gespürt wird und sich sonst nirgendwo gegenständlich präsentiert; zu diesem Schlag fehlt im Erlebnis der schlagende Arm, und erst die Physik dichtet zwecks Erklärung elektrischen Strom hinzu. Ebenso „anonym" ist die reißende Schwere, die vom Balancierenden und Stürzenden, krampfhaft sich Festhaltenden, gespürt wird. Sogar den Sturm, gegen den man ankämpft, rechne ich hierhin. Schon am eigenen Leib beginnt also die Exteriorisierung des innerleiblichen Dialogs in Auseinandersetzung gesonderter Partner. Die dynamische Konkurrenz von Spannung und Schwellung drängt danach; ein unscheinbares Symptom ist das Bedürfnis, nebenbei mit einem Gegenstand (etwa Stock, Stift) zu spielen, den man in der Hand hält (1980b S. 30, Anmerkung 123).

4.1.3 Koagieren ohne Reaktionszeit

Was vom leiblichen Befinden her als Exteriorisierung des innerleiblichen Dialogs durch Rollenverteilung an gesonderte Partner erscheint, kann in der umgekehrten Betrachtungsweise, wenn man von gesonderten Partnern ausgeht, als deren Absorption in einer ad hoc übergreifend sich bildenden leiblich-dialogischen Einheit verstanden werden. Deren Symptom ist die synchrone Abgestimmtheit, das Koagieren ohne Reaktionszeit. Der innerleibliche Dialog bedarf keines Bandes zwischen Ursache und Wirkung, weil er ein dynamisches Zusammenwirken der Kräfte oder Einflüsse selbst ist (4.1.2); ebensowenig benötigt seine exteriorisierte Darstellung im Zusammenwirken leiblich aufeinander eingestellter Partner eine Signalübertragung und damit Reaktionszeit. Beispiele liefert das Leben auf Schritt und Tritt; ich nenne die antagonistische Eingespieltheit von Kämpfern (sportlicher Wettkampf: Tennis, Boxen, Fechten usw.; Tierkampf), die solidarische bei gemeinsamem Werk (konzertierende Musiker, sägende Handwerker, taktmäßig schlagende Ruderer), den Händedruck (in Deutschland übliche Begrüßungs- und Abschiedsgeste), das Gespräch (1978a, S. 95-97; 1980b S. 27, 33-35; dort Angabe und Auswertung einschlägiger Arbeiten anderer Verfasser, z. B. *Christian* und *Haas* 1949 über gemeinsames Sägen).

4.1.4 Begriff der Einleibung

Mit der Exteriorisierung des innerleiblichen Dialogs überschreitet das leibliche Befinden den eigenen Leib. Dieser wird eingebettet und aufgenommen in meist flüchtige, stets leiblich-dialogische Einheiten, die die Struktur leiblichen Befindens haben und ihn mit Partnern und Gegenständen dynamisch-kommunikativ zusammenfassen. Dieses Geschehen bezeichne ich als *Einleibung*. Man kann sie als Eingehen des spürbaren eigenen Leibes in übergreifende Ad hoc-Leiber oder -Quasileiber verstehen. Alle Phänomene der Faszination (1972 S. 13-15) und Suggestion (1978a S. 75-94) gehören hierhin. Sehr scharf zeichnet sich Einleibung in der Partyatmosphäre ab; Parties sind heute beliebte, aufgeregt-amüsante gesellige Festveranstaltungen mit tänzerischen und erotischen Akzenten. Eine Party (1980b S. 52-55) beginnt mit einer Hemmschwelle, die den Anwesenden Mühe abverlangt; anfangs ist fraglich, ob sie überhaupt in Gang kommt. Im günstigen Fall wird die Schwelle überwunden, und plötzlich zündet dann die Partyatmosphäre, ein „fast physikalisches Gefühl der Fülle" (1980b S. 54, nach *Lacrosse* 1978), vergleichbar *Goethes* Kanonenfieber (1969 S. 100f.), worin die sonst nur ausnahmsweise überwindbare zwischenmenschliche Distanz aufgelöst und durch permanenten leichten Schwindel ersetzt ist, verbunden mit der die vereinigten Teilnehmer stimulierenden Verantwortung dafür, Geselligkeit und Aufruhr existieren zu lassen. Strukturgleich ist die Gesprächssituation, bei der ein Frischer einen Müden durch ein belebendes, interessierendes Thema zu neuem gemeinsamem Eifer mitreißt, aber freilich auch der Gefahr ausgesetzt ist, von dessen Müdigkeit angesteckt und gelähmt zu werden (1980b S. 55f., nach *Edith Stein*). Auch hier muß eine anfängliche Hemmschwelle, ein „toter Punkt" überwunden werden, und wenn das gelingt, ist aus den anfangs entgegengesetzten „Klimata" des leiblichen Befindens der Beteiligten eine neue, gemeinsame Atmosphäre gezündet, als ein anregendes Element, in dem die Beteiligten ähnlich verschmolzen sind wie in der Partyatmosphäre, nur vielleicht mit ernsthafterem Thema. Etwas Entsprechendes geschieht, wenn es einem Lehrer gelingt, eine anfangs lahme oder zerstreute Schulklasse „mitzureißen".

4.1.5 Antagonistische und solidarische Einleibung

Einleibung geschieht durch Exteriorisierung des innerleiblichen Dialogs von Spannung und Schwellung, nicht im Sinne einer Projektion oder gar „Einfühlung" (*Lipps*), sondern des bloßen Geschehens einer Einbettung. Spannung und Schwellung konkurrieren im leiblichen Befinden dynamisch um Übergewicht; entsprechend sind die Rollen bei Einleibung verteilt. Eine Einleibung bezeichne ich als *antagonistisch*, sofern sie den Beteiligten ein Verhältnis der Über- und Unterlegenheit oder Rivalität (Konkurrenz um Übergewicht) auferlegt, und als *solidarisch*, sofern das nicht der Fall ist. Die Beteiligten brauchen nicht Personen zu sein; ein faszinierendes, fesselndes Ding oder auch nur Thema, z. B. ein Kriminalroman, kann dominierender Partner in antagonistischer Einleibung werden. Solidarische Einleibung ist nur im

Zusammenhang mit antagonistischer möglich (1980b S. 39-43), z. B. in ein gemeinsames Werk oder Thema beim solidarischen Sägen, Rudern oder Musizieren. Unter den von mir ebd. angeführten Beispielen greife ich hier eine Mitteilung *Piagets* heraus: „Einer unserer Mitarbeiter wartet darauf, daß seine Frau eine Zigarette fertig geraucht hat, bevor er mit ihr ausgeht. Er selbst raucht eine Pfeife. Dabei ertappt er sich, daß er schneller an seiner Pfeife zieht, damit seine Frau schneller mit ihrer Zigarette fertig sei! Die Illusion war für kurze Zeit vollständig, bis er sich seiner Handlungsweise bewußt wurde." *(Piaget* 1978, S. 138)

4.1.6 *Einseitige und wechselseitige Einleibung*

Antagonistische Einleibung kann einseitig und wechselseitig sein. Sie ist einseitig, wenn die dominierende Rolle unter den Partnern fest verteilt ist, wechselseitig, wenn diese Rolle dank der Wechselwirkung dynamischer Konkurrenz fluktuiert. Einseitige Einleibung kommt z. B. bei Faszination und Hypnose vor; ein typischer Trick des Suggestors, der Fluktuation seiner Dominanzrolle vorzubeugen, ist der „Zentralblick" auf die Nasenwurzel des Partners (1969 S. 383; 1978a S. 90), der diesen hindert, seinen Blick so in den des Suggestors zu tauchen, daß ein Kampf der Blicke (1969 S. 381f.) mit Rivalität um die dominierende Rolle möglich würde. Einer solchen Stabilisierung der Dominanz in antagonistischer Einleibung kann auf gleichem Wege auch der starre Blick mit aufgerissenen Augen dienen.[5] Viel wichtiger für Kontakte unter Menschen und Tieren ist die wechselseitige Einleibung. Sie beherrscht z. B. das Liebesspiel — auch das ungeschlechtliche, z. B. im Mutter/Kind-Imitierverhalten —, das Gespräch in allen seinen paralinguistischen und nichtvokalen Komponenten, die Begegnungen der Blicke und der Hände (1980b S. 28, 31-36, 94-101). Wechselseitige Einleibung ist der wichtigste „Meßfühler", wodurch Menschen ihr Verhalten aufeinander abstimmen. Sie ist für die „Reziprozitätsspiralen" verantwortlich, die schon diesseits aller tiefliegenden zwischenmenschlichen Konflikte *(Laing)* z. B. die *(von Goffman* analysierte) Regelung unwillkürlichen Ausweichens auf schmalen, bevölkerten Gehwegen (1980b S. 56f.) ermöglichen. Im Verhältnis zu nichtmenschlichen Partnern bewirkt wechselseitige Einleibung u. a. den (von mir 1972 S. 17f. nach einer Stelle aus *Goethes Die natürliche Tochter* so genannten) *Eugenie-Effekt* gegenseitigen „Hochschaukelns" zu gefährlicher Kühnheit im Verhältnis von Reiter und Pferd, neuerdings von Fahrer und Auto.

4.1.7 Eindrücke von Anderen

Im Zusammensein mit Anderen gewinnen wir Eindrücke von ihnen. Die sensualistische Reduktion verleitet zu dem Vorurteil, Farben, Formen, Geräusche usw., die als Signale verstanden und entschlüsselt würden, seien deren Quelle. Was wir wahrnehmen, wenn wir mit einem Menschen umgehen, soll unter 5.3 erörtert werden. Farben, Formen, Geräusche usw. sind es nur nebenbei. Der Eindruck vom gegenwärtigen Anderen und seine beständige Differenzierung entstammen aber keineswegs bloß der Wahrnehmung, sondern ebenso wechselseitiger Einleibung. Den verhaltenen Zorn, den Ärger, das Unbehagen eines Anderen spürt ein empfänglicher Mensch nicht bloß an dessen Gesichtsausdruck oder anderen Symptomen der Gestalt und des Benehmens, sondern ebenso oder eher noch am eigenen peinlichen, befremdeten oder erschrockenen Betroffensein; des Behagens, der entspannten Aufgeschlossenheit des Anderen wird er in gewissem Maß dadurch inne, daß ihm selbst dabei das Herz aufgeht. Dem eigenen leiblichen Befinden entnimmt der Feinfühlige manchmal direkter und subtiler etwas über den Gesprächspartner, als der Beobachtung des Gesichts, der Hände und der Haltung oder dem Lauschen auf die Stimme. Manchmal läßt der Eintritt oder die Anwesenheit eines Menschen in einem Raum die Atmosphäre zu Eis erstarren oder warm, locker und herzlich werden. Gewiß liegt das auch an seinem Blick, seiner Stimme, seiner Haltung, aber erst einmal spüren es die Übrigen am eigenen Leib. Dazu befähigt sie das in ihrer Einleibung mit dem Betreffenden sich bildende leiblich-dialogische Ganze, in dem der fremde Anteil so gut wie der eigene ins Gewicht fällt; man spürt es am eigenen Leibe, ebenso wie man eine Melodie aus den Tönen heraushört, die schon erklungen sind, während sie sich noch im klingenden Aufbau befindet. So ist die Weise, den Anderen zu erfassen, das Gespür für seine Sonderheit und seine augenblickliche Verfassung, nicht zuletzt auch eine „Wahrnehmung mit verkehrten Fronten" der unter 4.1.2 beschriebenen Art, wie die des Wetters, des elektrischen Schlages, der reißenden Schwere: Man spürt den Anderen am eigenen Leibe, indem man sich eigentümlich berührt fühlt. Das Entsprechende gilt für Eindrücke der Tiere voneinander, der Menschen von Tieren, der Tiere von Menschen.

4.2 Ausleibung

Der Blick des Reisenden, der beschäftigungslos durch das Fenster eines Fahrzeugs nach draußen fällt, wird von den locker vorüberziehenden Bildern manchmal eigentümlich gefesselt, ohne etwas ins Auge zu fassen: Er hängt ekstatisch an dem, wohin er sich ergießt, an der Weite, durch die er schweift, während die einzelnen Gestaltungen, die sich ihm bieten, nur noch wie Kulissen sind. So ein Blick wird leicht zum Starren, zum Dösen, und wenn der Verführte auf übersichtlicher Strecke, wo nichts besondere Aufmerksamkeit erzwingt, am Steuer sitzt, gerät er leicht in einen Trancezustand, der auf Autobahnen schon manchen Verkehrsunfall verschuldet hat. Gleiches wäre ihm kaum widerfahren, wenn er die Strecke entlanggewandert wäre; zur Trance gehört die Chance, sich dank entspannter Haltung gleichsam in den Blick zu verlieren, der als leibliche Richtung, die aus der Enge in die Weite führt (3), von dieser gleichsam magnetisch aufgesogen wird. Ein ähnlicher Zustand tritt beim Starren in glänzende Gegenstände auf. Auch diese Trance ist leibliche Kommunikation und eine Art von Faszination, aber nicht mehr durch Auseinandersetzung konkurrierender Impulse auf dem Weg über Exteriorisierung des innerleiblichen Dialogs, sondern durch Ausströmen aus Enge in Weite. Ich habe sie in manchen Gestalten, auch unabhängig vom Blick, als *Ausleibung* charakterisiert und hinsichtlich ihres Beitrags zur Wahrnehmung von Qualitäten gewürdigt (1980b S. 97-102, 215-227). Hier genüge der knappe Hinweis.

5. Der Leib in der Wahrnehmung
5.1 Einleibung in der Wahrnehmung

Eindrücke sind die natürlichen Einheiten der Wahrnehmung (2.1); „Sinnesqualitäten" wie Farbe, Schall, Geruch säuberlich aus ihnen herauszulösen, gelingt ganz selten, vielleicht nur in der Ausleibung (4.2; 1978a S. 219-223). Aber auch in normaler Wahrnehmung sind Sinnesqualitäten, wenn sie nicht in Dingen vorkommen, meist nur Manifestationen von Halbdingen (1978a S. 116-139), mit denen sie gewöhnlich verwechselt werden. Halbdinge sind wie Dinge beharrliche Einheiten, die sich mit wechselnden Gesichtern zeigen; sie unterscheiden sich von Dingen durch ihre Unfähigkeit zum Charakterwechsel (1978a S. 139-148), sich nachträglich als eine Sache ganz anderen Stils und Charakters herauszustellen. Stimmen z. B. sind Halbdinge, im Unterschied von den Schallfolgen, in denen sie sich darstellen. „Die Schallfolge wächst, die Stimme nicht" (1978a S. 120). Ein Ton ist ein Halbding, sofern er anschwellen, verebben, verhallen usw. kann und dabei so viel Eigenart, quasi „Persönlichkeit" besitzt, daß man schon bei manchen geringen Veränderungen anderer Art (z. B. der Schallfarbe) den Eindruck hat, jetzt einen anderen Ton zu hören. Kälte, Kühle, Hitze können Halbdinge sein (1978a S. 127f.). Der Blick, der Wind, das Leiden, dessen Anfall der Kranke durchmacht, die Melodie, die einem durch den Kopf geht, sind Halbdinge. Ganz im Bann der Halbdinge steht die Musik (1978a S. 234-240), und der geübte und verständige Hörer unterscheidet sich hauptsächlich dadurch vom Unmusikalischen, daß er die Klänge als Manifestationen solcher Halbdinge zu hören vermag, wo an diesem bloß Schallmassen vorüberrauschen. Halbdinge sind die (freundlich oder feindlich) zudringlichsten, aggressivsten Wahrnehmungsobjekte; dem Nervösen z. B. verwandeln sich sonst neutrale Schallteppiche dadurch in störenden Lärm, daß sie etwas von der Physiognomie eines Bündels von Stimmen annehmen, die als aggressive Halbdinge auf ihn einstechen (1978a S. 134f.). Halbdinge sind suggestiv; man ist ihnen durch Einleibung zugewandt, da Suggestion Einleibung ist (4.1.4). Ebenso behaupten sich Dinge in der Wahrnehmung (1978a S. 139-170) in und hinter dem Wechsel ihrer Gesichter, Phasen oder gar Charaktere als fesselnde und organisierende Zentren in der dominierenden Rolle einseitiger Einleibung, indem sie z. B. den Blick auf sich ziehen oder auch anderen Arten der Zuwendung zu ihnen einen Stil aufprägen.

5.2 Kleint'scher Drehstuhlversuch

Der Kleint'sche Drehstuhlversuch erweist die Abhängigkeit der distinkten Wahrnehmung überhaupt, speziell der Dingwahrnehmung, von Einleibung (1967 S. 233-235; 1978a S. 34f; 1980b S. 100f.; *Kleint* 1940 S. 51f.). Versuchspersonen mit geschlossenen Augen werden mit unterschwelliger Geschwindigkeit gedreht; wenn sie danach nichtsahnend die Augen öffnen, sind die Dinge „weg", das Wahrgenommene wirkt zunächst chaotisch, diffus, wie traumhaft, abstandslos. Nach kurzer Erholung ist alles wieder normal. Die normale optische Wahrnehmung, speziell Dingwahrnehmung, „klappt" nur im Zusammenhang mit einem stabilen Gefüge von Richtungen leiblicher Zuwendung, auf denen der Betrachter am Gesehenen gleichsam hängt. Bei wissentlicher Drehung nimmt man das Gefüge gleichsam mit, und mühelos läßt sich dann neuer Stoff hineinfüllen. Dank der Ahnungslosigkeit über die Drehung ist der vorher gut eingespielte Kontakt zwischen den leiblichen Richtungen der Zuwendung und dem Wahrnehmbaren aber plötzlich zerrissen; er muß neu geknüpft werden, und in die

Zwischenzeit fällt die von *Kleint* beobachtete Desorientierungs- und Entfremdungsphase.

5.3 Bewegungssuggestionen

Am eigenen Leibe spüren wir über die wirklich ausgeführten und als ausgeführt erlebten Bewegungen hinaus Suggestionen, Andeutungen, Zumutungen oft sehr eindringlicher und charakteristischer Bewegungen, z. B. in jeder Gebärde eine (meist viel weiterreichende) Gebärdefigur; ich habe solche Figuren zum Beleg leiblicher Richtung bereits erwähnt (3). Andere Beispiele sind die u. a. bei Müdigkeit, Wollust, Stolz, Freude spürbaren Als-ob-Bewegungen von Sinken, Schwellen, Erhebung, ausladender Weitung, Schweben u. dgl. (vgl. auch die Schilderungen 1967 S. 36, nach *Michotte* und *Galli*; 1978a S. 44, Anmerkung 129, von Hypnotisierten). Solche Bewegungssuggestionen geben andererseits den wahrgenommenen Gestalten in erster Linie das Gepräge; ich bezeichne sie dann als *Gestaltverläufe* (1978a S. 37-47 und passim in meinem *System der Philosophie* seit 1966). Der Römische Brunnen (*Berninis* vor der Peterskirche) wird in den ersten beiden Zeilen des bekannten gleichnamigen Kurzgedichts von *Conrad Ferdinand Meyer* wie nebenbei (ohne ausdrücklichen Hinweis) und doch unverkennbar durch die Bewegungssuggestion stolzer Aufrichtung in gelassen strömender Lebendigkeit gekennzeichnet (1978a S. 40), und damit hat der Dichter „den Nagel auf den Kopf getroffen", was die Gestalt des Wahrgenommenen im unbefangenen Eindruck angeht; er vollbringt dieses Treffen nicht zuletzt durch den dichterischen Rhythmus, der selbst eine Bewegungssuggestion ist (1977 S. 560-562; 1978a S. 238; 1980c S. 90-93) und der Dichtung (sowie, als musikalischer Rhythmus, der Musik) viel von ihrer Kraft, „unter die Haut zu gehen", schenkt, weil solche Bewegungssuggestionen auch am eigenen Leib als leibliche Regungen gespürt werden können. Darüber hinaus sind die musikalischen Halbdinge, auf die es in der Musik so sehr ankommt, daß gerade in der Empfänglichkeit für sie die Überlegenheit des Musikalischen über den Unmusikalischen besteht (5.1), nahezu sämtlich Gestaltverläufe (1978a S. 234-253, vgl. 1967 S. 57f.). Und was nehmen wir normalerweise optisch wahr? Wenn die Polizei einen Zeugen nach dem Aussehen eines (ihr verdächtigen) Mannes fragt, mit dem jener gerade erst gesprochen hat, fällt die Schilderung steckbrieffähiger Merkmale oft sehr dürftig aus, aber nicht deshalb, weil der Zeuge „nicht richtig hingesehen" hätte; was man in normaler Unbefangenheit sieht, sind aber viel weniger solche Merkmale als Bewegungssuggestionen, z. B. Gestaltverläufe der Haltung (gereckt oder geduckt, straff oder lässig, ausladend oder gepreßt) und Gebärden, oder des kühnen Schwungs z. B. einer Nase, ferner den Blick, ob er stechend oder flackernd, ruhig oder unstet, klar oder trübe ist. Bewegungssuggestionen sind ein „gemeinsamer Nenner" der Wahrnehmung und des eigenleiblichen Spürens. Sie verleihen zusammen mit den gleich zu besprechenden synästhetischen Charakteren dem Wahrgenommenen eine unmittelbare Leibverwandtschaft, die z. B. bei der unbefangenen Wahrnehmung von Physiognomie, Mimik und Stimme anderer Menschen und Tiere alle Entschlüsselungs- und Deutungsoperationen, um die sich Philosophen und Psychologen im Bann des physiologistischen Vorurteils (1.1) immer wieder rätselnd bemüht haben, so gut wie überflüssig machen (Analogieschlüsse, Einfühlungen, Projektionen, Apperzeptionen u. dgl. mehr).

5.4 Synästhetische Charaktere

Mit den Sinnesqualitäten sind stets synästhetische Charaktere verwachsen, die selten echte Synästhesien bewirken, aber den sogenannten spezifischen Sinnesqualitäten eine *Metábasis eis állo génos* antun (warme Faben, helle Töne usw.). Sie sind gleichsam Infiltrate leiblicher Regungen im Wahrgenommenen. Sehr deutlich wird das an den Masseneigenschaften des Schalls (Weite, Gewicht und Dichte), die der herkömmlichen, physiologistischen Wahrnehmungslehre den Spott antun, daß sie im Fall der Stille auch schon einmal ganz ohne spezifische Sinnesqualitäten vorkommen. Ich habe gezeigt (1968 S. 58-66), daß diese synästhetischen Massencharaktere des hellen und dunklen Schalls in Komplexen auftreten, die sich typischerweise gerade nur im eigenleiblichen Spüren, nicht aber bei sonstiger Wahrnehmung, wiederfinden lassen.

Da ich die synästhetischen Charaktere an anderer Stelle ausgiebig behandelt habe (1978a S. 47-69; 1968 S. 51-68), beschränke ich mich hier auf ein Beispiel ihrer Übersetzbarkeit in Bewegungssuggestionen. Gewisse Konsonanten (Fortis-Konsonanten nach *Ertel* 1969, S. 153) haben eine dynamische Physiognomie, ohne daß ich ihnen als abgerissenen Geräuschen eine charakteristische Bewegungssuggestion zutrauen möchte. Dennoch geht von ihnen eine mobilisierende, ja alarmierende Wirkung aus: „Kein noch so energischer Ruhe-Ruf bringt eine laut diskutierende Menschengruppe zu solch unmittelbarem Aufmerken wie ein einziges hell zischendes ‚psst'" (*König* 1975 S. 93, mit weiteren Beispielen der Alarmwirkung solcher Laute bei Mensch und Tier). Ein synästhetischer Charakter des Geräusches weckt in solchen

Fällen durch seine leiblich spürbare Eigenart eine in dieser Hinsicht ihm gleiche Bewegungssuggestion des Auffahrens, aus der der Aufruhr stammt, der bestrebt ist, schon bei geringer weiterer Verstärkung in aufgescheuchte Fluchtbewegung auszubrechen (1978a S. 79).

6. Der Leib im Raum

6.1 Schichten der Räumlichkeit

Die herkömmliche Lehre vom Raum von der Geometrie bis zur Psychologie macht unter Führung der Philosophie den Fehler, am gebildetsten Muster, dem Sehen fester Körper im zentralen Gesichtsfeld, Maß zu nehmen und die primitiveren, aber fundierenden und unentbehrlichen Schichten der Raumerfahrung zu vernachlässigen. Diese scheint sich auf nur drei Niveaus oder in Übergängen zwischen ihnen abzuspielen. Das niederste ist der Weiteraum; in diesen wird der Richtungsraum eingetragen, in diesen der Ortsraum mit drei Dimensionen, der dem Nachdenken über „den Raum" zugrundegelegt zu werden pflegt. Die beiden unteren Niveaus teilen Strukturen mit dem leiblichen Befinden; erst an der Schwelle zum dritten Niveau beginnt mit der Fläche die Entfremdung des Raumes vom Leib. Unterhalb dieser Entfremdung ist der Raum noch leiblich; daher mein Buchtitel (1967). Damit ist nicht gemeint, daß der Raum zum Leib eines Menschen gehörte, sondern nur, daß seine Strukturen insofern mit solchen des leiblichen Befindens übereinstimmen. Das Bild des Leibes im Raum wird schief, wenn diese leibnahen Tiefenschichten der Räumlichkeit vernachlässigt werden.

6.1.1 Weiteraum

Der Weiteraum besteht nur aus Weite, in der ein absoluter Ort (oder eine Mannigfaltigkeit solcher Orte) sich abhebt. Reiner Weiteraum ist beständig präsent im Spüren des Klimas (Wetter oder Binnenraumklima). Am eigenen Leib spürt man ein vage in Weite ergossenes Klima, in dem man sich befindet, und den eigenen Leib, der sich an seinem absoluten Ort daraus abhebt und davon betroffen ist. Weitere räumliche Gliederung ist dem bloßen Klimaspüren nicht zu entnehmen. Andere Beispiele sind Ganzfelder, u.U. schon der strahlend blaue Himmel, wenn man lange liegend zu ihm aufblickt und dabei keine Richtungsbahn oder sonstige Gliederung sich abzeichnet (1967 S. 52; 1977 S. 121). Wenn sich nicht nur der absolute Ort aus der Weite, sondern auch diese sich vom absoluten Ort abhebt, nenne ich den Weiteraum *artikuliert*. Artikulierter Weiteraum kann auch in höhere Schichten der Räumlichkeit durchscheinen, ohne deren Strukturen auszulöschen. In diesem Sinn habe ich ausführlich die Raumängste und die Ekstasen analysiert (1967 S. 136-196).

6.1.2 Richtungsraum

Im leiblichen Richtungsraum vermitteln leibliche Richtungen wie der Blick oder die motorischen des Greifens, Schreitens, Fallens und der Gebärden zwischen dem absoluten Ganzort des Leibes (oder dem absoluten Ort einer Leibesinsel) und der Weite, indem sie unumkehrbar aus der Enge in die Weite führen und diese in Gegenden gliedern. Sie brauchen nicht gerade zu sein. Sie können ein Ziel (z. B. Blickziel, Greifziel) haben, verlaufen aber aktuell oder potentiell darüber hinaus und bilden insbesondere keine Verbindungsbahnen, die nach zwei Richtungen (zum Ziel hin und von diesem zum absoluten Ort zurück) abgelesen werden könnten. Daher gibt es im reinen Richtungsraum auch keine relativen Orte; denn Lagen und Abstände setzen Netze paarender Verbindungen mit reversibler Ablesbarkeit voraus. Neben dem leiblichen Richtungsraum gibt es den Richtungsraum der Gefühle, sofern diese als gerichtete (aber nicht schon deswegen auch zentrierte oder zielgerichtete) Atmosphären aus der Weite hervor über den von ihnen ergriffenen Leib kommen (1969 S. 264-280, 349-360). Auch diese Richtungen sind unumkehrbar und vermitteln Weite und absoluten Ort, aber sie laufen nicht aus der Enge in die Weite.

Der leibliche Richtungsraum ist die Domäne der Motorik. Alle gekonnten, flüssigen, anmutigen Bewegungen, alle unwillkürlichen Gebärden und tierischen Handlungen orientieren sich in ihm, und bloß der Ungeschickte, der Lehrling oder der Suchende richtet sich beim motorischen Verhalten nach Lagen und Abständen (1967 S. 62, 252-273). Die gekonnte sportliche Übung hält sich z. B. an eine Gebärdefigur, die als Bewegungssuggestion leibliche Richtung ist (1967 S. 266f.). Besonders scharf zeichnet sich die Unabhängigkeit flüssigen motorischen Verhaltens von der Orientierung an relativen Orten beim Tanz ab, wegen der gleich unbefangenen Bereitschaft, rückwärts wie vorwärts zu tanzen: Im Rückfeld bietet sich keine Gelegenheit zur Orientierung an relativen Orten (1967 S. 69-71). Reine Richtungsräumlichkeit läßt sich auch an der kompensierenden Motorik eines Menschen belauschen, der balancierend einen Sturz abzufangen sucht (1967 S. 64-69).

6.1.3 Ortsraum

Auf der Grundlage des leiblichen Richtungsraumes entsteht der Ortsraum, wenn auf Grund von Lage- und Abstandsbeziehungen zwischen Zielen leiblicher Richtungen relative Orte eingeführt werden. Solche Lagen und Abstände setzen umkehrbare, nach beiden Richtungen ablesbare Verbindungsbahnen zwischen den Richtungszielen und Netze solcher paarender Verbindungen voraus. Gelegenheit zum Knüpfen solcher Netze bietet, den Zug leiblicher Richtungen in die Tiefe des Raumes querend, die in die Breite sich erstreckende Fläche. Sie ist die Quelle der Entfremdung des Raumes vom Leib; Flächen kann man nicht am eigenen Leib spüren, sondern nur (auch am eigenen Körper) sehen und tasten. Flächen stellen sich leiblichen Richtungen als autonome Spielräume für Auf- und Umbau von Netzen paarender Verbindungen zwischen Zielen solcher Richtungen in den Weg. Sie vollbringen damit auch die spiegelnde Leistung, eine (partielle) Umdeutung solcher Richtungen in umkehrbare Verbindungen so zu ermöglichen, daß die absoluten Orte des Leibes an der Quelle solcher Richtungen in das System der relativen Orte eingeholt werden können — ein Hauptschritt in der Entwicklung der kindlichen Raumvorstellung (1967 S. 405-412). Schließlich setzt erst mit dem Auftauchen der Fläche die Dimensionierung des Raumes ein; vorher ist Volumen bloß dynamisch, eine Bewegungssuggestion schwellender Wölbung oder spannender Verdichtung usw., und erst von der Fläche aus ergeben sich absteigend Linien und Punkte, aufsteigend dreidimensionale Gebiete (1967 S. 370-405).

Welche Raumgliederung schon unabhängig von Flächen möglich ist, kann man sich an der Räumlichkeit des Schalls deutlich machen (1967 S. 385f.). Sie ist flächenlos und richtungsräumlich, allerdings schon durch Spuren ortsräumlicher Gliederung bereichert: Man kann nicht nur Richtungen, sondern auch Entfernungen hören, aber nur Entfernungen vom eigenen absoluten Ort, nicht Entfernungen der Schallquellen voneinander. Diese gehörten Entfernungen haften auch nicht an umkehrbaren Verbindungen: Man hört, ob etwas nah oder weit weg oder ferner als eine andere Schallquelle ist, aber man hört nicht ebenso, wie nah man selbst am Gehörten ist; das kann man sich mit Hilfe des Gehöreindrucks höchstens überlegen. Eine zusammenhängende Aufgliederung des Raumes nach Lagen und Abständen ist dank bloßen Hörens nicht möglich. Dagegen hört man prädimensionales, dynamisches Volumen in den synästhetischen Massencharakteren des Schalls. Wie hiernach das Zeugnis des Hörens wäre auch das Zeugnis des Sehens beschaffen, wenn man keine Flächen sehen könnte.

Ein *Ortsraum* ist eine Aufgliederung der Weite durch ein System relativer, auf Grund umkehrbarer Verbindungen durch Lagen und Abstände bestimmter Orte. Er ist nach dem Gesagten nur über einem leiblichen Weite- und Richtungsraum möglich, wenn auch diese Herkunft in seinem Begriff nicht enthalten ist. Relative Orte empfangen ihre Bestimmtheit letztlich aus absoluten Orten des leiblichen Befindens. Man darf daraus aber nicht ohne Weiteres auf den Körperstandort als „egozentrischen Nullpunkt des Raumes" schließen; an dieser Annahme einer „egozentrischen Lokalisationsweise" setzt *Bischof* mit Recht aus, sie sei „in dieser generellen Formulierung sicher phänomenologisch falsch" (*Bischof* 1966 S. 312, 325 Anmerkung 34). Das trifft zu, sofern der eigene Leib durch Einleibung von übergreifenden Ad-hoc-Leibern abhängig ist, auch hinsichtlich der Quelle seiner Richtungen (1978a S. 73 f.); diese übergreifenden Leiber können ja sogar am eigenen Leibe gespürt werden, wie eine Melodie schon in Tönen gehört werden kann, in denen sie noch nicht vollständig (und damit vorbei) ist (4.1.7).

6.2 Perzeptives und motorisches Körperschema

Der Begriff des Körperschemas ist von der Neurologie her konzipiert und dabei phänomenologisch nicht genügend differenziert worden; man hält sich bloß an das perzeptive Körperschema und übersieht die Andersartigkeit des motorischen Körperschemas. Das perzeptive Körperschema ist die habituelle optische Vorstellung vom eigenen Körper. Es ist ortsräumlich gegliedert. Das motorische Körperschema ist die das gesteuerte motorische Verhalten ermöglichende und leitende Orientiertheit über die räumliche Anordnung der Teile des eigenen Körpers. Ich habe gezeigt (1967 S. 243-247), daß dieses Körperschema richtungsräumlich ist, daher von ganz anderer (und primitiverer) Art als das perzeptive. Jene Orientiertheit setzt nämlich eine Bezugsstelle voraus, von der aus die motorisch relevanten Körperteile in bestimmten Richtungen und Gegenden zu finden sind. Diese Bezugsstelle ist der Sitz des Agierenden im motorischen Körperschema; befände er sich z. B. im rechten Ellenbogen, wären beide Hände links. Das wäre nicht gut für die Koordinierung ihrer Bewegungen, die sich auf eine eingeschliffene Rechts-Links-Unterscheidung stützt. Wenn ich meine Hände bewege, vermag ich mühelos die rechte und die linke zu finden und zu unterscheiden; ratlos wäre ich aber, wenn man mich aufforderte, den Weg in umgekehrter Richtung zurückzulegen und von ihnen aus mich zu finden, die Bezugsstelle, von wo her ich sie auf rechts und links verteile. Das motorische Körperschema gleicht also einer komplizierten Partitur, die aus Anlaß der Eigenbewegung von einem durch die beteiligten Körperteile wechselnd besetzten Orchester aufgeführt wird; der

Dirigent, der die Einsätze gibt, bleibt darin unsichtbar, weil er das Orchester durch unumkehrbare leibliche Richtungen erreicht, nicht über umkehrbare Verbindungen, aus denen ortsräumliche Lage- und Abstandsbeziehungen abgeleitet werden könnten.

6.3 Optisch-motorische Koordination

Solange nicht die Richtungsräumlichkeit des motorischen Körperschemas entdeckt und der Blick als leibliche Richtung erkannt ist, muß die schlichte und primäre Abgestimmtheit aufeinander, mit der Sehen und Tun z. B. bei handwerklicher Arbeit oder beim Autofahren zusammenwirken, ein Rätsel bleiben. Unter günstigen Bedingungen wird bei solchen Tätigkeiten nicht erst gesehen, dann das Gesehene verarbeitet und schließlich reagiert, sondern Blick und Motorik koagieren ohne Reaktionszeit, wie Partner der Einleibung nach 4.1.3. Das ist deswegen nicht unbegreiflich, weil der Blick selbst eine leibliche Richtung im Gefüge des motorischen Körperschemas sein kann (1967 S. 289-292, 298-301); sein Zusammenwirken mit der Hand ist dann nicht rätselhafter, als das kompensatorische Zusammenwirken verschiedener Gliedmaßen beim Balancieren.

7. Der Leib im affektiven Betroffensein

Affektives Betroffensein ist Betroffensein von Gefühlen und leiblichen Regungen. Das affektive Betroffensein von leiblichen Regungen besteht einfach darin, daß die Tatsachen dieses Betroffenseins für den Betroffenen subjektiv sind. Auf meine damit berührte, breit ausgebaute Theorie der Subjektivität (1969 S. 1-90; 1973a S. 527-545; 1980a S. 27-36; 1981b; 1981c) kann ich hier nicht eingehen; ich beschränke mich auf das affektive Betroffensein von Gefühlen in der Hinsicht, daß es leibliches Betroffensein ist (zu einer anderen Hinsicht 1969 S. 138-148). Gefühle sind ergreifende Atmosphären, sogar dann, wenn sie nur einen Einzelnen im Gegensatz zur Gestimmtheit seiner Umgebung in ihren Bann ziehen (1969 S. 98-133); ein Beleg dafür ist der soziale Gefühlskontrast (1969 S. 151 f; 1974 S. 335 f.), den ich hier nicht erläutere. Vom Gefühl ist das Fühlen des Gefühls zu unterscheiden, und dieses Fühlen kann zweierlei sein: bloßes Wahrnehmen des Gefühls als Atmosphäre und affektives Betroffensein (Ergriffenheit) vom Gefühl. Man kann Gefühle wahrnehmen, ohne von ihnen ergriffen zu werden. Das widerfährt z. B. dem ernsthaften Teilnehmer einer Karnevalsveranstaltung, wenn ihn die alberne Lustigkeit als Atmosphäre nicht ansteckt, sondern traurig macht. Ein anderes Beispiel ist die strahlende Freude des Kindes bei der Weihnachtsbescherung, die sich als Atmosphäre bezwingend ausbreitet, während die Erwachsenen an dieser Atmosphäre zwar teilnehmen, aber nur durch ein vorgeschaltetes Sympathiegefühl der Mitfreude, da sie sich so naiv und ungebrochen nicht mehr freuen können. Dann liegt höchstens mittelbare Ergriffenheit vor. Unmittelbare Ergriffenheit von einem Gefühl ist dagegen stets eine leibliche Regung. Das läßt sich beim Vergleich von Primärgefühl und Sympathiegefühl im eben eingeführten Sinn an den Phänomenen der Gebärdensicherheit und -unsicherheit ablesen (1969 S. 155; 1981a S. 17f.). Der Freudige weiß zu hüpfen, der Kummervolle zu stöhnen und schlaff oder gebrochen dazusitzen, der Zornige die Faust zu ballen, der Verzweifelte gellend aufzulachen usw.; niemand, der so betroffen ist, muß erst verlegen fragen, wie man so etwas macht. Dagegen muß sich der Mitleidige oft genug verlegen fragen, auf welche Weise er seinem Mitleid Ausdruck geben soll, weil er dabei an einem Kummer Maß nimmt, der ihm nicht selber „in die Knochen fährt". Das Sympathiegefühl ist meist nur eine Anwandlung, die den Betroffenen nicht leiblich packt und einnimmt und ihm dann auch nicht ein spezifisches leibliches Verhalten eingibt, das sonst auch dem Ungeschicktesten, wenn er nur vom Gefühl ergriffen ist, mit erstaunlicher Sicherheit gelingt. Erst dann, wenn auch das Mitgefühl dem Ergriffenen leiblich spürbar „durch und durch" geht, gerät seine Gebärde so spontan und selbstverständlich wie die des primären Gefühls.

James und *Lange* haben um die Jahrhundertwende Aufsehen mit der populär formulierten These erregt, Gefühle seien bloß „Organempfindungen". Das ist in doppelter Beziehung falsch. Leiblich ist niemals das Gefühl selbst, sondern stets nur das affektive Betroffensein vom Gefühl; dieses affektive Betroffensein spielt sich ferner nicht bloß in Gestalt von „Organempfindungen" oder vielmehr — wie ich, diesen schiefen Ausdruck meidend, sage — teilheitlichen leiblichen Regungen auf Leibesinseln ab, sondern mindestens ebenso in Gestalt ganzheitlicher leiblicher Regungen, unter denen die mit einem Schlag den Leib durchziehenden Bewegungssuggestionen (gelassene Aufrichtung im Stolz, Versinken in Wonne usw.) eine wichtige Rolle spielen (1969 S. 156-158, gegen *Stumpf* 1899). Aber auch teilheitliche leibliche Regungen haben wichtigen Anteil an der Ergriffenheit: Das Herz geht uns auf, die Brust wird beklommen, die Kehle zugeschnürt; solche Wendungen beziehen sich auf Enge und Weite, die Hauptdimension des spürbaren leiblichen Befindens (1969 S. 158-165).

8. Der Leib im Personsein
8.1 Primitive und entfaltete Gegenwart

Der wache, besonnene Mensch lebt als solcher in entfalteter Gegenwart. Als personales Subjekt steht er über dem Hier und Jetzt, an das er leiblich gebunden ist, das Dasein überholend, wie etwa die Möglichkeit zeigt, auch noch den eigenen Tod, das eigene Nichtsein zu bedenken und auf sich zu nehmen, sowie fähig, die Form der Eindeutigkeit, der Identität und Verschiedenheit, nach allen Richtungen seiner Erfahrung (z. B. erwartend oder erinnernd) in den Weltstoff zu projizieren. Das elementar-leibliche Betroffensein, das ihn z. B. in heftigem Schreck, in Angst, Schmerz und katastrophaler Scham, in maßlosem Orgasmus und allen panischen Zuständen in die Enge treibt und dem Plötzlichen ausliefert, läßt diese Entfaltung der Gegenwart schwinden. Das personale Subjekt sinkt dann in sein Hier und Jetzt ein, die miteinander und mit ihm verschmelzen, und die Wirklichkeit packt den Betroffenen unmittelbar, ohne ihm seine Distanzierungsfähigkeit zu lassen; alle Eindeutigkeit schrumpft auf die Spitze des Plötzlichen zusammen, dem er ausgesetzt ist. Das ist primitive Gegenwart, in die man schon im Alltag jederzeit abstürzen kann, z. B. auf einer verkehrsreichen Straße, die man etwas leichtsinnig und zerstreut betreten hat, um nun im letzten Augenblick mit einer Art von traumwandlerischer, instinktiver Sicherheit bei leicht eingeengtem Bewußtsein zwischen den anbrausenden Mordmaschinen auf die rettende andere Straßenseite sich durchzufinden.

Zwischen primitiver und entfalteter Gegenwart bewegt sich das menschliche Leben. Primitive Gegenwart ist leiblich äußerste Enge, gleichsam Zielpunkt leiblicher Engung; ich habe sie daher als die (selten realisierte, aber in Spannung und privativer Engung vorgezeichnete) *Enge des Leibes* bezeichnet. Erst die Chance, in diese Enge getrieben zu werden, gründet Leiblichkeit statt pflanzenhaften, in gleitendes Dahinwähren und chaotische Mannigfaltigkeit (1.2) zerflossenen Lebens. Das Zusammenschreckenkönnen, das Plötzliche, das Abreißen von Kontinuität in primitiver Gegenwart scheidet das Tier von der Pflanze, die Entfaltung der Gegenwart den Menschen (mit einigen Übergangsformen in den Spitzen des Tierreichs) vom Tier. Wir sprechen von Menschen, die zusammenbrechen, z. B. von Nervenzusammenbruch. Was dann zusammenbricht, ist fünffältig entfaltete Gegenwart, die in Enge des Leibes zusammensinkt. Entfaltung der Gegenwart ist von anderer Art als leibliche Weitung, wenngleich sich beide berühren können (1977 S. 669-671). Das Wort „Gegenwart" ist in diesem

Zusammenhang etwa so gemeint, wie in der Rede von Geistesgegenwart. Es spielt auf das Plötzliche, Weckende, Pointierende an, den Gegenspieler des Dahinlebens und der chaotischen Mannigfaltigkeit.

8.2 Personale Emanzipation und Regression

Mit Entfaltung der Gegenwart zieht sich Subjektivität (s. o. 7) in wechselndem Ausmaß von Tatsachen eigenen Soseins zurück, die dann zu bloß objektiven Tatsachen werden; das ist personale Emanzipation (1980a S. 12-14, 21-24, 275 f.). Sie unterscheidet sich nach Niveaus des Abstandes von primitiver Gegenwart (1980a S. 24-27) und Stilen innerhalb dieser Niveaus (1980a S. 45-94). Ihr entspricht gegenläufig der Rückfall in primitive Gegenwart oder in Richtung auf diese, die personale Regression, z. B. beim Lachen und Weinen (1980a S. 114-131), wo sie mit schon recht komplizierten Strukturen vorkommt, sowie in Sucht, Hysterie und Panik (1980a S. 105-110) und in jeder plötzlichen Erschütterung der Person. Auch die personale Regression durchläuft unterscheidbare Niveaus, die man mit der zu statisch konzipierten Rede von Schichten der Persönlichkeit vergegenständlicht hat (1980a S. 110-114). Aus dem Zusammenwirken personaler Emanzipation und Regression (1980a S. 287-291) entwickelt sich in der Lebensgeschichte (1980a S. 496-501) die persönliche Situation (1980a S. 14-21, 287-473), die in der Alltagsrede und der psychologischen Forschung mit vager Sinngebung und irreführender Hypostasierung als Persönlichkeit bezeichnet wird. Diese Prozesse werden gestört und gehemmt, die Persönlichkeit wird nivelliert, wenn die Abhebung oder Abhebbarkeit der primitiven Gegenwart aus Dauer und Weite leidet; das ist in manchen exogenen Verstimmungszuständen der Fall, z. B. unter dem Einfluß des feuchtheißen Tropenklimas (1980a S. 319-322).

8.3 Die leibliche Disposition

Die leibliche Disposition (1980a, S. 291-296, 315-346) bildet in der persönlichen Situation gleichsam den stützenden Baß zur Oberstimme des persönlichen Charakters; es handelt sich um ein relativ beharrendes, obwohl der Wandlung fähiges „Klima" ganzheitlicher leiblicher Regungen, das das leibliche Befinden einer Person eigentümlich tönt und für diese schicksalhaft ist. *Ernst Braun* charakterisierte sie als „vitale Person" sehr glücklich durch den Begriff des Antriebs (*Braun* 1933), dessen Merkmale (Stärke, Reizempfänglichkeit, Ermüdbarkeit, Zuwendbarkeit) ich auf den intensiv-rhythmischen Verband von Spannung und Schwellung zurückgeführt habe (1980a, S. 315-318). Pathogen oder pathognomisch wirkt der Wandel der leiblichen Disposition bei der endogenen Rutschung nach *Kretschmer* (1949) und der postpsychotischen Reduktion des energetischen Potentials nach *Conrad* (1958), doch gibt es (z. B. auffallend bei *Nietzsche* und *Conrad Ferdinand Meyer*) auch die umgekehrte „endogene Steigerung" in der leiblichen Disposition (1980a, S. 292-294). Als Hinweis auf die leibliche Disposition, aber mit fragwürdigem deskriptivem und theoretischem Wert, kann der alte Begriff des Temperaments verstanden werden (1980a, S. 296, 343-346). Fruchtbarer (trotz statistischer Bedenken) sind die Konstitutionstypen nach *Kretschmer* und *Veit*, die ich (ohne Rücksicht auf den Körperbau) leiblichen Dispositionen zugeordnet habe (1980a, S. 331-343).

9. Der Leib in der Krankheit

In unserer Zeit spricht man viel von organismischer Psychotherapie (autogenes Training usw.) und psychosomatischer Medizin. Das Erste ist ein Verlegenheitsausdruck, das Zweite ein teilweise sachlich irreführender. Organismisch ist eine Psychotherapie, die geradezu beim leiblichen Befinden ansetzt. Dieses ist in wichtigen Fällen auch der Sitz der Krankheit; wenn man dann von psychosomatischer Erkrankung spricht, unterschlägt man das Leibliche, das weder Psyche noch Soma ist, und übertreibt vermutlich in vielen Fällen den Anteil der Lebensgeschichte und „existentieller" Stellungnahmen an der Erkrankung. Unter diesem Gesichtspunkt habe ich drei Krankheiten oder Syndrome, die oft in den Bereich oder Grenzbereich der herkömmlich so genannten Neurosen gehören, und eine „große" Psychose untersucht: Hypochondrie, Anorexie (Magersucht reifender Mädchen), Depersonalisation und endogene Depression (1965, S. 261-274; 1980a, S. 322-331). An der Wurzel dieser Leiden und ihrer von mir in Augenschein genommenen Symptome finde ich Zersetzungen und Störungen des leiblichen Befindens, namentlich (bei Depersonalisation und endogener Depression) des innerleiblichen Dialogs von Spannung und Schwellung. Auf diesen, und allgemeiner auf „ökonomische" Regulierung leiblicher Engung und Weitung, zielen auch die meisten Methoden der sogenannten organismischen Psychotherapie, die sich meist eines Rezepts bedienen, das auch die mystischen Techniken der Leibbemeisterung (1965, S. 173-194) beherrscht: Durch kontrollierte Forcierung leiblicher Engung wird diese so abgespalten, daß auf der anderen Seite vorher in Schwellung gebundene Weitung als privative Weitung frei wird; wenn dieses Verfahren nicht überstürzt und krampfhaft, sondern mit besonnener Mäßigung geübt wird, lassen sich die Anteile der Engung und Weitung am leiblichen Befinden in gewünschter Weise dosieren und der regulierenden Verfügung des Patienten unterstellen. Damit ist manchmal das für Genesung Entscheidende geschehen.

10. Der Leib in der Kunst

Leibliche Dispositionen gehören nicht nur zur Eigenart einzelner Personen, sondern kommen auch kollektiv vor und prägen dann künstlerische Stile, die die Gestaltungsweise eines Zeitalters der Kunstgeschichte mehr oder weniger bestimmen. Eine maßgebende Vermittlerrolle üben dabei die Bewegungssuggestionen aus, die sowohl am eigenen Leibe gespürt als auch in wahrnehmbaren Gestalten dargestellt werden können (5.3). Eine leibliche Disposition bringt spezifische Bewegungssuggestionen mit sich, und diese suchen sich ihnen zugeordnete wahrnehmbare Formen: So entspringt ein Kunststil. Gesetze dieser Zuordnung zu finden und auf die Kunstgeschichte anzuwenden, ist das Thema eines Buches von mir (1966), das ich später durch eine allgemeine philosophische Theorie der Kunst (1977, S. 613-685) tiefer fundiert habe.

11. Der Leib in der Geschichte

Der Nachweis kollektiver leiblicher Dispositionen ist von beträchtlicher Bedeutung nicht nur für die Kunstgeschichte, sondern für das Verständnis der Menschheitsgeschichte überhaupt. Unter der von Motiven des Denkens, des Wollens, des Fühlens geleiteten Geschichte zieht sich eine Geschichte der leiblichen Dispositionen hin, in Wechselwirkung mit jener und dennoch autonom, mit überraschenden, rational nicht verstehbaren Wendungen und Brüchen, die auf den Gang der Geschichte maßgeblichen Einfluß nehmen. Dieser Spur einer noch wenig beachteten Geschichtsmächtigkeit des leiblichen Befindens bin ich an einer Reihe von Beispielen nachgegangen (1973b; 1980a, S. 294f., vgl. 1977, S. 222-226).

Andererseits ist „Der Leib in der Geschichte" Titel einer wichtigen Fragestellung bei der Erforschung der Geschichte des menschlichen Selbstverständnisses. Ich habe diesem Thema ausgedehnte und sorgfältige Untersuchungen gewidmet (1965, S. 365-601, ergänzend 1969, S. 409-519; 1978b). Sie führen von der homerischen *Ilias*, deren Figuren sich ganz wesentlich aus ihrem eigenleiblichen Spüren hervor verstehen, über dessen Verdrängung als Quelle der Erkenntnis und Selbstbesinnung seit Etablierung der Seele und über die Renaissance leiblich geleiteter Anthropologie im Urchristentum durch mannigfache Verlarvungen und Projektionen der Zeugnisse, die das eigenleibliche Spüren gibt, bis in unsere Zeit, in der ich das Siegel gelöst habe, unter dem die mannigfach differenzierten Strukturen und Varianten menschlicher Leiblichkeit in ihrer weder körperlichen noch seelischen Eigenart dem Blick aller Theoretiker jahrtausendelang verborgen oder nur in verzerrten Fragmenten zugänglich geworden waren, wie tief auch immer Menschsein von ihnen durchwaltet und schicksalhaft bestimmt wird.

Anmerkungen

[1] *v. Goethe* (1808), Einleitung: „Wir sagten: die ganze Natur offenbare sich durch die Farbe dem Sinne des Auges. Nunmehr behaupten wir, wenn es auch einigermaßen sonderbar klingen mag, daß das Auge keine Form sehe, indem hell, dunkel und Farbe zusammen allein dasjenige ausmachen, was den Gegenstand vom Gegenstand, die Teile des Gegenstandes voneinander, fürs Auge unterscheidet."

[2] Vgl. z. B. *v. Scholz* (1936), S. 121 f.: „Eine Atmosphäre entstand, die albdruckartig auf dem ganzen Offizierskorps lag und sich um Mülbe und den Forstassessor zwanghaft ballte. Sie mußten handeln, das stand fest. Das ‚Wie' wurde von allen offengelassen; nur das Ziel, die tätlich angegriffene Ehre wiederherzustellen, war eherne Notwendigkeit."

[3] Nach *Bachelard* 1960, S. 119 f. hat der Maler *Maurice Vlaminck* sich „in seinem ruhigen Heim" so beschrieben: „Das Behagen, das ich vor dem Feuer empfinde, wenn das schlechte Wetter sich draußen austobt, ist eine ganz tierische Empfindung. Die Ratte in ihrem Loch, das Kaninchen in seinem Bau, die Kuh im Stall müssen glücklich sein wie ich." Hiernach kannte *Vlaminck* nur leibliches Behagen, nicht das gemütliche Behagen als atmosphärisches Gefühl.

[4] *Hartmann* und *Schilder* (1927): „Konzentrieren wir uns auf den taktilen Eindruck der Hautoberfläche, so bemerken wir zu unserem Staunen, daß die Haut als solche, falls nicht besondere Kälte- und Wärmeeindrücke mitspielen, gar nicht als festumschriebene Fläche wahrgenommen wird; vielmehr wird sie als wolkig begrenzt erlebt, wobei dieses Erlebnis erst unterhalb jener Fläche beginnt, wo die Haut als solche gewußt wird." (S. 672) Von einer Versuchsperson wurde die Stelle des Rückens, mit der sie ihre Lagerstätte berührt, „als Schwarte, als Pappendeckel erlebt, nicht als Fläche" (ebd. S. 670).

[5] „Als er zu mir kam, hatte ich den Eindruck, daß mich ein Paar weit geöffnete Augen für eine unmeßbare Zeit in Besitz nahmen." *Albert Speer* über seine erste Begegnung mit Hitler, zitiert 1978a, S. 79.

Literatur

Bachelard, G., Poetik des Raumes, Hanser, München 1960.
Bischof, N., Psychophysik der Raumwahrnehmung, in: *Handbuch der Psychologie*, 1. Band, 1. Halbband, Hogrefe, Göttingen 1966, S. 307-408.
Braun, E., Die vitale Person, Thieme, Leipzig 1933.
Christian, P., Haas, R., Wesen und Formen der Bipersonalität, Enke, Stuttgart 1949.
Conrad, K., Die beginnende Schizophrenie, Thieme, Stuttgart 1958.
Ertel, S., Psychophonetik, Hogrefe, Göttingen 1969.

v. *Goethe, J.,* Zur Farbenlehre. Didaktischer Teil, Cotta, Tübingen 1810.
de Groot, J., Universismus, Reimer, Berlin 1918.
Hartmann, H., Schilder, P., Körperinneres und Körperschema, *Zeitschrift für die gesamte Neurologie und Psychiatrie* 109 (1927), S. 666-675.
Henning, H., Der Geruch, 2. Auflage, Barth, Leipzig 1924.
Kleint, H., Versuche über die Wahrnehmung, *Zeitschrift für Psychologie und Physiologie der Sinnesorgane, 1. Abteilung: Zeitschrift für Psychologie* 148 (1940) S. 145-204.
König, O., Urmotiv Auge, Piper, München/Zürich 1975.
Kretschmer, E., Psychotherapeutische Studien, Thieme, Stuttgart 1949.
Lacrosse, J.-M., Bemerkungen über die sozialen Bedingungen für das Gelingen von „Parties", in: *Hammerich, K., Klein, M.* (Hrsg.), Materialien zur Soziologie des Alltags (*Kölner Zeitschrift für Soziologie und Sozialpsychologie,* Sonderheft 20), Opladen 1978, S. 376-388.
Piaget, J., Das Weltbild des Kindes (La représentation du monde chez l'enfant, 1926, deutsch), Klett, Stuttgart 1978.
Schmitz, H., System der Philosophie, Band I: Die Gegenwart, Bouvier, Bonn 1964, 2. Auflage 1981.
—, System der Philosophie, Band II: Der Leib, 1. Teil, Bouvier, Bonn 1965.
—, System der Philosophie, Band II: Der Leib, 2. Teil: Der Leib im Spiegel der Kunst, Bouvier, Bonn 1966.
—, System der Philosophie, Band III: Der Raum, 1. Teil: Der leibliche Raum, Bouvier, Bonn 1967.
—, Subjektivität, Bouvier, Bonn 1968.
—, System der Philosophie, Band III: Der Raum, 2. Teil: Der Gefühlsraum, Bouvier, Bonn 1969, 2. Auflage 1981.
—, Über leibliche Kommunikation, *Zeitschrift für klinische Psychologie und Psychotherapie* 20 (1972), S. 4-32.
—, System der Philosophie, Band III: Der Raum, 3. Teil: Der Rechtsraum. Praktische Philosophie, Bouvier, Bonn 1973a, 2. Auflage 1983.
—, Zusammenhang in der Geschichte, in: *Hübner, K., Menne, A.* (Hrsg.), Natur und Geschichte. X. Deutscher Kongreß für Philosophie Kiel 8.-12. Oktober 1972, Meiner, Hamburg 1973b, S. 143-153.
—, Die Angst: Atmosphäre und leibliches Befinden, *Zeitschrift für klinische Psychologie und Psychotherapie* 21 (1973c), S. 5-17.
—, Das leibliche Befinden und die Gefühle, *Zeitschrift für philosophische Forschung* 28 (1974), S. 325-338.
—, Leib und Geist bei Ludwig Klages, in: *Kasdorff, H.* (Hrsg.), Hestia 1974/75, Bouvier, Bonn 1975, S. 23-36.
—, System der Philosophie, Band III: Der Raum, 4. Teil: Das Göttliche und der Raum, Bouvier, Bonn 1977.
—, System der Philosophie, Band III: Der Raum, 5. Teil: Die Wahrnehmung, Bouvier, Bonn 1978a.
—, Leib und Seele in der abendländischen Philosophie, *Philosophisches Jahrbuch* 85 (1978b), S. 221-241.
—, System der Philosophie, Band IV: Die Person, Bouvier, Bonn 1980a.
—, System der Philosophie, Band V: Die Aufhebung der Gegenwart, Bouvier, Bonn 1980b.
—, Neue Phänomenologie, Bouvier, Bonn 1980c.

—, Sexus und Eros bei Ludwig Klages, in: *Kasdorff, H.* (Hrsg.), Hestia 1980/81, Bouvier (Bonn) 1981a, S. 9-20.
—, Herkunft und Zukunft der Seelenvorstellung, *Klinische Psychologie*, Band IV, Huber, Bern 1981b, S. 78-96.
—, Zwei Subjektbegriffe, *Philosophisches Jahrbuch* 89, (1981c), S. 131-142.
v. Scholz, W., Eine Jahrhundertwende, List, Leipzig 1936.
Strauß, H., Der astrologische Gedanke in der deutschen Vergangenheit, Oldenbourg, München/Berlin 1926.
Stumpf, C., Über den Begriff der Gemütsbewegung, *Zeitschrift für Psychologie und Physiologie der Sinnesorgane, 1. Abteilung: Zeitschrift für Psychologie* 21 (1899), S. 47-99.
Welzel, H., Das deutsche Strafrecht, 10. Auflage, Walter de Gruyter, Berlin 1967.

Über das Verhältnis des Ichs zum eigenen Leib
Herbert Plügge †

1. Das amorphe Mißbefinden

Die folgende Untersuchung befaßt sich mit der Frage, wieweit wir — d. h. jeder einzelne von uns — in den verschiedensten Situationen uns mit unserem Leib mehr oder weniger identifizieren können. Alle Möglichkeiten zu erfassen, ist, wie wir sehen werden, prinzipiell unmöglich. Es kann sich also nur darum handeln, besonders prägnante Beispiele anzuführen und sie zu vergleichen.

Deshalb ist es gleichgültig, welches Beispiel zuerst behandelt wird. Als Ausgangspunkt wählen wir einige Resultate der hier anschließend abgedruckten Arbeit, in der wir es unternahmen, die sprachlichen Möglichkeiten des Ausdrucks für unser Befinden anhand verschiedener spontaner Äußerungen von Kranken zu untersuchen.[1]

Wir gehen dabei absichtlich von verschiedenen Weisen des Mißbefindens aus. Denn wenn man versucht, über das Befinden des Menschen etwas zu erfahren, so ist es leichter, den Weg von den Übergängen der Arten des Wohlbefindens bis zu den ausgesprochen pathologischen Fällen zu wählen. „Befinden" ist generell erst im Mißbefinden spürbar.

Uns interessierten in der angeführten Arbeit die spontanen, unreflektierten Äußerungen der Kranken, die ihr leibliches Unbehagen dem Arzt gegenüber darzustellen versuchten, noch ehe ein lokalisierter Schmerz, ein lokalisiertes Druckgefühl, überhaupt eine irgend lokalisierbare Krankheitserfahrung sie in die Lage versetzte, sich selbst und dem Arzt gegenüber über Ort und Art ihrer mißlichen leiblichen Erscheinungen klarer zu werden und sich dadurch „deutlicher" auszudrücken.

Die unbestimmten Leibeserfahrungen waren also bevorzugt unter dem Gesichtspunkt sprachlicher Darstellungen abgehandelt worden.

Zu den in diesen Bereichen häufigsten Äußerungen gehört die Aussage: „Ich fühle mich nicht wohl"; oder: „Ich fühle mich irgendwie nicht gut". Die Ursache derartigen Mißbefindens ist in diesem Stadium der Störung noch unklar; man kann noch nicht sagen, was eigentlich „los ist", woher dieses schlechte Befinden kommen könnte, welche

Bedeutung diesem Mißbehagen beizumessen ist etc. Eine beginnende Erkrankung, ein plötzlicher Wetterumschlag, eine beunruhigende berufliche Situation, ein ärgerlicher oder beängstigender oder auch nur als bevorstehend gefürchteter Wandel in den eigenen mitmenschlichen Beziehungen können sich in einem solchen Mißbefinden bemerkbar machen, das wir dann mit den Worten „Ich fühle mich nicht wohl" ausdrücken.

In einer Aussage wie „Ich fühle mich schlecht" ist vom Ich in einem doppelten Sinn die Rede. Einmal sprechen wir dann von einem Ich, das sich schlecht fühlt (das also sprachlich im Nominativ erscheint), und zweitens von einem Ich, das ich im Mich-schlecht-Fühlen bemerke und das von uns ganz ohne Reflexion in den Akkusativ gesetzt wird.

Worin unterscheiden sich die beiden sprachlich getrennt behandelten Ich-e? Wie sind ihre Beziehungen zueinander? Selbstverständlich ist, daß beide dasselbe Ich betreffen. Es handelt sich ja doch nicht um zwei verschiedene Personen, sondern in beiden Fällen eben um mein eigenes unverwechselbares Ich. Und doch sind sie nicht völlig identisch; denn die Sprache stellt in aller Deutlichkeit fest, daß da von einem Ich, das fühlt, und von einem Ich, das gefühlt wird, die Rede ist.

Ehe wir uns darum bemühen, das Unterscheidende zwischen dem nominativen und dem akkusativischen Ich herauszufinden, versuchen wir es zunächst einmal mit der entgegengesetzten Methode. Wir fragen deshalb, welche Gemeinsamkeiten Ich und Mich besitzen.

Die Antwort, die in diesem Stadium sich uns zunächst aufdrängt, ist die, daß beide Ich-e *in derselben Befindlichkeit vereint sind*. Das hier zutage tretende Mißbefinden erscheint also zunächst als ein gemeinsames Medium, als etwas beide Ich-e Umschließendes, Vereinigendes. Das Mißbefinden ist, so scheint es, die conditio sine qua non des Auftauchens der Ich-Dissoziation.

Was aber *unterscheidet* denn nun das nominativische vom akkusativisch behandelten Ich? Der Unterschied kann ja nur darin bestehen, daß die nominativische und die akkusativische Aussage zwar das gleiche leibliche Ich betreffen, dies aber in verschiedener Weise tun.

Wir benutzen den Akkusativ im allgemeinen, wenn wir etwas von einem Gegenstand, einem Ding oder wenigstens von einem uns gegenüber gestellten Objekt aussagen wollen.

Nun kann man von der eigenen Leiblichkeit beileibe nicht als von einem Ding reden. Aber, wie im folgenden noch gezeigt werden wird, können wir von dem Charakter einer Gegenständlichkeit im Rahmen des Leiblichen reden. Das Leibliche kann eine auffallende und ein Mißbefinden begründende Tönung von Dinglichkeit bekommen.

Dann ließe sich die sowohl nominativische wie akkusativische Behandlung der eigenen Leiblichkeit in ein und demselben Satz („Ich fühle mich nicht wohl") auf die Feststellung reduzieren, daß das, was ich leiblich bin, mir als eigenes Leibliches fühlbar wird.

Auch dies legt die Vermutung nahe, daß ich derartige Erfahrungen meiner eigenen Leiblichkeit eher machen kann, wenn es mir nicht gut geht. Erst die Malaise — so scheint es bisher — ermöglicht (oder vielleicht auch: erzwingt), daß mein leibliches Ich für mich als eine besondere Leiblichkeit fühlbar feststellbar wird. Es wird hier, an der Grenze zum pathologischen Bereich, anscheinend erstmals entdeckt. Man kann so zu der Meinung kommen, daß diese eigenartige Dissoziation des leiblichen Ich in ein fühlendes und fühlbares Ich dort entsteht. Ich trete zu mir in ein Verhältnis. Immer aber sind in dieser Erfahrung das Ich, das fühlt, und das Ich, als das ich mich fühle, vereint, indem sie sich überschneiden.

Die Fragen, die sich hier aufdrängen, betreffen offenbar einen noch unbestimmten Zustand meiner Leiblichkeit. Es gilt zu klären, ob dies Mißbefinden immer ein Kranksein voraussetzt oder ob es Grenzsituationen zwischen gesund und krank gibt, in denen diese Ich-Dissoziation auftreten kann. Schließlich wissen wir seit Jahr und Tag, daß es den Menschen charakterisiert, daß er sich zu sich selbst verhalten kann. Dazu gehört, daß er auch in gesunden Tagen von sich und seiner Leiblichkeit sprechen kann — eine Tatsache, die im Sprachlichen u. a. das Reflexivum erfordert.

Um dies zu klären, fragen wir zunächst einmal, wie mein Befinden vor allem Mißbefinden, d. h. bei der Arbeit, in der Muße, im Zusammensein mit anderen, im Engagement sich mir darstellte? Wie und als was habe ich mein leibliches Ich da erfahren?

Kein Zweifel: es war weitgehend verborgen. Das Wort „Ich" tauchte vorzugsweise auf, wenn ich etwas von meinem Wollen, von meiner Intention und von meinen Plänen sagen will. Mein Leib geht in diese Intentionalität ein; sie verwandelt sich im Engagement; ja: sie ist mein Engagement und dadurch als „Befinden" mir verborgen.

Ich bin als Gesunder im alltäglichen Tun und Lassen gar nicht bei mir. Ich bin „dort", im Geplanten, im Gewollten. Können, Mögen, Wünschen, Erstreben sind dann Akte meines leiblichen Ichs. Wir wissen nicht viel von unserem Leib, wenn wir von irgend etwas oder irgend jemand gefesselt sind. Die Problematik der Identität, so, wie sie sich sprachlich im Reflexivum darstellt, ist hier noch gar nicht aufgetaucht.

Dies wird auch schon in der Analyse der sogenannten „Willkürmotorik" deutlich. Denn im allgemeinen bewegen wir uns, ohne daß wir dies registrieren. Wir handeln „à travers notre corps" (M. Merleau-Ponty), ohne daß uns unsere Leiblichkeit „dazwischen kommt". Ja, die Vollkommenheit einer Handlung, sogar die Grazie einer Bewegung hängt gerade von der „seelenlosen", d. h. unbewußten Mechanik dieser Bewegung ab.[2)] Je „gekonnter" eine Handlung ist, desto mehr sind das Ich und seine Leiblichkeit im aktuellen Vollzug so zusammen vereint, daß alles Leibliche dem handelnden Ich verborgen bleibt. D. h. eine unreflektierte Handlung gelingt meist besser als eine reflektierte. Diese jedem geläufige Tatsache meint H. Foçillon[3)], wenn er die Hand ein peripheres Gehirn nennt. Erst wenn ich vor der Ausführung einer Bewegung „überlegen" muß, wird die unreflektierte Einheit von Ich und Leib aufgegeben.

Das ist in ähnlicher Weise der Fall bei jeder Art von Mißbefinden, aber auch schon im Falle der Müdigkeit, die die beabsichtigte Handlung schwer macht, zur Aufgabe werden läßt, in der dann Ich (als ein nominativisches) und meine leiblichen Möglichkeiten bzw. Widerstände als eine zu dirigierende oder gar zu überwindende Leiblichkeit auseinandertreten, und d. h. dann erst zutage treten. Dann fühle ich mich schwer, tölpelhaft, müde. Ich bemerke dann, daß mir die Beine schwer werden. Er drängt mich, mich zu setzen, mir die Schuhe auszuziehen, mich anzulehnen. Ich fühle eine Schwere, zunächst in den Beinen, dann aber auch im Rücken, schließlich in den Armen, im Genick. Ich werde mir fühlbar als Ich, dem es schwer fällt, die Beine zu heben. Oder als Ich, der auf einem unebenen Weg leicht stolpert. Oder als Ich, dem die Tasche in der Hand lästig wird.

Damit ziehe ich mich in mich selbst zurück. Ich will vorerst einmal nichts von alldem wissen, was ich vorhatte und womit ich beschäftigt war. Anstelle des Weltbezuges tritt jetzt eine Beziehung zu meiner eigenen Leiblichkeit. Aus „Dort" wird „Ich-schwer", „Ich-für-mich". Wir sagen in solchen Fällen der Mühsal ja auch: „Laßt mich mal etwas allein."

Eigentlich entsteht jetzt erst etwas, was ich als ein „Mich-Befinden" erfahre. Jetzt, gleichsam „an Hand" der aufkommenden Schwere meiner Glieder, ist das Reflexivum der adäquate sprachliche Ausdruck für mein Befinden.

Man ist versucht zu formulieren, daß dann, so bald ich mein „Befinden" als „Befinden" registriere, mich auch schon ein Hauch von Mißbefinden durchzieht, daß ich dann schon im Grenzbereich von „Wohlbefinden" und „Mißbefinden" bin. Der Gebrauch des sprachlichen

Reflexivums uns zeigt jedenfalls, hält man sich an das bisher hier Vorgebrachte, schon die Situation des Übergangs zum Mißbefinden an.

Wir müssen aber gleich hinzusetzen, daß zwar an dieser Formulierung „etwas Wahres dran ist", daß sie jedoch, wie wir sehen werden, keineswegs die ganze Wahrheit enthält.

Man kann darüber streiten, wo die Grenze zwischen Müdigkeit, Mißbefinden und deutlichem Sich-krank-Fühlen zu ziehen ist. Aber da man bei einem derartigen Versuch rasch erfährt, daß hier viele Grenzziehung möglich sind, ist der Streit müßig. Vernünftigerweise unterscheidet man hier zunächst einmal alle Zustände mit ungestörtem Weltbezug von denen mit einer Trübung oder einer Störung dieser Beziehung.

Wie vorsichtig man hier mit dem Versuch einer Grenzziehungen zwischen „noch normal" bzw. „noch gesund" und „schon pathologisch" sein muß, zeigt die Tatsache, daß eine ebenso aufmerksame wie in sich versunkene Betrachtung der eigenen Glieder, der eigenen Hände, noch mehr der eigenen Füße, die Erfahrung vermitteln kann, diese hätten einen fast dinglichen Charakter. Jedenfalls kann in solch einer Situation eine bemerkenswerte Distanz zwischen mir und einem eigenen Körperteil auftreten.

Hier spielen die Glieder eine ganz andere Rolle als die gewöhnliche, in der ich, mit den Händen greifend, arbeitend, zupackend ganz bei der Sache bin, die Hände selbst aber ganz irrelevant sind. Sie sind dann der unbemerkte Mittler zwischen mir und dem Tun, während die Betrachtung der Hände in einer z. B. ganz dem Nachdenken gewidmeten Ruhe sie uns unter Umständen entfernt.

Paul Valéry hat Madame Teste ihren Besuchern erzählen lassen, wie Monsieur Teste oft reflektierend oder betrachtend lange „in einem Lehnsessel sitzt und brütet und raucht und seine Hand betrachtet, an der er langsam alle Gelenke spielen läßt ..."[4)] Hier gilt die Betrachtung Monsieurs Testes keineswegs den Händen, sondern er denkt nach über irgendeinen Gegenstand; dabei spielen seine Hände die Rolle kaum beachteter Hintergrundsfiguren, sehr für sich bestehend, d. h. aber mit einem deutlichen Einschlag von Gegenständlichkeit.

In demselben Werk findet sich die Bemerkung von Monsieur Teste, der sich offenbar viel mit dem Grad der Identifizierung des Ichs mit seinem Körper beschäftigt: „Ich habe mich selten aus dem Auge verloren"... „dann sind wir miteinander gealtert".[5)] In gleicher Weise könnte man sagen: „Ich habe mich selten aus dem Auge verloren"... „Dann sind wir miteinander erkrankt". Gemeint ist z. B. „Mein Magen und ich sind miteinander erkrankt". Auch hier also die Beschreibung einer Situation, in der sich das leibliche Ich sich selbst, d. h. seiner Leiblichkeit, zusieht, jedenfalls zusehen kann; aber auch mit ihm zusammenlebt und mit ihm zusammen leidet.

Hierhin gehört auch aus dem gleichen Aufsatz P. Valérys die Passage: „Wenn man Kind ist, entdeckt man sich, man entdeckt langsam das Ausmaß des eigenen Körpers durch eine Reihe von Anstrengungen"... „man findet sich oder findet sich wieder; und man staunt! Man greift an seine Ferse, man packt den rechten Fuß mit der linken Hand, man bekommt den kalten Fuß in die warme Hand!... Jetzt kenne ich mich auswendig!"[6]

Die Einverleibung der eigenen Leiblichkeit (besser vielleicht: der eigenen Körperlichkeit) in das eigene leibliche Ich ist ein in den ersten Tagen des Lebens beginnender Vorgang in dauernd wechselnden Phasen, mit dauernd wechselnden Themen, keineswegs ohne Rückschläge, bei dem einen rascher, beim anderen langsamer, ständig gefährdet, oft notwendig wieder rückgängig gemacht, in der Krankheit auf seine besondere Weise fragwürdig und seltsam strukturiert, wie wir noch zeigen werden; jedenfalls kaum je anders, als daß das Ich nur als leibliches Ich aufgefaßt werden kann, diese eigene Leiblichkeit aber mehr oder weniger, in unzähligen Variationen, eigentlich auch immer etwas Dinghaftes, also eben Körperliches an sich hat. Wie sich beide — Körperlichkeit und Leiblichkeit — ineinander verschränken können, haben wir schon in einem früheren kurzen Entwurf zu beschreiben versucht.

Diese Verschränkung von leiblichem Ich, verborgener Leiblichkeit und gegenständlich getönter Leiblichkeit (Körperlichkeit) hat nichts von einer endgültig definierbaren Struktur.[7] Distanzierung und Wiederannäherung wechseln dauernd, je nach Situation. Es ist ein immer fließendes Hin und Her zwischen Selbstentfremdung und Wiedervereinigung von Ich und Leib.

Wir meinen mit F. J. J. Buytendijk, der leibliche Mensch sei phänomenal immer und grundsätzlich nur ein skizzenhafter Entwurf; vieldeutig, umformbar, wechselnd mit den verschiedensten Engagements erfüllbar, und deshalb — als reine Möglichkeit — nie zu einer endgültigen Gestalt gerinnbar. Wäre hier zwischen leiblichem Ich, verborgener Leiblichkeit und körperlich erfahrbarer Leiblichkeit nicht immer alles im Fluß, so wäre es ja so, als ob der Traum des Seins nur lose über die Materie gestülpt" sei.[8]

Die Skala reicht von der völligen Identität von Ich, Leib und Körper (im Tun, in der Vereinigung mit allem, was unsere Welt bedeutet) bis zum anderen Extrem, in dem ein leibhaftiges Ich mit seinem Körper nicht mehr zurechtkommt, d. h. in jeder Art des Auftauchens des gegenständlichen Körperlichen im Rahmen der Leiblichkeit.

Fällt der Charakter des Vorläufigen und Skizzenhaften weg, tritt mit dem, was wir mit „Gerinnung" bezeichnen, die Sedimentierung des Leiblichen, die Verwandlung in reine Masse ein. Vollständig wird dieser Zustand erst im Tod erreicht. Der Weg dahin geht über das ganz verschwommene „amorphe" Mißbefinden, die Erkrankung mit lokalisierbarer Beschwerde (z. B. örtlich erfahrenem Schmerz), über die schleichenden konsumierenden Krankheiten und den plötzlichen Tod.

2. Die lokalisierbare Beschwerde

Unserem am Ende des ersten Abschnittes angedeuteten Arbeitsgang folgend, befassen wir uns nun mit dem Phänomen der vom Kranken mehr oder weniger klar lokalisierbaren Beschwerde. Wir wollen uns dabei an die heftigen und gleichzeitig umschriebenen Erscheinungen halten, an den Schmerz, die Erfahrung eines starken Druckes, an die Spannungs-, Völle- und Leere-Empfindungen, an das Gefühl eines Gewichts usw.

Wir können uns dabei kurz fassen, da wir das im folgenden zu Beschreibende schon mehrfach zum Gegenstand früherer Untersuchungen gemacht hatten.[9]

Der Patient W. kommt in die Sprechstunde und sagt: „Seit einigen Wochen habe ich einen Kopf." Dabei lächelt er etwas ironisch, sich selbst ironisierend und zugleich ängstlich, und versucht, diese eigenartige Aussage zu erklären: „Kein Mensch hat einen Kopf, wenn er sich wohl fühlt; vielmehr denkt er, tut er etwas, überlegt sich etwas, aber von seinem Kopf merkt er eigentlich gar nichts."

Ebenso ist es für den Internisten eine Alltagserfahrung, daß die ersten Worte eines Herzkranken oft lauten: „Nie habe ich gewußt, daß ich ein Herz habe. Jetzt weiß ich es."

In ähnlicher Weise äußern sich Kranke mit Leber- oder Gallenerkrankungen. Sie haben einen Bauch. Wirbelsäulenkranke haben einen Rücken.

Sie haben aber nicht irgendein Herz, irgendeinen Rücken, irgendeinen Kopf, sondern sie haben jetzt ihren eigenen Rücken, ihr eigenes Herz. Die Dissoziation, die sich hier zu erkennen gibt, ist eine besondere. Wenn sie jetzt, krank, mit Schmerz oder Druckgefühl, von ihrem Herzen oder ihrem Rücken sprechen, so könnte man in Versuchung kommen, daraus zu schließen, daß der Körperteil, den sie nun als schmerzenden oder drückenden haben, einen gewissen Dingcharakter oder eine Art von Selbständigkeit bekommen hätte. Das kommt zum Ausdruck, wenn ein Kranker sagt: „Mein Magen verträgt das nicht." Eine Distanz zwischen mir und meinem Magen scheint sich hier aufzutun. Wir erfahren den Magen jetzt wie einen Teil, der (in Grenzen) etwas tun oder lassen kann, ohne daß ich dies steuern könnte: Das ist so, ist aber keineswegs nur so. Denn der Rücken, den ich, z. B. bei bestimmten Wirbelsäulenerkrankungen, nun habe, hat auch mich. Hier herrscht eine strenge Wechselbeziehung; was ich plötzlich leiblich habe, hat auch mich und zwar stets in unangenehmer, oft plagender Weise. Haben und Gehabtwerden sind, im leiblichen Bereich, eins. Es sind zwei Aspekte des gleichen Sachverhaltes.

Dies kann man auch noch in anderer Weise beschreiben. Das, was ich plötzlich zu meinem Erstaunen oder zu meinem Schrecken habe, bekommt damit für mich etwas Befremdendes. Der kranke Fuß, der früher im Gehen, im Stehen, im Steigen verborgen war, den ich phänomenal also gar nicht hatte, ist jetzt aufgetaucht, zugleich aber auch als etwas Befremdliches aufgetaucht. Aber er ist — das weiß spontan jeder Kranke zu berichten — nach wie vor mein Fuß; ja: mehr denn je mein Fuß. „Fremd" und „Eigen" sind hier im leiblichen Bereich keine Gegensätze. Besser heißt es deshalb: „befremdend"; und es heißt besser: „dadurch zum eigenen werdend". Es sind Aspekte eines Erwerbs; so, als ob man ein unangenehmes Geschenk bekäme; oder so, als ob man plötzlich den „Schwamm" in den Wänden seines eigenen Hauses entdeckte. Ich sehe die Wände nun mit ganz anderen Augen. Fast kann man sagen, ich sehe die Wände jetzt überhaupt erst genau. Früher wohnte ich einfach zwischen meinen Wänden. Jetzt beachte ich sie, jetzt machen sie mich besorgt. Jetzt „haben" sie auch mich. Ich empfinde sie als einen befremdenden gefährlichen Besitz. Andererseits waren sie noch nie so sehr meine eigenen Wände wie jetzt. Früher waren sie selbstverständlich, jetzt sind sie mir wichtig.

Eine der Bedingungen dieser nur als dialektisch zu bezeichnenden Verhältnisse ist die Lokalisierbarkeit. Erst mit der Lokalisierbarkeit einer Beschwerde kommt es zu dem eigenartigen Verwobensein von Haben und Gehabtwerden, von befremdendem Auftauchen eines leiblichen Teils und dem gleichzeitigen zwanghaften Umsorgen, d. h. einem verstärkten Eigen-Sein. Es gehört zur Lokalisierbarkeit eines schmerzenden oder sonst beschwerlich gewordenen Leibesbezirkes wesensgemäß nicht nur der Charakter der Befremdlichkeit oder der Entfremdung, sondern eine ganze Reihe weiterer Befindens- und Verhaltensweisen, die sich mit dem Auftauchen des Schmerzes, des Drucks oder anderer Beschwerden gleichsam „automatisch" einstellen. Diese sind z. B. oft verbunden mit einem mehr oder weniger deutlichen Aufbegehren. Das braucht keine stürmische Revolte zu sein. Es gibt da eine lange Skala von einer Abneigung gegen diesen störenden oder quälenden leiblichen Teil über einen Ärger zum Haß gegen „dies Ding". In diese Verhaltensweise mischt sich oft ein Deprimiertsein, manchmal so etwas wie eine leise Trauer um verändertes oder um Unzuverlässig-Gewordenes. In anderen Fällen kommt es meist nach langen schlechten Erfahrungen mit den so herausgestellten Teilen meiner selbst zur Resignation, unter Umständen sogar zu einer Art von Friedensschluß, z. B. mit einem „burning foot", einem brennenden Fuß, etwa bei diabetischer Durchblutungsstörung. Es resultiert dann die Erkenntnis: „So ist es nun einmal." Man schiebt das brennende Bein von sich weg, wie einen nicht zu eliminierenden Störenfried.

Man glaube nun aber nicht, daß diese Gestimmtheiten und Verhaltensweisen, die wir kursorisch mit Ärger, Abneigung, Revolte, Melancholie oder Resignation bezeichnet haben, lediglich *Reaktionen*, Stellungnahmen nach mehr oder weniger geglückter, d. h. reflexiv gewonnener Bewältigung sind. Das, was wir hier als Timbre einer durch eine lokalisierbare Beschwerde entstandene Befremdlichkeit meinen, ist oft so sehr in den spontanen Vorgang dieses leiblichen Fremdwerdens eingebettet, ist oft so sehr eine das Entfremden durchziehende und von ihr nicht zu trennende leibliche Gestimmtheit, daß wir Ärzte oft aus der Art dieser Gestimmtheit heraus meinen, auf die Art der Erkrankung Schlüsse ziehen zu können. Ein Herzkranker erfährt sein krankes Herz — was das begleitende Gestimmtsein angeht — anders als ein Leberkranker seinen Bauch, ein leukämisch Kranker seine Schwäche in den Beinen oder ein durch dauernde Kopfschmerzen Geplagter seinen Kopf. D. h. man kann (etwas rigoros formuliert) sagen: es gibt so etwas wie eine „Organsprache".[10]

Alle diese Zustände sind meist grundsätzlich verschieden von den von uns im ersten Teil unserer Untersuchung angeführten verblasenen, unfaßbaren Mißbefindensarten, bei denen ich viel mehr als Ganzes betroffen bin. Da gab es kaum etwas Lokalisierbares; es handelte sich dort um eine Malaise, die ich als Ganzes bin, jedenfalls nicht so sehr um etwas, was ich habe, und auch nicht so, wie es mich hat.

Auch der Fremdheitscharakter, der dort auftreten kann (indem ich z. B. mir selbst verändert vorkam) ist ein anderer als der beim lokalisierbaren Schmerz: ich war im ganzen verändert. Jetzt aber ist viel mehr ein Teil von mir anders geworden: mein Herz, mein Kopf oder meine Hand.

In diesem Zusammenhang sei auf einige sprachliche Unterschiede aufmerksam gemacht. In Zeiten des Wohlbefindens drücken wir uns in der Interpretation unseres leiblichen In-der-Welt-Seins verbal aus. Ich habe etwas vor, plane etwas, tue etwas, verzichte auf etwas, kann, mag oder will etwas oder auch nicht. Es sind also die Tätigkeitswörter, die uns, wenn es sich um unsere Leiblichkeit und ihre Verknüpfung mit unserer Welt handelt, in den Mund kommen.

Wenn ich dagegen einen dumpfen, schmerzenden Kopf habe, der mich am Tätigsein hindert, drücke ich mich gleichsam „statisch" aus: Dann habe ich einen bösen Kopf und gleichzeitig dieser auch mich.

3. Die konsumierenden Erkrankungen

Ein ganz anderes Verhältnis des Ich zu seiner Leiblichkeit können wir bei langen chronischen Erkrankungen sehen, die, ohne große Qual, ohne schlimme Schmerzen, unter Mühsal, aber in vergleichsweise kontinuierlich-mildem Verlauf zum Tode führen. Auch die dabei auftretende Erscheinungsform der eigenen Leiblichkeit, die bei vielen Carcinom-Kranken, bei manchen Blutkrankheiten (z. B. Fällen von Leukämie), bei Tuberkulose, Lebercirrhose, Urämien usw. beobachtet werden kann, haben wir früher schon beschrieben.[11]

Es handelt sich hier um eine Art von langsamem Verlöschen; um den Vorgang, daß hier der Kranke seinen Leib gleichsam nach innen verläßt, das Leibliche dagegen immer mehr den Charakter des Körperlichen annimmt und damit zur Hülle wird. Diese Kranken ziehen sich fast unmerklich nach innen zurück. Der menschliche Raum, der sonst nach außen schlechthin unbegrenzt ist, schrumpft allmählich auf den Bereich alles dessen, was innerhalb der Haut liegt, zusammen. Das äußerlich Sichtbare des Leiblichen, die Haut, die Muskulatur, der Blick, nehmen immer mehr den Charakter des Leblosen an. Die Bewegungen werden spärlicher, die Mimik starrer. In extremen Fällen verraten nur die Atmung und die Wärme der Haut, daß hier noch von einem lebenden leiblichen Ich gesprochen werden kann.

Diese Kranken reden auch nicht mehr viel. Sie haben kein rechtes Bedürfnis mehr, sich mitzuteilen. Es gibt in diesem Zustand nichts mehr zu erörtern. Nur selten fragen sie den sie besuchenden Arzt nach seiner Beurteilung ihres Zustandes, nach der Dauer des notwendigen Krankenhausaufenthaltes, nach einer Prognose. Derartige Auskünfte werden zunehmend uninteressant, wenn man sich anschickt, seinen Leib unauffällig nach innen zu verlassen. Der sprachliche Ausdruck — Reden, Sprechen, Fragen, Mitteilen — verhält sich in diesen Situationen eben genau so wie alle anderen Ausdrucksformen, die Mimik z. B., die Zuwendung im Blick oder im Sich-Aufrichten usw. An die Stelle der Sprache tritt das Schweigen.

Ähnliches sehen wir bei Menschen hohen Alters. Das langsame Enden im Alter ist von dem Verlöschen bei schweren chronisch konsumierenden Erkrankungen kaum zu unterscheiden.

Wie sehr man sich, auch bei geduldiger und einfühlender Beobachtung, in derartigen Fällen täuschen kann, hat eine große Schriftstellerin (und nicht etwa ein Arzt!) kürzlich ungewöhnlich präzis und unseres Erachtens einmalig glaubhaft beschrieben: *Simone de Beauvoir*.[12] Sie hat nicht nur im wesentlichen unsere eigenen Beobachtungen bestätigt, sondern sie hat das Bild des verlöschenden Lebens noch genauer, noch differenzierter gezeichnet. Gewiß, auch sie kommt zu dem Schluß, daß bei den von uns gemeinten Schwerkranken das langsame Verlöschen, das resultierende Phänomen der *Hülle* im Sinne der Verwandlung des Leiblichen zum Körperlichen die charakteristische Erscheinungsform leiblichen Lebens darstellt.

So sagt auch sie z. B., daß sich der Körper ihrer sterbenden Mutter kaum von einer Hülle unterschied.[13] An anderer Stelle vergleicht sie diesen Körper mit einem „Leichnam, der Aufschub bekommen" habe.[14] Oder sie spricht von einem „lebenden Leichnam".[15]

In dem Werk der *Simone de Beauvoir* finden sich darüber hinaus eine große Zahl von Einzelbeobachtungen, die den langsamen Weg eines kranken Leibes bis zum endgültigen Verlöschen charakterisieren. So z. B. das eigenartige Nörgeln dieser Sterbenden aus für diesen Zustand relativ banalen Gründen: „Die Ernährung war die Hauptsorge."[16] Nie konnte man es ihr recht machen: „zu viel Besuch" oder „zu wenig".[17] Hier drückt sich ein ganz tiefes Mißbefinden in Klagsamkeit und scheinbarer Oberflächlichkeit aus, die zugleich ein verzweifeltes Festhalten an der Weltlichkeit des Leibes und das unregistrierte, aber eben doch dumpf gespürte, allmähliche Verlassen der eigenen Welt anzeigt.

Ähnlich erklären sich seltsame Mischungen von Hellsichtigkeit der eigenen Leiblichkeit gegenüber mit auffälligen „Täuschungen" über den eigenen Zustand. In dem gleichen Zusammenhang möchten wir die von *Simone de Beauvoir* so treffende Beobachtung zitieren, die das unentwirrbare Ineinanderverwobensein von Selbstbedauern und Boshaftigkeit zeigt.[18]

Dies Hin und Her zeigt sich nicht nur im Stimmungshaften, sondern auch in der Erscheinung des Leiblichen: „Das gequälte Etwas, das Tage vorher auf diesem Bett gelegen hatte, hatte sich in eine Frau zurückverwandelt."[19] Am nächsten Tag aber konnte es wieder anders sein: „Dies war nicht mehr meine Mutter, sondern ein armer gequälter Körper."[20]

Der Weg zur Verwandlung eines Leibes in das Körperlich-Hüllenhafte während eines langen Siechtums ist — dies sollen diese wenigen Beispiele zeigen — kein gradliniger, sondern ein phasenhaftes Hin und Her, in dem heute mehr das Lebendig-Leibliche, morgen vorwiegend das Verwelkende, fast Abgestorbene in Erscheinung tritt. Immer ist beides sichtbar, das auch noch in extremis ermöglicht, sich der eigenen Welt, wenn auch unter Umständen nur kurzfristig und dürftig, zuzuwenden, an ihr teilzuhaben, ja: sie in begrenztem Umfang wiederherzustellen bzw. umzuformen.

Wir haben diese eigenartigen Strukturverhältnisse schon mehrfach versucht zu beschreiben. Es handelt sich hier nicht um ein Entweder-Oder im Verhältnis von Körperlichkeit und Leiblichkeit, sondern um ein Gegenseitig-in-einander-Übergehen, eine gegenseitige Verschränkung.[21]

Simone de Beauvoir hatte am Sterbebett ihrer Mutter offenbar die gleiche Erfahrung gemacht. Sie sagt: „ein Leichnam ist nichts mehr. Doch war es ihr Fleisch, ihre Knochen und eine Weile noch ihr Gesicht."[22] Bei ihrem Vater sei sie während seines Sterbens so lange geblieben, bis er für sie ein Gegenstand geworden war. Dort konnte sie den Übergang vom Sein zum Nichts entschärfen.[23]

Die Franzosen sind in der Möglichkeit des hier zur Debatte stehenden Phänomenbereichs aufrichtig zu beneiden. Sie haben für die die eigene Welt einschließende, welthafte Leiblichkeit des Gesunden das Wort „chair", das sie dem dinghaften „viande" im Sinne des „cadavre" entgegenstellen können. Dieser Vorzug korrespondiert mit dem Nachteil, daß sie sprachlich für unsere deutschen Worte „Leib" und „Körper" nur einen Begriff, nämlich nur den des „corps" zur Verfügung haben.

Wir sind auch in unseren lebendigsten und erfülltesten Tagen eine nicht trennbare Mischung von chair und viande, ebenso wie in unserer letzten Minute vor dem Tode. Lediglich die Akzente, fast möchte man sagen: „die Quanten" oder „die Gewichte" verschieben sich.

Eine Beobachtung *Simone de Beauvoirs* verdient noch besonders hervorgehoben zu werden: der Verlust der Scham, bzw. das gelassene, resignierende Hinnehmen unserer Tierhaftigkeit. Die Todkranke kann sich nicht mehr sauberhalten, und es wird ihr auch zunehmend gleichgültig: „Die Toten machen ja auch ins Bett."[24] Es ist — darin ist *Simone de Beauvoir* ganz zuzustimmen — ein Beweis von mutiger

Resignation, in dem man sich mit Entschlossenheit zu unserer animalischen Grundverfassung bekennt.[25]

Aber so langsam und kontinuierlich letzten Endes (trotz des phasenhaft wechselnden Hin und Her) diese Verwandlung zum Hüllenhaften ist, so problematisch ist das Epitheton „sanft", das von den Angehörigen der Sterbenden, den Ärzten und Schwestern als Charakteristikum so oft für richtig gehalten wird.

Und auch wir sind betroffen: Wenn wir unsere diesbezügliche Darstellung[26] jetzt auf ihre Richtigkeit hin überprüfen, so scheint uns, daß wir trotz aller Bemühung in der Analyse der Phänomene dieser Art des Verlöschens, des Zur-Hülle-Werdens, des Sich-kontinuierlich-nach-innen-Zurückziehens, noch zu sehr das zwar unausgesprochene, aber doch unsere Darstellung gleichsam atmosphärisch durchziehende „sanft" zu unkritisch belassen haben.

Mag es das wirklich sanfte Einschlafen als Charakteristikum eines spezifischen Verlaufs bestimmter Krankheiten geben (und es gibt dies ohne Zweifel!). Aber es kommt doch viel seltener vor, als Ärzte und Schwestern meinen. Offenbar muß man sich als Arzt jahrzehntelang beobachtend und behandelnd abplagen, ehe man sich die Hellsichtigkeit und die Sicherheit eines nüchternen Blicks erwirbt, so wie er *Simone de Beauvoir* gegeben war.

„ ‚Die Ärzte behaupten, sie würde wie eine Kerze erlöschen: So war es aber gar nicht', — sagte meine Schwester schluchzend. — ‚Aber gnädige Frau', hatte die Schwester geantwortet, ‚ich versichere Ihnen, es war ein sanfter Tod.' "[27]

Simone de Beauvoir hat das Widersprüchliche in den differierenden Aussagen von Schwestern und Ärzten einerseits und dem unverbildeten Erleben des Sterbens ihrer Mutter andererseits auf eine überraschende Weise geklärt. Sie sagt: *vergleichsweise* sei der Tod der Mutter wirklich sanft gewesen. Sie habe einen sanften Tod gehabt, den Tod einer *Privilegierten!*[28]

„Vergleichsweise sanft" ist — dem schließen wir uns im Rückblick auf das eigene jahrzehntelange ärztliche Tun und Beobachten ganz an — „vergleichsweise sanft" ist tatsächlich weitgehend identisch mit privilegiert. „Sanft" ist also von unzähligen Fällen von soziologischen Gegebenheiten abhängig. Abhängig vom Vermögen, das in die Lage versetzt, sich ein Einzelzimmer zu leisten, von der nur für die eine Kranke zur Verfügung stehenden Privatschwester, von der Häufigkeit der ärztlichen Visite, von individuell abgestimmter Besuchserlaubnis, vom häufigen Wechsel der Wäsche — d. h. von *den Anderen*, von dem

Milieu, das die Anderen dem Kranken schaffen können. Abhängig von der Hilfserwartung, die die anderen dem Schwerkranken vermitteln können.

„Sanft" ist also weniger gebunden an die Art des Verlaufs der Krankheit, als man gemeinhin glauben *möchte* und glaubt, sondern oft genug gewährleistet durch den Komfort, den materiellen und fürsorgerischen Komfort, den Angehörige mit ihren Mitteln zur Verfügung stellen.

Das ist eine ehrliche, unsentimentale Feststellung, die, weil sie Illusionen raubt, etwas traurig machen kann. Aber sie ist ebenso zutreffend wie andere Beobachtungen *Simone de Beauvoirs* am Sterbebett ihrer Mutter.

So überraschte es die Autorin, daß die todkranke Mutter, die eine strenge, praktizierende Gläubige war, niemals nach ihrem Meßbuch, ihrem Kruzifix, ihrem Rosenkranz griff. Sie wies die Priester ab, die sie besuchen wollten. Sie war — wie sie sagte — „zu erschöpft, um zu beten".[29]

Dieser Verzicht auf die ein Leben lang gewohnten Bräuche ist auch nach unseren Erfahrungen kein Einzelfall. Die von der Kirche vorgeschriebenen Riten, wie teuer sie einem auch gewesen sein mögen, zeigen in dieser Phase auf dem Wege zum Tod ihre Insuffizienz. Die Vorstellung einer wie auch immer gearteten Unsterblichkeit wird irrelevant. Sie gibt meist keinen Trost, solange man noch am Leben hängt.

Es sind meist die Angehörigen, die den Priester holen, die auf die Ausübung religiöser Bräuche achten und darauf dringen. Sie denken dabei oft erstmals an ihren eigenen Tod. Daher das oft grausame Insistieren auf das Einhalten der von der Kirche empfohlenen und vorgeschriebenen Handlungen. Wieviel menschlicher und klüger war der junge Geistliche am Grabe der Mutter, als er sagte: „Gott ist sehr fern; selbst für diejenigen unter Ihnen, deren Glaube sehr stark ist, gibt es Tage, da Gott so fern ist, daß er abwesend zu sein scheint. Man könnte sogar sagen, er sei nachlässig. Doch er hat uns seinen Sohn gesandt".[30]

Dies alles ist gar nicht so schwer zu begreifen, wenn man einmal erfahren hat, daß es einfältig ist, „den Tod ins Leben einzubeziehen und sich einer Sache gegenüber rational zu verhalten, die es ihrerseits nicht ist".[31]

Das läßt sich auch auf andere Weise zeigen: Ebenso wie der Sterbende sich von seiner Welt zurückzieht, gibt auch die Welt ihn auf. Es entsteht zwischen ihm und seiner Welt eine zunehmende Entfremdung. In diese Entfremdung werden auch, da sie ja wichtige Bestandteile der Welt des Sterbenden waren, die Angehörigen miteinbezogen. Man versteht sich nicht mehr, weil man im Begriff ist, sich zu trennen. Das geht oft unter Unredlichkeiten, Verlogenheiten und unter dem Mantel von Albernheiten, Zudringlichkeiten, Gereiztheiten oder Exaltiertheiten vor sich. „Mama glaubt uns ganz nahe bei sich, aber wir stellten uns bereits jenseits ihrer Geschichte", schreibt *Simone de Beauvoir*.[32)]

Der Akt der Entfremdung zwischen Krankem und den Angehörigen betrifft beide: Wenn der Sterbende sich anschickt, die Welt zu verlassen, sich nach innen zurückzuziehen, läßt er die Angehörigen, die ja ein gut Teil seiner Welt waren, allein. Die Angehörigen aber, zu deren Welt der Sterbende gehört, erfahren durch diesen Verlust die Welt als verändert, entfremdet.

Die Welt bekommt für sie einen anderen Charakter, oft weitgehend den Charakter von Objekten; so kommt es auch unter Umständen zu der Erfahrung, daß diese fremdgewordene Welt über sie in unzulässiger Weise verfügt. D. h., die Angehörigen fühlen sich in einer makabren Verlassenheit: „Die Kellnerinnen im Restaurant unterzogen mich einer Behandlung, die darin bestand, daß ich aß. Ich betrachtete die Menschen mit einem neuen Blick, verfolgt von der Vorstellung verwickelten Röhrenwerks, das sich unter ihren Kleidern verbarg. Manchmal verwandelte ich mich selbst in eine Saug- und Druckpumpe oder ein System von Ballons und Schläuchen."[33)]

4. Die plötzliche Vernichtung

Wir haben bisher gleichsam einige repräsentative Arten des Verhältnisses zwischen dem Ich und der eigenen Leiblichkeit herausgegriffen und dabei nie das Problem der Identität von mir und meiner Leiblichkeit aus den Augen verloren. Unter diesem Gesichtspunkt haben wir abgehandelt:

a) das amorphe Mißbefinden, das sich selbst kaum anders interpretieren kann als mit den Worten: „Ich fühle mich nicht wohl."

b) die lokalisierbare Beschwerde

c) die Verhältnisse bei konsumierenden Krankheitsprozessen mit unaufhaltsam fortschreitender Zerstörung als ein langsames Verlöschen und eine Verwandlung der Leiblichkeit ins Hüllenhafte, in einen mehr oder weniger auf eine vita minima zugehenden „cadavre vivant".

Nun liegt es nahe, sich zu fragen, wie es sich bei einem plötzlichen Tod verhält, bei einer durch Krankheit innerhalb von Minuten, Stunden oder ganz wenigen Tagen sich abspielenden Vernichtung.

Jedem ist vom eigenen Erleben her der plötzliche Tod von Nahe- und Fernstehenden, z. B. an einem Schlaganfall, bekannt. Auch der Herzinfarkt gehört hierher, oder die Lungenembolie mit tödlichem Ausgang, oder der tödliche Unfall. Wenn es sich um die Vernichtung innerhalb einer ganz kurzen Frist handelt, in der unter Umständen sogar eine Bewußtlosigkeit alles Erleben auslöscht, so sind derartige Vorgänge für eine Darstellung des Verhältnisses des Ich zu seiner Leiblichkeit, das Rückschlüsse auf die vielfältigen Strukturmöglichkeiten meiner fraglichen Identität mit meiner Leiblichkeit erlaubte, kaum oder gar nicht ergiebig. Die Schnelligkeit des Ablaufs läßt keine für unsere Erkennungs- oder Einfühlungsmöglichkeiten erreichbaren Substrate übrig. Hier gibt es offenbar keine Fragwürdigkeiten in meinem Verhältnis zu meiner Leiblichkeit, die wir untersuchen könnten. Das Tempo des tödlichen Verlaufs ist offensichtlich ausschlaggebend. Die in unserer Fragestellung im Vordergrund stehende Verwandlung von „chair" in „viande" ist so eindeutig, daß von einem für unsere Wahrnehmung zugänglichen Problem kaum gesprochen werden kann.

Aber so rasch ist dieser Fall einer plötzlichen Vernichtung durch Krankheit nicht abzutun. Die kurze Beschreibung eines Krankheitsfalles mag dies illustrieren.

Ein Kollege, Dr. M. F., wurde mit einer schweren, äußerst schmerzhaften „Ischias" in die Klinik gebracht. Es stellte sich in wenigen Stunden heraus, daß die schlechthin unerträglichen Schmerzen lediglich ein Symptom einer akuten Paramyeloblasten-Leukämie waren, die durch die besonders heftige Beteiligung des Knochenmarks eine „Ischias" vortäuschte. Der Kranke schrie und stöhnte Tag und Nacht; der Schmerz war auch durch hohe Dosen stärkster Medikamente kaum beeinflußbar.

In einer solchen Situation wäre es eine falsche Beschreibung, wenn man formulierte, daß der Kranke Schmerzen *gehabt* hätte. Nein: dieser Mensch *war* nur noch Schmerz. Das oft so rätselhafte In-einander-verschränkt-Sein von Leiblichkeit und Körperlichkeit ging, phänomenal, in diesem Schmerz unter. Angesichts dieser Realität des Schmerzes waren die Begriffe von Leiblichkeit und Körperlichkeit unnütze, ja peinliche Begriffe. Hier taucht notwendig die Frage auf, ob der Versuch einer phänomenologischen Analyse noch eine zureichende Methode für die Untersuchung derartiger Katastrophen sein kann. Wir lassen die Frage offen, da wir vermuten, daß im Zuge unserer Abhandlung sich noch eine Antwort ergeben wird, wenn wir unsere letzte Karte, die Konfrontation des plötzlichen extremen krankheitsbedingten Schmerzes mit auf den ersten Blick vergleichbarem Schmerz, Schmerz in der Tortur, ausspielen.

Wir fragen uns deshalb: ist der äußerste Schmerz, wie z. B. beim leukämischen Knochenprozeß, in irgendeiner Weise vergleichbar mit dem Schmerz, der mir in der Tortur zugefügt wird?

Natürlich wissen nicht nur wir Ärzte, daß ein Schmerz nicht meßbar ist. Aber es gibt die Erfahrung des Schmerzkranken, die Erfahrung des behandelnden Arztes und schließlich die Erfahrung des Torturierten. Versucht man diese so ganz verschiedenen Erfahrungsinhalte gegeneinanderzustellen, die so heterogenen Beobachtungsmöglichkeiten zu vergleichen, die dann sich heraushebenden differierenden bzw. sich überschneidenden Substrate sich deutlich zu machen, so kommt man doch, als Untersucher und Beobachter, zu relativen Unterscheidungsmerkmalen.

Etwas *Gemeinsames* beim Sterben in einer extrem schmerzhaften Krankheitssituation und unter der Tortur ist die oben schon erwähnte Feststellung, daß der Mensch in solchen Fällen seinen Schmerz nicht eigentlich hat, sondern selbst ganz Schmerz ist. Aber das ist wahrscheinlich auch alles, was sich als vergleichsweise Gemeinsames anbietet.

Dagegen stehen wesentliche Unterschiede.

Das unter schwersten Schmerzen den Kranken vernichtende Carcinom mit Knochenmetastasen bleibt auch in extremis noch immer *mein* Carcinom, *meine* Krankheit. Der Krankheitsprozeß ist und bleibt ein Teil meiner selbst. Auch unter den schlimmsten Bedingungen ist er etwas, was meinem Inneren, meinem Leib entstammt und zugehört. Er zerstört nie ganz meine Verbindung mit der Welt, ja er ist in der Lage, eine ganz andere, neue Welt in mir aufzubauen, eine Welt, die ich früher nie für möglich gehalten hatte. Denn es gibt immer noch irgend einen Anderen, der bei mir bleibt; z. B. eine Schwester, die prinzipiell immer zur Tür des Krankenzimmers hereinkommen kann, ein Zimmermädchen, das das Zimmer lüftet, einen Arzt, der täglich kommt. Es gibt mit Sicherheit einen Anderen, mit dem ich wenigstens sprechen und den ich um etwas bitten kann. Manchmal genügt das Bewußtsein, daß ein Mitwisser da ist, der sich ab und zu Gedanken um mich macht.

Wir haben also in solchen furchtbaren Lagen einen Anderen, der — wenn auch im kargsten Sinne — für uns da ist. Jean Améry hat das die „Hilfserwartung" genannt.[34)] Diese Hilfserwartung ist die säkularisierte Hoffnung. Sie basiert darauf, daß uns noch ein Anderer geblieben ist, der für uns unsere „Welt" repräsentiert. Es ist dies das gleiche, was J. Améry das „Weltvertrauen" nennt.

Wir müssen an dieser Stelle darauf hinweisen, daß es nicht immer der extreme Schmerz zu sein braucht, der uns zu überwältigen droht. Unter Umständen gilt das Gleiche von der Entdeckung eines überraschenden Ausschlages, eines Exanthems, eines Melanoms oder dgl. Beim Typhusexanthem habe ich solch panisches Erschrecken beobachtet. Gerade das Unerklärliche solcher Hauterscheinungen, besonders aber die diesen innewohnende phänomenale Stille kann die gleiche Angst und Panik auslösen wie ein furchtbarer Schmerz.

Ähnliches gilt vom ersten Ödem, das der Kranke an sich bemerkt. Er „weiß" fast stets, daß es das Versagen des Herzens oder der Nierenfunktion ankündigt.

Daß wir hier so erschrecken, ja mit einem Katastrophengefühl reagieren können, liegt in der Tatsache begründet, daß die Haut der Ort sein kann, an dem sich die im Inneren unseres Leibes abspielenden krankhaften Vorgänge oft am rätselhaftesten verbergen. Wenn der Organismus etwas ganz verbergen will, so stellt er es unter Umständen an seiner Oberfläche, der Haut, für alle sichtbar und zugleich kaum interpretierbar, zur Schau. Hier wird die Haut tatsächlich weitgehend zur Grenze zwischen uns und unserem Lebensraum.

Aber kehren wir zu unserer Konfrontierung des Schmerzes im schlimmsten Krankheitsfall, in dem man nur noch Schmerz ist, mit dem Schmerz unter der Folter zurück.

Beim Knochencarcinom war es immer noch mein mich folterndes Bein, beim Pancoast-Tumor mein mich fast vernichtender Schulterschmerz. Bei der Tortur ist das grundlegend anders: Sie kann nie meine Tortur sein. Sie ist nichts, was aus mir kommt — wie sehr sie mich auch überfällt. Sie hat nie das Charakteristikum des Eigenen, des Leiblich-Eigenen. Sie kommt vom Anderen. Der Andere „zwingt sich mir auf", wie *Jean Améry* sagt.[35)] Der Andere dringt in mich ein. Er macht mein lebendes Fleisch, „la chair", zum Fleisch des Metzgers, zur „viande".

Meine Haut wird von ihm nicht respektiert. Sie wird für ihn permeabel; er dringt mühelos in mein lebendes, nur mir gehörendes Innere vor. Welch grausiger Vorgang dies ist, wird klar, wenn wir bedenken, daß wir gemeinhin unsere Haut als Grenze gar nicht merken. Als räumliches Wesen „überspringen" wir sie, indem wir uns der Welt zuwenden. Wir sind ja, im normalen Alltag, räumlich, stets außer uns. Bei jedem Tun, bei jedem Wahrnehmen, jeder Kommunikation finden wir uns vereinigt und uns auseinandersetzend mit weit außerhalb unseres Körpers befindlichen Menschen, Dingen und Vorgängen. Wir haben diese hier zu erörternden Strukturen unserer Leiblichkeit in einer gesonderten Studie behandelt und verweisen in diesem Zusammenhang auf diese.[36)]

Jetzt aber, unter der Tortur, dringt der Andere bedenkenlos in mich ein. Ich erfahre damit die höchst denkbare Verwandlung zur Körperlichkeit, zur „viande". Dieser Andere ist in dieser Rolle das Gegenteil dessen, was bei einer noch so schweren Erkrankung von seiten eines Anderen möglich, ja strukturell selbstverständlich ist. In der Krankheit war er der Repräsentant meiner Hilfserwartung; hier unter der Folter ist er der Fremde, der mich zum leblosen Fleisch degradiert.

Damit aber werde ich „Gegenstand", ein beliebiges Ding; weit mehr, als *J. P. Sartre* es meinte, als er den Menschen grundsätzlich auch als einen Gesehenen, als ein dem Blick des Anderen Ausgelieferten erkannte. *J. P. Sartre* ging es in seiner Analyse ja darum, die Bedingungen der Existenz herauszustellen. Diese Existenz kann sich, und wenn sie sich noch so sehr als ausgeliefert erfährt, z. B. noch in eine Einsamkeit flüchten. Das aber ist dem Gefolterten nicht mehr möglich.

Der Gefolterte kann, in den meisten Fällen, nicht mehr in der Resignation, in der Einsamkeit seinen Frieden finden. Denn auch zur Einsamkeit gehört eine — wenn auch magere — Integrität des eigenen leiblichen Ichs, mit eventuell nur dünnen, düsteren oder gar makabren Verbindungen zur Welt; kurz: mit einer doch der Welt gegenüber permeablen, d. h. aber: intakten Haut.

„Wer in der Tortur vom Schmerz überwältigt wird, erfährt seinen Körper wie nie zuvor. Sein Fleisch realisiert sich total in der Selbstnegation".[37] Mit diesen Worten beschreibt *J. Améry* die Art der extremen Verfleischlichung des Gefolterten, die Verwandlung der Leiblichkeit zur „viande".

Im psychologischen Bereich, meint *J. Améry*, kommt es zu irreversiblen Zuständen: Schmach, Angst und „Ressentiment" bleiben untilgbar. Ebenso bleibt eine „durch keinerlei spätere menschliche Kommunikation auszugleichende Fremdheit in der Welt". Sind diese bis zur Unkenntlichkeit verstümmelten Befindensweisen therapeutisch noch angehbar? Wenn nicht, so deshalb, weil sie uns nur unter einem bestimmten Aspekt, nämlich dem psychologischen, als „Schmach", „Ressentiment" geläufig sind, tatsächlich aber — so vermuten wir — irreversible leibliche Arten der Gerinnung sind. Eine Entscheidung zu fällen, wagen wir nicht. In einer in Druck befindlichen Arbeit, die im Jahrbuch für Psychologie und Psychotherapie erscheinen wird, wird dieses Problem weitergehend abgehandelt. Als Internisten sind wir hier nicht zuständig genug; vermutlich auch nicht als Phänomenologen. Nur die Erfahrungen des Psychiaters einerseits wie auch der Psychotherapeuten andererseits können hier weiterhelfen.[38]

Eins aber scheint uns hier — im Falle der Tortur — sicher zu sein: Hier erlebt der Gefolterte eine Wirklichkeit, „die nichts mehr von der chiffrierten Abstraktion hat, wie sie sonst jeder leiblichen Erfahrung in unserem Alltag",[39] sei sie auch noch so erschütternd, wenn auch nur in Spuren, innewohnt.

5. Die Fragwürdigkeit in der Beziehung des Ichs zum eigenen Leib

Die wenigen hier vorgelegten Beispiele, in denen das Verhältnis des Menschen zu seiner eigenen Leiblichkeit eine irgendwie geartete Rolle spielt, lassen jetzt schon erkennen, wie selten von einer vollkommenen Identifizierung die Rede sein kann. Dagegen finden sich viel häufiger Verschwommenheit, Abstand, Fragwürdigkeit, Unsicherheit oder gar eine weitgehende Trennung zwischen leiblichem Ich und gegenständlich gefärbter Leiblichkeit, die damit den Charakter des annähernd Dinglich-Körperlichen erhält. Es erscheint eine Welt von unzähligen Möglichkeiten der Inkongruenz, der Überschneidung, des Sich-nicht-Deckens von Ich und Leib.

Die vollkommene Identifizierung von Ich und Leib ist im Grund genommen ein Grenzfall. Sie ist eigentlich nur gegeben im vollkommenen Aufgehen des Ichs im wirklich Beabsichtigten, im Tun, im Gelungenen und im Engagement.

Daß andererseits alle Modifikationen einer Ich-Leib-Körper-Problematik keineswegs an pathologische Zustände gebunden sind, sondern unzählige Formen und Grade einer Leib-Ich-Dissoziation sich schon im Alltag des Gesunden vorfinden, haben wir schon im ersten Abschnitt dieses Aufsatzes zu zeigen versucht.

Dies ist eigenartigerweise im ausgeprägtesten Fall des Wohlbefindens, nämlich im Zustand des Behagens, besonders deutlich. Hier gibt es einerseits eindeutig ein Ich und, davon distanziert, die eigene Leiblichkeit, die sich im Behagen zusammenfinden. Hier kann man wirklich von Sich-Wohlfühlen sprechen. Hier handelt es sich um ein wirkliches Sich-Verhalten. Wir sagen: „ich mache es mir behaglich" oder: „dort kann man es sich behaglich machen" etc.

Untersucht man die Situationen, in denen uns das Wort „Behagen" in den Mund oder in den Sinn kommt, so entdeckt man allerdings häufig, daß damit — oft unausgesprochen — ein „jetzt wieder" oder „nun wieder" in der Aussage enthalten ist: „Jetzt ist mir wieder wohl; jetzt können wir es uns behaglich machen". D. h., wir verwenden meist das Wort „Behagen" nicht ohne den Hintergrund eines vorhergehenden, überstandenen oder schwindenden Mißbefindens. Das zurückliegende, gerade sich verlierende Mißbefinden ist meist die Bedingung für die sprachliche Verwendung des Wortes Behagen; und wenn es auch nur die Müdigkeit, die Schwere der Glieder waren, die nun, beim beginnenden Ausruhen, die Entspannung und das Glücksgefühl ermöglichen, ohne die es kein Behagen, kein Sich-behaglich-Fühlen gibt.

D. h., im Behagen sind wir — als Ich — keineswegs völlig identisch mit dem vorher strapazierten Leib, in dem sich der Charakter körperlicher Dinglichkeit bemerkbar machte. Im Behagen ist diese, meist harmonische Beziehung von Leiblichkeit und Körperlichkeit, d. h. aber eben doch die Nicht-Identität von Ich und Leib, von leibhaftigem Ich und Körper-Haben deutlich. Hier genießen wir also sogar unsere eigene Körperlichkeit; allerdings nur deshalb, weil wir uns sicher wähnen, daß unsere beschwerliche Körperlichkeit im Begriffe ist, ihre Gegenständlichkeit aufzugeben und damit als Lastcharakter zu verschwinden.

Eine fast unerschöpfliche Fundgrube für unser Thema bieten die Möglichkeiten unseres Spiegelbildes. Natürlich ist der tägliche Blick in den Spiegel meist nicht von Zweifel oder Erschrecken begleitet. Besonders, wenn lediglich die Details des Gesichtes kontrollierend überprüft werden: z. B. die Frisur, die Zähne, die Qualität der Rasur. Hier spielt das Ganze der Erscheinung kaum eine Rolle.

Es ist aber etwas ganz anderes, als wenn ich z. B. prüfend mein Spiegelbild auf seine Identität mit mir betrachte. Da kann es leicht passieren, daß mir die Frage kommt: „das soll ich sein?" Schon eine leichte Trunkenheit kann die Distanz zwischen mir und meinem Spiegelbild merklich veärndern. Es regt sich da in uns unter Umständen eine Mischung von Abneigung, Widerwillen, Befremdetsein oder gar Unheimlichkeit. Gerade auf dem Hintergrund einer latent-depressiven Stimmung kann das Resultat einer Befragung des Spiegelbildes ein höchst gefährliches sein. Ekel und Einsamkeit können sich dann einstellen. Wir kennen einen Fall, bei dem die beim prüfenden Blick in den Spiegel sich einstellende „Nausée" so unerträglich wurde, daß der Betreffende sich eine Kugel in den Kopf schoß. Da er diesen Suicidversuch überlebte, sind wir in der Lage, den Sachverhalt so zu interpretieren, wie wir es hier versuchen.

Aber damit sind wir schon in das Gebiet der „Pathologie" eingetreten. Wir haben besonders repräsentative Fälle schon aufgezählt. Um die Frage nach den Möglichkeiten und den Graden der Dissoziation von Ich und Leiblichkeit abschließend zu behandeln, führen wir hier noch ein Beispiel an, das uns geeignet erscheint, das auf diesem Gebiet so charakteristische Wechselspiel zwischen Eins-Sein und Dissoziation eines leiblichen Teils unserer selbst zu demonstrieren.

Fast jeder Amputierte hat ein Phantomglied. D. h., er spürt auf irgendeine Weise das ihm operativ entfernte, abgeschossene oder auf andere Weise verlorene Glied. Auf den ersten Blick hin könnte man meinen, daß gerade in diesem Fall die Fragwürdigkeit im Verhältnis von leiblichem Ich und gelebter Leiblichkeit nicht sehr deutlich wird. Ist doch dem Amputierten seine faktisch verlorene, phänomenal aber erhaltene Extremität oft so selbstverständlich zugehörig wie dem Gesunden in seinem selbstvergessenen Tun. So „vergißt" er unter Umständen, daß er statt eines intakten Beines nur einen Stumpf hat und stürzt morgens beim Aufstehen zu Boden.

Diese Beschreibung aber ist ungenau. Denn nur selten ist das Phantom dem verlorenen Glied in jeder Hinsicht gleich. Oft ist es unvollständig ausgebildet, oft verkrampft oder schmerzhaft. Es bringt sich jedenfalls als Phantom immer wieder in Erinnerung. Es ist zwar für den Betroffenen ein gelebter und erlebter Teil seiner selbst. Aber es bringt immer Ärger mit sich, Schmerz, Behinderung, Enttäuschung. Es ist eben nicht neutral, sondern etwas Unsichtbares, Fragliches. „Nur" ein geistiges Regenerat, nicht ein Regenerat, das verläßlich wäre.

Daran ändert auch die Tatsache nichts, daß Stumpf und Prothese gleichsam eine Art Ehe eingehen können. Sie können zu einer brauchbaren Einheit werden. Es kann also so etwas wie eine Wiedereinverleibung erfolgen. Aber alles dies bricht immer wieder zusammen. Es bleibt eine schlechte Ehe — bestenfalls. Man hat etwas, dessen man nicht sicher ist. Man lebt mit etwas Fragwürdigem zusammen.

Diese Art fraglicher, unvollkommener und dubioser „Regenerate" gibt es nur im Bereich der Extremitäten. Im „Inneren" unseres Leibes, im Kopf, im Brust- oder Bauchraum finden sich ganz andere Gesetzmäßigkeiten. Gewiß: es gibt auch dort eine mehr oder weniger, unter Umständen beträchtliche Distanzierung eines Teils meiner selbst von mir als leiblichem Ich. Aber die Art dieser Distanzierung ist eine völlig andere.

Gerade weil kranke Extremitäten so gegenständlich werden können, können wir oft vergleichsweise gelassen mit ihnen leben. Krank empfundene Extremitäten können stören, quälen, ärgern. Aber sie vernichten den Kranken meist nicht so, wie es ein Schmerz, ein Druck oder eine ähnliche Erfahrung aus dem Inneren tun kann.

Man muß offenbar einen störenden oder quälenden Extremitätenteil nicht so sehr als integrierenden Teil der ganzen Person erleben, wie das oft mit bedrohlichen Erfahrungen aus unserem Inneren verbunden ist. Man kann ein brennendes oder gefühlloses Glied in Kauf nehmen. Man revoltiert unter Umständen, aber man kann mit diesem Zustand auch Frieden schließen. Resignation ist hier eine mögliche und dann die beste Lösung. Dieses „Herausverleiben" ist nur erklärbar durch den Stellenwert der Extremitäten in unserem Körperschema. Was ich sehen kann, kann ich oft eher von mir fernhalten als etwas, was *in* mir ist, d. h. unsichtbar ist.

Aber es gibt auch hier, im Inneren, die Möglichkeit des „Abschiebens". Wie wir schon erwähnten, sagen viele Ulcus-Kranke spontan, ohne jede Reflexion: „mein Magen verträgt das nicht". Offenbar gibt es da ein Ich und einen Magen, der unter Umständen tut, was er will; der etwas mag oder nicht mag, der etwas annimmt oder verweigert; der jedenfalls weitgehend von mir als selbständig erfahren wird; dessen relative Selbständigkeit ich sogar ohne Reflexion, ja oft fast als etwas Selbstverständliches anerkenne. Das gilt auch, allerdings wieder in ganz anderer Weise, vom Herzen, von „der Galle" („meiner Galle") etc. Aber niemals in dem Grade wie vom visuell feststellbaren Extremitätenteil.

Deshalb gibt es auch bei vielen Bauchkranken das Bestreben, die empfundene Völle dem Arzt zu demonstrieren. Es ist keine Seltenheit, daß z. B. ein Kranker mit einem Leber- oder Gallenleiden seinen Bauch vorzeigt und etwa sagt: „Hier, sehen Sie, wie der Bauch aufgetrieben ist." Oft läßt sich dies nicht objektivieren. Der Kranke meint, man müsse seine Aufgetriebenheit sehen. Sein unbezweifelbares Völlegefühl verlangt die Anerkennung durch den Anderen. Was für ihn wirklich ist, muß zu sehen sein.

Auch eine andere ärztliche Erfahrung muß hier kurz erwähnt werden: Dadurch, daß der Arzt bei der täglichen Visite diese eine schmerzhafte Stelle immer wieder als die schmerzende feststellt, begrenzt er die Krankheit auf diese Stelle. Sie wird vergleichsweise isoliert, fast so, wie ich etwas Krankhaftes an meinem Fuß sehen und damit „herausverleiben" kann. Eine „schlimme Stelle" ist eben fast nie so vernichtend wie etwas, das mich als Ganzes überkommt und überwältigt. Eine „schlimme Stelle" ist im Prinzip immer etwas weitgehend Eliminierbares. Wir können zwar nicht, wie die Eidechse, einen verletzten oder bedrohten Schwanz opfern, um uns selbst als Ganzes zu retten. Aber wir können den Status, in dem ein lokalisierbarer kranker Teil uns die Gefahr der Vergegenständlichung fühlen läßt, in der Schwebe halten. Daß wir einem kranken Teil einen gewissen Grad von Dinglichkeit belassen, ja sogar diesen Zustand des relativen „Herausverleibens" anerkennen können, kann eine große Hilfe sein. Die „Degradierung" der primär gegebenen vollständigen Verschränkung von Leiblichkeit und Körperlichkeit zu einer fraglichen, ist keineswegs nur etwas Negatives. Sie ist geradezu eine der Voraussetzungen der in jedem Krankheitsfall mitgegebenen Hilfserwartung. Das Eindringen des Dinghaften in die nur gelebte Leiblichkeit ist oft ein Trost.

Daß im Verhältnis meines Ichs zu meiner Leiblichkeit etwas fragwürdig werden kann, drückt sich sprachlich im Reflexivum aus: ich kann dann überhaupt erst von mir reden; ich kann dann erst zu einem Verhältnis zu mir kommen. Die Formel des Zu-sich-selbst-verhalten-Könnens beschreibt den gleichen konstituierenden Sachverhalt wie das Reflexivum, so, wie wir es in: „ich freue mich", „ich fühle mich nicht wohl" etc. ohne jede Überlegung gebrauchen.

6. Phänomenologischer und „naturwissenschaftlicher" Aspekt

Geht man, so wie es unser Thema vorgeschrieben hat, den vielfältigen Formen und Graden des Eindringens der phänomenalen Erfahrung des Gegenständlichen in unsere oft nur gelebte und ungebrochene Leiblichkeit nach, so kommt man — ob man es will oder nicht — auf einen ähnlichen wissenschaftsgeschichtlichen Weg, wie er von *Descartes* bis heute zum immer mehr dominierenden „naturwissenschaftlichen" Aspekt des Lebendigen und Leiblichen geführt hat. Die isolierende Betrachtung des Dinghaft-Gegenständlichen im Bereich des Leiblichen führt zwangsläufig zur Morphologie und Physiologie, zur Anatomie und zur Lehre von den Funktionen des Organischen.

Daß eine solche Reduktion legitim ist, wird heute niemand bezweifeln. Die Fruchtbarkeit dieses Aspekts ist überzeugend. Daß eine solche Reduktion sich aber ständig als Reduktion verstehen muß, daß sie als etwas Einseitiges immer wieder in den umfassenden Bereich des Phänomenalen zurückgeholt werden muß, sollte aus unserer Darstellung hervorgehen.

Anmerkungen

[1]) H. Plügge, Der sprachliche Ausdruck für unser Befinden, in: *H. Plügge, Der Mensch und sein Leib*, Tübingen 1967, S. 95 ff.
[2]) H. v. Kleist, Das Marionettentheater (kommentierte Ausgabe von H. Plügge), Hamburg 1947.
[3]) H. Foçillon, La vie des formes (daraus besonders: Eloge de la main), Paris 1955.
[4]) P. Valéry, Œuvres, (Bibliothèque de la Pléiade), Paris (Gallimard) o. J., Bd. II, S. 31; deutsch: Insel-Verlag, S. 52.
[5]) a. a. O., Bd. II, S. 15; deutsch: S. 11.
[6]) a. a. O., Bd. II, S. 24; deutsch: S. 25.
[7]) H. Plügge, Über die Verschränkung von menschlicher Leiblichkeit und Körperlichkeit, in: *Plügge 1967*, S. 57 ff..
[8]) R. Musil, Der Mann ohne Eigenschaften, Hamburg 1952, S. 25.
[9]) H. Plügge, Wohlbefinden und Mißbefinden, Tübingen 1962, bes. S. 78 ff., S. 91 ff.
[10]) V. v. Weizsäcker, Fälle und Probleme, Stuttgart 1947; ders., Klinische Probleme, Stuttgart 1941.
[11]) H. Plügge, 1962, S. 62 ff.

¹²) *S. de Beauvoir*, Une mort très douce, Paris (Gallimard) 1964.
¹³) a. a. O., „Seulement, ce corps, réduit soudain par cette démission à nêtre qu'un corps, ne différait plus guère d'une dépouille: ..." (29; 21/22). Die hier und im folgenden an den Schluß der Zitate gestellten Zahlen betreffen an erster Stelle den französischen, an zweiter Stelle den deutschen Text, bei dem weitgehend die hervorragende Übersetzung von *Paul Mayer* in der deutschen Ausgabe (Reinbek 1965) übernommen wurde.
¹⁴) a. a. O., „Pour la première foir, j'apercevais en elle un cadavre en sursis." (29; 22).
¹⁵) a. a. O., „Le passage s'était définitivement opéré de ma mère à un cadavre vivant." (111/112; 81).
¹⁶) a. a. O., „... la nourriture était sa principale préoccupation." (32; 24/25).
¹⁷) a. a. O., „trop de monde" und zugleich „en moins de monde" (33; 24).
¹⁸) a. a. O., „Avec un peu de regret, mais aussi de malice, ..." (35; 25).
¹⁹) a. a. O., „La pauvre chose douloureuse qui gisait sur ce lit la veille s'était reconvertie en femme." (69; 51).
²⁰) a. a. O., „... ce n'était plus ma mère, mais un pauvre corps supplicié." (81; 59%).
²¹) *H. Plügge*, Über die Verschränkung von menschlicher Leiblichkeit und Körperlichkeit, in Plügge 1967, S. 57 ff.
²²) *S. de Beauvoir*, a. a. O., „«Un cadavre, ce n'est plus rien.»", Cependant cétait sa chair, ses os et pendant quelque temps encore son visage." (150; 108).
²³) a. a. O., „Mon père, j'étais restée près de lui jusqu' au moment où il était devenu pour moi une chose; j'avais apprivoisé le passage de la présence au néant." (150; 108).
²⁴) a. a. O., „...: «Les morts font bien dans leurs draps.»" (83; 60).
²⁵) a. a. O., „C'était aussi une forme de courage, ..., que d'assumer avec tant de décision notre animalité." (83; 60).
²⁶) *H. Plügge*, Wohlbefinden und Mißbefinden, Tübingen 1962, S. 62 ff.
²⁷) *S. de Beauvoir*, a. a. O., „...: «Les docteurs disaient qu'elle s'éteindrait comme une bougie: ce n'est pas ça, pas ça du tout, a dit ma sœur en sanglotant. — Mais, Madame, a répondu la garde je vous assure que c'a été une mort très douce.»" (137; 98).
²⁸) a. a. O., „Car en effet, par comparaison, sa mort a été douce ... „Elle a eu une mort très douce; une mort de privilégiée." (146/147; 104/105).
²⁹) a. a. O., „Oh! ma petite, je suis trop fatiguée pour prier;..." (139; 99).
³⁰) a. a. O., „...: «Dieu est trés loin», a-t-il dit. «Meme pour ceux d'entre vous dont la foi est le plus solide, il y a des jours où Dieu est si loin qu'il semble absent. On pourrait même le dire négligent. Mais il nous a envoyé son fils.»" (155; 112).
³¹) a. a. O., „Inutile de prétendre intégrer la mort à la vie et se conduire de manière rationelle en face d'une chose qui ne l'est pas: ..." (152; 110).
³²) a. a. O., „Maman nous croyait auprès d'elle; mais nous nous situions déjà de l'autre côté de son histoire." (88; 64).
³³) a. a. O., „...: elles (les serveuses de restaurant) me faisaient suivre un traitement qui consistait à manger. Je regardais les gens d'un œil neuf, obsédée par la tuyauterie compliquée qui se cachait sous leurs vêtements. Moi-même, parfois, je me changeais en une pompe aspirante et foulante ou en un système de poches et de boyaux." (115; 83).
³⁴) *J. Améry*, Die Tortur, in: Jenseits von Schuld und Sühne, München 1966, S. 51 u. 53.
³⁵) a. a. O., S. 52.
³⁶) *H. Plügge*, 1962, S. 73 ff.
³⁷) *J. Améry*, a. a. O., S. 60.

[38]) W. v. *Baeyer*, Häfner und Kisker, Psychiatrie der Verfolgten, Berlin-Heidelberg, 1964.
[39]) J. *Améry*, a.a.O., S. 49.

Literatur von Herbert Plügge

Grazie und Anmut. Ein biologischer Exkurs über das Marionettentheater von Heinrich von Kleist, Claassen und Goverts, Hamburg 1947.
Wohlbefinden und Mißbefinden. Beiträge zu einer medizinischen Anthropologie, *Niemeyer*, Tübingen 1962.
Der Mensch und sein Leib, *Niemeyer*, Tübingen 1967.

Das Konzept der Leiblichkeit bei Friedrich Nietzsche

Heinrich Schipperges, Heidelberg

1. Einführung

„Ein Fälscher ist, wer *Nietzsche* interpretiert, indem er Zitate aus ihm benützt", schreibt *Giorgio Colli* in seinen ebenso geistreichen wie anregenden Essays „Nach Nietzsche" (1980). Denn — so lautet die Argumentation —: „er kann ihn all das sagen lassen, worauf er selber aus ist, indem er authentische Worte und Sätze nach freiem Belieben geschickt arrangiert". Im Bergwerk eines Denkers wie *Nietzsche* sei eben jedes Metall zu finden: „Nietzsche hat alles gesagt und das Gegenteil von allem".

Dieses eindringliche Warnen und solches Bedenken mögen Geltung haben, wo im Opus *Friedrich Nietzsches* Phänomene der Geschichte und der Gesellschaft, der kulturellen Werteordnung und selbst der Sprache zur Sprache kommen, kaum aber bei einem Phänomen, das *Nietzsche* als das Phänomen aller Phänomene erschienen ist: bei dem Phänomen der Leiblichkeit.

In seiner Vorrede zur „Fröhlichen Wissenschaft" vor allem ist *Friedrich Nietzsche* von einem der faszinierendsten Probleme der Menschheit überhaupt ausgegangen, von der Frage nämlich nach dem „Verhältnis von Gesundheit und Philosophie". Und oft genug hat sich der kranke *Nietzsche* die Frage stellen müssen, „ob nicht, im großen gerechnet, Philosophie bisher überhaupt nur eine Auslegung des Leibes und ein Mißverständnis des Leibes gewesen ist". Die ganze große, die göttliche Philosophie —, sie ist und sie war nie etwas anderes als ein Mißverständnis des Leibes! Diese so scharfsinnige wie treffende These ist bisher gleichwohl weder von der Philosophie noch von der Wissenschaftsgeschichte aufgegriffen worden, was um so unverständlicher ist, als *Nietzsche* nicht nur eine Kritik geben wollte an einer ebenso verfehlten wie gequälten „Geschichte des Leibes", sondern auch selber — „am Leitfaden des Leibes" — eine komplette Architektonik des Menschen geboten hat: den Menschen eben in und mit seiner Welt, den „Kosmos Anthropos".

Daß *Nietzsche* mit diesem seinem Kosmos in einer weitverzweigten Überlieferungslandschaft stand, ist ihm und seinen Zeitgenossen nicht bewußt geworden. Das Zeitalter des anatomischen Gedankens — von *Vesal* über *Harvey* zu *Morgagni* und *Virchow* — hatte alle Weltphänomene auf naturwissenschaftliche Modellvorstellungen reduziert, um aus der Medizin eine „Technik der Biologie" zu machen. Am Leitfaden des Leibes aber werden wir erfahren, daß der Mensch nicht nur einen Leib *hat*, sondern Leib *ist*, ganz und gar, mit Herz und Hirn und Hoden, daß der Mensch mit seinem Leibe schließlich auch sein Schicksal bereits mit Haut und Haaren in sich selbst austrägt.

Von diesem Ausgangspunkt her haben wir zweifellos eine andere Philosophie der Medizin zu erwarten, als sie — nach dem Modell des *Descartes* — unsere gesamte Naturwissenschaft und in besonders unheilvoller Weise die Heilkunst informiert hat. Wenn *Descartes* seine „res cogitans" postulierte, die er kurioserweise in der Zirbeldrüse lokalisierte, um dann das ganze Übrige als „res extensa", als draußen herumliegendes Drumherum nach rein mechanischen Prinzipien zu traktieren, dann hatte in diesem Augenblick bereits, und nicht erst mit *Freud*, die Stunde des Unterbewußtseins geschlagen, dann mußte jenes Riesenreich verdrängter Triebe wieder geöffnet werden, von dem *Sigmund Freud* sarkastisch sagen konnte: „Die Menschheit hat ja gewußt, daß sie Geist hat; ich mußte ihr zeigen, daß es auch Triebe gibt" (1927), Triebe nicht nur als ein bißchen sexuelles Stellwerk an der psychischen Apparatur, sondern — so *Freud* —: als „mythische Wesen, großartig in ihrer Unbestimmtheit", unbestimmte Größen im Alphabet der Leiblichkeit, die es in jedem Falle zu artikulieren gilt, will man nicht im barbarischen Gestammel des Unmenschlichen verbleiben.

Diese prachtvolle Zusammenarbeit des vielfältigsten Lebens, das Phänomen Leib, ist nach *Nietzsche* unserem Bewußtsein, unserem Geiste, all unserem Denken so überlegen „wie Algebra dem Einmaleins!" Immer wieder von neuem wird daher auf diesen methodischen Ausgangspunkt und thematischen Angelpunkt hingewiesen: auf des Menschen leibhaftige Existenz, wobei wir nicht vergessen sollten, daß auch alle „Geistigkeit" im Grunde „nur der letzte blasseste Abdruck einer physiologischen Tatsache" ist.

2. Am Leitfaden des Leibes

Ausgehend von diesem dezidierten Bekenntnis zur Leiblichkeit sollten wir zunächst einmal am Leitfaden des Leibes die Struktur dieses Kosmos Anthropos ausleuchten. Das Grundphänomen unserer Existenz ist für *Nietzsche* fraglos der Leib: die umfassende physiologische Tatsache, der „beseelte" Leib, der immer nur Leib mitsamt seiner Welt sein kann, eine Leiblichkeit, dem „Geist" und damit allem bewußten Denken, Fühlen und Wollen so überlegen „wie Algebra dem Einmaleins". Daher soll man den Leib als Leitfaden benutzen: „Er ist das viel reichere Phänomen, welches deutlichere Beobachtung zuläßt. Der Glaube an den Leib ist besser festgestellt als der Glaube an den Geist" (III, 476)*).

Wir lernen von diesem methodischen Ausgangspunkt her wieder von neuem das Alphabet der Leiblichkeit: die überlegene Logik des Leibes, seine überwältigende Grammatik, seine scharfe Dialektik. Wir finden in dieser Sprache des Leibes allenthalben „die große Spur, auf der das Leben geht" (III, 471). Daraus die rein methodologisch zu verstehende Maxime: „Das Phänomen des Leibes ist das reichere, deutlichere, faßbarere Phänomen: methodisch vorauszustellen, ohne etwas auszumachen über seine letzte Bedeutung" (III, 860).

Nietzsche hat zwar bewundernd anerkannt, daß die modernen Wissenschaften in den letzten Jahrhunderten allgemein-gültige Formeln gefunden haben für die Maße des Makrokosmischen wie auch für die Welten des Mikroskopischen: für das Unendlich-Große wie das Unendlich-Kleine. Was seiner Ansicht nach dagegen völlig fehlt, ist ein Bild und das Maß für die dritte unendliche Welt: den Endokosmos, das Unendlich-Komplexe unserer leibhaftigen Organisation, das wir nur im lebendigen Umgang mit unserem Leibe erfahren.

2.1 Vom Umgang mit Leib

Die Symbolsprache dieser Leiblichkeit kann nur erfahren werden im Umgang mit dem Leib. Geheimnisvoller als Geist und wesentlich faszinierender als alles Seelische ist dieser Leib. Ein gewaltiger Strom von „leiblichem vigor" fließt durch unseren Körper, von Urbeginn an stimuliert und seit vielen Generationen immer deutlicher auch artikuliert. So ist der Magen weit mehr „unser", unser Eigen und etwas Eigenes, während uns die Gedanken eher als „eingegeben" erscheinen (III, 453). Daher ist es so entscheidend, immer wieder neu vom Leibe auszugehen und ihn als den Leitfaden zu benutzen.

Um so überraschter zeigt sich *Nietzsche*, daß gerade die berufenen Fachleute für den Leib, die Ärzte nämlich, dieses Phänomen in seiner

---

*) Zitiert wird mit römischer Bandzahl und arabischer Seitenzahl nach: *Nietzsche*, Werke in drei Bänden, Hrsg. *K. Schlechta*, München 1954-1956.

Geistigkeit überhaupt noch nie in die Hand bekommen haben: „Sie haben nicht jenes instinktive Mißtrauen gegen die Abwege des Denkens, welche in der Seele jedes wissenschaftlichen Menschen infolge langer Übung seine Wurzeln eingeschlagen hat. Ihnen genügt es, irgendeine Hypothese über eine Sache zu finden, dann sind sie Feuer und Flamme für dieselbe und meinen, damit sei es getan". Gegen solche Abwege des Denkens schützt uns nichts besser als der ständige Umgang mit dem Leibe. Deshalb fragen wir in erster Linie den Leib und hören auf seine Vernunft und „lehnen das Zeugnis der verschärften Sinne ab: wenn man will, wir sehen zu, ob nicht die Untergebenen selber mit uns in Verkehr treten können" (III, 475).

Der Leib wird aber auch insofern in die Mitte des Bewußtseins gerückt, als sich von seiner Vernachlässigung her die folgenschwersten Konsequenzen ergeben müssen: „Die Unwissenheit in physiologicis — der verfluchte Idealismus — ist das eigentliche Verhängnis in meinem Leben." Warum wurde ich „zum mindesten nicht Arzt oder sonst irgend etwas Augen-Aufschließendes?" (II, 1086).

2.2 Phänomene der Existenzerhellung

Leiblichkeit als Grundphänomen aller Lebensvorgänge wird mit dieser Fragestellung sogleich zum Prinzip der Existenzerhellung erhoben, wobei kaum noch betont werden muß, daß „Leib" in einen ebenso eindeutigen Gegensatz zum „Körper" wie auch zu jenem „Bewußtsein" gestellt wird, das wir keineswegs als das eigentlich Menschliche betrachten sollten. „Das Erstaunlichere ist vielmehr der Leib: man kann es nicht zu Ende bewundern, wie der menschliche Leib möglich geworden ist", in einem Prozeß des Werdens und Wachsens, der ersichtlich nicht durch unser Bewußtsein gesteuert wird.

Es sollte auch nicht noch einmal betont werden, daß wir es bei dieser unbekannten Welt des Leibes nicht mit jenen Fakten zu tun haben, mit denen die Naturwissenschaft operiert; hier sind es in erster Linie die Interpretationen, die Bilder für eine Welt, die immer nur die leibhaftige Welt des Menschen sein kann: jener Sinnkosmos eben, dem heute die absolute Sinnleere eines wissenschaftlichen Weltbildes gegenübersteht. „Für diese innere Welt gehn uns alle feineren Organe ab, so daß wir eine tausendfache Komplexität noch als Einheit empfinden, so daß wir eine Kausalität hineinerfinden, wo jeder Grund der Bewegung und Veränderung uns unsichtbar bleibt" (III, 732).

Damit ist das Stichwort gesetzt, das dieser Phänomenologie des Leibes die Richtung geben wird: der Leitfaden des Leibes!

Von diesem gesichert erscheinenden Ansatz und seiner offengehaltenen Zielbestimmung aus werden nunmehr die kategorialen Dimensionen der Leibhaftigkeit präziser artikuliert: „Am Leitfaden des Leibes. — Gesetzt, daß die ‚Seele‘ ein anziehender und geheimnisvoller Gedanke war, von dem sich die Philosophen mit Recht nur widerstrebend getrennt haben — vielleicht ist das, was sie nunmehr dagegen einzutauschen lernen, noch anziehender, noch geheimnisvoller. Der menschliche Leib, an dem die ganze fernste und nächste Vergangenheit alles organischen Werdens wieder lebendig und leibhaft wird, durch den hindurch, über den hinweg und hinaus ein ungeheurer, unhörbarer Strom zu fließen scheint: der Leib ist ein erstaunlicherer Gedanke als die alte ‚Seele‘. Es ist zu allen Zeiten besser an den Leib als an unseren eigentlichsten Besitz, unser gewissestes Sein, kurz unser ego geglaubt worden als an den Geist" (III, 453).

Dieser Satz, daß der geistige oder moralische Mensch der metaphysischen Welt nicht näherstehe als „der physische Mensch", wird *Nietzsche* von jetzt an als die Axt dienen, welche dem „metaphysischen Bedürfnis" der Menschen an die Wurzel gelegt wird, „ob mehr zum Segen als zum Fluche der allgemeinen Wohlfahrt, wer wüßte das zu sagen?" Jedenfalls sei von einem solchen Satze aus erst an die Arbeit zu gehen, müßten Steine auf Steine gehäuft werden — hier zeige sich „ein Satz der erheblichsten Folgen, fruchtbar und furchtbar zugleich, und mit jenem Doppelgesicht in die Welt sehend, welches alle großen Erkenntnisse haben" (I, 478).

2.3 Verachtung und Verklärung des Leibes

Mit einem solchen erkenntnistheoretischen Doppelaspekt verbunden ist nun aber auch die Ambivalenz aller Aussagen über den Leib, die das Konzept der Leiblichkeit bei *Friedrich Nietzsche* so schillernd und zwiespältig erscheinen läßt. Dies trifft sowohl die Verklärung als auch die Verachtung des Leibes:

„Gibt es eine gefährlichere Verirrung als die Verachtung des Leibes? Als ob nicht mit ihr die ganze Geistigkeit verurteilt wäre zum Krankhaft-Werden?" (III, 787)

Gerade diese so überlegene Logik des Leibes, seine überwältigende Grammatik und seine scharfe Dialektik spüren wir nicht mehr. Seit *Descartes* haben wir nur noch das erfaßt, was machinal zu begreifen ist. Auf dem Wege dieses funktionellen Denkens ist selbst Gott zum Widerspruch des Lebens abgeartet, statt dessen „Verklärung und ewiges Ja" zu sein (I, 1178). Und so kann *Nietzsche* folgerichtig fragen,

„ob nicht, im großen gerechnet, Philosophie bisher überhaupt nur eine Auslegung des Leibes und ein Mißverständnis des Leibes gewesen ist" (II, 11).

Geblieben sei von einer so fundamentalen Theologie der leibhaftigen Inkarnation und einer Auferstehung des Leibes nur ein „Gott als Krankengott, Gott als Spinne, Gott als Geist" —: „einer der korruptesten Gottesbegriffe, die auf Erden erreicht worden sind" (II, 1178). Und selbst das klassische Grundkonzept des griechischen Humanismus mit seiner so „prachtvoll geschmeidigen Leiblichkeit" (II, 1029), sie sei letzten Endes nur noch als eine „Not", nicht aber als die „Natur" verstanden worden.

Der Asket, der Heilige, das war für *Nietzsche* nur ein Symptom „des verarmten, entnervten, unheilbar verdorbenen Leibes" (II, 1217). Alles Wohlgeratene und Übermütige, „die Schönheit vor allem", sei in christlichen Augen und Ohren sofort pervertiert worden: „Man sagt Lust und denkt an die Lüste, man sagt Sinn und denkt an Sinnlichkeit, man sagt Leib und denkt an den Unterleib, — und so hat man drei gute Dinge um ihre Ehre gebracht."

Als ein besonders eklatantes Verbrechen an der Leiblichkeit wird die Verachtung der Sexualität attackiert: „Jede Verachtung geschlechtlichen Lebens, jede Verunreinigung desselben durch den Begriff unrein ist das Verbrechen selbst am Leben — ist die eigentliche Sünde wider den heiligen Geist des Lebens" (II, 1106). „Daß man die allerersten Instinkte des Lebens verachten lehrte; daß man eine ‚Seele', einen ‚Geist' erlog, um den Leib zuschanden zu machen; daß man in der Voraussetzung des Lebens, in der Geschlechtlichkeit, etwas Unreines empfinden lehrt", erscheint *Nietzsche* als unerhört (II, 1157).

3. Der Leib als Symbol der Wirklichkeit

Mit seinem Leitfaden des Leibes versucht *Nietzsche* nun seinerseits, die gesamte abendländische Kulturgeschichte — irregeleitet durch die platonische Mythologie — auf eine neue Spur zu setzen. Die ganze idealistische Lebensphilosophie — Todfeind aller „Wissenschaften des Leibes" —: „diese Mythologie hat nunmehr ihre Zeit gehabt".

Immer von neuem und immer entschlossener wird nunmehr das methodisch leitende Prinzip herausgestellt: „Am Leitfaden des Leibes zeigt sich eine ungeheure Vielfachheit; es ist methodisch erlaubt, das besser studierbare reichere Phänomen zum Leitfaden für das Verständnis des ärmeren zu benutzen" (III, 500). Von diesem methodischen Ausgangspunkt her gesehen, wird gerade der Philosoph dazu gezwungen, „mit einer bedeutenden Ermäßigung seines Wertes vom Menschen" zu denken und zunächst einmal diesen methodischen Ansatz ernstzunehmen und systematisch zu verfolgen.

Innerhalb des kategorialen Systems der Leiblichkeit erst bekommen wir ein Organ für Perspektive, Gestalt und Bewegung, kurzum: für die großartige Symbolik, wie sie uns in der Bewegtheit eines Leibes vor Augen tritt. „Bewegung ist eine Symbolik für das Auge; sie deutet hin, daß etwas gefühlt, gewollt, gedacht worden ist" (III, 475). Das Leibhaftige wird mehr und mehr zum Symbol der Wirklichkeit: „Als Leib, als Gebärde, als Instinkt — als Realität mit einem Wort" (II, 1231).

3.1 Die Grundangelegenheiten des Lebens

Was nämlich sollten Realitäten in unserer Existenz sein, wenn sie sich nicht auf konkrete Grundbedürfnisse zurückführen lassen, auf die „Grundangelegenheiten des Lebens", wie *Nietzsche* diese Fundamentalkategorien nennt. Und gleich darauf noch einmal, stärker, radikaler und ganz konkret: „Straßenpflaster, gute Luft im Zimmer, die Speise auf ihren Wert begriffen; wir haben Ernst gemacht mit allen Nezessitäten des Daseins und verachten alles Schönseelentum als eine Art der Leichtfertigkeit und Frivolität. — Das bisher Verachtetste ist in die erste Linie gerückt" (III, 788). Eine solche Erkenntnis aber kann einfach nicht vorgestellt werden, ohne daß daraus nun auch ganz radikale erkenntnistheoretische Schlußfolgerungen zu ziehen wären: „Ein geradezu brennender Durst ergriff mich: von da ab habe ich in der Tat nichts mehr getrieben als Physiologie, Medizin und Naturwissenschaften" (II, 1120).

Wie weitgehend *Nietzsche* in allen Phasen seines Lebens auch naturwissenschaftliche und medizinische Studien getrieben hat — die von der philosophischen Forschung längst nicht ernst genug genommen wurden —, darüber geben die Quellen überraschende Auskunft. Notizen zwischen Oktober 1867 und April 1868 vermerken: „Geschichte der Medizin, der Mathematik, der Astronomie einzusehen, insgleich die der Chemie." Im Leseplan von 1868 sind an Autoren vermerkt: *Johannes Müller, Carus, Oken, Bichat, Du Bois-Reymond, Virchow, Schleiden, Helmholtz, Schelling, Moleschott* und *Ludwig Büchner*; ferner die Notiz: „zu lesen: *Sprengel*, Geschichte der Medizin". Aus diesen Jahren liegt auch der Plan einer Dissertation vor mit dem Titel: „Der Begriff des Organischen seit Kant".

In den ganz banalen Dingen einer Kultur des Alltags „unwissend zu sein und keine scharfe Augen zu haben — das ist es, was die Erde für so viele zu einer ‚Wiese des Unheils' macht". Gerade diese kleinen Dinge aber, die in Wirklichkeit doch die „Grundangelegenheiten des Lebens selber" sind, hat uns die „höhere Bildung" verächtlich machen wollen, während es doch gerade diese „allernächsten Dinge" sind, die allein „Ernst im Leben verdienen", nämlich: die „Fragen von Nahrung, Wohnung, geistiger Diät, Krankenbehandlung, Reinlichkeit, Wetter". „Ich will den Menschen (so im Nachlaß) die Ruhe wiedergeben, ohne welche keine Kultur werden und bestehen kann." Die „Lehre vom Leibe und von der Diät", sie sollte endlich einmal — so *Nietzsches* Forderung vor hundert Jahren — zum Programm für „alle niederen und höheren Schulen" gemacht werden.

Sind es doch gerade diese fortwährenden Verstöße gegen die einfachsten Gesundheitsregeln des Alltags, eingeschlossen all die unnötigen „medizinischen Reize und Gifte", die uns in eine beschämende Abhängigkeit und Unfreiheit bringen —: „ich meine, in jene im Grunde überflüssige Abhängigkeit von Ärzten, Lehrern und Seelsorgern, deren Druck jetzt immer noch auf der ganzen Menschheit lastet". Diese so reiche Heilkultur, eine vieltausendjährige Philosophie der Gesundheit im Grunde genommen, einfach so vergessen und verdrängt zu haben, das will *Nietzsche* gewertet wissen als „das eigentliche Verhängnis in der Gesundheitsgeschichte des europäischen Menschen".

3.2 Gesundheit und Krankheit als Paradigmata

Es ist kein Zufall, daß die Begriffe „gesund" und „krank" in *Nietzsches* Weltbild geradezu die Funktion eines Kriteriums übernommen haben. „Gesund" und „krank" sollten dabei keinesfalls bloß metaphorisch gedeutet werden, wie dies im Nietzsche-Buch von *Karl Jaspers* durchgehend der Fall ist. Dafür sind die Zeugnisse zu reichhaltig, zu sehr auch — wahrhaft leibhaftig — mit seiner leidenden Existenz verbunden.

„Die Krankheit löste mich langsam heraus", so bekennt der reifere *Nietzsche*: Sie gab mir das „Recht zu einer vollkommenen Umkehr aller meiner Gewohnheiten". Und weiter: „Sie beschenkte mich mit der Nötigung zum Stilliegen, zum Müßiggang, zum Warten und Geduldigsein", und dann unterbricht er sich, überrascht, um zu schließen: „Aber das heißt ja denken!" (II, 1121). Krankheit ist jedesmal die Antwort, wenn wir an unserer Aufgabe zweifeln. „Unsere Erleichterungen sind es, die wir am härtesten büßen müssen." Krankheit bringt uns erst zur Vernunft. Es ist die verborgene Weisheit unserer Natur, die uns zur Einsicht in die Realität zwingt. Krankheit als die prompte

Antwort auf jede schräge Lebenssituation wird damit gleichsam zum Wegweiser in die zweite, die höhere Gesundheit. „Wir müssen mit dem Geiste der Natur zu Hilfe kommen." Krankheit ist nichts als ein oftmals sicherlich plumper Versuch, zu einer höheren, zur großen Gesundheit zu kommen.

Es bestimmt nach *Nietzsche* beinahe die Rangordnung, „wie tief Menschen leiden können". Es ist eine Frage des Stils! „Kranksein ist lehrreich, wir zweifeln nicht daran, lehrreicher noch als Gesundsein" (II, 855), das uns oft genug nur geistig verblöden läßt. „Und was mein langes Siechtum angeht, verdanke ich ihm nicht unsäglich viel mehr als meiner Gesundheit?" (II, 1059) Wir können die Krankheit kaum entbehren. „Wir geben dem Leben einen ungeheuren Schock durch diese großen Krankheiten" (III, 725). Krankheit wird zur „Stimulans des Lebens", auch zur „Schule des großen Verdachts", wird ein Angelhaken der Erkenntnis des Lebens. Krankheit — so bekennt *Nietzsche* — „hat mir den Mut zu mir selbst zurückgegeben" (III, 1287); sie weist nun auch die Wege zur „großen Gesundheit".

3.3 Wege zur Großen Gesundheit

„Jeder Tag hat seine Krankheitsgeschichte", so bekennt Ende Juli 1879 der 35jährige *Nietzsche*. Ganz ähnlich — im November 1883 an Overbeck —: „Anfälle über Anfälle — jeder Tag eine Krankengeschichte!" Und sofort daneben nun auch das lapidare Postulat: „Jeden Tag eine Stunde: Gesundheitslehre", Gesundheitslehre als „Entwurf einer neuen Art zu leben". Mit unserem Geiste sollen wir „der Natur zu Hilfe kommen". Der heute so unheilvoll vorherrschenden „Entmenschlichung der Natur" haben wir eine „Einverleibung der Erfahrungen" entgegenzusetzen, um auch all diese Widersprüche noch — im Durchgang durch viele Gesundheiten — jedesmal umzusetzen „in die geistigste Form", in die Kultur eben als eine, als unsere zweite Natur.

Was *Nietzsche* mit solchen geradezu utopischen Forderungen neben und über die Wissenschaft stellen wollte, ist jene „Gesundheitslehre des Lebens", die uns die innere Architektonik vermittelt für den „Kosmos Anthropos". Und es erscheint von weittragender Bedeutung, daß gerade der Philosoph *Nietzsche* hier nicht mit geistigen Perspektiven — auch nicht mit dem „Übermenschen" im Visier — beginnt, daß er vielmehr anfängt mit den Lebensbedürfnissen an der Basis, mit einer „Lehre von den nächsten Dingen", beim „Bedürfnis des Einzelnen" und seiner „großen und kleinen Not innerhalb der vierundzwanzig

Tagesstunden". Dazu aber gehören nun mal so banale Dinge wie: „Straßenpflaster, gute Luft im Zimmer, die Speise auf ihren Wert begriffen". Dazu gehört die „Einteilung des Tages", eine „Benutzung der Stimmung und Witterung"; „Licht, Luft und freie Bewegung", das allein schenkt uns Glück, ferner: Wechsel der Diät, „Reisen in jedem Sinne", „Ruhen und verdauen": „Der Geist selbst ist ja nur eine Art des Stoffwechsels."

Des Menschen eigentliche Aufgabe wäre demnach, ständig „ein Stück erster Natur" abzutragen, um „eine große Masse zweiter Natur" hinzuzutragen: „beide Male mit langer Übung und täglicher Arbeit daran". Für *Nietzsche* ist gerade dies *„der* Grundgedanke *der* Kultur", ein Kulturauftrag gleichsam für jedermann mit dem Ziel: „die Erzeugung des Philosophen, des Künstlers und des Heiligen in uns und außer uns zu fördern und dadurch an der Vollendung der Natur zu arbeiten". Mit dieser seiner „zweiten Natur" erst sieht *Nietzsche* sich in den Besitz seiner ersten, seiner eigentlichen Natur gesetzt.

Krankheit ist ihm dabei zu einem bevorzugten Mittel der Erkenntnis geworden; sie bringt uns gerade jenen „Überschuß an plastischen, ausheilenden, nachbildenden und wiederherstellenden Kräften, welcher eben das Zeichen der großen Gesundheit ist" (I, 441). Unter dem Zeichen der großen Gesundheit erst bekommt all unser Krankwerden und Kranksein seine spezifische, eine menschliche Farbe. Die Kranken sind viel menschlicher, haben mehr Geist, sind interessanter als die Gesunden (III, 707). Wollte man nur die Gesundheit, so würde man das Genie abschaffen, den Künstler, nicht zuletzt auch den religiösen Menschen. Krankheit wäre daher für eine menschliche Existenz kaum entbehrlich: „Erst der große Schmerz ist der letzte Befreier des Geistes, der Lehrmeister des großen Verdachts." Und noch einmal: „Erst der große Schmerz, jener lange langsame Schmerz, der sich Zeit nimmt, in dem wir gleichsam wie mit grünem Holze verbrannt werden, zwingt uns Philosophen, in unsere letzte Tiefe zu steigen" (II, 13).

Maßstab einer solchen Gesundheit ist es geradezu, „wieviel von Krankheit man auf sich nehmen und überwinden —, gesundmachen kann" (II, 1072). *Nietzsche* ist sich nur zu bewußt geworden, wieviel er in seiner so „wechselreichen Gesundheit vor allen Vierschrötigen des Geistes voraus" hatte (II, 12). „Ein Philosoph, der den Gang durch viele Gesundheiten gemacht hat und immer wieder macht, ist auch durch ebensoviele Philosophien hindurchgegangen: er kann eben nicht anders, als seinen Zustand jedesmal in die geistigste Form und Ferne umzusetzen — diese Kunst der Transfiguration *ist* eben Philosophie" (II, 12).

4. Der Leib ist eine große Vernunft

„Der Leib ist eine große Vernunft", weiß „Zarathustra" zu sagen (II, 300); denn: „Es ist mehr Vernunft in deinem Leibe, als in deiner besten Weisheit" (II, 301), als in aller Philosophie. Unter dem Leitbild vom Leibe als einer großen Vernunft wird das Thema nunmehr um eine weitere geistige Dimension vertieft. Mit dem Leib ist uns ja nicht nur die äußere Welt gegeben, sondern auch eine komplette „Phänomenalität der inneren Welt".

Unser redlichstes Sein, das Ich, „das redet vom Leibe" und will den Leib als ein Mittel, das „der Erde Sinn schafft" (II, 298). „Bleibt der Erde treu", ist daher der ständige Mahnruf eines „Zarathustra", der in späteren Entwürfen als ein einziger „Hymnus auf das Organische" vorgestellt wird. Redet doch redlicher und reiner der gesunde Leib: Er redet vom Sinn der Erde. Daher das Memento: „Führt, gleich mir, die verflogene Tugend zur Erde zurück — ja, zurück zu Leib und Leben: daß sie der Erde ihren Sinn gebe, einen Menschen-Sinn!" (II, 338)

Nietzsche schwärmt von der „physischen Urwald-Leiblichkeit von Barbarenvölkern" (I, 967), während er glaubt, daß die reine Geistigkeit selbst die Nervenkraft zerstöre: „Sie lehrte den Körper geringschätzen, vernachlässigen oder quälen, und um aller seiner Triebe willen den Menschen selber quälen und geringschätzen" (I, 1040). Er attackiert in allen Punkten die christliche Tradition: „die Verachtung und das willkürliche Wegsehen-wollen von den Forderungen des Leibes, von der Entdeckung des Leibes; ... die grundsätzliche Reduktion aller Gesamt-Gefühle des Leibes auf moralische Werte" (III, 804), wobei er sich zu dem Urteil versteigt: „Der Christ hat kein Nervensystem" (III, 803).

Immer entschiedener wird die Frage der Gesundheit des Leibes der Gesundheit der Seele vorangestellt. Gesundheit der Seele ist ihm nur noch ein gespiegelter Zustand der Gesundheit des Leibes; diese ist mindestens die Vorbereitung der Gesundheit einer sogenannten Seele. Das Ich allein ist es, das da redet vom Leibe (II, 298). Was *Nietzsche* sich wünscht, ist eine „Freigeisterei bis in jede Faser und Muskel des Leibes hinein" (I, 782). Diese freien Geister sind es, die „einen höheren Leib sich schaffen" (II, 299). „Ihr eigener Leib ist ihnen ihr Ding an sich" (II, 299).

Eine solche „Vernunft des Leibes" setzt sich zwar fort in der kleinen Vernunft unseres bewußten Geistes, von dem wir so Großes halten. Wirklich phänomenal aber ist nur dieser Leib: „Die prachtvolle Zusammenbindung des vielfachsten Lebens, die Anordnung und Einordnung der höheren und niederen Tätigkeiten, der tausendfältige Gehorsam, welcher kein blinder, noch weniger ein mechanischer, sondern ein wählender, kluger, rücksichtsvoller, selbst widerstrebender Gehorsam ist — dieses ganze Phänomen ‚Leib' ist nach intellektuellem Maße gemessen, unserem Bewußtsein, unserem ‚Geist', unserem bewußten Denken, Fühlen, Wollen so überlegen wie Algebra dem Einmaleins." Und es ist mehr als erstaunlich, daß wir gerade diese Logik des Leibes, seine Grammatik und Dialektik, niemals vollständig kennengelernt und richtig eingeschätzt haben: „Wie verschieden ist der Leib, wie wir ihn empfinden, sehen, fühlen, fürchten, bewundern, und ‚der Leib', wie ihn der Anatom uns lehrt!" Solcher vollen Leiblichkeit gegenüber ist unser ganzes Reden vom „reinen Geist" doch letztlich nichts anderes als eine reine Dummheit: „rechnen wir das Nervensystem und die Sinne ab, die ‚sterbliche Hülle', so verrechnen wir uns — weiter nichts!" (II, 1175).

4.1 Ja-sagen zum Gesamt-Charakter des Lebens

Das Konzept der Leiblichkeit im Wertesystem *Friedrich Nietzsches* wäre nur halb erfaßt, würde man es auf den methodologischen und erkenntnistheoretischen Zusammenhängen seiner Theorie beruhen lassen; es ist gerade die große Vernunft des Leibes, die über alles theoretische Erfassen der Wirklichkeit hinaus auf Realisierung der Ideen drängt: auf praktische Verwirklichung, auf die Bejahung des Lebens in jeder Gestalt.

Dieses „verzückte Ja-sagen zum Gesamt-Charakter des Lebens" (III, 791), es wird von *Nietzsche* abermals eingekleidet in ein Symbol: sein Name ist Dionysos! Das „wundervolle Phänomen des Dionysischen" (II, 1109) wird unter dem Leitmotiv der Vernunft des Leibes zum Vektor einer Bildung des höheren Leibes, jener Vergöttlichung des Leibes, in der wir immer nur die Verherrlichung des Gottes erfahren. Hier findet der „Wille zum Leben" erst seinen leibhaftigen Ausdruck: „das triumphierende Ja zum Leben über Tod und Wandel hinaus; das wahre Leben als das Gesamt-Fortleben durch die Zeugung, durch die Mysterien der Geschlechtlichkeit" (II, 1031). In den dionysischen Mysterien erscheint daher der tiefste Instinkt des Lebens als religiös empfunden: „der Weg selbst zum Leben, die Zeugung, als der heilige Weg" (II, 1032).

Alle wohlgeratenen Menschen, bei denen gerade die allersinnlichsten Verrichtungen von einem Gleichnis-Rausche der höchsten Geistigkeit verklärt werden, „sie empfinden an sich eine Vergöttlichung des

Leibes". Im Leib und seinem Geschlecht scheint der philosophische Geist die letzte Einheit aller lebendigen Spannungen gefunden zu haben: ein antagonistisches Spannungsgefüge, für welches die Prinzipien von „apollinisch" und „dionysisch" nur als Symbol dienen. Diese „ganze lange ungeheure Licht- und Farbenleiter des Glücks" — von der Höhe geistig verklärter Freuden bis hinab zur Freude gesunder Bauern — nannten die Griechen „Dionysos" (III, 463).

4.2 Kultur des Leibes als Kur der Geister

Der dionysische Kulturauftrag der Vernunft des Leibes wird seine letzte Erfüllung erst finden in jenem „Reich der verklärten Physis", das wir hier abschließend nur noch andeuten können. Hingewiesen werden aber sollte wenigstens darauf, daß sich vor allem in den nachgelassenen Schriften äußerst konkrete Dokumente finden lassen für die Richtung und die Etappen zu einer solchen umfassenden Kultur des Leibes. Hierzu nur ein Beispiel!

Nietzsche macht den Vorschlag — über das Heilmittel der „geistigen und leiblichen Verpflanzung" —, jeden einzelnen Menschen in das gerade ihm ersprießliche geographische und geistige Klima zu senden — „zeitweilig oder auf immer". Die Medizinische Geographie könnte einer solchen „Kur der Geister" ebenso dienstbar gemacht werden wie die ganze Geschichte —: „und dann müssen allmählich Völker, Familien und einzelne so lange und so anhaltend verpflanzt werden, bis man über die angeerbten physischen Gebrechen Herr geworden ist. Die ganze Erde wird endlich eine Summe von Gesundheits-Stationen sein" (I, 950).

Denn diese zweite, die große Gesundheit, gerade sie kann und soll uns „zu einer Quelle der Freude werden". Wir sollten wieder Freude empfinden „an der Pflege des anderen, wie der eines Gartens". Ist doch alle Kultur des Leibes, alle Pflege der Gesundheit, die ganze Entwicklung des Menschen nichts anderes als die „Freude aller Freuden"!

4.3 Bildung des höheren Leibes

Im Zeichen des Leibes als einer „großen Vernunft" will auch — um abschließend dieses Schlagwort einmal aufzugreifen — aller „Wille zum Leben" gesehen werden, der nichts anderes sein kann als „der Wille zur Macht": ein Auftrag nämlich zur großen Gesundheit als der ständigen Selbststeigerung einer leibhaftig wirksamen Kraft, deren oberstes Ziel nur die Fruchtbarkeit des Lebens sein kann. *Nietzsche* nennt dieses Prinzip des Lebens: „meine dionysische Welt", um dann noch einmal provozierend die Frage zu stellen: „Wollt ihr einen Namen für diese Welt? Eine *Lösung* für alle ihre Rätsel? Ein *Licht* auch für euch, ihr Verborgensten, Stärksten, Unerschrockensten, Mitternächtlichsten? — Diese Welt ist der Wille zur Macht — und nichts außerdem! Und auch ihr selber seid dieser Wille zur Macht — und nichts außerdem!" (III, 917)

Es steht daher einer Gesellschaft wie auch dem einzelnen „nicht frei, jung zu bleiben", lesen wir in *Nietzsches* nachgelassenen Schriften, und weiter: „Alter schafft man nicht durch Institutionen ab. Die Krankheit auch nicht. Das Laster auch nicht" (III, 779). Das sind schon harte Einsichten, die uns freilich die Medizin als Krankheitslehre nicht bietet, zu der uns erst die Gesundheitslehre verhelfen könnte. „Und wie ferne sind wir noch davon, daß zum wissenschaftlichen Denken sich auch noch die künstlerischen Kräfte und die praktische Weisheit des Lebens hinzufinden, daß ein höheres organisches System sich bildet, in bezug auf welches der Gelehrte, der Arzt, der Künstler und der Gesetzgeber, so wie wir jetzt diese kennen, als bedürftige Altertümer erscheinen müßten!" (II, 121)

5. Diskussion der Ergebnisse

Friedrich Nietzsche habe zeitlebens versucht, schreibt *Giorgio Colli* (1980), uns mit seinem Konzept des Leibes „ein unversehrtes Leben" vor Augen zu stellen, das Leben heiler Leiblichkeit, auch wenn dies keineswegs gelungen sei.

„Wenn die Person Nietzsche zertrümmert worden ist, so ist das kein Beweis gegen ihn. Er hat uns dafür ein anderes Bild vom Menschen hinterlassen, und es ist dieses, an dem wir uns zu messen haben".

Um dieses Bild noch einmal zusammenzufassen: Bei all seinem Philosophieren geht *Nietzsche* von einem Urphänomen aus: dem menschlichen Leib. „Am Leitfaden des Leibes" will er die Spur des Lebens zeigen, weil dieser Leib das reichere Phänomen darbietet, daher methodisch voranzustellen, ohne etwas auszumachen über seine letzte Bedeutung. Der Leib verrät uns mehr Wahrheit als aller „Geist", von der „Seele" ganz zu schweigen. Daher immer wieder: die „Vernunft des Leibes", eine Formel, die man weder als metaphorisch noch als bloß rhetorisch mißverstehen sollte.

Der noch weitgehend unerforschte Leib mit seinem „änigmatischen Charakter" bietet uns einen unvergleichlichen „Weg zu den Grundproblemen", in gesteigertem Maße dann auch der kranke Leib. Bei allem negativen Erlebnis von Leiden überwiegt letztlich der positive Charakter von Kranksein als einem „Stimulans" zum Leben und als einer Transfiguration in die Philosophie. Kranksein ist lehrreicher als Gesundheit. Die Kranken sind menschlicher. Die Schwachen haben mehr Geist; sie sind interessanter als die Gesunden. Krankwerden dient immer wieder neu als ein Übergang zu „neuer Gesundheit", zu einer „zweiten", der „großen Gesundheit", die man nicht nur hat, sondern auch immer wieder neu erwerben muß, weil man sie immer wieder preisgibt und preisgeben muß. Diese lebenslange Spannung allein macht Leben erst produktiv und gibt uns die Garantie für die Bildung eines „höheren Leibes" in einem „Reich der verklärten Physis". Dem „Entwurf einer neuen Art zu leben" folgt eine überraschend systematisch ausgearbeitete „Gesundheitslehre des Lebens", eine „Lehre von dem Leibe und von der Diät", die unmittelbar hinüberleitet in die Architektonik seines „Kosmos Anthropos"!

Literatur

Colli, G., Nach Nietzsche, Suhrkamp, Frankfurt 1980.
Heidegger, M., Nietzsche I, II, Neske, Pfullingen 1961.
Jaspers, K., Nietzsche. Einführungen in das Verständnis seines Philosophierens, 3. Auflage, De Gruyter, Berlin 1950.
Nietzsche, F., Werke in drei Bänden, Hrsg. K. *Schlechta*, Hanser, München 1954-1956.
Schipperges, H., Historische Aspekte einer Symbolik des Leibes, *Antaios* 9 (1967), S. 166-180.
—, Am Leitfaden des Leibes. Zur Anthropologik und Therapeutik Friedrich Nietzsches, Klett, Stuttgart 1975.
—, Ideal und Wirklichkeit des Leibes im abendländischen Denken. In: Die Reproduktion des Menschen. Beiträge zu einer interdisziplinären Anthropologie. Schriften der Carl-Friedrich-von-Siemens-Stiftung, Bd. 5, Ullstein, Frankfurt, Berlin, Wien 1981, S. 143-173.
—, Kosmos Anthropos. Entwürfe einer Philosophie des Leibes, Klett/Cotta, Stuttgart 1981.
Schmitz, H., System der Philosophie, I-III, Bouvier, Bonn 1964-1967.
Wiehl, R., Ressentiment und Reflexion — Versuchung oder Wahrheit eines Theorems von Nietzsche, *Nietzsche-Studien* 2 (1973), S. 61-90.

Das Problem der Leiblichkeit bei Merleau-Ponty
Bernhard Waldenfels, Bochum

Wenn wir vorgreifend und vorläufig den Leib bestimmen als das Medium zwischen Ich und Welt, zwischen Ich und Mitwelt, so eröffnet sich sogleich eine doppelte Fragerichtung. Wir können uns fragen, wie wir in leiblicher Vermittlung eine gemeinsame Welt haben und gestalten, oder aber, wie wir selbst, jeder für sich und für die Andern, leiblich existieren. Gewiß hängen beide Fragen sachlich auf das engste zusammen; wir legen aber im folgenden das Hauptgewicht auf die zweite der beiden Fragen, geben dem subjektiven Aspekt der Leiblichkeit den Vorrang vor den weiter ausgreifenden ontologischen, kultur- und geschichtsphilosophischen Implikationen und lassen dabei auch den intersubjektiven Aspekt der Leiblichkeit zurücktreten. Einfacher gesagt, lautet die Frage, mit der wir uns an *Merleau-Ponty* wenden: Was bedeutet es für den Menschen, daß er einen Leib hat oder gebraucht oder daß er im Leibe ist oder leiblich existiert? Die Frage eindeutiger stellen hieße bereits die Antwort vorwegnehmen.

Zuvor einige kurze Bemerkungen zur Vorgeschichte des Problems und zur Person, mit dessen Namen wir das Problem hier verbinden. Wo in der Geschichte der Philosophie die Leiblichkeit des Menschen problematisch wird, steht immer *auch* die Einheit des Menschen auf dem Spiel; die Einheitlichkeit der menschlichen Seinsweise ist es, die sich in der Bindung an Welt und Mitwelt allen Diskrepanzen und Dissonanzen zum Trotz zu bewähren hat. Traditionell gesprochen, ist es das Leib-Seele-Problem, in dem sich diese Zusammenhänge dokumentieren.

Einen folgenschweren Einschnitt in der Geschichte dieses Problems bedeutet die cartesianische Lehre von den zwei Substanzen. Der Mensch spaltet sich auf in eine „*res cogitans*" und eine „*res extensa*", Seele und Körper gehören zwei heterogenen Wirklichkeitsbereichen an. Gewiß bleibt *Descartes* nicht bei dieser Zweiheit stehen; die Zweiheit bleibt problematisch, eben weil der Mensch als wahrnehmendes, handelndes, fühlendes Wesen seelisch und körperlich zugleich ist. So statuiert *Descartes* durchaus eine Einheit, und das auf verschiedenen

Ebenen; denkende und ausgedehnte Substanz sind onto-theologisch vermittelt, sofern Gott beide schafft, sie sind gnoseologisch vermittelt, sofern das geistige Ich um sich selbst und um die Körperwelt weiß, sie sind schließlich onto-kosmologisch vermittelt, sofern eines auf das andere wirkt. Doch gerade die letztgenannte Vermittlung, auf die es bei einer konkreten und einsichtigen Lösung des Problems entscheidend ankäme, steckt voller Aporien. Wie sollen Seele und Körper sich im Menschen verbinden, wenn beide völlig eigenständig sind und eigenen Gesetzen gehorchen?

Das Denken nach *Descartes* steht lange Zeit weithin unter dem Zwang dieses Problemansatzes. Die verschiedenen Antworten, die ein wichtiges Kapitel der Philosophiegeschichte füllen, sind bekannt genug und seien hier nur typisierend angeführt. Man nimmt teils den Descartesschen Dualismus an, indem man seine Wechselwirkungstheorie fortführt oder deren Schwierigkeiten mit parallelistischen Theorien zu vermeiden sucht. Teils macht man den Versuch, monistisch das Problem aufzuheben, indem man Geist und Natur zusammenfallen läßt, indem man den Menschen einseitig vom Geiste her oder, betört durch die Erfolge der Naturwissenschaften, einseitig von der Natur her konzipiert.

Es fehlt freilich auch nicht an Gegentendenzen. So lesen wir selbst bei *Descartes* an einem vielzitierten Ort: „Die Dinge, die zur Verbindung von Seele und Körper gehören, ... lassen sich sehr klar erkennen durch die Sinne." Verstand und Einbildungskraft, pure Reflexion und pure Geometrie können hier nichts ausrichten, und doch bleibt ein Ausweg: „Indem man nur vom Leben und der alltäglichen Rede Gebrauch macht und davon absieht, nachzudenken und die Dinge zu studieren, die die Einbildungskraft beschäftigen, lernt man die Verbindung von Seele und Körper begreifen."[1) Der bedachte Rückgang auf die gelebte und immer schon mitgewußte Einheit des Menschen, von Descartes als bloßes Palliativ, nicht als Medikament empfohlen, wäre in der Tat geeignet, den Bann eines dualistischen Vorurteils zu brechen, ohne daß dieses durch eine monistische Konstruktion ersetzt werden müßte. Anregungen dazu finden sich vor, besonders aber nach *Descartes* zur Genüge, so etwa bei *Herder, Feuerbach, Kierkegaard, Nietzsche*. Zum offenen Durchbruch kam diese Tendenz in unserem Jahrhundert, und dies sowohl auf dem Gebiet der empirischen wie der philosophischen Anthropologie; Lebensphilosophie, Phänomenologie und Existenzphilosophie haben daran ihren beträchtlichen Anteil.

Hiermit haben wir bereits im Positiven wie im Negativen das Spannungsfeld umrissen, in dem sich *Merleau-Pontys* Denken bewegt.

Seine Einstellung zu unserm Problem können wir in der Sprache *Descartes'*, deren er sich selbst häufig bedient, wie folgt umschreiben: Anstatt den *ordre de la vie* unter den *ordre de la raison* zu beugen, versucht er, den *ordre de la raison* im *ordre de la vie* selbst zu entdecken und aufzuzeigen.

Merleau-Ponty wird bei uns häufig in einem Atemzug genannt mit *Sartre*. Das geschieht nicht völlig zu Unrecht, doch ist dabei nicht zu übersehen, daß gerade die Sartresche Dichotomie von An-sich und Für-sich, in der die Descartessche Zwei-Substanzen-Lehre auf gewisse Weise noch überboten wird, für *Merleau-Ponty* ein ständiger Stein des Anstoßes ist und nicht wenig dazu beigetragen hat, daß er so hartnäckig auf dem Phänomen der Leiblichkeit insistiert. Damit gewinnt sein Denken von Anfang an eine breitere, Natur, Geschichte und Gesellschaft integrierende Basis, dem ist das Etikett eines „Existentialismus" wenig angemessen. Zutreffender mag man *Merleau-Pontys* Denken als „phénoménologie existentielle" bezeichnen und es damit einer Richtung zurechnen, die *Husserls* Phänomenologie, vor allem die des späten *Husserl*, aufnimmt und umformt, indem sie das transzendentale Subjekt auf ein existierendes inkarniertes Subjekt zurückführt, ohne daß der transzendentale Gedanke völlig preisgegeben wird. Es ergeben sich deutliche Parallelen zu *Scheler* und *Heidegger*, von denen Anregungen ausgingen; hinzu kommen die wichtigen Einflüsse von *Hegel* und *Marx*, aber auch die der französischen Tradition von *Montaigne* bis zu *Bergson*, nicht zu vergessen schließlich der Einfluß von *G. Marcel*, der schon frühzeitig eine Philosophie der Inkarnation skizzierte. Das mag genügen, um die geschichtliche Position *Merleau-Pontys* zu umreißen.*

Ein kurzes Wort noch zu seinem Werk: *La structure du comportement* (1942, ²1949, = SC) und *La phénoménologie de la perception* (1945, = PP) lauten die Titel der beiden Hauptwerke, mit denen *Merleau-Ponty* zuerst an die Öffentlichkeit trat. „Verhalten" und „Wahrnehmen", damit werden mit vollem Bedacht zwei menschliche Grundphänomene in den Blickpunkt gerückt, bei denen die leibliche Komponente schwerlich übersehen werden kann. Die frühzeitig gewonnenen Grundeinsichten bleiben verbindlich, wenn sich auch in späteren Jahren eine Weiterentwicklung dieser Einsichten andeutet, so in einzelnen Studien, die unter dem Titel *Signes* (1960, = SG) zusam-

---

*) Diese Charakterisierung ist allerdings noch allzusehr auf *Merleau-Pontys* frühe Werke, besonders auf die „Phänomenologie der Wahrnehmung" zugeschnitten und wird der späteren strukturalen Denkweise nicht voll gerecht.

mengefaßt sind, sowie in dem groß angelegten Werk *Le visible et l'invisible*, das durch *Merleau-Pontys* Tod im Jahre 1961 unvollendet blieb und drei Jahre später als Fragment erschien. Unser spezielles Thema erlaubt es, daß wir uns in unseren Überlegungen hauptsächlich auf die *Phänomenologie der Wahrnehmung* stützen.[2] Da die Leiblichkeit des Ich für *Merleau-Ponty* auf ähnliche Weise zentral ist wie die Transzendentalität des Ich für *Kant* und da sie mithin alle Phänomene durchdringt, kämen wir so bald an kein Ende, wollten wir uns nicht darauf beschränken, die Grundzüge dieser Theorie der Leiblichkeit auszuführen und ihren Reichtum nur anzudeuten. Dabei legen wir, wie schon eingangs gesagt, den Hauptakzent auf den leiblichen Status des Ich, dessen einheitliche Seinsweise hierin auf dem Spiel steht.[3]'

Der Gedankengang ist kurz gesagt folgender: Wir weisen zunächst hin auf die Unzulänglichkeit eines Dualismus, der den Leib in die Alternative von Ding und Bewußtsein einzuzwängen sucht, zeigen dann die lebendige Einheit des Leibes in seiner Beziehung zur Welt, die er vermittelt, und zum persönlichen Ich, dem er sie vermittelt, und greifen schließlich in der Bestimmung der Leiblichkeit als eines Status der Zweideutigkeit auf das anfängliche Problem zurück, machen dabei zugleich auf eine gewisse Einseitigkeit der hier entwickelten Theorie aufmerksam.'

Der Leib diesseits der Alternative von Ding und Bewußtsein'

Es ist charakteristisch für den Denkstil *Merleau-Pontys*, daß er sich antinomisch zwischen Alternativauffassungen bewegt, daß er diese aber weder nur gegeneinander stellt noch sie in einem Höheren aufhebt, sondern sie von ihren eigenen Voraussetzungen her durchlässig macht für ihr Gegenteil: eine sozusagen verflüssigte Dialektik. Das Problem der Leiblichkeit stellt dafür einen Musterfall dar.'

Merleau-Ponty kontrastiert hier seine eigene Position gewöhnlich mit einem Realismus, dem er empiristische Züge, und mit einem Idealismus, dem er rationalistische bzw. kritizistische Züge gibt, ohne stets sachlich und historisch weiter zu spezifizieren. Es handelt sich also um typische Denkrichtungen und Denkstile, die historisch selten rein verwirklicht sind. Da es uns hier nur auf eine klärende Abgrenzung ankommt, machen wir diese Vereinfachung mit.'

Die Tatsache, daß der Mensch in seiner Leiblichkeit ein zugleich wahrnehmendes und wahrnehmbares Wesen ist, gibt den beiden extremen Deutungen eine gewisse Plausibilität. Wir betrachten nun nacheinander die empiristische Außen- und die rationalistische Innenansicht und suchen zu zeigen, daß beide Auffassungen auf Phänomene stoßen, die sie von ihrer einseitigen Ausgangsbasis her nicht zu integrieren vermögen. Eben daraus resultiert der problematische Dualismus.

Beginnen wir mit der empirischen Außenansicht. In der unreflektiert-natürlichen Welterfahrung finden wir unsern Leib vor als ein Körperding unter andern. Er hat eine vergleichbare Größe und Gestalt, steht in räumlichen Relationen zu andern Dingen, wirkt auf sie ein und erleidet Einwirkungen: die Hand zerbricht das Glas, das Glas schneidet in die Hand. Doch schon die alltägliche Rede weist darauf hin, daß es sich bei diesem Körper um ein Körperding besonderer Art handelt: Ich sage nicht: mein Körper ist in der Stadt, sondern: *ich* bin in der Stadt, und sage nicht: meine Hand wird zerschnitten, sondern: *ich* schneide mich, es sei denn, ich trete in eine besondere Distanz zu Ort und Art meines Befindens.[4] Entsprechend äußert sich auch *Descartes* im Rückblick auf die vorkritische Erfahrung: „Ich nahm nicht grundlos an, daß der Körper, den ich nach einer Art Sonderrecht (*speciali quodam iure*) den meinen nannte, mir enger angehörte als irgendein anderer" (VI. Med., A. T. VII, 75-76). Worauf beruht dieses Sonderrecht? Wie macht es sich geltend?

Merleau-Ponty geht dieser Frage nach, indem er sich zunächst auf die Ebene der Physiologie und der Psychologie, also auf die Ebene einer wissenschaftlichen Objektivation begibt und an deren Resultaten die Grenzen einer möglichen Dingauffassung aufzeigt (vgl. PP 87-113/97-122). Dem Physiologen gelingt es nicht, das Verhalten des leiblichen Organismus in Form einer linearen und eindeutigen Abhängigkeit von physischem Reiz, Reizempfang und Reizempfindung zu erklären und es so auf ein mechanisches Geschehen zu reduzieren. *Merleau-Ponty* beruft sich hier auf eine recht verstandene Gestalten- und Verhaltenslehre. Der Psychologe sieht sich weiter genötigt, im eigenen und fremden Erleben dem Leibe Eigenarten zuzuschreiben, die ihn durch eine besondere Ichnähe vor andern Körpern auszeichnen. Die klassischen Merkmale finden sich teils schon bei *Descartes*: Mein Leib ist immer mit da, ohne daß ich mich von ihm entfernen kann; er ist einer Doppelempfindung fähig, so in der Selbstberührung, wo der berührte Körperteil selbst die Berührung empfindet; er ist überhaupt ein affektives Objekt, das selbst schmerzt und nicht nur Schmerzen verursacht wie ein gewöhnliches Ding; seine Bewegungen werden in den kinästhetischen Empfindungen von innen gespürt und nicht bloß von außen konstatiert. Der Körper, den ich meinen Leib nenne, zeigt so besehen ein Mehr an Bestimmungen gegenüber dem einfachen Ding. Damit haben wir freilich den Boden einer dinglichen Auffassung noch nicht verlassen: der Leib bleibt ein „*Ding* besonderer Art".[5]

Philosophisch gedeiht auf diesem Boden ein Empirismus, für den die vorgefundene Wirklichkeit im beseelten Wesen lediglich eine kompliziertere Gesetzmäßigkeit annimmt, und schreibt man diesem Wesen dennoch nichtnaturale Eigenheiten zu, so kann deren Herkunft schwerlich gerechtfertigt werden.

Was antwortet *Merleau-Ponty* darauf? Prüft man die angeführten Sondermerkmale genauer, so legt sich der Gedanke nahe, daß dieser besondere Körper, den ich als meinen Leib bezeichne, sich nicht einfach durch ein Mehr an objektiven Bestimmungen auszeichnet, sondern ursprünglich für mich etwas ganz anderes ist als ein bloßes Körperding. Es fragt sich nämlich, ob denn das ständige Hiersein des Leibes, die affektive Befindlichkeit, die Einheit von Bewegung und Bewegungsempfindung nicht etwas ist, was allen dinghaften Räumlichkeiten, Qualitäten und Bewegungen ermöglichend vorausgeht und sich nicht nur aus ihnen heraushebt. Dieser Gedanke drängt sich auf, wenn wir bedenken, daß alle objektive Erfahrung und Erforschung, auch die der Leiblichkeit, selbst mittels des Leibes geschieht und eben deshalb ihn schon voraussetzt. Doch bevor wir uns auf den so vorgezeichneten Mittelweg begeben, wollen wir ihn abgrenzen gegen das andere Extrem.

In der schlichten Welterfahrung kommt mein Leib nicht nur unter andern Dingen vor, sondern ich weiß auch unmittelbar um ihn in meinen leiblichen Betätigungen und Befindlichkeiten. Diesem unmittelbaren Wissen entstammen ja die Distinctiva, die wir soeben auf so unzulängliche Weise mit einem bestimmten Körper verbanden. Den Schmerz, den ich mit physischen Vorgängen in meiner Hand verbinde, erlebe ich ja. Wie die Außenerfahrung einer empiristischen Deutung des gesamten Erfahrungskomplexes Vorschub leistet, so bietet die gleichzeitige Innenerfahrung einer rationalistischen Bewußtseinsphilosophie die Handhabe.

Eine Philosophie, die in der radikalen Selbstbesinnung das kritische Fundament jeglicher Erfahrung sucht, kann sich nicht mit der Auskunft begnügen, daß mein Leib in der Erfahrung als ein Körper besonderer Art vorkommt. Die Dinghaftigkeit des Leibes wird zurückgenommen in das Bewußtsein vom Leib — eine notwendige, aber in ihrem Extrem fragwürdige Korrektur. Um ein Beispiel zu nehmen, die dinghafte Deutung des Sehaktes als eines *oculus videt*, die schon *Pla-*

ton abwehrt (vgl. Theait. 184 c ff.), weicht bei *Descartes* dem *cogito me videre*. In dieser Reduktion auf ein explizites Denken[6] spaltet sich das „ich sehe" auf in das, was von mir ausgeht, und in das, was zwischen dem Leib und den Dingen vor sich geht. Dem Bewußtsein, das voll und ganz für sich ist, steht das Ding gegenüber, das voll und ganz an sich ist; zwischen der Transparenz der *res cogitans* und der Kompaktheit der *res extensa* läßt sich schwer eine Vermittlung denken. Beide, radikaler Spiritualismus und radikaler Naturalismus, nivellieren die konkrete Erfahrung (PP 68/79).

Nun gelingt freilich die Reduktion des Leibes auf das Leibbewußtsein ebensowenig wie die auf das Ding. Das Sehen, um bei diesem Beispiel zu bleiben, hängt nicht völlig von mir ab, sondern es bedarf der Körperkräfte und der Affektion durch das Ding. So kommt es bei *Descartes* zum Leib-Seele-*Problem* (vgl. VI. Med.). In der Transzendentalphilosophie verläuft das Spannungsfeld zwischen transzendentalem und empirischem Ich. *Husserl* markiert die Verlegenheit aller reinen Bewußtseinsphilosophie, wenn er den eigenen Leib ein „merkwürdig unvollkommen konstituiertes Ding" nennt und damit die innere Grenze des konstituierenden Bewußtseins eingesteht.[7]

Merleau-Ponty begegnet dem idealistischen Extrem mit dem Einwand, daß ich in der Reflexion mich immer schon vorfinde, und zwar leiblich vorfinde, wie noch zu zeigen ist, und daß deshalb die leibliche Existenz niemals im Bewußtsein vom Leibe aufgehen kann. Nur einer „unvollständigen Reflexion, die sich ihres eigenen Anfangs nicht bewußt bleibt", scheint solches möglich (PP p. IV/6).

Merleau-Pontys Zwischenposition zeichnet sich damit bereits indirekt ab. Gegen den Empiristen, der den Leib in einer Dinghaftigkeit, einem „Äußeren ohne Innerlichkeit" verfestigt, verweist *Merleau-Ponty* darauf, daß *schon* die schlichte Dingerfahrung die Leibesfunktion in Anspruch nimmt; gegen den Intellektualisten, der den Leib in einem bloßen Bewußtsein vom Leibe, einem „Inneren ohne Äußerlichkeit" zu verflüchtigen droht, wendet er ein, daß *noch* die sublimste Selbsterfahrung an das leibliche Dasein gebunden bleibt (vgl. PP 68/79). Indem beide Kontrahenten von den Phänomenen selbst aufgefordert werden, der eine von außen nach innen, von der Natur zum Geist aufzusteigen, der andere umgekehrt, von innen nach außen, vom Geist zur Natur abzusteigen, und indem es nicht wirklich gelingt, hier die Entäußerung des Geistes, dort die Verinnerlichung der Natur vorzustellen, zeugen sie jeder für sich von der falschen Eindeutigkeit ihres Ansatzes. Wie aber sieht der mittlere Weg *Merleau-Pontys* aus, und worin findet er seine Rechtfertigung angesichts des Problems, mit dem wir hier konfrontiert sind?

Der Leib als Medium des Weltlebens und Verankerung in der Welt

Um der problematischen Alternative von reiner Innerlichkeit und reiner Äußerlichkeit nicht erst hinterdrein, sondern *a limine* zu entkommen, erhebt *Merleau-Ponty* zur gedanklichen Maxime, was bei *Descartes* wenig mehr als eine Ausflucht ist: „Indem man nur vom Leben und der alltäglichen Rede Gebrauch macht, ... lernt man die Verbindung von Seele und Körper begreifen." Als Phänomenologe hält *Merleau-Ponty* sich mehr an das Leben, wie es sich selbst zeigt, weniger an den Sprachgebrauch, ohne daß er diese Möglichkeit ausschlägt. Der Dualismus von Seele und Leib wird, zunächst wenigstens, unterlaufen im Rückgang auf die gelebte und erlebte Einheit, die „früher" ist als eine gegenständliche Einheit, sei diese nun empirisch konstatiert oder rational konstruiert. Die Reflexion, die sich ihrer Abkünftigkeit bewußt ist, schränkt sich selbst ein um dessentwillen, was es zu sehen und zu begreifen gilt.[8]

Um die vorschnelle Objektivation zu vermeiden, nähert sich *Merleau-Ponty* dem Phänomen der Leiblichkeit auf indirektem Wege von der Welt her, der wir vor aller Reflexion zugewandt sind. So kommt es zu einer ersten Definition, die freilich erst in der weiteren Analyse ihre Selbstverständlichkeit einbüßt: „*Le corps est notre moyen général d'avoir un monde*" (PP 171/176) — der Leib ist unser allgemeines Medium einer Welthabe, um mit *Husserl* zu übersetzen. Es ist nun an der Zeit, eine terminologische Unterscheidung einzuführen, deren wir uns bisher unter der Hand bedient haben. Der Leib, der eigene wie der fremde, ist uns zweifach gegeben, einmal in der Funktion der Vermittlung, zum zweiten als Ding unter anderen Dingen. Im ersten Fall spricht *Merleau-Ponty*, wo Eindeutigkeit geboten ist, vom „*corps vivant, phénoménal, fonctionel*" oder, mit *G. Marcel*, vom „*corps propre*", im zweiten Fall vom „*corps objectif*" oder „*physical*". Das entspricht im Ansatz, in der konkreten Analyse freilich nur zum Teil, der Sartreschen Unterscheidung von „*corps-sujet*" und „*corps-objet*". Wir machen uns den Vorzug der deutschen Sprache zunutze und sprechen, wie schon *Husserl* und nach ihm *Scheler* und *Plessner*, einerseits vom „Leib", andererseits vom „Körper" oder verdeutlichend vom „fungierenden Leib" und vom „Körperding". Der Leib ist also immer *mein* oder *dein* Leib, einem unmittelbaren Erleben und Miterleben zugänglich, der Körper ist *ein* Körper, einer äußeren Beobachtung und Behandlung sich darbietend. Um diesen Unterschied an einem Beispiel zu verdeutlichen, das selbst der Leibessphäre entstammt: In der gesprochenen und vernommenen Rede ist der Wort-laut mitgegeben in seiner Funktion als Bedeutungsträger; werden die Laute aus dieser Funktion entlassen, d. h., achte ich nicht mehr auf den Sinn der Rede, so stehen sie gleichsam in ihrer bloßen Körperlichkeit da.[9] Leiblichkeit und Körperlichkeit sind also zu unterscheiden, was nicht besagt, daß sie auf gleicher Stufe stehen. Wenn nämlich mein Leib als Körperding schon ein Bestandstück der Welt ist, wenn diese Welt mir aber selbst erst in leiblicher Vermittlung gegeben ist, dann verweist uns die philosophische Besinnung zunächst auf den fungierenden Leib. Für später bleibt die Frage, wie denn Leiblichkeit und Körperlichkeit zusammenhängen, wie es überhaupt zu dieser Zweiheit kommt.

Kehren wir nun zu unserer Anfangsdefinition zurück: Der Leib ist unser allgemeines Medium einer Welthabe. Der Leib steht hier in einer doppelten Relation, in einer Relation zur Welt, die wir haben, und zum Ich, das jeweils die Welt hat. Das Ich ist nicht Ich ohne die Welt. Wir verweilen daher zunächst bei der ersten Relation, begnügen uns aber damit, den allgemeinen Stil und die verschiedenen Dimensionen der Untersuchungen anzudeuten, die *Merleau-Ponty* zu diesem Thema vorlegt. Vieles davon begegnet uns auch bei anderen Autoren, die sich um eine konkrete Anthropologie bemühen. *Merleau-Ponty* gibt all dem freilich eine eigene Deutung.

„Ich kann die Funktion des Leibes nur verstehen, indem ich sie selbst ausübe, und sofern ich ein Leib bin, der sich der Welt zuwendet", so lesen wir bei *Merleau-Ponty* (PP 90/99). Das „Indem" ist allerdings mißverständlich, da es die Differenz von leiblichem Vollzug und dessen ausdrücklichem Verstehen zu unterschlagen scheint.[10] Wir interpretieren den Satz so: Die Funktion des Leibes läßt sich nur verstehen aus der *Sicht* des leiblichen Vollzugs selbst; denn alle Objektivationen, alles „Haben", um mit *Marcel* zu reden, setzt die Leiblichkeit schon voraus. Diese These ist zu explizieren.

Zunächst, wenn ich der Welt zugewandt bin, habe ich es in Erkennen und Sprechen, in Handeln, Streben und Meiden, Lieben und Hassen mit Dingen, Lebewesen und Personen zu tun, mein Leib wird, wie *Sartre* sagt, „mit Schweigen übergangen".[11] Wenn ein Medium sich dadurch bestimmt, daß es anderes hervortreten läßt, indem es selbst zurücktritt, so müssen wir sagen, daß der Leib seine mediale Rolle um so besser spielt, je weniger er sich selbst meldet. Wie aber meldet er sich überhaupt? Indem er meinen Projekten Grenzen und Widerstände setzt. Vom Haus dort ist nur die Fassade sichtbar, das Buch ist schwer greifbar — von hier aus; der Stein ist zu schwer — für meine Körperkräfte; der Tisch ist im Dunkeln nur tastbar — für meine Sinne; der

Eindruck läßt sich nur unzulänglich wiedergeben — mit meinen Ausdrucksmitteln; ich weiß vom Ersten Weltkrieg nur durch andere — bei meinem Lebensalter. Zu diesen normalen Begrenzungen des Weltverhaltens kommen die Anomalien; nicht umsonst verdankt die Leiberkenntnis so viel der Medizin und der Psychopathologie, an die auch *Merleau-Ponty* häufig anknüpft. All den genannten Fällen ist gemeinsam, daß hier jeweils ein identifizierbares Etwas gemeint ist, daß es aber nur auf endliche Weise zur Erscheinung, zur Verwirklichung oder zum Ausdruck kommt. Diese Endlichkeit verweist indirekt auf ein bestimmtes Orientierungszentrum, auf bestimmte Wahrnehmungs-, Willens- und Ausdrucksmittel, die sich in der Zeit formen und auf einen Uranfang zurückgehen. Den Inbegriff all dessen bezeichnen wir als Leib, dessen Einzelfunktionen in der Vermittlung *einer* Welt zusammenwirken.

Es versteht sich also, daß der Leib als Medium zur Welt nicht wie ein beliebiger Körper in der Welt vorkommen kann. Ich kann auf dem Boden der ursprünglichen Erfahrung nicht den Ort, *von* wo *aus* ich sehe, in meine Raumwelt einordnen, nicht das Auge, *mit dem* ich sehe, in die Körperwelt einfügen, weil ich damit meine Welt selbst aufhöbe. Und doch ist mein Leib ja kein immaterielles Medium, sondern *als* Medium hat er seine Materialität, in der Vermittlung sein unmittelbares Dasein. Deshalb *kann* er äußerlich erfahren werden, doch zuvor wird er *in* aller weltlichen Erfahrung miterlebt, so wie wir in der Rede die akustischen Laute mithören, ohne sie für sich zu setzen: *In* meinem Tun befinde ich mich immerzu irgendwo und irgendwie. Diese Selbstbefindlichkeit tritt um so stärker hervor, je mehr die weltlichen Projekte zurücktreten, so etwa in der Angst bei einer akuten Lebensgefahr.

Wir fügen nun der ersten Bestimmung des Leibes eine zweite hinzu: Der Leib ist nicht nur unser allgemeines Medium einer Welthabe, er ist zugleich „*notre ancrage dans un monde*" — unsere Verankerung in einer Welt (PP 169/174). Durch unseren Leib haben wir eine Welt und gehören wir dieser Welt an. „Der eigene Leib ist in der Welt wie das Herz im Organismus" (PP 235/239).

Um diese Bestimmungen recht zu verstehen, müssen wir nun eine Ergänzung hinzufügen, die uns zum Kern von *Merleau-Pontys* Theorie führt. Wir sind davon ausgegangen, daß sich unser Leib in den Widerständen zu Worte meldet, die er unseren Projekten entgegensetzt. Das verführte uns dazu, einseitig die negativ-begrenzenden Züge hervorzuheben. Leiblichkeit besagt dann, daß ich eine *endliche* Welt habe und mich selbst *faktisch* vorfinde. Leiblichkeit wäre dann nur die konkrete Auslegung dessen, was Faktizität besagt. Doch damit stünden wir bei

Sartre, noch nicht aber bei *Merleau-Ponty*. Zwar meldet sich der Leib vorzüglich in der Hemmung und Störung zu Wort, doch dem liegt voraus, was da gehemmt und gestört wird, daß ich nämlich bereits eine *Welt* habe und ein *Ich* bin in leiblicher Vorgegebenheit. Leiblichkeit besagt für *Merleau-Ponty* nicht bloß faktische Vorfindlichkeit, Begrenzung der eigenen Entwürfe, sondern es besagt zugleich positiv Initiative, Intentionalität, Transzendenz *in statu nascendi* — eine begrenzte Offenheit für die Welt und die Andern. Diese leibliche Vorgabe macht *Merleau-Ponty* sichtbar, indem er höchst detailliert die Welt beschreibt, wie sie uns in der Wahrnehmung bereits entsteht, vor und in allem Denken, Handeln und Schaffen. Wir begnügen uns mit diesen Hinweisen und rücken nun die zweite Relation in den Mittelpunkt, die Relation des Leibes zum Ich, das die Welt hat und ihr angehört. Es muß sich dabei zeigen, was das Diesseits der Alternative von Ding und Bewußtsein positiv besagt.

Der Leib als natürliches Ich

Durch den Leib habe ich eine Welt und bin ich in der Welt verankert, dem fügen wir nun als dritte Bestimmung hinzu: Der Leib ist ein „natürliches Ich" (*un moi naturel* — PP pass.). Dies ist ein schwieriger, ja paradox klingender Satz. *Aristoteles* spricht auch noch beim Menschen ganz unbefangen, allzu unbefangen, von „natürlichen Vorzügen" (φυσικαὶ ἀρεταί - Nik. Eth. Z, 13); unser alltäglicher Sprachgebrauch gibt dem recht. Aber seit *Descartes* und vor allem seit *Kant* ist man in der Philosophie gewohnt zu unterscheiden: Entweder geht etwas von mir aus, dann ist es ein freier Akt, oder etwas geht in der Natur vor sich, dann ist es ein notwendiges Geschehen, und wo ein und dasselbe beiden Bereichen angehört, da doch unter ganz verschiedenen Aspekten. Doch das Gesagte gilt nur mit Vorbehalt, selbst die genannten Denker halten die Alternative nicht völlig aufrecht. Bei *Kant* ist es gerade das transzendentale Geschehen, das weder meiner persönlichen Wahl unterliegt, erst recht nicht der bloßen Natur zugerechnet werden kann, das in diesem Sinne nicht eigentlich ichhaft noch auch ichfremd genannt werden darf. Freilich lehnt *Kant* in der „*Kritik der reinen Vernunft*" einen „Mittelweg", für den die Prinzipien „subjektive, uns mit unserer Existenz zugleich eingepflanzte Anlagen zum Denken wären", ausdrücklich ab (B 167); die Frage ist nur, ob er diese mittlere Möglichkeit wirklich ausschöpft.[12] Noch *Descartes* beruft sich auf ein merkwürdiges *natura docet*, wo er von den prärationalen Überzeugungen spricht, denen wir immer schon folgen, beispielsweise im Suchen des Lusterregenden und im Meiden des Schmerzerregenden. „Natur", eine Sphäre der Sensibilität, steht hier für das, „was Gott mir verliehen hat als einem Ganzen aus Geist und Körper (*ut composito ex mente et corpore*)" (VI. Med., A. T. VII, 82). Hier meldet innerhalb der Philosophie des Cogito eine ältere Tradition ihr Recht an. Wie kann ein Denken dieses Recht wahrnehmen, ohne seine kritischen Belange preiszugeben?

Wenn *Merleau-Ponty* den Leib als „natürliches Ich" tituliert, so bedarf es dazu einer Vorbemerkung. Das Ich im vollen Sinne ist für ihn das personale Ich, das verantwortlich tätig ist, das sich auf seine leibliche Situation besinnen kann (vgl. PP. 75-76/86-88). Wenn das natürliche Ich nicht in bloß äquivoker Sprechweise „Ich" heißen soll, muß es auf gewisse Weise mit dem personalen Ich identisch sein. Die Differenz liegt offenbar in der „Natürlichkeit" des leiblichen Ich. Damit stehen wir vor unserer Frage, eine weitere Überlegung soll uns der Antwort näher bringen.

Unser Verhalten zur Welt und Mitwelt trägt in sich eine Schicht von Unwillkürlichem und Ungewußtem, das weder rein der Natur gehört, noch auch meiner vollen Verfügung untersteht. Betrachten wir daraufhin das einfache Beispiel einer Farbwahrnehmung. Die Farbe, die ich schlicht sehe, ist nicht einfach objektiv vorhanden als ein eindeutiges physisches Datum, sondern sie ist mir gegeben als Farbgestalt in einem Gesichtsfeld mit bestimmten natürlichen Ausdruckswerten und kulturellen Bedeutungsgehalten, so etwa das Rot einer Rose, eines Kleides, eines Wahlplakates, einer Verkehrsampel. Dieser konkrete Sinn verweist auf das explorierende Verhalten eines empfänglichen Organismus, der ihn entdeckt und ähnliche Entdeckungen wiederholt im gewohnten Verhalten. Dieses Entdecken ist nun andererseits noch kein freies Tun, das ich mir vornehmen oder das ich unterlassen kann. Gewiß, ich kann mich entschließen, diesen Farbfleck da anzuschauen, doch welchen Farbfleck? Den dort an der Wand. Was besagt dies anders als: den Farbfleck, den ich schon und weiterhin vor Augen *habe*, wenn ich ihn bewußt anschaue. Das Sehen wird nicht durch und durch von mir hervorgebracht, es wird, mit *Husserl* zu reden, gleichsam „inszeniert"; mein Tun ist fundiert in einer Sphäre des „von selbst sich Machens", einer „uneigentlichen Intentionalität", einer Intentionalität, da hier bereits Sinn auftritt, einer uneigentlichen, weil dieser Sinn meiner aktiven Setzung vorausgeht.[13] Hierauf zielt auch *Merleau-Ponty* ab, wenn er die Anonymität des ursprünglichen Wahrnehmungsimpulses betont und feststellt: „*Man* nimmt in mir wahr, und nicht *ich* nehme wahr" (PP 249/253, vgl. auch 274 ff., 512 ff./

277 ff., 509 ff.). Interpretierend heißt es, die Empfindung ist weder ein objektiver „Zustand des Bewußtseins" noch das subjektive „Bewußtsein eines Zustandes" (PP 241/245); jenseits der klassischen Alternative, vor der Scheidung in Objekt und Subjekt ist sie das leibliche Entdecken und Haben einer Welt *in nuce*. Diese Einsicht ließe sich erhärten durch weitere Beispiele aus dem Bereich der Praxis, des leiblichen Ausdrucks, der Sprache. Überall wird das bewußte Verhalten gestützt, getragen, angeregt von leiblichen Impulsen, die einen Sinn anbieten und in denen das Ich bereits lebt, anstatt sie bloß instrumental zu gebrauchen (vgl. SC 225/241 f., SG 290). Es geht in meinem Verhalten mehr *von* mir aus, als bewußt *durch* mich gesetzt wird, da ich mich bereits in mein Verhalten eingesetzt finde.

Der Leib als natürliches Ich, das besagt also nicht ein empirisches oder mundanes Ich im Gegensatz zu einem transzendentalen, weltenthobenen Ich, sondern es besagt den „sichtbaren Ausdruck eines konkreten Ego" (PP 68/79). Der Leib ist im konkreten Ich integriert als eine präpersonale, anonyme, generelle, natürlich und kulturell erworbene Existenz, als das, was das Ich, im Verein mit den Andern, immer schon ist und aus sich gemacht hat in der persönlichen Existenz als einer „*incarnation perpétuelle*" (PP 194/199); er steht für die erste und die zweite Natur, ist „natürlicher" und „kultureller Leib" in eins (SC 227/244). Dieser Leib, der alles Tun trägt, ist keine reine Passivität, sondern anhebende und verebbende Aktivität, kein bloßes Nicht-Ich, sondern ein Vor-Ich. Er stellt eine Etappe dar in der „Geschichte des Bewußtseins" (SC 225/241), er ist meine Vergangenheit mit Einschluß der „Urvergangenheit", die nie Gegenwart war (PP 280/283), dies freilich nicht als bloße Schranke eines freien Überstiegs, sondern als Stiftung einer Zukunft in einer *naissance continuée*.[14]

Diese Konzeption kann leicht mißdeutet werden aus der Sicht der traditionellen, aber auch aus der der Husserlschen Transzendentalphilosophie. Wie schon gezeigt, greift *Merleau-Ponty* hier Anregungen *Husserls* auf, den freilich, soweit ich sehe, die Einsicht in die Genesis des Bewußtseins nicht vermocht hat, die Grenzen einer bloßen Bewußtseinsphilosophie ausdrücklich und eindeutig zu überschreiten; die Gefolgschaft hat ihre Grenzen.[15] Wenn der Leib ursprünglich nicht Realität *für* das Bewußtsein ist, sondern Leben, Existenz, Sein des Bewußtseins selbst (vgl. SC 178, 240/188, 257 f.), wenn somit das leibliche Ich Ausgangspunkt allen reflexiven und ausdrücklichen Selbstbewußtseins ist und bleibt, dann geht es nicht an, die Leiblichkeit zu hintergehen und sie zum gegenständlichen Konstitut eines konstituierenden Bewußtseins zu machen, das der Leiblichkeit selbst noch voraus wäre und das sich gleichsam vor seinen eigenen Augen verleiblichte. Mutet man sich dennoch eine solche Möglichkeit zu, so erscheint die Rede vom Leib als natürlichem Ich in der Tat als die realistisch-naive Hypostasierung dessen, was hinterrücks dem Bewußtsein entborgt wurde. Angesichts einer bloßen Leibrealität hätte die Konstitution seines Sinnes erst noch zu erfolgen, nichts wäre gewonnen.[16] Doch dem steht entgegen die vorgängige Ichhaftigkeit des Leibes selbst. Leiblich finde ich mich immer schon vor, bin ich da „mit einem Schlag", wie ein Funke, der sich entzündet (OE 21/17); nicht nur die direkte Vergegenständlichung des Leibes, auch die genetisch-analytische Durchforschung der Phasen, die das leibliche Erleben selbst durchläuft, muß auf diesen Anfang bezogen bleiben, wenn nicht die „Geschichte des Bewußtseins" degradiert werden soll zu einem eshaften Prozeß. Das Zentrum der Selbstbesinnung liegt im Schnittpunkt zwischen aktiver und passiver Genesis, dort, wo „der fortwährende Anfang der Reflexion" sich befindet (vgl. PP 75/87).

Wenn ein natürliches Ich, ein inkarniertes Bewußtsein am Anfang steht, so gewinnen Unmittelbarkeit und Reflexion eine eigene Bedeutung, die sich der empiristisch-intellektualistischen Alternative entzieht. „Unmittelbarkeit" meint nun nicht mehr die reine Impression, sondern „Sinn, Struktur, spontane Anordnung der Teile" (PP 70/82), und die Reflexion, die nicht mehr auf einen reinen Akt, sondern auf ein leibliches Verhalten trifft, konkretisiert sich zur *„réflexion sensible"* (SG 294). Ich bin nie rein ich selbst, alles andere ist nie rein das andere. Das hat seine ontologischen und dialogischen Implikationen, die hier nur angedeutet werden sollen. Indem ich mir im Faktum der Geburt, dem Beginn einer selbständigen leiblichen Existenz, selbst gegeben bin, bin ich auch schon bei der Welt, bin ich „zur Welt" (*au monde*), wie es häufig heißt.[17] In dieser leiblichen Selbstvorgegebenheit löst sich der starre Gegensatz von Innerlichkeit und Äußerlichkeit. „Inneres und Äußeres sind untrennbar. Die Welt ist ganz innen, und ich bin ganz außer mir" (PP 467/464). Da die Welt „aus dem Stoff des Leibes" und dieser Leib selbst ichhaft ist, erschließt sich im Leibe die Welt von innen her; die Dinge als „Verlängerung des Leibes" partizipieren an meiner leiblichen Selbstvertrautheit und verharren nicht in einem starren An-sich (vgl. OE 19/16). Hier knüpfen auch *Merleau-Pontys* Reflexionen über die Malerei an; die sinnlichste aller Künste findet bei ihm vorzügliches Interesse, sie, die das „Rätsel der Sichtbarkeit" wachhält (OE 26/19).[18] Doch nicht nur bei der Welt bin ich, indem ich mir vorgegeben bin, ich bin damit zugleich bei den Andern. Meine Leiblichkeit, die mir in ihrer Anonymität nie ganz gehört, greift auf die fremde

Leiblichkeit über in einer „Art von Reflexion"; eine „Zwischenleiblichkeit" (*intercorporéité*), natürlich und geschichtlich zugleich, gibt den Boden ab für alle ausdrückliche Zu- und Abwendung. Ich bin niemals so sehr bei mir, daß mir der Andere völlig fremd wäre. Der Leib ist das *vinculum* zur Welt wie zur Mitwelt (vgl. PP 404 ff./402 ff., SG 209 ff.).[19] Die Kehrseite dieser mundanen und sozialen Vertrautheit ist freilich eine Verwundbarkeit, von der ein Subjekt, das zuinnerst leiblos, a-kosmisch und a-sozial wäre, nichts wüßte. Die Sphäre der Leiblichkeit ist keine präreflexive Idylle, eher ein Kredit, den wir im persönlichen Verhalten erst noch einzulösen haben.[20]

Fassen wir zusammen: Unsere zwei anfänglichen Bestimmungen des Leibes: „Der Leib als Medium zur Welt und als Verankerung in ihr" lassen in der dritten Bestimmung: „Der Leib als natürliches Ich" ihren engen Zusammenhang erkennen. Daß der Leib zugleich naturhaft und ichhaft ist, besagt eben, daß in der Welt selbst die Bewegung anhebt, die diese Welt enthüllt und gestaltet. Wir wohnen gleichsam in der Welt, in Raum und Zeit, wie es bei *Merleau-Ponty* häufig heißt. In der Interpretation des leiblichen Verhaltens haben wir, so mag es scheinen, den Dualismus von Geist und Natur, von Innen und Außen für immer hinter uns gelassen. Dieser Dualismus wäre dann die äußerliche Konstruktion eines *ordre de la raison*, die vor der Eigengesetzlichkeit des *ordre de la vie* nicht standhielte. Und doch, eines sollte uns stutzig machen. Wir konnten nicht umhin, das leibliche Geschehen immerzu in Gegensätzen zu bestimmen, selbst wenn wir den Gegensatz von Innen und Außen ständig im Weder-Noch relativierten und auflösten. Die Feststellung, daß der Leib zugleich geistig-ichhaft und natürlich ist, besagt offenbar nicht, daß beide Aspekte identisch sind. So bleiben uns am Ende folgende Fragen:

1. Wie ist die Einheit dieses Zugleich zu verstehen? 2. Woher nehmen wir überhaupt die Glieder dieser Gegensatzeinheit? „Das Problem der Beziehungen von Seele und Leib formt sich ... um, anstatt zu verschwinden", so *Merleau-Ponty* (SC 232/249). Der Dualismus ist seines falschen Prestiges entkleidet, doch eine Dualität macht sich weiterhin geltend in der Lebensordnung selbst. Dessen ist sich *Merleau-Ponty* wohl bewußt. Indem wir seine Antworten auf unsere Fragen prüfen, machen wir abschließend auf eine gewisse Einseitigkeit seiner Theorie aufmerksam und schaffen damit Raum für ein Weiterfragen.

Der Leib unter dem Gesetz der Zweideutigkeit

„Zweideutigkeit" (*ambiguïté*) lautet das Stichwort, das unserer ersten Frage, der Frage nach der Beschaffenheit der leibseelischen Einheit korrespondiert. Der Cartesianer *Alquié* und nach ihm *A. de Waelhens*, wohl der kundigste Interpret *Merleau-Pontys*, haben dessen Denken geradezu als *„philosophie de l'ambiguïté"* tituliert; dieser Schlüsselbegriff bezeichnet zugleich die Stelle, an der häufig die Kritik ansetzt. Was soll das besagen, die leibliche Existenz steht unter dem Gesetz der Zweideutigkeit?[21]

Wenn wir ausgehen vom konkreten Lebensvollzug in seiner lebendigen Einheit, so entfällt die Frage, wie eindeutig in sich geschlossene Wirklichkeiten, wie Physiologisches und Psychisches bzw. Geistiges aufeinander einwirken oder einander begleiten. *Merleau-Ponty* weiß sich in Übereinstimmung mit den Erkenntnissen der heutigen Psychosomatik, wenn er feststellt: „Psychologische Motivationen und körperliche Anlässe können sich miteinander verflechten, da es keine einzige Bewegung im Leibe gibt, die einen absoluten Zufall darstellt gegenüber den psychischen Intentionen, und keinen einzigen psychischen Akt, der nicht wenigstens seinen Keim oder seine allgemeine Vorzeichnung fände in den physiologischen Dispositionen" (PP 104/113). So sublimiert das Interesse des Malers die Funktion des Auges, ohne sich diese Funktion erst zu schaffen; umgekehrt macht sich eine Störung dieses Organs in den Bildwerken bemerkbar (so etwa bei *El Greco* in der Überlänge seiner Figuren oder bei *Cézanne* in der Verschiebung der Raumachse), ohne doch deren künstlerischen Wert oder Unwert zu erklären; die faktischen Momente treten nicht für sich auf und wirken nicht für sich, sondern haben ihren Stellenwert in der gelungenen künstlerischen Gestalt. Geistiges und Natürliches stehen in lebendigem Austausch, in ständiger Osmose und Umwandlung, greifen ineinander, treten füreinander ein. „Der Geist geht über in den Leib wie umgekehrt der Leib in den Geist" (vgl. die Interpretation *Freuds*, SG 290-91). Die Ambiguität des Leiblichen meint also keineswegs einen dauernden Wechsel des Blickpunktes, eine zwiefache Deutung von außen, die beide Deutungsbereiche in sich unangetastet läßt.[22] Es handelt sich vielmehr um eine ontologische Zweideutigkeit, die Natur *ist* nicht reine Natur, der Geist nicht reiner Geist, der Mensch *ist* eines im andern, eine *„duplicité visible"*[23], er ist dies, sofern sein Leib eine „doppelte Realität" darstellt als „Umschlagstelle von geistiger Kausalität in Naturkausalität" und umgekehrt.[24] Mit dieser Zweideutigkeit muß dann freilich auch unsere Erkenntnis rechnen; eine erzwungene Eindeutigkeit würde der lebendigen, widerstrebenden Einheit nicht gerecht, von der doch alles Erkennen ausgeht.

Hat somit die Zweideutigkeit das letzte Wort? Dagegen erhebt sich ein Einwand. Wenn die Zweideutigkeit nicht nur gelebt, sondern begriffen werden soll, so müssen die Termini der Gegensatzeinheit *in sich* eindeutig sein. *Merleau-Ponty* erklärt sich selbst dafür, „den Begriff zu öffnen, ohne ihn zu zerbrechen" (SG 174). Und in der Tat unterscheidet er doch auch zwischen Innerem und Äußerem, zwischen Geist und Natur, Leib und Körper, Leib und Person, nur: woher nimmt er diese Gegensatzpaare, wenn deren Glieder doch nie rein für sich auftreten? Suchen wir diese unsere zweite Frage zu beantworten, so werden wir einer bestimmten Einseitigkeit gewahr, die unsere bisherigen Ergebnisse im Zwielicht beläßt, falls sie verschwiegen wird.

Merleau-Pontys Hauptinteresse geht dahin, Objektivation und Abstraktion, soweit sie in wissenschaftlicher Forschung und philosophischem Denken auftreten, zurückzubeziehen auf den Boden lebendiger Erfahrung, dem sie entspringen. Es ist ihm primär zu tun um eine Genealogie der Logik, der Ethik, der Ästhetik, um eine Genealogie des Sinnes, mit dem jedwedes Seiende auftritt; diese Aufgabe sieht er zu Recht, wie mir scheint, nicht erfüllt in der Reflexion auf formale Möglichkeitsbedingungen, auf ein *sine qua non*, dessen Korrelat ein Ich überhaupt wäre (vgl. PP 67, 501/79, 498). Erinnert sei an *Husserls* Rückgang auf die Lebenswelt, nur daß *Merleau-Ponty* die Leiblichkeit nicht selbst wieder in ein transzendentales Ego zurücknimmt. Man mag einwenden, daß doch auch ohne solche transzendentale Selbstverflüchtigung der Leib immer schon, als menschlicher Leib, der Leib eines Ich ist; darauf würde *Merleau-Ponty* erwidern: Ja, aber eines Ich, das selbst erst zu einem Ich *wird*, daß diese seine Genesis nie hinter sich bringt und deshalb niemals voll und ganz ein individuelles Ich wird. Unsere Geburt ist eine „innere Schwäche, die uns daran hindert, jemals die Dichte eines absoluten Individuums zu erreichen" (PP 489/486). Nur wenn man den Leib, das „natürliche Ich", von dieser inneren Geschichte ablöst — und mit manchen Formulierungen leistet *Merleau-Ponty* einer solchen Auffassung tatsächlich Vorschub —, muß der Verdacht entstehen, als werde hier der Leib, im Gegensatz zum Bewußtsein, in den Rang eines Unbedingten erhoben.[25] Doch selbst wenn wir eine solche Auffassung als Mißverständnis zurückweisen, bleibt eine Einseitigkeit. Die umgekehrte Bewegung von der leiblichen Existenz zum Wissen um den Leib und zum Wirken auf den Leib wird nicht ebenso dringlich bedacht wie die Rückbindung allen Wissens und Wirkens an eine gelebte Leiblichkeit, obwohl doch erst die distanzierende Bewegung die Bindung faßlich macht und eine Philosophie der Leiblichkeit ermöglicht. Eine Distanzierung, eine doppelte von außen und von innen, läßt aber auch erst eindeutige Richtungen erkennen in dem Zwischenbereich der Leiblichkeit, der selbst unter dem Gesetz der Zweideutigkeit steht. Aus dieser Distanzierung resultieren zwei Spannungsfelder, das zwischen Leib und Körperlichkeit auf der einen, das zwischen Leib und Geistigkeit auf der anderen Seite. Der Leib, der hinabreicht in die Physis und offen ist für geistige Initiative, ist zugleich weniger als reiner leiblicher *Vollzug* und mehr als bloß *leiblicher* Vollzug; der Leib ist nicht aus einem Guß. Dieses doppelte Spannungsverhältnis wollen wir abschließend skizzieren. Auch hier werden wir von *Merleau-Ponty* nicht völlig im Stich gelassen; denn Einseitigkeit besagt bei ihm nicht Ausschließlichkeit, und zudem wirkt sich die Einseitigkeit nicht in allen Werken in gleichem Maße aus.[26]

Beginnen wir mit der äußeren Distanz. Der Leib läßt sich, auch vorwissenschaftlich bereits, von außen betrachten und behandeln: der Leib als Körperding. Gewiß ist dieser Körper, konkret betrachtet, mehr als bloße Natur. Doch der einseitige Blick von außen hat sein eigenes Recht; er liefert in seiner Begrenztheit nicht nur ein „verarmtes Bild" (*une image appauvrie* — PP 493/490), er liefert überhaupt erst ein objektives Bild meines Leibes. Es geht auch nicht an, wie *Sartre* es tut, innere und äußere Leiberfahrung auseinanderzureißen, als handle es sich um zwei „inkommunikable Seinsebenen", um den Leib für mich und den Leib für den Andern.[27] Ich sehe meine eigene Hand und übrigens auch die fremde Hand nicht genau so wie ein beliebiges Tintenfaß, vielmehr zeichnet sich das Wahrnehmen eines verletzten Körpergliedes oder das Erschrecken vor dem eigenen Spiegelbild, das ärztlichem Zeugnis zufolge bis zu Selbstmordversuchen führen kann, dadurch aus, daß der Leib hier zugleich als fremd und zugehörig erlebt wird. Mit einer „Projektion" des Bewußtseinsinneren auf die „Ebene des An-sich"[28] läßt sich das kaum erklären, denn: warum dann gerade die Projektion in diese bestimmte Körperlichkeit? *Merleau-Ponty* folgt denn auch *Sartre* hierin nicht; er stellt dem die Frage entgegen, wie denn die von *Sartre* getrennten Systeme komponibel, wie phänomenaler Leib und objektiver Körper aufeinander bezogen sind (PP 123/131); die Antwort ist, aufs Ganze gesehen, von besagter Einseitigkeit. Die Ergänzung darf freilich nicht so aussehen, daß man mit *Scheler* der inneren „Leibseelewahrnehmung" und der äußeren „Leibkörperwahrnehmung" einen „fundierenden Tatbestand ‚Leib'" unterlegt; denn ein solcher Leib würde sofort wieder ein konstituierendes Ich auf den Plan rufen; das Ich ist nur dann radikal leiblich, wenn der Leib ursprünglich keine innerlich oder äußerlich erfahrbare Tatsache ist, sondern eben meine Selbstvorfindlichkeit, hinter die ich nicht mehr zurück kann.[29] Seinen wirklichen Anhalt findet der äußere Blick nicht an einem äußeren Faktum Leib, sondern — wir sprachen schon davon — daran, daß mein Leib nicht in einer Vermittlungsrolle aufgeht, vielmehr darinnen zugleich faktisch da ist. Wir fallen uns selbst zur Last, wenn der Leib uns seinen Dienst versagt; in der „Erfahrung der Schwere" machen wir die „Erfahrung von Materialität".[30] Der Forscher sondert die Materialität des Leibes künstlich ab in methodischer Blickbeschränkung. Von selbst macht sie sich geltend in verschiedenen Formen der Desintegration, in leiblichen Störungen, Krankheiten, Alterserscheinungen, wo das, was ich bereits bin, sich dem entzieht oder widersetzt, was ich aktuell vollziehe. Abgesunkenes und Angeborenes gewinnt eine relative Selbständigkeit innerhalb der Strukturganzheit menschlichen Lebens; soziale Gewohnheiten, biologische Instinkte und schließlich auch physiko-chemische Reaktionen treten gesondert auf, wenn geschichtliche und vorgeschichtliche Erwerbe sich der Integration in das aktuelle Lebensinteresse entziehen oder dieses überdauern (vgl. SC 226 ff./224 ff., PP 96 ff./104 ff. und pass). Es tritt hier in Erscheinung, was *Husserl* als „einen Untergrund von Erlebnissen und einen Untergrund von Natur (,meine Natur')" bezeichnet.[31] Die Spannung zwischen dem Leib und seiner Körperlichkeit, zwischen dem, was mich trägt und was mich belastet, begleitet das ganze Leben, da „die Integration nie absolut ist"; in dieser stets möglichen Desintegration sieht *Merleau-Ponty* die oder besser: eine Wahrheit des leib-seelischen Dualismus (SC 226/243). Freilich hat die Desintegration und damit auch die Möglichkeit äußerer Distanzierung eine deutliche Grenze: ein *reines* und *eindeutiges* faktisches Vorhandensein, ein absolutes Außen, wäre unvereinbar mit dem Wesen der Leiblichkeit; der Leib würde zu einem toten Leichnam, und selbst hier gilt, daß noch der Leichnam ein gewesener Leib ist.

Nun kann ich meinen Leib aber nicht nur von außen, als Körper, sondern auch von innen, als Leib, vergegenständlichen, betrachten und beurteilen, wie wir es im Nachdenken über den Leib ständig tun. Auch diese Möglichkeit einer inneren Distanz muß angelegt sein in der leiblichen Existenz selbst, von der alle Reflexion ausgeht. In der Tat ist mein Leib der Wirklichkeit oder wenigstens der Möglichkeit nach immer schon mehr als ein „natürliches Ich"; denn das, was die leibliche Initiative uns in der offenen Situation an mehrdeutigem Sinn anbietet, wartet auf ein bestimmtes, theoretisches oder praktisches Bejahen und Verneinen, weil nur dann etwas *als* solches, mit einem expliziten Sinn erfaßt und gesetzt ist. Die unwillkürliche Initiative des leiblichen Vor-Ich ist nur dann mehr als ein physischer Prozeß oder ein biologisches Verhalten, wenn sie der freien Initiative, dem verantwortlichen Fiat eines wirklichen Ich offensteht. Gewiß bringe ich das Sehen nicht hervor, aber ich kann es dirigieren und das Gesehene explizieren und begreifen. Das wahrgenommene Rot ist bereits Gestalt, sofern es sagbar ist, die Rundung ist bereits Form, sofern sie verwendbar oder idealisierbar ist. In der Spannung zwischen dem Leib und unserer Geistigkeit, wenn wir die freie Initiative so nennen wollen, macht sich erneut eine Dualität bemerkbar. Wenn unsere bisherigen Überlegungen Gültigkeit haben, kann es sich hier nicht mehr um eine Dualität von Form und Materie, von spontanem Verstand und passiver Sinnlichkeit handeln, wohl aber um die Dualität von wirklicher Struktur und idealer Bedeutung, von leiblicher Wahrnehmung und geistiger Erkenntnis (vgl. SC 232 ff./249 ff.). Dem entspricht im Praktischen die Zweiheit von leiblichem Streben und geistiger Entscheidung. Hatten wir es beim Verhältnis des Leibes zu seiner Körperlichkeit mit einer Dialektik von aktuellem Leben und habituellem Gewordensein zu tun, so zeigt sich hier nun eine Dialektik innerhalb der Aktualität selbst, sofern diese mehr besagt als einen bloß leiblichen Vollzug. „Es gibt Unweigerliches (*irrécusable*) in Erkennen und Handeln, Wahres und Falsches, Gutes und Böses ..." (SNS 167). Mag sich dies auch nicht in einem absoluten, unzweideutigen Resultat bekunden, so doch in der eindeutigen Richtung unserer Stellungnahme.[32] Die Differenz zwischen meinem persönlichen Wollen und meiner präpersonalen Leiblichkeit, die hier zutage tritt, ist nicht nur die Vorbedingung einer theoretischen und praktischen Reflexion auf den Leib, einer freiwilligen Selbstspaltung, sie bricht auch von sich aus auf im Zustand des moralischen Konflikts, wenn einer die Herrschaft über sich, über seinen Leib verliert. Dabei geht es nicht mehr nur um Lebendigkeit und Verfestigung, sondern um Freiheit und Versklavung des Lebens. Diese Möglichkeit einer moralischen Zerrissenheit ist die andere Wahrheit des leib-seelischen Dualismus.[33] Innere Distanz bedeutet also, daß ich nicht in meiner Leiblichkeit aufgehe, sondern als Person den Leib zu übernehmen habe, der ich als natürliches Ich schon bin. Freilich hat auch die Möglichkeit einer inneren Distanzierung ihre Grenze. Ein *reines* und *eindeutiges* Verfügen über den Leib, ein absolutes Innen, wäre wiederum unvereinbar mit meiner Leiblichkeit.

Ein Leib, der ganz außen oder ganz innen, der reines Vorhandensein oder reine Verfügbarkeit wäre, würde aufhören, *mein* Leib zu sein. Die Nähe des Leibes, der ich schon bin, ohne daß ich *nur* Leib wäre, ist unüberwindlich, wenigstens für mich selbst.[34] Diese Nähe wird mißachtet, wenn man in empiristisch-realistischer Manier die äußere Distanz oder in intellektualistisch-idealistischer Manier die innere Distanz übersteigert und dadurch die zweideutige Seinsweise des Leiblichen von dessen eindeutigen Momenten, von Natur und Geist her, selbst in eine fälschliche Eindeutigkeit bringt. Damit verlieren zugleich Welt und Mitwelt den ihnen eigentümlichen Charakter, der an unsere Leiblichkeit gebunden ist. Der Dualismus behält also sein partielles Recht, aber nur in Form einer Spannung, die *innerhalb* der leiblichen Existenz herrscht, sofern der Leib *in* der Welt verankert und *für* das persönliche Ich offen ist. Der Leib selbst ist „gleichsam eine vorläufige Skizze meines ganzen Seins" (PP 231/234), er ist nicht mehr, aber auch nicht weniger.

Anmerkungen

1) Aus einem Brief an Prinzessin Elisabeth vom 28. Juni 1643.
2) Abgesehen von den erwähnten Werken zitierte ich aus *Sens et nonsens* (1948, =SNS) und *L'œil et l'esprit* (Erstdruck 1961, = OE). Vollständige bibliographische Angaben finden sich im Literaturverzeichnis. Bei doppelter Seitenangabe bezieht sich die Zahl vor dem Querstrich auf die Originalausgabe, die Zahl hinter dem Querstrich auf die deutsche Übersetzung.
3) Bei Abfassung dieser Studie stützte ich mich vor allem auf die Interpretationen von *A de Waelhens* (1951), *Kwant* (1963) und *Zaner* (1964); der letztgenannte Autor nimmt in seiner Analyse der Leibtheorien von *Marcel*, *Sartre* und *Merleau-Ponty* allerdings allzu selbstverständlich *Husserls* Transzendentalphilosophie zum Maßstab. Inzwischen sind eine Reihe von Arbeiten zu *Merleau-Ponty* erschienen, in denen dessen Spätwerk stärkere Beachtung findet; ich erwähne in diesem Zusammenhang die Gesamtdarstellung von *Madison* (1973) sowie aus dem deutschen Sprachbereich die Einführungsskizze von *Tilliette* und *Métraux* (1973) und die Monographien von *Boer* und *Frostholm* (beide 1978). Ich selber habe die Weiterentwicklung des Merleau-Pontyschen Denkens, vor allem auch den Übergang von der frühen Konzeption des Leibes als „*corps*" zu einer ontologisch akzentuierten und strukturell verankerten Konzeption des Leibes als „*chair*", in späteren Studien zu berücksichtigen versucht; vgl. „Die Offenheit sprachlicher Strukturen bei Merleau-Ponty" und „Phänomen und Struktur bei Merleau-Ponty" (1980). Eine größere Gesamtdarstellung im Rahmen einer Geschichte der Phänomenologischen Bewegung (hrsg. von *E. Avé-Lallement*) ist in Vorbereitung.
4) Ein Beispiel für solche Distanz: Platon sagt vom Philosophen: „nur sein Körper (σῶμα) wohnt in der Stadt und hält sich darin auf, der Geist (διάνοια) aber schweift umher ..." (Theait. 173e) – eine extreme Reaktion auf die knechtische, horizontlose Praxis des Rhetoren.
5) *Husserl*, Ideen II (Huss. IV), 158; *Husserl* bleibt freilich nicht dabei stehen, die dingliche Auffassung des Leibes drängt über sich selbst hinaus.
6) So versteht *Merleau-Ponty* die Descartessche Formulierung (vgl. dazu SC 210-13/225-228, PP 463/460, OE 51-54/28 f.)
7) Ideen II, 159; vgl. dazu *Merleau-Pontys* Interpretation: Le philosophe et son ombre (in: SG 201 ff.)
8) Das bedeutet alles andere als ein „Rückgängigmachen der Reflexion", das die natürliche Einstellung „unverändert restituiert" (wie *R. Bubner* meint, 1967, 253). Die unaufhebbare Dialektik von Reflexion und präreflexivem Leben steht für Merleau-

Ponty außer Frage (vgl. PP 75-76/78-79, SG 204), nur entschärft er diese Dialektik nicht zu einem innerphilosophischen Verhältnis, wie der Rez. es nahelegt.

9) Vgl. hierzu *Husserl*, Ideen II, § 56 h.
10) Doch betont der Autor ausdrücklich, in seiner Kritik an *Bergson*, „daß das meditierende Subjekt nicht in dem Objekt aufgehen kann, über das es meditiert" (PP 76/87, vgl. auch 69-71/81-83); ich verstehe nicht, wie man ihm eine schlichte „Konfusion von reflektierendem und reflektiertem Bewußtsein" vorwerfen kann (so *Zaner* 1964, 138-40, 203-04). Es liegt höchstens eine gewisse Einseitigkeit der Blickrichtung vor, von der noch die Rede sein wird.
11) Lêtre et le néant, Paris 1943, S. 395, dt. Üb.: S. 429.
12) Fruchtbarere Ansätze zur Konzeption einer „Natur des Subjektes" sieht *Merleau-Ponty* wohl mit Recht in der „Kritik der Urteilskraft" gegeben (PP p. XII/14).
13) Vgl. Ideen II, 335, 336. Diese Sicht artikuliert sich bei *Husserl* unter verschiedenen Begriffen, wie passive Synthese (vgl. neuerdings den Nachlaß-Band Huss. XI), wie Vor-Konstitution, fungierende Intentionalität, ursprünglicher und sekundärer Erwerb usf.
14) Der Leib als *die* Vergangenheit, darauf weist auch *Boehm* hin in der Vorrede zu seiner Übersetzung von PP, S. VI.
15) Daß *Husserl* eine differenziertere Sicht zuläßt, zeigt eine Studie von U. Claesges: Im Leibbewußtsein als kinästhetischem Bewußtsein, als „ich kann" (vgl. PP 160/166), gilt die Zweiheit von mundanem und transzendentalem Bewußtsein als überwunden (*Claesges* 1964, § 20 ff.).
16) So beruft sich *Zaner* gegen *Merleau-Ponty* immerzu auf ein intentionales Leibbewußtsein (vgl. z. B. a. a. O., 219: Kritik des „natürlichen Ich"), und *Bubner* schreibt gar (a. a. O., 253): „Nichts ist bewiesen, wenn das Bewußtsein unverändert belassen, der Leib nur ergänzend hinzugebracht wird."
17) Vgl. zu dieser Formulierung *Boehm* in seiner Übersetzung S. 7, Anm. e.
18) Vgl. hierzu: Le doute de Cézanne (SNS 15 ff.), Le langage indirect et le voix du silence (SG 49 ff.) und OE.
19) Vgl. dazu speziell: M. R. Barral 1965.
20) Spuren dieses Gedankens: *Descartes'* Vertrauen (fides) in die Sinne (vgl. VI Med., A. T. VII, 76); *Humes* „belief"; *Husserls* „Urdoxa", die aller ausdrücklichen Bejahung und Verneinung vorausgeht (vgl. Ideen I, Huss. III, §§ 103 ff.)
21) Einige signifikante Stellen: PP 197, 383-84, 397, 432/201, 383-385, 396, 429. Vgl. auch mein Vorwort zur dt. Üb. von SC (S. XV f.).
22) So äußert sich wiederum *Bubner* (a. a. O., 253).
23) Vgl. *Pascal*, Pensées, Fr. 417 (éd. Brunschvicg).
24) So *Husserl*, Ideen II, 284, 286; hier ist freilich nur von einer innerweltlichen Duplizität die Rede, nicht von der letztgültigen. Vgl. auch die verständnisvolle Deutung von *Merleau-Pontys* Ambiguität bei H. Plügge (1967, S. 66-68); die hier vereinten Studien eines Mediziners, der bei V. v. Weizsäcker und Buytendijk gelernt hat, bekräftigen die Einsichten *Merleau-Pontys* in hohem Maße.
25) So äußert sich E. Ströker (1965, S. 169-70), deren sachlicher Konzeption ich im übrigen durchaus zustimme, auch was das Plädoyer für die Gegenständlichkeit angeht.
26) Sie ist weniger stark in „La structure du comportement", wo der Verf. *Hegel* näher bleibt, und sie mildert sich ab in den späteren Arbeiten; vermerkt wird sie auch von anderen Interpreten wie De Waelhens, Ricoeur oder Kwant.
27) Vgl. Lêtre et le néant, 365-68, dt. Üb.: 398-401; eine berechtigte Korrektur findet sich bei *Plügge*, der den „Körper als Phänomen" mitherausstellt (1967, 34 ff. u. pass.).

²⁸) Vgl. *Sartre*, a.a.O., 403, dt. Üb.: 438.
²⁹) Damit wende ich mich gegen B. Lorscheid, 1962; der neue Dualismus, den der Autor nicht nur bei *Sartre*, sondern auch bei *Merleau-Ponty*, *Marcel* und *Plessner* aufspürt in der angeblichen Kluft zwischen erlebtem und wirklichem Leib (vgl. den 3. Abschn.), spiegelt gerade die kritisierte Voraussetzung *Schelers*.
³⁰) Vgl. *Plügge*, 1967, 41, 42.
³¹) Ideen II, 280.
³²) *Merlau-Ponty* schwächt allerdings selbst den zitierten Satz wieder ab, weil er einseitig den konkreten Kontext all unserer Stellungnahmen bedenkt; immerhin kündigt er ein Werk über den „Ursprung der Wahrheit" an und verspricht, darin den Übergang vom Wahrnehmungsglauben zur expliziten Wahrheit zu beschreiben (SNS 165); es blieb dann bei Einzelversuchen zu diesem Thema.
³³) Das gilt auch für den platonischen Dualismus, allen sonstigen Fragwürdigkeiten zum Trotz (vgl. etwa Phaid. 82 d ff., Polit. IV, 430 e ff.).
³⁴) An der interpersonalen Beziehung ließe sich freilich aufzeigen, wie Distanz und Nähe auf besondere Weise zusammengehen in der wechselseitigen Anerkennung, die fundiert ist im leiblichen Füreinander-Dasein. *Merleau-Ponty* schöpft diesen Aspekt der Leiblichkeit nicht aus, weil er auch hier vor allem die präpersonale Verbundenheit im Auge hat und, wenigstens in seinem frühen Werk, dazu neigt, die interpersonale Beziehung prinzipiell und nicht nur in ihrer faktischen Gestalt der Dialektik von Herr und Knecht zu überantworten (vgl. PP 194-95, 408 ff./199 f., 407 ff.).

Literatur

Apel, K.-O., Transformation der Philosophie, 2 Bde., Frankfurt 1973.
Barral, M. R., Merleau-Ponty. The Role of the Body-Subject in Interpersonal Relations, Louvain, Pittsburgh, Pa. 1965.
Boer, K., M. Merleau-Ponty. Die Entwicklung seines Strukturdenkens, Bonn 1978.
Buber, R., Kritische Fragen zum Ende des französischen Existentialismus, *Philosophische Rundschau* 14 (1967), S. 241-258.
Claesges, U., E. Husserls Theorie der Raumkonstitution, Den Haag 1964.
Frostholm, B., Leib und Unbewußtes. Freuds Begriff des Unbewußten interpretiert durch den Leibbegriff Merleau-Pontys, Bouvier, Bonn 1978
Husserl, E., Ideen zu einer reinen Phänomenologie und phänomenologischen Philosophie, 1. Buch, Huss. III, Den Haag 1950 (= Ideen I); 2. Buch, Huss. IV, Den Haag 1952 (= Ideen II); 3. Buch, Huss. V, Den Haag 1952 (= Ideen III).
Kwant, R. C., The Phenomenological Philosophy of M. Merleau-Ponty, Louvain, Pittsburgh, Pa. 1963.
Lorscheid, B., Das Leibphänomen. Schelers Wesensontologie des Leiblichen, Bonn 1962.
Madison, G. B., La phénoménologie de Merleau-Ponty. Une recherche des lilites de la conscience, Paris 1973.
Merleau-Ponty, M., Phénoménologie de la perception, Paris 1945 (= PP).
—, La structure du comportement, Paris 1942, 1949² (= SC); dt.: Die Struktur des Verhaltens, übers. von *B. Waldenfels*, Berlin 1976.
—, Sens et non-sens, Paris 1948 (=SNS).
—, Les aventures de la dialectique, Paris 1955; dt.: Die Abenteuer der Dialektik, übers. von *A. Schmidt* und *H. Schmitt*, Frankfurt 1968.
—, Signes, Paris 1960 (= SG); dt. teilweise in: Das Auge und der Geist, Hamburg 1967.

—, L'œil et l'esprit, Paris 1964 (= Œ); dt. in: Das Auge und der Geist, übers. von H. W. Arndt, Hamburg 1967.
—, Le visible et l'invisible, Paris 1964 (= VeI).
Metzger, W., Der Ort der Wahrnehmungslehre im Aufbau der Psychologie, in: Handbuch der Psychologie, Bd. I/1, Göttingen 1966.
Plessner, H., Philosophische Anthropologie, Frankfurt 1970.
Plügge, H., Der Mensch und sein Leib, Tübingen 1967.
Ricœur, P., Sur la phénoménologie, Esprit 21 (1953), S. 821-839.
Sartre, J.-P., L'être et le néant, Paris 1943; dt.: Das Sein und das Nichts, übers. von J. Streller, Hamburg 1962.
Stöker, E., Philosophische Untersuchungen zum Raum, Frankfurt 1965
Tilliette, X., Métraux, A., Merleau-Ponty: Das Problem des Sinnes, in: Speck, J., (Hrsg.), Grundprobleme der großen Philosophen. Philosophie der Gegenwart II, Göttingen 1973.
Waelhens, A. de, Une philosophie de l'ambiguité. L'existentialisme de M. Merleau-Ponty, Louvain 1951.
Waldenfels, B., Die Offenheit sprachlicher Strukturen bei Merleau-Ponty, Internationales Jahrbuch f. Wissens- und Religionssoziologie IX (1975), S. 91-104; auch in: B. Waldenfels, Der Spielraum des Verhaltens, Suhrkamp, Frankfurt 1980, S. 145-162.
—, Phänomen und Struktur bei Merleau-Ponty, in: Neue Entwicklungen des Phänomenbegriffs. Phänomenologische Forschungen Bd. 9, Freiburg 1980; auch in: Integrative Therapie 7 (1981), S. 120-137.
Weizsäcker, V. v., Der Gestaltkreis, Frankfurt 1973.
Zaner, R. M., The Problem of Embodiment. Some Contributions to a Phenomenology of the Body, Den Haag 1964.

Leiblichkeit
in der griechischen und römischen Antike
Heinrich Dörrie †

‚Leiblichkeit'[1] ist ein Fachausdruck, den sich erst das jüngst vergangene Jahrzehnt geschaffen hat; früher hätte man wohl die Frage nach der ‚Leiblichkeit' dem ‚Körper-Seele-Problem' zugeordnet. So darf man nicht erwarten, aus antiker Literatur unmittelbare Aufschlüsse zum Begriff ‚Leiblichkeit' zu erhalten. Es ist ganz gewiß legitim, an antike Zeugen die Frage zu richten, was sie von der ‚Leiblichkeit' hielten. Dabei aber gilt es, die Antworten auf solche Fragen mit großer Behutsamkeit zu prüfen. Denn wer antike Texte auf moderne Begriffe oder gar Postulate hin befragt, muß sich davor hüten, sein eigenes Anliegen in den antiken Befund hineinzudeuten.

I.

Auf den ersten Blick scheint es kaum der Frage zu bedürfen, wie sich antike Menschen zur ‚Leiblichkeit' stellten: Seit dem 6. Jahrh. v. Chr. hat die griechische Kunst, vor allem die Plastik, ein geradezu ‚klassisches Menschenbild' geschaffen: Zunächst in Bronze, später in Marmor ist die Schönheit des menschlichen Körpers dargestellt worden. Was die Antike auf diesem Felde schuf, ist für alle nachmaligen Versuche, ‚das Klassische' wiederzugewinnen, zum Vorbild geworden; das gilt für die Renaissance in Italien ebenso wie für den Klassizismus des 18. und des 19. Jahrhunderts in Frankreich und in Deutschland; durch das vielfach bezeugte antike Vorbild war es legitimiert, daß Maler, Bildhauer und Erzgießer den nackten Körper darstellen durften — eine Freiheit, die in scharfem Kontrast stand zu den im übrigen geltenden Regeln des Wohlverhaltens.

Neben die manifeste Freude am Leiblichen, die sich in dem Wohlgefallen an der Darstellung des schönen Körpers ausdrückt, treten mancherlei weitere Zeugnisse der Daseins- und der Lebensfreude: „Trinken sang Anakreon, trinken sang Horaz"[2] — so hieß es in einem einst weithin bekannten Liede; in der Tat dürfte man geradezu von einer Literaturgattung sprechen, die das fröhliche Zechen im Freundeskreis zum Gegenstand hatte. Andere Dichtungen forderten, meist mit gekonnter Pikanterie, zum Genuß der Liebe auf; von *Mimnermos* (Ende 7. Jahrh. v. Chr.) über die vornehmlich epigrammatische Dichtung der Alexandriner (3. und 2. Jahrh. v. Chr.) bis hin zu *Properz* und zu *Ovid* (gest. 17 n. Chr.) reiht sich in reicher Variation ein Gedicht an das andere, das den Liebesgenuß als Höhepunkt des menschlichen Lebens preist. Im 4. Jahrh. v. Chr. postulierte *Aristippos von Kyrene*, daß sich das Leben des Menschen im Gewinn von Lust (ἡδονή) zu vollenden habe. Dabei ist es dem Philosophen aufgegeben, in einer ‚Nutzen-Schaden-Rechnung' abzuwägen, ob ein bevorstehender Genuß in Mißbehagen umschlagen könnte; falls das zu erwarten wäre, würde es dem erstrebten Ziel (τέλος) des ‚Lustgewinnes' abträglich sein, würde man sich einem als schädlich erkannten Genuß hingeben. Von dieser Grundposition des *Aristippos* unterschied sich die des *Epikur* (gest. 271 v. Chr.) und seiner Schule im entscheidenden Punkte: Nach *Epikur* ist die Lebensaufgabe des Menschen, sein τέλος so zu definieren: alles, was die innere oder die äußere Ruhe und Ausgewogenheit[3] stört, also alles, was wir etwa mit ‚stress' bezeichnen, muß gemieden werden; das aber gilt nicht nur für schmerzbereitende Verwicklungen, die dem Menschen allenthalben drohen, sondern ebenso, wenn er sich um einer (erhofften) Lustbefriedigung willen in Abhängigkeiten begibt.

Es darf aber nicht verschwiegen werden, daß solche Stimmen, welche im Sinne eines „Ja zum Leibe" sprechen, in der antiken Literatur durchaus die Minderheit bilden. Durchweg ist der Mensch als ein Wesen angesehen worden, das aus Körper und Seele besteht; letztere ist Quell aller Impulse; von ihr gehen alle spontanen Handlungen aus; stets ist die Priorität der Seele als des „inneren Menschen",[4] so seit *Platon*, betont worden. Dann aber — und hier berühren wir das Hauptproblem antiker Einstellung zur ‚Leiblichkeit' — galt es verbindlich festzulegen, wie zu entscheiden ist, wenn Körperlich-Triebhaftes sich zu dem, was dem Innerlich-Seelischen, also dem eigentlichen Menschen gut tut, in Widerstreit tritt. Erwächst eine Gefahr für die Seele, wenn die leiblichen Wünsche und Triebe ‚permissiv' erfüllt werden? Auf diesen hauptsächlichen Aspekt soll unten ausführlich eingegangen werden.

II.

Zunächst gilt es eine weitere Vorfrage zu klären: Bestanden in nennenswertem Umfange echte oder eingebildete Ängste, welche auf diesem Felde Unsicherheit hätten bewirken, welche die Unbefangenheit der ‚Leiblichkeit' gegenüber hätten erschüttern können?

Solche Ängste und Gefahren gab es in der Antike viel weniger als in der Gegenwart. Um das Wichtigste voranzustellen: Es gab weder Gefährdungen durch Geschlechtskrankheiten noch durch Drogen. Es darf als gesichert gelten, daß die Syphilis erst nach 1493 aufgetreten ist — zuerst unter den Truppen Karls VIII. von Frankreich, als diese vergeblich Neapel belagerten (*mal de Naples*). Kein antiker Autor erwähnt die Gonorrhoe oder die Syphilis — auch nicht in den erhaltenen Schriften zur Frauenheilkunde, für die es damals wie heute Spezialisten gab.

Die griechisch-römische Welt war ferner frei von Genußgiften, die schwere Abhängigkeiten bewirken: Es gab weder Tabak noch Kaffee — beides ist erst aus Amerika nach Europa gekommen. Vom Hanf wußte man, daß ferne Völker im Nordosten der antiken Welt sich an ihm berauschen; im Mittelmeerraum gab es das nicht. Opium freilich ist ein zunächst griechisches (ὄπιον), dann lateinisches Wort, das den Saft des Mohns (*papaver somniferum*) bezeichnet. Doch wußte man nur, daß dieser Saft als Schlafmittel wirkt; die Wirkung als Rauschgift war unbekannt. Es muß daran erinnert werden, daß noch niemand auf den Gedanken kam, Opium zu rauchen, und daß es in der Antike keine Möglichkeit gab, Medikamente oder Gift zu spritzen. So liegt es wohl an den modernen ‚Techniken' des Rauchens und des Spritzens, daß Rauschgifte zur Gefahr geworden sind.

Endlich war die Kunst noch nicht erfunden, „Wein zu brennen", d. h. durch Destillation hochprozentige Getränke herzustellen; das gelang vermutlich im 9. Jahrh. in Ägypten und wurde in Europa seit dem 11. Jahrh. praktiziert. Daher gab es für antike Menschen nur ein Getränk, das Rausch erzeugte: ungemischter Wein. Sicher war der Weinbau nicht von den ältesten Zeiten an in Griechenland bekannt; sondern der Wein und sein Gott (er wird unter drei Namen verehrt: *Iakchos, Bakchos* und *Dionysos*) traten im 8./7. Jahrh. v. Chr. einen nachmals mythisch ausgeschmückten Siegeszug an. ‚Alkoholmißbrauch' ist daher der Antike unbekannt; es galt zudem die nur selten durchbrochene Regel, den (sicher meist süßen und starken) Wein mit drei Teilen Wasser zu mischen. So gibt es mancherlei wohlmeinende Spöttereien über Berauschte; man weist auf böse Beispiele hin, wenn jemand den Wein ungemischt trinkt, so wie etwa der Kyklop, den Odysseus überlistete. In der Komödie, so besonders in den Komödien des *Menander* (gest. 293 v. Chr.), wird es oft alten Frauen nachgesagt, daß sie dem Wein mehr als ihnen gut tut, zusprächen. Dazu gibt eine vermutlich in Alexandria entstandene Vollplastik „die trunkene Alte" eine eindrucksvolle Illustration.

So gab es, nimmt man alles in allem, nur eine wirkliche Bedrohung durch eine ‚Zivilisationskrankheit', nämlich die Gefährdung durch zu vieles und zu gutes Essen; in der Tat muß es in Zeiten des Wohlstandes exzessive Schwelgereien gegeben haben; wir hören von ernsten Ratschlägen der Ärzte, eine bekömmliche Diät (δίαιτα) einzuhalten; die römische Satire richtet sich wieder und wieder mit sarkastischem Nachdruck gegen den Mißbrauch der Tafelfreuden.

Im übrigen aber ist antikes Bewußtsein von der ‚Leiblichkeit' durchweg frei von der Angst, daß jemand für an sich geringfügige Verstöße durch schwere Schäden an der Gesundheit heimgesucht werden, ja gestraft werden könne. Ein solches Wissen gab es sehr wohl — aber dieses bezieht sich durchweg auf Blutschuld, auf Meineid und auf Vergehen am Gast; dagegen ist, was immer *in Baccho et Venere*, d. h. unter dem Patronat von Dionysos und Aphrodite, geschieht, niemals Anlaß oder Ursprung eines Sündengefühls[5] gewesen.

III.

Griechenland ist die Heimat des Sportes; in regelmäßigem Wechsel wurden an den Kult- und Sportstätten Delphi, Nemea, Korinth und Olympia Wettkämpfe, also ‚Meisterschaften', ausgetragen, an denen jeder, der griechisch sprach und frei von Blutschuld war, teilnehmen konnte. Das setzt voraus, daß die jungen Männer sich in ihren Heimatstädten darauf vorbereiteten, also ‚trainierten', um den höchst begehrten Preis zu gewinnen; nur der jeweils Beste bekam den Preis, der niemals einen reellen, sondern stets symbolischen Wert hatte; wer an den Pythien zu Delphi siegte, erhielt einen Kranz aus Fichtenzweigen; die Sieger zu Olympia wurden mit Lorbeer bekränzt.

Daheim wurde das Gymnasion, d.h. die Übungsstätte, zum Treffpunkt, ja zum bevorzugten Aufenthaltsort der jungen Männer; es war sinnvoll, daß eben dort der Unterricht in allem Wissen und allen Fertigkeiten stattfand, die ein junger Mann beherrschen sollte: Mathematik und Musik, gut reden und sich richtig benehmen zu können. Der Name Gymnasium erinnert noch heute daran, daß einst das ‚Hauptfach', das dort eingeübt wurde, die sportliche Tüchtigkeit war.

Während der großen Zeit des Griechentums, im 6. und im 5. Jahrh. v. Chr., ist der Sport wohl wirklich als ‚Breitensport' betrieben worden; die Lieder, welche *Pindar* (gest. nach 446 v. Chr.) auf diejenigen, die zu Delphi, Korinth, Nemea und Olympia siegten, dichtete, geben

Zeugnis davon, in welch hoher Achtung der sportliche Erfolg stand. Aber schon zu *Pindars* Zeiten setzte die unausweichliche Entwicklung ein: Die Ansprüche wurden höher und höher, so daß nurmehr der Berufssportler, also der ‚Profi', Aussicht auf einen Sieg hatte. Die übrigen panhellenischen Spiele gingen während der hellenistischen Ära ein; nur das Fest zu Olympia überdauerte; es war die Grundlage der griechischen Zeitrechnung; seit 776 v. Chr. zählte man die Olympiaden, die alle vier Jahre stattfanden; erst der Kaiser *Theodosius* hat i. J. 393 diese Spiele abgeschafft; denn in ihrem Mittelpunkt stand der Kultus des Zeus von Olympia.

Endlich darf ohne Übertreibung von einer Badekultur, namentlich während der kaiserzeitlichen Jahrhunderte, gesprochen werden; sicher kommt dieser, was antikes Bewußtsein der ‚Leiblichkeit' betrifft, eine weit höhere Bedeutung zu als dem allzu rasch zum Athletentum entarteten Sportbetrieb.

Seit etwa den Zeiten des Kaisers *Augustus* war es für viele Bürger großer Städte zur Selbstverständlichkeit geworden, mehrere Stunden des Tages in den sog. Thermen zuzubringen. Dort genoß man eine stufenweise Erwärmung des Körpers, erst in einem lauwarm temperierten Raum, dem *tepidarium*, dann in einem Heißluft-Raum, dem *caldarium*; nach ergiebigem Schweißausbruch fand man Abkühlung in einem gekühlten Raum oder auch unter freiem Himmel, wo ein Schwimmbecken zur Benutzung einlud.[6] Dieser Bade-Vorgang, heute durchweg als Sauna bezeichnet, war noch zu Beginn unseres Jahrhunderts als römisch-irisches Bad bekannt; am Ende des Bades, oft auch in der Phase der größten Erhitzung, wurde dem Badenden eine Vollmassage angeboten. Mit diesen Bade-Gebräuchen steht in engem Zusammenhang, daß sich die Römer nördlich der Alpen alle Thermalquellen zunutze machten — so am Rande der Alpen und am Rande der Pyrenäen, in Wiesbaden, in Aachen, in Bath (England). Und wo die Natur kein heißes Wasser zur Verfügung stellte, da wurden riesige Mengen an Brennholz verheizt. In den Thermen zu Trier, deren Fundamente erhalten sind, läßt es sich veranschaulichen, wie Holz in großen Mengen durch niedrige Gänge bis hin zu den zahlreichen Feuerlöchern der großen Öfen geschleppt wurde. Der Badeluxus setzte viel inhumane Sklavenarbeit voraus.

Die großen Badeanstalten (Thermen) waren — zu jeweils verschiedenen Zeiten — für Männer und für Frauen geöffnet, falls es nicht eine besondere Einrichtung für Frauen gab. Eine solche ist in Herculaneum aufgefunden und ausgegraben worden. Sie ist kleiner als das Bad für Männer, das in der Nähe liegt; aber diese Anlage läßt erkennen, daß man selbst im kleinen Herculaneum dafür Sorge trug, daß Frauen sich den Wunsch nach intensivem Baden ebenso erfüllen konnten wie Männer. Daß Frauen und Männer zusammen badeten, scheint nicht vorgekommen zu sein. Und man hat es auch durchweg verschmäht, im offenen Meer zu baden; denn man empfand das Meerwasser als schmutzig — vielleicht weil man gegen den Salzgehalt empfindlich war. In früher Zeit haben sich junge Römer sicher gern im Tiber getummelt; aber das unterblieb später, als man die komfortablen Thermen hatte. Der jüngere *Seneca* (etwa 4–65 n. Chr.) weiß es sehr wohl, daß ältere Generationen den ihm vertrauten Badeluxus nicht kannten; bei einer Besichtigung von *Scipios* Villa vergleicht er[7] die Anspruchslosigkeit des engen Badezimmers der alten Zeit mit den sonnendurchfluteten Räumen, an die man nun gewöhnt war. *Tacitus* zählt es, nicht ohne Ironie, unter den kolonisatorischen Aktivitäten seines Schwiegervaters *Agricola* auf, daß er die anfangs widerspenstigen Briten an die Segnungen antiker *humanitas* gewöhnte, an lateinische Sprache, an römische Gewandung und nicht zuletzt an die Annehmlichkeit der Bäder; das freilich, so meint *Tacitus*[8], könnten nur Unwissende *humanitas* nennen; in Wahrheit stelle solche Gewöhnung einen Teil der Knechtschaft dar.

IV.

Nun liegt es nahe, aus dem, was bisher vorgetragen wurde, den folgenden, vereinfachenden Schluß zu ziehen: die Antike habe ein ungebrochenes Verhältnis zur Leiblichkeit gehabt; damals habe man ein unbeschwertes „Ja" zum Leibe (und zu den leiblichen Genüssen) nicht nur ausgesprochen, sondern zum Lebensinhalt gemacht; darum sei antikes Lebensgefühl der Leibfeindlichkeit späterer Zeiten, besonders der christlich bestimmten Epochen des Mittelalters und der Neuzeit, diametral entgegengesetzt. So gelangte man zu einer allzu simplen Antithese: hier die des Leibes frohe Antike — dort die finstere, Verdrängungen bewirkende Leibfeindlichkeit der christlichen Kirche. Leider sind aus dieser Antithese mancherlei Argumente gewonnen worden, um gegen die Kirche und ihre ethischen Postulate zu polemisieren.

Indes ist die soeben skizzierte Antithese falsch. Denn sie läßt außer acht, daß antikes ‚Bewußtsein der Leiblichkeit' sich an einer Wertung orientierte, die tief im Religiösen begründet war. Allerdings muß ein doppelter Unterschied gegenüber der nachmaligen christlichen Ethik hervorgehoben werden: 1) In der antiken Wertung der Leiblichkeit und in der Überlegung, wie sich der Mensch zu ihr verhalten soll, spielt das Gegensatzpaar ‚Tugend'/‚Sünde' nur am Rande und nur in späterer Zeit⁹⁾ eine Rolle. Statt dessen dominiert das Gegensatzpaar ‚rein'/ ‚unrein' — worüber sogleich ausführlich gesprochen werden soll. 2) Hierzu gab es kaum je eine rationale Erörterung; denn was als ‚rein' oder als ‚unrein' zu gelten hatte, war in kultischen Vorschriften festgelegt, die sich jeder Erörterung entzogen. Eben weil Erörterungen hierüber zu fehlen scheinen, konnte der irrige Eindruck entstehen, als sei man einst in paradiesischer Unbefangenheit den Problemen der ‚Leiblichkeit' entgegengetreten. Das trifft sogar zu, solange das Gebot der ‚Reinheit' im religiös-kultischen Sinne erfüllt war. Die meisten der großen Plastiken, welche Götter und Menschen in prangender körperlicher Schönheit darstellen, waren dazu bestimmt, in heiligen, Göttern geweihten Bezirken aufgestellt zu werden; schon darum konnte ein solches Bild keinen Makel, keine Unvollkommenheit aufweisen. Um so wichtiger wird es nun, die scharfe, die unerbittliche Sonderung zwischen ‚rein' und ‚unrein' im religiös-kultischen Sinne recht deutlich darzustellen.

V.

Zu allen Zeiten ist bei dem Begriffspaar ‚rein'/‚unrein' *auch* die Antithese ‚sauber'/‚schmutzig' im physischen Sinne mitverstanden worden. Nur der Reine hat Zugang zu den Göttern, nur er hat Anwartschaft auf ihren Segen und auf ihre Hilfe. Es ist also selbstverständlich, daß man vor dem Betreten einer heiligen Stätte, vor der Teilnahme an einer kultischen Handlung alles von sich tut, was den Körper verunreinigt. Daher sind Waschungen, nach Möglichkeit ein Vollbad, sowie Anlegen reiner Kleidung selbstverständliche Voraussetzung für jede Annäherung an einen Gott. Denn nur der ‚Reine' steht in ungestörtem Verhältnis zu seiner Gottheit; nur er findet Gehör und Erfüllung seines Gebetes. Das Umgekehrte, nämlich das Bewußtsein, infolge einer ‚Unreinheit' den segenbringenden Bezug zur Gottheit verloren zu haben, kann den antiken Menschen — nicht weniger als den Christen — in die Angst des Verworfenseins stürzen. Freilich ist auf einen tiefgreifenden Unterschied hinzuweisen: Wenn ein Christ in Sünde verfällt, so ist die Ursache davon ein böser Vorsatz; ja, der Vorsatz ist recht eigentlich die Sünde. In schroffem Unterschied dazu wird ‚Unreinheit' im kultisch-sakralen Sinne nicht durch Vorsatz bewirkt; man darf sagen „sie fliegt den Menschen an"; am ehesten ist sie einer Infektion vergleichbar. Man kann sich durch Vorsichtsmaßregeln vor ihr schützen; und der von einer ‚Unreinheit' Befallene sieht sich dem Vorwurf ausgesetzt, er habe es an der notwendigen Sorgfalt fehlen lassen; dafür gab es einen oft verwendeten Fachausdruck: εὐλάβεια.

Wenn nun versucht wird, die Quellen der ‚Unreinheit', also die Infektionsquellen, zu beschreiben, dann muß die Feststellung vorangestellt werden, daß es sich durchweg um Vorgänge handelt, die subjektiv Ekel erregen; wahrscheinlich steht hinter dem ganzen Empfindungskomplex, der nun erörtert werden soll, ein zugleich naives und überbetontes Gefühl des Ekels; wahrscheinlich ist dieses Gefühl des Sich-Ekelns in erster Linie bezogen (oder ursprünglich bezogen gewesen) auf alle Absonderungen des Unterleibes, auf Blut, Schleim, Eiter und dergleichen.

Insbesondere macht unrein alles, was mit Zeugung, Geburt, Menstruation und Tod zusammenhängt. Ein auf der Insel Kos erhaltenes Sakralgesetz[10] legt unmißverständlich fest, daß ein Priester sein Amt nicht ausüben darf, wenn er das Haus einer Gebärenden oder eines Sterbenden betritt (an einem Leichenbegängnis darf er aber teilnehmen); mit Nachdruck wird zudem eingeschärft, daß der Priester keinen Geschlechtsverkehr haben darf — weder mit einem Mann noch mit einer Frau. In allen drei Fällen (Zeugung, Geburt, Tod) würde sich der Priester in eine Lage begeben, in der er sich dem Wirken unheilvoller Geister aussetzt. Solange dieser (mutmaßliche) Einfluß anhält, ist er von seinem Amt als Priester suspendiert; er befindet sich in einer Art Quarantäne. Er würde nicht Heil und Segen, sondern nur Unheil bewirken, wenn er sich im Zustande der ‚Unreinheit' an irgendeinem kultischen Vollzug beteiligen würde. Aber die Quarantäne endet bald: Je nach Schwere des Falles verschwindet der Makel, der auf dem ‚unreinen' Priester liegt, nach drei oder nach fünf oder nach sieben Tagen. Hier muß an analoge Bestimmungen erinnert werden, die das mosaische Gesetz[11] enthält: Die Wöchnerin[12], der Mann, der einen Erguß des Samens erlebt[13], die menstruierende Frau[14], sie alle sind unrein bis zu einem bestimmten Tag; erst an diesem Tag gewinnen sie durch Waschung oder Bad, dazu durch ein kleines Sühnopfer (zwei Tauben oder zwei Turteltauben) die Reinheit wieder, d. h. die Fähigkeit, den Tempel zu betreten.

Verständlicherweise sind solche Regelungen kaum je niedergeschrieben, also ‚kodifiziert' worden; insofern stellt das mosaische Gesetz mit seinen ins einzelne gehenden Vorschriften eine Ausnahme dar. In der übrigen antiken Welt bedurfte es solcher Niederschrift nicht; derlei Verbote *wußte* man eben; denn man *wußte* es, unter welchen Umständen man den Schutz durch segenbringende Gottheiten verwirkt hatte. So kann zu dem, was eben ausgeführt wurde, nicht eine lange Reihe von Zeugnissen aufgeboten werden; wohl aber wird durch einige Schlaglichter hinreichend beleuchtet, daß auf diesem Gebiete eine

Kontinuität bestand, die bis tief ins Mittelalter reichte, ja in einigen Punkten in modernem Aberglauben fortwirkt. Es sei erlaubt, auf einige wenige Einzelheiten einzugehen.

Cynthia, die Geliebte des *Properz* (etwa 47–2 v. Chr.), war Anhängerin der Göttin Isis. Die Gebote, die im Kultus der Isis galten, erlegten es der *Cynthia* (wie allen anderen Teilnehmern an bestimmten Kulthandlungen) auf, zehn Tage lang auf den Genuß der Liebe zu verzichten. Hierüber beklagt sich der mitbetroffene Liebhaber in wohl gespieltem Zorn[15]; jedenfalls darf *Cynthia* es nicht wagen, sich dem Altar der Isis zu nähern, wenn sie nicht die zehntägige Frist einhält. Sie würde sonst das Heiligtum verunreinigen, also Unheil über sich und alle anderen bringen.

Im sogenannten Testamentum D. n. Iesu Christi[16], einer Kirchenordnung des ausgehenden 3. Jahrhunderts, finden sich drei Verbote, die das eben Ausgeführte bekräftigen. Da wird es dem Bischof untersagt, das Sakrament zu spenden oder selbst zu kommunizieren, wenn ihm ein nächtlicher Samenerguß widerfahren ist; eine Witwe (und ebenso jede andere Frau) darf an der Kommunion nicht teilnehmen, wenn bei ihr die Regel eintritt; gleiches gilt endlich für Männer des Laienstandes nach einem Samenerguß. Allen derart unrein Gewordenen steht der Zugang zum Altar wieder offen, sobald sie gefastet und ein Bad genommen haben. Der Verfasser dieser Ordnung hebt eigens hervor, daß auf dem hiervon betroffenen Bischof nicht etwa ein Makel (wohl im Sinne des Verschuldens) liege; die ausschließende Bestimmung erfolge „um der Ehre des Altars willen". Damit ist ein erster Versuch gemacht worden, dieser aus vorchristlicher Religiosität ins Christentum hineinragenden Bestimmung eine objektive Gültigkeit zu verleihen: Man rückt (etwas) ab von der uralten These, daß naturgemäße Vorgänge, denen sich kein gesunder Erwachsener entziehen kann, diesen selbst „verunreinigen"; keine dieser Personen ist infolge solcher Vorgänge in Sünde verfallen. Aber die Würde, die Ehre, das Ansehen des Altars erfordern es eben doch, daß niemand, der solches vor kurzem an sich erfahren hat, sich dem Altar nähert — es sei denn, er stelle die Reinheit seiner Person durch Fasten und Baden wieder her.

VI.

Auch Krankheit macht unrein — das gilt vor allem für Krankheiten der Haut. Ein derart Erkrankter vermag durch Baden und Waschen die offensichtliche „Befleckung" seiner Haut nicht zu tilgen. Wieder erlaubt ein Blick auf die Ordnungen des mosaischen Gesetzes, etwas vom Hintergrund der hiermit verbundenen Reinheitsvorstellungen zu erkennen: Wer an sich selbst eine krankhafte Veränderung der Haut bemerkt[17], ist zunächst einmal „unrein", er darf den Tempel nicht betreten; aber er muß sich einem Priester vorstellen. Dieser beobachtet den Kranken; er sondert ihn bei dringendem Verdacht durch Einschließen von der Gemeinde ab und untersucht ihn mehrmals. Nach hinreichender Beobachtung gewinnt der Priester die notwendige Sicherheit für eine einschneidende Entscheidung. Er vermag zu erkennen, ob das Leiden harmloser Art ist; dann wird der Kranke nach einem Sühnopfer (zwei Tauben oder zwei Turteltauben) wieder zum Kultus zugelassen. Oder aber: der Kranke leidet an Lepra. Dann ist er ein Aussätziger, der sich weder in seiner Gemeinde noch gar im Tempel aufhalten darf[18]. In diesem Fall gelangt ein Aspekt der Reinheitsvorstellungen in geradezu unerbittlicher Weise zur Wirksamkeit: Der Unreine, der Aussätzige ist in jeder Weise ausgestoßen: verstoßen von seinem Gott, verstoßen aus seinem Volk. Was da geschieht, geht über eine hygienische Schutzmaßnahme (wie wir sie gegen eine Infektionskrankheit anwenden würden) weit hinaus. Der somit Unreine wird wie ein Verstorbener angesehen; mit den bürgerlichen Rechten verliert er das Recht auf Teilnahme am Kultus.

So will es das mosaische Gesetz. In der griechisch-römischen Welt ist es zu solcher Verstoßung des Unreinen (= Aussätzigen) nur ausnahmsweise gekommen (vgl. unten); denn in antiker Zeit stellte die Lepra wohl im Osten, nicht aber im Mittelmeerraum eine ernste Gefahr dar. Das änderte sich im Mittelalter, als die Lepra bis nach Mitteleuropa vordrang. Nun hat man in gleicher Folgerichtigkeit, wie es das mosaische Gesetz vorsah, die Aussätzigen zur Ansiedlung außerhalb der Städte genötigt; sie galten als entmündigt, hatten also den rechtlichen Status von Kindern[19]. Eins freilich änderte sich grundlegend: Wiewohl in schrecklicher Weise erkrankt, verloren sie die Anwartschaft auf das Heil nicht. Zwar durften sie keine Kirche aufsuchen; es wurde ihnen aber (unter oft skurrilen Vorsichtsmaßnahmen) das Sakrament gereicht.

Am Fall der Lepra-Kranken in Israel wird in besonders krasser Weise ein vermutlich nie diskutiertes Axiom deutlich, das wie folgt gekennzeichnet werden muß: Bereits an der leiblichen Erscheinung eines Menschen vermag ein Wissender abzulesen[20], ob dieser im kultischen Sinne ‚rein', d. h. der Gottheit lieb und willkommen ist oder nicht. Der äußerlich Mißgestaltete[21], der geistig Behinderte genießt offensichtlich nicht das Wohlwollen der Götter; folglich verdient er auch nicht die Fürsorge der Menschen. Das gilt nicht für den, der im Laufe seines

Lebens zum Invaliden wurde, wohl aber für den von Geburt an Verkrüppelten. Bei dieser Grundeinstellung hatte es nichts Anstößiges, wenn man mißgebildete Kinder aussetzte, also dem sicheren Tode überantwortete. Ihre Mißbildung ließ ja deutlich erkennen, daß die Gottheit ein solches Kind nicht wollte; in Rom wurden Mißgeburten (sowohl von Menschen wie von Tieren) als *portenta*, als Anzeichen göttlichen Zornes angesehen; es war geboten, ihre Überreste zu verbrennen oder sie ins Meer zu versenken; die Erde sollte ein derart fluchbeladenes Geschöpf nicht aufnehmen.

Das zunächst erreichte (vgl. I-III), nur vorläufig gültige Ergebnis muß somit berichtigt werden: *Alle* antiken Zeugnisse, die auf ein oft uneingeschränktes, oft gar emphatisches ‚Ja zur Leiblichkeit' weisen, beziehen sich *nur* auf eine Leiblichkeit, die frei ist von Unreinheit, d. h. von Ekel Erregendem, von Mißbildung und von Verstümmelung. Der gegenwärtig zur Selbstverständlichkeit gewordene Gedanke, daß der unter Mißbildung oder Behinderung Leidende in besonderem Maße Hilfe und Fürsorge durch seine Mitmenschen erfahren solle, ja daß er ein Recht auf diese Hilfe habe, ist der Antike nicht nachvollziehbar gewesen.

VII.

Ähnlich dem ‚besudelten', dem an unreinlicher Krankheit leidenden, dem mißgebildeten Menschen muß der Sterbende durchweg mitmenschlicher Hilfe entbehren. Gewiß besaßen die Ärzte damaliger Zeit reiche, vielfältige Erfahrung; aber das ärztliche Wissen mußte darauf zielen, ein im Körperhaushalt entstandenes Ungleichgewicht nach Möglichkeit auf das richtige Maß zurückzuführen; chirurgische Eingriffe vermied man möglichst, weil man der Gefahr einer Sepsis nicht begegnen konnte. Und an Mittel, mit denen eine Intensiv-Medizin eingreift, war noch gar nicht zu denken.

Aber das sind nur Überlegungen zum heute im Vordergrund stehenden technischen Detail. Der mit dem Tode ringende Kranke befindet sich bereits in der Macht jenseitiger dämonischer Kräfte; man tut gut daran, jede Berührung mit einem Sterbenden, ja den Aufenthalt in seinem Hause zu meiden. Man könnte den bösen Mächten die Handhabe liefern, einen mit herabzuziehen. Kein Priester betritt das Haus eines Sterbenden[22], es gibt keinerlei seelisch stützenden Zuspruch am Krankenbett. Wohl fühlt der Arzt den Puls des Kranken; aber darüber hinaus berührt er den Patienten nicht. Kein antiker Arzt hat den Lungenraum auskultiert oder perkutiert. Das Hörrohr, das in der Neuzeit zum

Zunftzeichen des Arztes wurde, war unbekannt. Anders stand es mit Patienten, die an Knochenbrüchen oder Luxationen litten; sie galten offenbar nicht als krank in dem bedrohlichen Sinne. Für sie standen Geräte bereit, das verletzte Gelenk oder den gebrochenen Knochen mit Zug und Druck wieder einzurenken und zu richten; da wurde der Patient, wenn nötig, kräftig angepackt. Der an einer inneren Krankheit Leidende wurde vom Arzt sorgsam befragt; die Symptome seiner Krankheit wurden registriert, seine Ausscheidungen untersucht. In aller Regel aber unterließ es der Arzt, einen solchen Patienten zu berühren. Noch war man nicht in der Lage, Infektionskrankheiten von nicht ansteckenden Krankheiten zu unterscheiden; auf jeden Fall stand für den antiken Beobachter fest, daß irgendeine böse Kraft am Leben des Erkrankten zehrt. Und diese böse Kraft war einer von den vielen Aspekten, unter denen das ‚Unreine', das Unheilbringende den Menschen befällt.

Zwei (nur scheinbare) Ausnahmen illustrieren das soeben Ausgeführte. An dem Tage des Jahres 399 v. Chr., da Sokrates sterben mußte, versammelten sich seine Freunde und Schüler um ihn[23], und sie erlebten in seiner Gefängniszelle seinen Tod mit; dabei ist noch nicht genügend hervorgehoben worden, daß ein solches Verhalten allem antikem Brauch widerspricht. Die Freunde und Schüler haben damit nicht nur ihrem verehrten Meister die Treue bewiesen; sie haben etwas ganz Anderes, damals kaum Begreifbares unter Beweis gestellt; Sokrates stirbt gar nicht. Eben an diesem letzten Tage hat Sokrates gegen viele Einwände den Beweis erbracht: Das Eigentliche am Menschen, die Seele, stirbt nicht. Sie geht hinüber in eine andere, gewiß bessere Existenz. Wenn nun aber kein Tod stattfindet, dann kann es auch keine Verunreinigung für die etwa Umstehenden geben. Es ist nicht der Tod, sondern es ist eine Heilung, die dem Sokrates widerfährt. Nur so ist sein letztes Wort zu verstehen: „Kriton, wir sind dem Asklepios einen Hahn schuldig."[24] Sokrates, der nunmehr Geheilte, kann dieses Dankopfer für den Heilgott nicht mehr selbst darbringen. Er gibt den Auftrag an den Freund weiter, der ihn aus dem Gefängnis hatte befreien wollen. In der Tat, die Tür des Gefängnisses tut sich auf.

In hellenistischer Zeit, d. h. in der Epoche nach *Alexander dem Großen*, gewann der Kultus des Heilgottes Asklepios hohen Rang und hohe Wertschätzung. Das sicher nicht aus eschatologischen, d. h. auf eine Jenseitserwartung gerichteten Gründen, und auch nicht nur wegen der oftmals hochgepriesenen[25] Wunderheilungen; vielmehr dürfte der tiefere Grund, der viele Leidende in den oft ausgedehnten Kult-Zentren des Asklepios Hilfe und Heilung suchen ließ, dieser gewesen sein: Hier war der Kranke nicht dem Gefühl hoffnungsloser Isolierung überlassen; hier durfte er das Bewußtsein haben, daß der Gott selbst, wenn nur die rechte Zeit gekommen war, sich des Kranken mit seinem besonderen Leiden annehmen werde. Die Kranken schliefen im Tempel des Asklepios in der sicheren Erwartung, daß ihnen der Gott im Traume die ihnen heilsame Therapie anzeigen werde[26]. Selbstverständlich bedurften solche im Traum empfangenen Orakel der kundigen Erklärung; diese zu geben, war Sache der am Tempel tätigen Priester. Gewiß nahmen diese (modern gesehen) die Aufgabe wahr, die Krankheit des betreffenden Patienten zu lindern und möglichst zu heilen. Der Patient aber lebte in dem Bewußtsein, jede Besserung seines Befindens dem Gott zu verdanken. Dieser Gott wandte sich nicht von den Kranken und Leidenden ab; er war (was im übrigen der Antike gänzlich fremd war) ein Gott für die (infolge ihrer Krankheit) Mühseligen und Beladenen[27]. Hier galt die im übrigen weithin spürbare Verfemung nicht, die den Kranken mit dem Makel des Infiziert-Seins, der Unreinheit also, belastete.

VIII.

Bisher war nur vom ‚leiblichen' Aspekt von rein und unrein, von Gesundheit und Krankheit die Rede. Diese Betrachtungsweise ist, wie bereits oben angedeutet, zu eng. Seit den ältesten Zeiten wird der Körper des lebenden Menschen niemals ohne Seele gedacht. Wahrscheinlich ist das, was man hierzu dachte und hiervon wußte, tiefergreifend geprägt vom Mit-Erleben des Todes: Der soeben Verstorbene ist ohne jeden Zweifel derselbe wie der eben noch Lebende. Aber ihm ist etwas abhanden gekommen; eine Kraft, die ihn eben noch zu handeln und zu sprechen befähigte, steht ihm nicht mehr zu Gebote. Seitdem der Atem stillstand, ist jegliche Möglichkeit zum Handeln verloren.

Diese Kraft nun, die offenkundig mit der Fähigkeit des Atmens ursächlich verbunden ist, wurde von den Griechen *psyché* genannt, was wir schlecht und recht mit „Seele" übersetzen. Schon sehr früh ist die beängstigende Erfahrung, die man bei der Beobachtung des Sterbens machte, ergänzt und gesichert worden durch das, was man bei Geburten beobachtete. Kam dort (am Sterbebett) alles auf den letzten Atemzug an, so ging es hier (in der Wochenstube) um den ersten Atemzug: Dank dem ersten Luft-Holen gewinnt das Kind *psyché*, das heißt Leben und Aktivität. Folgerichtig hat *psyché* stets die Bedeutung von Leben, d.h. Fähigkeit zu spontanem Handeln. Körper und „Seele" setzen einander voraus. Der Körper ist nicht nur der Inaktivität, sondern der Auflösung preisgegeben, wenn die Seele ihn verläßt; die Seele, vom Körper getrennt, führt ein trostloses Dasein in der Unterwelt — so wird es im 11. Buche der Odyssee, der sogenannten Nékyia, geschildert: Die Seelen der Verstorbenen sind wie Schatten; der Dichter vergleicht sie mit Fledermäusen, die nur einen schwachen Laut von sich zu geben vermögen. Denn sie können weder sprechen noch irgend etwas tun. Nur ein Schatten, dem es Odysseus erlaubt, vom Blute zweier geopferter Ziegen zu trinken, kann sprechen. Achilleus, einst der mächtigste Kämpfer vor Troja, beklagt das hoffnungslose Dasein in der Unterwelt auf das bitterste: „Lieber möchte ich Tagelöhner sein bei einem armen Gutsherrn (d. h. einem Herrn, der seine Leute nur dürftig ernähren kann), als König sein im Reiche der Toten."[28] Auf ein solches Jenseits blickt man nicht mit Hoffnung und Zuversicht, sondern mit Grauen.

Bei solcher „Eschatologie", d. h. negativer Jenseitserwartung, ist das Griechentum nicht stehengeblieben; hier ist nicht der Ort, die reich differenzierte Entwicklung auf diesem Felde nachzuzeichnen. Eines freilich ist in antiker Vorstellung vom ‚Leib-Seele-Problem' bis in die spätesten Zeiten unverändert geblieben. Das Wissen nämlich von der antithetischen Gegensätzlichkeit Körper/Seele. Die dem entgegengesetzte moderne Position, daß Körper und Seele eine Einheit bilden, ist von antiken Denkern nicht vollzogen worden; sie wäre wohl auch unvollziehbar gewesen. Denn es war unverkennbar und ist darum nie in Zweifel gezogen worden, daß der Körper Impulse durch die Seele aufnimmt und ausführt.[29]

Darum wird es als die von der Natur gegebene Ordnung angesehen, daß die „Seele" als das Befehle gebende Organ den Vorrang hat. Hierzu ist in philosophischer Erörterung, so vor allem durch *Platon* und nach *Platon*, herausgearbeitet worden, daß die Seele sich durch rationales Vermögen auszeichnet: sie weiß z. B., was dem Körper schädlich ist; sie kann ihn also davor warnen, etwas Giftiges zu essen oder Heißes anzufassen.

Aber es gehört zur Natur der Seele nicht nur, das Nützliche vom Schädlichen zu unterscheiden. Sondern vor allem unterscheidet sie das ethisch Gute vom Bösen. Und es ist ihre eigentliche Aufgabe, den Körper in allen Äußerungen seiner ‚Leiblichkeit' so zu lenken, daß das Gute verwirklicht, das Böse gemieden wird. Zunächst durch die *Pythagoreer*, dann durch *Platon* ist der Seele eine Aufgabe zugewiesen worden, in welcher vorhandene Ansätze sinnvoll weiterentwickelt sind, die aber über archaisches (bei *Homer* manifestiertes) Verständnis weit hinausgeht: Die Seele wird nicht mehr nur als das Organ angesehen, das alles spontane Tun bewirkt; sie ist darüber hinaus dafür verantwortlich, daß dieses spontane Tun im ethischen Sinne gut ist.

IX.

Zweifellos tut sich damit ein Riß auf zwischen dem, was philosophische Theorie fordert, und dem, was die Menschen nun einmal aller praktischen Erfahrung nach tun. Auch die philosophische Unterweisung hat seit den Zeiten des *Pythagoras* die Forderung geltend gemacht, es gelte, alles Unreine zu meiden; gerade die Pythagoreer haben (vielleicht an orientalische Gebote anknüpfend) streng darauf gedrungen, es gelte, unreine Speisen, vor allem Fleisch, aber auch den Genuß von Bohnen, zu meiden. Viel tiefer wirkte aber die von Pythagoreern ausgesprochene Warnung nach, mehr noch als den Körper gelte es, die Seele von jeder Verunreinigung freizuhalten. Denn Unreinheiten des Körpers seien mit Wasser abzuwaschen; zur Reinigung der Seele bedürfe es des Fastens und asketischer Übungen. Durch dieses Postulat ist, was für viele Jahrhunderte nachwirken sollte, ein Unterschied in der Wertung festgelegt worden: Reinheit wird für beide Ebenen der ‚Leiblichkeit' gefordert. Aber dem Bemühen um das Reinhalten der Seele (griech. κάθαρσις) kommt hauptsächliche Bedeutung zu.

Hiernach muß von einer zweiten, dem modernen Menschen paradox anmutenden Wertung gesprochen werden. Wodurch wird die Seele verunreinigt? Die Antwort war doppelt: Erstens und vor allem sind es verbrecherische Handlungen, welche eine bleibende Befleckung der Seele bewirken. Hier wirkt die archaische Vorstellung nach, daß Blutschuld einen nie tilgbaren Makel bewirkt. Zweitens aber — und das sollte in pythagoreisch-platonischer Erörterung bald zum wichtigsten Gesichtspunkt werden — wird die Seele jedesmal dann verunstaltet, wenn sie dem, was der Körper fordert, mehr als unbedingt notwendig nachgibt. Denn in jedem solchen Fall hat die Seele ihre Aufgabe, den Körper zu lenken, nicht erfüllt, sie hat sich vielmehr dem Körper untergeordnet. Dann hat sie nicht primär und grundsätzlich einem ethischen Gebot, dem was ἀρετή (schlecht übersetzt: „Tugend") fordert, zur Geltung verholfen, sondern sie hat sich der Begehrlichkeit des Körpers, der nach ‚Lustgewinn' strebt, unterworfen.

Noch fehlt, wenn solche Erwägungen angestellt werden, das nochmals christlich geprägte Wort „Versuchung". Aber das, was mit „Versuchung" bezeichnet wird, ist präsent, wird gewußt und wird empfunden. *Platon* sonderte mit der notwendigen begrifflichen Schärfe das Angenehme, nämlich den ‚Lustgewinn', von dem ethisch gebotenen wahren Guten. Allein dieses zu gewinnen und zu verwirklichen, ist Aufgabe des Menschen. In diesem Zusammenhang variiert *Platon* mehrfach die (vermutlich vor ihm geprägte) Metapher, der Gewinn an Lust (ἡδονή) sei gleichsam ein Köder, dazu ausgelegt, damit die Seele vom Vollzug ihrer eigentlichen Aufgabe abgelenkt wird: Bald wird dieser Köder als eine Lockspeise[30] vorgestellt, unter der ein Angelhaken verborgen ist; bald wird der Lustgewinn als der Leim[31] gesehen, mit dem der Vogelsteller Äste und Zweige bestreicht. Wenn ein Vogel auf diesen Leim geht, verliert er seine Freiheit[32] und wird zur Beute — ebenso wie der Fisch, der mit der Lockspeise den Angelhaken verschluckt.

Kurz: Die ‚Leiblichkeit' mit ihren Verlockungen kann gefährlich werden. Wenn nicht die Seele, sondern der Körper den Vorrang hat, dann ist die von der Natur gewollte Gesetzlichkeit pervertiert, und ein jeder derartige Mißgriff hinterläßt auf und in der Seele bleibende Schäden. Auch das hat *Platon* durch einen einprägsamen Vergleich[33] veranschaulicht, wobei er von der These ausgeht, daß die Seele zwar für Menschen unsichtbar ist, daß ihr aber, wenn ein Gott sie anschaut, eine Art von ‚Leiblichkeit' zukommt. Wenn die Seele über das irdische Leben Rechenschaft abzulegen hat, dann fallen alle Hüllen; und für den prüfenden und richtenden Gott werden alle Fehlhandlungen und Missetaten der Seele sichtbar. Denn jede Verunreinigung, die sie sich hat zu Schulden kommen lassen, ruft auf ihrer Haut eine Narbe, eine Schrunde, Schwäre oder Eiterbeule hervor. Hier ist der archaische Ekel, den man vor Erkrankungen der Haut empfand, transponiert worden zu einem Abscheu vor den Fehlhandlungen, zu denen sich eine Seele wider besseres Wissen drängen ließ.

Im Grunde bestätigt sich die Folgerung, die oben gezogen wurde: Die Antike hat ein uneingeschränktes ‚Ja zur Leiblichkeit' ausgesprochen und dementsprechend gelebt. Aber dieses ‚Ja' ist nur gültig für eine in jeder Hinsicht heile Leiblichkeit. Neben die sinnfälligen Verkrüppelungen des Körpers, die den Leidenden aus der Gemeinschaft mit Göttern und Menschen ausschließen, treten nunmehr die Entartungen und Erkrankungen der Seele ins Blickfeld. Sie sind die schlimmeren: Denn für einen Geburtsfehler trägt der an ihm Leidende keine ethische Verantwortung. Aber für die Verunreinigungen, welche die Seele verunstalten, ist ein jeder verantwortlich.

X.

Die soeben beschriebene Haltung, von den *Pythagoreern* und von *Platon* begründet, ist im Ganzen zur Herrschaft gelangt. In allen wichtigen Folgerungen hat sich auch die *Stoa* dieses Prinzip von der grundsätzlichen Verantwortung zu eigen gemacht; nur wurde nunmehr diese Verantwortung nicht der „Seele" im Ganzen zugewiesen, sondern dem in ihr herrschenden Organ, dem *lógos*: Er allein soll die Entscheidung für jede Handlung treffen, und er darf nur ethisch begründete Handlungen zulassen; damit wurde gefordert, daß alles Tun rational begründet sein muß. Allein die Schüler *Epikurs* (vgl. oben) haben sich einer solchen, allein vom *lógos* (= *ratio*) gesteuerten Ethik widersetzt; sie sind darum oft genug als unmoralisch, ja als Schweine gescholten worden, weil das Schwein sein Tun keiner Kontrolle durch philosophische *ratio* unterwirft. Es darf nicht unterschätzt werden, daß der Schule *Epikurs* im späten Hellenismus hohe Bedeutung zukam; insbesondere wirkte sie nachhaltig auf das spätrepublikanische Rom. Dann aber trug, um es grob zu formulieren, im 1. Jahrhundert die *Stoa* den Sieg davon; diese aber mußte im 2. und im 3. Jahrhundert n. Chr. dem wieder erstarkten Platonismus das Feld räumen. Das Christentum wuchs also in eine Umwelt hinein, welche beherrscht war von dem tief eingewurzelten Mißtrauen gegen die Verlockungen, Verführungen, Versuchungen, die von einer unkontrollierten ‚Leiblichkeit' ausgehen.

Gewiß muß man dagegen dies halten: Nie sind die Forderungen der Philosophen — mochten sich Stoiker, mochten sich Platoniker für die Verwirklichung des wahren Guten einsetzen — von einer Mehrheit der Zeitgenossen gehört, geschweige denn befolgt worden. Die Anhänger der Stoa haben den oft vorgetragenen Einwand sehr ernst genommen, daß die so einfach scheinende Forderung, die Lebensführung der Natur und dem *lógos* gemäß einzurichten, in der Realität von keinem Menschen erfüllt worden ist und erfüllt werden konnte. Das Ideal des Weisen, der sich von allen Niedrigkeiten, zu denen die Affekte verleiten, fernhält, konnte ebensowenig verwirklicht werden wie die völlig sündlose Lebensführung des christlichen Heiligen.

So tat sich lange, bevor das Christentum in Erscheinung trat, der nie zu überwindende Riß auf, der zwischen dem klafft, was eine Theorie der Ethik mit kaum zu widerlegenden Begründungen fordert, und dem, wie sich die Mehrzahl der Menschen, aller Theorie ungeachtet, verhält. Es war, historisch gesehen, nicht gerechtfertigt, wenn man dem Christentum den Vorwurf machte, es habe den Menschen in diesen Widerstreit gestellt, und es habe dadurch den Menschen in ein quälendes Sündengefühl gestoßen. Diesen Widerstreit hat das Christentum weder verursacht noch heraufbeschworen; in diesem Punkt steht es nicht im Gegensatz zu antikem Denken und Empfinden, sondern es ist nahezu ohne Bruch in das antike Erbe eingetreten. Eben darum konnte das, was philosophisch begründete Ethik forderte, vor allem das reich entwickelte Detail der rationalen Kasuistik, unverändert in das christliche Lehrgebäude übernommen werden. Im Fundament freilich, und da an entscheidender Stelle, weicht das Christentum von den Prämissen der Philosophen ab: Diesen wäre der Gedanke nicht vollziehbar gewesen, daß göttliche Gnade und Vergebung eine jede Sünde zu tilgen vermag; indes ist hier nicht der Ort, diesem Umschwung, den letztlich der Apostel *Paulus* bewirkt hat, nachzugehen.

XI.

So gelangt nun diese Umschau zu einem Ergebnis, das zunächst zwiespältig zu sein scheint: Auf den ersten Blick scheint die griechisch-römische Welt den Freuden, welche die ‚Leiblichkeit' zu bieten vermag, ohne Vorbehalte aufgeschlossen zu sein; neben den Kult der Schönheit, mit der Götter und Menschen gerade in ihrer Leiblichkeit ausgestattet sind, tritt die Freude an kultivierter Lebensführung, am sportlichen Wettstreit, am Bad, an der mit Leckerbissen besetzten Tafel — um nicht zu reden von der Wohnkultur, mit der vermögende Bürger sich umgaben. Wenn man die griechisch-römische Welt nur in diesen Aspekten beobachtet und zur Kenntnis nimmt, dann scheinen sich die Einzelheiten zu einem Hymnus auf einen kultivierten Lebensgenuß zusammenzufügen, der keine Reue kennt. Auf diesem Felde scheint der (vieldeutige) Spruch zu gelten: „Den Reinen ist alles rein."[34]

Tatsächlich zerfällt das geschlossen erscheinende Bild, wenn man die archaisch-sakrale Wertordnung, die zwischen „rein" und „unrein" unterschied, in die Betrachtung einführt. Derjenige, der sicher ist, daß er gewisse Anwartschaft auf den Segen der Götter hat, und der gleichzeitig weiß, daß die Mächte der Unterwelt, die seinen Tod bewirken möchten, über ihn keine Gewalt haben — der mag und soll sich des Lebens freuen.[35] Aber eine solche Selbstsicherheit konnte leicht erschüttert werden; allzu leicht konnte, wo man es am wenigsten erwartete, den Unvorsichtigen die ‚Infektion' einer Verunreinigung überkommen. Schon beobachtete man Menschen,[36] die mit skurriler Ängstlichkeit darauf bedacht waren, jedem Unheil bringenden Makel auszuweichen.

Aber kommt denn aller Makel nur von außen? Wird er nur durch zufällige Umstände bewirkt? Es stellt im Grunde einen bewundernswerten Fortschritt dar, als der Gedanke sich Bahn brach, daß letzten Endes die wichtige Frage „rein oder unrein?" im Führungsorgan des Menschen, also in der Seele, oder wenn man so will, durch den in ihr waltenden *lógos*, entschieden wird. Ungeachtet des Rigorismus, zu der sie führen sollte, hatte diese Lehre einen Vorteil, den man in der Antike vermutlich gesehen und geschätzt hat: Diese Lehre bot einen Maßstab an; hier fand ein jeder, der einer festen Stütze bedurfte, eine untrügliche Instanz, einen Kompaß, wenn man so sagen darf, auf den hin die Lebensführung im Ganzen und das Tun im Einzelnen einzurichten war. Es ist kein Zufall, daß die Epoche des späten Hellenismus (also etwa das 1. Jahrh. v. Chr.) zunächst die Vorstellung, dann den Begriff des „Gewissens" prägte, es muß weithin das Bedürfnis bestanden haben, sich Rechenschaft zu geben, ob man sich der menschlichen Umwelt und der göttlichen Überwelt gegenüber richtig verhalten habe.

Nun war es gewiß nicht so, daß frühere Zeiten „kein Gewissen gehabt" hätten. Aber das sprachliche Mittel, sich selbst und anderen gegenüber von dem, was man als Regung des Gewissens verspürte, Rechenschaft zu geben — dieses sprachliche Mittel hat in der Tat erst jene Epoche hervorgebracht, die darüber meditierte, wie die Seele vor etwaiger Unreinheit, wie der *lógos* vor dem Begehen von Fehlern geschützt werden könne. Die hier einschlägigen Bezeichnungen, bald zu Fachausdrücken geworden, entstammen dieser Epoche, insbesondere συνείδησις (*conscientia*, Gewissen) und ἁμάρτημα (*peccatum*, eig. Fehler) und alsbald christlich: Sünde. Zugleich fand eine nachhaltige Entwicklung des Bewußtseins von Recht und Rechtlichkeit statt; diese kulminierte in der Überzeugung, daß nur der Vorsatz zu einer guten oder zu einer bösen Tat im ethischen Sinne relevant ist. Darum wurde die Angst vor zufälliger Verunreinigung mehr und mehr überwunden; alles Tun und Unterlassen war allein von dem Vorsatz her zu beurteilen.

Es hätte zu einem kurzschlüssigen Urteil geführt, wenn wir bei diesem Streifzug durch das Wesen antiker ‚Leiblichkeit' das scheinbar seitab liegende Feld, das wir soeben berührt haben, außer acht gelassen hätten. Was auf den ersten Blick seitab liegt, hat sich als wichtig erwiesen. Denn aus Bereichen, die dem gestellten Problem ‚Leiblichkeit' scheinbar inkommensurabel sind, sind Maßstäbe gewonnen worden, durch welche das zunächst einfach erscheinende Problem differenziert wurde: Aus dem sakralen Bereich (im archaischen Verständnis) rührt die erste Antinomie her: das uneingeschränkte Ausleben, die unbeschwerte Hingabe an die Freuden der ‚Leiblichkeit' fand darin seine Grenze, daß ‚Unreinheit' im archaischen Sinne abzuwehren war. Im Zuge rationaler Umsetzung dieses zunächst sicher unreflektierten Postulats kam es zu dem, was ich die „Entdeckung des Gewissens" nennen möchte. Aus Gründen, die oben dargestellt worden sind, ergaben sich schwere Bedenken, ja es ergab sich ein Mißtrauen: Mußte man nicht fürchten, daß jegliche Sinnenfreude, einer Lockspeise vergleichbar (vgl. oben), die wahre Freiheit der Seele bedrohte? So ist die geistige Arbeit mehrerer Jahrhunderte darauf verwendet worden, zu präzisieren, was erlaubt sei und was nicht; das nunmehr geschulte Gewissen vermochte darauf von Fall zu Fall zu antworten. Es ging, von Jahrhundert zu Jahrhundert sich verstärkend, eine Tendenz dahin, sich eine solche Richtlinie (antik: κανών) vollständig zu eigen zu machen. Nur eine Minderheit derer, deren Stimme wir aus antiker Zeit vernehmen, war davon überzeugt, daß die Freiheit des Menschen im Sich-Ausleben, im Auskosten aller Freuden bestehe. Die Mehrzahl der Stimmen, die wir vernehmen, spricht sich in dem Sinne aus, daß die Willkür des Körpers völlig verschieden sei von der Freiheit, die der Seele zukommt. Und es ist wieder und wieder als das höchste dem Menschen erreichbare Gut gerühmt worden, wenn seine Seele eine vom Körper nicht eingeschränkte Freiheit gewinnt. Darum können antike Denker — modernem Urteil (oder Vorurteil?) völlig zuwider — von einer Tyrannei der ‚Leiblichkeit' sprechen, aus welcher die Seele sich befreien kann und muß.

Anmerkungen

[1] Mit einfachen Anführungszeichen ‚...' werden jüngst geprägte Begriffe hervorgehoben; Zitate werden mit Angabe des Fundortes durch doppelte Anführungszeichen „..." gekennzeichnet.
[2] Verfasser dieses Liedes, das zum Studentenlied wurde, ist *Joh. Chr. Friedrich Haug* (1761-1829).
[3] *Epikur* verwandte dafür den Ausdruck „Schwierigkeiten" — πράγματα. Glücklich ist der, der anderen keine Schwierigkeiten macht und selbst keine erleidet — so *Epikur* in dem ersten seiner Leitsätze.
[4] Der bildliche Ausdruck, daß die Seele ein Mensch im Inneren des Menschen sei, ist von *Platon* im Staat 7; 789 A geprägt worden; aber lange vorher haben Vasenmaler die Seele, die einen gefallenen Krieger verläßt, als sein *eidolon*, als die ihm innewohnende eigentliche Persönlichkeit dargestellt. *Platons* Wort ist nachmals häufig aufgenommen und variiert worden, so vor allem vom Apostel *Paulus*, Röm. 7,22; Kor. 4,16; Eph. 3,16.
[5] Es wird unten zu zeigen sein, wie sich eine Analogie zum Sündengefühl aus ganz anderer Wurzel herausbildete — nämlich aus der Befürchtung oder dem Wissen, daß die Seele die ihr angemessene Reinheit und Integrität eingebüßt habe.

⁶) Welch fröhliche Turbulenz dort herrschte, schildert *Seneca* zu Beginn des Briefes 56 an Lucilius.
⁷) Vgl. *Seneca,* Brief 86 an Lucilius.
⁸) *Tacitus,* Agricola 21 Ende.
⁹) Vgl. dazu unten.
¹⁰) Hrsg. von *R. Herzog,* Archiv für Religionswissenschaft 10, 1907, 400ff.; damit stimmt im hier behandelten Punkt das Sakralgesetz von Kyrene überein; vgl. *U. v. Wilamowitz,* SitzBer. Akad. Berlin 1927, 155ff. Weitere einschlägige Belege sind zusammengetragen von *E. Fehrle:* Die kultische Keuschheit im Altertum; Religionsgeschichtliche Versuche und Vorarbeiten 6, 1910.
¹¹) Das mosaische Gesetz, aufgezeichnet im Leviticus (= 3. Buch Mose), stimmt in vielen Punkten mit dem überein, was griechisch-römische Vorstellungen forderten. Darauf wird im folgenden mehrfach hinzuweisen sein.
¹²) Vgl. Levit. 12,2-8.
¹³) Vgl. Levit. 15,16f.
¹⁴) Vgl. Levit. 15,19-30.
¹⁵) *Properz,* eleg. 3,33, 1-22; vgl. eleg. 4,5,35, und *Tibull,* eleg. 1,3,23.
¹⁶) Das griech. Original dieser Kirchenordnung ist nicht erhalten, sie liegt in syrischer und in koptischer Übersetzung vor und ist in lat. Übersetzung bequem zugänglich bei *J. Quasten* (Hrsg.): Monumenta Eucharistica et liturgica vetustissima 5, 1936, S. 23, Z. 25-32. Daneben ist zu halten die epistula canonica an Basileides, verfaßt von *Dionysios,* Bischof von Alexandreia, Migne PG 10, 1281 a; dort wird mit gleicher Begründung die Erwartung ausgesprochen, daß sich Frauen in ihren kritischen Tagen vom Altar fernhalten. Auch hier wird eigens hervorgehoben, daß sie sich wohl im Gebet an Jesus Christus wenden dürfen; lediglich der Respekt vor der Reinheit des Altars fordert von ihnen, daß sie das Sakrament nicht berühren.
¹⁷) Levit. 13,2-46.
¹⁸) Der somit für unrein erklärte Kranke muß mit entblößtem Kopf, aber verhüllten Lippen fortgehen; er muß selbst rufen „unrein, unrein" und darf nicht mit anderen zusammen wohnen; so in aller Strenge Levit. 13, 45 und 46.
¹⁹) So erklärt es sich, daß die Aussätzigen nicht nur euphemistisch „die guten Leute", sondern oft „die guten Kinder", frz. les bons enfants, genannt wurden. Eine frühere Ansiedlung Lepra-Kranker bei Münster trägt noch heute den Namen Kinderhaus.
²⁰) Hier ist auf das unten angeführte Beispiel zu verweisen: der urteilende Gott vermag es in seiner Weisheit dem Erscheinungsbild, das die Seele bietet, abzulesen, ob sie unrein ist oder nicht.
²¹) Niemand, an dem eine körperliche Unvollkommenheit sichtbar war, konnte Priester sein; vgl. *Platon,* Gesetze 6; 759 E.
²²) Eben dies schreibt auch das mosaische Gesetz vor: Levit. 21,1-4; dabei wird als Ausnahme zugelassen, daß der Priester die nächsten Angehörigen, d. h. die Mitglieder der mit ihm lebenden Familie, auch im Tode berühren darf.
²³) Vgl. den Bericht zu Anfang und am Schluß von *Platons* Dialog Phaidon.
²⁴) Platon, Phaidon 118 A.
²⁵) Zu Epidauros sind inschriftlich Hymnen erhalten, in denen die Wunder, die der Gott wirkte, gepriesen werden; hrsg. von *Paul Maas:* Epidaurische Hymnen 1933.
²⁶) Der Rhetor *Ailios Aristeides* hat sorgfältig festgehalten, was er im Heiligtum des Asklepios, wo er Heilung suchte, wachend und im Traum erlebte.
²⁷) Das Christentum trat in Rivalität zum Asklepios-Kult; vgl. *K. H. Rengstorf:* Die Anfänge der Auseinandersetzung zwischen Christusglaube und Asklepios-Frömmigkeit, 1953.

²⁸) *Homer*, Odyssee 11, 489-491.
²⁹) Auf das präziseste spricht es *Platon* aus in den Gesetzen 9; 870 B: Der Körper ist um der Seele willen da.
³⁰) Vgl. *Platon*, Sophist. 222 E und vor allem Tim. 69 D.
³¹) Vgl. *Platon*, Phaidon 82 E; die ungemeine Nachwirkung dieser Metapher hat *P. Courcelle* behandelt: La colle et le clou de l'âme dans la tradition néoplatonicienne et chrétienne; Revue Belge de Philologie et d'Histoire 36, 1958, 72-95.
³²) Hierum geht es *Platon* und seinen Nachfolgern vor allem: Bedrohlich und verwerflich ist alles, was die Seele daran hindert, zu sich selbst, zu ihrer ‚Eigentlichkeit' zu kommen. Dieses Ziel muß sie verfehlen, wenn sie sich in die Botmäßigkeit des Triebhaften begibt.
³³) Dieser Vergleich ist breit ausgeführt in dem Mythos, den *Platon* im Gorgias 523 A ff. durch Sokrates erzählen läßt; dort wird die Verunstaltung der leiblichen Haut 524 C behandelt; die Antithese dazu, daß nämlich die Seele infolge ihrer bösen Handlungen „aussätzig" ist, wird 524 E - 525 A vorgetragen; vgl. oben.
³⁴) Fundort: Brief des Apostels *Paulus* an Titus 1,15.
³⁵) Halb spielerisch, aber doch ganz im Sinne der hier skizzierten Vorstellungen hat *Horaz* in seinem Gedicht „*integer vitae*" (c.1, 22) die glückliche Lage des Götterlieblings dargestellt.
³⁶) So *Theophrast* in seinen „Charakterbildern" (verfaßt um 319 v. Chr.); dort wird an 14. Stelle der Abergläubische mit seiner übertriebenen Vorsicht dargestellt, mit der er sich vor allem Unheimlichen in Sicherheit bringen möchte.

Teil II
Gesellschaftliche Perspektiven

Leiblichkeit und Sozialität
Ein Grundproblem der phänomenologischen Soziologie
Herman Coenen, Tilburg, Niederlande

Zur Einführung

Der Hintergrund der folgenden Überlegungen ist die Frage nach dem Beitrag der Phänomenologie zur Fundierung der sozialwissenschaftlichen Begriffe und Methoden. Unser spezielles Interesse richtet sich auf die Stellung, die der Begriff der Leiblichkeit in einer solchen fundierenden „Sozialontologie"[1] oder „Theorie der Sozialität" einnimmt, und die Auswirkung, die unterschiedliche Bestimmungen dieses Begriffs auf die Sozialitätstheorie haben. Als zentrales Problem fungiert der Kontrast zwischen den spezifischen Auffassungen der Leiblichkeit bei *Alfred Schütz* und bei *Maurice Merleau-Ponty*. Die Perspektiven für eine neue Theorie der Sozialität, die sich beim Letztgenannten auftun, werden im Anschluß kurz untersucht. Dabei wird hingewiesen auf mögliche fruchtbare Verbindungen mit ähnlichen Gedankengängen außerhalb der phänomenologischen Bewegung, namentlich bei *George Herbert Mead*.

Obwohl im ersten Teil direkt Bezug genommen wird auf die soziologische Tradition und die Probleme, welche sich dort stellen, werden diese in der weiteren Folge im Hintergrund bleiben. Eine Ausarbeitung der konkreten Implikationen, die die hier angestellten Überlegungen für die Lösung der angedeuteten Probleme haben könnten, muß auf einen späteren Zeitpunkt verschoben werden.

1. Sozialität als Gegensatz und Begegnung von Individualität und Kollektivität

1.1 Der doppelte Weg der soziologischen Tradition

Schon ein kurzer Blick auf die Geschichte der Soziologie läßt erkennen, daß ihre Theorie immer beherrscht wurde von dem Gegensatz zweier Grundauffassungen. Der in früheren Jahrhunderten durch das Erwachen des bürgerlichen Bewußtseins entstandene Konflikt zwischen Sozial-Kontrakt-Denken und Organismus-Analogie wurde mit der Einreihung der Soziologie in die „modernen Wissenschaften" nicht überwunden. Im Gegenteil, eine der Hauptdebatten, die seit *Comte* und *Spencer* bis auf den heutigen Tag die Soziologen beschäftigt haben, betrifft die Frage, ob die Gesellschaft als eine selbständige Ganzheit oder als eine Anhäufung von Individuen zu sehen sei.

Die im Laufe dieser Debatte angestellten Versuche zur Lösung der problematischen Polarität der soziologischen Theorie sind nicht beschränkt geblieben auf eine eindeutige Entscheidung zugunsten der einen oder der anderen Alternative. Im Zusammenhang mit dem im zwanzigsten Jahrhundert laut gewordenen Thema der „theoretischen Konvergenzen" wurden von verschiedenen Seiten Vorschläge gemacht für eine Synthese, die sowohl der holistischen als auch der elementaristischen Position ihr Recht ließe. Ein neueres Beispiel dafür bieten *P. Berger* und *Th. Luckmann*. In ihrem Buch „The Social Construction of Reality" (1966) werden individueller Handlungsentwurf und kollektiver Zwang nebeneinandergestellt als zwei Momente im „dialektischen" Prozeß der Gesellschaft. Ein anderer Weg, auf dem versucht wird, die genannte Synthese zustande zu bringen, ist die Rückführung auf ein methodologisches Dilemma. Dabei wird der Gegensatz von Holismus und Atomismus abgeleitet von der an der Basis der soziologischen Aktivität liegenden Wahl zweier grundverschiedener, aber gleich plausibler Denkformen (vgl. *Zijderveld* 1974).

1.2 Das verbindende Grundschema im sogenannten Dilemma

Die Frage ist nun, ob diese Versuche zur Synthese zur Lösung des Problems führen. Als solche nehmen sie ihren Ausgangspunkt in der als Tatsache hingenommenen Legitimität des doppelten Gesichtspunktes von Holismus und Atomismus. Dabei sollte gerade gefragt werden, ob es sich hier tatsächlich um ein so fundamentales Dilemma für die Soziologie handelt. Allererst darf bezweifelt werden, ob die beiden Perspektiven einen wirklichen Gegensatz zueinander bilden. Die Begriffe von Kollektivität und Individualität, die sich in diesen Perspektiven ergeben, stehen bei genauerem Zusehen in einem engen Abhängigkeitsverhältnis, worin sie sich gegenseitig hervorrufen und inhaltlich bedingen. Ausgehend von einem selbständigen Einzelich ist man, um die Sozialität doch zu ihrem Recht kommen zu lassen, gezwungen, den Gegenbegriff der überindividuellen Kollektivität zu entwickeln. Dieser dagegen kann in seiner Einseitigkeit nicht bestehen ohne einen Begriff des individuellen Subjekts.

Bei einem weiteren Vergleich der beiden Begriffe stellt sich außerdem heraus, daß sie nach einem und demselben Grundschema gedacht werden: sowohl Individualität, als auch Kollektivität werden implizit oder explizit vorgestellt als eine identische, geschlossene Einheit, kurz als eine Substanz. Wenn also in diesem Zusammenhang von einem Dilemma gesprochen wird, so kann es nur ein scheinbares sein.

1.3 Die theoretische Natur des sogenannten Dilemmas

Angesichts der in den beiden Begriffen Individualität und Kollektivität aufweisbaren Wirksamkeit des Substanzschemas darf nun weiter gefragt werden, ob deren Gegensatz nicht ausschließlich das Resultat einer zweiseitigen Hypostasierung ist. In der oben genannten Rückführung auf das für die Soziologie als fundamental gedeutete methodologische Dilemma wird dies merkwürdigerweise so gut wie offen zugegeben, wenn gesagt wird, die beiden „Denkformen" seien rein „kognitive Strukturen", deren soziale Akzeptation ein intersubjektives Sprechen über die vorliegende Wirklichkeit möglich mache (vgl. *Zijderveld* 1974, S. 51). Als Denk- und Sprechmuster des Soziologen stellen sie lediglich eine „Anschauungsweise" dar und sollen auf keinen Fall eine Aussage über die „Seinsweise" der gesellschaftlichen Wirklichkeit beinhalten (*Zijderveld* 1974, S. 56).

Obwohl es zu weit führt, eine derartige Scheidung von „Anschauungsweise" und „Wirklichkeit" zum prinzipiellen methodologischen Ausgangspunkt der Soziologie zu erheben — wie es in der vorhin angeführten Argumentation tatsächlich geschieht —, haben wir es dort doch sehr wahrscheinlich mit rein theoretischen Konstruktionen zu tun. Damit verliert aber das sogenannte Dilemma jeden Anspruch auf eine wirklich fundamentale Bedeutung für die Betrachtung des sozialen Lebens. Es ist unklar, wieso gerade die Wahl zwischen den Alternativen Individualität und Kollektivität zwingend sein sollte, wenn sie nicht in irgendeiner Weise in der spezifischen Erfahrungsstruktur der menschlichen Sozialität eine Begründung findet.

2. Sozialität als Gegensatz und Begegnung von Ego und Alter Ego

2.1 Phänomenologie zwischen Begrifflichkeit und ursprünglicher Erfahrung

Anstatt zu versuchen, die Alternative von Individualität und Kollektivität in einer synthetischen Theorie aufzuheben oder sie herzuleiten aus einem als ursprünglich angesehenen methodologischen Dilemma, geht es darum, diese beiden Begriffe als solche zu hinterfragen. Damit befinden wir uns im Herzen der phänomenologischen Tradition, die gerade auch bestrebt war, begriffliche Konstruktionen stets auf lebensweltliche Aufweisungen zurückzubeziehen.

Der Phänomenologie gemäß muß also die Frage gestellt werden, inwiefern die beiden Begriffe von Individualität und Kollektivität sich an den unmittelbaren Erfahrungen der Sozialität im alltäglichen Umgang miteinander ausweisen. Denn nur da liegt ihr eigentlicher Sinn; es sind diese ursprünglichen Erfahrungen, zu denen sie uns, über den Weg der Objektivierung, einen Zugang verschaffen müssen.

2.2 Intersubjektivität als unmittelbare Beziehung

Dieser Rückgriff auf die ursprüngliche Erfahrung ist traditionell in der Phänomenologie aufgefaßt worden als Rückgriff auf die „Intersubjektivität", in dem die Sozialität erscheint als eine unmittelbare Beziehung von Ich und Anderem oder „Ego" und „Alter Ego". Die Unmittelbarkeit dieser Beziehung impliziert folgende zwei Elemente: a) Das Ich hat den Anderen in seiner *Leiblichkeit* vor sich; B) das Ich *nimmt* den Anderen daher direkt *wahr*. Welch eine zentrale Rolle sie in der phänomenologischen Analyse spielen, ist z. B. deutlich zu sehen in *Schütz'* Definition der „umweltlichen sozialen Beziehung" (die, wie bekannt, bei ihm die ursprünglichste Form der Intersubjektivität darstellt). Über diese spricht er im „Sinnhaften Aufbau" (*Schütz* 1932, S. 181), wo er sagt, sie beruhe auf der räumlichen und zeitlichen Koexistenz von Ich und Du: einerseits ist der Andere dem Ich „leibhaftig" gegeben, d. h. „als dieses besondere Du" mit seinem „Leib als Ausdrucksfeld in der Fülle seiner Symptome", andererseits vermag „ich in echter Gleichzeitigkeit auf seine Bewußtseinsabläufe hinzublicken".

Leib und Wahrnehmung nehmen also eine zentrale Stellung in der phänomenologischen Analyse der intersubjektiven Beziehung ein. Die Weise, in der sie beschrieben werden, ist deshalb von bestimmender Bedeutung für den Inhalt dieser Analyse. In dem nun Folgenden wollen wir uns deshalb auf diese beiden Aspekte konzentrieren. Wegen seines Einflusses auf die moderne „phänomenologische Soziologie" gehen wir dabei allererst auf die betreffenden Analysen bei *Alfred Schütz* ein.

2.3 Intersubjektivität bei Schütz

a) *Das „gebrochene" Verhältnis.* Die Hauptthese in *Schütz'* Theorie der Intersubjektivität, so wie sie im „Sinnhaften Aufbau" zum Vorschein tritt, könnte lauten: Ich kann den Anderen nie in seiner eigenen Subjektivität erreichen. So spricht er von dem „... wesensmäßigen Unterschied insbesondere zwischen der Selbstinterpretation der Erlebnisse durch das eigene Ich und der Interpretation fremder Erlebnisse durch das deutende alter ego" (*Schütz* 1932, S. 6).[2)] Auch warnt er vor der „naiven" Voraussetzung, „die sinnhaften Phänomene der sozialen Welt... [seien] intersubjektiv konform" (S. 6), denn „das für die Erkenntnis der Sozialwelt wesentliche Problem... [ist] daß... Sinn fremder Erlebnisse und Fremdverstehen eine radikal andere Bedeutung hat als Sinn eigener Erlebnisse und Selbstverstehen" (S. 250).

In *Schütz'* Analyse kommt die soziale Welt auf uns zu als eine Aufzählung individueller, füreinander unzugänglicher Egos, von denen jedes für sich den Sinn seines Verhaltens bestimmt, so wie es auch dem wahrgenommenen Verhalten des Anderen eine Deutung verleiht. Folgendes Schema könnte dies verdeutlichen:

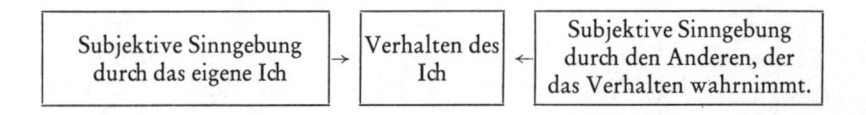

Subjektive Sinngebung durch das eigene Ich	→	Verhalten des Ich	←	Subjektive Sinngebung durch den Anderen, der das Verhalten wahrnimmt.

Ausgehend von dieser Scheidung zwischen dem Sinn, der demselben Verhalten einerseits durch das eigene Ich, andererseits durch den wahrnehmenden Anderen beigelegt wird, wird das unmittelbare Verstehen bei *Schütz* zu einer Unmöglichkeit. Ich komme nie hinaus über eine aus mir selbst entsprungene Deutung des wahrgenommenen Verhaltens des Anderen, die im Prinzip nicht zusammenfällt mit dem Sinn, den dieses Verfahren für den Anderen selbst hat. Unser intersubjektives Verhältnis ist also von Anfang an ein gebrochenes: Ich und Du stehen einander *gegenüber* als zwei durch und durch sich selbst verhaftete und füreinander verschlossene selbständige Einheiten.

Wenn man diese Analysen von *Schütz* der Form nach betrachtet, sieht man nun das gleiche substanzialistische Grundschema wie vorhin im soziologischen Denken mit seinem Gegensatz von Individualität und Kollektivität. Die anfangs bestehenden Probleme scheinen also nicht gelöst zu sein.

Müssen wir daraus schließen, daß der Rückgang in die Intersubjektivität als solcher ein falscher Weg war, oder ist vielmehr die spezifische Weise, in der *Schütz* mit diesem Begriff hantiert, dafür verantwortlich?

Um diese Frage zu beantworten, ist es geboten, darauf näher einzugehen, wie die beiden schon genannten Hauptelemente der Intersubjektivität, Leib und Wahrnehmung, in *Schütz'* Beschreibungen zum Vorschein treten.

b) *Die Rolle von Leib und Wahrnehmung im Verstehen.* Wenn, wie aus den vorhin skizzierten Analysen hervorgeht, ein unmittelbares Verstehen unmöglich ist und der Andere nie den subjektiv gemeinten Sinn meines Verhaltens erreichen kann, so hat dies wohl darin seinen Grund, daß ihm die dazu notwendigen Anhaltspunkte in meinem wahrnehmbaren Verhalten fehlen. Die Vermutung liegt nahe, daß nach Schütz das wahrnehmbare Verhalten als solches etwas „rein Äußerliches" ist, der Sinn dagegen eine Projektion, die in der „reinen Innerlichkeit" stattfindet.

Daß in der Tat die alte cartesianische Scheidung von Innen und Außen, Seele und Leib bei *Schütz* wirksam ist, wird bestätigt, wenn man näher eingeht auf das Fundament seiner Intersubjektivitätstheorie: die Analyse der „Sinnkonstitution im abgeschlossenen Ego", in der untersucht wird, wie der subjektive Sinn eigenen Verhaltens und Handelns zustande kommt (*Schütz* 1932, zweiter Abschnitt: „Die Konstitution des sinnhaften Erlebnisses in der je eigenen Dauer", S. 43-105). *Schütz* geht davon aus, daß das Verhalten, von ihm definiert als Akt „spontaner Aktivität" (S. 53), seinen Sinn erst bekommt in einer nachträglichen Reflexion. Insofern es sich um eine für Andere wahrnehmbare Aktivität handelt, heißt das, daß diese zu einer sinnlosen, rein faktischen Gegebenheit gemacht wird, zu der jede Sinnhaftigkeit ein Zusatz ist, der hervorkommt aus der inneren Abgeschlossenheit des Ich.

Dieselbe Scheidung sieht man in der Analyse des Handelns. Beim Handeln, als eine „auf Zukünftiges gerichtete spontane Aktivität" (S. 55), findet nach *Schütz* die Reflexion schon vorher statt. Das Ich stellt sich die vollzogene Haltung vor als das Ziel, das von ihm zu erreichen ist. Diese Vorstellung oder dieser Entwurf ist der Sinn des Handelns, das nun durch einen ausdrücklichen Entschluß in Gang gesetzt wird. In noch stärkerem Maße als in dem vorigen Fall ist hier also die äußere Aktivität abhängig von der Innerlichkeit: von der Insel seines privaten Bewußtseins aus steuert das Ich das Handeln, indem es den Anderen entgegentritt.

So kommen wir zum folgenden Schema:

| in der Reflexion des Ich geschaffener Sinn | für Andere wahrnehmbares Sichverhalten |

oder:

| im Entwurf des Ich vorher geschaffener Sinn | für Andere wahrnehmbares Handeln |

also:

| Innen (Seele) | Außen (Leib) |

Es ist nun leicht zu sehen, mit welchem Inhalt Wahrnehmung und Leib bei *Schütz* versehen werden. Die Wahrnehmung ist hier ein rein neutrales Registrieren, das *als solches* außerstande ist, im Wahrgenommenen einen Sinn zu enthüllen. Dafür braucht es die reflexive Deutung des Wahrnehmenden. Der Sinn des Wahrgenommenen ist also eine Funktion der Innerlichkeit des wahrnehmenden Ich. Die Wahrnehmung ist somit einerseits „leiblos", nicht prinzipiell von der eigenen Leiblichkeit beeinflußt, andererseits „nicht-engagiert", frei von jeder inneren Verbundenheit mit dem, was wahrgenommen wird. In dieser Hinsicht zeigen sich bei *Schütz* ähnliche Mängel wie bei *Husserl*, dessen Theorie der Wahrnehmung stark modelliert ist nach der theoretischen, objektivierenden Wahrnehmung von zeiträumlichen Dingen oder „Körpern".[3]

Gegenstand der so aufgefaßten Wahrnehmung sind die leiblichen Bewegungen des Anderen, und zwar losgelöst von dem subjektiven Sinn, den sie für ihn selbst haben. Leib kommt hier einer reinen, sinnlosen Äußerlichkeit gleich. Die Scheidung von Innen und Außen macht es unmöglich, mehr als das am Anderen wahrzunehmen. Der Leib des Anderen ist also nicht so sehr ein Zugang zu ihm, sondern vielmehr eine Barriere. Durch seinen Leib wird seine Subjektivität meinem Blick entzogen. Er ist nicht der Ort, wo der Andere selbst mir entgegentritt, sondern der Vorhang, der seine Innerlichkeit vor mir verbirgt. Diese Barriere-Funktion des Leibes wird bestätigt und vielleicht noch verstärkt durch die entscheidende Rolle, die *Schütz* (1970, S. 178) ihm später beimißt in der Vereinzelung der individuellen Zeitperspektiven. Der Leib in seiner *raumzeitlichen* Situiertheit ist dann der Nullpunkt, von dem aus das Subjekt die Welt auf eigene perspektivische Weise erlebt. Durch diesen Nullpunkt, der für jeden einen absoluten Wert hat, können das Ich und der Andere nie identisch sein. Der Leib als vereinzeltes Objekt in der Außenwelt ist es, der uns von Anfang an voneinander trennt.

2.4 Intersubjektivität bei Merleau-Ponty

a) *Leiblichkeit, Inkarnation und Vorreflexivität.* In „La Structure du Comportement" (1942) und „Phénoménologie de la Perception" von *Maurice Merleau-Ponty* finden wir eine Auffassung des Leibes, die sich stark von der Schützschen abhebt. Von einem Begriff des Leibes im wörtlichen Sinne ist bei ihm sogar nicht mehr die Rede: statt „Leib" als einer Unterabteilung der menschlichen Person spricht *Merleau-Ponty* von der „Leiblichkeit" als einem Aspekt, der in allen Aktivitäten ständig mitanwesend ist. Oder vielleicht könnte man besser sagen: die Leiblichkeit ist bei ihm das Feld, in dem unser ganzes Leben mit seiner spezifischen Dialektik von Faktizität und personaler Existenz sich abspielt. Sie ist mehr als eine reine Äußerlichkeit, angetrieben von einem sich dahinter verborgen haltenden Inneren, sie ist das intentionale Leben selbst.

Durch den Begriff der Leiblichkeit verliert die Scheidung von Leib und Bewußtsein jeden Sinn. Zugleich bekommt erst jetzt der phänomenologische Begriff der Intentionalität seine volle erneuernde Wirkung; denn nun kann deutlich werden, daß es in ihm um die Gerichtetheit der *ganzen* menschlichen Person auf ihre Welt geht. Intentionalität ist nicht eine spezielle (innerliche) Instanz innerhalb des Menschen, mit der cartesianischen „denkenden Substanz" vergleichbar, sondern sie besteht nur *inkarniert* in der totalen leiblichen Existenz. Sie ist lediglich ein Charakteristikum dieser letzteren. Damit verschwindet auch das vollkommene für sich selbst Durchsichtigsein und über sich selbst Verfügenkönnen, das der Intentionalität bei Schütz anhaftete. Intentionalität ist vielmehr gekennzeichnet durch *Vorreflexivität*. Der Sinn meines Verhaltens ist mir vorgegeben in meiner Leiblichkeit. In der Reflexion wird dieser Sinn expliziert, nicht erst produziert. In dieser neuen Auffassung kommt nun der enge Zusammenhang zwischen Leiblichkeit und Wahrnehmung ans Licht. Im Vergleich zu *Schütz*, bei dem die Leiblichkeit als reine Äußerlichkeit und die Wahrnehmung als nichtengagiert, leiblos und von Innen aus gesteuert erschien, rückt jetzt, bildlich gesagt, die erstere etwas aus der Äußerlichkeit „nach hinten", dagegen die letztere aus der Innerlichkeit „nach vorne".

Dazu folgende drei Punkte: 1) Schon bei *Husserl* (1952, bes. §§ 18, 36) finden wir die Beobachtung, daß in allen Wahrnehmungen der Leib als Organ der Wahrnehmung mitbeteiligt ist. Dieser Gedanke wird von *Merleau-Ponty* weiter ausgearbeitet. Dabei wehrt er sich jedoch gegen die mögliche Interpretation des Leibes als physiologisches Instrument für eine Wahrnehmung, die vom reinen Ich aus dirigiert würde. Das Ich selbst besteht nur im Modus der Leiblichkeit; wenn gesagt werden darf, daß die Wahrnehmung ein durch und durch leibliches Geschehen ist, so heißt dies, daß darin das Ich mit seiner vollen faktischen und personalen Existenz beteiligt ist. 2) Gegenstand meiner Wahrnehmung ist die Leiblichkeit des Anderen. Diese stellt jedoch nicht einen peripheren Teil seiner Person dar, sondern er selbst ist es, den ich hier wahrnehme. 3) So zeigt sich jetzt gerade die Leiblichkeit als die *verbindende Stelle* zwischen mir und dem Anderen: einerseits ist die Leiblichkeit meine Weise, in der Welt anwesend zu sein, und das Medium, durch das die Welt mir (in der Wahrnehmung) entgegentritt; andererseits ist die Leiblichkeit der Aspekt, unter dem der Andere wahrgenommen wird und in dem er sich selbst tatsächlich *zeigt*. Anstatt als die zwei blinden Wände der Kluft zwischen mir und dem Anderen zu fungieren, sind Wahrnehmung und Leiblichkeit in ihrem Zusammenhang die Garantie für unseren kontinuierlichen offenen Zugang zueinander.

Die wichtige Bedeutung der Leiblichkeit für die Sozialität wird von *Merleau-Ponty* selbst klar ausgesprochen: „Pour qu'autrui ne soit pas un vain mot, il faut que jamais mon existence ne se réduise à la con science que j'ai d'exister, qu'elle enveloppe aussi la conscience qu'*on* peut en avoir et donc mon incarnation dans une nature et la possibilité au moins d'une situation historique."[4] Oder konkreter: „Les autres... sont là ... non pas d'abord comme esprits, ni même comme ‚psychismes', mais tels par exemple que nous les affrontons dans la colère ou dans l'amour, visages, gestes, paroles auxquels, sans pensée interposée, répondent les nôtres, ... chacun prégnant des autres, et confirmé par eux dans son corps" (1960, S. 287).

b) *Weltlichkeit als Wurzel der intersubjektiven Verbindung*. So erscheint bei *Merleau-Ponty* die Leiblichkeit als die verbindende Stelle von Ich und Du. Stärker noch, er sieht meinen und deinen Leib als Teile einer Totalität, als Organe einer einzigen „intercorporéité (1960, S. 261). Diese ist eine Schicht „anonymer Existenz" (1945, S. 406), in der wir schon leben, bevor sich überhaupt eine Trennung von mir und dir ausgeprägt hat, die aber auch im personalen Ich-Leben fortbesteht.

Durch diese vorpersonale leibliche Existenz sind wir durch und durch der Welt verhaftet. Denn wir sind aus dem selben Stoff gemacht, aus dem auch die Welt besteht: „La Chair du Monde"[5]. In unserer beider Leiblichkeit fungiert also unsere gemeinsame Zugehörigkeit zur

Welt und unsere Vertrautheit mit ihr. So bildet die Weltlichkeit die tiefere Wurzel der intersubjektiven Verbindung.

Wir begegnen einander deshalb in einem gemeinsamen Medium. In zwei Richtungen wirkt sich das aus: einerseits spricht in der Leiblichkeit des Anderen die mir schon immer vertraute Welt, andererseits kann ich ihm auch über die Dinge der Welt begegnen, sei es in der gemeinsamen praktischen Betätigung an ihnen, sei es, daß ich in Abwesenheit des Anderen ihn durch die Dinge hindurch zu mir sprechen höre. Immer ist aber das intersubjektive Verhältnis *vermittelt* durch dieses Medium, in dem wir gemeinsam leben, oder, wie man auch sagen könnte, das in uns beiden lebt.

Diese Vermittlung durch die Welt und die gemeinsame Aktivität in und an der Welt sollte übrigens nicht verstanden werden als Anlaß zu einer Naturalisierung der Sozialität, in der diese abhängig gemacht würde von rein physischen oder biologischen Gesetzen oder in ihrer Struktur aus einer sogenannten „reinen" Körperwahrnehmung abgeleitet wäre. „Welt" ist immer zugleich natürlich und kulturell: es ist die Wirklichkeit, wie wir sie als immer schon bearbeitete und interpretierte vor uns haben.

3. Sozialität als Funktionszusammenhang von leiblichen Bewegungen

3.1 *Die neue Auffassung der Leiblichkeit als Umschlagstelle der Sozialitätstheorie*

Der bei *Merleau-Ponty* gefundene Begriff der Leiblichkeit bedeutet einen wichtigen Schritt in dem bisher von uns verfolgten Gedankengang. Der Nachdruck in der Sozialitätstheorie verschiebt sich nämlich jetzt von den beiden Elementen, von Ich und Anderem sowie ihrem Gegensatz, auf dasjenige, was zwischen ihnen vermittelt und ihre Begegnung ermöglicht. Überdies ist in weiteren Ausarbeitungen der *Merleau-Ponty*'schen Gedanken, u. a. bei *Waldenfels* (1971), zu sehen, wie der Begriff der Mitte oder des „Zwischenbereichs" die zentrale Stelle in der Sozialitätstheorie übernimmt. Nach *Waldenfels* bildet der sachbezogene Dialog den eigentlich richtigen Ausgangspunkt für die Analyse der sozialen Beziehungen. Damit rücken Probleme wie die der Einführung und Appräsentation in den Hintergrund. Primär ist nicht die Frage: „Wie kann ich den Anderen verstehen?", sondern: „Welches ist die Aufgabe, die wir zusammen hier und jetzt in unserer Welt zu erfüllen haben?" Zuerst kommt also die gemeinsame Praxis; danach die Entdeckung, daß wir in diesem Tun auch einander näher gekommen sind. Das Verstehen tritt daher in erster Instanz nur auf als eine fungierende, nicht als eine thematische Intentionalität. Außerdem ist es eher ein kontinuierlicher Prozeß als ein in einem bestimmten Augenblick auftretendes Geschehen. Anstatt von „Verstehen" wird deshalb jetzt von „Verständigung" (*Waldenfels* 1977) gesprochen, ein Begriff, der auch den „werktätigen" Charakter dieses Prozesses im Gegensatz zu der stillschweigenden Auffassung gut ausdrückt, Verstehen sei ein rein geistiger Vorgang. So wird die neue Auffassung der Leiblichkeit zu einer Umschlagstelle in der Entwicklung der phänomenologischen Sozialitätstheorie: Die Aufhebung des Gegensatzes von Innerlichkeit und Äußerlichkeit, von Intentionalität und Leib bewirkt eine gleichzeitige Aufhebung des Gegensatzes der vermeintlich absolut selbständigen Einheiten Ego und Alter Ego.

3.2 Revision des Begriffs der Unmittelbarkeit

Mit der genannten Verschiebung des Nachdrucks von Ich und Anderem auf das Vermittelnde zwischen beiden tritt eine wichtige Veränderung im Begriff der Unmittelbarkeit auf, der stets richtunggebend für die phänomenologische Beschreibung der Intersubjektivität war (siehe 2.2).

Charakteristisch für die Auffassung der intersubjektiven Unmittelbarkeit bei Alfred Schütz ist das Diktat der Buchstäblichkeit, unter dem sie leidet:[6] Partner in der „umweltlichen sozialen Beziehung" kann, nach *Schütz*, nur derjenige sein, der buchstäblich hier und jetzt anwesend ist. Ich nehme von ihm auch nur das buchstäblich Wahrnehmbare wahr. Das Resultat ist eine rein formale Bestimmung des unmittelbaren intersubjektiven Verhältnisses (vgl. *Waldenfels* 1971, S. 209). Denn sowohl der Fremde im Bus als auch meine Frau, aber diese letzte wiederum nur, solange sie faktisch mit mir im gleichen Zimmer ist, gehören in die Definition der umweltlichen sozialen Beziehungen hinein. Über diesen sehr engen Spielraum hinaus gibt es für *Schütz* kein direktes intersubjektives Verhältnis mehr, in dem die Partner einander tatsächlich wahrnehmen, sondern nur noch ein hypothetisches Sich-Vorstellen von Anderen, das höchstens in einem durch Institutionen mehr oder weniger abgesicherten Glücksfall zu einer nicht total scheiternden Interaktion führen kann.

Mit dem Begriff der Leiblichkeit bei *Merleau-Ponty* kommt nun eine neue Dimension ins Spiel: die der Vertrautheit. Wir sind miteinander schon vertraut durch die gemeinsame Natur, die in unserer beiderseitigen Leiblichkeit mitgegeben ist, und andererseits sind wir durch unsere

Leiblichkeit schon vertraut mit der Welt, in der und über die wir den Anderen begegnen. Das Thema der Vertrautheit wird in der Phänomenologie seit dem Spätwerk *Husserls* immer verbunden mit dem Gedanken der Lebenswelt als dem Horizont unserer konkreten Existenz. Die Lebenswelt liegt als ein immer anwesender Horizont von Vertrautheiten um unser momentanes Tun und Erleben.

Deshalb können wir jetzt im Zusammenhang unseres Problems auch sagen, daß durch die Vertrautheit, die mit der Leiblichkeit in Sicht kommt, das intersubjektive Verhältnis einen Horizont bekommt, der über das buchstäblich Unmittelbare hinausweist. Oder anders gesagt: in der unmittelbaren intersubjektiven Situation erfahren wir immer ein „Mehr".[7] Die Folge ist eine Revision des Begriffs des Unmittelbaren in der phänomenologischen Auffassung der Intersubjektivität. Die Face-to-Face-Kommunikation, so wie sie von *Schütz* beschrieben wurde, kann jetzt nicht mehr als alles-bestimmend betrachtet werden, und zwar in zwei Hinsichten:

a) In der direkten Kommunikation spielt eine Vielzahl von einander abwechselnden oder sich sogar gleichzeitig durchkreuzenden Horizonten mit. Dabei ist nicht nur an frühere persönliche Erfahrungen, die die Partner miteinander haben, zu denken, sondern auch an mancherlei gesellschaftliche und geschichtliche Zusammenhänge wie Arbeits- und Wirtschaftsstrukturen, soziale Symbolwelten, institutionelle Formen des makro- und mikrosozialen Lebens (Freundschaft, Liebe, Streit) usw.[8]

b) Dank dieser Horizonte ist es auch möglich, über das *hic et nunc* hinaus miteinander zu kommunizieren. Die intersubjektive Beziehung empfängt ihre Unmittelbarkeit jetzt nicht mehr von der bloßen äußerlichen Anwesenheit des Andern, sondern eher vom gemeinsamen Interesse an einer Sache (vgl. *Waldenfels* 1977a, S. 204f) oder von meinem persönlichen Interesse an ihm (oder ihr) selbst.

3.3 Das Zwischenreich als Tertium

Wie wir gesehen haben, hat die neue Auffassung der Leiblichkeit bei Meleau-Ponty die phänomenologische Sozialitätstheorie um einen beträchtlichen Schritt vorwärts gebracht. Um nun die hier offengelegten Möglichkeiten voll auszuschöpfen, ist es wichtig, sich eine klare Vorstellung von der Richtung zu machen, in die der genannte Schritt eigentlich führt. Denn immer droht die Gefahr eines unbemerkten Rückfalls in das alte Schema der Intersubjektivität als das bloße Gegenüber von Ich und Anderem. Ein solcher Rückfall wird dadurch ermöglicht, daß die neu eingeführte Dimension des vermittelnden Zwischenreichs buchstäblich interpretiert werden könnte als ein „Zwischen", ein Bindeglied, das sich als ein Drittes zwischen beide schon gegebenen Individualitäten fügt. Die Voraussetzung der in sich selbst begründeten beiderseitigen Selbständigkeit von Ich und Anderem bliebe so nach wie vor aufrechterhalten. Anlaß zu einer solchen Fehlinterpretation könnten mehr oder weniger doppelsinnige Formulierungen sein wie die folgende, welche bei *Merleau-Ponty* (1966, S. 157) anzutreffen sind: „...le social est non pas conscience collektive, mais intersubjectivité, *rapport* vivant et tension *entre des individus*." (Betonung meinerseits, H. C.)

Nun soll es uns nicht darum gehen, aus solchen Zitaten eine voreilige Kritik an *Merleau-Ponty* herauszudestillieren; wichtiger ist es, die in seinem Werk angelegte Perspektive zu übernehmen und fruchtbar zu machen. Das wollen wir im folgenden versuchen.

3.4 G. H. Meads Theorie der Gesten

Schon öfters ist hingewiesen worden auf die Verwandtschaft des amerikanischen Pragmatismus mit den Hauptgedanken der Phänomenologie. Unter anderem geschah das mit Bezug auf die Schriften von *Wiliam James* (vgl. *Linschoten* 1959). Diese Verwandtschaft findet nun eine weitere Bestätigung in dem Werk des stark vom Pragmatismus beeinflußten Sozialpsychologen *George Herbert Mead*. Der von ihm in seinem Buch „Mind, Self and Society" (1934) entwickelte „Sozialbehaviorismus" zeigt Motive auf, die sich eng berühren mit denen, welche wir bei *Merleau-Ponty* wirksam fanden. Es ist deshalb sinnvoll, wenn wir uns, auf unserer Suche nach den Möglichkeiten einer Weiterbildung der *Merleau-Ponty*'schen Perspektive, gerade an *Mead* wenden.

Meads Gedanken sind vor dem Hintergrund der evolutionistischen Tendenzen der zweiten Hälfte des neunzehnten Jahrhunderts zu sehen (vgl. *Morris* 1934, S. IX, X), in denen die menschliche Lebensform betrachtet wurde als die Spitze der biologischen Evolution und deshalb als beherrscht von den gleichen Mechanismen wie die übrigen Organismen. Der wichtigste dieser Mechanismen war die Anpassung an die natürliche Umgebung. Für den Pragmatismus, der dieses Prinzip von seinen deterministischen Implikationen befreite, indem er von einer kreativen Anpassung sprach (vgl. *Hoof* 1973, bes. S. 333), war diese biologische Sicht der Ausgangspunkt für die Betrachtung spezifisch menschlicher Erscheinungen wie das Denken und sein Inhalt. So entstand bei *James* und *Dewey* die Auffassung, daß der Wahrheitsgehalt einer Aussage zu beurteilen sei nach dem adaptiven Wert, den sie für den menschlichen Organismus in dessen Interaktion mit seiner Umgebung habe (vgl. *James* 1907, S. 53, 58; *Bréhier* 1968, S. 904).

Dieser Hintergrund war es, der *Mead* dazu brachte, sich als Psychologe gegen den traditionellen Introspektionismus abzusetzen, in dem das individuelle Bewußtsein sich vielmehr als eine sekundäre Erscheinung, produziert von dem stets schon ablaufenden Zusammenspiel von Organismus und Umgebung. Jede menschliche Erfahrung sollte deshalb studiert werden im Zusammenhang des leiblichen Verhaltens des Organismus.

Mead nahm jedoch eine wichtige Korrektur gegenüber dem aus der gleichen evolutionistischen Quelle stammenden Behaviorismus eines Watson vor. Nach *Mead* war die Umgebung des Menschen nicht — wie es dort schien — eine feststehende, rein kosmisch determinierte Größe: sie war auch abhängig von der Aktivität des Organismus, die dieser außerdem nicht in Isolation entfaltete, sondern nur in Interaktion mit anderen Organismen (vgl. *Morris* 1934, S. XII, XV-XVII; *Mead* 1934, S. 6f., 77, 78). So wurde das Zusammenspiel der menschlichen Organismen in bezug auf gemeinsame, in dieser Interaktion selbst zustande kommende Objekte das eigentliche Gebiet von *Meads* Sozialpsychologie.

In bezug auf den Sinn des menschlichen Verhaltens wußte *Mead* in dieser Weise zwei Gefahren zu vermeiden: einerseits die des Psychologismus, der diesen Sinn abhängig macht vom bewußt meinenden Subjekt, andererseits die des Naturalismus, der ihn völlig ausschaltet zugunsten des Modells eines blinden mechanischen Ablaufs. Seiner Ansicht nach war die soziale Interaktion — von der das individuelle Verhalten immer ein Teil ist — von Sinn durchzogen, auch wenn dieser Sinn nicht in dem Bewußtsein der teilnehmenden Subjekte seinen Ursprung fand. Damit kam *Mead* sehr nahe an die Theorie der Leiblichkeit, wie wir sie bei *Merleau-Ponty* vorgefunden haben. So schreibt er: „... We can distinguish very definitely between the self and the body. The body can be there and can operate in a very intelligent fashion without there being a self involved in the experience" (*Maed* 1934, S. 136).

Im Rahmen dieser Leiblichkeitsauffassung finden wir bei *Mead* nun einen Begriff, der sich für unsere Fragestellung als sehr nützlich erweisen könnte: den der „sozialen Handlung" (*social act*) als einer „Gebärdensprache" (*conversation of gestures*)[9]. Basiselement in *Meads* Analyse (und das ist charakteristisch für seinen „Sozialbehaviorismus") ist nicht die einzelne Handlung des Individuums, sondern die „soziale

Handlung"[10]. Diese umschreibt er als eine „komplexe Handlung, an der mehrere Organismen beteiligt sind" (*Mead* 1934, S. 44). Teilmomente dieser sozialen Handlung sind die von den verschiedenen Teilnehmern vollführten Bewegungen[11]. Diese bilden eine Kette, indem sie einander quasi automatisch auslösen: „Eine bestimmte Haltung des einen Individuums ruft eine Reaktion bei dem Anderen hervor, und diese ruft ihrerseits eine veränderte Haltung beim Ersten hervor, auf die wieder eine andere Reaktion beim Zweiten folgt, usw." (S. 14). So entsteht ein Zusammenhang, in dem die Bewegungen der verschiedenen Beteiligten ständig — um es in mathematischer Analogie zu sagen — in Funktion voneinander stehen: ein Funktionszusammenhang von Bewegungen.

Kennzeichnend für dieses Zusammenspiel ist der nicht-überlegte, spontane Charakter der in ihm auftretenden initierenden und reaktiven Bewegungen. Diese sind also nicht der Ausdruck von im Bewußtsein der Individuen schon fertig liegenden Emotionen oder Ideen. Diese Unmittelbarkeit der Aufeinanderfolge von Aktionen und Reaktionen ist sogar bestimmend für das Gelingen der Interaktion[12]. Nichtsdestoweniger, so betont *Mead*, handelt es sich hier um eine Sprache, eine sinnbezogene Kommunikation (S. 13-15) und nicht um eine blinde Kausalität. Die bewußte Intention der Beteiligten ist keine notwendige Voraussetzung für die Anwesenheit von Sinn (S. 77). Dieser ist in den Bewegungen selbst schon da, er ist in der Struktur der sozialen Haltung impliziert (S. 45, 76, 81). Sinn ist nicht mehr, aber auch nicht weniger als das Aufeinanderbezogensein der verschiedenen Elemente der sozialen Handlung. Genauer gesprochen besteht er in der triadischen Relation (S. 76-81) zwischen der Bewegung des einen Organismus (B), zukünftigen Phasen der sozialen Handlung, die in dieser Bewegung vorgezeichnet sind (Z), und der Reaktion des anderen Organismus (R): (R) bezieht sich auf (B), insoweit (B) eine Indikation für (Z) ist; andererseits kommt die Beziehung von (B) und (Z) erst durch (R) zum Vorschein. In diesem Zusammenspiel von (B) und (R) in bezug auf (Z) konstituiert sich das gemeinsame Objekt der sozialen Handlung. Dabei ist die Interpretation der verschiedenen Bewegungen nicht eine Sache des Bewußtseins der betreffenden Partner, sondern sie ist „an external, overt, physical, or physiological process going on in the actual field of social experience" (S. 79).

Diese Analyse des „conversation of gestures" hat nun ihren Ort in einem genetischen Modell. Denn wie wir gesehen haben, war *Meads* eigentliche Absicht eine Erklärung des menschlichen Bewußtseins mit seinen Charakteristiken von Rationalität, Zielstrebigkeit usw. Für diese Erklärung bildet der Funktionszusammenhang von Bewegungen den Ausgangspunkt: durch die „vocal gestures" der Sprache entsteht die Möglichkeit einer beiderseitigen und ausdrücklichen Identifikation des im leiblichen Interaktionsprozeß implizierten Sinnes. Aus „meaning" entwickelt sich so „significance". Bestimmte Bewegungen bekommen nun eine bestimmte, von allen Beteiligten bewußt erkannte Bedeutung (sie werden damit zum „significant symbol") und können als solche von ihnen als beabsichtigte Mittel in der Kommunikation eingesetzt werden. Von diesem Moment an wirken bewußte Zielstrebungen auf den sozialen Prozeß ein.

Diese Herauskristallisierung einer gemeinsamen, für das soziale Leben richtunggebenden Symbolik und die damit verknüpfte Entwicklung des persönlichen Ich, vor allem durch den Prozeß des „taking the role of the other", ist in den verschiedenen Mead-Interpretationen häufig genug beschrieben worden. Wir brauchen darauf nicht weiter einzugehen. Zwei Punkte jedoch, die in manchen dieser Interpretationen nicht genügend beachtet werden,[13] verdienen eine besondere Betonung:

1) Der Sinngehalt des sozialen Lebens entsteht nach Mead nicht erst auf der Ebene des „significant symbol". Vielmehr ist umgekehrt das bewußte Symbol eine Weiterbildung des ursprünglichen, im leiblichen Interaktionsprozeß gegebenen Sinns[14]. Die symbolischen Inhalte sind also nicht das Produkt willkürlicher subjektiver Interpretationen. Das wird z. B. klar, wenn man genau betrachtet, was eigentlich beim „role-taking" geschieht: das Subjekt lernt sein eigenes Verhalten verstehen aus den Reaktionen, die dieses bei den Anderen hervorruft, d. h. er durchschaut den Sinn, den es durch seine Stellung im Funktionszusammenhang der Bewegungen schon hat.

2) Die spontane leibliche Interaktion ist der Basismechanismus des sozialen Prozesses (vgl. Mead 1934, S. 13, Anm. 9). Als solche ist sie nicht nur eine Erscheinung auf der Ebene des tierischen Verhaltens (etwas, das manche Interpreten aus dem bekannten Beispiel des aggressiven Spiels zweier Hunde abzuleiten versuchen) oder auf der eines frühen, „präsozialen" und längst überwundenen Stadiums der menschlichen Evolution: im Gegenteil, sie ist als ein bleibender, unentbehrlicher Kern im sozialen Leben anwesend[15]. Sogar Bewegungen, die durchaus als „significant symbols" anzusehen sind, finden oft statt mit der Direktheit, die Mead als kennzeichnend beschrieb für die nichtsignifikante Gebärdensprache[16].

3.5 Sozialität als Funktionszusammenhang von leiblichen Bewegungen

So kommen wir mit *Mead* zu dem Schluß, daß die menschliche Sozialität beschrieben werden kann als ein Funktionszusammenhang von leiblichen Bewegungen, der für die Teilnehmer weder ganz bewußt und gewollt, noch ganz unbewußt und automatisch verläuft. Spontaneität und Überlegung sind in ihm miteinander verwoben, oder, wie *Merleau-Ponty* es ausdrücken würde: er findet statt in einer Dialektik von Faktizität und personaler Existenz. Wichtig ist jedoch, daß wir uns bei der Betrachtung der Sozialität jetzt nicht mehr primär auf den Bereich der Vorstellungen und bewußten sozialen Symbole richten müssen: im leiblichen Verhalten als solchem liegen die sozialen Verknüpfungen, in und aus denen wir leben.

Wie es scheint, ist der „Funktionszusammenhang von leiblichen Bewegungen" ein brauchbarer Begriff, wenn es darum geht, die von *Merleau-Ponty* eröffneten Perspektiven zur vollen Entfaltung zu bringen und sich abzusichern gegen mögliche Rückfälle in das alte Intersubjektivitätsschema. Auf einige fruchtbare Momente dieses Begriffs sei hier nun kurz hingewiesen:

a) Die von uns bei *Merleau-Ponty* hervorgehobene Auffassung der Sozialität als eines gemeinsamen Mediums zeigt sich jetzt in ihrer vollen Tragweite. Denn im Begriff des Funktionszusammenhangs von leiblichen Bewegungen wird die Sozialität erst mit Recht das, was mich und dich umgreift. Es ist der Zusammenhang, von dem her wir einander und uns selbst verstehen. Hier handelt es sich also nicht um eine sekundäre Verbindung von vorher schon fertigen und geschlossenen Identitäten. Letztgenannte sind vielmehr umgekehrt das Resultat einer reflexiven Heraushebung aus dem kontinuierlich ablaufenden sozialen Prozeß. Eine Gefahr jedoch, die hier vermieden werden muß, ist das Modell einer Schichtentheorie, die ausgehen würde von einem fertigen, voll ausgeprägten sozialen Zusammenhang, aus dem die personalen Subjektivitäten sich erst in zweiter Instanz entwickeln könnten. Mit einer solchen Auffassung wären wir wieder am Anfang unserer Überlegungen, nämlich bei dem falschen Dilemma von Kollektivität und Individualität. Es wird also wichtig sein, in den Untersuchungen, ebenso wie *Mead*, auszugehen von *einer* Entwicklung, in der sozialer Zusammenhang und personale Subjektivität sich gleichzeitig und durcheinander ausprägen. Denn nur so wird deutlich, was *Merleau-Ponty* (1945, S. 520) sagt, nämlich „L'Homme n'est qu'un nœud de relations".

Der umgreifende Charakter der Sozialität, der in unserem Begriff des Funktionszusammenhangs von leiblichen Bewegungen zum Ausdruck kommt, hat noch einen anderen Aspekt: er macht es möglich, das in dem phänomenologischen Intersubjektivitätsschema implizit anwesende dyadische Modell in Frage zu stellen. Als Funktionszusammenhang von leiblichen Bewegungen ist die Sozialität nicht a priori beschränkt auf Verhältnisse von je zwei Personen. Ebensowenig kann in dieser Perspektive ein solches Verhältnis als Basismodell gelten. Man könnte sich sogar fragen, ob die exklusive Beziehung von Ich und Du nicht als ein abgeleiteter oder wenigstens besonderer Fall gedacht werden muß.

b) Mit diesem Ansatz stellt sich nicht mehr die in der traditionellen soziologischen Theorie herrschende Alternative, den sozialen Prozeß entweder als blinden Mechanismus oder als Feld selbstherrlicher Individuen zu begreifen. Der Zusammenhang der Gesten spielt sich nicht total außerhalb der Subjektivität ab, er konstituiert sich durch diese Sphäre hindurch. Das heißt jedoch nicht, daß er das Produkt bewußter Intentionen sei. Vielmehr — obwohl nicht ausschließlich — ist hier die Rede von einer passiven oder vorreflexiven Intentionalität (vgl. *Merleau-Ponty* 1945, S. I-XVI). Auch der Sinnbegriff, wie *Mead* ihn entwickelt, ist hier in Betracht zu ziehen: Intentionalität als das auf den Zusammenhang Abgestimmtsein der verschiedenen Bewegungen. Die einzelnen Bewegungen sind also nur aus dem gesamten leiblichen Kontext heraus zu verstehen. Dieses spontane Bezogensein auf den Zusammenhang unsers leiblichen Verhaltens kann in vielen alltäglichen Situationen wahrgenommen werden. Man vergleiche z. B. die wechselnden Haltungen der Partner in einem Gespräch. Zuerst steht man aufrecht und steif zusammen: die Begegnung hat einen formellen Charakter. Dann stellt einer sich etwas bequemer hin, er setzt einen Fuß vor den anderen, und, oft ohne bewußte Aufmerksamkeit, ändern auch die anderen ihre Haltung, jemand steckt nun die Hände in die Taschen usw. Dieser Haltungswechsel ist nicht etwas nur „Äußerliches": zugleich ändert sich das, was zwischen den Gesprächspartnern gesagt wird. Diese Parallelität verläuft jedoch nicht so, daß der Inhalt dessen, was gesagt wird, immer als die Ursache der veränderten Haltungen anzusehen wäre. Vielmehr sind Haltung, Mimik, Gestik und Worte einige der vielen Aspekte dieses einen Geschehens, das man „Gespräch" nennt. Dabei geht in den erstgenannten Aspekten ebensoviel und manchmal noch mehr vor als in den reinen Worten: so z. B. der unausgesprochene Machtstreit, der beim Nehmen der Initiative für die „kollektiven" Haltungsänderungen ausgetragen wird.

Übrigens zeigt sich in solchen Beispielen nicht nur das unmittelbare, vorreflexive Aufeinanderreagieren in bezug auf den totalen Zusammenhang; vielmehr entwickelt die Situation sich in einem unentwirrbaren Zusammenspiel von passiven und aktiven Intentionalitätsmomenten. Es wäre deshalb falsch, aus dem hier von uns verfolgten Gedankengang zu schließen, daß die Sozialität einzig und allein im Fungieren einer rein passiven Intentionalität bestünde. Typisch für das menschliche Verhalten ist gerade die Dialektik von Aktivität und Passivität (vgl. *Waldenfels* 1977a, S. 123, 129).

c) Die Funktionszusammenhänge der leiblichen Bewegungen sind ständig in Bewegung; in ihrer Flexibilität zeigen sie sich kaum an feste, vorgegebene Muster gebunden. Möglicherweise gewinnen wir hiermit eine etwas klarere Einsicht in eines der Hauptprobleme der Sozialität: die Struktur ihrer fortdauernden Veränderlichkeit.

Weder in der traditionell-soziologischen Auffassung, noch in der von *Schütz* bestimmten phänomenologischen Betrachtung wird diese Frage hinreichend gelöst. In der erstgenannten Denkart beherrschen die gegebenen Institutionen oder Regeln das Gesamtbild: sie geben die Schablonen ab für das Gesamtbild: sie geben die Schablonen ab für das Verhalten des Einzelnen. Die daraus folgende Konsequenz einer ununterbrochenen Selbstwiederholung der Institutionen wird umgangen durch den Hinweis auf die Unvollständigkeit der Sozialisierung; diese mache es möglich, daß das Individuum in den Einfluß alternativer oder sogar konkurrierender Institutionen gerate (vgl. z. B. *Berger, Luckmann* 1970, S. 157-173). Es ist klar, daß damit jedoch die Frage nach dem Entstehen neuer Institutionen nicht beantwortet wird: auch den genannten alternativen Institutionen gegenüber ist das individuelle Verhalten ein bloßer Abdruck. Eine Einsicht in dieses Verhalten selbst als Ort eines ständigen „Instituierens"[17] wird dem Soziologen nicht gewährt.

Ebensowenig wird dieses Problem gelöst, wenn wir mit *Schütz* ausgehen vom Einzelnen als souveräner Entwurfsinstanz der eigenen Situation und des eigenen Handelns. Denn wie die individuellen Sinngebungen ihre Spuren in einer gemeinsamen Welt hinterlassen können (vgl. *Ricœur* 1972, S. 263-265) — erst dann könnte man doch von *sozialem* Wandel sprechen —, bleibt hier unklar; ebenso bleibt auch im dunkeln, daß die Erneuerungen im aktuellen Verhalten immer aus einem Spiel mit schon Gegebenem bestehen. Eine mögliche Perspektive öffnet sich nun mit dem Begriff des Funktionszusammenhangs von leiblichen Bewegungen. Dieser richtet unsere Aufmerksamkeit auf das Moment der Opazität,[18] das den sozialen Verhältnissen eigen ist. Der leibliche, sich meinem bewußten Griff entziehende und über mich und meine direkt wahrnehmbaren Partner hinausgreifende Charakter des sozialen Zusammenhangs gibt unseren Beziehungen etwas Undurchsichtiges. Diese Undurchsichtigkeit besagt, daß es immer Neues, wie auch dasselbe auf mehrere Weisen, zu explizieren gibt[19]. Der leibliche Zusammenhang ist ein Feld, das durch seine Vieldeutigkeit dazu anregt, fortdauernd neue Sinndimensionen zu thematisieren[20]. Ein wichtiger Punkt, den wir hierbei jedoch im Auge behalten müssen, ist die schon genannte Dialektik von aktiver und passiver Intentionalität. Das Moment der Opazität impliziert ja auch, daß die verschiedenen Themen nicht schon als fertige im Themafeld enthalten sind und aus diesem nur noch herausgelesen zu werden brauchen. Vielmehr entstehen sie erst in der Explikation, aber das wieder, ohne ausdrücklich als die Produkte der letztgenannten gelten zu können.

d) Sehr wichtig ist die Spontaneität oder Unmittelbarkeit des leiblichen Funktionszusammenhangs. Der Zusammenhang ist nicht ein überindividuelles System, getrennt von der Ebene der beteiligten Subjekte, sondern er ist *unser* eigenes Zusammenspiel. Diese Bezeichnung ist nicht zufällig: in der Tat stoßen wir hier auf dieselbe Direktheit, denselben Charakter der Überraschung wie im Spiel. Es ist bezeichnend, daß *Mead* in seiner Analyse der Genese des „Selbst" im Zusammenhang der Gestik, gerade dem Spiel in seinen verschiedenen Formen eine zentrale Rolle zumißt. Wenn wir hier aber von Direktheit sprechen, beziehen wir uns dabei ausdrücklich auf den Begriff der Unmittelbarkeit, so wie er in der Folge *Merleau-Pontys* revidiert wurde (siehe oben 3.2). Das leibliche Zusammenspiel weist also immer auch über sich selbst, über den buchstäblichen Augenblick und die direkt Beteiligten hinaus, und zwar sowohl in Richtung einer vorstrukturierten wie auch einer noch zu strukturierenden Welt.

Was die erste Richtung betrifft, so öffnet sich hier der Raum für das Mitklingen sozialer Sedimentierungen im konkreten Geschehen *hic et nunc*. Dieses „Mitklingen" besteht aber nicht daraus, daß das konkrete Geschehen durch fertige und eindeutige Typen, Regeln oder andere institutionelle Formen einfach modelliert wird. Vielmehr geht es um ein sich im konkreten Verhalten vollziehendes Wahrnehmen und Explizieren des Früheren.

Also auch in diesem Sinne wird hier der traditionelle Gedanke des Systems, nämlich als eines abgeschlossenen Ganzen, in dem jedes Element den herrschenden festen Regeln gehorcht, überwunden. Vielmehr müßte hier gesprochen werden von offenen Strukturen, in dem Sinne wie dieser Begriff von *Merleau-Ponty* entwickelt wurde (vgl. *Walden-*

fels 1976, S. 17-28). Der Funktionszusammenhang von leiblichen Bewegungen wäre zu sehen als eine sich in der unmittelbaren Spontaneität konstituierende, fortdauernd fließende Figur, die keine wirkliche Grenzen, sondern nur Horizonte hat.

4. Perspektiven und Beschränkungen

4.1 Die Frage nach der Subjektivität als bleibender Leitfaden

In unseren Überlegungen, die uns dazu führten, die Rolle der Leiblichkeit in der menschlichen Sozialität hervorzuheben, indem wir letztere als einen Funktionszusammenhang von leiblichen Bewegungen beschrieben, haben wir uns hauptsächlich abgesetzt gegen die Sozialphänomenologie von *Alfred Schütz*. Diese Abwendung von *Schütz* soll nun richtig verstanden werden. Vor allem sollte man sie nicht für mehr halten als sie ist, nämlich eine Kritik an der in seinem Werk so deutlich ausgeprägten mundanen Egologie. Damit enthält sie kein Urteil über die weiteren, oft fruchtbaren Einsichten, die bei *Schütz* gefunden werden. Und auf keinen Fall bedeutet sie eine Diskreditierung der Phänomenologie als solcher. In diesem Zusammenhang ist es wichtig festzustellen, daß Egologie und Phänomenologie nicht notwendig miteinander verbunden sind, eine Feststellung, die sich aufdrängt bei der Lektüre von *Merleau-Ponty*, *Ricœur* u. a. Der wirkliche Sinn der Phänomenologie erscheint vielmehr in der Frage: welche Rolle spielt die Subjektivität im Zustandekommen der Wirklichkeit, in der wir leben? Dabei bedeutet „Subjektivität" keineswegs dasselbe wie „einzelnes Subjekt". Eher wäre sie aufzufassen als ein Netz von (passiv- und aktiv-) intentionalen Strukturen, in denen der einzelne nicht mehr als ein Durchgangspunkt (obwohl ein unentbehrlicher) ist, der nur durch eine Hypostasierung ausdrücklich als solcher aus dem Zusammenhang herausgehoben werden kann. Auch der bewußte, selbstherrliche Charakter des Subjekts wird hiermit relativiert: die Wirklichkeit wird nicht von ihm konstituiert, sondern vielmehr konstituiert die Wirklichkeit sich durch ihn hindurch.

Vorausgesetzt, daß ihre Frage in dieser Weise gestellt wird, kann die Phänomenologie bei dem Studium der Sozialität zu wichtigen Resultaten führen, vor allem wenn es darum geht, tradititionellen Alternativen wie der von Determinismus und Freiheit oder Kollektivismus und Individualismus zu entgehen. Wenn hier also von der Leiblichkeit gesprochen wurde, so geschah es immer im Rahmen der phänomenologischen Frage nach der Subjektivität.

4.2 Die Bedeutung des Begriffs der Leiblichkeit für die Theorie der Sozialität

Wenn wir nun zu resümieren versuchen, welche spezifische Rolle der Leiblichkeitsbegriff im Denken über die Sozialität spielt, so erscheinen wohl drei Punkte als die wichtigsten:

a) Der Leiblichkeitsbegriff macht es möglich, die Sozialität anders zu denken als mit Hilfe von Dichotomien und Substanzen. Wir haben gesehen, wie der Blick auf die Leiblichkeit nicht nur den Gegensatz von Individualität und Kollektivität, sondern auch den von Ich und Anderem als eine artifizielle Konstruktion erscheinen läßt. Beide werden nun ersetzt durch den Begriff einer Mitte, die allen reflektierten Unterscheidungen vorangeht.

b) Hiermit bedeutet das Ausgehen von der Leiblichkeit einen wichtigen Schritt auf dem Weg zur Relativierung und Überwindung der traditionellen Auffassung des autonomen, abgeschlossenen Individuums. Der Leiblichkeitsbegriff macht klar, daß die Subjekte durch den Zusammenhang definiert werden, in dem sie leben, und daß ihr Verhalten deshalb primär von da aus zu verstehen ist. In dieser Hinsicht entsteht hier wieder Raum für ein holistisches Denken. Dabei handelt es sich jedoch um Holismus in einem neuen Sinne, um einen solchen nämlich, der nicht aufgrund einer zweiseitigen Hypostasierung von Individualität und Kollektivität besteht. Eher müßte hier von einem „Holismus der Mitte" gesprochen werden. In ihm wirkt sich die vorhin erwähnte typische Fragestellung der Phänomenologie aus: die Totalität, von der hier die Rede ist, besteht nur in den betroffenen Subjekten und durch sie. Ihr Gewebe ist das Gewebe des subjektiven Lebens. Deshalb muß jeder Gedanke an ein selbständiges, die Subjekte determinierendes System hier ferngehalten werden. Die Totalität der Mitte ist lediglich die in der zwischenleiblichen Spontaneität sich abzeichnende, stets offene Struktur des intersubjektiven Zusammenlebens.

c) Mit diesem Gedanken der Mitte als der offenen Struktur des subjektiven Zusammenlebens kommt, wie wir gesehen haben, auch das Problem der sozialen Dynamik einer Lösung näher. Er macht klar, daß dieses Problem vom Zentrum des aktuellen leiblichen Verhaltens im intersubjektiven Kontext aus studiert werden muß. Die Spontaneität des Funktionszusammenhangs von leiblichen Bewegungen ist die Quelle des Unvorhersehbaren im sozialen Leben. Der durch und durch soziale Charakter dieses leiblichen Funktionszusammenhangs ist verantwortlich dafür, daß dieses Unvorhersehbare nicht eine Sache von Individuen „für sich" ist. Das subjektive Gewebe desselben leiblichen

Funktionszusammenhangs sorgt dafür, daß der soziale Wandel sich nicht in den Gesetzen eines deterministischen Systems verfängt.

4.3 Beschränkungen des Leiblichkeitsbegriffs

Es mag klar sein, daß wir, als wir die Leiblichkeit — in der Gestalt des Funktionszusammenhangs von leiblichen Bewegungen — zum zentralen, konstitutiven Moment in der Sozialität machten, damit nicht eine Naturalisierung dieser letzteren im Sinn hatten. Die Leiblichkeit ist nicht eine natürliche Unterschicht des menschlichen Lebens, sondern ein stets lebendiges und sich entwickelndes Zusammenspiel von faktischer Gegebenheit und kreativer Erneuerung, von passiver und aktiver Intentionalität. Als solches ist sie auch nicht so sehr ein isolierter, erklärender Faktor, aus dem das soziale Geschehen abgeleitet werden könnte, sondern vielmehr das Feld oder der Rahmen, in dem dieses Geschehen sich abspielt. Der Begriff der Leiblichkeit bringt deshalb nicht die abschließende Lösung für die Probleme der Sozialität; er ist vielmehr nur ein Anfang, nämlich insofern die Leiblichkeit den Weg weist, auf dem sie angegangen werden können.

In der unmittelbaren, leiblichen Beziehung haben alle Dimensionen ihren Platz, die für die menschliche Sozialität kennzeichnend sind, so wie Typifikation, Relevanz, Institutionalisierung, Geschichtlichkeit, Sprache, Symbolik, instrumentelle Praxis, Transzendenz usw. Wenn wir den Begriff „Leiblichkeit" verwenden, haben wir also implizit zwar sehr vieles, aber explizit noch kaum etwas gesagt. Die Unzufriedenheit darüber wird sich als äußerst fruchtbar erweisen, wenn wir sie als einen Ansporn zu weiterer Forschungsarbeit auffassen.

5. Bemerkungen zur therapeutischen Relevanz

In dem vorliegenden Aufsatz über Leiblichkeit und Sozialität (vgl. auch *Coenen* 1979) geht es vor allem um Probleme der Sozialwissenschaft. Die phänomenologische Analyse des subjektiven Lebens als leiblicher Existenz bleibt in ihren Implikationen jedoch nicht auf die sozialwissenschaftliche Problematik beschränkt: sie ist allgemein-anthropologischer Natur und betrifft somit auch andere Humanwissenschaften. Dazu kommt, daß sie zwar in ihren Formulierungen ein abstrakt-theoretisches Gesicht zeigt, inhaltlich aber durch und durch praktisch ist. Sie stammt eben aus einer methodisch ernst genommenen, gelebten Praxis und kehrt in ihren Aussagen und Wirkungen dorthin wieder zurück. Die Relevanz der obenstehenden Beobachtungen für die Psychotherapie braucht deshalb als Faktum kaum diskutiert zu werden. Und was den Inhalt dieser Relevanz betrifft, so wird der im Feld der Psychotherapie praktisch Tätige wohl bestens im Stande sein, das Seinige daraus zu entnehmen. Dabei garantiert die reiche zwielichtige Struktur des leiblichen Feldes eine Offenheit, die viele mögliche Auswirkungen zuläßt. Weiterdenken wird hier wieder zur persönlichen risikovollen Aufgabe, eindeutige Beweisführung verliert ihr traditionelles Privileg der Wissenschaftlichkeit.

So sind die folgenden Bemerkungen über einige Konsequenzen der phänomenologischen Leiblichkeitsanalyse für die Psychotherapie nicht mehr als eine persönliche Auswahl, und dazu noch von jemandem, der in das therapeutische Feld — wenn es um die fachmäßige Praxis geht — kaum weiter als bis zum Rand vorgedrungen ist. Meine Bemerkungen beziehen sich auf zweierlei Konsequenzen der Leiblichkeit: einerseits für die therapeutische Praxis und ihre oft verborgenen theoretischen Ausgangspunkte, andererseits für die Stellung der Psychotherapie im alltäglich-gesellschaftlichen Kontext.

1) Was die Konsequenzen für praktische therapeutische Arbeit betrifft, so könnte man die Fruchtbarkeit ins Auge fassen, die das Einbeziehen des Leibes sowohl auf der Ebene der Diagnose und der eventuellen Ätiologie wie auch im Bereich der auf Heilung ausgerichteten Aktivitäten haben wird. Daß hier ein reiches und vielversprechendes Arbeitsfeld vorliegt, hat sich inzwischen auch wohl bestätigt in den Versuchen, die in dieser Richtung gemacht worden sind und weiter gemacht werden: man denke nur an die von *Alexander Lowen* entworfene „Bioenergetik" und mancherlei ähnliche Therapieformen, in denen der leiblichen Motorik, Gestik und Interaktion eine Hebelfunktion verliehen wird. Es könnte sogar scheinen, als sei die phänomenologische Reflektion über die Leiblichkeit hier schon von den praktischen Entwicklungen überholt.

Wie wichtig aber diese praktischen Explorationen auch sind — in der Tat: nur im Werk am lebendigen Material kann sich die Theorie erst entwickeln —, so soll es doch stets auch Raum geben für selbstkritisches Fragen. Das methodische Vorgehen der Phänomenologie, sich aufbauend auf einem ständigen Hin und Her zwischen den Ergebnissen der praktisch engagierten Wahrnehmung und der reflektierenden Distanznahme, bildet dafür eine Garantie. Und so hat ihre Analyse der Leiblichkeit nicht bloß den Charakter eines auf greifbare Erfolge ausgerichteten Arbeitsrezeptes, sondern sie bildet stets auch eine Plattform für Weiter- und Rückfragen. Sie warnt davor, sich allzu schnell mit den erzielten greifbaren Erfolgen zu begnügen. Wenn sie sich zwar mit dem pragmatistischen Adagium des „wahr ist, was wirkt" verwandt fühlt, so kann sie sich doch nicht von der Frage zurückhalten: „Warum wirkt es denn so; und inwiefern wirkt es wirklich so?"

In den Überlegungen von *Merleau-Ponty* zur Leiblichkeit zeigt sich eine wichtige Funktion dieses wiederholten Fragens der Phänomenologie: einen Schutz zu bieten gegen die fortwährend anwesende Neigung, in überholte Begriffsgegensätze zurückzufallen, — worüber die Euphorie über den Erfolg neu ausprobierter „revolutionärer" Methoden leicht hinweg täuschen kann. So wendet der Leiblichkeitsbegriff sich einerseits gegen einen Intellektualismus, der das Schwergewicht einer Psychotherapie in das Gebiet der klar formulierbaren „Einsicht" legt und deshalb einen praktischen Akzent auf die verbalen Äußerungen und die Analyse ihrer Bedeutungszusammenhänge setzt. Andererseits sollte der Begriff der Leiblichkeit nicht mit dem eines technisch manipulierbaren Körpers verwechselt werden, dem man beliebig ihm zugehörige Reaktionsketten entlocken könne, wenn er nur an den richtigen Stellen berührt würde. Zwar können sich u. U. autonome Reaktionsketten entwickeln — ein psychopathologisch durchaus bedeutsames Moment! —, stets aber tendiert die leibliche Existenz dazu, sinnvoll, d. h. situationsgemäß auf gestellte Fragen zu antworten, wenn dies auch nicht immer intellektuell verständliche Antworten sind. Es wäre die Aufgabe einer Therapie — die hier kaum noch „Psycho-therapie" heißen dürfte —, diese Tendenz zum praktisch gelebten, oft vorbewußten Sinn wieder frei zu setzen. Dabei hat auch das Wort seine Funktion, jetzt aber im Sinne einer Gebärde, als einer der vielfältigen, miteinander verflochtenen Expressionsweisen, die als ein Bogen auf die Welt gerichtet sind und jeweils die konkrete Weise verwirklichen, in der die Person in seiner Umgebung steht.

Und auch im folgenden Punkt wird die Verlockung der alten Dichotomien entkräftet. Traditionell war die Phänomenologie schon immer personalistisch ausgerichtet und wandte sich demgemäß gegen eine zwanghafte Eingliederung des Individuums in überpersonale Einheiten, seien es anonyme Kollektivitäten oder abstrakte Normierungsschemen. Ein guter Teil dieser personalistischen Ausrichtung ist inzwischen längst in die therapeutische Praxis eingegangen. Der Begriff der Leiblichkeit macht nun hinwiederum deutlich, daß es eine Grenze gibt, über die die Auffassung der persönlichen Autonomie nicht hinausgehen kann, ohne an heilendem Wert einzubüßen. Leibliches Existieren heißt nämlich: Verwurzelung in einem konkreten sozialen Alltag. So warnt dieser Begriff vor einer sich leicht einschleichenden Neigung, den „Patienten" in der Therapie von seiner üblichen Umgebung loszulösen, die Therapie sogar in diesem Sinne zu gestalten im Hinblick auf eine ausdrücklich angestrebte „Katharsis", um ihn damit zu einer seiner persönlichen Lebensumstände entleerten Definition individueller Selbstverfügung zu bringen. Auch die damit einhergehende Verselbständigung des therapeutischen Prozesses zum isolierten, dem Alltag des „Patienten" enthobenen Geschehen erhält hier eine kritische Beleuchtung. Durch die Einsicht in die Leiblichkeit der personalen Existenz und ihre weltliche Verwurzeltheit wird dieser so oft abgewertete und unter Verdacht gestellte Alltag zum vorgegebenen Boden, an den jede auf dauerhafte Resultate abzielende Therapie positiv anknüpfen sollte. Nur dort hat die Selbstverfügung der Person jeweils ihr Feld und kann sich als eine konkrete Wirklichkeit entwickeln.

Ein weiterer Punkt, an dem die kritische Funktion des phänomenologischen Leiblichkeitsbegriffs sich auswirkt — und hier kommt der in den vorhergehenden Punkten aufgezeigte Widerstand gegen intellektualistische und atomistisch-individualistische Tendenzen noch einmal zum Zuge —, ist eine relativierende Nüchternheit gegenüber abstrakten und idealen Programmen im therapeutischen Denken. Die Leiblichkeit ist ein schwer greifbarer, nur teilweise durchschaubarer Bereich, bearbeitbar schon, aber so, daß die Ergebnisse sich nicht voraussagen lassen. Eine wichtige Voraussetzung für reelle Fortschritte im Bereich der Therapie wäre deshalb Beschreibung, und zwar systematische Beschreibung pathologischer Verhaltensweisen in ihren alltäglichen Kontexten — das Material, aufgrund dessen therapeutische Programme, in denen diese Programme sich jeweils faktisch verwirklichen. Auf der Basis solcher Beschreibungen wäre es möglich, in einer ständigen Reflexion die Verbindung zwischen Therapie und Alltag aufrecht zu erhalten und den Verlockungen der Idealisierung und Selbstüberschätzung im therapeutischen Denken die Stirn zu bieten. An dieser Stelle ergibt sich eine konkrete Möglichkeit — sogar Notwendigkeit — der Zusammenarbeit von Psychotherapie und Sozialwissenschaft. Als Beispiel könnte hingewiesen werden auf die vor dem Hintergrund phänomenologisch-soziologischer Gedankengänge unternommenen Milieustudien von *Grathoff* (1975/1979), *Hildenbrand* (1979) u. a., in denen Prozesse der Normalität und Abnormalität in ihren biographischen Kontexten beschrieben und analysiert werden.

2) Der zweite Abschnitt von Bemerkungen betrifft, wie gesagt, die Stellung der Psychotherapie im gesellschaftlichen Leben. Auch hier bewährt sich das kritische Potential der phänomenologischen Reflexion über die Leiblichkeit. Seit dem Entstehen der Psychoanalyse ist eine Entwicklung wahrnehmbar, in der die Psychotherapie sich in zunehmendem Maße als ein Gebiet mit offenen Grenzen definiert. Das

Prinzip der geschlossenen Anstalt hat an Wirkungskraft eingebüßt, die graduellen Übergänge zwischen Pathologie und Normalität werden mehr akzentuiert, und ein beträchtlicher Teil der therapeutischen Bemühungen bezieht sich jetzt auf das Zwischengebiet zwischen Anstalt und gesellschaftlichem Alltag. Daneben hat sich seit den frühen Arbeiten der Frankfurter Soziologen[21] eine Tradition der theoretischen Kulturkritik gebildet, in der die Begriffsschemen der Psychoanalyse direkt auf die gesellschaftlichen Zusammenhänge angewandt werden. Die Vorteile dieser Entwicklung für die therapeutische Arbeit im engeren Sinne brauchen kaum noch betont zu werden; sie trägt in bedeutendem Maße zu einer Entstigmatisierung des abweichenden Verhaltens bei.

Auf der anderen Seite ist jedoch eine auffällige Tendenz im alltäglichen Selbstverständnis in Erscheinung getreten, die durchaus kritische Beachtung verdient. Man könnte sie umschreiben als „Therapeutisierung des Alltags", wobei betont werden soll, daß es hier nicht so sehr um das Fachverständnis der Therapeuten geht, sondern eher um die mehr oder weniger diffuse Ausstrahlung davon auf die sozialen Praktiken im gesellschaftlichen Alltag. Aus Beobachtung von Gesprächen und alltäglichen Umgangsweisen ergibt sich der Eindruck, daß es eine — natürlich in Intensität und Ausprägung wechselnde — „Ethnopraxis" gibt, in der gewisse Gedanken und Techniken der Psychotherapie als quasi selbstverständliche Elemente des sozialen Umgangs einverleibt worden sind. Es wäre eine wichtige Aufgabe, diese „Ethnopraxis" in ihren Wirkungen näher zu erforschen und zu beschreiben; hier kann sie nur kurz angedeutet werden.

Die genannte Therapeutisierung äußert sich in einer zunehmenden Neigung, die „Gesundheit" des eigenes Verhaltens wie auch die der persönlichen Beziehungen, in denen man lebt, in Frage zu stellen. Dabei sind es dann allgemeine, dem eigenen konkreten Kontext enthobene Normen, die als Maßstab genommen werden; diese Normen sind, im Gegensatz zu der herkömmlichen, religiös-ethisch geprägten Lebenssphäre, technischer Art; sie sind den verschiedenen geläufigen Theorien der Psychotherapie entnommen. So stellt sich ein ständig anwesendes Mißtrauen gegenüber der eigenen gelebten Welt ein, das bei jeder Störung der üblichen Abläufe aus der Latenz hervortritt und zu einem aktiven Prozeß des Zweifels an sich, an den Anderen und an dem Gemeinsamen ansetzt. Die unpersönliche Objektivität der theoretischen Normen, an denen dieser Zweifel sich ausrichtet, verleiht diesem Prozeß eine außeralltägliche Autorität; sie gibt ihm seine besondere Dringlichkeit und schützt ihn vor praktischen, moralischen oder andersartigen Überlegungen, die, ebenso wie das einfache Vergessen, der anhaltenden Selbst- und Einanderbefragung ein Ende setzen könnten. Diese selbst werden dann wiederum in Übereinstimmung mit dem theoretischen Schema als „Fluchtverhalten" entkräftet.

Die Therapeutisierung des alltäglichen Selbstverständnisses ist wesentlich intellektualistisch geartet. Sie steht im Zeichen des Glaubens an das Expertentum des Theoretikers, akzeptiert die Gültigkeit allgemeiner, rationaler Normen zur Beurteilung der Verwobenheiten und Eigenartigkeiten des konkreten interpersonalen Zusammenlebens; als solche stellt sie einen fundamentalen Vertrauensverlust gegenüber dem alltäglichen Verhaltensboden dar, wie auch eine Intoleranz gegenüber den Unvollkommenheiten und Doppelsinnigkeiten, die diesem Boden in einer historischen Gewordenheit stets anhaften. Der Intellektualismus dieser Haltung erhält seine Abrundung in dem Glauben an die Konstruierbarkeit des alltäglichen Kontextes im Sinne des regulativen theoretischen Schemas.

Demgegenüber impliziert die Leiblichkeit des personalen Lebens eine stets vorgegebene Verwurzelung, eine Symbiose mit der sozialen Umgebung, die nicht total durchschaubar oder rational gestaltbar ist. Durch unseren Leib sind wir auf eine immer schon da seiende vertraute Welt ausgerichtet: diese steht nicht außerhalb unserer selbst, sondern ist in jeder Bewegung, in jedem praktischen Tun mitgegeben. Der Leib stellt uns auf die Basis einer persönlichen wie auch anonymen Vorgeschichte, der wir uns nicht entziehen können: die weitere Kultur und der engere Umkreis, in denen wir aufwachsen, sind als habitueller Kern in unseren typischen Verhaltensweisen einverleibt. Schon dies macht es unmöglich, ein reines Modell von personaler Identität und interpersonaler Beziehung aufrecht zu erhalten. Verwurzelung in einer konkreten Geschichte heißt: der Zufälligkeit, Asymmetrie und Ambiguität ausgeliefert zu sein, verstrickt zu sein im Guten wie im Bösen.

Es wäre ungerecht, dem inneren Kreis der Psychotherapie die angedeutete Infiltrierung quasi-therapeutischer Umgangsformen im gesellschaftlichen Alltag anzulasten. Sie ist eine unvermeidliche Folge der oben beschriebenen vergrößerten Offenheit und daher auch Sichtbarkeit des therapeutischen Handelns für die Umwelt, in der sie funktioniert. Dennoch bringt diese Entwicklung neue Aufgaben mit sich, die zum Teil auch dem Fachkreis der Therapeuten zugeordnet werden müssen. Eine Wiederbesinnung auf ihre eigenen Begriffe und Prozeduren im Lichte des leiblichen Grundcharakters des personalen Lebens könnte zur Erfüllung dieser Aufgaben einen wichtigen Beitrag leisten.

Anmerkungen

1) Wie auch *S. Strasser* in seinem Aufsatz: „Grundgedanken der Sozialontologie Edmund Husserls" (1975) beziehe ich mich hier auf den Inhalt, den der Begriff „Sozial ontologie" bei *M. Theunissen*, Der Andere. Studien zur Sozialontologie der Gegenwart (1965), erfahren hat. Selbstverständlich handelt es sich hier nicht um eine Ontologie im traditionellen Sinne, sondern um eine Analyse von intentionellen Erfahrungsstrukturen in Übereinstimmung mit der allgemeinen methodischen Perspektive der Phänomenologie.

2) In der hier folgenden Erörterung beschränke ich mich auf die Analysen, die *Schütz* in diesem seinem ersten Buch entwickelt hat, wegen ihrer grundlegenden Bedeutung für sein ganzes Werk. Später (vgl. Collected Papers I, II, III) von ihm eingeführte Komplikationen, wie das Verstehen mittels sozialer Typen, haben das im „Sinnhaften Aufbau" dargelegte Grundschema nicht wesentlich ändern können. Diese bleiben hier daher außer acht.

3) Für eine diesbezügliche Bemerkung über *Husserl* siehe *W. Dallmayr* (1977).

4) *Merleau-Ponty* 1945, VII. Dort schreibt er auch: „Il faut que je sois mon extérieur, et que le corps d'autrui soit lui-même."

5) „Mon corps est de la même chair que le monde". (*Merleau-Ponty* 1964, S. 153). Daß dieser „Stoff" nicht naturalistisch aufgefaßt werden darf, braucht kaum betont zu werden. Siehe hierzu *Gauchet*, Le lieu de la pensée, in: „Merleau-Ponty", *L'Arc*, no. 46, S. 19-30.

6) Diese Auffassung der Unmittelbarkeit bei *Schütz* ist nicht ohne Folgen geblieben für die moderne Soziologie. In seinen späteren Schriften wurde sie von ihm ausgedrückt in dem Begriff der „face-to-face-communication" und fand so den Weg zu den von *Schütz* beeinflußten Soziologen.

7) Für eine phänomenologische Beschreibung der Struktur des „Mehr-Meinens" vgl. *Waldenfels* 1977a.

8) Man könnte geneigt sein, die hier introduzierte Dimension der Vertrautheit zu identifizieren mit dem Schützschen Begriff der Typen. Damit überginge man jedoch den beträchtlichen Unterschied zwischen diesen Begriffen. *Schütz* zufolge hat die Typifikation ihren ursprünglichen Ort gerade außerhalb der unmittelbaren intersubjektiven Situation, nämlich in der „sozialen Mitwelt". Außerdem werden dieTypen von ihm als kognitive Strukturen gesehen, die in starkem Maße vom reflexiven Leben des Ich abhängig sind. (Vgl. dazu *Coenen*, 1976, S. 121-142, bes. 131f.) Ob der Typusbegriff nicht durch eine Uminterpretation in die hier gemeinte Richtung fruchtbar gemacht werden könnte, ist eine andere Frage, der es sich durchaus nachzugehen lohnt.

9) Vgl. *Mead* 1934, S. 42-51. Zur Übersetzung von „Conversation of Gestures" verwende ich den Ausdruck „Gebärdensprache" von *Wundt*, der auch den ursprünglichen Ansporn zu *Meads* Theorie bildete. Vgl. *Wundt* 1912, S. 59ff.

10) Vgl. z. B. Mead 1934, S. 7: „[The acts of the individual] are involved in larger, social acts which go beyond himself and which implicate the other members of that group ... We are starting out with a given social whole of complex group activity, into which we analyze (as elements) the behavior of each of the separate individuals composing it."

11) Diese werden von *Mead* „gestures" (Gebärden) genannt, weil sie den Anreiz bilden für eine Reaktion auf der Seite der anderen an der sozialen Handlung Beteiligten. Vgl. *Mead* 1934, S. 42.

¹²) So bemerkt *Mead* (S. 43) bezüglich der Situation in einem Box- oder Fechtwettkampf: „If the individual is succesful a great deal of his attack and defense must be not considered, it must take place immediately. He must adjust himself ‚instinctively' to the attitude of the other individual."

¹³) Ich beziehe mich hier auf die Interpretation von *Blumer* (1969), *van Hoof* (1973), *Natanson* (1956) und *Zijderveld* (1973).

¹⁴) So schreibt *Mead:* „... in the social act, the adjustive response of one organism to the gesture of another is the interpretation of that gesture by that organism — it is the meaning of that gesture. At the level of self-consciousness such a gesture becomes a symbol, a significant symbol. But the interpretation of gestures is not, basically, a process going on in a mind as such, or one necessarily involving a mind; it is an external, overt, physical, or physical, or physiological process going on in the actual field of social experience. Meaning can be described, accounted for, or stated in terms of symbols or language at its highest and most complex stage of development (the stage it reaches in human experience), but language simply lifts out of the social process a situation which is logically or implicitly there already. The language symbol is simply a significant or conscious gesture." (*Mead* 1934, S. 78f.)

¹⁵) Vgl. *Mead* 1934, S. 347; er unterscheidet zwischen zwei Typen menschlichen Verhaltens: den des „biological individual", d. h. „[conduct] which does [involve conscious reasoning]". Von diesen Typen sagt *Mead* dann: „While these types of conduct can be clearly distinguished from each other in human behavior, they are not on separate planes, but play back and forth into each other, and constitute, under most conditions, an experience which appears to be cut by no lines of cleavage." Vgl. auch *Morris* (1934) S. XXVI, Anm. 16: „... Just as the earlier levels of the social process remain after the higher levels are obtained, so the biologic individual remains even when organized into a self ..." In diesem Zusammenhang ist auch die Bemerkung von *Natanson* (1956, S. 8) wichtig, daß die vorsprachliche Kommunikation der Gebärden der Schlüssel sein könnte zum Problem der sozialen Erscheinungen überhaupt.

¹⁶) Dies wird z. B. deutlich in seinem Beispiel: „the offering of a chair to a person who comes into the room is in itself a courteous act. We do not have to assume that a person says to himself that this person wants a chair. The offering of a chair by a person of good manners is something which is almost instinctive". (*Mead* 1934, S. 15).

¹⁷) Für den Begriff des „instituer", vgl. *Merleau-Ponty* (1968, 59-65). Vgl. auch *O'Neill* (1974, XXXI-XL).

¹⁸) Vgl. *Merleau-Ponty*, wenn er spricht über „l'opacité du monde" (1968, S. VI).

¹⁹) Dieses Explizieren ist nicht unbedingt ein reflexiver Vorgang: meistens ist es ein Geschehen, das sich im leiblichen Verhalten vollzieht.

²⁰) Man kann sich dabei fragen, woher der endgültige Anstoß zu den jeweiligen neuen Thematisierungen kommt. Eine mögliche Antwort wäre in der Spannung zwischen den einander durchkreuzenden Funktionszusammenhängen zu suchen, in denen jedes Subjekt stets gleichzeitig steht. Möglicherweise ist es auch die Spannung, die zu der Vorstellung eines Gegensatzes von Individualität und Kollektivität Anlaß gibt.

²¹) Vgl. bes. *Studien über Autorität und Familie*, mit Beiträgen von Fromm, Horkheimer, Marcuse, u. a. (Paris: Alean, 1936).

Literatur

Berger, P., Luckmann, Th., The Social Construction of Reality, New York 1966; dt.: Die gesellschaftliche Konstruktion der Wirklichkeit, Fischer, Frankfurt 1970.
Blumer, H., Symbolic Interactionism, Englewood Cliffs 1969.
Bréhier, E., Histoire de la Philosophie, Paris 1968.
Coenen, H., Sociologie als Constructie van Constructies, *Sociale Wetenschappen* 19 (1976) 121-142.
—, Diesseits von subjektivem Sinn und kollektivem Zwang. Phänomenologische Soziologie im Feld des zwischenleiblichen Verhaltens, Dissertation, Tilburg 1979.
Dallmayr, W., Sozialphilosophie als Theorie der Intersubjektivität, Vortrag im Kurs: Phänomenologie und Marxismus, Interuniversity Center, Dubrovnik, März 1977.
Gauchet, M., Le lieu de la pensée, in: „Merleau-Ponty", *L'Arc* 46, S. 19-30.
Grathoff, R., On Normality and Typicality in Everyday Life, *Sociological Analysis and Theory* 5 (1975), S. 81-106; dt.: Über Typik und Normalität im alltäglichen Milieu, in: R. Grathoff, W. Sprondel (Hrsg.), Alfred Schütz und die Idee des Alltags in den Sozialwissenschaften, Enke, Stuttgart 1979, S. 89-107.
Hildenbrand, B., Familiale Organisation, alltagsweltliche Orientierung und psychische Krankheit, Dissertation, Konstanz 1979.
Hoof, J. van, Symbolisch Interaktionisme, *Mens en Maatschappij* 1973, S. 328-373.
Husserl, E., Ideen zu einer reinen Phänomenologie und phänomenologischen Philosophie. Zweites Buch, Den Haag 1952.
James, W., Pragmatism, New York, London, Toronto 1907.
Linschoten, J., Op weg naar een fenomenologische psychologie, Utrecht 1959.
Mead, G. H., Mind, Self and Society. From the standpoint of a social behaviorist, hrsg. von C. W. Morris, Chicago, London 1934.
Merleau-Ponty, M., La Structure du Comportement, Paris 1942.
—, Phénoménologie de la Perception, Paris 1945.
—, Le Philosophe et son Ombre, in: M. Merleau-Ponty, Éloge de la Philosophie et autres essais, Paris 1960.
—, Le Visible et l'Invisible, Paris 1964.
—, Le Métaphysique dans l'homme, in: M. Merleau-Ponty, Sens et Non-Sens, Paris 1966.
—, Résumés de Cours. Collège de France 1952-1960, Paris 1968.
Morris, C. W., Introduction: George H. Mead as a social psychologist and social philosopher, in: G. H. Mead, Mind, Self and Society, Chicago, London 1934.
Natanson, M., The Social Dynamics of George H. Mead, Washington 1956.
O'Neill, J., Perception, Expression and History, in: J. O'Neill (Hrsg.), Phenomenology, Language and Sociology. Selected Essays of Maurice Merleau-Ponty, London 1974, S. XXXI-XL.
Ricœur, P., Der Text als Modell: hermeneutisches Verstehen, in: W. Bühl (Hrsg.), Verstehende Soziologie, 1972.
Schütz, A., Der sinhafte Aufbau der sozialen Welt, 1932.
—, Collected papers I, II, III, Den Haag 1970, 1970a, 1971.
Strasser, S., Grundgedanken der Sozialontologie Edmund Husserls, *Zschr. f. Philos. Forsch.*, Bd. 29 (1975), S. 3-33.
Theunissen, M., Der Andere. Studien zur Sozialontologie der Gegenwart, 1965.
Waldenfels, B., Die Offenheit sprachlicher Strukturen bei Merleau-Ponty, in: R. Grathoff, W. Sprondel (Hrsg.), Maurice Merleau-Ponty und das Problem der Struktur in den Sozialwissenschaften, 1976, S. 17-28.

—, Verstehen und Verständigung. Zur Sozialphilosophie von A. Schütz, in: R. Grathoff, W. Sprondel (Hrsg.), Alfred Schütz und die Idee des Alltags in den Sozialwissenschaften, 1977.
—, Das Zwischenreich des Dialogs. Sozialphilosophische Untersuchungen in Anschluß an Edmund Husserl, Den Haag 1971.
—, Möglichkeiten einer offenen Dialektik, in: B. Waldenfels, J. Broekman, A. Pazanin (Hrsg.), Phänomenologie und Marxismus, Bd. I, 1977a.
Wundt, W., Elemente der Völkerpsychologie, 1912.
Zijederveld, A., De Theorie van het Symbolisch Interactionisme, Meppel 1973.
—, Twee dilemma's, vier denkvormen, *Sociale Wetenschappen* 17 (1974), S. 49-65.

Leib, Sinnlichkeit und Körperverhältnis im Kontext der Marxschen Theorie

Klaus Ottomeyer, Peter Anhalt, Berlin/Klagenfurt

1. Der Mensch als leibliches Naturwesen und der Antwortcharakter seiner Sinnlichkeit

Im gesamten Werk von *Marx* ist der Mensch als natürliches, leibliches und sinnliches Wesen zentraler Bezugspunkt und Maßstab. In den Frühschriften findet sich dieser Bezugspunkt ausführlich dargelegt, aber er existiert, entgegen bestimmten Richtungen der Interpretation, bei genauerem Hinsehen auch im Spätwerk, insbesondere auch im „Kapital".

„Der wirkliche, leibliche, auf der festen wohlgerundeten Erde stehende, alle Naturkräfte aus- und einatmende Mensch",[1)] der sich nur materiell vergegenständlichen kann, weil er selbst materieller Naturgegenstand, „gegenständliches Wesen" ist, steht hinter allen Kräften, die als scheinbar selbständige Mächte den Geschichtsprozeß regieren. Er ist eine Realität, die der Idealismus nicht sieht, weil er selbst auf der gesellschaftlich hervorgebrachten Trennung von geistiger und körperlicher Arbeit und einer Selbstverabsolutierung der Ideologieproduktion beruht.

Als Naturwesen hat der Mensch eine tätige, eine Subjektseite, deren Vernachlässigung *Marx* dem Feuerbachschen und allem bisherigen Materialismus vorwirft, und eine Objektseite, die *Marx* gemeinsam mit *Feuerbach* gegen den Idealismus des Hegelschen Systems hervorhebt. Um beide Seiten geht es im folgenden Zitat:

„Der Mensch ist unmittelbar Naturwesen. Als Naturwesen und als lebendiges Naturwesen ist er teils mit natürlichen Kräften, mit Lebenskräften ausgerüstet, ein tätiges Naturwesen; diese Kräfte existieren in ihm als Anlagen und Fähigkeiten, als Triebe; teils ist er als natürliches, leibliches, sinnliches, gegenständliches Wesen ein leidendes, bedingtes und beschränktes Wesen, wie es auch das Tier und die Pflanze ist, d. h. die Gegenstände seiner Triebe existieren außer ihm, als von ihm unabhängige Gegenstände seines Bedürfnisses, zur Betätigung und Bestätigung seiner Wesenskräfte unentbehrliche, wesentliche Gegenstände. Daß der Mensch ein leibliches, naturkräftiges, lebendiges, wirkliches, sinnliches, gegenständliches Wesen ist, heißt, daß er wirkliche, sinnliche Gegenstände zum Gegenstand seines Wesens, seiner Lebensäußerung hat oder daß er nur an wirklichen, sinnlichen Gegenständen sein Leben äußern kann. Gegenständlich, natürlich, sinnlich sein und sowohl Gegenstand, Natur, Sinn außer sich haben oder selbst Gegenstand, Natur, Sinn für ein drittes sein ist identisch. Der Hunger ist ein natürliches Bedürfnis; er bedarf also einer Natur außer sich, eines Gegenstandes außer sich, um sich zu befriedigen, um sich zu stillen. Der Hunger ist das gegenständliche Bedürfnis eines

Leibes nach einem außer ihm seienden, zu seiner Integrierung und Wesensäußerung unentbehrlichen Gegenstande. — Ein Wesen, welches keinen Gegenstand außer sich hat, ist kein gegenständliches Wesen."[2]

Der Mensch wendet seine leiblich-sinnliche Abhängigkeit von den Gegenständen der Welt auf eine besondere, vielfältige und gezielte Weise in Aktivität, gegenständliche Tätigkeit. Zunächst gilt: „Sinnlich sein ist leidend sein (...)". Die Leidenschaft, die über das bloße Leiden hinausgeht, den Gegenstand anvisiert, ihn auf spezifische Weise „bejaht", bringt bereits das Leiden zur Aktivität, ist *energisch*. „Die Leidenschaft, die Passion, ist die nach seinem Gegenstand energisch strebende Wesenskraft des Menschen."[3]

Ob die Pflanze eine Leidenschaft zur Sonne hat, ist fraglich, ein jagendes Tier hat allenfalls eine oder wenige Leidenschaften, der Mensch jedoch hat eine Fülle von leidenschaftlichen Beziehungen. Sie sind so mannigfaltig wie seine Gegenstände. Mit seinen Leidenschaften antwortet der menschliche Organismus auf die unterschiedliche Beschaffenheit seiner variablen Gegenstände.

„Wenn die Empfindungen, Leidenschaften etc. des Menschen nicht nur anthropologische Bestimmungen im engeren Sinn, sondern wahrhaft ontologische Wesens(Natur)bejahungen sind — und wenn sie nur dadurch wirklich sich bejahen, daß ihr Gegenstand sinnlich für sie ist, so versteht sich, (...) daß die Weise ihrer Bejahung durchaus nicht eine und dieselbe ist, sondern vielmehr die unterschiedene Weise der Bejahung die Eigentümlichkeit ihres Daseins, ihres Lebens bildet; die Weise wie der Gegenstand für sie ist die eigentümliche Weise ihres Genusses."[4]

Sinnlichkeit muß sich veräußern. Die Leidenschaft muß zu einer gegenständlichen Tätigkeit werden, die eine adäquate Verbindung zwischen dem „wirklichen individuellen Leben" und der Beschaffenheit des realen Gegenstandes herstellt, wobei der für den Menschen bedeutsamste Gegenstand, der die meiste Gegenstandsadäquanz verlangt, der andere Mensch ist.

„Wenn du die Kunst genießen willst, mußt du ein künstlerisch ausgebildeter Mensch sein; wenn du Einfluß auf andere Menschen ausüben willst, muß du ein wirklich anregend und fördernd auf andere Menschen wirkender Mensch sein. Jedes deiner Verhältnisse zum Menschen — und zur Natur — muß eine bestimmte dem Gegenstand deines Willens entsprechende Äußerung deines wirklichen individuellen Lebens sein. Wenn du liebst, ohne Gegenliebe hervorzurufen, d. h. wenn dein Lieben als Lieben nicht die Gegenliebe produziert, wenn du durch eine Lebensäußerung als liebender Mensch dich nicht zum geliebten Menschen machst, so ist deine Liebe ohnmächtig, ein Unglück."[5]

Die Leiblichkeit und Sinnlichkeit des Menschen, seine Triebe und energetischen Potentiale sind also immer im Zusammenhang mit seinen gegenstandsbezogenen, dem Gegenstand mehr oder weniger angemessenen Tätigkeiten und Tätigkeitsentwürfen zu sehen. In diesem Sinne formuliert *Marx* eine materialistische „Objektpsychologie", die auch für den heutigen therapeutischen Umgang mit dem menschlichen Körper von größter Bedeutung ist. So ist es wichtig zu sehen, daß die blockierten Energien oder „Leidenschaften", die freigesetzt werden, wenn z. B. in einer bioenergetischen Übung die muskulären Verspannungen des Muskelpanzers gelockert werden, Teil eines Handlungsentwurfs, Tätigkeitszusammenhangs zwischen leiblichem Individuum und seinen dinglichen und menschlichen Objekten sind, der als solcher begriffen werden will. D. h. unter anderem für die Therapie, daß sie von der herrschenden „Unmenschlichkeit" der Gegenstände menschlicher Sinnlichkeit nicht einfach absehen kann, also sich auch um die Gegenstandsveränderung bemühen muß. Sieht man nicht den spezifischen Antwortcharakter der körperlichen Empfindungen und Gefühle, so landet man leicht bei einem vorsozialen und antitheoretischen Kultus des (abstrakten) menschlichen Körpers. *Dreitzel* spricht zu Recht von der ...

„... Aufgabe der Einbettung der ungerichtet und objektlos ausgelebten Sinnlichkeit im Engagement an eine Praxis des gesellschaftlichen Lebens. Hier versagen die körper- und gefühlsorientierten Therapieformen dann und dort, wo sie zum bloßen Zelebrieren objektloser Gefühlsausbrüche degenerieren. Wo das der Fall ist und durch welche theoretischen Mängel es verursacht wird, ist ein anderes Thema. Körperempfindungen und unmittelbare Gefühle haben eine Orientierungsfunktion im Kontaktprozeß, in der kooperativen Praxis im sorgenden Füreinander der Menschen. Dieses Wissen muß gegen die Affektverdrängung des herrschenden Rationalismus wie gegen die orientierungslose Sinnlichkeit mancher, auch therapeutischer, Subkulturen festgehalten und praktisch gelebt werden."[6]

Die menschliche Sinnlichkeit ist gesellschaftlich hergestellt, Teil eines Geschichts- und Tätigkeitszusammenhangs, den die Menschen immer noch nicht unter Kontrolle gebracht, sich angeeignet haben.

„Denn nicht nur die 5 Sinne, sondern auch die sogenannten geistigen Sinne, die praktischen Sinne (Wille, Liebe etc.), mit einem Wort, der menschliche Sinn, die Menschlichkeit der Sinne wird erst durch das Dasein seines Gegenstandes, durch die vermenschlichte Natur. Die Bildung der 5 Sinne ist eine Arbeit der ganzen bisherigen Weltgeschichte. Der unter dem rohen praktischen Bedürfnis befangene *Sinn* hat auch nur einen *bornierten* Sinn. Für den ausgehungerten Mensch existiert nicht die menschliche Form der Speise, sondern nur ihr abstraktes Dasein als Speise: ebensogut könnte sie auch in rohster Form vorliegen, und es ist nicht zu sagen, wodurch sich diese Nahrungstätigkeit von der tierischen Nahrungstätigkeit unterscheidet."[7]

Marx sieht als menschliche Möglichkeit eine gemeinschaftlich angeeignete, vielseitige und reflektierte Sinnlichkeit, wenn er von der Humanisierung der Natur und der Naturalisierung des Menschen spricht. Wenn der kapitalistische „Sinn des Habens" die menschliche Sinnlichkeit nicht mehr einengt und verödet, humanisieren sich die Gegenstände der Sinnlichkeit.

„Das Auge ist zum menschlichen Auge geworden, wie sein Gegenstand zu einem gesellschaftlichen, menschlichen, vom Menschen für den Menschen herrührenden Gegenstand geworden ist. Die Sinne sind daher unmittelbar in ihrer Praxis Theoretiker geworden."[8)]

Diese letzte Bemerkung scheint etwas verwirrend. Es geht *Marx* aber um die Aufhebung der abstrakten Antithese zwischen Sinnlichkeit und Geist. Emanzipierte, wirklich menschliche Sinnlichkeit wäre ein Stück weit durchdrungen vom Verständnis ihrer intersubjektiven und gesellschaftlichen Hergestelltheit wie der des „sinnlichen Gegenstandes". Vermenschlichte, theoretisierte Sinne „verhalten sich zu der Sache, aber die Sache selbst ist ein gegenständliches menschliches Verhalten zu sich selbst und zum Menschen und umgekehrt. Das Bedürfnis oder der Genuß haben darum ihre egoistische Natur und die Natur ihre bloße Nützlichkeit verloren, indem der Nutzen zum menschlichen Nutzen geworden ist. — Ebenso sind die Sinne und der Geist der anderen Menschen meine eigene Anschauung geworden."[9)]

Was kann die Forderung nach der Durchdringung von Sinnlichkeit und Theorie konkret bedeuten? — Ein therapeutisches Vorgehen etwa, das den Patienten über gymnastische Übungen, Atemanweisungen etc. zwar in einen näheren Kontakt zu seinem Körper bringt, Sinnlichkeit intensiviert oder sogar leidenschaftliche Aus- und Zusammenbrüche produziert, ohne eine notwendige kognitive Durchdringung und gemeinsames Verständnis der Empfindungen als Antwort des leiblichen Individuums auf Konfliktsituationen zu leisten, das also therapeutische „Aktion" ohne „Integration" betreibt,[10)] arbeitet nicht nur am Rande der therapeutischen Verantwortungslosigkeit, sondern verschärft auch die gängigen abstrakten Antithesen von Körperlichkeit/Sinnlichkeit einerseits und Geist/Gesellschaftlichkeit andererseits. Es trägt bei zu einer entfremdeten, zersplitterten Weltsicht, die „das Denken von den Sinnen, die Seele vom Leib, sich selbst von der Welt trennt".[11)] Ebenso trägt eine „Körperarbeit", welche die gesellschaftliche Hergestelltheit der Konflikte und Sensationen, die sich als Antworten im Körper abspielen und ausdrücken, nicht offen anspricht, dazu bei, daß die mobilisierte Sinnlichkeit sich von der Veränderung der gesellschaftlichen Bedingungen und Beziehungen und damit *von ihren realen Gegenständen* noch weiter entfernt. Die therapeutischen Settings aller modernen Verfahren verführen aufgrund ihres zunächst sinnvollen Schonraumcharakters dazu, den allgemeinen Gegenstandsverlust der menschlichen Tätigkeit im Kapitalismus (wo gibt es z. B. heute noch Objekte einer sinnvollen körperlichen Anstrengung?) noch einmal zu vollziehen, indem sie den Körper selbst zum alleinigen Gegenstand emanzipatorischer Praxis deklarieren, die Sinnlichkeit beschwörend auf sich selbst zurückwerfen. Demgegenüber hätte ein marxistischer Praxisbegriff auf der unabdingbaren wechselseitigen Verwiesenheit von menschlicher Leiblichkeit / Sinnlichkeit und äußerem sinnlichen Gegenstand zu insistieren. Von daher ist *Petzold* zuzustimmen wenn er schreibt:

> „Wenn du in eine Körpertherapie gehst, so vergiß deine Lebenssituation nicht. Seelische und körperliche Verkrüppelung geschieht durch eine krankmachende Umwelt. Dies nicht zu sehen, ist auch ein Stück Abwehr; denn auch die Umwelt zu verändern, sich mit ihr auseinanderzusetzen, macht Angst, und nicht nur das In-Kontakt-Kommen mit dramatischen Erfahrungen aus deiner Biographie."[12]

Der Bezug auf die Sinnlichkeit des Individuums darf nicht zur Flucht vor den außerleiblichen Weltgegenständen werden. Er wird sonst abstrakt und verfehlt sich selbst. „Aug' und Ohr", schreibt *Marx*, sind „Organe, die den Menschen von seiner Individualität losreißen und ihn zum Spiegel des Universums machen."[13] *Marx* ist *Goethe* sehr nahe, wenn dieser sagt: „Der Mensch kennt nur sich selbst, insofern er die Welt kennt, die er nur in sich und sich nur in ihr gewahr wird; jeder neue Gegenstand, wohl beschaut, schließt ein neues Organ in uns auf."[14]

2. Allseitige Sinnlichkeit und „Eigentümlichkeit" der sinnlichen Gegenstände

Ähnlich wie *Feuerbach* sieht *Marx* im Menschen die Potenz zu einer allseitigen, auf viele Gegenstände und Gegenstandsaspekte bezogenen universellen Sinnlichkeit, welche ihn von der partikularen, einseitigen der Tiere unterscheidet. Im Gegensatz zu *Feuerbachs* kontemplativem Verständnis von Sinnlichkeit realisiert sich für *Marx* diese Universalität als aktive gegenständlich sinnliche Aneignung.

> „Der Mensch eignet sich sein allseitiges Wesen auf eine allseitige Art an, also als ein totaler Mensch. Jedes seiner menschlichen Verhältnisse zur Welt, Sehen, Hören, Riechen, Schmecken, Fühlen, Denken, Anschauen, Empfinden, Wollen, Tätigsein, Lieben, kurz alle Organe seiner Individualität, wie die Organe, welche unmittelbar in ihrer Form gemeinschaftliche Organe sind, sind in ihrem gegenständlichen Verhalten oder in ihrem Verhalten zum Gegenstand die Aneignung desselben. Die Aneignung der menschlichen Wirklichkeit, ihr Verhalten zum menschlichen Gegenstand ist die Betätigung der menschlichen Wirklichkeit."[15]

Der „Sinn des Habens", welchen die kapitalistische Ökonomie (u. a. über ihre gnadenlosen Konkurrenzzwänge) den Menschen bei Strafe ihres ökonomischen Untergangs aufdrückt, zerstört diese Potenz zur universellen sinnlichen Aneignung der gegenständlichen Welt. Er bringt — hierin vergleichbar dem Hunger — eine Regression auf Einseitigkeit, Abstraktheit des sinnlichen Gegenstandsbezugs hervor:

„Für den ausgehungerten Menschen existiert nicht die menschliche Form der Speise, sondern nur ihr abstraktes Dasein als Speise (...), der Mineralienkrämer sieht nur den merkantilistischen Wert, aber nicht die Schönheit und eigentümliche Natur des Minerals."[16]

Der dominante Sinn des Habens bedeutet eine abstrakte, einseitige Einverleibung der Gegenstände, welche den leiblichen Menschen mit seiner potentiell allseitig gerichteten und anspruchsvollen Sinnlichkeit in einem bestimmten Sinn immer noch hungrig zurückläßt.

„Das Privateigentum hat uns so dumm und einseitig gemacht, daß ein Gegenstand erst der unsrige ist, wenn wir ihn haben, (er) also als Kapital für uns existiert, oder von uns unmittelbar besessen, gegessen, getrunken, an unserem Leib getragen, von uns bewohnt etc., kurz *gebraucht* wird."[17]

Die Betonung liegt hier auf „unmittelbar"; *Marx* argumentiert nicht gegen das Gebrauchen der Dinge als solches, sondern gegen die Vereinseitigung ihres Gebrauchswerts, gegen einen Modus umstandsloser Aneignung, der die *Eigentümlichkeit* der Gegenstände nicht wahrnehmen und nicht bestehen lassen kann.

„Das Tier formiert nur nach dem Maß und dem Bedürfnis der Spezies, der es angehört, während der Mensch nach dem Maß jeder Spezies zu produzieren weiß und überall das *inhärente* Maß dem Gegenstand anzulegen weiß; der Mensch formiert daher auch nach den Gesetzen der Schönheit."[18]

Der Sinn des Habens zerstört dieses „inhärente Maß", die innere „Eigentümlichkeit" in den angeeigneten Gegenständen, z. B. eignet er sich als kapitalistische Bau- und Betonierungswut die Landschaft ohne Rücksicht auf den „Eigensinn" ökologischer Systeme an. Dieselbe Rücksichtslosigkeit herrscht in bezug auf die Systeme der „inneren Ökologie". Es ist heute wichtiger denn je, das kontemplativ-rücksichtsvolle Moment in *Marx'* Vorstellung von unentfremdeter sinnlicher Aneignung festzuhalten, welches er von *Feuerbach* übernommen hat, bei dem die „sinnliche Einbildungskraft die Natur in Frieden gewähren und bestehen"[19] lassen soll. Dieses (von *Feuerbach* verabsolutierte) Moment von aneignender Praxis kann und muß sich auch im Verhältnis zum eigenen Körper, zu dem „inneren Ökosystem" hin entwickeln können. Auch in dieser Hinsicht hat der Sinn des Habens mit seinem Besitz-, Kontroll- und Quantifizierungsdrang den vielseitigen Charakter der menschlichen Sinnlichkeit und die Fähigkeit, die Eigentümlichkeit der Gegenstände geduldig wahrzunehmen, abgetötet. So haben wir in den letzten Jahren erfahren, wie die Herrschaft eines quantitativ-genitalen und ungeduldigen Modells von sexueller Sinnlichkeit zu Vereinseitigung und Abstumpfung der von der Anlage her vielseitigen und „polymorphen" menschlichen Sexualität und damit zu einer Art Hunger im Überfluß geführt hat.

Erst neuerlich beginnt auch die Theorie der Marxisten die Eigentümlichkeit oder Eigenlogik leiblicher und seelischer Vorgänge, die „Selbstregulierung als Natureigenschaft" wieder zu entdecken. *Negt* und *Kluge* sprechen vom „Eigensinn" der selbstregulierten Systeme, die sich dem Zugriff durch die kapitalistische Ökonomie nicht ohne weiteres fügen.

„Selbstregulierung nennen wir die vollständige Anerkennung der verschiedenen Bewegungsgesetze der in einem Menschen zusammenstoßenden Kräfte. Dies ist Selbstregulierung im weitesten Sinn. Ein darauf achtender Begriff ist materialistisch."[20]

Nichts ist z. B. im therapeutischen Umgang mit dem Körper schädlicher als die Ungeduld und der Drang zur technologischen Beherrschung, wie sie für die Aneignung äußerer Natur in den westlichen Gesellschaften typisch sind:

„Aber Emotionen eines Patienten durch harten Druck aus seinen Muskeln zu pressen, kann nicht der beste Weg sein, einen Menschen zu lehren, was emotionale Selbstregulation bedeutet. Die Methode des Muskeldruckes impliziert, daß der Therapeut seine Daumen wie Meißel gebrauchт, um den Panzer wegzubrechen, ihn aufzuspalten",[21]

heißt es bei einem reflektierteren Körpertherapeuten. „Don't push the river, it flows by itself" ist ein Prinzip der Gestalttherapie. In der geduldig-abwartenden *„awareness"* nach außen und innen, welche die humanistischen Therapieverfahren empfehlen und erarbeiten, steckt etwas von jener utilitarismuskritischen Feuerbachschen Sinnlichkeit, die ein emanzipatorischer marxistischer Praxisbegriff aufzunehmen und zu entwickeln hat. Es ist mehr als ein Zufall, daß sowohl in der neueren psychotherapeutischen Diskussion als auch in der aktuellen marxistischen Diskussion über menschliche Subjektivität der Begriff der Selbstregulation im Mittelpunkt steht.

Das Warten auf Selbstregulation allein macht freilich im Umgang mit dem Körper, der inneren Natur des Menschen, ebensowenig Sinn, wie es dies im Umgang mit der äußeren machen würde. Alle effektiven körper- und psychotherapeutischen Verfahren haben Methoden der bewußten *Produktion* von selbstregulativen Prozessen entwickelt. *Negt* und *Kluge* verweisen auf eine unverzichtbare Dialektik von natürlicher Selbstregulierung und bewußter Zuarbeit.

„Nur negativ kann man sagen, daß keine emanzipatorischen Prozesse stattfinden werden, wenn sie ihre Kräfte nicht aus Selbstregulierung schöpfen. Damit positiv emanzipatorische Selbstregulierung möglich wird, sind Eingriffe erforderlich. Die verschiedenen Selbstregulierungen müssen als Elemente markiert und ihr Verhältnis zueinander in einem spezifischen Produktionsprozeß, der selbst wieder in Selbständigkeit wurzelt, gegeneinander übersetzt werden. — Wie sich Organisation und Spontaneität zeitlich und ihren Berührungsflächen nach zueinander verhalten, das ergibt das ‚Gefäß- und Röhrensystem', das dafür entscheidend ist, ob der Selbstlauf eine emanzipatorische oder zerstörerische Richtung annimmt oder in einem labilen Zustand zerfällt."[22]

Der sinnliche Naturgegenstand menschlicher Aneignungstätigkeit, welcher am meisten Rücksicht auf seine Eigenverfassung die meiste Sensibilität und Behutsamkeit erfordert, ist für den Menschen der andere Mensch. In der sinnlichen Beziehung zwischen Menschen sind Anerkennung des anderen als eines eigensinnigen Naturwesens und seine längerfristig gelingende, nicht utilitaristische oder rohe Aneignung zwingend aufeinander verwiesen. Der Zustand der sexuellen Beziehungen in einer Gesellschaft ist ein Indikator dafür, wie weit die Humanisierung der Natur und die Naturalisierung des Menschen gelungen oder mißlungen ist.

„Das unmittelbare, natürliche, notwendige Verhältnis des Menschen zum Menschen ist das Verhältnis des Mannes zum Weibe. In diesem natürlichen Gattungsverhältnis ist das Verhältnis des Menschen zur Natur unmittelbar sein Verhältnis zum Menschen, wie das Verhältnis zum Menschen unmittelbar sein Verhältnis zur Natur, seine eigene natürliche Bestimmung ist. In diesem Verhältnis erscheint also sinnlich auf ein anschaubares Faktum reduziert, inwieweit dem Menschen das menschliche Wesen zur Natur oder die Natur zum menschlichen Wesen des Menschen geworden ist. Aus diesem Verhältnis kann man also die ganze Bildungsstufe des Menschen beurteilen."[23]

Die Marxsche Vorstellung von Sexualität und Liebe ist alles andere als physiologistisch. Menschliche Natur ist ihrer Natur nach gesellschaftlich, steht nicht als vorsozialer Block gegen die Sozialität des Menschen. Von einer solchen Position aus ist *Lorenzer* zuzustimmen, wenn er *Freud* vorwirft, daß dieser „in seiner Grundlegung der Thematik die Sozialität der Sinnlichkeit, die Sozialität der Sexualität begrifflich unterbelichtet hat".[24] Das vorher angeführte *Marx*-Zitat stimmt auch gut zusammen mit *Lorenzers* neuerer Begründung dafür, daß die Sexualität der störungsanfälligste und daher therapeutisch immer noch relevanteste menschliche Lebensbereich ist:

„Sexualität ist in diesem Verständnis die zentrale Stelle, an der die Körperlichkeit ihre soziale Formung zeigt. In allen übrigen Lebensäußerungen, die sich mehr oder weniger weit von der Genitalität entfernen, ist immer noch etwas von dieser *Einheit von Körperlichkeit und Sozialität*, von körperlichem Bedürfnis als einem sozial hergestellten enthalten. Aber am dichtesten ist diese Einheit in den Prozessen, in denen die Kommunikation mit dem anderen eine unmittelbar sinnliche ist. Insofern ist Sexualität tatsächlich der Zentralpunkt, an dem sich das Kommunizieren und das Interagieren mit der Umwelt bündeln."[25]

3. Körperverhältnis und „exzentrische Positionalität"

Zusammen mit der potentiellen Allseitigkeit, Variabilität und dem je spezifisch antwortenden Gegenstandsbezug ist die menschliche Sinnlichkeit und Leiberfahrung für *Marx* wesentlich dadurch charakterisiert, daß sie immer eine vermittelte ist. „Weder die Natur — objektiv — noch die Natur subjektiv, ist unmittelbar dem menschlichen Wesen vorhanden." Die subjektive Natur, auf die wir uns hier konzentrieren wollen, existiert von vornherein in einer spezifischen Brechung und Verdopplung:

> „Das Tier ist unmittelbar eins mit seiner Lebenstätigkeit. Es unterscheidet sich nicht von ihr. Es ist sie. Der Mensch macht seine Lebenstätigkeit selbst zum Gegenstand seines Wollens und seines Bewußtseins. Er hat bewußte Lebenstätigkeit. Es ist nicht eine Bestimmtheit, mit der er unmittelbar zusammenfließt. Die bewußte Lebenstätigkeit unterscheidet den Menschen unmittelbar von der tierischen Lebenstätigkeit."[26]

Hier hat *Marx* schon vorformuliert, was *Helmut Plessner* sehr viel später noch einmal als „exzentrische Positionalität" des Menschen entdeckt hat.[27] Nach *Plessner* erfährt sich der Mensch in einer nicht hintergehbaren Spannung von Leib-Sein und Körper-Haben. Einerseits ist der Mensch sein Körper (Leib) wie andere Organismen auch, andererseits *hat* er seinen Körper, tritt ihm als einem Gegenstand gegenüber.

> „Mit dieser Doppelrolle muß sich jeder vom Tage seiner Geburt an abfinden. Jedes Lernen: Zugreifen und die Sehdistanzen den Greifleistungen anzupassen, zu stehen, zu laufen usw. vollzieht sich im Rahmen dieser Doppelrolle. Der Rahmen selbst wird nie gesprengt. Ein Mensch *ist* immer zugleich Leib (Kopf, Rumpf, Extremitäten mit allem, was darin ist) — auch wenn er von seiner irgendwie ‚darin' seienden unsterblichen Seele überzeugt ist — und hat diesen Leib als diesen Körper."[28]

Diese Doppelheit der menschlichen Existenz hat sich für *Plessner* über die verschiedenen „Stufen des Organischen" als naturgeschichtliches Produkt hergestellt. Der Mensch überlebt nur als „benennendes, sorgend-besorgendes, planendes und fragendes Wesen", welches im Chaos der Welt und des eigenen Lebens „nach Bewandnis und Sinn sucht".[29] Für *Marx* hängen Doppelheit, Vermitteltheit, letztlich: Selbstbewußtsein des Menschen sehr viel spezifischer von der Gattungsreproduktion durch Arbeit ab. Der mit Arbeit verbundenen Dialektik von Vergegenständlichung im Produkt und Aneignung des Geformten entspricht auf der subjektiven Seite eine Dialektik von Selbstobjektivierung (im Produkt) und Selbstaneignung (der eigenen Körperkräfte, Fähigkeiten, Empfindungen, Affekte etc.). In diesem Sinne ist (unentfremdete) Arbeit „freie Tätigkeit", in der das eigene Leben „selbst Gegenstand" ist.[30]

Plessner sieht die exzentrische Positionalität als ein sehr störungs- und entfremdungsanfälliges Balanceverhältnis:

> „Der Zwang zum Ausgleich zwischen den beiden Weisen physischer Existenz stellt sich dann beispielsweise als Problem der Balance oder der Gewichtsverteilung dar. ‚Es muß einem in Fleisch und Blut übergehen' besagt also nicht einfach, daß die bewußt her-

vorgerufene und kontrollierte Bewegung zum Reflex werden soll, sondern daß der Ausgleich zwischen dem Körper-Sein und Körper-Haben schlagfertig stattfinden muß. Jeder muß auf seine Weise damit fertig werden — und wird in gewisser Weise nie damit fertig."[31]

Während aber bei *Plessner* und seinen phänomenologischen Nachfolgern[32], die den zentralen Stellenwert der Arbeit und Arbeitserfahrung im Gesamtgefüge menschlichen Handelns nicht sehen, das Problem der Entfremdung des Menschen von seinem Körper tendenziell anthropologisiert, für transhistorisch und unaufhebbar erklärt wird, lokalisiert *Marx* die Wurzeln des entfremdeten Körperverhältnisses deutlich im entfremdeten, kapitalistisch enteigneten Produktionsprozeß. Das reflexiv-vermittelte Körperverhältnis, das zunächst eine spezifisch menschliche Produktivkraft (Gattungsvermögen) ist, gerät zu einer entfremdeten Körper-Instrumentalisierung und unlebendigen Dauer-Reflexivität.

„Die entfremdete Arbeit kehrt das Verhältnis dahin um, daß der Mensch, eben weil er ein bewußtes Wesen ist, seine Lebenstätigkeit, sein Wesen, nur zum Mittel für seine Existenz macht."[33]

So entfremdet der kapitalistisch enteignete Produktionsprozeß dem Arbeiter nicht nur das Produkt und die Beziehung zu den Mitproduzenten, sondern auch „seinen eigenen Leib, wie die Natur außer ihm, wie sein geistiges Wesen, sein menschliches Wesen."[34]

Im kapitalistischen Produktionsprozeß erstarrt das flexibel-reflexive Körperverhältnis des Menschen mit Notwendigkeit zu einem instrumentalistischen — bestenfalls noch schwebend-träumerischen — „Außer-sich-Sein", „Neben-dem-Körper-Stehen" während des Arbeitsvollzugs. Wenn *Plessner* schreibt, das Verhältnis des Menschen zu sich als Leib habe „von vornherein instrumentalen Charakter, weil er ihn als ,Mittel' erfährt",[35] ohne daß er die historisch spezifischen Zwänge zur Selbstinstrumentalisierung erwähnt, so wird dies unter der Hand zu einer voreiligen Anthropologisierung moderner Körpererfahrung. Auf das besondere instrumentalistische Körperverhältnis des kapitalistischen Produktionsprozesses werden wir später noch genauer eingehen.

4. Körperliche Organisation, verschiedenartige Organe und ihre Verselbständigung

Der Mensch ist für *Marx* schon seiner körperlichen Organisation nach auf gegenständliche Tätigkeit, Werkzeugherstellung, Arbeit und Reflexivität hin angelegt.

„Der erste zu konstatierende Tatbestand ist also die körperliche Organisation dieser Individuen und ihr dadurch gegebenes *Verhältnis* zur übrigen Natur."[36]

Der Begriff „Verhältnis" in der „Deutschen Ideologie" impliziert für *Marx* die prinzipielle Reflexivität, die mit dem menschlichen Bauplan verbunden ist. Die Menschen

„fangen an, sich von den Tieren zu unterscheiden, sobald sie anfangen ihre Lebensmittel *zu produzieren*, ein Schritt, der durch ihre körperliche Organisation bedingt ist."[37]

Engels hat Jahrzehnte später, nachdem *Darwins* Entdeckungen bekannt geworden waren, in seinem Fragment „Der Anteil der Arbeit an der Menschwerdung des Affen" die Evolution des menschlichen Körpers noch einmal untersucht, wobei er u. a. der Evolution des Handgebrauchs und dem Wechselverhältnis von Handgebrauch und Perspektive besondere Bedeutung beimaß:

„Die mit der Ausbildung der Hand, mit der Arbeit, beginnende Herrschaft über die Natur erweiterte bei jedem neuen Fortschritt den Gesichtskreis des Menschen."[38]

Im „Zusammenwirken von Hand, Sprachorganen und Gehirn"[39] erfährt auch die menschliche Sinnlichkeit eine spezifische naturhistorische Prägung: „Der Adler sieht viel weiter als der Mensch, aber des Menschen Auge sieht viel mehr an den Dingen als das des Adlers."[40] Hier sehen wir wieder die These von der Vielseitigkeit (moderner: Polyperspektivität) menschlicher Wahrnehmung und Sinnlichkeit auftauchen. „Und der Tastsinn, der beim Affen kaum in seinen rohesten Anfängen existiert, ist erst mit der Menschenhand selbst, durch die Arbeit herausgebildet worden."[41]

Über die Aktivität der Organe läuft der Stoffwechsel des Menschen mit der Natur, ist das Naturwesen Mensch mit der umgebenden Natur vermittelt. *Engels* bezeichnet im zitierten Text die Sinne als die „nächsten Werkzeuge" des Menschen. Auch die Hand ist „Organ der Arbeit". Diese Organe gehören dem Leib des Menschen unmittelbar an.

Bei *Marx* gibt es jedoch mehrere Bedeutungen des Begriffs Organ. Diese Bedeutungen zu verfolgen, wirft Licht auf die historische Störanfälligkeit des Stoffwechselprozesses, in dem der „Selbstbewußte Organismus" *(Engels)* Mensch zu seiner natürlichen Umwelt steht.

Um die Seite der prinzipiellen Identität des Menschen mit der Natur zu betonen, spricht *Marx* von der anzueigenden Natur als dem „unorganischen Körper" oder dem „unorganischen Leib" des Menschen.

„Die Natur ist der unorganische Leib des Menschen, nämlich die Natur, soweit sie nicht selbst menschlicher Körper ist. Der Mensch lebt von der Natur, heißt: die Natur ist sein Leib, mit dem er im beständigen Progress bleiben muß, um nicht zu sterben. Daß das physische und geistige Leben des Menschen mit der Natur zusammenhängt, hat keinen anderen Sinn, als daß die Natur mit sich selbst zusammenhängt, denn der Mensch ist ein Teil der Natur."[42]

Zwischen diesem äußeren „unorganischen Leib" und dem menschlichen Körper vermitteln die Organe. Neben den „unmittelbaren Organen" (den Sinnen) sind beim Menschen auch „Fühlen, Denken, Anschauen, empfinden, wollen, tätig sein, lieben", „Organe seiner Individualität", „geistige Sinne"[43]; sie sind gewissermaßen komplexere Werkzeuge im Stoffwechselprozeß mit der Natur. Die Bezeichnung psychischer und geistiger Zentralfunktionen als Organe mag zunächst biologistisch klingen, sichert aber ihren Rückbezug auf leibliche Prozesse und macht sie so als Momente eines Naturprozesses begreifbar.

Die Organe der menschlichen Individualität, die unmittelbaren und die „geistigen", sind nun aber in ihrer Beschaffenheit gesellschaftlich hergestellt, entwickeln sich nur über den Austausch mit anderen. Verdeckt vom bloß egoistischen Verhältnis zur Sinnlichkeit, vom herrschenden „Sinn des Habens" scheint *Marx* eine spezifische Fähigkeit zur Organverschränkung und zu einer kollektiven Organproduktion anzunehmen:

„Ebenso sind die Sinne und der Geist der anderen Menschen meine eigene Aneignung geworden. Außer diesen unmittelbaren Organen bilden sich daher gesellschaftliche Organe, in der Form der Gesellschaft, also z. B. die Tätigkeit unmittelbar in Gesellschaft mit anderen etc. ist ein Organ, eine Lebensäußerung geworden und eine Weise der Aneignung des menschlichen Lebens."[44]

In einem sehr handfesten Sinn sind jedenfalls die Werkzeuge „verlängerte Organe" des Menschen. Im Werkzeug

„wird das natürliche Selbst zum *Organ* seiner Tätigkeit, ein Organ, daß er seinen eigenen Lebensorganen zufügt, seine natürliche Gestalt verlängernd, trotz der Bibel."[45]

Die frühen Werkzeuge der Menschen ahmen menschliche Körperorgane noch sehr direkt nach, später „entorganisieren" sie sich, wie *Bloch* es genannt hat.

Das Geld ist auf andere Weise ein prothetisches Organ, welches im fortgeschrittenen historischen Prozeß eine enorme Rolle für die Sinnlichkeitsmodellierung der Menschen und ihr Körperverhältnis spielt:

„So groß die Kraft des Geldes, so groß ist meine Kraft. Die Eigenschaften des Geldes sind meine — seines Besitzers — Eigenschaften und Wesenkräfte. Das, was ich bin und vermag, ist also keineswegs durch meine Individualität bestimmt. Also bin ich nicht häßlich, denn die Wirkung der Häßlichkeit, ihre abschreckende Kraft ist durch das Geld vernichtet. Ich — meiner Individualität nach — bin lahm, aber das Geld verschafft mir 24 Füße; ich bin also nicht mehr lahm."[46]

Entfremdung bedeutet u.a., daß der Mensch als sinnlich-leibliches Naturwesen, selbstbewußter Organismus aufgrund verselbsständigter ökonomischer Gesetze unter die Herrschaft seiner eigenen verlängerten und prothetischen Organe gerät. Die Waren, als deren Anhängsel die Warenbesitzer schließlich agieren, haben eine „gespenstische Gegenständlichkeit", das Geld als Kapital, als sich selbst verwertender Wert beginnt sich zu vermehren, zu arbeiten, „als hätt' es Lieb' im Leibe". Die Naturwesen der Gattung Mensch werden unter dem Kapital von einem gesellschaftlichen Organ und ihren eigenen Werkzeugen beherrscht, geformt, körperlich und seelisch verkrüppelt und vereinseitigt. Die Menschen werden *Organe ihrer Organe*. Ihr Produktionszusammenhang, ursprünglich und der Möglichkeit nach ihr „gesellschaftliches Organ", wendet sie an.

„Als unabhängige Personen sind die Arbeiter Vereinzelte, die in ein Verhältnis zu demselben Kapital, aber nicht zueinander treten. Ihre Kooperation beginnt erst im Arbeitsprozeß, aber im Arbeitsprozeß haben sie bereits aufgehört, sich selbst zu gehören. Mit dem Eintritt in denselben sind sie dem Kapital einverleibt. Als Kooperierende, als Glieder eines werktätigen Organismus sind sie selbst nur eine besondere Existenzweise des Kapitals."[47]

Das Zustandekommen dieser *Verkehrung* von Subjekt und Objekt hat *Marx* im Kapital systematisch nachgezeichnet, sie kann hier nicht referiert werden. Aber ohne ihre Berücksichtigung läßt sich aus marxistischer Sicht die leibliche Befindlichkeit und das entfremdete Körperverhältnis der Menschen in der heutigen Gesellschaft nicht verstehen. Etwas bildhaft gefragt: Wie empfindet, erleidet und betätigt ein Wesen seine Hände, Sinne und Organe, das selbst nur Hand und unselbständiges Organ eines überpersönlichen Pseudosubjekts, einer verselbständigten Maschinerie geworden ist? Was müßte geändert, umgewälzt werden, damit dieses Wesen seine Hände, Sinne, Organe lebendiger, allseitiger und freier fühlen und entwickeln kann?

Die Organismusanalogien in der Marxschen Theorie, die Rede vom Gesamtarbeiter des kapitalistischen Produktionsprozesses etc. beruhen, ganz anders als in bürgerlich organismischen Gesellschaftstheorien, auf einem Bewußtsein und der Analyse der Verkehrung. Das Kapital ist zugleich ein Pseudoorganismus, ein Pseudosubjekt (von dem man z. B. sagt: „Krupp schafft Produktionsanlagen", oder „Siemens zieht sich zurück"); es kann als Selbstbewegung der Tauschwerte, der toten vergegenständlichten Arbeit sich bei genauerem Hinsehen nur aus seinem Gegensatz, der lebendigen Arbeit leiblich-sinnlicher Individuen vermehren. Die Reproduktionsprozesse beider Subjekte, einmal des Pseudosubjekts und einmal des leiblich-sinnlichen, werden wir im folgenden, gegliedert nach den ökonomischen Sphären der Zirkulation, Produktion und Konsumtion[48] miteinander in Beziehung setzen. Dabei soll die historische Ausformung vor Sinnlichkeit und Körperverhältnis im Kapitalismus jeweils im Mittelpunkt stehen.

5. Sinnlichkeit und Körperverhältnis auf dem Warenmarkt

Auf dem Warenmarkt treten die Individuen einander als Warenbesitzer gegenüber, die sich als formell gleiche und freie anerkennen. Es handelt sich um ein Verhältnis *wechselseitiger* Aneignung, das im Gegensatz zu der einseitigen Aneignungsweise in vorkapitalistischen Klassengesellschaften auf der Erscheinungsebene noch friedlich ist, ohne Vollzug oder Androhung körperlicher Gewalt abläuft. Der Lohnarbeiter, aus dessen Mehrarbeit das Kapital sich bewegt, verkauft seine mehrwertheckende Ware Arbeitskraft unter dem stummen Zwang der ökonomischen Verhältnisse freiwillig, als freier Warenbesitzer in einem formell gleichberechtigten Tauschakt. An die Stelle unmittelbarer körperlicher Gewalt, die Drohung mit Verletzung, Verstümmelung durch fremde Personen ist auf der einen Seite ein struktureller und anonymer und auf der anderen Seite ein verinnerlichter Gewaltzusammenhang getreten.[49] Die Aufdeckung dieser versteckten Gewaltzusammenhänge ist nicht umsonst inzwischen zu einem größeren Tabubruch geworden als vordem das Aufdecken der sexuellen Regungen im alltäglichen Sozialverhalten. Das bedeutet, daß sich die Warenbesitzer die im folgenden genauer untersuchte Sinnlichkeitsverödung und Körperentfremdung „bei Strafe ihres ökonomischen Untergangs" in der Konkurrenz weitgehend selber antuen müssen. Die Zurichtung ist, nachdem die „Naturgesetze" (oder moderner: „Sachzwänge") der kapitalistischen Ökonomie sich historisch einmal etabliert haben, wesentlich *Selbst-Zurichtung*. Zu ihr geben allerdings die dem Erwachsenenleben vorgelagerten Sozialisationsinstanzen, Kindergarten, Schule, Ausbildung, eine nicht zu vernachlässigende lebensgeschichtliche „Starthilfe".

Warenbesitzer müssen unter den Gesetzen des Warenmarktes zum je anderen notwendig eine egoistisch-instrumentelle Beziehung entwickeln. Der andere ist mir als Individuum gleichgültig, austauschbar. Nur seine Zahlungsfähigkeit bzw. -willigkeit interessiert mich an ihm oder aber der in seinem Besitz befindliche, von mir begehrte Gebrauchswert, den ich für meine individuelle Arbeitskraftreproduktion oder Lebensplanung brauche, zu einem möglichst günstigen Preis eintauschen möchte. Auf der Grundlage dieser gleichgültig-egoistischen, wechselseitigen Instrumentalisierung müssen jedoch Eindringen ineinander und Nähe hergestellt werden. Nur wenn ich einfühlsam die Gebrauchswertinteressen und die ökonomischen Nöte des anderen wahrnehme, sie „mit liebenswürdigem Schein" aufgreife und stimuliere, kann ich mein Tauschinteresse durchsetzen.

„Jedes Produkt ist ein Köder, womit man das Wesen des anderen, sein Geld an sich locken will, jedes wirkliche oder mögliche Bedürfnis ist eine Schwachheit, die die Fliege an die Leimstange heranführen will (...), jede Not ist eine Gelegenheit, um unter dem liebenswürdigen Schein zum Nachbarn zu treten und ihm zu sagen: Lieber Freund, ich gebe dir, was nötig ist, aber du kennst die conditio sine qua non; du weißt, mit welcher Tinte du dich mir verschrieben hast; ich prelle dich, indem ich dir einen Genuß verschaffe."[50]

Die liebenswürdige Einfühlung und Sinnlichkeitsstimulierung auf der Grundlage egoistischen Instrumentalisierungskalküls bringt nicht nur eine spezifische Rollenhaftigkeit, wechselseitiges Mißtrauen und eine merkwürdige Doppelbödigkeit, Verspanntheit in die grundlegenden zwischenmenschlichen Beziehungen, sondern prägt auch die Sinnlichkeit und das Körperverhältnis der Menschen.

Die allseitige Stimulierung der Bedürfnisse bei immer nur warenförmiger Befriedigung — auch der „verworfensten Einfälle" — sorgt für eine beständige Umwälzung der tradierten, ansozialisierten Lizensierungen von Körperimpulsen. Einen historischen Höhepunkt dieses zugleich befreienden und beunruhigenden Umwälzungsprozesses haben wir etwa seit Mitte der 60er Jahre in Gestalt der „Sexwelle", der allseitigen verkaufsfördernden, warenästhetischen Liberalisierung von Partialtrieben jeder Art erfahren. Die anthropologisch angelegte Universalität der menschlichen Sinnlichkeit wird so in einem Teilbereich entwickelt und gespürt; genitale, exhibitionistische, voyeuristische, aktionistische, orale, gruppenbezogene und egoistische Bedürfnisanteile werden von Verkäufern und Werbespezialisten gezielt angesprochen und treten den Individuen in einer kaleidoskopartigen Zersplitterung als prinzipiell eigene Möglichkeit gegenüber. Die verschiedenen Seiten der menschlichen Sinnlichkeit können immer nur unter der Form der Ware angeeignet werden. In der Werbung werden als Köder viel mehr sinnliche Bedürfnisse angesprochen, aufgestöbert, als je durch die einzelnen Waren, aber auch durch die aufsummierte Kaufkraft der Individuen befriedigt werden können. Die Bedürfnisse geistern, abgespalten von einem sinnvollen und einheitlichen Lebenszusammenhang, gewissermaßen ruhelos umher, um sich an immer neue „Leimruten" zu heften. Der Impetus eines ungeduldigen „Endlichhaben-Wollens", eine Art „oraler Gier", eine „Tantalussituation", „mitten in der erregendsten Fülle machtlos entbehren zu müssen",[51] prägt nicht nur die Befriedigungsweise der ärmeren, sondern tendenziell aller Warenbesitzer.

Die in der Warenform schon angelegte, in den letzten Jahrzehnten spätkapitalistischer Entwicklung entfaltete Thematisierung und Liberalisierung fast aller leiblich-sinnlichen Bedürfnisse ist verglichen mit der älteren bürgerlichen Moral und viktorianischen Austreibung, Ausgrenzung von Sexualität und Körperlichkeit sicher auch eine Befreiung. Die Kehrseite der warenförmig-anarchischen Bedürfnisbefreiung, Entlizensierung ist freilich eine eintretende Desorientierung hinsichtlich des Umgangs mit Körperregungen — eine Desorientierung, die viele Menschen in die Arme von Neokonservativen, moralistischen Bewegungen („Anti-Herpes-Welle", „geistigmoralische Erneuerung etc.") treibt, die einfache, klare Antworten versprechen, aber gerade jene wirtschaftlichen Kräfte unangetastet lassen, welche die chaotische Modellierung und den permanenten Hungerzustand in der modernen Sinnlichkeit wesentlich hervorgebracht haben.

Auch das inflationäre Angebot von „Körperarbeit" in den letzten Jahren muß in diesem Zusammenhang gesehen werden. Es antwortet auf beides: auf die unbefriedigende Oberflächenstimulierung des Körpers und den zurückbleibenden Hungerzustand, indem es „Tiefe", ernsthafte „Arbeit", Vordringen zum Eigentlichen in der Beschäftigung mit dem Körper verspricht. Und es antwortet auf die gesellschaftlich hergestellte Desorientierung im Umgang mit dem eigenen Körper und den sinnlichen Bedürfnissen. Es wird zugleich eine Lebensweise, eine Art „roter Faden" im Chaos angeboten. Da dieses Angebot, wie die gesellschaftliche Sinnlichkeitsproduktion überhaupt, *warenförmig* stattfindet, ist es verbunden mit einer aufgeblähten, einfühlsam werbenden „Gebrauchswerthülle", die im Mißverhältnis zu ihrem wirklichen Gebrauchswertkern[52] steht. Das Angebot ist mit einer Stilisierung des in der Dienstleistung bearbeiteten realen Problems — dem „richtigen" Atmen, Gehen, Entspannen, Ernähren etc. — zu *dem* modernen Lebensproblem überhaupt verbunden. Auf diese Tendenzen nur moralisch zu reagieren, wäre naiv und würde die strukturellen ökonomischen Zwänge verkennen, die die Bedürfnisentwicklung in die widersprüchlichen Bedingungen der Warenform kanalisieren.

„Jeder Mensch spekuliert darauf, dem anderen ein neues Bedürfnis zu schaffen, um ihn zu einem neuen Opfer zu zwingen, um ihn in eine neue Abhängigkeit zu versetzen und um ihn zu einer neuen Weise des Genusses und damit des ökonomischen Ruins zu verleiten. Jeder sucht eine fremde Wesenskraft über den anderen zu schaffen, um darin die Befriedigung seines eigennützigen Bedürfnisses zu finden."[53]

Es geht also bei der Herstellung von gesicherter ökonomischer Eigenreproduktion für den Warenanbieter um die Schaffung eines möglichst hohen Maßes von körperlicher und psychischer *Abhängigkeit* beim Käufer. Die Sinnlichkeitsmodellierung aus der Sicht des Einzelkapitalisten oder Anbieters ist dann am erfolgreichsten, wenn sie Suchtstrukturen schafft. Man kann sagen, daß die Droge in einem gewissen Sinn die ideale Ware ist. Sie tritt auch dem Käufer zunächst als idealer Gebrauchswert gegenüber, als ein Stoff, der Autonomie, Hochgefühl im Geflecht der universellen Abhängigkeiten und auch Unabhängigkeit von den frustrierenden, schal gewordenen Versprechungen der bisher bekannten Warenwelt verspricht. Die Droge verspricht auch den warenförmig entwickelten, bislang facettenartig zersplitterten allseitigen Charakter von menschlicher Sinnlichkeit und Körperempfinden nun endlich zu realisieren: Sensibilisierung, Bewußtseinserweiterung, sich high fühlen, ein nicht beschreibbares „total anderes" feeling. Die Droge verspricht die Überwindung der Einengung, Verödung und Warenabhängigkeit von Sinnlichkeit und stellt sie langfristig um so gründlicher her. Das gegenwärtige Drogenproblem von Jugendlichen ist dabei nur die Spitze eines Eisbergs. Die Fixierung hierauf macht vergessen, daß viele der besonders gesicherten und expandierenden Kapitale Waren herstellen und verkaufen, die mehr oder weniger deutlich Drogencharakter haben: nicht nur Alkohol, Zigaretten etc., sondern z. B. auch Freizeitelektronik, Video, Kabelfernsehen. Letztere z. B. locken mit Versprechen von Autonomie, jederzeitiger Verfügbarkeit, Vielseitigkeit des sinnlichen Kitzels (unter Einbeziehung der „verworfensten Einfälle"), tragen aber voraussagbar zur innerfamilialen Verödung und zum Tätigkeitsverlust in der sinnlichen Aneignung ebenso bei wie zur Lähmung, Enteignung, Verfettung der Körper, — Vorgänge, auf die dann wieder beispielsweise die ebenso profitable Sport- und „Jogging"-Welle mit warenförmigen Angeboten reagieren kann.

Die Modellierung der Sinnlichkeit in der Zirkulationssphäre hat noch eine andere Seite. Sie betrifft ganz unmittelbar die Körper derer, die als Verkaufspersonal die Konsumgüter anbieten. Diese Individuen werden selber Bestandteil des warenästhetischen Arrangements um die Waren. Sie stehen — bei Strafe ihres ökonomischen Untergangs, der Entlassung — unter der Anforderung, ihre Körper und sinnliche Ausstrahlung als eine Art lebendiger Verpackung der Waren zu modellieren. *Kracauer* hat diese Prozesse zuerst im Berlin der 20er Jahre untersucht und von der „moralisch rosa Hautfarbe" gesprochen, die sich das Personal in den Kaufhäusern zulegen mußte.[54)] Bei Hostessen, Stewardessen etc. fällt die Verbindung von Warenarrangement und

Körperarrangement besonders ins Auge; sie ist in der ganzen Zirkulations- und Dienstleistungssphäre verbreitet. Es herrscht ein allgemeiner Zwang zur Appetitlichkeit und insbesondere zur Jugendlichkeit, der ein narzißtisch-ängstliches, buchstäblich bespiegelndes Körperverhältnis bewirkt.

Aber auch die Lohnabhängigen, die kein Verkaufspersonal sind, sind in einem bestimmten Sinne gezwungen, ihre körperliche Erscheinung zu einer verkaufsfördernden Warenhülle zu formen. Alle Lohnarbeiter müssen nämlich, wenn auch auf unterschiedliche Weise, „ihre Haut zu Markte tragen". Der Lohnarbeiter ernährt sich über den Verkauf seiner „Arbeitskraft selbst, die nur in seiner lebendigen Leiblichkeit existiert".[55] Er muß seine Fähigkeit zur disziplinierten „Verausgabung von Nerv, Hirn und Muskel" als Ware den interessierten Produktionsmitteleignern anbieten. Der Körper darf nicht ungesund wirken, nicht zu alt, zum Verkaufszeitpunkt nicht schwanger sein. Er darf keine Zeichen von mangelnder Selbstdisziplin, „Verwahrlosung" tragen, die ihn in der Verwertungsperspektive der Käufer zum Risikofaktor stempeln würden. Andere Merkmale und Gesten des Körpers sind branchenspezifisch. Die Zwänge zur verkaufsfördernden Präsentation des Körpers herrschen aber nicht nur auf dem unmittelbaren Arbeitsmarkt, sondern ragen z. B. als die Drohung, eine eingestellte, aber als nicht verwertbar erkannte Arbeitskraft jederzeit zu entlassen, permanent in die Arbeitswelt selbst hinein.

Die Lohnarbeiter müssen ihre Ware Arbeitskraft, ihre Leiblichkeit als verwertbar darbieten, aber sie müssen sie für sich auch schonen, vor frühzeitigem Verschleiß und körperlichem Ruin schützen. Dies kann entweder durch individuelle Leistungszurückhaltung oder durch gewerkschaftlichen Abwehrkampf geschehen. In jedem Fall aber sind sie Warenbesitzer, die sich *possessiv zum eigenen Körper* verhalten müssen. Die menschliche Grundproblematik, Leib zu *sein* und einen Körper zu *haben*, erhält durch die Verkaufszwänge des Arbeitsmarktes eine ganz spezifische Prägung, Fixierung in Richtung auf ein einseitig possessives, ängstlich-reflexives Körperverhältnis.

Hinzu treten in der Zirkulationssphäre die Zwänge der Konkurrenz, der wechselseitigen Überlistung zwischen Warenbesitzern, die es für das Überleben erforderlich machen, alle Schwächen, jedes „Weichwerden" des Körpers zu verhindern bzw. vor den Augen der Konkurrenten zu verbergen. Die Maske, der Bluff, den es so lange als möglich durchzuhalten gilt, muß sich auch in der Körperhaltung als Panzerung niederschlagen. Eine der häufigsten verkaufsfördernden Masken, Panzerungen ist das „keep-smiling". Das Lächeln ist eine leibliche Geste, welche sich anders als das Lachen, das einen Kontrollverlust, den Einbruch rein körperlicher Selbstregulation ins Verhalten anzeigt, hervorragend dazu anbietet, verspannte Situationen mit dem Flair der Leichtigkeit und Natürlichkeit zu überspielen.[56)] Wenn es in der Konkurrenz hart auf hart geht, bietet sich noch eine andere leibliche Maske und Panzerung an: die des — scheinbar — gefühls- und erregungslosen poker-face, welche uns die Helden der Western-Kultur und des Kriminalfilms in so vorbildhafter Weise zeigen. Der wahre Zustand der „Karten", die ich ins Spiel bringe, die damit verbundenen leiblich-seelischen Regungen spiegeln sich nun gar nicht mehr auf der Körperperipherie ab. Dieses Abblocken der Gefühlsäußerung ist weniger riskant als das teilweise zugelassene, umgebogene Abspiegeln im Lächeln, welches bekanntlich leicht „verräterisch" werden kann. Es kann aber sein, daß die Kontaktsperre zwischen von innen kommenden Körperimpulsen und sozialer Wahrnehmung mit der Zeit zu einer Kontaktsperre in den Individuen selbst wird, gewissermaßen fest- und in sie hineinwächst.

6. Sinnlichkeit und Körperverhältnis im Produktionsprozeß

Die Kooperation der Lohnarbeiter, die ihre Arbeitskraft individuell an ein Kapital verkaufen mußten, „beginnt erst im Arbeitsprozeß, aber im Arbeitsprozeß haben sie bereits aufgehört, sich selbst zu gehören". So wie das Kapital sie für seine abstrakten Zwecke instrumentalisiert, müssen sie während der Arbeit den eigenen Körper (ebenso wie ihre geistigen und kooperativen Fähigkeiten) instrumentalisieren, — instrumentalisieren für Ziele, die weit außerhalb der Arbeit, bei ganz anderen Menschen und Beziehungen, im Bereich der privaten Konsumtion und Reproduktion liegen. Das nach *Marx* mit der menschlichen Arbeitsfähigkeit immer verbundene Vermögen zur distanzierten und reflektierten, selbstbewußten Steuerung der Körperaktivität erscheint im Vollzug der Lohnarbeit unter der ökonomischen Formbestimmtheit einer *Selbstinstrumentalisierung*.

Diese Selbstinstrumentalisierung, der Selbstzwang im Körperverhältnis, ist für die kapitalistische Epoche der Menschheitsgeschichte spezifisch und hat sich nur über schmerzhaftes Umlernen den Lohnarbeiter-Generationen eingepflanzt. Ohne die staatlichen Eingriffe, die sogenannte „Blutgesetzgebung", die Zucht- und Arbeitshäuser in der Entstehungszeit des Kapitalismus ist sie nicht denkbar. Die vorkapitalistischen Populationen mußten erst durch zahlreiche Ge- und Verbote und durch „grotesk-terroristische Gesetze in eine dem System der Lohnarbeit notwendige Disziplin hineingepeitscht, -gebrandmarkt, -gefoltert werden".[57]

Selbstinstrumentalisierung und Selbstzwang treten beim Stücklohn, der nach *Marx* „die der kapitalistischen Produktionsweise entsprechendste Form des Arbeitslohns ist",[58] besonders deutlich hervor:

> „Die Exploitation der Arbeiter durch das Kapital verwirklicht sich hier vermittels der Exploitation des Arbeiters durch den Arbeiter. Den Stücklohn gegeben, ist es natürlich das persönlichste Interesse des Arbeiters, seine Arbeitskraft möglichst intensiv anzuspannen, was dem Kapitalisten eine Erhöhung des Normalgrads der Intensität erleichtert. Es ist ebenso das persönlichste Interesse des Arbeiters, den Arbeitstag zu verlängern, weil damit sein Tages- oder Wochenlohn steigt."[59]

Diese scheinbare Harmonie zwischen Exploitation und Selbstexploitation darf aber nicht über das grundlegend unterschiedliche Interesse von Kapitalist und Arbeiter am Einsatz der Arbeitskraft hinwegtäuschen. Der Arbeiter muß bei seiner vom Lohninteresse geleiteten „Verausgabung von Nerv, Hirn und Muskel" darauf achten, daß seine Arbeitskraft erhalten und gepflegt wird. Das Kapital versucht zunächst zur Vergrößerung des Mehrwertanteils (des absoluten Mehrwerts) am Arbeitstag den Gesamtarbeitstag möglichst weit über die Zeitspanne hinaus auszudehnen, in welcher der Arbeiter das notwendige Äquivalent für seine individuelle Lebensproduktion schafft. Arbeitstage von 14 oder 16 Stunden waren im 19. Jahrhundert keine Seltenheit. Jedoch besitzt der Arbeitstag eine „Maximalschranke".[60] Sie ist zum einen körperlich bestimmt, zum anderen durch die Notwendigkeit zur Befriedigung von kulturellen und moralischen Grundbedürfnissen. Diese Schranke ist beim Menschen recht dehnbar („so kann ein Pferd tagaus, tagein nur 8 Stunden arbeiten") und wird im Kampf zwischen Arbeiter und Kapitalisten beständig hin- und hergeschoben. Der Arbeiter muß versuchen, seine einzige Existenzquelle, seine Arbeitskraft, möglichst lange gesund und funktionsfähig zu halten. Die objektive Tendenz des Einzelkapitals geht hingegen dahin, dem Arbeiter in einem beschränkten Zeitraum ein Maximum an Arbeitskraft zu entziehen. Für den Ruin der körperlichen Basis ist es dann nicht mehr verantwortlich. Ginge es nur nach ihm, so würde es kalkulieren wie die Baumwoll-Unternehmer in den amerikanischen Südstaaten, wo „die Überarbeitung des Negers, hier und da die Konsumtion seines Lebens in sieben Arbeitsjahren, Faktor eines berechneten und berechnenden Systems"[61] war. Erst die Eingriffe des Staates, der u. a. um taugliche Soldaten fürchtete und dabei — unterstützt von den Verteidigungskämpfen der Arbeiter — die längerfristigen *gesamt*kapitalistischen Interessen an gesunder Arbeitsbevölkerung wahrnahm, konnten einem bedrohlichen Trend zum körperlichen Ruin entgegentreten.

„Seit ich vor 25 Jahren meine Praxis unter den Töpfern begann," berichtet ein von *Marx* zitierter Arzt um 1860, „hat sich die auffallende Entartung dieser Klasse fortschreitend in Abnahme von Gestalt und Gewicht gezeigt."[62]

Auch auf die natürlichen, nicht umstellbaren Biorhythmen des Körpers wirkte und wirkt der „Heißhunger" des Kapitals nach möglichst ununterbrochener Einverleibung von „Nerv, Hirn und Muskel" zerstörend ein. Da die individuelle Arbeitskraft nur einen Teil des Tages ausgesaugt werden kann, bedarf es „der Abwechslung zwischen den bei Tag und Nacht verspeisten Arbeitskräften."[63] Die vielfältigen körperlichen und psychosozialen Schädigungen durch Schichtarbeit — welche in der BRD heute von etwa 14 % der Lohnabhängigen geleistet wird — sind inzwischen gut bekannt.

Nachdem die Verlängerung des Arbeitstages, die Produktion des „absoluten Mehrwerts" auf anthropologische und historische Grenzen gestoßen war, ging das Kapital verstärkt zu Methoden der „relativen Mehrwertproduktion" über; d. h. zur Umwälzung, Mechanisierung, Maschinisierung und Intensivierung des Produktionsprozesses, die es erlaubten, in immer weniger Zeit dasselbe Warenquantum zu produzieren und so das Verhältnis von „notwendiger" (lebensreproduktiver) Lohnarbeit und Mehrarbeit zugunsten der Kapitalseite zu verschieben.

Die erste Stufe der relativen Mehrwertproduktion ist die massenhafte Zusammenfassung der Lohnarbeiter unter einem Dach, die „kapitalistische Kooperation", welche die „Gemeinkosten" senkt und nach *Marx* auch die „animal spirits", die Lebensgeister des menschlichen Gattungsvermögens produktivitätsfördernd antreibt.

Die zweite Stufe der relativen Mehrwertproduktion ist die Manufaktur, welche die arbeitsteilig eingesetzten Individuen extrem spezialisiert, vereinseitigt, verkrüppelt, zu „Organen" des Gesamtarbeiters degradiert.

„Sie verkrüppelt den Arbeiter in eine Abnormität, indem sie sein Detailgeschick treibhausmäßig fördert durch Unterdrückung einer Welt von produktiven Trieben und Anlagen, wie man in den La-Plata-Staaten ein ganzes Tier abschlachtet, um sein Fell oder seinen Talg zu erbeuten."[65]

Es verwirklicht sich hier, „... die abgeschmackte Fabel des Menenius Aggrippa (...), die einen Menschen als bloßes Fragment seines eigenen Körpers darstellt".[66]

Diese Vereinseitigung, Verkrüppelung vollzieht sich ab einer bestimmten Erziehungsstufe immer auch als Selbstinstrumentalisierung, d. h. als Selbstverkrüppelung. Parallel zur Vereinseitigung aller Verrichtung verläuft der Scheidungsprozeß von körperlicher und geistiger Arbeit, der das Körperverhältnis der modernen Lohnarbeiterpopulationen ganz entscheidend prägt. Dieser vollendet sich in der dritten Stufe der relativen Mehrwertproduktion, in der „Maschinerie und großen Industrie":

„Die geistigen Potenzen der Produktion erweitern ihren Maßstab auf der einen Seite, weil sie auf vielen Seiten verschwinden. Was die Teilarbeiter verlieren, konzentriert sich ihnen gegenüber im Kapital."[67]

Die Entwicklung des neueren Kapitalismus seit der Jahrhundertwende ist in einem Maße, das *Marx* noch nicht voraussah, dadurch gekennzeichnet, daß die enteigneten geistigen Potenzen des Produktionsprozesses an eine eigene anwachsende Gruppe von „besonderen Lohnarbeitern" in wiederum arbeitsteiliger, zersplitterter Weise zurückdelegiert worden ist — an die Angestellten, die „vor, hinter und neben dem unmittelbaren Produktionsprozeß" Funktionen verrichten. Wir haben es in der Angestelltenexistenz nicht mit einer Rückgängigmachung, sondern nur mit einer anderen Variante der körperlichen Vereinseitigung und Verkrüppelung zu tun, welche der kapitalistische Produktionsprozeß (ähnlich aber auch der staatlich-bürokratische) immer wieder hervorbringt. Ein acht- oder mehrstündiges fast vollständiges Stillstellen der körperlichen Motorik bei einer Schreib- oder Datenkontrollarbeit ist nicht weniger gesundheitsschädigend als ein einseitiger Kraftaufwand im selben Zeitraum. Beide Arten von Lohnarbeitern müssen ihren Körper instrumentalisieren und sich gegenüber „störenden", ablenkenden Körperregungen desensibilisieren. (Die Aussonderung und Disziplinierung von „Hypermotorikern" bereits in der Schule tut hierzu sicher wichtige Dienste.)

Vermittels der erlernten Selbstinstrumentalisierung hält der Arbeiter seinen Körper in einem gesundheitsschädigenden Milieu. Nicht nur gegenüber den inneren, sondern auch gegenüber den äußeren Reizen kommt es zwangsläufig zu einer Desensibilisierung:

„Alle Sinnesorgane werden gleichmäßig verletzt durch die künstlich gesteigerte Temperatur, die mit Abfällen des Rohmaterials geschwängerte Atmosphäre, den betäubenden Lärm usw., abgesehen von der Lebensgefahr, die mit der Regelmäßigkeit der Jahreszeiten ihre industriellen Schlachtbulletins produziert."[68]

Die objektive Gesundheitsgefährdung wird, wenn der Arbeiter sich erst einmal für die Annahme einer bestimmten Arbeit entschieden hat, allerdings in vielen Fällen wieder verdrängt. Dies ist ein Aspekt der Selbstexploitation in der Lohnarbeit. Für Schichtarbeiter beispielsweise, bei denen die Störung der natürlichen Biorhythmen zu eindeutig überdurchschnittlichen Erkrankungsraten (Magen-Darm-Trakt, Schlafstörungen etc.) führt, stellt eine neuere regierungsamtliche Studie solche Verdrängungsbereitschaft fest. Zum einen sei ja die Gesundheitsgefährdung ein schleichender, nicht von heute auf morgen sichtbarer Prozeß,

„... zum anderen könnte das Anerkennen einer geringeren Leistungsfähigkeit vor sich und anderen dazu führen, daß der Druck, die Schichtarbeit aufzugeben, wächst. Für viele würde das eine erhebliche finanzielle und soziale Einbuße bedeuten, die nicht so ohne weiteres akzeptiert wird. Die Tendenz, die Gesundheit bei wirtschaftlichen Überlegungen hintanzustellen, ist weit verbreitet und für manchen möglicherweise eine Notwendigkeit."[69]

Insbesondere wenn die Arbeitslosigkeit und damit die soziale Ausgrenzungsdrohung wächst, steigt — wie auch an den sinkenden Krankmeldungen ablesbar — bei den Lohnabhängigen die Bereitschaft zu einer rigideren Instrumentalisierung des eigenen Körpers. Die Verdrängung und Vernachlässigung von aktuellen, „gerade noch tragbaren" Symptomen führt aber mit einer großen Wahrscheinlichkeit zu Chronifizierung von körperlichen (und seelischen) Schädigungen.

7. Sinnlichkeit und Körperverhältnis im Reproduktionsbereich

Im Reproduktions- oder Konsumtionsbereich der kapitalistischen Gesellschaft vollzieht sich objektiv gesehen die Wiederherstellung, Wartung, Reparatur der menschlichen Arbeitskraft, die in den Anstrengungen der Produktions- (und Zirkulations-)sphäre aufgezehrt wurde; ebenso vollzieht sich hier die Herstellung junger nachwachsender Ersatzarbeitskräfte. In der Arbeitskraftreproduktion werden zugleich Konsumgüter, die in der Produktionssphäre produziert und über den Markt verteilt wurden, verbraucht, was eine weitere Voraussetzung für den steten Neubeginn und Fluß des Kapitalkreislaufes ist.[70]

Die Arbeitskraftreproduktion findet in einer eigenartigen, im Vergleich mit anderen geschichtlichen Formationen neuen *Abgetrenntheit*, Isolation gegenüber den Räumen und Zeiten der gesellschaftlichen Produktion und auch dem Bereich der Öffentlichkeit statt. Die vielen individuellen, „doppelt freien", selbstverantwortlichen Besitzer der Ware Arbeitskraft reparieren und pflegen diese in einer gegen die Gesellschaft und gegeneinander abgegrenzten, eben „privaten" Sphäre. Allerdings schafft der überkommene, arbeitsteilige Zusammenschluß der Menschen zu Ehe und Familie noch eine Art von kleinen gemeinsamen Nestern in diesen privaten Räumen.

Die Reproduktion der Ware Arbeitskraft ist ein leiblicher und seelischer Vorgang. Die Verausgabung von „Nerv, Hirn und Muskel" im

Produktionsprozeß muß bei Strafe des ökonomischen Untergangs (der Entlassung) durch die Zufuhr von Stoffen, Schlaf, Gegenerfahrung bis zum nächsten Arbeitstag zumindest kompensiert werden. Die Entlassungsdrohung fördert Strategien der kurzfristigen Stabilisierung und Konfliktverdrängung. Im Umgang mit dem Körper heißt das der Tendenz nach: er wird schnell und möglichst voll „aufgetankt", abgelenkt, mit Hilfsmitteln entspannt; kleinere Symptome, diffuses Unwohlsein, die erste Vorboten von Krankheit und Krise sein können, werden, solange sie noch nicht direkt leistungsmindernd wirken, aufgeschoben und beiseite gedrängt.

Die strukturelle Abgetrenntheit, privatistische Eingesperrtheit und die zuletzt angesprochene Hektik, Zwanghaftigkeit des Kompensationsverhaltens machen die sinnliche Aneignung im Reproduktionsbereich einseitig, undifferenziert und roh:

> „Es kommt daher zu dem Resultat, daß der Mensch (der Arbeiter) nur mehr in seinen tierischen Funktionen, essen, trinken und zeugen, höchstens noch Wohnung und Schmuck etc. sich als freitätig fühlt und in seinen menschlichen Funktionen (der gesellschaftlichen Produktion, Anm. K.O.) nur mehr als Tier. Das Tierische wird das Menschliche, und das Menschliche wird das Tierische: — Essen, Trinken und Zeugen sind zwar auch menschliche Funktionen. In ihrer Abstraktion aber, die sie von dem übrigen Umkreis menschlicher Tätigkeit trennt und zu letzten und alleinigen Endzwecken macht, sind sie tierisch."[71]

Während im Zirkulationsbereich das Individuum zu seinem körperlichen Ausdruck ein instrumentelles, scheinspontanes Verhältnis haben muß und während es im Produktionsbereich eine beständige anstrengende Selbstinstrumentalisierung des einseitig beanspruchten Körpers vollziehen muß, versucht es nun im Reproduktionsbereich, zu „eigentlichen" und „unmittelbaren" Körpererfahrungen (ebenso wie zwischenmenschlichen Beziehungen) vorzustoßen. Es gibt im Übergang von Arbeit zu „Freizeit" eine Fülle von typischen Umschalthandlungen, die solche Unmittelbarkeit herstellen sollen. Das Sich-Hinlegen und Entspannen ist, auch wenn es oft zu Konflikten mit Kindern und Partner führt, sicher noch eine der unschädlichsten. Andere Mechanismen sind das Hineinkippen von einem oder mehreren Gläsern Alkohol, der Gang zum Kühlschrank, das unvermittelte Hineinstopfen kaum zubereiteter Nahrung, das Rauchen etc. Das instrumentell-reflexive Verhältnis zum Körper wird in der Benutzung solcher Hilfsmittel oder Drogen nicht wirklich überwunden.

Je mehr der Körper zur Entspannung und Selbstregulation „gepusht" wird, desto partieller und störungsanfälliger ist die Befriedigung, so daß bald das nächste der heute vielfältig angebotenen Hilfsmittel zur Unmittelbarkeit auf den Plan gerufen wird oder man schließlich in der situativen Kombination und Überkreuzung gleich mehrerer Entspannungshilfen landet: etwa mit Zigarette und Zeitung am Eßtisch, oder mit Bierflasche und belegten Broten ausgestreckt vor dem Fernseher. Die Aufrechterhaltung dieser Arrangements ist allerdings auch manchmal recht anstrengend und störungsempfindlich — es sei denn, man hat jemanden zur Verfügung, der für diese Zeit die Rolle der Bedienung übernimmt, ans plötzlich klingelnde Telefon geht etc. Meist ist dies die „treusorgende" Frau.

Die sportliche Betätigung ist ein anderer Versuch, sich eine Gegenerfahrung zum reflexiven, selbstinstrumentalisierenden, einseitig belastenden Körperverhältnis, wie es aus dem Produktions- und Zirkulationsbereich resultiert, zu verschaffen, endlich einmal Leib zu *sein*, im Pulsieren der Kräfte aufzugehen. Sportliche Kräfteverausgabung ist aber gekennzeichnet durch die erwähnte Abstraktheit und Künstlichkeit der kompensatorischen Lebensaktivität; sie betätigt sich an Gegenständen, die für die materielle Lebensreproduktion der Gattung keinerlei Bedeutung haben. Auch hier gilt: je hektischer der Versuch zur Gegenerfahrung gemacht wird, desto größer ist die Gefahr, daß sich in ihm genau die Erfahrungen wiederholen, denen man eigentlich entrinnen wollte: einseitige Belastung, Desensibilisierung und Instrumentalisierung des Körpers, Leistungs- und Konkurrenz-Streß.

Man kann sagen, daß die (erwachsenen) Menschen im kapitalistischen Reproduktionsbereich dazu tendieren, aus einer ansonsten ihnen aufgeherrschten, verkrampften Habens-Position zum eigenen Körper in Erfahrungen des ausgleichenden Leib-*Seins* überzuwechseln, wobei aber das Hinüberwechseln zum Gegenpol einen kaum weniger krampfhaften Zug bekommt.

Das Problem der Kompensation lastet auch insbesondere auf dem zwischenmenschlichen Körperverhältnis, auf Erotik und Sexualität. Wir erinnern uns an die *Marx*sche These, daß aus dem Verhältnis zwischen Mann und Frau, „diesem natürlichsten Verhältnis des Menschen zum Menschen", hervorgeht, „inwieweit der Mensch als Gattungswesen, als Mensch sich geworden ist und erfaßt hat". Je fremder, unverbundener die Menschen in der Marktsphäre und in der Produktionssphäre einander gegenübertreten, je weniger sachliche und leibliche Verbundenheit sie miteinander spüren können, desto zwanghafter wird die handgreiflich-unmittelbare leibliche Verbundenheit in der Sexualität aufgesucht. Gerät die Sexualität, das „Zeugen" in die „Abstraktion aber, die sie von dem übrigen Umkreis menschlicher Tätigkeit trennt und zu letzten und alleinigen Endzwecken macht", verliert sie ihre spezifischen menschlichen Potenzen.

Der Möglichkeit nach ist menschliche Sexualität integriertes Moment einer vielseitigen Sinnlichkeit und einer behutsamen, der Eigentümlichkeit des Gegenübers angemessenen sinnlichen Aneignungstätigkeit, — einer „bestimmten, dem Gegenstand deines Willens entsprechende(n) Äußerung deines wirklichen individuellen Lebens". In der abstrakten Sexualität jedoch kommt es der Tendenz nach zu einer Instrumentalisierung des auf wenige Aspekte reduzierten Gegenüber wie auch des eigenen Körpers.

Das „Verhältnis des Mannes zum Weibe" umfaßt immer tradierte Normen, die den Umgang mit Körperregungen lizensieren und kanalisieren. Diese Normen sind in der kapitalistischen Gesellschaft zunächst patriarchalisch. *Friedrich Engels* hat nach dem Tode von *Marx*, fußend auf dem Werk von *L. H. Morgan*, den Zusammenhang zwischen der Herausbildung patriarchalischer Familienstrukturen und der des Privateigentums untersucht,[72)] wobei diese Untersuchung in vielen Details und Thesen heute aufgrund des anthropologischen Forschungsstandes als überholt angesehen werden muß. So sind z. B. die Familienform als solche und das eine Gruppe von Körperimpulsen ausgrenzende Inzesttabu mit Sicherheit sehr viel älter als bei *Engels* dargestellt. — Die Verbindung von Patriarchat und Privateigentum ist jedoch ein wichtiger Ausgangspunkt der Klassengesellschaften und auch des Kapitalismus. Das Kapital nutzt einerseits das Patriarchat zur Loyalitätsbeschaffung und Profitsteigerung aus — z. B. wenn es Frauen und Kinder zu profitablen Sonderbedingungen ausbeutet. Andererseits arbeitet es an der Zerstörung des Patriarchats, so wenn die Ausbreitung des Warenverkehrs die Gleichstellung aller Menschen als Warenbesitzer ohne Ansehen des Geschlechts vorantreibt und der objektive Freisetzungs-, Verlohnarbeiterungsprozeß der Familien zum materiellen Basisverlust von patriarchalischer Autorität führt. Bereits im „Kommunistischen Manifest" schrieben *Marx* und *Engels*:

„Die Bourgeoisie, wo sie zur Herrschaft gekommen, hat alle feudalen, patriarchalischen, idyllischen Verhältnisse zerstört. Sie hat die buntscheckigen Feudalbande, die den Menschen an seinen natürlichen Vorgesetzten knüpften, unbarmherzig zerrissen und kein anderes Band zwischen Mensch und Mensch übriggelassen als das nackte Interesse, als die gefühllose ‚bare Zahlung'."[73)]

Insbesondere die spätkapitalistische Kommerzialisierung und Umwälzung der Sinnlichkeit hat der Plausibilität der patriarchalischen Geschlechtsrollen noch weitere entscheidende Stöße versetzt. Im „Kommunistischen Manifest" heißt es:

„Die fortwährende Umwälzung der Produktion, die ununterbrochene Erschütterung aller gesellschaftlichen Zustände, die ewige Unsicherheit und Bewegung zeichnet die

Bourgeoisie vor allem anderen aus. Alle festen eingerosteten Verhältnisse mit ihrem Gefolge von altehrwürdigen Vorstellungen und Anschauungen werden aufgelöst, alle neugebildeten veralten, ehe sie verknöchern können."[74]

So ist die überkommene Lizensierung und Kontrolle der Körperregungen durch patriarchalische Normen widersprüchlich und brüchig geworden. Der Plausibilitätsverlust insbesondere der männlichen Rolle wird, verstärkt wieder in allerjüngster Zeit, oftmals hinter kompensatorischer Überbetonung von Männlichkeit und „altehrwürdigen" Kostümierungen verborgen. Je größer der gesellschaftliche Substanzverlust der männlichen Geschlechtsidentität ist, je verunsicherter sie ist, desto fixierter klammert sie sich an die verbleibende minimale Körperbasis: an den Genitalapparat und den Muskelpanzer. Die Renaissance eines fast schon totgeglaubten männlichen Körper-Ideals tritt in Filmen der Fantasy-Welle, etwa in „Conan der Barbar", mit einem ehemaligen Mister Universum in der Hauptrolle, besonders deutlich hervor, ist aber viel verbreiteter. Sie befördert als ein Stützpunkt in den Subjekten die gegenwärtig festzustellende objektive Militarisierung der Gesellschaft.[75] — Die Verselbständigung und der Kult der Panzer und der „prothetischen Organe" militärischen Charakters ist eine der größten Gegenwartsgefahren. Die Duldung bzw. unbewußte Unterstützung dieses Trend durch die sinnlich-konkreten Subjekte hat vermutlich mit ihrem brüchigen Körperbild, einem tiefsitzenden Gefühl von vitaler Schwäche zu tun.

Verbunden mit der im letzten Abschnitt angesprochenen kompensatorischen Fixierung auf den Körper im Reproduktionsbereich ist eine „Reduktion auf Unmittelbarkeit", ein Vergessen der räumlichen, zeitlichen und gesellschaftlichen Vermitteltheit der besonderen momentanen Körpererfahrung. Was ist das für eine „neue Sensibilität" gegenüber menschlichen Körpern, die z. B. in einer therapeutischen Enklave auf dem indischen Subkontinent inmitten von Massenelend, um den Preis einer gleichzeitigen Desensibilisierung gegenüber anderen Körpern, entwickelt und erkauft ist? — Und ist nicht vernichtender Hunger für Millionen von Menschen, mit denen unser sensibilisiertes Leben in den Metropolen ökonomisch verknüpft ist, das Körperproblem Nummer eins? — Es könnte auch sein, daß die Körper, mit denen wir uns im Hier und Jetzt so intensiv beschäftigen, in naher Zukunft als Schattenrisse auf verbrannten Steinen ihr Ende finden. So wichtig es ist, die Sensibilisierung der Körpererfahrung, die der späte Kapitalismus hervorgebracht hat, weiter zu entwickeln, so wichtig ist es zu sehen, daß sie auch eine Abwehrfunktion übernehmen kann, welche dann die weltweit stattfindende und sich vorbereitende massenhafte Destruktion von Menschenkörpern objektiv befördern würde.

Anmerkungen

1) Ökonomisch-philosophische Manuskripte, *Marx-Engels*-Studienausgabe (I. Fetscher, Hg.) Bd. I, Frankfurt 1966, S. 70.
2) Ökonomisch-philosophische Manuskripte, a.a.O., S. 70.
3) ebenda, S. 71.
4) Ökonomisch-philosophische Manuskripte, *Marx-Engels*-Studienausgabe (I. Fetscher, Hg.) Bd. II, Frankfurt 1966, S. 125.
5) ebenda, S. 129.
6) *H. P. Dreitzel*, Körperkontrolle und Affektverdrängung, *Integrative Therapie* 2-3/1981, S. 195.
7) Ökonomisch-philosophische Manuskripte, *Marx-Engels*-Studienausgabe, a.a.O., Bd. II, S. 104.
8) ebenda, S. 103.
9) ebenda, S. 103.
10) Vgl. *H. Petzold*, Thymopraktik als Verfahren Integrativer Therapie, in: ders. (Hg.): Die neuen Körpertherapien, Paderborn 1977, S. 278ff.
11) *Marx/Engels*, Die Heilige Familie, Berlin und Stuttgart 1953, S. 285/86.
12) *H. Petzold*, Gegen den Mißbrauch von Körpertherapie, in: ders. (Hg.), Die neuen Körpertherapien, a.a.O., S. 487.
13) Debatten über die Pressefreiheit, in: *Marx-Engels*-Werke Bd. 1, S. 69.
14) zit. n. *E. Fromm*, Das Menschenbild bei Marx, Frankfurt/Berlin/Wien 1980, S. 37.
15) Ökonomisch-philosophische Manuskripte, *Marx-Engels*-Studienausgabe Bd. II, a.a.O., S. 102.
16) ebenda, S. 104/5.
17) ebenda, S. 103.
18) ebenda, S. 81/82.
19) Das Wesen des Christentums, Bd. I, Berlin 1956, S. 187; zit. nach: *A. Schmidt*, Emanzipatorische Sinnlichkeit. Ludwig Feuerbachs anthropologischer Materialismus, München 1973, S. 47. Der vorliegende Text stützt sich an dieser Stelle des Gedankengangs auf das Buch von Schmidt.
20) *O. Negt, A. Kluge*, Geschichte und Eigensinn, Frankfurt 1981, S. 55.
21) *D. Bradella*, Bio-Energie und Körpersprache, in: *H. Petzold*, a.a.O., S. 46.
22) *Negt, Kluge*, a.a.O., S. 81.
23) Ökonomisch-philosophische Manuskripte, *Marx-Engels*-Studienausgabe Bd. II, a.a.O., S. 98.
24) *A. Lorenzer*, Die Sozialität der Natur und die Natürlichkeit des Sozialen, in: *B. Görlich, A. Lorenzer, A. Schmidt*, Der Stachel Freud, Frankfurt 1980, S. 322.
25) ebenda, S. 324.
26) Ökonomisch-philosophische Manuskripte, *Marx-Engels*-Studienausgabe Bd. II, a.a.O., S. 81.
27) Die Stufen des Organischen und der Mensch, Leipzig/Berlin 1928.
28) *H. Plessner*, Philosophische Anthropologie, Frankfurt 1970, S. 43.
29) ebenda, S. 150.
30) Ökonomisch-philosophische Manuskripte, *Marx-Engels*-Studienausgabe Bd. II, a.a.O., S. 81.
31) *Plessner*, Philosophische Anthropologie, a.a.O., S. 46.
32) z.B. bei *Berger, Luckmann*, Die gesellschaftliche Konstruktion der Wirklichkeit, Frankfurt 1970.
33) Ökonomisch-philosophische Manuskripte, *Marx-Engels*-Studienausgabe, a.a.O., S. 8.

³⁴) ebenda, S. 82.
³⁵) *Plessner*, a.a.O., S. 46.
³⁶) *Marx/Engels*, „Die Deutsche Ideologie", in: *Marx-Engels*-Studienausgabe Bd. I, S. 86.
³⁷) ebenda.
³⁸) *Marx-Engels*-Werke (MEW) Bd. 20, S. 446.
³⁹) ebenda, S. 450.
⁴⁰) ebenda, S. 448.
⁴¹) ebenda.
⁴²) Ökonomisch-philosophische Manuskripte, *Marx-Engels*-Studienausgabe Bd. II, a.a.O., S. 80.
⁴³) ebenda, S. 102.
⁴⁴) ebenda, S. 103.
⁴⁵) Das Kapital Bd. I, *Marx-Engels*-Werke (MEW) 23, S. 194.
⁴⁶) Ökonomisch-philosophische Manuskripte, *Marx-Engels*-Studienausgabe Bd. II, a.a.O., S. 127.
⁴⁷) Das Kapital Bd. I, a.a.O., S. 352.
⁴⁸) Zur Begründung dieser Einteilung vgl. *Marx*, Einleitung zur Kritik der politischen Ökonomie, in: ders.: Grundrisse der Kritik der politischen Ökonomie, Frankfurt o.J., S. 11ff.
⁴⁹) Zur Depersonalisierung und zur Entöffentlichung der neuzeitlichen im Unterschied zur mittelalterlichen Gewalterfahrung vgl. ausführlich: *N. Elias*, Über den Prozeß der Zivilisation, Bd. I, Bern 1969, und *M. Foucault*, Überwachen und Strafen, Frankfurt 1976.
⁵⁰) Ökonomisch-philosophische Manuskripte, *Marx-Engels*-Studienausgabe Bd. II, a.a.O., S. 110.
⁵¹) Vgl. zur „Tantalussituation" als Ausgangslage von Delinquenz: *S. Bernfeld*, Die Tantalussituation, in: ders., Antiautoritäre Erziehung und Psychoanalyse Bd. 3, Frankfurt 1974, S. 340.
⁵²) Zum allgemeinen Mißverhältnis der warenästhetisch aufgemachten Gebrauchswerthüllen gegenüber dem realen Gebrauchswert der spätkapitalistischen Waren vgl. ausführlich: *W. F. Haug*, Kritik der Warenästhetik, Frankfurt 1971.
⁵³) Ökonomisch-philosophische Manuskripte, *Marx-Engels*-Studienausgabe Bd. II, a.a.O., S. 109.
⁵⁴) *S. Kracauer*, Die Angestellten, Frankfurt 1971.
⁵⁵) Das Kapital Bd. I, *Marx-Engels*-Werke (MEW) 23, S. 184.
⁵⁶) Vgl. *H. Plessner*, Philosophische Anthropologie, a.a.O., S. 175ff.
⁵⁷) Das Kapital Bd. I, a.a.O., S. 765.
⁵⁸) ebenda, S. 477.
⁵⁹) ebenda, S. 477/78.
⁶⁰) ebenda, S. 246.
⁶¹) ebenda, S. 250.
⁶²) ebenda, S. 260.
⁶³) ebenda, S. 271.
⁶⁴) ebenda, S. 348ff.
⁶⁵) ebenda, S. 381.
⁶⁶) ebenda, S. 381/82.
⁶⁷) ebenda, S. 382.
⁶⁸) ebenda, S. 448.

[69] Bundesminister für Jugend, Familie und Gesundheit (Hg.), Freizeitmöglichkeiten von Nacht-, Schicht- und Feiertagsarbeitern, Stuttgart 1978, S. 59.
[70] vgl. Das Kapital Bd. I, a.a.O., S. 597.
[71] Ökonomisch-philosophische Manuskripte, *Marx-Engels*-Studienausgabe Bd. II, a.a.O., S. 79.
[72] Der Ursprung der Familie, des Privateigentums und des Staates, Berlin 1946.
[73] *Marx-Engels*-Werke (MEW) 4, S. 464.
[74] ebenda, S. 465.
[75] Vgl. *K. Ottomeyer*, Militarisierung der Subjekte und des Alltagslebens, in: *Das Argument*, Heft 132, Berlin, März 1982.

Der Körper als Thema der Pädagogik

Walter Herzog

„Ich habe die Art zu atmen ausgeweitet."
Marcel Duchamp

Theorie und Praxis der Pädagogik entfalten sich in der Dialektik von Anspruch und Wirklichkeit der menschlichen Existenz. Die bloße Feststellung dessen, was ist, kann der Pädagogik nicht genügen. Pädagogisches Denken und Handeln werden von einem unabdingbaren Sollensanspruch bestimmt (*Widmer* 1977, passim). „Denn Pädagogik ist nicht nur Seinswissenschaft ..., sondern auch Sollenswissenschaft ..." (*Widmer* 1967 b, p. 59). Die Abklärung des Verhältnisses von Sein und Sollen ist daher ein zentrales Problem jeder Pädagogik (*Widmer* 1977, p. 16).

Pädagogisches Sein und pädagogisches Sollen sind aber nicht unabhängig voneinander zu denken. Eine pädagogische Tatsache gewinnt den Charakter des Tatsächlichen erst durch ihre Antithetik zu einer Zielvorstellung des Menschseins. Die Wirklichkeit, die eine existentielle Forderung vollumfänglich erfüllt, verliert das Interesse der Pädagogik. Das pädagogische Engagement entfesselt sich im *Bruch* zwischen dem, was ist, und dem, was sein soll. Das epistemische Verhalten der Pädagogik wird daher geleitet von ihrer Verpflichtung auf ein adäquates Menschsein: Die Wirklichkeit wird unter dem Aspekt der geforderten Möglichkeit befragt.

Der Sollensauftrag der Pädagogik verweist über das unmittelbare Feld pädagogischen Handelns hinaus. „Die Pädagogik ... kann nicht verzichten auf *grundsätzliche* Fragestellungen des Menschseins ..." (*Widmer* 1977, p. 68 — Hervorhebung W. H.). Genauso verweist das pädagogische Sein auf die umfassende Wirklichkeit der menschlichen Existenz in ihrer je konkreten historischen Situation. Die Pädagogik ist daher auf die Mithilfe der anderen Wissenschaften angewiesen. Mit ihnen zusammen erarbeitet sie sich ein Bild des Menschen.

In ihrem Selbstverständnis als eine im dialektischen Spannungsfeld der menschlichen Existenz verankerte Wissenschaft hat die Pädagogik ein wirksames Antidot gegen die Gefahr des Provinziellen. Eine Pädagogik, deren Bewußtsein die Situation der unmittelbaren pädagogischen Interaktion überschreitet und auf Bedingungen des konkreten, historisch und gesellschaftlich vermittelten Menschseins reflektiert, ist immer eine zeitgenössische und zeitkritische Pädagogik.

Mit diesen Überlegungen ist noch nichts darüber gesagt, *wie* die Pädagogik ihre Arbeit angeht. Die Wissenschaften, mit denen sie zusammenarbeitet, können ihr die Formulierung einer eigenen Forschungsstrategie nicht abnehmen. Die Pädagogik muß ihre Problemfelder selbst bestimmen; nur so kann sie sich der dialektischen Erfahrung von Sein und Sollen hingeben.

Seit der „realistischen Wendung in der pädagogischen Forschung" (*Roth*) bedient sich die Pädagogik in zunehmendem Maße empirischer Forschungsmethoden zur Analyse der menschlich-existentiellen Wirklichkeit. Doch die empirischen Methoden sind für die Aufgabe der Problem*findung* nicht geeignet. Probleme des Menschseins lassen sich mittels der strengen Methoden empirischer Forschung nicht entdecken. Alle diese Methoden setzen ein Problembewußtsein voraus. — Die Wissenschaftstheorie hat mit der Aufspaltung des Forschungsprozesses in einen „context of discovery" und einen „context of justification" (*Reichenbach*) diese Tatsache philosophisch überhöht. Im Kritischen Rationalismus wird der Entdeckungszusammenhang völlig aus der Wissenschaftstheorie ausgespart, abgedrängt ins Belieben des einzelnen Forschers. Die „Logik der Forschung" ist eine Logik der Hypothesen*prüfung*; zur Hypothesen*findung* trägt sie nichts bei.

Die Folge dieser methodologischen und wissenschaftstheoretischen Situation ist nicht nur, daß die Pädagogik ihren Anspruch auf Entdeckung von Spannungsfeldern der menschlichen Existenz nicht erfüllt bekommt, sondern ganz allgemein eine geringe Relevanz sozialwissenschaftlicher Erkenntnis. Denn die Sozialwissenschaften können Probleme erst dann aufgreifen, wenn sie bereits virulent geworden sind. Sie werden von sozialen Problemen genauso überrumpelt wie die Politik. Anstatt antizipativ zu sein, ist die sozialwissenschaftliche Forschung reaktiv. Natürlich ist sie deswegen nicht nutzlos, auch für die Pädagogik nicht, denn eine genaue Analyse eines Problems hat in jedem Fall dem Handeln vorauszugehen. Relevanter aber wären die Sozialwissenschaften sowohl für die Pädagogik wie die Politik dann, wenn sie Probleme erkennen und analysieren könnten, bevor sie im Feuerwehrstil angegangen werden müssen.

Nun verfügt die empirische Methodologie nicht nur über „harte" Methoden, sondern auch über eine Reihe „weicher" Verfahren, die üblicherweise gerade für die Aufgabe der Problemfindung empfohlen werden: unstrukturierte Beobachtung, Gruppendiskussion, Feld- und Fallstudien etc. Doch auch diese Methoden sind nicht verwendbar ohne ein wenigstens diffuses Problembewußtsein. Darüber hinaus sind sie kaum geeignet, gesamtgesellschaftliche Probleme zu erfassen. Ihre Fruchtbarkeit beschränkt sich auf das Ausloten spezifischer, sektorieller Problemfelder.

Als Alternative bietet sich seit einiger Zeit die *Aktionsforschung* an. Sie geht davon aus, daß nicht der Forscher auf die Problemsuche geht, sondern der Praktiker den Forscher aufsucht und ihn auffordert, ein Ungenügen seines Alltags aufzugreifen und zu untersuchen (vgl. *Herzog* 1977, p. 11 ff.). Der Wissenschaftler könnte sich damit der leidigen Aufgabe entledigen, selbst die Probleme der menschlichen Existenz aufzuspüren. Doch abgesehen davon, daß das Modell der Aktionsforschung gerade an diesem Punkt nicht funktioniert, wird auch hier eine Methode vorgeschlagen, die lediglich gruppenspezifische Probleme aufgreifen kann, nicht aber gesamtgesellschaftliche. Damit seien die „weichen" empirischen Methoden und die Aktionsforschung keineswegs geringgeschätzt, für eine umfassende Analyse gesamtgesellschaftlicher Trends und als Seismographen unterschwelliger Problemfelder der menschlichen Existenz sind sie jedoch nicht geeignet.

Woher dann gewinnt die Pädagogik ihr Wissen um die Spannungsfelder der menschlichen Existenz? Wie kann sie die Bereiche identifizieren, wo die Dialektik von Sein und Sollen zu spielen beginnt? Die Frage geht nach der fehlenden *Methodologie des „context of discovery".* Das Thema ist von einer zweifelsfreien Aktualität. Sind die einführenden Überlegungen richtig, muß es die Pädagogik in ihrem Lebensnerv treffen. Denn die Pädagogik kann ihren Anspruch, „Theorie einer Praxis" zu sein, nur dann bewahren, wenn es ihr gelingt, einen Weg zur Identifizierung potentieller Problembereiche der menschlichen Existenz zu finden.

Die folgenden Überlegungen können nicht mehr sein als ein bescheidener Versuch, der aufgezeigten Dringlichkeit des Themas gerecht zu werden. Der Platz reicht bei weitem nicht aus, um den Ansprüchen einer *Methodologie* der Problemfindung zu genügen. Deshalb soll anhand eines Beispiels gleichsam exemplarisch eine spezifische Möglichkeit der Findung pädagogisch relevanter Problemfelder demonstriert werden.

Die moderne Kunst als Methode der Problemfindung

„Die Kunst ist das Ins-Werk-Setzen der Wahrheit."
Martin Heidegger

Die Kunst wird immer wieder als sensibles Instrument der Gegenwartsdeutung verstanden, als Seismograph der gesellschaftlichen „Tiefenstruktur". Sie gilt als Weg der Orientierung in einer noch wenig verstandenen Zeit, gar als „via regia" zum Noch-nicht-Verstandenen, Latenten. „Die Kunst erscheint vielen nur als eine Zerstreuung am Rande des wirklichen Lebens, sie sehen nicht, daß sie in das Herz dieses Lebens hinabreicht und seine noch unbewußten Geheimnisse offenbart, daß sie die direktesten, die aufrichtigsten, weil am wenigsten berechneten Geständnisse enthält. Die Seele eines Zeitalters maskiert sich hier nicht; sie sucht sich, sie verrät sich hier mit jenem Vorwissen, das allem eigen ist, was aus der Empfänglichkeit und der Besessenheit hervorgeht" (*René Huyghe*, zit. nach *Sedlmayr* 1977, p. 8). Die Kunst als Schlüssel zur verborgenen Wirklichkeit, als Instrument zur Auslotung der existentiellen Situation des Menschen: Das ist es genau, was wir suchen. Mit der Kunst haben wir ein Werkzeug zur Hand, mittels dessen wir der Wirklichkeit unmittelbar auf den Zahn fühlen können. Sie ermöglicht uns eine Diagnose der noch nicht artikulierten, unterschwelligen Tendenzen der Zeit, der latenten Problemfelder der menschlichen Existenz. Wir wollen diese Gedanken am Beispiel der *Malerei* etwas plausibler machen.

In der Malerei entfaltet sich, beginnend mit dem Verlust ihrer magischen und religiösen Funktionen und der Professionalisierung des Künstlers, eine allmählich immer breiter werdende Thematik der bildnerischen Darstellung. Die Kunst des Mittelalters steht ganz im Machtbereich von Kirche und Hof. Ihre Aufgaben und Mittel sind fest vorgegeben. Dementsprechend gilt die Verfertigung von Bildern als Handwerk, nicht als Kunst. Die Malerei ist „ideell": symbolisch, allegorisch, konnotativ. Der Schritt zur „realistischen" Malerei, signalisiert durch den motivischen Einbruch der Natur und des Individuums, bedeutet eine Erweiterung des Malbaren (*Gehlen* 1960, p. 16). Seit der Renaissance wird die Kunst allmählich von religiösen und politischen Aufgaben entbunden. Der Künstler wechselt von den Handwerkern über zu den Gelehrten und Dichtern. Sein „Genie" wird entdeckt. Die Kunst wird zur Sache des Geistes. Die bürgerliche Gesellschaft bestärkt diese Entwicklung. Mit der abstrakten Malerei weitet sich die Thematik des Bildes erneut aus. Die Wirklichkeit wird in allen ihren Dimensionen in die künstlerische Auseinandersetzung einbezogen. Die Malerei löst sich von allen unmittelbar gesellschaftlichen Funktionen (*Damus* 1973); sie verliert ihre „Mitte" (*Sedlmayr* 1977). Doch beides, die „Funktionslosigkeit" und der „Verlust der Mitte", ist als Zeichen der künstlerischen Autonomie zu lesen. Erst die Entflechtung von Kunst und Herrschaft setzt das Potential der Malerei als Erkenntnisinstrument frei. Nur dadurch, daß der Künstler auf sich selbst gestellt ist, kann er zum sensiblen Registrator seiner Zeit werden.

Damit präzisiert sich unser Gedanke: Nicht die Kunst schlechthin, sondern im besonderen Maße die *moderne* Kunst ist ein „Instrument der Tiefendeutung" (*Sedlmayr*) der menschlichen Existenz.

Die moderne Malerei als Reflexionskunst

> *„Art today is a new kind of instrument,*
> *an instrument for modifying consciousness*
> *and organizing new modes of sensibility."*
> Susan Sontag
>
> *„Früher war der Gegenstand der Kunst das Schöne.*
> *Heute, zur Zeit des Modernismus,*
> *ist der Gegenstand der Kunst die Wirklichkeit,*
> *der wir nicht ins Auge sehen wollen."*
> Knud Ejnar Løgstrup

Will sich die Pädagogik der modernen Kunst als Sensor des Zeitgeschehens bedienen, so ist sie auf eine Sprache angewiesen, mittels der sie die Kunst verstehen kann. Sie muß die moderne Kunst „lesen" können. Die Kunst des 20. Jahrhunderts ist durch eine kontinuierliche Umgestaltung der ästhetischen Sprache gekennzeichnet. Die Rezeptionscodes werden permanent in Frage gestellt. Das Publikum wird verunsichert. — Zeiten der ästhetischen Sprachverwirrung verlangen nach einem Leitfaden, an dem sich die Sprachfindung orientieren kann. Wir wollen versuchen, für die moderne Malerei einen solchen Faden zu spinnen.

Die klassische Malerei vermittelt ihre Motive im ästhetisch-illusionistischen Schein. Die Realität wird in der Transzendenz des Ideellen und Absoluten dokumentiert. Das Bild zeigt eine integrale Ordnung. Das Chaotische des rein Sinnlichen wird durch die künstlerische Gestaltung seiner Widersprüchlichkeit, Willkür und Zufälligkeit benommen und in eine bildnerische Binnenordnung transponiert. Insbesondere sind Form und Gegenstand in eine Einheit gebracht. Seit dem Impressionismus beginnt sich der Integrationszusammenhang der klassischen Malerei aufzulösen. Bei Cézanne und verstärkt im Kubismus gewinnt die formale Bildordnung gegenüber der gegenständlichen Darstellung eine dominierende Stellung. Das Bild enthält Elemente, die ihre Funktion nicht mehr von einem gegenständlichen oder thematischen Bezug her haben, sondern ausschließlich in der formalen Struktur begründet sind. „Die Malerei bewegt sich heute in der Verselbständigung der Mittel, die früher der Darstellung untergeordnet... waren" (*Gehlen* 1960, p. 223).

Die Entwicklung läßt sich als „Desintegration des bildnerischen Gefüges" (*Junker* 1971, p. 14) umschreiben. Zwar mag durchaus ein Integrationszusammenhang gewahrt sein, dieser betrifft aber nicht mehr das Bild als Ganzes, sondern ist bloße Integration der Form. Die ästhetische Aussage wird minimal. Die russischen Konstruktivisten, der holländische „de Stijl", die französische „Abstraction/Création", die Konkreten, die Monochromen, die Minimal Art etc.: sie alle arbeiten mit einer zum Teil extrem reduzierten ästhetischen Struktur. „Die Handlung des Künstlers, die bisher in der Organisation einer werkimmanenten Struktur ihre zentrale Aufgabe fand, schlägt um in die Präsentation eines elementaren, irreduziblen bildnerischen Sachverhalts" (*Junker* 1971, p. 16).

Dabei zeigt sich selbst eine Auflösung der *formalen* Integration: Bei *Victor Vasarely* und *Richard Paul Lohse*, aber auch im Informel und der Post-Painterly Abstraction entsteht das Bild nicht als formale Ganzheit, sondern als Addition oder Koordination gleichberechtigter Teile. Die Komposition der Einzelelemente oder Malgesten zeigt über die Addition hinaus keine Bildtotalität an. Die Bildgrenzen verlieren ihre Bedeutung als Gestaltungselemente. Die Begrenzung des Bildes ist mehr oder weniger zufällig.

Neben den abstrakten Tendenzen, der „großen Abstraktion" (*Kandinsky*), reduziert auch die „große Realistik" (*Kandinsky*) die ästhetische Erfahrung. Objektkunst, Pop-Art und Hyperrealismus stecken das Feld der „Realistik" ab. Die Objektkünstler reduzieren die ästhetische Arbeit im Extremfall auf die bloße Identifikation eines alltäglichen Dinges und seine Präsentation in der Galerie oder im Museum. Die Pop-Art verdoppelt in ihren Werken die Insignien der modernen Konsumgesellschaft. *Andy Warhol* betreibt auf diese Art ein „permanentes Deästhetisieren" (*Reiner Crone*) der Kunst. Genauso ist der Hyperrealismus der 70er Jahre keine Rückkehr zur Harmonie der naturalistisch-illusionistischen Malerei, sondern die „unkünstlerische" Präsentation einer minutiös dokumentierten Wirklichkeit (vgl. *Sager* 1973). Die Distanzlosigkeit des Objekts und die Bedeutungslosigkeit der Motive verübeln dem Betrachter den illusionistischen Genuß des Werkes. Was man sieht, ist nicht das, worauf es ankommen kann.

Der radikale Abbau der ästhetischen Struktur in der modernen Malerei bedeutet eine Auflösung des Filters, den die klassische Kunst zwischen sich und der Wirklichkeit errichtet hat. Die Realität tritt unverblümt, in ihrer natürlichen Chaotik ins Bild. Die Grenzen zwischen Kunst und Leben verwischen. Das Leben selbst hält Einzug in der Kunst. Anschaulich zeigt sich das in der Aktionskunst oder in Proklamationen wie „All is pretty" (*Warhol*), „Jedermann ist ein Künstler" (*Beuys*) etc. Das Ästhetische zieht sich zurück, minimalisiert sich oder wird identisch mit der außerkünstlerischen Wirklichkeit.

Die Reduktion oder Auflösung der ästhetischen Struktur kann nur heißen, daß sich die künstlerische Intention von der Präsentation einer Reflexion zur Evokation eines Reflexionsprozesses verschoben hat. Die ausschließliche Darbietung einer Farbe, einer Form oder eines Objekts verlangt nach der gedanklichen Ergänzung durch den Betrachter. Die Bilder sind Denkmaterialien. Oder im Falle von *Josef Albers* und *Mark Rothko* Anlässe zur Meditation. Das Werk vollendet sich erst in der aktiven Rezeption. Der Betrachter wird zum Teil des Bildes: Ohne ihn wäre es unvollendet. Der Künstler schließt nicht ab. Er leitet einen Prozeß ein, den der Betrachter aufnehmen und weitertreiben muß. Nicht das Gemachte oder Geschaffene, sondern die ausgelösten Gedankeninhalte sind das Wesentliche. Das Bild ist Katalysator des Bewußtseins. Die Kunst verschiebt ihre Wirkungen von ästhetischen zu „energetisierenden" Kategorien (*Hans Blumenfeld*).

Wenn wir die Malerei auf diese Weise als „*Reflexionskunst*" bestimmen, so ist damit keine kunsttheoretische Kategorie angestrebt. Es geht allein darum, einen Zugang zur modernen Kunst freizulegen, der ihre beabsichtigte Benützung als „Instrument der Tiefendeutung" der menschlichen Existenz ermöglichen kann. Der Begriff „Reflexionskunst" hat instrumentelle Bedeutung. Er ist in erster Linie als Kategorie der Kunst*rezeption* gemeint und nicht der Kunst*produktion*. Die Reflexion kann von den unterschiedlichsten Ebenen des Kunstwerks ausgelöst werden: vom Material, der Gestaltung, dem Malvorgang, der Spannung in der Bildkomposition etc. Entscheidend am Begriff „Reflexionskunst" ist allein das Verschwinden des Klassisch-Schönen, der Entzug des ästhetischen Genusses und die Provokation der Reflexion auf die „... Wirklichkeit, der wir nicht ins Auge sehen wollen" (*Løgstrup* 1973, p. 319).

Gewiß ist das Bild der Malerei als Reflexionskunst noch zu grob, um eine kodifizierbare Methodologie des „context of discovery" zu umschreiben. Wir wollen uns aber nicht weiter in theoretische Analysen vertiefen, sondern *anhand eines konkreten Beispiels* die Fruchtbarkeit der skizzierten Gedanken unter Beweis stellen. Das Beispiel soll die zunehmende Bedeutung einer bestimmten Thematik in der Kunst des 20. Jahrhunderts nachzeichnen, um von da aus ein Problemfeld der menschlichen Existenz zu belegen. Die Thematik ist der menschliche *Körper*.

Die Epiphanie des Körpers in der modernen Malerei

"Schön wie die zufällige Begegnung einer Nähmaschine und eines Regenschirms auf dem Seziertisch" (Comte de Lautréamont). — Der Körper kündigt sich an im *Dadaismus* und im *Surrealismus*. Die Bedeutung des Zufalls als ästhetischem Mittel reduziert die Rationalität zugunsten der spontanen Gestik des Künstlers. Innen- und Außenwelt werden lediglich ans Licht gebracht, nicht aktiv gestaltet. *Max Ernst* sieht es als einen der ersten revolutionären Akte des Surrealismus, den Mythos vom Schöpfertum des Künstlers *"... mit sachlichen Mitteln und in schärfster Form attackiert und wohl auf immer vernichtet zu haben ..."* (Ernst, in: Hess 1956, p. 119). Der Künstler ist passiv, ohne Kontrolle durch Vernunft, Moral oder ästhetische Erwägungen. Die Gestaltung des Kunstwerks wird der Körpermotorik überlassen. Die „Ecriture automatique" ist der klarste Ausdruck dieses Bemühens.

"Wenn ich in meinem Bild bin, habe ich keinen Überblick mehr über das, was ich tue" (Jackson Pollock). — Der Körper gewinnt an Bedeutung im *Action Painting*. Die Leinwand wird unter der spontanen Eingebung des Künstlers bearbeitet. In einer trancehaften Gestik träufelt er die Farbe auf die Bildfläche. Die Spontaneität wird nicht dargestellt, sondern in einer eigentlichen „rage de vivre" (*Fritz Billeter*) ausgelebt. Das Bild enthält die Spuren des körperlich agierten Erlebens. Die großen Bildformate entsprechen der Malweise: die „res extensa" des Körpers braucht Raum, um sich verständlich zu machen. Aber selbst die riesigen Malflächen vermögen die Körperlichkeit des Ausdrucks nicht einzugrenzen. Das Bild ist Ausschnitt aus einem potentiell universalen Malfeld. Strukturell entspricht es der Addition einer Geste, die im Prinzip unbegrenzt wiederholbar ist.

"Und eines Tages begriff ich, daß meine Hände als Werkzeug zur Arbeit, Farbe aufzutragen, nicht mehr genügten" (Yves Klein). — Bereits um einiges deutlicher tritt der Körper bei *Yves Klein* ins Bewußtsein der Malerei. In seinen „*Anthropométries*" wird der menschliche Körper als Malutensil verwendet, als „lebender Pinsel". *Klein* tauchte seine Hände und Füße in Farbe und drückte sie anschließend auf ein Tuch. Er verwendete weibliche Modelle, die ihren Körper mit Farbe bespritzten und sich anschließend gegen weiße Leinwände drückten oder sich darauf wälzten.

"Meine Aufgabe ist es, die Grenzen zwischen Leben und Kunst zu verwischen" (Wolf Vostell). — In der *Aktionskunst* steigert der Körper seine Bedeutung. Happenings and Fluxus-Aktionen existieren ausschließlich in der Zeit. Die Kunst ist identisch mit dem Prozeß der

Handlung. Der Körper wird zum unmittelbaren Träger des Kunstwerks, zur „lebenden Leinwand". Doch darüber hinaus beginnt der Körper auch thematisch zu werden. *Allan Kaprow* verlangt in seinen „Time Pieces", daß sich die Happenisten selbst und gegenseitig den Puls nehmen, von Mund zu Mund atmen, den Atem anhalten, den Atem beim Besteigen von Treppen beobachten etc. *Yoko Ono* fordert ihre Mitspieler auf, sich aufeinander zu legen, um dem Herzschlag der zuunterst liegenden Person zu lauschen. Eine Aktionsidee von *Wolf Vostell* lautet: „Pressen Sie Ihre Stirn jeden Tag um 12 Uhr 31 gegen die Stirn eines anderen Menschen" (zit. nach *Schilling* 1978, p. 104). Das „Concerto per donna" von *Guiseppe Chiari* besteht im wesentlichen aus: „...soft extremely varied noises which can be obtained by blowing into a women's hair" (*Chiari*, in: *Vergine* 1974). Etc. Die Happenisten lösen die Trennung von Künstler und Publikum auf. Gleichzeitig reißen sie die Grenze zwischen Kunst und Leben ein. Im Happening soll das Leben selbst in den Bereich der Kunst eintreten. Der Körper ist permanent im Kunstwerk anwesend.

„Einfachheit der Form bedeutet nicht unbedingt auch Einfachheit des künstlerischen Erlebnisses" (Robert Morris). — Auf andere Art wird der Körper in der Minimal Art ins Kunstwerk einbezogen. Die minimale ästhetische Information der formalen Primärstrukturen provoziert die physische Seite des Sehens. Das Kunstwerk verlangt nach der körperlichen Aktivität des Betrachters. Erst durch seine Bewegungen beginnt es überhaupt zu existieren. „Das Bild allein ist ein relativ unergiebiger Betrachtungsgegenstand, denn es bietet in seiner auf ein Minimum reduzierten Binnenordnung nur eine geringe optische Sensation. Seine triviale Physiognomie gewinnt erst ein wenig mehr an Reizen, wenn der Besucher seine Position im Raum mehrmals ändert, so daß sich ihm bei wechselndem Blickwinkel die gesamte Bildfläche wie auch deren Zonen jeweils anders verkürzt darstellen" (*Junker* 1971, p. 42). Die Rezeption des Kunstwerks ist im wörtlichen Sinne abhängig vom Standpunkt des Betrachters. Doch man „sieht" gerade nichts, wenn man das Werk bloß von *einem* Ort aus anschaut. Erst der mehrmalige Wechsel des Standpunktes vermag das Kunstwerk zu erschließen. Das zeitliche Moment des Kunsterlebens ergänzt sich zu einem raum-zeitlichen Geschehen. Nicht das Auge, sondern das Auge-im-Körper ist Erkenntnisorgan.

„Ich bin für eine Kunst, die man wie einen Plan benutzen kann, die du kneifen kannst wie den Arm deiner Süßen oder abknutschen wie einen Schoßhund, die sich ausdehnt und quietscht wie ein Akkordeon, die man mit Essen bekleckern kann wie ein altes Tischtuch" (Claes

Oldenburg). — Die Ausweitung der sinnlichen Rezeptionskanäle ist nicht begrenzt auf einzelne „Stile", sondern zieht sich quer durch die verschiedensten Tendenzen der modernen bildenden Kunst. Durch Eigengeräusche der Materialien (*Jean Tinguely*), eingebaute Tonbänder (*Dennis Oppenheim*), Aktivierung der Haptik (*Claes Oldenburg*), begehbare „Environments" (*Edward Kienholz, George Segal*) etc. wird die traditionelle Dominanz des Auges als Organ der Kunstrezeption in Frage gestellt. Je deutlicher das passive Auge zurückgedrängt wird, desto klarer tritt der Körper in den Vordergrund. Kaum zu überbieten ist die Relativierung des Auges durch *Piero Manzoni*. Mit dem Daumen signierte er hartgesottene Eier und ließ sie verspeisen. Durch das Aufessen seiner Ausstellung hatte Manzoni eine radikal körperliche Beziehung zur Kunst geschaffen. Der Kunstgenuß wird zur Sache der Geschmacks- und Verdauungsorgane. Man versteht die Kunst, indem man sie sich einverleibt.

„*Der Künstler selbst muß ein Meisterwerk sein*" (*Marcel Duchamp*).
— Die *Fluxus*-Künstler lösen die von den Happenisten praktizierte Rollenverschmelzung Künstler/Publikum wieder auf. Der Künstler wird erneut zum Dominator des ästhetischen Geschehens. Gleichzeitig, wegen der nach wie vor gültigen Ineinssetzung von Kunst und Leben, bindet sich die Aktionskunst an die Handlungen des Künstlers. Zur Verschmelzung von *Kunst*existenz und *Künstler*existenz ist nur noch ein kleiner Schritt. Er wird getan von einem Einzelgänger der Fluxus-Bewegung: *Joseph Beuys*. Leben und Kunst werden zu einer Identität, der Identität *Joseph Beuys*. Die Materialien, die in seinen Aktionen anfallen, sind keine für sich existierenden Kunstwerke; es sind autobiographische Dokumente, deren Sinn erst in der Rückbindung an die Existenz des Künstlers aufgeht. Der Künstler wird zum Schamanen der modernen Gesellschaft. Die Identifikation der eigenen Existenz mit der künstlerischen Äußerung macht den Körper zu einem permanenten ästhetischen Ort. Doch *Beuys* bringt seinen Körper auch thematisch ins Spiel. Er verwandelt sich in eine Skulptur, indem er seinen Kopf mit Honig bestreicht und Blätter dranheftet. Er hüllt sich in Filzmatten und liegt eingerollt mehrere Stunden in einer Galerie. Er beißt in Talg und legt seine Zahnabdrücke in Reihen auf den Boden. Etc.

„*Selbst zur Kunst werden, leben als Kunstwerk ...*" (*Timm Ulrichs*).
— Kunst als „Verkörperung" der eigenen Existenz: Dieses Motto wird von *Ben Vautier, Timm Ulrichs* und *Gilbert & George* voll ausgelotet. *Vautier* proklamiert: „Regardez-moi, cela suffit!" Der Blick auf den Künstler genügt. Der Künstler ist das Kunstwerk. „... man zeigt keine Formen mehr, sondern sich selbst als Menschen" (*Vautier*, zit. nach

Schilling 1978, p. 99). Konsequenterweise verbrachte *Vautier* eine Woche im Fenster einer Londoner Galerie. Ähnlich *Ulrichs*, der sich in seiner „Zimmergalerie" selbst ausstellte und zum Kunstwerk erklärte (*Schilling* 1978, p. 99). Genauso die beiden Engländer *Gilbert & George*, die sich als „lebende Skulpturen" bezeichnen: „Being living sculptures is our life blood, our destiny, our romance, our disaster, our light and life" (*Gilbert & George,* in: *Vergine* 1974). Alles, was sie tun, ist Kunst. *Piero Manzoni* hat eine komplementäre Reduktion vollzogen: Die „Verkörperung" der Kunst im Rezipienten. *Manzoni* fertigte Ausweise an, die deren Träger zu Kunstwerken erklärten. Er signierte weibliche Aktmodelle, um sie zu authentischen Kunstwerken zu machen. Und er konstruierte eine „magische Basis", ein konisches Podest mit zwei Fußabdrücken, auf dem jedermann im Moment, wo er draufsteht, zum Kunstwerk wird.

„*... direkte Kunst kennt nur den Körper und macht alles, was mit dem Körper zu leisten ist*" (Otto Muehl). — Im *Wiener Aktionismus*, einer Spielart der Aktionskunst, ist der Körper nahezu ausschließliches Thema der künstlerischen Analyse. So fragwürdig, brutal und abstoßend vieles sein mag, was die Wiener gemacht haben, so klar tritt bei ihnen der Körper in den Vordergrund. Das Entsetzen, das die Aktionen von *Muehl* oder *Nitsch* auslösen konnten, zeigt die tiefsitzende Tabuisierung körperlicher Vorgänge, die Verdrängung der Realitäten des Körpers hinter die Kulissen der Öffentlichkeit. Was die Wiener Aktionisten tun, ist im Grunde nichts anderes als eine Radikalisierung des Action Painting, thematisch übertragen auf die eigene Existenz. Während das Action Painting den ekstatischen Ausbruch des Verdrängt-Unbewußten durch Farbe und Leinwand in wenig provokative Bahnen kanalisiert, fällt im Aktionismus der Wiener die Eruption des Inneren zurück auf den Künstler. Die freigewordenen Energien werden nicht ästhetisch sublimiert, sondern stellen sich selbst dar als wildes Geschrei, orgiastisches Tun, enthemmte Analität, entfesselte Sexualität und sado-masochistisches Agieren. Die Provokation des Unsublimierten ist kaum geeignet, Bewußtseins- und Reflexionsprozesse in Gang zu setzen. Trotzdem ist den Wiener Aktionisten zugute zu halten, daß sie sich mit der bedingungslosen Thematisierung des Körpers zu Wegbereitern der „body art" gemacht haben.

„*Ich glaube, ‚Body Art' ist sehr gut, weil sie die Distanz zwischen Künstler und Material zusammengerückt hat, so daß Künstler und Material eins wurden*" (Dennis Oppenheim). — Die Arbeiten der *Body Art* sind leiser als jene der Wiener, verhaltener, aber auch umfassender und dadurch eher geeignet, Reflexionen in Gang zu setzen. Als Vorläufer der Body Art ist erneut der Anti-Künstler *Manzoni* zu erwähnen. Er projektierte, sein „sangue d'artista" in Fläschchen abzufüllen und seinen Atem in Ballons zu blasen, um Skulpturen zu schaffen („fiato d'artista"). Einer der ersten Körperkünstler im engeren Sinn ist *Bruce Nauman*. Sein „Portrait of the Artist as a Fountain" zeigt ihn wasserspeiend als Brunnenfigur. In seinen „body sculptures" bemalt er sein Gesicht und seinen Oberkörper mit farbigem Make-up. Ähnliche Arbeiten hat *Arnulf Rainer* gemacht, indem er seinen eigenen Körper oder die Körper von Modellen bemalte. *Rainer* befaßt sich in den verschiedensten Arbeiten mit dem kommunikativen Aspekt des Körpers. Auf Photos, die er teilweise durch Übermalungen in ihrer Aussage steigert, stellt er Grimassen, Gesten, Körperverrenkungen etc. dar.

Klaus Rinke visualisiert in seinen „Primärdemonstrationen" den Raum- und Zeitbezug des Körpers. Sein Anliegen ist: „... that every person... should obtain the opportunity to know himself and to work with himself with the help of these elementary demonstrations of reality" (*Rinke*, in: *Vergine* 1974). *Rinke* macht deutlich, daß die Body Art nicht durch einen Griff in die psychopathologische Begriffskiste abgetan werden kann. Die Körper-Aktionen sind ein Reflexions- und Aktionspotential, das dem Rezipienten die Körperlichkeit seiner Existenz bewußt machen will und ihn auffordert, die visualisierten Erfahrungsprozesse an seinem eigenen Leib nachzuvollziehen.

Ein besonderer Aspekt der Körperkunst, der mit dem Begriff „Martyr Art" belegt wird, liegt im Verletzen des Körpers. *Dennis Oppenheim* läßt einen Holzsplitter in seinen Finger eindringen, meißelt einen Fingernagel ab oder provoziert eine Hautveränderung durch übermäßige Sonneneinstrahlung. *Vito Acconci* untersucht, wie weit er die Hand in den Mund stecken kann und wie lange er das aushält. Er reibt seinen linken Unterarm, bis ein roter, wunder Fleck entsteht, oder beißt sich in Arme und Beine und drückt die Bißstellen auf Papier ab. Er brennt Körperhaare ab oder reißt sie sich aus. Die Bezüge der „Martyr Art" zum „Theater der Grausamkeit" *Antonin Artauds* sind offensichtlich. *Lea Vergine* schreibt in ihrer Dokumentation über die Body Artists: „Like Artaud, they want an intimate acquaintance with all of the possibilities of self-knowledge that can stem from the body and the investigation of the body. The body is stripped bare in an extreme attempt to acquire the right to a rebirth back into the world. Most of the time, the experiences we are dealing with are authentic, and they are consequently cruel and painful. *Those who are in pain tell you that they have the right to be taken seriously*" (*Vergine* 1974, p. 5).

Es kann hier nicht um eine Bewertung der künstlerischen Bedeutung der Body Art und ihrer Vorläufer gehen. Unser Interesse beschränkt sich auf die Demonstration einer Tendenz der zeitgenössischen bildenden Kunst, um darin Hinweise zu finden auf aktuelle Probleme der menschlichen Existenz. Wir sind einer Linie gefolgt — vom Surrealismus zum Action Painting, zur Minimal Art, zu Happening und Fluxus, *Beuys* und *Manzoni*, zum Wiener Aktionismus und schließlich zur Body Art —, die einer zunehmenden Verdeutlichung des Körpers entspricht. Gemäß unserer Intention, die Kunst als Sensor des Zeitgeschehens zu verwenden, stehen wir damit einem Problem gegenüber, das den modernen Menschen offensichtlich betrifft.

Zur Zivilisationsgeschichte des Körpers

Der Körper — ein Problem des modernen Menschen? Die Kunst vermag Probleme aufzudecken, nicht aber deren Ursachen zu analysieren. Weshalb also der Körper? Versuchen wir eine Antwort durch einen Blick in die *Vergangenheit*. Wenn wir uns im Mittelalter umsehen, so begegnen wir einer Farbigkeit des Lebens, die sich vom Grau unseres Alltags markant abhebt. „So grell und bunt war das Leben, daß es den Geruch von Blut und Rosen in einem Atemzug vertrug. Zwischen höllischen Ängsten und kindlichstem Spaß, zwischen grausamer Härte und schluchzender Rührung schwankt das Volk hin und her wie ein Riese mit einem Kinderkopf. Es lebt in Extremen, zwischen der gänzlichen Verleugnung aller weltlicher Freude und einem wahnsinnigen Hang zu Reichtum und Genuß, zwischen düsterem Haß und der lachlustigsten Gutmütigkeit" (*Huizinga* 1975, p. 29). Die Affekte spielen jäher und unmittelbarer, die Nuancierungen im zwischenmenschlichen Sektor sind gering. „Es gibt Freund und Feind, Lust und Unlust, gute und böse Menschen" (*Elias* 1976, Bd. I, p. 79). Das Leben ist von einer bedingungslosen Offenheit. Die Trennung in privat und öffentlich, die uns so unumstößlich scheint, gibt es nicht. Das Mittelalter kennt keine Ökologie des Privaten: die Architektur und die Siedlungsformen sind so geschaffen, daß es schier unmöglich ist, sich abzusondern.

In diese Öffentlichkeit der Existenz ist der Körper einbezogen. Noch das 16. Jahrhundert ist bis auf wenige Ausnahmen „... das Jahrhundert der Gerüche, Düfte, Töne und der anfaßbaren Körper" (*Rittner* 1976, p. 40). Erst allmählich, im Verlaufe eines langwierigen „Zivilisationsprozesses" (*Elias*) wird der Körper hinter die Kulissen des gesellschaftlichen Lebens verlegt. Je fester die Grenzen zwischen privat und öffentlich werden, um so vollkommener verschwindet der Körper in der Privatheit von Haushalt, Ehe und Familie. Wir wollen diese Entwicklung anhand einiger Beispiele nachzeichnen.

Norbert Elias hat in einer unkonventionellen Analyse von Etikettenbüchern gezeigt, wie die gesellschaftliche Entwicklung seit dem Mittelalter einer zunehmenden Kontrolle der unmittelbaren Affektäußerungen entspricht. Die uns gewohnte Glättung des interaktiven Verhaltens ist das Produkt einer „Zivilisierung" des menschlichen Körpers. Das „Benehmen", das die Etikettenbücher verlangen, ist durchwegs auf eine verstärkte körperliche Kontrolle gerichtet, auf eine Beherrschung des spontanen Dranges nach motorischer Äußerung. Im Mittelalter sind die Benehmensvorschriften noch vergleichsweise locker. „Die gesellschaftliche Kontrolle ist ... mild. Die Manieren sind gemessen an den späteren in jedem Sinne des Wortes ungezwungen. Man soll nicht schmatzen und schnauben beim Essen. Man soll nicht über die Tafel spucken und sich nicht ins Tischtuch schneuzen, das ja auch zum Abwischen der fettigen Finger dient, oder nicht in die Finger selbst, mit denen man in die gemeinsame Platte faßt. Aus der gleichen Schüssel oder auch von der gleichen Unterlage mit anderen zu essen, ist selbstverständlich. Man soll sich nur nicht über die Schüssel hermachen, wie ein Schwein, nicht das Abgebissene wieder in die allgemeine Soße tauchen" (*Elias* 1976, Bd. I, p. 142).

Die zunehmende Kontrolle der körperlichen Bedürfnisse trennt das menschliche Verhalten allmählich in ein „Innen" und ein „Außen". Den Impulsen und Trieben wird die spontane Entladung verwehrt. Zwischen Bedürfnis und Verhalten schiebt sich ein Kontrollapparat. Zwei vermeintlich selbständige Sphären entstehen: Körper und Geist. Bedürfnis und Kontrolle sind von „außen" nicht mehr unmittelbar zu sehen. Sie werden geheimnisvoll. Sie verbergen sich im Innern, das zum *Eigentlichen* des Menschen mystifiziert wird.

Im Moment, wo der Zivilisationsprozeß diese Trennung erreicht hat, wird die Psychologie geboren (vgl. *van den Berg* 1960, p. 236). Der Mensch ist kein „offenes Buch" mehr; was er ist und wer er ist, hat seine Offensichtlichkeit verloren. „Was für ein unermeßlicher Sprung von der Oberfläche des Leibes zum Innern der Seele!" kann *Lichtenberg* ausrufen (*Buser* 1973, p. 48). Die Physiognomiker bemühen sich, die fremd gewordene Existenz des Menschen wieder vertrauter zu machen. Der Körper ist ihnen Mittel zum Zweck: in ihm soll sich die Seele „ausdrücken". Der Mensch *ist* nicht mehr Körper; der Körper ist nicht mehr das eigentlich Menschliche; das Eigentliche liegt „dahinter", im „Innern".

Die strenge Assoziation, die der Zivilisationsprozeß zwischen der Privatheit und dem Körper errichtet, zeigt sich anschaulich im Wandel der *Schlafgewohnheiten*. Für uns ist das Schlafzimmer zu einem der privatesten Räume geworden. Das gilt für frühere Zeiten nicht. In der mittelalterlichen Gesellschaft ist der Schlafraum nicht vom gesellschaftlichen Leben abgesondert. „Es war durchaus üblich, in den Räumen, in denen Betten standen, Besuch zu empfangen, und die Betten selbst hatten daher je nach ihrer Ausstattung einen Prestigewert. Es war sehr gewöhnlich, daß viele Menschen in einem Raum übernachteten, in der Oberschicht der Herr mit seinem Diener, die Frau mit ihrer Magd oder ihren Mägden, in anderen Schichten häufig selbst Männer und Frauen in dem gleichen Raum, oft auch Gäste, die über Nacht blieben" (*Elias* 1976, Bd. I, p. 222). Wie eng diese Schlafgewohnheiten mit der Einstellung zum Körper verbunden waren, zeigt sich daran, daß die *Nacktheit* als selbstverständlich empfunden wurde. „Im allgemeinen schlief man in der Laiengesellschaft nackt ... Es war eher auffallend, wenn jemand sein Taghemd beim Schlafengehen anbehielt. Es erweckte den Verdacht, daß der oder die Betreffende mit einem körperlichen Schaden behaftet sei — aus welchen andern Gründen sollte man seinen Körper verstecken?" (*Elias* 1976, Bd. I, p. 222, 223). Wohlverstanden: es war diese Beziehung zum Schlafen und zur Nacktheit nicht auf den familiären Kreis beschränkt. Es war durchaus natürlich, mit fremden Menschen im selben Bett zu schlafen. Die Nacktheit hat sich noch nicht mit der Sexualität assoziiert, wie das für uns typisch geworden ist. Der entblößte Körper bedeutet nicht mehr als die Entblößung des Körpers. „Die Menschen standen ... dem Körper — ebenso wie vielen seiner Verrichtungen — unbefangener gegenüber..." (*Elias* 1976, Bd. I, p. 224).

Die „*Verrichtungen des Körpers*": auch sie privatisieren sich im Verlaufe des Zivilisationsprozesses. *Peter Gleichmann* hat die Entwicklung der Einstellung zum Urinieren und Defäzieren im Verlaufe der letzten eineinhalb Jahrhunderte untersucht und dabei festgestellt, wie sich auch hier ein zunehmend immer privater und peinlicher werdendes Verhältnis zum Körper herausgebildet hat. „In den früheren Berichten sprechen die Menschen über die Defäkationsvorgänge und die damit verbundenen Gefühle in verhältnismäßiger Direktheit; vier, fünf Generationen weiter ist ihnen vieles derart peinlich, daß sie sich scheuen, überhaupt darüber zu sprechen" (*Gleichmann* 1979, p. 254). Hält man sich die Anstrengungen vor Augen, die die modernen Städte und Dörfer in die Installierung von Kanalisationssystemen investieren, so spürt man etwas von den enormen Peinlichkeitsängsten, die sich um die körperlichen Verrichtungen gebildet haben.

Die Wandlungen der psychischen Strukturen sind verknüpft mit einem Wandel der Gesellschaft. Der soziale Wandel entspricht einer zunehmenden Differenzierung der gesellschaftlichen Funktionen. Die Verflechtungen, in die die Handlungen der einzelnen Individuen eingebunden sind, werden zunehmend komplexer. Die Menschen müssen ihr Verhalten immer genauer aufeinander abstimmen, damit die soziale Handlung zustande kommt. „Der Einzelne wird gezwungen, sein Verhalten immer differenzierter, immer gleichmäßiger und stabiler zu regulieren" (*Elias* 1976, Bd. II, p. 317). Eine unmittelbar in der Situation verankerte gegenseitige Steuerung des Verhaltens, wie weitgehend in der mittelalterlichen Gesellschaft, kann nicht mehr genügen. Die Regelung des Trieb- und Affektlebens muß von „außen" nach „innen" verlegt werden. Die Fremdzwänge werden zu Selbstzwängen.

Die soziologische Seite des Zivilisationsprozesses liegt in der Zentralisierung der Macht in staatlichen Organen. Sie erscheint zunächst als Monopolisierung der *körperlichen Gewalt*. Die Bestrafung des Verbrechers wird zum Zeichen der Macht des Herrschers. Der Körper des Verurteilten ist „Sache des Königs" (*Foucault* 1977, p. 140). Die Geschichte der Strafe ist eine Geschichte des Körpers. Das Mittelalter lebt in der Grausamkeit der körperlichen Peinigung. Die Peitsche, die glühenden Eisen, die Knochenschrauben, die Brandmarkung, die Verstümmelungen, die Verbannung, der Pranger, der Scheiterhaufen, das Rad, die Vierteilung: ein Feld von Praktiken, um den Körper im Zustand des Schmerzes festzuhalten. Marter und Hinrichtung sind Dinge des Alltags. Das Schaffott bildet „... einen wichtigen Bestandteil der geistigen Nahrung des Volkes" (*Huizinga* 1975, p. 4). „Die Hauptperson bei den Marterzeremonien ist das Volk, dessen wirkliche und unmittelbare Gegenwart zu ihrer Durchführung erfordert wird" (*Foucault* 1977, p. 75). In der Wende zum 19. Jahrhundert geht das Schauspiel der peinlichen Strafen allmählich zu Ende. Der Körper wird ersetzt durch die Seele: „Die Strafe soll, wenn ich so sagen darf, eher die Seele treffen als den Körper" schreibt *Gabriel Bonnot de Mably* (*Foucault* 1977, p. 26).

Der Appell an das Volk bleibt zunächst erhalten. Aber auch er wechselt seine Methode. Die alte Methode operierte physisch. Die Drangsalierung des Verbrecher-Körpers dringt in die Körper des Volkes ein. Die Torturen der Marter wirken terroristisch: Sie erschüttern das Volk, lassen es physisch erschauern. Die neue Methode ist intellektuell. Die Strafe setzt Zeichen. Der Verbrecher hat, entsprechend seiner Untat, einen Dienst am Staat zu leisten. Er soll arbeiten: Straßen instandsetzen oder ins Bergwerk gehen. Der Verbrecher ist öffentlich sichtbar, die Relation Verbrechen/Strafe jedermann verständlich. Die Orte der Züchtigung sind ein „... Garten der Gesetze, den die Familien am Sonntag besuchen ... jede Züchtigung ist eine Lehrfabel" (*Foucault* 1977, p. 143, 145). Doch bald schon verschwindet der Appell an das Volk. Die Strafe verdrückt sich hinter die Mauern des *Gefängnisses*. Bedingungslos wird die Seele des Verbrechers zum Ansatzpunkt des Strafsystems. Psychiatrie, Psychologie, Theologie, Sozialarbeit etc., alles mögliche an Instanzen der Seelenarbeit wird aufgeboten, um an der „Resozialisierung" des Verbrechers zu arbeiten. Das Volk wird vom neuen Strafsystem ausgeklammert. Es würde die Aufgabe der Seelenumformung stören. Die Dekonditionierung der alten Gewohnheiten und die Transformation der Seele des Verbrechers sind auf die Abgeschlossenheit des Verhältnisses Bestrafender/Bestrafter angewiesen. „Der Straf-Agent muß eine totale Gewalt ausüben, die von keinem Dritten gestört werden darf; das zu bessernde Individuum muß in die Macht, der es ausgeliefert ist, vollständig eingeschlossen sein. Geheimhaltung ist geboten" (*Foucault* 1977, p. 167 f.). Körper *und* Seele des Verbrechers werden dem Volk endgültig entzogen.

Ein weiterer Ort der Körperverdrängung ist das *Sterben* und der *Tod*. Der Tod ist wohl der letzte Triumph des Körpers über die Seele. Der Geist mag zwar imstande sein, die Spontaneität des Körpers ruchlos einzudämmen, das Versagen der organismischen Funktionen vermag er jedoch nicht unter seine Kontrolle zu bringen. Das Sterben des Körpers paralysiert die Herrschaft des Geistes. Der Tod ist die verzweifelte Stärke des Körpers.[1] Wenn daher der Tod aus dem modernen Leben verschwunden ist, wenn er sich aus der Welt der vertrauten Dinge zurückgezogen hat (*Ariès* 1976, p. 69), so ist dies nichts anderes als ein weiteres Symptom der Verdrängung des Körpers. Das Sterben im Mittelalter ist öffentlich wie alle anderen menschlichen Dinge. „Das Zimmer des Sterbenden wandelte sich zur öffentlichen Räumlichkeit mit freiem Eintritt ... Wichtig war, daß Eltern, Freunde oder Nachbarn zugegen waren. Man führte die Kinder herein: Keine Darstellung eines Sterbezimmers bis zum 18. Jahrhundert ohne einige Kinder" (*Ariès* 1976, p. 24). Der tote Körper ist kein Objekt der Sorge. Die Leichen wurden ohne Sarg, lediglich in Tücher gehüllt, der Erde übergeben. Die Gräber waren Gemeinschaftsgräber; die toten Körper lagen in engem Kontakt zueinander in der Erde. Doch nicht nur waren die Toten in Gesellschaft: Der Friedhof war auch ein Ort des Lebens. Er konnte Asyl und Refugium sein, eine Stätte der Begegnung und Versammlung. Lebende und Tote waren mehr als ein Jahrtausend miteinander vereint (*Ariès* 1976, p. 30).

Die moderne Einstellung zum Tod ist völlig anders. Der Tod und die Toten haben ihre Vertrautheit verloren. Sie werden zu Angstfaktoren. Aber die Angst darf nicht geäußert werden. Die Erschütterung angesichts des toten Körpers wird unterdrückt. Äußere Zeichen des Schmerzes sind verpönt. Trauer und Tränen werden ins Private, Verborgene abgedrängt. Die Beseitigung des Toten geschieht so unauffällig wie möglich. Die Kremation, die tätige Vernichtung des toten Körpers, ist der letzte Schritt in der Verdrängung des Todes. Die Erinnerung an den Triumph des Körpers wird ausgelöscht.

Wir wollen die Diskussion von Beispielen abbrechen. Die Entwicklung des Zivilisationsprozesses in Richtung einer zunehmenden Kontrolle und Verdrängung des Körpers dürfte deutlich geworden sein. Die Zivilisationsbewegung ist ausgerichtet „... auf eine immer stärkere und vollkommenere Intimisierung aller körperlichen Funktionen, auf ihre Einklammerung in bestimmten Enklaven, ihre Verlegung ‚hinter verschlossene Türen'..." (*Blok* 1979, p. 178). Der Körper wird abgedrängt hinter die Kulissen der Öffentlichkeit, in die Freiräume des Privaten. Die Unbefangenheit im Besprechen der körperlichen Verrichtungen ist verlorengegangen. Aber nicht nur fehlt uns die Unbefangenheit, auch eine neutrale *Sprache* ist uns abhanden gekommen.[2] Der Körper wird aus unserem Bewußtsein verdrängt, exkommuniziert, mit einem „Bann des Schweigens" (*Elias*) belegt.

Die Reifikation des Körpers in der Wissenschaft und die Dominanz des Auges

> „*For modern, scientific man the phenomenal world is primarily an ‚It'; for ancient — and also for primitive — man it is a ‚Thou'.*"
>
> Henri Frankfort
>
> „*Man beutet keine Natur aus, die zu einem spricht.*"
>
> Hans Peter Duerr

Die Zivilisationsgeschichte des Körpers kann in ihrer Bedeutung kaum überschätzt werden. Die abendländische Kultur ist dem Körper wenig zugeneigt. „Im Gegensatz insbesondere zu den Kulturen Asiens, aber auch anderen, z. B. afrikanischen, ist in Europa kaum je die Physis der Menschen als Medium der Entfaltung kultiviert worden (*zur Lippe* 1976, p. 113). In vielen nichteuropäischen Kulturen steht der Körper nicht abseits, sondern im Zentrum der Dinge. Die unterschiedliche Einstellung der östlichen und der westlichen *Medizin* zum Körper vermag die Differenz der Kulturen eindrücklich zu veranschaulichen. Die westliche Medizin objektiviert den Körper. Der Körper ist ein Ding, in das man eindringen kann, eine Maschine, die sich von innen her reparieren läßt.[3] Für die östliche Medizin ist der Mensch eine geistig-körperliche Einheit. Ein Eindringen in den Körper wäre zugleich ein Eindringen in die Seele. Aus dieser Haltung entsteht eine nicht-penetrierende Medizin. Pulsdiagnostik, Akupunktur, Massage, Kräuter, Salben, Moxibustion etc. dominieren das Therapiefeld. Die westliche Medizin ist ein Produkt des Zivilisationsprozesses. Die Objektivierung des Körpers war keineswegs von Anfang an gegeben: „... modern man went through a long and slow process of reification before he could contribute to the body the same thing-like characteristics he ascribed to the objects around him" (*Broekhoff* 1972, p. 5). Die Galensche Anatomie, die jahrhundertelang die Medizin dominierte, war eine intuitive Lehre, die ohne die Öffnung des Körpers auskam. Erst im Mittelalter beginnt eine empirische, penetrierende Anatomie. Die objektivierende Einstellung zum Körper beginnt sich durchzusetzen. Die Medizin wird sowohl theoretisch wie praktisch zur einflußreichen Basis, auf der sich die entfremdete Beziehung zum Körper vermitteln kann: „Die Aufteilung des Körpers in Organe, die innere Differenz des Fleisches, eröffnet den Mangel, durch den der Körper sich von sich selbst entfernt..." (*Derrida* 1976, p. 287).

Mit *Descartes* gewinnt die Eroberung des Körpers als entseeltem Forschungsobjekt ihre *philosophische Rechtfertigung*. Der Körper wird im Bereich der „res extensa" angesiedelt, abgetrennt von der „res cogitans" des Geistes, mit der er lediglich durch eine schwächliche Zirbeldrüse verbunden ist. Der Körper wird verdinglicht zur Körper-Maschine, kontrolliert vom Geist, aber nicht existentiell mit dem Geist verbunden: „Ich lasse jetzt nichts gelten als was notwendig wahr ist; demnach nun bin ich genaugenommen lediglich ein denkendes Ding, d. h. Geist bzw. Seele bzw. Verstand bzw. Vernunft... Jener Komplex von Gliedern, den man den menschlichen Leib nennt, bin ich nicht... Somit ist sicher, daß ich wirklich vom Körper verschieden bin und ohne ihn existieren kann" (*Descartes* 1976, p. 47, 98). Das denkende Subjekt ist das einzig gewisse Subjekt. *Descartes* feiert den Auszug des Geistes aus dem Körper als Weg der Identitätsfindung. Daran hat sich seither nicht viel geändert.

Descartes hat den Rahmen geschaffen für unsere Erkenntnisbeziehung zur Welt: Erkennen ereignet sich zwischen einem Objekt und einem körperlosen Subjekt. Für die *Erkenntnistheorie* ist der Körper eine Störgröße. Bei *Piaget* ist zwar das sensomotorische Erkennen an den Körper gebunden. Aber auf der höchsten Stufe der kognitiven Entwicklung, dem formal-operatorischen Denken, ist jede Körperlichkeit des Erkennens verschwunden, „überwunden" zugunsten einer abstrakten kognitiven Mobilität (vgl. *Piaget* 1973). Alles, was einmal unmittelbar körperlich war, ist längst interiorisiert und transformiert in eine semiotische Funktion. Der Einsatz des Körpers ist für die reine Erkenntnis nicht nötig, ja er würde die Objektivität des Erkennens stören. Erkenntnis und Körperlichkeit schließen sich aus. Die „Berührungsangst der Wissenschaft" (*zur Lippe*) findet hier ihre Erklärung.

Dieser Erkenntnistheorie entspricht die Prestigehierarchie unserer *Sinne*. Oben steht das Sehen, unten das Tasten, Riechen und Schmecken, irgendwo in der Mitte das Hören. Das Auge wird bevorzugt, weil es am wenigsten an die Körperlichkeit des Erkennens erinnert. Es ist ein körperfernes Sinnesorgan. „Das Auge ist der intellektuellste Sinn" (*Rittner* 1976, p. 39). Bereits *Hegel* wußte davon: „Das eigentliche Materielle der Körperlichkeit ... geht uns beim Sehen ... nichts an" (*Hegel*, zit. nach *Karpenstein* 1977, p. 71). Doch das Auge hat genauso eine Zivilisationsgeschichte wie das Öffnen des Körpers, das Benehmen, das Defäzieren, die Strafe, das Sterben oder die Sexualität. Das Auge ist im Mittelalter dem Tasten, Riechen und Hören nachgestellt (*Rittner* 1976, p. 40). Im Auge vermutet man die Quelle von Irrtum, Verwirrung und Illusion. In der Renaissance ist die visuelle Wahrnehmung noch immer diffus und nicht in dem Maße unabhängig von den übrigen Sinnen wie in unserer Zeit (*Broekhoff* 1972, p. 7). Das 16. Jahrhundert ist das Jahrhundert der Gerüche, Düfte, Töne und anfaßbaren Körper (vgl. oben). Erst allmählich „... (wird) der Gebrauch des Geruchsinns, die Neigung an Speisen oder an anderem zu riechen, gleichsam als etwas Tierisches, eingeschränkt ..." (*Elias* 1976, Bd. I, p. 281). Das Auge gewinnt durch die Tabuisierung der „niederen" Sinne eine unwillkürliche Dominanz. „Es wird ähnlich und vielleicht noch stärker als das Ohr zum Vermittler von Lust, gerade weil die unmittelbaren Befriedigungen des Lustverlangens in der zivilisierten Gesellschaft durch eine Unzahl von Verboten und Schranken eingeengt sind" (*Elias* 1976, ebd.). Die Bedeutung, die das Buch, die Massenmedien, der Film, das Theater etc. in unserer Kultur haben, wäre nie möglich ohne den langen zivilisatorischen Prozeß der Formung des Auges. Aber selbstverständlich verstärken die Medien ihrerseits die Dominanz des Auges. Die Massenmedien, die Reklame- und die Vergnügungsindustrie bemächtigen sich des Auges auf eine Art und Weise, daß es sogar für die nichtoptischen Sinne zuständig wird. Wir wollen dies am Beispiel der *Sexualität* zeigen.

Die Verschiebung der Sexualität ins Auge

> *„Zwar wird der Leib immer mehr enthüllt und rücken seine Sexualeigenschaften in den Blick, doch ist es der kosmetisch geschminkte Leib, sein Modus ist der Körper-zum-Anschauen."*
> Wolfgang Fritz Haug

Die Sexualität ist körpernah. Das sexuelle Erleben ist primär nicht optisch, sondern haptisch-taktil, olfaktorisch, gustatorisch. Die Genitalien sind nicht für das Auge bestimmt. Sie gehören fast ausschließlich dem *taktilen* Wahrnehmungsbereich an. „Sie existieren im Grunde überhaupt nur in einer taktilen Welt" (*Huber* 1977, p. 53). Für die Erfüllung der sexuellen Bedürfnisse ist das Auge nicht wichtig. Das Licht kann das sexuelle Erleben geradezu stören. Die Sexualität ist geschaffen für eine körpernahe Welt, eine Welt, wo das Auge den übrigen Sinnesorganen untergeordnet ist. Es ist die Welt der Kunstwerke *Oldenburgs*, einer Kunst, die man kneifen, in den Arm nehmen oder abknutschen kann, die quietscht wie ein Akkordeon (vgl. oben).

Wechseln wir von der Intimität des Liebesaktes über ins gleißende Licht der Öffentlichkeit, so begegnen wir einer *Sexualität für das Auge*. Reklamewände, Pin-up-, Revue- und Go-Go-Girls, Miss-Wahlen, „Herren-Magazine", Pornohefte, Sex-Shops, erotisches Kino, Striptease, Peep- und Life-Shows: ein immenses Angebot an Augenlust. Die sexuelle Konstitution wird umgekrempelt, das sexuelle Erleben dem Körper entzogen und ins Auge verlegt. Die Penetranz, mit der das Auge mit sexuellen Stimuli injiziert wird, prägt das Erleben. Die Befriedigung der sexuellen Bedürfnisse wird optisch erwartet. Ein Erfahrungsvakuum entsteht, eine Entleerung der ursprünglich haptisch-taktilen Erlebnissphäre der Sexualität. Einer omnipräsenten Sozialisation des Auges steht nichts Ähnliches gegenüber, das in die *körperliche* Erfahrung der Sexualität einführen würde. Die körpernahe Sinnlichkeit muß jeder für sich selbst finden. Es droht die Gefahr eines sexuellen Erlebnisanalphabetismus, einer Kommunikationsunfähigkeit im sexuellen Verkehr, eines Verlustes der Erotik. Das steigende Bedürfnis nach Pornographie, Sex-Filmen, Peep-Shows etc. ist Ausdruck dieser Entwicklung: die fehlende Sozialisation zum körperlichen Erleben schafft ein Feld von Frustrationen, als deren Folge die Befriedigung der sexuellen Bedürfnisse im Visuellen gesucht wird. Doch mehr als eine Scheinbefriedigung kann das Auge nicht bieten. Die Frustration bleibt und mündet in einen circulus vitiosus: „I can't get no satisfaction" (*Rolling Stones*).[4)5)]

Der Körper in der Pädagogik

"Die Geschichte unseres Körpers ist die Geschichte unserer Erziehung: die Geschichte des Körpers ist die Geschichte der Erziehung."

Florence Stevenin

Wir haben nun mit einiger Ausführlichkeit das von der modernen Kunst vermittelte Problemfeld der Körperlichkeit des Menschen diskutiert. Wenn wir zurückblenden auf unsere eingangs formulierten Überlegungen, so dürfen wir wohl mit Recht davon ausgehen, daß uns in der bildenden Kunst ein brauchbares Instrument zur Verfügung steht, um Problemfelder der menschlichen Existenz aufzuspüren und damit eine pädagogische Methodologie des „context of discovery" zu begründen. Die methodologischen Überlegungen sollen uns nun aber nicht weiter beschäftigen. Vielmehr wollen wir abschließend die gewonnene Problematik der Körperlichkeit des Menschen auf ihre pädagogischen Implikationen hin ausloten und einige unmittelbar daraus erwachsende theoretische und praktische Konsequenzen ziehen. Wir beginnen unsere Überlegungen damit, daß wir nach der Rolle fragen, die die Pädagogik im Prozeß der Entkörperlichung des Menschen spielt.

Es wäre wohl etwas vermessen, von einer *Schuld* der Pädagogik zu sprechen, doch was den Körper anbelangt, weist die Geschichte der Pädagogik einige recht dunkle Kapitel auf (vgl. *Rutschky* 1977). Die Pädagogik ist sowohl ein Resultat des Zivilisationsprozesses als auch einer seiner Motoren. Mit dem zunehmenden Voranschreiten der Disziplinierung des Körpers vergrößert sich die Distanz zwischen Kindern und Erwachsenen. Die Kindheit wird zu einem zivilisatorisch notwendigen Lebensabschnitt (vgl. *Ariès* 1975; *Elias* 1976, Bd. I, p. 190 ff.; *van den Berg* 1960). „Die mittelalterliche Gesellschaft ... hatte kein Verhältnis zur Kindheit ..." (*Ariès* 1975, p. 209). „Die Distanz zwischen Erwachsenen und Kindern war, gemessen an der heutigen Distanz, gering" (*Elias* 1976, Bd. I, p. 192). Bereits im 18. Jahrhundert ist die „Zivilisierung" der Erwachsenen so weit vorangeschritten, daß die Kinder als Menschen besonderer Art erscheinen. *Rousseau* hat dies erstmals deutlich wahrgenommen bzw. ausgesprochen bzw. niedergeschrieben. Seither greift die Pädagogik aktiv in den Zivilisationsprozeß ein. Sie unterstützt die Psychogenese des Kindes, die als Rekapitulation der Soziogenese (*Elias* 1976, Bd. I, p. LXXIV f., 174, 330) nach erzieherischen Maßnahmen verlangt. Die pädagogische Situation wird zum Vollzugsort des „soziogenetischen Grundgesetzes" (*Elias*) und die

Kontrolle des kindlichen Körpers zum ernsten Anliegen des pädagogischen Handelns. Der Körper ist *Ziel* der Erziehung: Das Kind soll den Erwachsenenstandard der „Zivilisiertheit" erreichen. Der Körper ist aber auch Erziehungs*maßnahme*: Die körperliche Strafe findet immer wieder von neuem ihre Rechtfertigung als (ultima) ratio pädagogischen Handelns.

Die Reflexion der Pädagogik auf diese ihre Vergangenheit ist eigenartig bescheiden. Selbst dort, wo der Körper noch am ehesten im pädagogischen Bewußtsein präsent ist, im Bereich der *Leibes-* oder *Sporterziehung* ist die Erziehungswissenschaft erstaunlich abstinent. Sie hat sich meist nur halbherzig dieses Erziehungsfeldes angenommen. Die Richtigkeit dieser These bestätigt sich allein schon an der Tatsache, daß das Turnen und die Leibesübungen nicht aufgrund pädagogischer Bemühungen in die Lehrpläne der Schulen aufgenommen wurden, sondern aus pädagogikexternen Motiven, etwa militärischen oder gesundheitspolitischen Interessen (vgl. *Burgener* 1973, 1976; *Pieth* 1978). Die pädagogische Schwäche der Leibes- und Sporterziehung ist eine Folge des geringen Interesses der Fachpädagogik an ihren Problemen. Zwar finden sich immer wieder gelegentliche Äußerungen namhafter Pädagogen zum erzieherischen Gehalt von Turnen und Sport, aber eine systematisch begründete erziehungswissenschaftliche Auseinandersetzung fehlt. Nur für wenige Erziehungswissenschaftler ist die körperliche Erziehung ein Thema regelmäßiger Reflexion.

Als Folge der fachpädagogischen Abstinenz haben sich der Turnunterricht und die Leibeserziehung selbst um ihre edukative Rechtfertigung bemüht. Vieles, was dabei herausgekommen ist, hat den Charakter eines praktizistischen Geredes oder einer theoretischen Überreaktion. Geändert hat sich die Situation erst damit, daß die Leibeserziehung in die Arme der noch jungfräulichen *Sportwissenschaft* gelaufen ist und sich zur Sportpädagogik gemausert hat. Sie hat jetzt — wenigstens in einigen Ländern — ihre eigenen Lehrstühle und Universitätsinstitute. Die Erziehungswissenschaft aber bleibt nach wie vor auf Distanz. Ja, die institutionelle Trennung beider Disziplinen birgt die Gefahr in sich, die Erziehungswissenschaft könnte sich des Körpers völlig entledigen und noch weniger als früher gewillt sein, darüber in Reflexion zu treten. Die Dringlichkeit, mit der der Körper als Thema der Pädagogik ansteht, wird damit nur um so deutlicher!

Der Körper in der Schule

> „... entre le corps de l'enfant et celui
> de l'adulte s'établit un vide constitutif."
> René Schérer

Fragen wir am Beispiel der Schule etwas konkreter nach der Bedeutung des Körpers im pädagogischen Prozeß. In der Interaktion von Lehrer und Schüler ist der Körper nicht vorgesehen. Körperliche Kontakte werden vermieden. Auch die Rollenstruktur der Schule ist körperlos gedacht. Die Zweckrationalität der schulischen Organisation verwehrt sich den Zugang partikulärer Bedürfnisse. Die Körperlichkeit hat sich im Geistigen des Stoffes zu sublimieren. Doch der Körper wird vom Zugriff der Schule keineswegs verschont. Die Klasse als pädagogisches Arrangement hat den Effekt einer „... möglichst vollständigen Monopolisierung der Trieb- und Interessenbefriedigung beim Lehrer" (*Fürstenau* 1964, p. 71). Die Schule kann auf diese Weise die familiäre Abhängigkeit des Kindes reproduzieren und als Motivationsmechanismus in ihre Dienste nehmen. Damit aber verunmöglicht sie sich erst recht, den Körper zu thematisieren. Der Körper darf nicht zur Sprache kommen, weil er die Schule zwingen würde, sich selbst und den Schülern einzugestehen, daß er längst ins pädagogische Handeln eingeflochten ist. Die Schule hätte sich offen für ihre zivilisatorische „Körperarbeit" zu legitimieren.[6]

Die Exkommunikation des Körpers belangt die Psychodynamik des Lehrers. Denn der Körper kann wohl aus dem pädagogischen *Diskurs* ausgeschlossen werden, real aber läßt er sich nicht verbannen. Die noch unsichere körperliche Kontrolle der Schüler, ihre unfertige „Zivilisiertheit" stellen eine latente Bedrohung der Affekt- und Verhaltenskontrolle des Lehrers dar. Seine eigenen kindlichen Konflikte werden wiederbelebt. Die Schüler erinnern an die Versagungen, die der eigene Körper erdulden muß. Die Erinnerung kann bedrohlich werden. Der Lehrer empfindet Angst, die Kontrolle über sich selbst zu verlieren. Die Freiheiten des Lehrplans und die Spielräume der Rollenerwartungen ermöglichen es ihm, die durch die Körperlichkeit der Schüler ausgelösten Ängste in einem scheinrationalen pädagogischen Handeln abzuwehren. Er fixiert sein Verhalten auf Leistung, affektive Neutralität, universalistische Orientierung und Spezifität der Erwartungen. Er reduziert den familiären Gehalt seiner Tätigkeit zugunsten einer bürokratisch normierten Rolle. Die pädagogische Beziehung wird von einer menschlichen Begegnung in ein Rollenmuster umdefiniert.

Mit den Abwehrmechanismen des Lehrers verschränken sich die institutionellen Verdrängungsprozesse: das Sondermilieu Schule, das sich von der übrigen Gesellschaft abgrenzt, die Isolierung des Stoffes in einzelne Fächer und Lektionen, die didaktische Aufbereitung des Stoffes, die Desexualisierung von Stoff und Unterricht, die „Abkühlung" von schulischem Versagen (*Clark* 1974), die Psychologisierung aggressiven Verhaltens etc.

Zwangsläufig kehrt das Verdrängte sowohl auf der individuellen wie auf der institutionellen Ebene wieder. Bei den *Schülern* als Konzentrationsschwierigkeiten, Leistungsschwäche, Schul- und Prüfungsangst, Lernstörungen, aggressives Verhalten, Schmierereien, Kritzeleien etc. Beim *Lehrer* als Unsicherheit, Hilflosigkeit, Pedanterie, verzerrte Wahrnehmung etc. Auf der *institutionellen Ebene* in Form von Ritualen und Unterrichtszeremonien: „... nach starren Planungsschritten ablaufender Unterricht; starres Festhalten an dem im Stundenplan fixierten Zeitablauf und am selbst- oder fremdgesetzten Pensum; Insistieren auf bestimmten, durch die Organisationszwecke nicht gedeckten Ordnungsformen wie Regeln für das einheitliche Führen von Heften, das Aufstellen nach der Pause etc.; stereotype Formen der Begrüßung; einheitliche Durchführung von Klassenarbeiten und Prüfungen; usw." (*Wellendorf* 1973, p. 224). Wiederum ist es der Interpretationsspielraum der Lehrerrolle, der es ermöglicht, schulische Rituale rational zu begründen und ihren psychodynamischen Hintergrund zu verschleiern.

Der Körper und die Identität des Schülers

> *„Der wichtigste aller Identitätsfaktoren ist der Körper."*
> David J. de Levita

Die Aussperrung des Körpers führt zu *Identitätsproblemen*. Je stärker die körperlichen Bedürfnisse aus dem Diskurs der Schule ausgeschlossen werden, desto schwieriger wird es, Identität biographisch zu ordnen. Zusätzlich erschwert das *kognitive Klima* die Identitätsfindung. Die Intelligenz, die die Schule fordert und fördert, ist das abstrakte, formal-operative Denken *Piagets*. Bereits das sensomotorische und das konkret-operative Denken funktionieren als Transformationssysteme, für die der figurative Aspekt des Erkennens beliebig ist.[7]
Die kognitive Entwicklung kann sich an irgendwelchen Gegenständen abarbeiten. Die besonderen Aspekte der Dinge sind unwichtig, werden transzendiert auf ihre logische Struktur, die identisch ist mit der Struk-

tur anderer Dinge und Ereignisse. Je weiter die kognitive Entwicklung voranschreitet, desto dominierender wird der formal-abstrakte Anteil im Denken des Kindes. Die kognitive Entwicklung zielt auf ein *epistemisches* Subjekt, eine „epistemologische Schweiz" (*Hans Peter Duerr*), einen neutralen Ort, wo alles mit der notwendigen Distanz, frei von ungezähmten Bedürfnissen, kühl und abwartend analysiert werden kann. Das epistemische Denken ist maximal „dezentriert", gereinigt von jeder bloß subjektiven Perspektive.

Dem Schüler, der zu sich selbst finden will, kann das dezentrierte Denken nicht helfen. Das Erkennen der eigenen Individualität geht nicht nach dem Muster des immer abstrakter werdenden Denkens vor sich. Die Identität ist konkret und partikular (vgl. *Turner* 1973, p. 354). Der Körper und die Affekte haben eine persönliche Bedeutung und müssen auf einer persönlichen Ebene verarbeitet werden, wenn die Identitätsbildung gelingen soll. Wir erkennen uns nicht dadurch, daß wir unsere Gefühle und Empfindungen durch den Filter des dezentrierten, formal-abstrakten und generalisierenden Denkens pressen (*Chandler* 1978; *Turner* 1973). In seiner Identität darf das Individuum gerade nicht von sich abstrahieren, sondern muß zu sich finden, sein Denken in sich „zentrieren". Die *De-Zentrierung* des Denkens ist eine *epistemische*, die *Zentrierung* des Denkens eine *existentielle* Notwendigkeit. Ein Individuum, das ausschließlich über ein dezentrierendes Denken verfügt, muß an der Aufgabe der Identitätsfindung scheitern.

Das kognitive Klima der Schule hilft dem Schüler wenig bei der Identitätssuche. Das konkrete, figurative und zentrierende Denken wird kaum gefördert. „Wildes Denken" (*Lévi-Strauss*) ist nicht gefragt. Nicht nur sprachlich verbannt die Schule den Körper, auch kognitiv kann er sich nicht artikulieren. Schulische Sprache und schulisches Denken gleichermaßen halten sich den Körper „vom Leibe". Sprach- und gedankenlos ist er sich selbst überlassen.

Zur Symptomatologie der Körperverdrängung

Ein Körper ohne Sprache und Denken ist kein inexistenter Körper. Seine Bedürfnisse sind nach wie vor da, wenn auch unartikuliert. Auch wenn die Schüler ihres Körpers entfremdet werden, sie müssen mit ihm zurechtkommen. Das Identitätsmodell *Descartes'*, die Selbstverwirklichung in der reinen Geistigkeit, kann nicht funktionieren. Der Körper ist ein nicht übergehbarer Identitätsfaktor. Wird er nicht als solcher akzeptiert, entwickelt er *Symptome*. Wir wollen im folgenden das Verhalten der Schüler auf Symptome ihrer sprach- und gedankenlosen Körperlichkeit abfragen. Vier Beispiele seien ausgewählt.

1. Das *musikalische Verhalten* der Jugendlichen ist durch einen enormen Konsum an Rockmusik bestimmt (*Dollase, Rüsenberg, Stollenwerk* 1974, p. 23 ff.; *Wiechell* 1977, p. 84 ff., Tab. 26). Sinfonische Musik, Kammermusik, Oper und Folklore haben in den Hörgewohnheiten der Jugendlichen eine geringe Bedeutung. Einzig noch die Schlagermusik vermag ein größeres Interesse auf sich zu ziehen, allerdings nicht in dem Ausmaß wie der Rock. Die offenbar existentielle Bedeutung der Rockmusik im Leben der Jugendlichen wird verständlich, wenn man in deren Musikpsychologie einblickt. Der Rock ist ein Abkömmling des Jazz. Sein musikalisches Material basiert auf akzentuierten oder vereinfachten Elementen der Jazzmusik. Seine Wirkungsweise ist dem Jazz analog. Der Jazz aber ist eine Musikform, deren Erleben sich unmittelbar *körperlich* vollzieht: „Die Grundlage des Jazz-Erlebnisses ist die leib-seelische Erfassung der Musik" (*Dauer* 1961, p. 159). Der Jazz ist eine „sensomotorische" Musik (*Slawe* 1948). Musikalisch kommt die körperliche Empfindung durch den „off-beat" zustande, eine Spielweise, die mit der Spannung zwischen dem Taktmetrum und den „daneben" gesetzten Akzenten der Melodie oder Improvisation arbeitet (vgl. *Dauer* 1961, p. 110 ff.). Das körperliche Erleben der Musik kann durch Lichteffekte intensiviert werden, eine Technik, die vor allem bei Rockkonzerten verwendet wird. Das Licht löst die eingefahrenen Sehgewohnheiten des Alltags auf. Das Auge verliert durch die optische Verwirrung der Lightshow seine sinnliche Dominanz. Andere, körpernahe Sinne werden vom Joch der „Zivilisiertheit" befreit. Der *Tanz* ist damit das natürliche Rezeptionsmedium der Rockmusik. Er ist die Gestaltungsform der musikalisch freigesetzten Körperlichkeit.

Die Rockkultur ist nicht nur auf der im engeren Sinn musikalischen und Rezeptions-Ebene körperlich definierbar. Auch das Verhalten der Rock*musiker* ist körperbetont. In einem Rockkonzert sind Musik und Körper ineinander verflochten. Man denke an *Mick Jagger* oder *Tina Turner*. Darüber hinaus wird der Körper durch Kleidung, Gesichtsbemalung (z. B. *Nina Hagen*), Travestie (z. B. *David Bowie*), Ringe, Tätowierung, durchstochene Wangen, Ohren und Nasen (z. B. im „Punk Rock") etc. in seiner Bedeutung unterstrichen. Die Rockkultur ist eine „Körperkultur". Rockkonzerte und Diskotheken sind Oasen des körperlichen Ausdrucks und Erlebens. Rock und Jazz sind Methoden einer spontanen „musikkulturellen Psychoanalyse" (*Jan Slawe*), Mittel, um zu dem verdrängten, sprach- und gedankenlosen Körper zurückzufinden. Daher die Bedeutung der Rockmusik für die Jugend!

Auf dem Hintergrund dieser Überlegungen ist die verschiedentlich vertretene These vom Musikkonsum der Jugend als einer *Realitätsflucht* entschieden zurückzuweisen. Nur unter einem intellektualistischen Vorurteil kann der Rockkonsum eskapistisch interpretiert werden. Tatsächlich ist das musikalische Verhalten der Jugendlichen ausgesprochen realistisch: es ist die Suche nach einer verlorengegangenen Wirklichkeit, der Wirklichkeit der körperlichen Existenz. Die Kritik kann erst da einsetzen, wo diese *Realitätssuche* der Jugendlichen skrupellos ausgebeutet wird. Die Sprach- und Gedankenlosigkeit ihres Verhaltens macht die Rockkonsumenten zum wehrlosen Spielball im Kommerztheater der Kulturindustrie. Hier muß die Schule eingreifen. Der Körper ist ein klares Thema des *Musikunterrichts*.

2. *Elias* hat auf dem Hintergrund seiner Überlegungen zum „Zivilisationsprozeß" eine Theorie der *Freizeit* entworfen. Danach ist das Freizeitverhalten keine platte Kompensation der Arbeitswelt, sondern eine aktive Suche nach Abwechslung und Stimulierung in einem sonst ereignisarmen, grauen Alltag. „In a simple or a complex form, on a low or a high level, leisure time activities provide, for a short while, the upsurge of strong pleasurable feelings which is often lacking in ordinary routines of life. Their function is not simply as is often believed, a liberation from tensions, but the restoration of that measure of tension which is an essential ingredient of mental health" (*Elias, Dunning* 1970, p. 50). In der Freizeit werden Spannungen nicht einfach abgebaut, sondern aktiv gesucht: Abenteuer, „Realitätsflips" (*Cohen, Taylor* 1977), „peak-experiences" (*Maslow*) etc.

Der zivilisierte Körper bietet genügend Anlaß und Gelegenheit, um die Freizeit mit einem intensivierten Lebensgefühl anzureichern. Der starke Körperbezug vieler Freizeitaktivitäten ist daher nicht erstaunlich. Der Bedarf an körperlichen Sensationen ist aber offensichtlich so groß, daß unsere Maschinen-Kultur eine Vielzahl von zusätzlichen, *technischen* Angeboten bereitstellt, um den unterdrückten Körpergefühlen zu ihrem Recht zu verhelfen: Rummelplätze mit Karussellen, Auto-Skootern, Achterbahnen, Riesenrädern, Luftschaukeln, „Hauden-Lukas" etc., verschiedenste Sportarten wie Fliegen, Fallschirmspringen, Deltasegeln, Skateboarding, Radfahren etc. Daneben ist es aber ein leichtes, technische Apparate für die Steigerung des körperlichen Erlebens einzusetzen, die *nicht* dafür vorgesehen sind: Autos, Motorräder, Mopeds, Bahnen, Maschinen etc. *Willis* hat in einer Analyse von „motorbike boys" die Funktion des ungeschützten Motorradfahrens klar herausgestellt: „... helmets and goggles were never worn ... Helmets and goggles destroy the excitement of the wind rushing into the face, and of the loud exhaust-beat thumping the ears. The point of fast driving was the experience, not the fact, of speed. Sports cars, though of similar speed-potential to motor-bikes, were despised. For those who have never ridden on a motor-cycle, it may not be clear that high-speed riding is an extremely physical experience ... The clothing and style and riding and acceptance of risk accentuated the physical exhilaration of speed, and the gut reaction to danger" (*Willis* 1975, p. 235, 237). Dieses Beispiel mag für ein Feld anderer Möglichkeiten stehen, die Technik ihren eigentlichen Zwecken zu entfremden und in den Dienst des Körpers zu nehmen. Die Gefahr liegt nicht nur im Spiel mit dem Leben, sondern in der Sprach- und Kritiklosigkeit, mit der dies geschieht. Die körperlichen Bedürfnisse entladen sich unkontrolliert und reflexionslos, weil sie nicht an der Identität festgebunden sind. Die *Verkehrserziehung* täte sich um einiges leichter, wenn sie mit einem ausgeglichenen Körper rechnen könnte, einem Körper, der nicht durch unberechenbare Impulse die Rationalität der Verkehrsregelungen ständig unterwandert.

Das gilt im übrigen genauso für das *politische* Verhalten. Ein sprachloser Körper wird leicht zur Beute politischer Ideologien. In einem interessanten Versuch hat *Klaus Theweleit* (1977; 1978) die Bedeutung des unterdrückten, gepanzerten (Männer-)Körpers für den Durchbruch des deutschen Faschismus nachgezeichnet. Die politische Bedeutung des Körpers läßt sich mühelos auch anhand emanzipativer Bewegungen nachweisen, beispielsweise den Turnern des 19. Jahrhunderts, den amerikanischen Schwarzen, der Dritten Welt, den Frauen. Schließlich erleben wir gerade heute, seit Ende der 60er Jahre, eine Überflutung der Politik mit körperlichen Aktionen wie Sit-ins, Besetzungen, Demonstrationen etc. Allerdings ist es fraglich, ob von solchen Aktionen eine Befreiung des Körpers zu erwarten ist. Denn allein der Ausbruch körperlicher Bedürfnisse bewirkt noch nicht die Integration des Körpers in die menschliche Identität. Daß sich hier ein weites Feld für den *politischen Unterricht* auftut, sei mit Nachdruck vermerkt. Das sprachliche und kognitive Niemandsland, das der Körper darstellt, ist allzu sehr von politischen Invasionen bedroht, als daß es von der politischen Bildung ausgespart werden dürfte.

3. Es ist in der Entwicklungspsychologie üblich geworden, die *Adoleszenz* als eine kritische Phase zu beschreiben. Der Jugendliche wird erschüttert von der Frage nach seiner Existenz; er zeigt eine erhöhte Empfindsamkeit, ist labil, neigt zu Übertreibungen und Fanatismus. Der Körper erfährt eine gesteigerte Aufmerksamkeit. Psychoanalytiker vermelden als dominierenden Abwehrmechanismus die „Intellek-

tualisierung". Etc. Pädagogisch stellt sich die Frage nach den psychischen Ursachen der jugendlichen Metamorphosen. Die Psychologie neigt dazu, die menschliche Entwicklung und damit auch die Adoleszenzkrise als ein naturhaftes Geschehen zu interpretieren. Doch unsere bisherigen Überlegungen müssen eine solche Auffassung als fraglich ausweisen. Der Jugendliche, der einen großen Teil seines Lebens in oder mit einer Schule verbringt, die ihn seines Körpers sowohl sprachlich wie kognitiv entfremdet, kann nicht anders, als in eine Krise geraten, im Moment, wo er seine Identität finden will. Die Exkursionen in die hohe Geistigkeit sind Versuche, die dringenden Probleme der eigenen Existenz mit den von der Schule bereitgestellten Mitteln des formal-abstrakten Denkens zu lösen. Da aber gerade damit der Bezug zur eigenen Existenz nicht geschaffen werden kann, geraten die geistigen Höhenflüge notgedrungen zu Schwindelanfällen des Relativismus: alles ist gleichermaßen plausibel, nichts gewinnt durch seine Verankerung in der eigenen Identität einen einleuchtenderen Status. Die geistige Nahrung kann der eigenen Existenz nicht einverleibt werden. Relativität, Unsicherheit, Labilität, Empfindlichkeit auf der einen und Fanatismus, Rigidität, „Intellektualisierung" auf der anderen Seite sind die natürliche Folge einer mit ungenügenden Mitteln betriebenen Suche nach der eigenen Identität. Meine These ist daher, daß die Schule die Probleme der Adoleszenz, mit denen sie sich so schwer tut, durch die Anti-Körperlichkeit ihres sprachlichen und kognitiven Klimas selbst verursacht.

4. Als letztes Beispiel wollen wir ein Problem diskutieren, das sich unmittelbar innerhalb eines didaktischen Subsystems der Schule artikuliert: im *Sportunterricht*. Der Sportunterricht ist eine Art binnenschulischer Insel der Körperlichkeit. Er ist gegenüber der übrigen Schulstruktur atypisch, unerwartet, der einzige Ort, der ausdrücklich dem Körper reserviert ist. Die Gefahr ist groß, daß er von den Schülern genau in diesem Sinne in Beschlag genommen wird: als *Kompensationsfeld* für die sonst in der Schule erlittene Disziplinierung des Körpers. All die beeindruckende Literatur, in der die *pädagogischen* Intentionen der Sporterziehung ausgefächert werden, muß daher in ihrer Praxiswirksamkeit bezweifelt werden. Schüler, die den Sportunterricht mit ihren körperlichen Bedürfnissen überfluten, sind nur mit Gewalt oder Raffinesse für pädagogische Absichten in Dienst zu nehmen. *Volkamer* spricht einiges davon an: „... der Schüler treibt Sport um des Sportes willen, weil es Freude macht, sein Kraft- und Selbstgefühl steigert, weil es einem biologischen Bedürfnis entgegenkommt, usw. — aber nicht, um sich zu erziehen oder um erzogen zu werden ...

mag der Lehrer auch Leibeserziehung betreiben, was der Schüler im Unterricht tut, ist und bleibt Sport" (*Volkamer* 1967, p. 407). Daß dies zumindest für die Höheren Schulen keine bloße Spekulation ist, zeigen Daten aus einer Untersuchung an schweizerischen Mittelschulen (vgl. *Herzog, Klauser* 1979): Die hauptsächlichen Erwartungen der Schüler an den Sportlehrer gehen in Richtung begeistern können und Schülerbedürfnisse berücksichtigen. Die Schüler möchten aktiviert werden und sich ausleben können.

Das ist eigentlich nicht erstaunlich. Dort wo der Körper überhaupt einmal zur Sprache kommen darf, bricht er in seiner vollen Bedürftigkeit durch und verlangt nach seinem unteilbaren Recht. Es ergibt sich die paradoxe Situation, daß ausgerechnet derjenige Unterricht, der sich des Körpers explizit annimmt, von den Symptomen der verdrängten Körperlichkeit am unmittelbarsten heimgesucht wird. Dem sportpädagogischen Handeln erwachsen daraus enorme Probleme. Der Lehrer ist in Gefahr, die Schülerkörper im Sportunterricht genauso abzuwehren wie im übrigen Unterricht. Er vermag dem Ansturm der körperlichen Bedürfnisse nicht standzuhalten und sucht Zuflucht in der Normierung und Disziplinierung des Unterrichts. Er wird zum „mototropen" Lehrer (*Widmer* 1967 a), zum „autoritären Pfeifenmann" (*Baumann* 1975). Die Erziehung zur sportlichen Leistung wird zu seinem zentralen Anliegen. Der Spitzensport kommt dieser Reaktion entgegen (vgl. *Heinemann* 1974, p. 63 f.). Seine reglementierten Handlungsstrukturen machen es dem Lehrer leicht, die Objektivierung und Ritualisierung des Unterrichts als rational zu vertreten. Damit aber wird das pädagogische Potential der Sporterziehung verspielt. Indem der Lehrer die Abwehrmechanismen des übrigen Unterrichts reproduziert, entzieht er dem Körper weiterhin das Recht auf eine eigene Sprache. Aber nicht nur in der Abwehr des Körpers liegt eine Gefahr des Sportunterrichts. Kippt nämlich der Lehrer auf die andere Seite, wird er zum „sportlichen Kumpel" (*Baumann* 1975), der den Bedürfnissen der Schüler entgegenkommt und ihrem Drang nach körperlichem Ausdruck den gewünschten Freiraum verschafft, so begibt er sich ebenfalls der pädagogischen Möglichkeiten der Sporterziehung. Denn im Agieren ihrer Bedürfnisse lernen die Schüler gerade auch nicht, ihre Körperlichkeit zu finden. So ist denn der Sportlehrer ein pädagogischer Gratwanderer, zweifach gefährdet, den Körper der Schüler zu verfehlen.

Die Pädagogik hat sich bisher dieser Problematik des Sportunterrichts praktisch überhaupt nicht angenommen. Die sportpädagogischen Publikationen bewegen sich nach wie vor zur Hauptsache in der

Dialektik einer rein technischen, motorik- oder geräteorientierten Methodenliteratur auf Trainerniveau und einer legitimatorischen, abstrakt-vergeistigten Theorieliteratur auf philosophischem Niveau. In der Psychologie des pädagogischen Handelns ist der Sportlehrer weitgehend sich selbst überlassen.

Die Sportpädagogik im Clinch

Wir sind mitten in die Probleme der Leibes- und Sporterziehung geraten. Da hier der einzige Ort ist, wo der Körper pädagogisch explizit Thema ist, wollen wir unsere Arbeit mit einigen einschlägigen Überlegungen abschließen. Turnen und Leibeserziehung hatten lange um ihren Platz in der Schule zu kämpfen. Noch heute, im Zeichen des Sportunterrichts, ist die Rechtfertigung und Anerkennung der körperlichen Erziehung nicht überall gesichert. Das ist erstaunlich. Denn offensichtlich stellt der Körper ein Problem der menschlichen Existenz dar, ein Problem, das von der Schule mit ihrer Anti-Körperlichkeit noch verstärkt wird. Warum dann nicht mit Verve den Sportunterricht anerkennen und fördern? Skizzieren wir eine mögliche Antwort: Dadurch, daß sich die Schule in den Prozeß der „Zivilisierung" des Körpers einspannen ließ, fällt es ihr schwer, die Körperlichkeit der Schüler *überhaupt* zu akzeptieren. Wie der Körper des Schülers im Unterricht, stößt der Sportunterricht im Schulganzen auf einen Knäuel von Peinlichkeitsschwellen, Ängsten, Verdrängungen, Rationalisierungen und Ritualen. Der Sportunterricht bedroht die institutionell wie individuell errichteten Abwehrsysteme. Er erinnert an den verdrängten Körper und wird daher nur widerwillig als vollwertiges Fach zugelassen. Ein gerüttelt Maß an Problemen des Sportunterrichts hat seine Wurzeln in ebendieser Psychodynamik der Schule. Die Probleme des Sportlehrerberufs liegen letzten Endes nicht in den Erwartungen und Vorurteilen der Lehrerkollegen, sondern in der strukturellen, bis in die organisatorischen, institutionellen und didaktischen Ebenen hineinreichenden Anti-Körperlichkeit der Schule.

Die Sportpädagogik treibt ihre Analysen selten so weit. Sie ist daher in Gefahr, ihre Remeduren auf Symptombehandlung einzugrenzen. Dazu sind wohl beispielhaft die verschiedenen Legitimationsversuche, die das Fach bisher erfahren hat. Die Leibes- oder Sporterziehung soll die Fairneß, Hilfsbereitschaft, Selbständigkeit, Kritikfähigkeit etc. der Schüler fördern. Ihre Emanzipation und Mündigkeit beschleunigen. Zur Lebenstüchtigkeit führen. Auf die Arbeitswelt und die Welt von morgen vorbereiten. Verhaltenstechniken für die Freizeit entwickeln.

Die Gesundheit und Fitneß stärken. Ein Ausgleich sein zum übrigen Schulbetrieb, ein Freiraum für Wohlbefinden, Glück und Eigeninitiative. Bewegungsschäden und Haltungsschwächen kompensieren. Ein Feld sozialen Lernens sein. Den jugendlichen Organismus entwickeln. Motorische Fertigkeiten vermitteln. Etc. Es ist hier nicht der Ort, um in eine systematische Auseinandersetzung mit den Zielen der Leibes- und Sporterziehung einzutreten. Nur so viel: Auch wenn die hohe Zeit der „Tugendkataloge", dank der Transferkritiken (z. B. *Egger* 1975; *Heinemann* 1974), allmählich vorbei sein dürfte, werden nach wie vor erstaunlich freimütig abstrakte und pauschale Zielproklamationen verkündet. Wenn heute weniger *Charaktereigenschaften*, dafür mehr *soziale Lernziele* propagiert werden, so hat sich damit am Transferproblem nichts geändert. Die Frage der Transferierbarkeit sozialer Kompetenzen ist genauso wenig geklärt wie jene des Transfers von Charaktereigenschaften. Im übrigen: Kann der Sportunterricht solche Ziele tatsächlich *besser* erreichen als irgendein anderer Unterricht? Und was die Vorbereitung auf die Welt von morgen, die Arbeitswelt, die Freizeit etc. anbelangt: Ist es nicht Aufgabe der Schule *insgesamt*, dies zu leisten? Kann der Sportunterricht wirklich für sich in Anspruch nehmen, besser auf den „Ernst des Lebens" vorzubereiten als irgendein anderes Fach? Schließlich die verschiedenen Ausgleichs-, Kompensations-, Freiraum- und Gegenbereichsprogramme: Soll der Sportunterricht tatsächlich für die Schwächen der übrigen Fächer aufkommen? Kann er pädagogisch glaubwürdig sein, wenn er sich auf diese Art per negativum definiert? Wäre es dann nicht ehrlicher, die Schule als Ganzes und grundsätzlich in Frage zu stellen?

Die Legitimationsversuche der Leibes- und Sporterziehung sind überladen mit den heterogensten Ansprüchen an das pädagogische Potential des Sports, „... gleichsam als sei Sport die Universaltherapie für alle Zeitgebrechen" (*Menze* 1975, p. 260). Ein gewisser Wandel kündigt sich erst seit kurzem dadurch an, daß einige Autoren als Ziel des Sportunterrichts schlicht die „Erziehung zum Sport" deklarieren (z. B. *Widmer* 1977, 1978). Widmer bestimmt das „Formalobjekt" der Sportpädagogik als „(d)er Mensch, der im Raum der sportlich-gesellschaftlichen Realität zur sportlichen Aktivität angeregt und befähigt und zu einer positiven und gleichzeitig kritischen Einstellung gegenüber dem Sport angehalten werden soll" (*Widmer* 1977, p. 16, 163). Das Ziel des schulischen Sportunterrichts liegt demnach darin, Kinder und Jugendliche in ihrer soziokulturellen Welt zu sportlicher Tätigkeit anzuregen und zu befähigen und ihnen eine positive und kritische Haltung dem Sport gegenüber zu vermitteln (*Widmer* 1978, p. 74). Im Entscheid zugunsten der ungeschminkten Deklaration des Sports als Unterrichtsziel ist ein klarer Fortschritt der Sportpädagogik zu verzeichnen. Allerdings hat sich damit, quasi durch die Hintertür, ein „Folgeproblem" eingeschlichen (vgl. *Lange* 1975, p. 240). Denn es kann sicher nicht Ziel des Sportunterrichts sein, zu *dem* Sport zu erziehen, der als *Spitzensport* täglich massenmedial unser Bewußtsein belegt. Der Spitzensport ist „Leistungssport", primär orientiert am Erfolg und nicht am körperlichen Erleben (vgl. *von Krockow* 1974). Im Spitzensport kann geradezu von einer Instrumentalisierung des Körpers gesprochen werden. Die Trainingsmethoden sind nach zweckrationalen, biomechanisch abgestützten technischen Überlegungen aufgebaut. Der Spitzensport orientiert sich an Maßstäben des Ökonomie- und Effektivitätsdenkens. Er zeigt arbeitsaffine Strukturen (*Rigauer* 1969). Das *Produkt* der körperlichen Anstrengung ist entscheidend: die quantifizierbare Leistung, der Sieg, die Medaille.

Genau darum aber kann es im Sportunterricht nicht gehen. Der Körper soll nicht in Dienst genommen, sondern befreit werden. Die Schüler sollen nicht ein instrumentelles, sondern ein *existentielles* Verhältnis zu ihrem Körper finden. Der Spitzensport vermittelt ein Sportverständnis, das pädagogisch problematisch ist, da es die Gefahr des Abgleitens in eine geistlos verstandene Körperlichkeit in sich birgt. Der Sportunterricht ist damit von zwei Seiten her gefährdet, sein pädagogisches Potential zu verspielen: von seiten des Spitzensports und von seiten der Schule selbst. Der Spitzensport ist interessiert an Leistung, an Talentförderung, am Körper als Medaillenbringer. Die Schule beeinflußt mit ihrem gestörten Verhältnis zur Körperlichkeit den Sportunterricht ebenfalls in Richtung einer Instrumentalisierung des Körpers. Beide Bezugssysteme der Sporterziehung drängen auf eine „Verspitzensportung" der körperlichen Erziehung.

Einige Alarmzeichen, die Unterrichtspraxis könnte sich in diese Richtung bewegen, sind vernehmbar. *Ziegler* hält als auffallendstes Ergebnis einer inhaltlichen Analyse mehrerer Sportdidaktikbücher fest, daß letztlich alle Autoren „... in die Schulung motorischer Grundeigenschaften, sportlicher Fertigkeiten und sporttaktischer Handlungen ..." (*Ziegler* 1977, p. 260) einmünden. Dieselbe Tendenz zeigt die Literatur zur „Intensivierung" des Sportunterrichts: das rein technologisch verstandene Problem der Optimierung der sportpädagogischen Praxis impliziert eine unreflektierte „... Ausrichtung der Praxis an den Normen des Leistungssports ..." (*Brodtmann* 1972, p. 70). Faktisch gewinnen Lernziele aus dem Bereich der motorischen Qualifikationen eine deutliche Priorität. Der Spitzensport ist, gewollt oder nicht, zum Bezugspunkt geworden, an dem sich der Sportunterricht orientiert. „Der Einfluß sportlichen Effektivitätsdenkens auf die vorliegende Unterrichtssituation ist unverkennbar" (*Brodtmann* 1971, p. 124). Noch schärfer formuliert *Funke*: „Die Praxis ist allenfalls ein schlechtes Spiegelbild des außerschulischen Sports. Es fehlt ihr die kritische pädagogische Perspektive" (*Funke* 1973, p. 592). Mit zu dieser Entwicklung beigetragen hat zweifellos die Operationalisierungsmanie der Curriculumtheoretiker. Motorische Lernziele lassen sich nun einmal um einiges müheloser operationalisieren als affektive, soziale oder auch kognitive.

Plädoyer für einen pädagogischen Sportbegriff

> *„Sport wird erst dann eine pädagogische Funktion erhalten, wenn er unter dem Anspruch der Bildungsaufgabe gesehen wird."*
> Konrad Widmer

Es soll hier mit Nachdruck ein *pädagogischer* Sportbegriff vertreten werden. Dieser läßt sich im Sinne des bisher entwickelten *Körper*verständnisses umschreiben. Danach liegt die pädagogische Bedeutung des Sports in seiner Körperbezogenheit. Das Ziel der Sporterziehung ist dementsprechend die Entwicklung der körperlichen Erlebnisfähigkeit. Der Sportunterricht hilft den Schülern, ihre Körperlichkeit zu finden, sich als körperliche Wesen zu akzeptieren, Körper zu *sein* und nicht bloß einen Körper zu *haben*. Er lehrt die Schüler eine körperliche Sprache, fördert ihr zentrierendes Denken und unterstützt ihre Identitätsfindung. Die im „Zivilisationsprozeß" verlorengegangene körperliche Erlebnisfähigkeit wird wieder hergestellt. Den Schülern wird zu einer differenzierten Wahrnehmung ihres Körpers, einer Anreicherung ihres Körperbildes verholfen. Sie werden als körperliche Identitäten angesprochen und nicht als Individuen mit einem Körper, den es zu trainieren gilt. Sie finden zu einem Körper, der nicht Werkzeug, Instrument oder Maschine ist, sondern ein nie vollendetes Kunstwerk (*Merleau-Ponty*), das immer wieder von neuem in Arbeit genommen wird. — „It is the conception of the body as an object outside and separate from the self that must be changed" (*Ravizza* 1977, p. 102).

Ein so verstandener Sportbegriff[8] ist prozeßorientiert. Die Leistung spielt keine primäre Rolle. Der Weg zur Leistung, die körperliche Aktivierung und die Möglichkeit des körperlichen Erlebens stehen im Vordergrund. Sport im Unterricht ist ein Mittel zur Alphabetisierung des Körpers. Das erzieherische Moment des Sportunterrichts liegt somit nicht im Sport schlechthin, sondern in der im Sport thematisierten Körperlichkeit des Menschen.[9]

Ein pädagogischer, am Körper festgemachter Sportbegriff hat eine Reihe unabweisbarer Vorteile, von denen hier wenigstens zwei genannt seien: 1. Ein körperorientierter Sportbegriff ermöglicht eine eindeutige *pädagogische* Legitimierung des Sportunterrichts. Alle Versuche externer Einflußnahme, die in keinem Fach größer sind als im Sportunterricht (*Burgener* 1973, 1976), lassen sich relativieren und in ihre Schranken verweisen. Dadurch ist zu erwarten, daß die Sportpädagogik in ein ruhigeres Fahrwasser gerät und eine allmähliche Stabilisierung erfahren kann. 2. Ein am Körper orientierter Sportunterricht ermöglicht eine *kreative Unterrichtsgestaltung*. Mit dem Spitzensport ist der Lehrer stark in Gefahr, seine didaktische Phantasie zu beschneiden: Die Normierung und Reglementierung der Sportarten, ihre Abhängigkeit von standardisierten Geräten und Anlagen, die Technisierung der Fitneß- und Konditionsübungen etc. bewirken eine enorme Eingrenzung der didaktischen Freiheiten. Der Körper demgegenüber ist offen für didaktische Innovationen und Experimente aller Art. Mit Leichtigkeit sind auch Bezüge zur ästhetischen Erziehung, zur Medienerziehung, zur politischen Erziehung, zum Musikunterricht, zur Sexualerziehung[10], zur Gesundheitserziehung etc. herstellbar.

Es kann hier nicht darum gehen, didaktische Entwürfe für einen Unterricht vorzulegen, der sich an einem pädagogischen Sportbegriff orientieren will. Trotzdem seien wenigstens einige Gedanken zur Stoßrichtung eines so verstandenen Sportunterrichts formuliert. Dabei sollen gleichermaßen die eben behauptete These von der Befreiung der didaktischen Phantasie als auch die grundsätzlichen Möglichkeiten der Körperorientierung des Sportunterrichts abgesteckt werden. — Eine Fülle an Ideen zur Existentialisierung des Körpers geben neuere, *körperorientierte Psychotherapieformen* (vgl. *Petzold* 1977; *Schützenberger, Geffroy* 1979). Vom „autogenen Training" und der „progressiven Relaxation" über die Methoden des „sensitivity trainings", die „Bioenergetik", *Moshé Feldenkrais, Graf Dürckheim*, die „Gestalttherapie", die „konzentrative Bewegungstherapie", die „Primärtherapie" bis zu Atem-, Tanz- und Musiktherapien liegt ein breites Spektrum an Techniken vor, um den Körper zu alphabetisieren, zu kognitivieren, zu be-denken. Ein anderes Feld didaktischer Anregungen umschreiben verschiedene östliche *meditative Praktiken*. Der Körper, insbesondere die „Zentrierung" des Körpers und der Atem spielen in der östlichen Kultur eine existentielle Rolle. Judo, Aikido, Hatha-Yoga etc. können den Prozeß der körperlichen Integration unterstützen. Wiederum andere didaktische Impulse können *ethnologische Forschungen* geben. Arbeiten wie jene von *Mauss* (1978) oder *Hewes* (1955) zeigen die kulturelle Normierung der „Körpertechniken" und geben Anreize, die körperliche Kompetenz zu erweitern. Didaktisch anregend sind auch die verschiedenen Untersuchungen zur „sensorischen Deprivation". Der Sportunterricht wäre ein hervorragender Erfahrungsraum, um die senso-motorische Struktur des menschlichen Verhaltens pädagogisch zu thematisieren. Ein und dieselbe sportliche Handlung könnte beispielsweise mit ein- oder beidseitig verbundenen Augen, verstopften Ohren, eingeschränkter propriozeptiver Wahrnehmung etc. ausgeführt werden, um die Einflüsse der verschiedenen Sinnesreduktionen auf das Verhalten zu erleben. Schließlich könnte auch das seit einiger Zeit wieder einsetzende Interesse der Psychologie am *nonverbalen Verhalten* und der *körperlichen Kommunikation* auf den Sportunterricht stimulierend wirken. All diese aus therapeutischen, philosophischen oder wissenschaftlichen Kontexten stammenden Ideen sind geeignet, die überkommene Thematik des Sportunterrichts anzureichern und die didaktische Phantasie des Sportlehrers zu befreien.[11]

Aber selbstverständlich kann es nicht darum gehen, den Körper im Sportunterricht zum Thema intensiven pädagogischen Bemühens zu machen und gleichzeitig im übrigen Unterricht weiterhin eine strenge Disziplinierung und Kontrollierung des Körpers zu praktizieren. Die Körperlichkeit des Schülers wird erst dann pädagogisch ernst genommen, wenn *jede Form von Unterricht* den Körper akzeptiert. Der Körper darf nicht in den Kompetenzbereich des Sportunterrichts allein fallen, denn dadurch würden die unseligen Folgen des „Zivilisationsprozesses" weiterhin gefördert. Der Körper muß ins Bewußtsein *aller* Fächer eindringen, nicht nur als Element theoretischer Reflexion, als „Stoff", sondern zuallererst als praktisches Element des pädagogischen Handelns. Für den Sportunterricht sind davon nur positive Konsequenzen zu erwarten, denn erst durch ein allgemein im Lehrkörper verbreitetes Bewußtsein von der Bedeutung der Körperlichkeit für das Menschsein kann die Wichtigkeit einer körperlichen Erziehung als Fach überhaupt erkannt werden. Nur dann, wenn die Schule insgesamt die Körperlichkeit der Schüler akzeptiert, wird es dem Sportunterricht möglich sein, eine Erziehung zum Körper auf sein Banner zu schreiben und entsprechend zu handeln. Erst dann wird den Schülern zu einer Sprache und einem Denken verholfen, das ihre Körperlichkeit durchdringen und artikulieren kann und eine ungeteilte Identitätsfindung ermöglicht.

Resümee

Es konnte in dieser Arbeit nicht darum gehen, abschließende Gedanken oder gar Rezepte vorzulegen, weder für die Theorie noch für die Praxis. Der Erziehungstheoretiker und der Erziehungspraktiker sind angehalten, die skizzierten Überlegungen aufzugreifen und in eigenen Gedankengängen weiterzutreiben. Als Resümee seien die vorgetragenen Analysen, Behauptungen, Thesen und Forderungen stichwortartig in Erinnerung gerufen:

1. Eine wesentliche Ursache für die ungenügende praktische Relevanz der sozialwissenschaftlichen und pädagogischen Forschung liegt im Fehlen einer Methodologie der Problemfindung.
2. Die moderne Kunst läßt sich für die Entwicklung einer Methodologie der Problemfindung verwenden.
3. Als Reflexionskunst ist die moderne Malerei dafür besonders geeignet.
4. Der Körper ist eines der zunehmend deutlicher werdenden Themen der modernen Malerei.
5. Im „Zivilisationsprozeß" lassen sich verschiedene Felder der Körperverdrängung identifizieren.
6. Die westliche Wissenschaft huldigt theoretisch wie praktisch einer Verdinglichung des Körpers.
7. Die Sinnlichkeit der modernen Wissenschaft und des modernen Lebens wird vom Auge dominiert.
8. Die Massenmedien, die Vergnügungs- und die Reklameindustrie provozieren eine Verschiebung des sexuellen Erlebens vom Körper ins Auge.
9. Die Pädagogik hat ihre Geschichte noch kaum unter dem Aspekt der „Zivilisierung" des Körpers aufgearbeitet.
10. Überhaupt ist die pädagogische Reflexion dem Körper gegenüber erstaunlich abstinent.
11. Die Exkommunikation des Körpers aus dem pädagogischen Prozeß läßt sich psychodynamisch erklären.
12. Das kognitive Klima der Schule ist anti-körperlich.
13. Der verdrängte Körper kehrt wieder in einer Reihe von Symptomen.
14. Für die Adoleszenzkrise und die Identitätsprobleme der Jugendlichen ist in einem nicht zu unterschätzenden Maße die Körperfeindlichkeit der Schule verantwortlich zu machen.
15. Die Rockkultur ist eine „Körperkultur".

16. Der enorme Rockkonsum der Jugendlichen ist keine Realitätsflucht, sondern eine Realitätssuche.
17. Ein sprach- und gedankenloser Körper ist in Gefahr, die Technik mißbräuchlich in seine Dienste zu nehmen.
18. Ein unterdrückter Körper ist eine leichte Beute für politische Ideologien.
19. Als einziger dem Körper reservierter Ort muß der Sportunterricht damit rechnen, von den Schülern als Kompensationsfeld ihrer unterdrückten körperlichen Bedürfnisse mißverstanden zu werden.
20. Wie der Schülerkörper im einzelnen evoziert der Sportunterricht als Ganzes Ängste und Abwehrmechanismen und wird daher nicht gerne als vollwertiges Fach anerkannt.
21. Der Sportlehrer ist zweifach gefährdet, das pädagogische Potential seines Unterrichts zu verspielen: als „autoritärer Pfeifenmann" und als „sportlicher Kumpel".
22. Wir brauchen einen pädagogischen Sportbegriff.
23. Dieser soll körperorientiert und nicht leistungsorientiert sein.
24. Ein körperorientierter Sportbegriff befreit die didaktische Phantasie.
25. Der Körper muß in jede Form pädagogischen Handelns integriert werden.[12]

Anmerkungen

[1] Die psychosomatische Medizin weiß davon. Die Krankheiten, die sie behandelt, sind Ausdruck eines Aufbegehrens des Körpers gegen die Seele. Psychoanalytisch gesprochen, verschafft sich das Ich mit der organischen Krankheit eine Rechtfertigung, um dem Körper die entzogene Libido wieder zuzuführen. Nur in der Selbstzerstörung durch die Krankheit gelingt es dem Körper, die Aufmerksamkeit der Seele zurückzugewinnen. — Eine allgemeine Theorie der Krankheit als Selbstzerstörung hat *Karl Menninger* (1978) vorgelegt.

[2] „Es gibt eben nur die Kindersprache, oder dann die obszöne Sprache oder dann die klinische", sagt einer der Interviewpartner von *Nikolaus Wyss* (in: *Der Alltag* 1979, Heft 5, p. 49). Die medizinische Sprache mag zwar neutral sein, mit ihrem rein mechanisch-physiologischen Körperverständnis vermag sie aber gerade nicht die Fülle der subjektiven körperlichen Erfahrungen, das *Erleben* und *Empfinden* des Körpers, wiederzugeben.

[3] Es zeigt sich hier die problematische Rede von „innen" und „außen" in psychologischen Dingen. Die Medizin kann im wörtlichen Sinn in den Menschen eindringen, ihn von innen her therapieren, in der Psychologie ist so etwas immer nur metaphorisch möglich. Einige nicht unbeträchtliche Probleme der Psychologie als Wissenschaft haben hier ihre Ursache (vgl. *Herzog* 1979).

⁴) Es ist daher nicht verwunderlich, daß bei Sexualstörungen bereits eine verhaltenstherapeutische Behandlung erfolgreich sein kann. Denn der Patient hat keine „tiefsitzenden" Persönlichkeitsdefekte, sondern „lediglich" ein Sozialisationsdefizit: er hat nicht gelernt, sich sexuell adäquat zu verhalten. Therapeutisch genügt es daher, dem Patienten zu einem körperlichen Erleben seiner Sexualität und einer körperlichen Kommunikationsfähigkeit zu verhelfen. (Vgl. Wendt, in: *psychologie heute* 1977, Heft 8, p. 20-26).

⁵) Das massive Angebot an Sexualtechnologie, von den Sex-Shops mit wachem kaufmännischem Sinn bereitgestellt, ist genauso Ausdruck einer von der Fähigkeit zum körperlichen Erleben verlassenen Sexualität. Dort, wo der Körper empfindungsunfähig geworden ist, wird er technologisch in Fahrt gehalten. Die Sexualität wird sich so lange kommerziell ausbeuten lassen, wie das instrumentalisierte, anti-erotische Verhältnis, das unsere Kultur zum Körper entwickelt hat, immer wieder von neuem reproduziert wird.

⁶) Es muß wohl kaum besonders betont werden, daß die Sexualpädagogik *hier* eine besondere Aufgabe vor sich hat: den Jugendlichen sexuelles *Erleben* und *Verhalten* zu lehren. Ein bloß an biologisch-medizinischem *Wissen* orientierter Sexualunterricht ist jedenfalls nicht in der Lage, die Reduktion der Sexualität auf Auge, Technik und Genitalität aufzuheben.

⁷) „... der wesentliche Aspekt des Denkens ist in meiner Sicht der operative, nicht der figurative" (*Piaget* 1973, p. 22).

⁸) Die nach wie vor fruchtbarsten Arbeiten zu einem pädagogischen, körperbezogenen Sportbegriff liegen von anthropologisch orientierten Autoren vor (z. B. *Grupe* 1969, 1971; *Widmer* 1963, 1974, 1978).

⁹) Damit sehen wir auch, weshalb einer medizinischen Begründung des Sportunterrichts nicht ohne weiteres zugestimmt werden kann. Die Medizin unterschlägt mit ihrer objektivierenden Zugangsweise zum Körper die Subjektivität des körperlichen *Erlebens*. Sie vermag dem Körper nicht zu einer individualisierenden Sprache zu verhelfen. — Eine analoge Kritik trifft die sportpädagogischen Begründungsversuche der *Sensomotorik*.

¹⁰) Wäre nicht der Sportunterricht der geeignetste Ort für die Sexualerziehung? Er ermöglicht das *Erleben* des Körpers und ist nicht beschränkt auf das Wissen über den Körper. Er könnte am ehesten zeigen, was eine erfüllte, körpernahe Sexualität ist.

¹¹) Damit keine Mißverständnisse aufkommen: Ich meine nicht, daß Leistung, Wettkampf, Spiele etc. aus dem Sportunterricht verbannt werden sollten. Jedoch sind die begrenzten pädagogischen Möglichkeiten des *Spitzensports* klar zu erkennen. Leibeserziehung und Sportpädagogik haben es bisher noch immer versäumt, ihre „Bildungsgegenstände" radikal in Diskussion zu nehmen. Weder die bildungstheoretischen noch die curriculumtheoretischen Didaktikentwürfe haben je die institutionalisierten Formen des Unterrichts in Frage gestellt. Bei den curriculumtheoretischen Arbeiten muß dies besonders erstaunlich anmuten, hat doch gerade die Curriculumtheorie das systematische Hinterfragen aller Bildungsrealitäten proklamiert. Es ist daher zu fragen, ob die Entwicklung der Sportpädagogik zu einer „pragmatischen" Position, wie sie sich in einigen neueren Publikationen abzeichnet (z. B. *Kurz* 1977), nicht einen kurzschlüssigen Analyse- und Rationalitätsverzicht beinhaltet und so ein radikales Durchdenken der Probleme des Faches unnötigerweise beschneidet.

¹²) Über den Körper zu schreiben, ist kaum möglich, ohne vom Geschriebenen selbst körperlich betroffen zu sein. Als Mann schreibt man wohl oder übel mit der Betroffenheit eines männlichen Körpers. Es ist daher zu erwarten, daß sich einige der vorgelegten Gedanken aus einer weiblichen Perspektive anders darstellen. Die *Leserin* ist aufgefordert, eventuelle Relativierungen meiner Überlegungen selbst vorzunehmen.

Literatur

Ariès, Ph., Geschichte der Kindheit, München: Hanser 1975.
—, Studien zur Geschichte des Todes im Abendland, München: Hanser 1976.
Baumann, N., Die tägliche Unterrichtswirklichkeit und ihre Bedingungen, in: *Arbeitsgruppe Sport* (Hrsg.), Schulsport im Abseits, Reinbek: Rowohlt 1975, p. 172-193.
van den Berg, J. H., Metabletica — Über die Wandlung des Menschen, Göttingen: Vandenhoeck & Ruprecht 1960.
Blok, A., Hinter Kulissen, in: *Gleichmann, P. Goudsblom, J., Korte, H.* (Hrsg.), Materialien zu Norbert Elias' Zivilisationstheorie, Frankfurt a. M.: Suhrkamp 1979, p. 170-193.
Brodtmann, D., Lernzielbestimmungen für den Sportunterricht, *Sportwissenschaft* 1971 (1), p. 119-125.
—, Intensivierung des Sportunterrichts — ein technologisches Problem? *Westermanns Pädagogische Beiträge* 1972 (24), p. 63-71.
Broekhoff, J., Physical Education and the Reification of the Human Body, *Gymnasion* 1972 (9), Heft 2, p. 4-11.
Burgener, L., Die Leibesübungen in der Schweiz von den Anfängen bis zur Gegenwart, *Schweizerische Lehrerzeitung* 1973 (118), p. 571-581.
—, L'apport de l'éducation physique aux sciences de l'éducation, in: *Mialaret G., Ardoino, J., Marmoz, L.* (Hrsg.), L'apport des sciences fondamentales aux sciences de l'éducation, Bd. 2, o. O. 1976, p. 85-88.
Buser, R., Ausdruckspsychologie, München: Reinhardt 1973.
Chandler, M. J., Relativismus und das Problem der erkenntnistheoretischen Vereinzelung, in: *Riegel, K. F.* (Hrsg.), Zur Ontogenese dialektischer Operationen, Frankfurt a. M.: Suhrkamp 1978, p. 193-205.
Clark, B. R., Die „Abkühlungs"-Funktion in den Institutionen der höheren Bildung, in: *Hurrelmann, K.* (Hrsg.), Soziologie der Erziehung, Weinheim: Beltz 1975, p. 379-391.
Cohen, St., Taylor, L., Ausbruchsversuche — Identität und Widerstand in der modernen Lebenswelt, Frankfurt a. M.: Suhrkamp 1977.
Damus, M., Funktionen der Bildenden Kunst im Spätkapitalismus, Frankfurt a. M.: Fischer 1973.
Dauer, A. M., Jazz — die magische Musik, Bremen: Schünemann 1961.
Derrida, J., Die Schrift und die Differenz, Frankfurt a. M.: Suhrkamp 1976.
Descartes, R., Meditationen über die Erste Philosophie, Stuttgart: Reclam 1976.
Dollase, R., Rüsenberg, M., Stollenwerk, H. J., Rock People oder Die befragte Szene, Frankfurt a. M.: Fischer 1974.
Egger, K., Lernübertragung in der Sportpädagogik, Basel: Birkhäuser 1975.
Elias, N., Über den Prozeß der Zivilisation, 2 Bde., Frankfurt a. M.: Suhrkamp 1976.
Elias, N., Dunning, E., The Quest for Excitement in Unexciting Societies, in: *Lüschen, G.* (Hrsg.), The Cross-Cultural Analysis of Sport and Games, Champaign, Ill.: Stipes 1970, p. 31-51.
Foucault, M., Überwachen und Strafen, Frankfurt a. M.: Suhrkamp 1977.
Fürstenau, P., Zur Psychoanalyse der Schule als Institution, *Das Argument* 1964 (29), p. 65-78.
Funke, J., Sport in der Schule? — Zur Kritik eines curricularen Teilbereichs, *Neue Sammlung* 1973 (13), p. 590-606.
Gehlen, A., Zeit-Bilder, Frankfurt a. M.: Athenäum 1960.

Gleichmann, P., Die Verhäuslichung körperlicher Verrichtungen, in: *Gleichmann, P., Goudsblom, J., Korte, H.* (Hrsg.), Materialien zu Norbert Elias' Zivilisationstheorie, Frankfurt a. M.: Suhrkamp 1979, p. 254-278.
Grupe, O., Grundlagen der Sportpädagogik, München: Barth 1969.
—, Zur anthropologischen Dimension von Curriculum-Entscheidungen im Sport, *Sportwissenschaft* 1971 (1), p. 156-178.
Heinemann, K., Sozialisation und Sport, *Sportwissenschaft* 1974 (4), p. 49-71.
Herzog, W., Die strategische Natur der Aktionsforschung, *Schweizerische Zeitschrift für Soziologie* 1977 (3), Heft 3, p. 7-34.
—, Zur Kritik des Objektivismus in der Psychologie, *Psyche* 1979 (33), p. 289-305.
Herzog, W., Klauser, W., Zum Vertrauensverhältnis des Sportlehrers zu seinen Schülern, *Sporterziehung in der Schule* 1979 (90), Heft 5, p. 14-16.
Hess, W., Dokumente zum Verständnis der modernen Malerei, Hamburg: Rowohlt 1956.
Hewes, G. W., World Distribution of Certain Postural Habits, American Anthropologist 1955 (57), p. 231-244.
Huber, R., Sexualität und Bewußtsein, München: dtv 1977.
Huizinga, J., Herbst des Mittelalters, Stuttgart: Kröner 1975.
Junker, H. D., Die Reduktion der ästhetischen Struktur — Ein Aspekt der Kunst der Gegenwart, in: *Ehmer, H. K.* (Hrsg.), Visuelle Kommunikation, Köln: DuMont 1971, p. 9-58.
Karpenstein, Chr., „Bald führt der Blick das Wort ein, bald leitet das Wort den Blick" — Sehen, Sprechen und der sprachlose Körper, *Kursbuch* 49, 1979, p. 59-76.
von Krockow, Chr., Sport und Industriegesellschaft, München: Piper 1974.
Kurz, D., Elemente des Schulsports, Schorndorf: Hofmann 1977.
Lange, J., Zur gegenwärtigen Situation der Sportdidaktik, *Sportwissenschaft* 1975 (5), p. 217-250.
zur Lippe, R., Anthropologie für wen? in: *Kamper, D., Rittner, V.* (Hrsg.), Zur Geschichte des Körpers, München: Hanser 1976, p. 91-129.
Løgstrup, K. E., Ästhetische Erfahrung in Dichtung und bildender Kunst, in: *Gadamer, H.-G., Vogler, P.* (Hrsg.), Neue Anthropologie, Bd. 4: Kulturanthropologie, Stuttgart: Thieme 1973, p. 287-320.
Mauss, M., Die Techniken des Körpers, in: *ders.*, Soziologie und Anthropologie, Bd. II, Frankfurt a. M.: Ullstein 1978.
Menninger, K., Selbstzerstörung, Frankfurt a. M.: Suhrkamp 1978.
Menze, C., Die Ziele des Sportunterrichts, *Sportwissenschaft* 1975 (5), p. 251-271.
Petzold, H. (Hrsg.), Die neuen Körpertherapien, Paderborn: Junfermann 1977.
Piaget, J., Einführung in die genetische Erkenntnistheorie, Frankfurt a. M.: Suhrkamp 1973.
Pieth, F., Historische Entwicklung der Sporterziehung in der Schweiz, in: *Egger, K.* (Hrsg.), Turnen und Sport in der Schule, Bd. 1: Theorie, Bern: Eidg. Drucksachen- und Materialzentrale 1978, p. 16-23.
Ravizza, K., The Body Unaware, in: *Allen, D. J., Fahey, B. W.* (Hrsg.), Being Human in Sport, Philadelphia: Lea & Febiger 1977, p. 99-109.
Rigauer, B., Sport und Arbeit, Frankfurt a. M.: Suhrkamp 1969.
Rittner, V., Handlung, Lebenswelt und Subjektivierung, in: *Kamper, D., Rittner, V.* (Hrsg.), Zur Geschichte des Körpers, München: Hanser 1976, p. 13-66.
Rutschky, K. (Hrsg.), Schwarze Pädagogik, Frankfurt a. M.: Ullstein 1977.
Sager, P., Neue Formen des Realismus, Köln: DuMont 1973.
Schilling, J., Aktionskunst, Luzern: Bucher 1978.

Schützenberger, A. A., Geffroy, Y., The Body and the Group: The New Body Therapies, in: Weitz, Sh. (Hrsg.), Nonverbal Communication, New York: Oxford University Press 1979, p. 207-219.
Sedlmayr, H., Verlust der Mitte, Frankfurt a. M.: Ullstein 1977.
Slawe, J., Einführung in die Jazzmusik, Basel: Verlag National-Zeitung 1948.
Theweleit, K., Männerphantasien, 2 Bde., Frankfurt a. M.: Verlag Roter Stern 1977, 1978.
Turner, T., Piaget's Structuralism, American Anthropologist 1973 (75), p. 351-373.
Vergine, L., Il corpo come linguaggio, Milano: Giampaolo Prearo 1974.
Volkamer, M., Zur Sozialpsychologie des Leibeserziehers, Die Leibeserziehung 1967 (16), p. 404-410.
Wellendorf, F., Schulische Sozialisation und Identität, Weinheim: Beltz 1973.
Widmer, K., Erzieherische Möglichkeiten im Turn- und Sportunterricht, St. Gallen: Fehr 1963.
—, Das sportliche Training aus psychologisch-soziologischer Sicht, Jugend und Sport 1967 (24), p. 277-283 (a).
—, Musische Bildung in anthropologischer Sicht, in: Menschenbild und Menschenführung — Festschrift zum 60. Geburtstag von Eduard Montalta, Freiburg i. Ue.: Universitätsverlag 1967, p. 59-79 (b)
—, Sportpädagogik, Schorndorf: Hofmann 1977 (2. Aufl.)
—, Anthropologische Grundlagen, in: Egger, K. (Hrsg.), Turnen und Sport in der Schule, Bd. 1: Theorie, Bern: Eidg. Drucksachen- und Materialzentrale 1978, p. 73-79.
Wiechell, D., Musikalisches Verhalten Jugendlicher, Frankfurt a. M.: Diesterweg 1977.
Willis, P. E., The Expressive Style of a Motor-Bike Culture, in: Benthall, J., Polhemus, T. (Hrsg.), The Body as a Medium of Expression, London: Allen Lane 1975, p. 233-252.
Ziegler, H.-J., Die Lernzielproblematik in der Fachdidaktik des Sportunterrichts, Sportunterricht 1977 (26), p. 256-262.

Körper und Krieg

Gert Bastian, Würzburg, Till Bastian, Heidesheim

> 1. Wir wollen die Liebe zur Gefahr besingen, die Vertrautheit mit Energie und Verwegenheit ...
>
> 3. Wir wollen preisen die angriffslustige Bewegung, die fiebrige Schlaflosigkeit, den Laufschritt, den Salto mortale, die Ohrfeige und den Faustschlag ...
>
> 9. Wir wollen den Krieg verherrlichen, diese einzige Hygiene der Welt, den Militarismus, den Patriotismus, die Vernichtungstat des Anarchisten, die schönen Ideen, für die man stirbt, und die Verachtung des Weibes ...
>
> Aus dem Gründungsmanifest des Futurismus, 1908 von *Filippo Tommaso Marinetti* verfaßt.

1.

Körper und Krieg: ein schauerliches, zugleich leider auch ein faszinierendes Thema, dem man sich gewiß nicht in sachlicher Objektivität nahen kann. Und da dieses Thema obendrein immer mehr neue Fragen aufzuwerfen scheint, je länger wir uns mit ihm befassen, muß seine Behandlung notgedrungen fragmentarisch, bruchstückhaft, unzulänglich bleiben. Zunächst lassen sich zwei Grundprobleme voneinander scheiden. Da ist einerseits die Frage nach der Rolle, die der „Schlachtenlenker" den Körpern seiner Soldaten, diesem „Menschenmaterial", zugedacht hat, ... und nach dem ideologischen Mäntelchen, das er (dem Schützengraben und Unterstand in der Regel fremd bleiben) um diese kriegerischen Ziele hüllt. Auf der anderen Seite steht das Bemühen, dem Körpererlebnis der Soldaten selbst, ihrer leibhaftigen Eigenwahrnehmung nachzuspüren, die ja von solchen ideologischen Vorgaben meilenweit entfernt ist.

Aus dem Spannungsfeld beider Probleme ergibt sich dann die neue, heute schwerer denn je zu verleugnende Frage, wieso sich Kriegsführungspolitik wieder und wieder „an den Mann bringen" läßt, und zwar an jenen Mann, der dann für sie bluten oder gar sterben muß. Es sei im voraus klargestellt, daß unser kurzer Aufsatz diese letzte Frage unbeantwortet lassen muß.

2.

Beginnen wir mit der ersten der aufgeworfenen Fragen. Krieg sei der letzte Ausweg des Herrschers, die „ultima ratio regis", sagt ein alter Sinnspruch. Schon hier wird der Grundwiderspruch, ja Klassenwiderspruch aller Kriege deutlich: Was für den Regenten *ultima ratio*, ist für den Soldaten womöglich *ultima actio*, die letzte Handlung dieses Erdenlebens. So kalkuliert der Herrscher mit dem Kopf, bewegt sich im Reiche der Gedanken und Pläne, während der Untertan Leib und Leben in die Waagschale wirft. Krieg setzt also die Verfügungsgewalt über das Leben anderer, die Indienstnahme fremder Körper zu eigenen Zwecken voraus, er beinhaltet die Vorstellung von den reproduzierbaren, bis zur Vernichtung oder gerade durch diese verwertbaren Leibern, die auf dem Schlachtfeld ihre Pflicht zu tun, d. h. zu sterben haben. „Kerls, wollt Ihr denn ewig leben?" rief *Friedrich „der Große"* seinen Soldaten zu; und *Mustafa Kemal*, der spätere Atatürk, formulierte in der Schlacht um Gallipoli seinen berüchtigten Tagesbefehl: „Männer, ich befehle Euch zu sterben!"

Ist im Satz von der „ultima ratio" immerhin noch der Gedanke eingefangen, daß Krieg nach Kräften zu vermeiden sei, so kursiert später, im Zeitalter des Imperialismus und am Vorabend der Weltkriege, eine andere, schlimmere Sentenz. Sie hat der preußische Generalstäbler *Karl von Clausewitz* geprägt: Krieg, so lehrte *Clausewitz*, sei die Fortsetzung der Politik mit anderen Mitteln.

Aus dem „letzten Ausweg" werden so „andere Mittel"; die Grenze zwischen Krieg und Frieden verschwimmt, was ja der imperialistischen Epoche auch gut zu Gesichte steht. Allerdings sind, so groß ist der Unterschied nicht, die „Mittel" auch bei *Clausewitz* nichts anderes als die Leiber der Soldaten, die „ihr Leben in die Schanze" werfen. Zu den Mitteln dieser Art von Politik gehören eben nicht nur Konferenzen und Kongresse, Kabel und Depeschen etc. etc., sondern auch die Körper der Staatsbürger, der Mensch als Material, als Verbrauchsartikel. So ist Krieg die äußerste, zugleich abstrakteste Form von Bemächtigungsverhalten, denn anders als bei einer persönlichen Gewalttat erscheint der Körper des anderen ja nicht als konkretes, begehrtes oder verhaßtes Opfer, sondern bloß als abstraktes Kalkulationsobjekt, als seelenlose Nummer, als statistische Größe, als Gegenstand der Verrechnung.

So gleicht der Kriegsherr einem Brettspieler, der Soldat hingegen der leblosen Figur — mit den Worten des nationalsozialistischen Anthropologen *Gerhard Pfahler:* „Die Millionen Leiber ... sind der Klangkörper, auf dem immer und immer ein Volk sein Schicksalslied spielt."[1] Merkwürdig, wie der höchst brutale Sachverhalt in eine quasi musikalische Dimension entrückt und damit verklärt wird. Dies hörte man auch anders: „Mögen Tausende, mögen Millionen sterben, was bedeuten die Ströme dieses Blutes gegenüber diesem Staate, in den alle Unruhe und Sehnsucht des deutschen Menschen mündet und eingeht. In ihm lebt die mächtige Stimme der großen Wälder, die sich aus Millionen Grundstimmen zu einer Einheit von ewigem Wohlklang erhebt." (*Friedrich Georg Jünger*)[2]

Eine rein materialistische Geschichtsbetrachtung erscheint offenkundig nicht geeignet, das Rätsel des Krieges zu lösen; es gilt auch zu untersuchen, was „Ströme von Blut" mit Unruhe und Sehnsucht zu schaffen haben.

3.

Wenden wir uns aber jetzt von jenen, die Kriege planen, den anderen zu, die auf dem Schlachtfeld zu bluten haben. Auch hier können wir unterscheiden zwischen jenen, die das Kriegshandwerk mit Begeisterung betreiben, und den anderen, die man gegen ihren Willen dazu zwingt. Betrachten wir zunächst die Männer vom ersten Schlag: „... Die Feuertaufe! Da war die Lust so von überströmender Männlichkeit geladen, daß jeder Atemzug berauschte, daß man hätte weinen mögen, ohne zu wissen, warum. O Männerherzen, die das empfinden können!"[3]

Mit diesen Worten schwärmt der Goethepreisträger *Ernst Jünger* von den Tagen des Ersten Weltkrieges. In einer Kampfpause erlebt er einen Moment kurzer Ruhe in der Wohnung einer Belgierin, deren Mann an der Front kämpft, jedoch auf der Gegenseite. „Es ist eine Stunde des Vergessens, die ich dem Kriege stehle. Ich bin ihr Mann, dem Feuerkreis entronnen, und sitze mit ihr Hand in Hand, still und friedlich vorm Kamin. Morgen, ja morgen vielleicht wird mir das Hirn in Flammen zerspritzen. Sei's drum."[4]

Ein sonderbarer Gegensatz: Hier, im Feuerkreis, bei der Feuertaufe, strömt die Luft über, berauscht jeder Atemzug, alles scheint zu vibrieren. Dann, danach, ist alles still und regungslos: unbewegt sitzt *Ernst Jünger* mit der fremden Frau vor dem Kamin, friedlich „Hand in Hand", und auch der Gedanke, daß morgen sein Hirn „in Flammen zerspritzen" könne, stört diese Ruhe nicht. Dieses Pulsieren zwischen Anspannung und Erschlaffung, zwischen Bewegung und Ruhe, kommt in einer anderen Passage noch klarer zum Ausdruck, wobei die Rolle der Frauen ebenfalls deutlich wird:

> „Trotzdem ich kein Weiberfeind bin, irritierte mich jedesmal das weibliche Wesen, wenn mich das Schicksal der Schlacht in das Bett eines Krankensaales geworfen hatte. Aus dem männlichen, zielbewußten und zweckmäßigen Handeln des Krieges tauchte man in eine Atmosphäre undefinierbarer Ausstrahlungen. Eine wohltuende Ausnahme bildete die abgeklärte Sachlichkeit der katholischen Ordensschwestern."5)

Der Krieg prägt, so mag es scheinen, *Jüngers* Körper eine eigenartige Rhythmik auf, eine Oszillation zwischen maximal gespanntem Bewegungsdrang und erstarrter, versteinerter Ruhe, die höchstens durch bedrohliche Frauen gestört werden kann, die, zumindest in *Jüngers* Phantasiewelt, sich nicht mit Händchenhalten begnügen wollen und ihn mit „undefinierbaren Ausstrahlungen" verwirren. Nur bei Ordensschwestern muß er davor nicht auf der Hut sein; die stören die Ruhe des Krankensaales nicht. Aber vielleicht ist der „Anarch" *Ernst Jünger* (in seinem aristokratischen Manierismus tatsächlich mit *Marinetti* sinnverwandt) ein zwar wortgewaltiger, aber einseitiger Kronzeuge. Betrachten wir andere Dokumente:

> „Es ist ihnen plötzlich, als lägen sie auf schwankendem Grunde, als sei die Erde nur eine kühle Haut, unter der ein Riesenkessel waberndes Feuer koch — alle Augenblicke platzt die dünne Haut an einer Stelle, schießt aus diesem Riß die kupferrote Lava mit ungeheurem Druck gen Himmel. Und wenn sie sich nun plötzlich hier auftut, denken ein paar mit dem Gefühl des Geschnürtwerdens, gerade hier unter meinem Leibe, der sich so vertrauensvoll an ihre Kühle schmiegt ..." (*Dwinger*)6)

Hier wird eine Polarisation von verschlingendem Feuer und bergender Erde deutlich: Auch ein Antagonismus von Bewegung und Ruhe. Zur bergenden Erde hat sich auch *Remarque* geäußert:

> „Für niemand ist die Erde so viel wie für den Soldaten. Wenn er sich an sie preßt, lange, heftig, wenn er sich tief mit dem Gesicht in sie hineinwühlt, dann ist sie sein einziger Freund, sein Bruder, seine Mutter, er stöhnt seine Furcht und seine Schreie in ihr Schweigen und ihre Geborgenheit, sie nimmt ihn auf und entläßt ihn wieder zu neuen zehn Sekunden Lauf und Leben, faßt ihn wieder, und manchmal für immer."7)

Auch hier ist, wenngleich deutlich weniger lustbetont als bei *Jünger* und *Dwinger*, ein vitaler Rhythmus von Expansion und Verharrung spürbar: Anschmiegen an die Erde hier, um das eigene Leben laufen dort. Die Erde „nimmt ihn auf und entläßt ihn wieder" (*Remarque*) ... welcher psychologisch interessierte Leser würde dabei nicht an *Michael Balints* klassische Abhandlung „Angstlust und Regression"8) denken? Sollten jene Autoren, die wie *Ernst Jünger* das „innere Erlebnis" des Kampfes als beglückend erleben, wohl etwas ähnliches spüren wie jene „*thrills*" (als „Angstlust" eingedeutscht), die *Balint* so unübertrefflich geschildert hat?

Balint selbst hat ja betont, daß bei den durch „philobatisches" Tun angestrebten Angstreizen eine reale Gefahr im Spiel sein muß[9], und darauf hingewiesen, daß „die Spannung (*thrill*) um so größer ist, je weiter wir uns von der Sicherheit entfernen, sei es räumlich, sei es durch Geschwindigkeit, oder indem man sich exponiert."[10] Dieses Sich-der-Gefahr-Aussetzen, sei es das Aufspringen von der bergenden Erde oder als Bewegungssturm überhaupt, spiegelt sich auch in einem Vergehen des gesamten bisher erlebten Ordnungsgefüges, des Weltenzusammenhanges, wider: kriegerische Aktion als Sprung ins Chaos. „Da verdampft alles Denken in den Stichflammen des Gefühls", schreibt wiederum *Ernst Jünger*[11]; und an anderer Stelle nennt er „ein unbekanntes Reich, in dem die Grenzen unseres Empfindens sich schmelzen. Da merkt man erst, wie wenig man in sich selbst zu Hause ist."[12] (Es war übrigens auch *Michael Balint* aufgefallen, daß bei vielen „*thrills*", ja „praktisch in allen Spielen dieser Art, die Sicherheit entweder mit ‚Haus' oder ‚Heim' (*home*) bezeichnet wird"[13]).

Das Zu-Hause-Sein in der Welt und im eigenen Körper versinkt im Chaos des Krieges. Grenzen lösen sich auf, Konturen verdampfen, das fest Gefügte schmilzt ein. Wie kein anderes Ereignis droht der Krieg die Kontinuität des Körpers aufzulösen, indem er den Soldaten verbrennt, zerreißt, zerstückelt, zerfetzt, zerschmettert. Diese Maximalbedrohung des Leibes wird vorwegempfunden in einer inneren Kontinuitätszersetzung: Denken verdampft, die Grenzen des Empfindens schmelzen … Auch im Inneren des kriegerischen Menschen setzen sich Energien frei, die nicht weniger destruktiv wirken als Bomben und Granaten auf der Trümmerlandschaft des Schlachtfeldes.

4.

Wohl jeder Soldat erlebt den Krieg als außerordentliches Ereignis, nicht jeder allerdings als beglückende Angstlust wie der philobatische Anarch *Ernst Jünger*. Aber auch bei jenen, denen der Krieg wider Willen aufgenötigt worden ist, läßt sich, wenn auch ohne Freude und Begeisterung, die oben angedeutete Polarität von Bewegung und Ruhe, von Anspannung und Erschlaffung spüren. „Wenn es nicht um das Leben geht," schreibt *Wilhelm Michael* in seinem Weltkriegsroman „Infantrist Perhobstler", „sollte man sich überhaupt nicht mehr aufregen, überhaupt nichts mehr nebenbei denken."[14] Und weiter: „In dieser Nacht hatte ich keine Angst mehr vor den Granaten und Schrapnellen über mir. Ich hatte nur noch das eine große Verlangen: mich ausruhen zu dürfen. Was mußte das ein Gefühl sein. Auch eine Granate oder ein Schrapnell konnte einem bei viel Glück kurzerhand ein Bett zum ewigen Ausstrecken werden."[15]

In dem zu Zeiten der Weimarer Republik verfaßten Sammelband „Was wir vom Weltkrieg nicht wissen" findet sich auch der Aufsatz „Haltung und seelische Verfassung des Frontsoldaten", den der Arzt *Eugen Neter* aus Mannheim (im Kriege Stabsarzt) verfaßt hat.[16] *Neter*, ein scharfsichtiger, bisweilen fatalistischer Beobachter, schreibt:

„Erstaunlich war für mich immer wieder die Elastizität der menschlichen Seele, wie sie im Wechsel der Stimmung ihren Ausdruck fand. In ihren Nerven bis aufs äußerste gehetzt, in ihrer Stimmung völlig erschöpft, sah ich die Bataillone abgelöst werden, zu Schlacken ausgebrannt im furchtbaren Trichterfelde (vor Verdun, auf dem Hochberg in der Champagne, an der Somme) oder im aufreibenden Vormarsch bei den Offensiven — wenige Tage Ruhe genügten, um die niedergedrückte Stimmung wieder aufzurichten, die Nerven zu beruhigen, die körperliche Leistungsfähigkeit wieder herzustellen. Ruhe, nur ein paar Tage Ruhe war der einzige Gedanke, das einzige Verlangen des in langen Kriegsjahren wunschlos gewordenen Frontsoldaten; Ruhe, Schlafen!"[17]

Und *Neter* schildert mit beredten Worten den Soldaten, „der im jahrelangen Kampf mit Gefahr, Dreck und Hunger sein seelisches Gleichgewicht so wunderbar sich nur erhalten konnte dadurch, daß er nicht über seinen Kompanieabschnitt hinaus sah und dachte und sich gegen die Eindrücke von außen mit der nicht sehr heldisch schimmernden Kruste nervenschonenden Stumpfsinns wappnete."[18]

5.

Erinnerungsfragmente eines Kriegsteilnehmers

Ich denke nicht gerne an all das zurück, was ich als junger Soldat im Zweiten Weltkrieg getan und erfahren habe. Doch eines ist mir nicht in unangenehmer Erinnerung geblieben, nämlich das Erleben des eigenen Körpers in den Stunden der Gefahr, den Augenblicken der Todesangst und den Momenten der Entkrampfung, wenn es gerade noch einmal gut gegangen war. Niemals zuvor und niemals danach habe ich Ähnliches empfunden; habe ich ein so intensives, ja inniges Körper-Bewußtsein erlebt wie damals. Und wie groß auch immer bei sonstigen gefährlichen Aktionen, beim Bergsteigen, Drachenfliegen, beim Skispringen oder Tauchen die Anspannung aller Kräfte und Nerven sein mag, wie gezielt die Inanspruchnahme des Körpers mit all seinen Eigenschaften und Fähigkeiten auch erfolgen muß, ich glaube nicht, daß daraus je eine ähnlich nachwirkende Dankbarkeit, Leib und

Glieder behalten zu haben, entstehen kann. Diese Dankbarkeit erzeugt der Krieg in dem der Augenblicksgefahr Entronnenen wieder und wieder.

Nur in der äußersten Verlassenheit, in der fortdauernden Bedrohtheit wird der eigene Körper zum einzig wahrnehmbaren Trost; seine Wärme zum Beweis von Leben, seine Unversehrtheit zur Hoffnung, ja zum vermeintlichen Schutz gegen alle Zerstörung. Die erste Verwundung zerstört zwar mit Haut und Knochen auch dieses trügerische Gefühl der Sicherheit. Doch wenn sie noch im ersten Schock — der ohnehin mehr Erstaunen als Schmerz empfinden läßt — blitzartig als überlebbar registriert wird, erzeugt auch sie ein Gefühl der Erleichterung, ja Verwunderung darüber, daß es nicht noch schlimmer gekommen ist.

Und wem das Glück widerfährt, auf dem Verbandsplatz die erste Morphiumspritze zu erhalten, bevor die Schockwirkung nachläßt und die Schmerzen stärker und stärker fühlbar werden, der erlebt einen Zustand euphorischer Schwerelosigkeit, wie er ihn niemals erfahren hat. Sorgen, Angst und Schmerz lösen sich jetzt in einem nicht beschreibbaren Wohlbefinden auf und entrücken den Verwundeten aus der Wahrnehmung des Krankenlagers, auf dem er sich tatsächlich befindet. Allerdings kann er, der Verwundete, selbst kaum etwas dazu tun, dieses Glück im Unglück zu erreichen; nur günstige Umstände und die Hilfe der Kameraden erlauben schnelle Bergung und Versorgung. Fehlt es an beidem, so läuft es anders ab: zur Versehrtheit es Körpers gesellt sich rasch das panikartige Entsetzen, hilflos zu bleiben und allen kommenden Gefahren wehrlos ausgeliefert zu sein. Nur die zunehmende Ermattung und ein winziger Rest an Hoffnung, doch noch gefunden und gerettet zu werden, nur die Erwartung einer barmherzigen Bewußtlosigkeit spenden dann noch einen geringen Trost.

Die, die überleben konnten, deren Hoffnung auf Rettung sich erfüllte, können allerdings bloß vermuten, wie es jenen zumute gewesen sein muß, die nicht geborgen worden sind — die mit zerschmetterten Gliedern und aufgerissenem Leib liegenblieben. Aber wer die verzerrten Gesichter und die verkrampften Körper der Toten, deren Leben in absoluter Verlassenheit sein Ende fand, betrachtet hat, der kann wohl doch ermessen, wie trostlos im wahrsten Wortsinn dieser Tod gewesen sein mag. Am Ort solchen Elends freilich ließ der Egoismus des Lebenden, der noch über einen unzerstörten Körper verfügte, für solche Betrachtungen wenig Raum. Im Vordergrund stand der Wunsch, selbst keinesfalls ähnlich zu ver-enden, sondern dann schon lieber im Bruchteil einer Sekunde zerschmettert oder zerrissen zu werden.

So wurde die Wärme des eigenen Fleisches, das Glück des Atmens, Denkens und Fühlens, ja auch des Hungerns, Durstens und Frierens als Lebensbeweis empfunden, der den Tod auszuschließen, zur *Sache der anderen* zu stempeln schien, mit der man nichts zu schaffen hatte und nichts zu schaffen haben wollte. Das Erleben des eigenen Körpers geriet so zur Verbindung mit dem Leben schlechthin, zur mystischen Verknüpfung mit dem Diesseits, zur Bestätigung des Philosophen: „Der Tod geht uns nichts an; wenn wir sind, ist der Tod nicht; wenn der Tod ist, sind wir nicht."

6.

Krieg fordert vom Soldaten die Hingabe des eigenen Lebens, die Preisgabe der körperlichen Unversehrtheit für fremde Interessen — eine Extremsituation, der extreme Erlebensweisen zugeordnet sind. Ein massenhaftes, halbwegs freiwilliges Gefoltert-Werden steht hier zur Debatte, dem sich der eine oder andere nicht zuletzt deshalb aussetzen mag, weil ihm die Prämie winkt, durch Rollentausch selber foltern zu dürfen. So hat ja auch *Ernst Jünger* den lapidaren Satz geprägt: „Die Abschaffung der Folter gehört zu den Kennzeichen sinkender Lebenskraft."[19]

Kriegsbereitschaft und Militarismus (seelische Phänomene, die, das ist die größte Tragik der Geschichte, *eben nicht* nur bei den Reichen und Mächtigen vorgefunden werden) kann man letztlich wohl nur verstehen, wenn man akzeptiert, daß der Massenhaftigkeit von Schmerz, Elend und Todesnähe auch eine Faszination innewohnt. Hier muß Forschung erst einmal ansetzen, denn das allzu handliche Konzept des Todestriebes (oder ähnlicher Konstrukte) verdeckt die Rätsel, aber es löst sie nicht.

Wir sollten nämlich nicht vergessen, daß zwar dem Menschen sehr wohl die Möglichkeit der Grausamkeit innewohnt, daß der Krieg jedoch ein durchaus historisches Phänomen ist, wohl kaum mehr als zehntausend Jahre alt und in seinem Auftreten an Seßhaftwerdung, Ackerbau, Städtegründung, Entstehung von Kriegerkasten, Gottkönigtum und *last not least,* auch an die durch jetzt endgültig etablierte patriarchalische Strukturen gewährleistete Unterdrückung der Frauen gebunden ist. Daß die neolithische Revolution eine ursprüngliche Anpassung des Menschen an die Natur gestört oder gar zerstört hat, ist mittlerweile gut dokumentiert; wieweit sie unser Körpergefühl pervertiert hat, bleibt Mutmaßungen überlassen. Mag sein, daß der stets an ökonomische Interessen gebundene Krieg hier seit Jahrhunderten ein in schrecklicher Weise passendes Ventil für die Wiederkehr des Verdrängten bietet.

An dieser Stelle wollen wir unsere Darlegungen beenden. Sie „gehen nicht auf", sie lassen auch uns selber unbefriedigt. Allzuviele Fragen bleiben offen. Eines allerdings scheint sicher: Die Vernichtung unserer Existenz im Kriege ist, welche Ideologien wir uns darüber auch heranbilden mögen, stets ein Opfer für jene, welche immer nur in den Gegensätzen von Größe und Vernichtung denken können. Vielleicht kommen aber doch noch einmal Zeiten, in der die Menschen, die über das Schicksal der Welt bestimmen, nicht mehr „jenem scheußlichen heidnischen Götzen gleichen, der den Nektar nur aus den Schädeln Erschlagener trinken wollte."[20]

Anmerkungen

[1] *G. Pfahler*, Rassenkerne des Deutschen Volkes und ihre Gemische, München – Berlin 1940, S. 54
[2] *Fr. G. Jünger*, Aufmarsch des Nationalismus, Stuttgart 1933, S. 65
[3] *E. Jünger*, Der Kampf als inneres Erlebnis, Berlin 1922, S. 12
[4] Ibidem, S. 67
[5] *E. Jünger*, In Stahlgewittern, Berlin 1926, S. 247
[6] *E. E. Dwinger*, Auf halbem Wege, Jena ohne Jahr, S. 509
[7] *E. M. Remarque*, Im Westen nichts Neues, Berlin 1929, S. 45
[8] *Michael Balint*, Angstlust und Regression, Reinbek 1972
[9] Ibidem, S. 20 ff.
[10] Ibidem, S. 25
[11] *E. Jünger*, Der Kampf ..., a.a.O., S. 97
[12] Ibidem, S. 72
[13] *M. Balint*, Angstlust ..., a.a.O., S. 21
[14] *Wilhelm Michael*, Infantrist Perhobstler, Berlin ohne Jahr, S. 42
[15] Ibidem, S. 48
[16] *E. Neter*, Haltung und seelische Verfassung des Frontsoldaten, in: *F. Felger* (Hrsg.), Was wir vom Weltkrieg nicht wissen, Berlin und Leipzig ohne Jahr
[17] Ibidem, S. 487
[18] Ibidem, S. 482
[19] *Ernst Jünger*, Blätter und Steine, Leipzig 1942, S. 225
[20] *K. Marx*, Die künftigen Ergebnisse der britischen Herrschaft in Indien, in: *Marx/Engels*, Ausgewählte Schriften, Bd. 1, Berlin 1966, S. 330

Der Körper als Ware
Über die weibliche Lustlosigkeit an der männlichen Lust
Martina de Ridder, Hamburg

Der Leib als Ware. Für mich: der weibliche Körper. Der prostituierte Körper, feilgeboten an den verschiedensten Orten männlicher Lust. Der Körper — freigegeben von der Frau, die ihn trägt. „Ich habe meinen Körper von mir getrennt und die Welt verlassen."
Gespaltener Leib. Die Seele entzieht sich den Gesetzen des Marktes. Sie muß zum Schweigen gebracht werden, denn die männliche Nachfrage gilt nicht der Frau als Subjekt, als Person mit eigenen Gedanken, Gefühlen, Wünschen. Gefragt ist der weibliche Körper, der verfügbar, benutzbar und vereinnehmbar sein muß. Dieser Körper denkt und fühlt sich nicht selbst, seine Bewegungen, Blicke, Gesten folgen dem Diktat männlicher Lust.

Im folgenden werde ich versuchen, Prozesse und Situationen zu beschreiben, in denen es darum geht, den Leib zum Schweigen zu bringen. Mich interessiert die Verwandlung des Leibes in einen Warenkörper, der Prozeß der Entfremdung vom eigenen Selbst, ebenso wie die Strategien der Realisation des prostitutiven Aktes. In den Beschreibungen beschränke ich mich auf die offiziellen Orte und üblichen Konstellationen der gewerblichen Prostitution: der weibliche Körper als käufliches Objekt für den männlichen Kunden.

Die weibliche Erfahrung dieser Fremdheit zu sich selbst, um deren Rekonstruktion es hier geht, machen jedoch nicht nur diejenigen Frauen, deren bewußte Arbeit es ist, sich selbst zu verrücken in das phantasierte Bild des männlichen Begehrens. Seit Jahren kämpfen Frauen darum, den eigenen Blick für den eigenen Leib wiederzugewinnen. Dies zu erwähnen, ist mir wichtig, damit nicht der Eindruck entsteht, es handele sich hier um ganz exotische Dinge, die mit der alltäglichen Erfahrung alltäglicher Frauen nichts zu tun hätten. Gewerbsmäßige weibliche Prostitution ist nur die radikalste Form weiblicher Normerfüllung in einem patriarchalisch strukturierten System. Die Exotik liegt lediglich in der Zugespitztheit und Deutlichkeit der beschriebenen Situationen und Prozesse weiblicher Selbstverleugnung, nicht in deren grundsätzlicher Struktur und Bedeutung.

Garderobe — Blicke müssen neu geschaffen werden

Der faszinierendste Raum in einem Nachtclub, einem Bordell, einem Cabaret — und von diesen Orten werde ich sprechen — ist zweifellos die Garderobe. Sie ist der Ort der Verwandlung, sie ist der geheime, unkontrollierte Raum. Dieser Raum ist nur dazu da, daß sich die Frauen in ihm verwandeln, daß sie sich ihrer Leibhaftigkeit entledigen und zum Warenkörper werden.

In einer Garderobe gibt es keine Ordnung, keine klaren Linien. Das chaotische Durcheinander, das hier herrscht, symbolisiert die Zweideutigkeit dieses Raums. Keine Frau verläßt diesen Raum so, wie sie ihn betreten hat.

Der Raum ist ausgeleuchtet mit hartem unerbittlichem Neonlicht: hier kann nichts Sichtbares verborgen werden. Die Phänomenalität der Körper wird dem Blick des Lichts unterworfen. In der grellen Künstlichkeit dieses Lichts kann kein natürlicher Leib bestehen. Seine Farben, Formen, Bewegungen, Blicke müssen neu geschaffen werden. Es geht um die Produktion des Kunstkörpers.

Die Frau, die am Abend, eine halbe Stunde vor Arbeitsbeginn, die Garderobe betritt, ist gewöhnt an die Härte des Lichts, ebenso wie an die Vielzahl der Spiegel, denen sie nicht ausweichen kann. Jede Unreinheit der Haut, jede Unebenheit des Körpers, ein müder Blick aus zu kleinem Auge, all dies gehört nicht zu dem Frauenbild, das es zu inszenieren gilt. Alles, was Natur an ihr ist, muß beseitigt werden. Ihr natürlicher Leib gerät ihr zum Objekt der Verachtung, und dies ist fast eine Vorwegnahme der Erfahrung, die Bestandteil ihrer Arbeit am Kunden ist.

Im Blick des Spiegels sucht sie nicht sich selbst. Der Spiegel dient ihr als Instrument der Kontrolle, der visuellen Konfrontation mit dem eigenen Körperbild, das vor dem männlichen Auge bestehen muß. Wie der Pantomime, der seine Kunst vor dem Spiegel einstudiert und seine Bewegungen durch das Auge des imaginierten Zuschauers betrachtet, sieht die Frau ihr Spiegelbild durch das Auge des Freiers.

So entfernt sie sich schon hier in doppelter Weise vom eigenen Leib: Das fremde Auge umstellt den fremden Körper und gibt die Anweisung zu seiner Inszenierung. Und diese Anweisung lautet: Gestalte deinen Körper so, daß sein Anblick, seine Sprache, seine Bewegungen und Gesten nahtlos sich fügen in das Zahnrad der männlichen Lust. Der Mann, der für die Benutzung deines Körpers bezahlen wird, will nichts von *dir*, er sucht keinen wirklichen Kontakt, denn du bist ihm fremd und bedrohlich. Indem er dich bezahlt, flüchtet er vor dir. Du sollst ihn nur die Einsamkeit seines Begehrens vergessen lassen. Verlasse dich. Vergiß dich. Und setze an diese Leerstelle für eine kurze Zeit, die kein Vorher und kein Nachher kennt, die Phantasie und das Begehren des Mannes. Nimm deinen Körper als Material, das du unter seinen Augen formst.

Die Frau hat gelernt, nichts von sich zu zeigen, sich zu entblößen und sich hinter dieser Entblößung zu verbergen, und je perfekter ihr dies gelingt, desto unverletzbarer, d. h. arbeitsfähiger ist sie. Ihr Leib ist immer verletzbar, deswegen darf es ihn hier nicht geben.

In diesem Raum gibt es auch keine Scham. Scham spüre ich nur dort, wo ich mich schützen und abgrenzen will gegen einen Eingriff, sei es eine Berührung, die mir zu nah ist, einen Blick, den ich nicht in mich hineinlassen will, einen Satz, der mich entblößen könnte. Wo ich mich schäme, gehe ich einen Schritt zurück und mache damit eine Grenze sichtbar, die durch mich selbst oder den anderen überschritten wurde. Schamlosigkeit gibt es nur dort, wo es keine Grenzen gibt, in der symbiotischen Verschmelzung oder hier, wo es das eigene Sein, den eigenen Leib nicht mehr gibt.

Und so zieht sich die Frau aus, sie wäscht sich, ölt, cremt und pudert ihren Körper, sie präpariert ihre Genitalien, und auch der vielleicht gierige Blick eines Kellners, der gerade das Essen bringt, wird sie nicht stören.

Es scheint, daß ihr Leib mit Beginn der Körperinszenierung unerreichbar wird, so als gäbe es einen inneren Entschluß, sich nun selbst zu verlassen und den eigenen Körper nur noch im Blick des männlichen Begehrens zu sehen.

Trotzdem, hier in der Garderobe, diesem halboffiziellen, verwirrenden Raum, ist sie noch nicht ganz getrennt von sich. Während sie mit mechanischen Bewegungen die notwendigen Verrichtungen an ihrem Körper vollzieht, redet sie mit den Kolleginnen über den letzten Kinobesuch oder die Schulprobleme ihrer Kinder.

Selbst die Eindeutigkeit des Namens ist hier außer Kraft gesetzt: Edith oder Angelique. An diesem undeutlichen Ort haben beide Namen Gültigkeit, ihr persönlicher Name, der schon immer zu ihr gehört hat, und der Arbeitsname, den sie sich selbst gibt und der meist eine unbestimmte Fremdheit enthält. Viele Frauen geben sich ausländische Namen, als sei es ihnen wichtig, mit der Bezeichnung, die ihrer Identifizierung gegenüber dem Kunden dient, auf die Distanz zu verweisen, in der sie sich selbst dem eigenen Warenkörper gegenüber fühlen.

Es gibt hier keine Klarheit, keine Entspannung, weil jeder Zustand, jede Handlung sofort dementierbar ist. Der an häusliche Küchendämpfe erinnernde Geruch von Hühnerbrühe mischt sich mit penetranten, meist süßen Parfümschwaden, die den Raum durchziehen. Die privaten Gespräche der Frauen werden begleitet von den durch Lautsprecher übertragenen Ankündigungen erotischer Sensationen im Zuschauerraum. Die Kleidungsstücke, die überall herumliegen, könnte man allein mit dem Tastsinn nach ihrer Verwendung unterscheiden. Die Härte und Unberührbarkeit dieses Körpers wird zugedeckt mit weichen, dünnen, glatten Stoffen, die sich in die männliche Hand und Phantasie fügen.

Bühne

Bühne I — Der Körper der Frau sei geil ...

Die Bühne ist der Ort des Beginnens. Der Blick jedes Mannes, der auf dem Markt der Körperwaren erscheint, richtet sich auf die Bühne, jenen Ort, den er nur mit den Augen betreten darf. Die Aktionen auf der Bühne dienen der Demonstration der Warenkörper: Hier wird jedes Begehren, jede Phantasie, jede Perversion zum Paradigma einer möglichen Lust.

Frauen in Samt, Leder, Tüll oder Jeans, in Eisenketten oder mit Flitter behangen, in Schlangenhäuten und Königsgewändern, im Dirndlkleid oder Clownskostüm. Geschlechtsakte, zärtlich und brutal, begleitet von Kriegsmärschen, Vivaldi oder Pink Floyd, eingebettet in unzählige Muster, in die Tabus und Phantasien, die es draußen nicht geben darf: Großfürstin Alexandrowa treibt's mit einem Ritter, der Lude Johnny gleich mit zweien seiner „knackigen Ärsche", die er an der Mauer stehen hat, auf dem Hintergrund der gerade erschaffenen Erde vögeln die beiden füreinander geschaffenen Geschöpfe Adam und Eva. Selbst strenggläubigen Katholiken wird hier die Absolution erteilt.

Die Spannbreite der Verpackungen ist unbegrenzt, ebenso wie die Phantasien und Sehnsüchte der Kunden. Also müssen sie im Angebot möglichst perfekt repräsentiert werden. Ähnlich einem Multiple-Choice-Verfahren, welches den Adressaten die eigene Formulierung ihrer Ansichten und Interessen erspart, braucht sich der Kunde nur noch zu entscheiden. Ein Moment jedoch ist allen Bühnenspektakeln, die hier entworfen werden, gemeinsam: Der Körper der Frau sei geil, lüstern und genußsüchtig. Selbst die brutalste Vergewaltigung wird begleitet von dem perfekt synchronisierten Lustgestöhne der Frau. Der weibliche Körper — grenzenlos stilisiert in die männliche Phantasie. Ununterbrochene Beweisführung: seine Herrschaft sei die Erfüllung ihrer Sehnsucht.

Bühne II — „Na, wer will's mir denn mal machen?"
Der Vorhang öffnet sich. Das Programm muß laufen, möglichst nonstop, denn der Kunde will erst „einen Blick hineinwerfen", sich erst überzeugen von dem, was ihm draußen von den Portiers versprochen wurde. Er tritt also für einen kurzen Moment in das Dunkel, er steht an der Balustrade, die die Bar vom Revier trennt, und er muß sich schnell entscheiden, denn hier gibt es nichts umsonst. Auf der Bühne eine Frau, die sich in schlangenhaften Bewegungen an einer Plastikpalme entlangwindet, ihr Haar in wilder Bewegung — der Ventilator arbeitet geräuschlos — diese Frau sieht ihn an, leckt sich die Lippen und wirft einen Kuß wie ein Versprechen zu ihm hin. Er entscheidet sich zu bleiben. Er will endlich ein Stück näher an die Lust herankommen, die ihm draußen, in dieser kalten neonbeleuchteten Straße, die sich „Große Freiheit" nennt, versprochen wurde. Er hat jetzt lange genug die Schenkel und Brüste, die koitierenden Körper, kurz: all diese erotischen Sensationen, diese Lust und Geilheit angestarrt.

Vom Kellner läßt er sich einen Platz zuweisen ganz vorne an der „Fummelkante". Gloria, die Frau auf der Bühne, die — als er eintrat — noch in eine Schlangenhaut und eine riesige Federboa gehüllt war, sitzt inzwischen nackt, mit gespreizten Beinen, auf einem glitzernden Barhocker, der sich langsam dreht, und zieht — scheinbar genüßlich — ihre Schamlippen auseinander. „Love me tender, love me true!" Der Punktstrahler ruht auf ihrem Geschlecht. Sie läßt ihre Blicke schweifen: „Na, wer will's mir denn mal machen?" Ihr ist es egal. Mann ist Mann, und geil sind sie alle. Lächelnd und lüstern versenkt sie ihre Augen in die gierigen Gesichter. Der Scheinwerfer folgt ihren Bewegungen, haftet an Augen, Lippen, Brüsten, und wenn dieser Körper genug versprochen hat, wird sie einen Mann erwählen, den sie auf die Bühne zieht, der sein Gesicht in sie gräbt, in ihre von irgendeinem Chemiegel feuchte Scham, und sie wird diesem Mann ihren Körper so lange überlassen, bis seine Gier befriedigt ist, und sie wird ihm — nach diesem armseligen Genuß — sogar gestatten, durch die Bühnentür zu verschwinden, um sich den grinsenden, verachtenden und neidischen Blicken dieser fremden Masse zu entziehen.

Gloria hat ihre Arbeit getan. Dreimal pro Abend eine 20-Minuten-Show mit Publikumseinbeziehung. 200,— DM Gage.

Bühne III — Egal wie klein du bist, du bist ein Mann ...
Pause. „When you're down in trouble and you need some loving friend ... close your eyes ..." Und in die geweckten Phantasien dringt

die Stimme des Conférenciers, der die dunkle Masse der Kunden auf die nächste Show einstimmt: „Erleben Sie unser Erotic-Duo Johnny und Evelyn!" Denn die Frau alleine, dieser Körper, der sich bewegt, tanzt, sich entkleidet, der lüsterne Blicke und Gesten in das Dunkel wirft, genügt nicht. Solange dieser Körper allein bleibt, sich *jedem* anbietet, solange kann er von *niemandem* besessen werden. „Sie gehört allen, also keinem."

Diese Unerreichbarkeit und Distanz, die sich dem männlichen Begehren entgegenstellt, muß durchbrochen werden, d. h. der Körper der Frau muß in einer Szene präsentiert werden, die auch ihm, dem Kunden, eine Rolle zuweist, die ihn befreit von der Unsicherheit, diese Frau dort auf der Bühne könnte sich selbst genügen.

In der Inszenierung der Demonstration geht es immer um die Balance zwischen dem unbesetzten — und damit aber auch prinzipiell unangewiesenen — weiblichen Körper und dem gleichzeitigen Verweis darauf, daß die eigentliche Bestimmung dieses Körpers in seiner Benutzung durch den Mann liegt. Und da die entscheidende und deutlichste Vereinnahmung des weiblichen Körpers immer die Penetration ist, muß auch diese hier präsentiert werden. Mit eifersüchtiger Erleichterung verfolgt der Kunde das nun folgende Spektakel, und sein Blick gilt mehr dem männlichen Rivalen als dem begehrten Objekt!

Der Akt wird eingebunden in alltägliche, meist jedoch verstellte Szenen: Die Chefin und der Lehrling, die großbürgerliche Hausherrin und der Handwerker, die Fürstin und der Diener. Diese Umkehrung des faktischen Machtverhältnisses verstärkt den Triumph des Mannes, der am Ende jedes Aktes steht. Die Botschaft an den Kunden lautet: Egal wie arm, klein und unbedeutend du bist, du bist ein Mann, und dies allein reicht aus, um von der Frau begehrt zu werden und sie in Besitz nehmen zu können.

Séparée

Diese Show, die hier auf dem vornehmen Markt der Körperwaren (auf die weniger exklusiven Orte werde ich noch zu sprechen kommen) abspult, gleicht einer Werbeveranstaltung: Unter der unsichtbaren Regie von ausnahmslos männlichen Produktmanagern und Agenten (zuständig für Technik, Beleuchtung, Choreographie, Kostüme und musikalische Begleitung) wird die Ware „weiblicher Körper" vorgeführt. Aber diese Demonstrationen allein bringen nicht genug Geld. Die eigentlichen Geschäfte laufen hinter den Kulissen, in den abseits gelegenen Séparées, und es wird keine Mühe, kein Aufwand gescheut, den Kunden hierhin zu locken. Bezahlt wird für die Diskretion, für die vielfältigen Möglichkeiten der Verschleierung dieses nackten Geschäfts: für die Intimität des Raumes, für den Champagner, für das Bad oder den Videofilm, für ein kleines, aber exklusives Nachtmahl, und hinter all diesen Vorwänden wird der einzig wirkliche Grund verborgen: die männliche Gier nach dem weiblichen Körper. Dieser wird scheinbar der hier geltenden Ökonomie enthoben. Der Kunde bezahlt für die Illusion der Leiblichkeit, für den perfekt inszenierten Betrug. Die Frau wird den Kunden vor jeder möglichen Blöße schützen, sie wird ihrem Körper diejenige Lebendigkeit geben, die der Mann begehrt. Sie wird verführen oder sich verführen lassen, von hinten oder von vorne, von oben oder von unten, und wenn er lieber schlägt als geschlagen wird, wird sie eine Flasche mehr bestellen, denn auch hier hat jede Extra-Leistung ihren Extra-Preis.

Es wird über alles gesprochen werden, der Kunde kann seinem Begehren nach Macht eine Sprache geben, hier bedarf es keiner Rücksichten mehr: er nimmt den Körper der Frau in Besitz, er läßt diesen Körper jede Bewegung, die er vollzieht, jede Berührung, die an ihm vollzogen wird, beschreiben, und es gibt keinen Protest, keine Rebellion, ja nicht einmal mehr eine Klarstellung, denn hier wird mit dem Geld auch das Schweigen über das Geld bezahlt.

Agentur

Die Frau: eine telefonisch übermittelte Summe von Daten. „Ja, mein Herr, was soll es denn sein? Woran haben Sie denn gedacht?" „Ja, etwas Blondes ... nein, nicht zu jung, so Ende zwanzig, und etwas damenhaft und kultiviert, Sie verstehen, und bitte keinesfalls in Hosen ... und BH-Größe ab vier ..."

Und während der Kunde seine Wünsche nennt, werden auf der anderen Seite die Karteikarten gezogen. „Ja, ich glaube, ich habe hier was für Sie ... Ich rufe in drei Minuten zurück."

Als das Telefon klingelt, trinkt sie vielleicht gerade mit einer Freundin Kaffee, oder sie brütet über einem Referat oder hat gerade ihre Kinder zum Kindergarten gebracht. Sie meldet sich, macht ein paar Notizen. „In Ordnung." Sie geht ins Bad, zieht sich aus, duscht sich, und schon in dieser hygienischen Maßnahme, die für den geschäftlichen Ablauf ganz überflüssig ist, liegt ein Stück Verweigerung der eigenen Person, eine Beseitigung der sicht- oder fühlbaren Spuren des gelebten Tages. „Kultiviert ... damenhaft ..." Routiniert übersetzt sie die Anweisungen der Maklerin in Stoffe, Farben, Stil. Schießer-Doppelrip ist ebenso unangemessen wie schwarze Spitze. Also: naturfarbene Seidenwäsche, elegantes Kostüm, dezentes Make-up. Und als sie das Haus verläßt, ist sie selbst sich schon fremd in der Geste, mit der sie nach einem Taxi winkt.

Und dann steht sie vor einer fremden Haus- oder Hotelzimmertür, und es wird weder Erleichterung noch Entsetzen auf ihrem Gesicht zu lesen sein, wenn sie diesem Fremden gegenübersteht. Die Peinlichkeit der ersten Worte liegt auf seiner Seite, denn es gibt hier keine Definitionen, wie sie in der Szenerie der Straße, des Bordells oder des Nachtclubs vorgegeben sind. Aber die Frau ist geübt im Überspielen dieser Fremdheit, dieser unglaublichen Zumutung, in kürzester Zeit die verlangte Intimität herzustellen, den Kunden so aufzubauen, daß er sein Begehren, seine Potenz über die Erbärmlichkeit dieser Situation hinüberzuretten vermag, denn auch hierfür ist die Frau verantwortlich. Sie wird erst einmal die Finanzen regeln und den Kunden damit entlasten. Jetzt hat er bezahlt, jetzt ist er im Recht. Und ebenso unausgesprochen wie spürbar ist es nun an ihr, diesen Preis zu rechtfertigen, Leistung zu bringen.

Mit professionellem Sinn tastet sie den Kunden ab. Sie stellt keine Fragen, denn Fragen nach Wünschen, Bedürfnissen, Begierden dokumentieren nur Fremdheit und Distanz, die hier nicht benannt, sondern verleugnet werden muß. Was ist die Bedingung seiner Lust? Wieviel Unterwürfigkeit oder Souveränität muß sie zur Schau stellen, um diesen für sie bei allem Kalkül so unbegreifbaren männlichen Lustapparat in Bewegung zu setzen? Will er sich selbst produzieren und sie nur als Zuschauerin? Oder muß sie glänzen, damit er sie bewundern kann?

Sie hat ca. zwanzig Minuten Zeit, um herauszufinden, wie die körperliche Distanz zwischen ihr und dem Kunden zu durchbrechen ist. Sie wird ihn scharf beobachten, denn aus der kurzen, belanglosen Kommunikation des Vorher muß sie schließen, welche Rolle ihr zugedacht ist, welche Art von Verfügbarkeit über ihren Körper der Kunde begehrt. Und irgendwann wird sie ihr Sprechen ersetzen durch eine Geste, eine Bewegung, eine Berührung und damit ihren Körper freigeben, und sie wird überzeugend Vergnügen und Lust simulieren, und falls der Kunde überhaupt noch an die 300,— DM denkt, die ihn diese Stunde kostet, dann eben in dem altbekannten Sinne, daß die Frauen schon immer fürs Vergnügen bezahlt wurden.

Fischmarkt, am Fließband der männlichen Lust

Penetranter Fischgestank mischt sich mit dem öligen Geruch vom Wasser her. Eine breite kopfsteingepflasterte Straße, Spuren ausgedienter Straßenbahnschienen. Ein unbestimmtes Gefühl von Abseits, von Ausgrenzung und Schutzlosigkeit. Halb verfallene Lagerhäuser und Fischhallen, die Türen geöffnet, der Blick fällt ins Innere, in neonbeleuchtete ausgekachelte Hallen, in denen täglich Tonnen von Fisch verarbeitet werden. Und in dieser Szenerie liegt eine merkwürdige Entsprechung zu der Nacktheit und Deutlichkeit dieses Ortes als einem Umschlagplatz des weiblichen Warenkörpers.

Es gibt keine Verkleidungen, keine Fassaden, keine inszenierte Intimität. Es ist nicht das vergnügte Treiben, der angenehme Kitzel und der Hauch von Laszivität, wie man ihn aus der Straßenszenerie von „Irma la Douce" kennt, um nur ein Beispiel für die unendliche Mystifizierung und Verharmlosung der Prostitution zu nennen. Es gibt hier keine Zuschauer. Denn auf diesem nächtlichen stinkenden Fischmarktgelände ist die Konfrontation zu hart, als daß man sich mit touristischem Blick und halb verschämtem Kichern der eigenen Distanz versichern könnte.

Die Frau: reduziert auf die Schenkel im Lichtkegel der Scheinwerfer. Der Freier: doppelt geschützt im dunklen Raum. Die Wagen bewegen sich im Schrittempo, vorbei an den ausgestellten Körpern, in denen die Definition dessen, was hier geschieht, vorweggenommen scheint. Der weibliche Körper ist ein Arbeitskörper, und dies braucht nicht verborgen zu werden. Der Akt der Prostitution ist auf seine schlichteste Formel gebracht: Es geht um Preis, Zeit und Leistung. Kurze Verhandlungen, die durch das geöffnete Wagenfenster geführt werden: Wieviel? Wie lange? Was? Das Normalprogramm: fünfminütige Penetration plus fünf Minuten An- und Abfahrt zum Stellplatz: 20,— DM. Jede Extra-Leistung, jedes Mehr an Zeit, jede zusätzlich zur Verfügung gestellte Körperzone hat einen festen Aufpreis. Das geltende Reglement dient der Ökonomie der Arbeit. Es geschieht nichts Überflüssiges, nichts, was ablenken könnte von der Funktion, um deren Erfüllung es geht. Es bedarf keiner Höflichkeiten, keiner Etikette. Die Frauen stehen am Fließband der männlichen Lust. Ihre Produktivität bemißt sich an der Menge des Spermas, das hier allnächtlich ejakuliert wird.

Körper und Besessenheit als Medien der Psychotherapie in primitiven Gesellschaften

F. Schott-Billmann, Sceaux

Vom Woudou weiß man, daß es eine, in unserer Vorstellung leicht beunruhigend wirkende, animistische Religion ist (einige Beobachter und Filmer bemühen sich, übrigens zu Unrecht, ihren Ruf auf die ausschweifende Ausübung grausamer und blutiger Opfer zu beschränken). Was man weniger weiß, ist, daß sie die Psychiatrie und Medizin der Länder ist, die sie praktizieren. Es ist die Religion, die heilt; das gilt für alle animistischen Kulte, die in der modernen Welt existieren. Ihre therapeutischen Erfolge erklären zum Teil, daß diese Kulte, weit davon entfernt, wie gemeinhin angenommen, auszusterben, sich weiterentwickeln und sogar Kreativität und Anpassungsvermögen zeigen. Ein weiterer Faktor, der verantwortlich ist für die Vitalität, liegt darin, daß sie sich mit den großen monotheistischen Religionen vollkommen vereinbaren lassen.

Wenn wir das Beispiel Benin und Togo in Westafrika nehmen (Ursprungsländer des Woudou der Antillen, der von hier im 16. und 19. Jahrhundert von Sklaven exportiert wurde), kann man sagen, daß die große Mehrheit der Bevölkerung Woudou-Anhänger ist, was sie nicht daran hindert, teils christlichen, teils islamischen Glaubens zu sein. Dieselbe Koexistenz beobachtet man auf Haiti, Kuba und in Brasilien, wo die Anhänger des Woudou, der „Santeria", katholisch sind. In Afrika wird der Borikult im Niger von Mohammedanern ausgeübt, in Asien kann der Buddhismus nicht die animistischen Riten vertreiben.

Genug der Beispiele: die animistischen Kulte sind weltweit und schließen keinesfalls das gleichzeitige Praktizieren der sogenannten „edlen" Hauptreligionen aus. Wie man weiß, sind es die Priester dieser Hauptreligionen, die dieses „zweifelhafte" Nebeneinander nicht ertragen und mit aller Kraft die Treue der Anhänger zu den Geistern ihrer Vorfahren und den angebeteten Naturkräften zum Schweigen gebracht haben. Mit sehr unsicherem Erfolg: Der Umgang mit Geistern wurde in Afrika heimlich und in Zentralamerika und Brasilien synkretistisch weiterbetrieben. Dieser Umgang ist niemals ganz ausgestorben.

Abgesehen davon, daß dieser Umgang mit Geistern oft eine Form des kulturellen Widerstandes gegen die monotheistische Unterdrückung darstellte, verschafft er dem Individuum beachtlichen Nutzen, sowohl unter dem Gesichtspunkt seiner Integration in die Gruppe als auch im Hinblick auf seine geistige und körperliche Gesundheit. Mit diesem Punkt wollen wir uns näher beschäftigen.

1. Der theosomatische Ursprung von Krankheit

1.1 Der supranaturale Angriff

Krankheit ebenso wie Unglück, Unfälle, Schicksalsschläge werden a priori als verdächtig angesehen: diese Fehlschläge sind nicht „natürlich". Nicht daß die Existenz natürlicher Gründe verneint würde: die Mikroben sind bekannt, und der Determinismus ist ein anerkannter Begriff. Man glaubt jedoch, es sei kein Zufall, wenn die Tsetsefliege sticht oder wenn man gerade an diesem Tage von einem Auto überfahren wird.

Im Unterschied zum westlichen Denken werden die organischen Ursachen als zufällig, zweitrangig angesehen. Sie bilden die Instrumente einer Botschaft, die sagen will, daß etwas Verstecktes, Unsichtbares dem Menschen etwas zu übermitteln sucht. Die Krankheit ist das Zeichen dafür, daß irgend etwas versucht, sich über den Umweg eines Angriffs mitzuteilen. Tatsächlich ist die Krankheit ein Angriff, und dieser hat zwei mögliche Ausgangspunkte: Der eine, der menschliche, ist ein Angriff von Zauberei: einer aus der Gemeinschaft, der jemandem, meist aus Neid, Böses will, schickt einem anderen Krankheit. Dies geschieht entweder durch einen bezahlten Techniker für manipulierte Hexerei, nämlich durch einen Berufszauberer, oder es geschieht direkt, indem die haß- oder neiderfüllte Person selbst zum Zauberer wird und bei dem anderen, meist ohne dessen Wissen, die Krankheit auslöst. Hier bedarf es nun eines Gegenzaubers, um das Schicksal abzuwenden. Der andere mögliche Ausgangspunkt des Unglücks ist göttlicher Natur. Eine übernatürliche Wesenheit versucht, sich einer menschlichen Gruppe mitzuteilen. Es handelt sich also darum, diesem Angriff im Körper oder Geist eines Individuums eine mythologische Identität zu geben.

1.2 Das unheilvolle Besessensein

Ein „theosomatisches" Verständnis von Krankheit und Unglück ist der jüdisch-christlichen Kultur nicht fremd. Denken wir an den unglücklichen und ruinierten Hiob, der einsam in der Asche saß und sich die Schwären kratzte, die der Ewige ihm geschickt hatte, um ihm zu sagen, daß er ihn und keinen anderen auserwählt hatte. Alle diese Übel entsprachen einem Zeichen der Erwähltheit und einem Plan Gottes für die Menschen.

Für einen Animisten ist es unendlich viel schwieriger, den Gott zu bestimmen, der seine Krankheit bewirkt, denn das Pantheon ist weitläufig. Neben einem weit entfernten und unerreichbaren Gott, allumfassender Schöpfer und höchstes Wesen, also identisch mit dem Gott monotheistischer Religionen, beherbergt der „Himmel" zahlreiche zweitrangige Götter. In der Tat beschäftigt sich der ursprüngliche Gott, der alle anderen Götter, die Natur und den Menschen geschaffen hat, nicht mit irdischen Dingen. Für diese hat er untergeordnete Götter oder Geister beauftragt, eine Art unsterblicher, geistiger Wesen, zu denen sich die Seelen der Verstorbenen gesellen. Diese ganze Geisterschar ist sehr in Anspruch genommen durch die Aktivität der Menschen. Da sie aber unsichtbar sind, können sie den Menschen nur im Traum oder als Halluzination erscheinen, oder auch indem sie sich ihre Körper und Stimmen leihen, um sich mitzuteilen: das ist das Besessensein. Es existiert als Besessenheitskult in zahlreichen animistischen Kulten.

In allen diesen Kulten, seien sie nun asiatisch, amerikanisch oder afrikanisch, ist dieses Phänomen als der *Ritt* eines Subjekts (allgemein als „Pferd" Gottes bezeichnet) beschrieben, dargestellt durch eine mythologische Gestalt, die während einer gewissen Zeit die Seele des Subjekts und seine Persönlichkeit ersetzt. Die Besessenheit ist das bevorzugte Verständigungsmittel zwischen übernatürlicher und profaner Welt.

Aber die Besessenheit vollzieht sich nicht immer einfach: Götter und Menschen müssen in Übereinstimmung sein; das heißt einerseits, das mythologische Pantheon, die symbolische Ordnung muß genau die menschliche Realität wiedergeben (was nicht mehr funktioniert, wenn diese sich zu sehr verändert), andererseits müssen die Menschen als Gefäße der Götter auf den Empfang vorbereitet sein (was durch den Initiationsprozeß erreicht wird: um ein gutes „Pferd" zu sein, ist diese lange Arbeit nötig). Die theosomatische Krankheit ist unter diesem Blickwinkel das Zeichen für den Versuch eines Gottes, sich Gehör zu verschaffen. Solange er dieses nicht erreicht, das heißt, solange der Körper des Patienten sich nicht „be"-reiten läßt, gibt es die Krankheit: der Gott ist da, anwesend, aber er kann den Körper des Kranken nicht benutzen, um sich zu erkennen zu geben und sich auszudrücken; es handelt sich also um eine unheilvolle Besessenheit, unentzifferbar, krankheitserregend. Wenn dagegen der Gott in Erscheinung tritt, gibt es Besessensein, also Heilung. Um diesen Mechanismus zu begreifen, müssen wir zuerst die Charakteristika der Götter, die die Heilung ermöglichen, einkreisen.

2. Das Pantheon in den Besessenheitskulten
2.1 Morphologie der Götter

Die Götter sind in einem Pantheon organisiert, das sie soziale Struktur und die Organisation der menschlichen Gesellschaft widerspiegelt: es gibt eine Hierarchie, Arbeitsteilung, es gibt Ehepaare, Familien, inzestuöse, eheliche, außereheliche Verbindungen, die (man denke an das Leben der griechischen Götter auf dem Olymp) Quelle unzähliger Konflikte sind.

Jeder Gott besitzt seine Attribute, seine Symbole, seine Farbe, seine Devise, sein Opfertier, sein Embleme, sein Gewand. Er hat einen genau bestimmten Charakter; Verhalten, Stimme und ein spezielles Vokabular sind festgelegt. Es wäre sehr instruktiv, die Götter der verschiedenen animistischen Kulte zu betrachten und zu vergleichen, um zu sehen, ob es möglich ist, über die spezifischen Züge jeder Kultur hinaus allgemeine „archetypische" Elemente zu finden. Auf jeden Fall kann man einige gemeinsame Züge feststellen:

— einige Götter gebieten über Naturelemente, wie Wasser (Agoué auf Haiti, Yemanja in Brasilien, Masharuwa im Borikult in Niger, die dritte Wasserdame im Kult Haû-Boug) oder wie Feuer (Bangué-Ketekchi in Togo) oder wie Donner (Shango auf Kuba, in Brasilien, Haiti, Xebiesso in Togo oder Benin);

— andere Götter haben Tiergestalt (der Kaiman Ouango in Togo, die Tiger-Wesen in Asien, die Schlage Dan in Afrika, auf Haiti Damballah genannt);

— wieder andere repräsentieren soziale Aktivitäten, wie Ogoun, der Gott derer, die Eisen bearbeiten, oder Dionysos, der Weingott bei den Griechen;

— besonders zahlreich sind die, die menschlichem Verhalten zugeordnet sind: bäuerliche Dummheit des Loa-Zaka auf Haiti, Eifersucht des Erzulie-Freda auf Haiti, Untreue des Darya in Niger; Legba in Haiti beschwört die Impotenz und Sofo in Niger das Altern, Omolou in Brasilien vertritt die Pocken wie Sakpata in Westafrika; Sarkin Rafi in Niger ist der Herr der Geisteskrankheiten, Erzulie in Haiti stellt die Schönheit und Weiblichkeit dar, wie Oshoun in Bra-

silien und Mammy Wata in Westafrika; Guédé ist der Tod, während Oia in Brasilien den Tod überwindet;
— schließlich können die Geister berühmte Tote sein (sehr wichtig in Asien: Nationalhelden) oder Tote ohne Rang, aus dem Vergessen geholt (auf Madagaskar), oder sehr häufig Vorfahren (in Togo stellt der Kriegsgott Adela die Jägervorfahren dar).

2.2 *Wunschgestalten*

Welchen Sinn haben die kollektiven Vorstellungen, an denen die Anhänger des Kultes festhalten? Wenn sie auch die Gesellschaft (man sieht die unterschiedlichen Berufe dargestellt) widerspiegeln, die sie, die Kranken, abgesondert hat, so fügen sie noch eine Dimension hinzu: die Allmacht und das Wunderbare, die eben nicht — man ahnt es schon — zum Alltag derer gehören, die diese Kulte praktizieren.

Gewisse Vorstellungen sind einfach wunderbar: prächtige Gestalten, reich, beliebt, siegreich, Generale, Mandarine, Prinzessinnen, Vogelgötter, Schlangengötter, Sirenen etc. Ihr „sozialer Erfolg", ihre Macht, ihre sexuellen Erfolge, verglichen mit der Mittelmäßigkeit der menschlichen Existenz erinnern an Traumbilder. Handelt es sich um die gleichen imaginativen Produktionen wie im Traum? Die anderen Vorstellungen, weniger bunt, die weniger ruhmreichen Personen, sogar die bösen und bösartigen, die Zauberer, die mißgünstigen Alten, könnten vom selben Ursprung sein: man weiß, daß die Traumbilder eine Vermischung von Wünschen und Verboten sind, den Regeln der Überdetermination unterworfen (ein Bild in Verbindung mit mehreren Wünschen oder Verboten) sowie der Verdichtung (ein Bild vermischt mit anderen).

Trifft dies bei diesen Vorstellungen zu? Wahrscheinlich mischt sich der Wunsch in diese Bilderproduktion, aber man kann sie deswegen nicht mit den Traumbildern vergleichen; nicht allein wegen ihres kollektiven oder geordneten Charakters, sondern besonders wegen ihres konstruierten und kohärenten Charakters. Wir sind hier weit von der Spontaneität der Wahnvorstellungen entfernt, und das Imaginäre unterzieht sich einer Kristallisation, einem Ordnungsstreben, das es dem Symbolischen näherbringt, indem es aus der Einbildung ein Allgemeingut, einen Fundus, eine Erinnerung, eine Kultur, einen Konsensus, eine für alle verfügbare Totalität schafft. In diesem System werden die Verbindungen zwischen den Vorstellungen wichtig, indem sie nämlich ein Netz zwischen den Gestalten weben und sie so einer Ordnung unterwerfen, die dem Bereich des Symbolischen und nicht mehr dem des Imaginären zugeordnet sind.

Das göttliche Pantheon schlägt nun denen, die ihm anhängen, eine Formgebung und Symbolisierung der Triebe vor: das Bild der Verführung ist die Göttin Erzulie im Woudou von Haiti, Mammy Watta in Westafrika. Das Bild der Gewalttätigkeit ist Shango in Brasilien, Ogou in Haiti, Xebiesso in Westafrika. So kann man sagen, daß diese mythologischen Wesenheiten materialisierte, vergöttlichte Triebkräfte sind, dem Menschlichen entlehnt und auf das Himmlische projiziert. Der Spiegel des Pantheon ist kein passiver Widerschein der psychischen und sozialen Organisation, er hat vielmehr einen strukturierenden Effekt auf die Mitglieder der Gesellschaft, die sich in ihm wiederfinden.

2.3 Ambivalenz der Götter

Es ist absurd, sich zu fragen, ob die Götter gut oder schlecht seien. Sie sind beides gleichzeitig. Selbst ein Gott, dem Güte zugeordnet wird, kann böse werden, wenn man seine Ehrung vernachlässigt. Im Gegenteil, ein angstmachender Gott, wie Baron Samedi, Herr der Friedhöfe in Haiti, kann auch ein Beschützer und seinem Schützling günstig sein, ebenso wie die mütterlichste Göttin. Diese Ambivalenz ist nur dem westlichen Denken unerträglich, dem die Koexistenz der entgegengesetzten Kategorien Gut und Böse widerstrebt. Für uns scheinen sich diese Kategorien gegenseitig auszuschließen. Dennoch — ist nicht Jahwe, der Gott des Alten Testaments, ebenso wie die animistischen Götter, gleichzeitig gut und böse (eifersüchtig, schnell wütend, berechnend, nachtragend und strafend bis in die dritte Generation)? Das erklärt, daß er nicht zögerte, wir haben schon hinsichtlich Hiob daran erinnert, den Menschen anzugreifen, in ihn einzudringen und ihn schmerzhaft zu quälen als „schlechtes Objekt", bis daß er sein Ziel erreichte, das heißt bis zur totalen Passivität des anderen.

Nachdem der Mensch so krank gemacht worden ist, was die negative Seite des Gottes erlaubte, kann die göttliche Gestalt dank ihrer positiven Seite den Menschen zur Heilung bringen. In eine geläufigere Sprache übertragen, kann dies gesehen werden als die Rückorientierung vom negativen zum positiven Pol eines Antriebes. Die Götter, Projektionen und Formgebung dieser Antriebe, haben ihre Ambivalenz geerbt. Das Genie der priesterlichen Heiler besteht darin, diese Ambivalenz als therapeutisches Instrument benutzen zu können.

3. Die Heilung der theosomatischen Krankheit
3.1 Die Medizinmänner[1]

Die Medizinmänner sind die Priester des Kultes, anders gesagt die Eingeweihten. Wenn sie nicht Priester durch vorgeburtliche Bestimmung oder Erbschaft sind, so sind sie oft selbst ehemalige Kranke. Das heißt, daß sie selbst diese heftige Erfahrung der Anwesenheit eines anderen Wesens in sich gemacht haben, daß sie es verstanden, diesem eine Gestalt zu geben, und, indem sie diese sich ausdrücken ließen, sich selbst beruhigen konnten. Sie haben sich selbst also wiederhergestellt, zunächst durch nicht vorbereitete, dramatische und wilde Initiation, hervorgerufen durch den Angriff eines Verfolgungsgeistes, schließlich durch eine lange Lehrzeit, ermöglicht durch den Umgang mit dem Geist, der nach und nach gezähmt wurde; während dieser Initiation, die in einigen Ländern mehrere Jahre dauert, lernt der Medizinmann die Taschenspielerkunst, Magie, Kräuterwissenschaft, Tanz, erlernt das zweite Gesicht, die Technik des „Psychodramas", der Inszenierung etc. Zudem muß er das soziale Gefüge der Gemeinschaft gut kennen, denn man kann nichts von der Verwirrung eines Kranken verstehen, wenn man nicht die Familie kennt, nicht ihre Organisation und ihre Beziehungen zur Umwelt versteht (denn man muß eine andere als „theosomatische" Diagnostik miteinbeziehen können; vergessen wir nicht, daß es sich um Hexerei handeln kann).

3.2 Die Diagnostik

In dem Fall, wo die theosomatische Ätiologie erkannt ist, wird das Übel als Konflikt außerhalb des Individuums verstanden, das Übel, das sich in diesem kulturellen Konstrukt, dem Verfolger-Geist, darstellt. Dieser manifestiert sich im Bereich der Geisteskrankheiten durch einen Zustand der Erregung (manchmal der Epilepsie) oder im Gegenteil durch den der Stummheit. Aber der praktizierende Medizinmann bezieht sich wenig auf die Ausformung der Krankheit. Im äußersten Fall braucht er oft den Kranken gar nicht zu sehen. Er wird seine Untersuchungen in die Richtung lenken, die auf eine Disharmonie mit dem Geist der Vorfahren zielen. In der Gegenwart gibt es einen Konflikt mit diesen, das ist es, was eine Rolle spielt. Das Symptom wird niemals als isoliertes Element betrachtet, sondern es ist Teil eines komplexen Ganzen, das die gesamte Gemeinschaft miteinbezieht. Es geht

---

[1]) Synonyme: Schamane, Wahrsager, Priester, Zauberer.

darum, den adäquaten Mythos zu finden, um sich über diese Verwirrung, diese Disharmonie klar zu werden.

Was kann diese „Unzufriedenheit" eines Gottes für uns bedeuten? Wer kann der Anlaß einer Mißstimmung zwischen einem Verhalten und einer kollektiv gegliederten Symbolik sein? Zunächst die Kinder, die noch dem Chaos, der Gewalt der vorkulturellen Undifferenziertheit, kurz der Natur unterworfen sind. Dann diejenigen, bei denen die Symbolisierung zerstört ist und bei denen die Antriebe, ent-symbolisiert, zu in Unordnung geratenen Strömen werden. Das ist sehr häufig der Fall bei Kolonisierten (bei denen sich zwei symbolische Systeme bekämpfen), bei Entwurzelten, Emigrierten (besonders, wenn sie mit dem kapitalistischen System konfrontiert werden, das ihre animistische Vision der Welt ent-symbolisiert); das ist der Fall bei den Jugendlichen, die mit der Tradition brechen, ohne sich einem anderen Symbol-System zu integrieren. Die Krankheit ist dieses ungenaue, noch nicht gestaltete oder zerstörte Terrain, auf dem sich im Kranken die agierenden Kräfte der Gesellschaft gegenüberstehen.

In Bezug auf die Ambivalenz kann man die positive Seite noch nachvollziehen, die positive Seite eines Gottes, der seinen Auserwählten durch eine Krankheit kennzeichnet: die Krankheit als Zeichen für eine aus sozialen Spannungen herrührende Unordnung, die sich zu symbolisieren sucht. Das Unerwartete und der Bruch kommen deshalb so über den Weg der Krankheit aus der Sinn-losigkeit, als Vorspiel der Besessenheitskrise. Und so werden auch oft neue Götter geboren, die die neuen sozialen Realitäten besser ausdrücken, aber gleichwohl dem kollektiven Erbe angehören und nicht der fremden, neuen Ordnung.

Der Film, „Les maitres fous" des Ethnologen *Jean Rouch* illustriert diese Adaptierung gut. In Ghana bilden nigerianische Emigranten ein Unter-Proletariat, sie leben unter solchen Streßbedingungen, die geeignet sind, neue mythologische Gestalten erscheinen zu lassen. In ihrem Kult (ausschließlich maskulin) sind Götter erschienen, deren Entstehung durch die westliche, technische Zivilisation inspiriert ist (ein Lokomotivgott zum Beispiel). Und es ist ihnen erlaubt, sie hier zu adaptieren, da die Männer, die man zuvor als Verkörperung dieser gewalttätigen, technischen Götter auf der Leinwand gesehen hat, diese lächerlichen Handlanger sind, die auf der Baustelle als die Besten Schaufel und Hacke benutzen können.

Der Angreifer ist also das Vehikel einer Botschaft für alle, ein Signal, um anzuzeigen, daß dieses nicht ins Innerste der Gemeinschaft vordringt, gleichzeitig eine therapeutische Gelegenheit für alle.

Wir wissen, daß die westliche Medizin erst beginnt, soziale und psychosomatische Gründe für Krankheit miteinzubeziehen und zu sehen (zum Beispiel durch Untersuchung der Rolle der Plazebos), daß Krankheit weitgehend durch Kultur geformt wird, anders gesagt, daß man prüft, ob Vorstellungen über die Ursachen in unseren kulturellen Gesetzen liegen. Ist das nicht eine Etappe hin zu der Vorstellung, daß das Morbide nicht natürlich sei? Daß es von der Verkörperung eines „schlechten Objekts" herrühre (Symbol eines außer-individuellen Konflikts), Komplize der Mikroben oder der Abnutzung des Organismus?

3.3 Die Heilung

3.3.1 Das Ritual

Von einigen Details abgesehen, ist die Reihenfolge zur Austreibung und Beruhigung des Geistes überall gleich. Sie läuft als therapeutisches Ritual geregelt ab. Ihre verschiedenen Phasen sind folgendermaßen:

— Die Familie bringt den Kranken und erläutert die Geschichte der Verwirrung.

— Der Kranke wird einer „Reinigung" unterzogen, die in Entkleiden, Bädern und Massagen etc. besteht.

— Er unterzieht sich dann einem symbolischen Todes- und Bestattungsritual: der „alte Mann", der Kranke, Gefangener seiner Widersprüche, muß verschwinden, um zunächst Platz zu lassen für den Geist, der aus seinem Mund sprechen wird, dann für den neuen Mann, der neu geschaffen und wiederhergestellt ist durch diese Erfahrung.

— Die folgende Phase ist der Appell an den Verfolgungs-Geist, dann seine Anerkennung, was sich in der Besessenheitskrise manifestiert.

— Danach muß man diesen Geist noch „zähmen", indem man ihm einen Altar baut. Das ist der Anfang des privilegierten Umgangs des ehemaligen Kranken mit dem Geist. Dieser Umgang wird vertieft werden müssen, oder auch nicht, durch eine weiter entwickelte Initiation als die erste, eine „wilde", lebendige, spontane, direkte, die den Prozeß der Krankheitsheilung bildet. Nach dem ersten Opfer, wo dem Geist ein Tier angeboten wird, ist es an dem ehemals Kranken, an dem Auserwählten, den Geist weiterhin regelmäßig zu ehren. Falls nicht, wird der Geist ihn durch einen Rückfall oder andere Übel zur Ordnung rufen.

— Schließlich endet das Heilungsritual mit einer gemeinsamen Mahlzeit, an der der Ex-Kranke teilnimmt, wiedereingegliedert im symbolisch geordneten Kollektiv, das die Mythologie der Gruppe darstellt. Die Rythmen, Tänze und Gesänge des Schlußfestes besiegeln die Rückkehr des verlorenen Schafes zum Stall ebenso wie die Wiederherstellung der Harmonie der Gruppe, deren Unordnung sich in dem Symptom eines ihrer Mitglieder enthüllt hatte.

3.3.2 Der Mechanismus

Im Augenblick der vierten Phase kann der Kranke, Opfer einer „Nicht-Symbolisierung" oder einer „Ent-Symbolisierung", wie wir gesehen haben, sich wieder symbolisieren, indem er seine Antriebe, die in Verwirrung waren, auf etwas Bedeutungsvolles hin orientiert, dessen Ausdruck in einer Skala möglicher symbolischer Figuren vorgeschlagen wird.

Wie wird der Priester vorgehen, um diese Wieder-Artikulation zu ermöglichen, die bei dem Kranken eine Wiederherstellung seiner Libido bewirkt, der eine Wiederanpassung folgt? Indem er nämlich erlaubt, daß der Kranke sich „ausspricht" in einer Besessenheitskrise, während der sein augenblicklich entferntes Ich dem Es Platz läßt. Die Über-Besessenheitskrise, als ein therapeutisches Mittel benutzt, ist eine *psychotische Krise*, aber eine *kontrollierte*, die sinnvoll ablaufen muß, sich in einer Sprache, einem Symbol kanalisieren muß. Hierzu paßt auch, daß die für die Krankheit verantwortliche, unglückliche Besessenheit eine lesbare wird, die von der Gruppe wiedererkannt wird. Das ist die Kulturarbeit an der demütigenden Unordnung. Hier löst der Priester den mythischen, kulturbringenden Vorfahren ab, der in allen Gesellschaften der ist, welcher das Chaos in Ordnung, die Natur in Kultur verwandelt. Das Chaos ist die Gewalt der vorkulturellen Undifferenziertheit, die Nicht-Symbolisierung, die sich verkörperlicht, statt sich zu versinnbildlichen. Die westlichen Untersuchungen über die Hysterie haben uns damit wieder bekannt gemacht; diese Pathologie, die eine typisch unlesbare Besessenheit ist.

3.3.3 Die Technik

Wir erinnern uns an Jesus, der aus einem Besessenen den Dämon „Legion" austreibt (der so hieß, weil es mehrere waren). Er trieb ihn aus, indem er ihn beim Namen nannte. Genauso geht der Priester vor; er stützt sich auf eine gewisse Zahl von Informationen, weniger auf das Symptom, wie wir schon gesagt haben, als auf den Charakter, das Erbe, die Geschichte des Kranken. Der ausgesprochene Name ist ein

Ausweg für die libidinösen Strömungen, da mit diesem Namen ein Modell verbunden ist (dem Kranken bekannt, da Teil seines kulturellen Erbes), das gleichzeitig eine Formgebung seiner Antriebe ist.
Aber diese Formgebung darf nicht willkürlich sein, damit die Triebe sich sichtbar ausdrücken könnnen. Wenn es nun manchmal leicht ist, den Gott, der sich zu äußern sucht, zu identifizieren (zum Beispiel der Djinn Aicha Quandicha in Marokko, eine weibliche Gottheit, läßt sich an der Form der Krankheit erkennen: Lähmung), so ist das doch meistens nicht der Fall, und der Gott, der sich gleichzeitig zu erkennen und zu verstecken sucht, muß entziffert werden. Er enthüllt sich, indem er sich verhüllt. Er benützt ein wichtiges Hilfsmittel: den Körper des Kranken, und der Priester, der über die Informationen verfügt, wird den Körper befragen, um den Gott zu erkennen. Darum wendet er sich an die Musiker, und diese spielen nacheinander die den verschiedenen Göttern gemäßen Rhythmen oder Gesänge. Wenn die Rhythmen und Gesänge der für die Krankheit verantwortlichen Götter ertönen, springt der Kranke plötzlich auf die Beine und überwindet seine Entkräftung (oder seine zügellose Erregung), um zu tanzen. Hört der Rhythmus auf, tanzt der Kranke nicht mehr und fällt in seinen Anfangszustand zurück. Inzwischen ist der Gott aber identifiziert. Der Priester reizt ihn nun, sich zu äußern, mit dem oben beschriebenen therapeutischen Ritual.

3.3.4 Die Besessenheitskrise

Der Gott ist angesprochen, man bittet ihn, von seinem „Pferd" Besitz zu nehmen, sich also klar verständlich zu machen, denn man spielt ihm ja „seinen" Rhythmus. Die Krise beginnt mit einem unkontrollierten Trancezustand; der Kranke erhebt sich schwankend, seinen Körper durchziehen Krämpfe oder starke motorische Stöße, gefolgt von Momenten absoluter Unbeweglichkeit; er stößt grelle Schreie aus, seine Augen verdrehen sich, manchmal sabbert er. Der Trancezustand ist der sichtbare Höhepunkt der Störung. Die Teilnehmer umringen ihn, beruhigen ihn und bekleiden ihn mit dem Gewand und den Attributen des Gottes. Sie materialisieren so die Arbeit der Symbolisierung gegen die Störung der Triebe. Tatsächlich ist der Kranke, sobald er im Trancezustand die Kleidung des Gottes trägt und so von der Versammlung als Gott anerkannt wird, von diesem Gott besessen. Er ist nicht länger der Kranke, der da im Tempelhof herumschlendert, er ist Xangô, Gott des Donners in Brasilien mit seinem majestätischen Schritt und einer halluzinierenden Langsamkeit; er ist Erzulie, Göttin der Liebe im Woudou Haitis, affektiert und verschwenderisch, die sich in den Hüften wiegt und den anwesenden jungen Leuten Blicke zuwirft[2]; er ist der kleine Prinz des vietnamesischen Pantheon, von einer sehr alten Frau verkörpert, der in Luftsprüngen und Schelmereien seine ganze jugendliche Anmut versprüht; oder Ouango, Aligatorgott im togolesischen Woudou, der auf dem Boden Schlangenbewegungen vollführt, die Arme an die Seiten gelegt, die Finger abgespreizt auf dem Boden, und so den Zuschauer in eine Meereswelt versetzt, etc.

Die Liste ist unendlich, so zahlreich sind die Götter, die den Menschen ihr Abbild geben. Während einer gewissen Zeit, einige Minuten oder auch mehrere Stunden lang, ist der Gott da, und alles ist verwandelt: die ganze Haltung, das Gesicht, die Stimme sind die des Gottes. Wir wissen, daß die Fügsamkeit des Körpers, die Gestalt des Gottes anzunehmen, zu erstaunlichen Leistungen führt: der Affengott auf Bali läßt die Besessenen in Baumwipfel klettern, sich von Ast zu Ast schwingen, der Wildschweingott läßt sie mit ihren Zähnen Wurzeln ausgraben und sie essen, der Schlangengott auf Haiti läßt sie sich um Baumstämme rollen. Und Wohlgemerkt, da sie Götter sind, sind sie schmerzunempfindlich, unverbrennbar (sie gehen ins Feuer, ohne verbrannt zu werden), sie können Sprachen sprechen, die sie niemals gelernt haben, hellsehen, Magie und Heilung praktizieren.

3.3.5 Die Freude, der Genuß

Man kann sicher nicht an Stelle der Besessenen sprechen. Sie erinnern sich nicht an das, was sie während der Krise erlebt haben. Der Gott verläßt sie und überläßt sie wieder ihrem alten Ich (geheilt, das heißt wiederhergestellt und readaptiert), dem Ich, das sich an nichts erinnert, was sein Körper tun konnte, seine Zunge sagen konnte, als der Gott in ihm war. Diese Zensur trägt dazu bei, einen außerordentlichen Genuß, verbunden mit dem Gefühl der Allmacht, zu erahnen, von dem wir einige Effekte oben geschildert haben. Man kann sich auch vorstellen, daß diese Freude durch die privilegierte Rolle des Körpers während der Besessenheitskrise vor allem in Bezug zum Verlangen geschaffen wird. Tatsächlich dient der Körper dazu, ein Theater des Verlangens in Szene zu setzen: die mythologische „Maschine", deren Verbindung zum Verlangen wir gesehen haben, wird zu einem körperlichen Erleben, das von den anderen betrachtet werden kann. Die Freude, so scheint mir, ist auf mehreren Ebenen der Wunschbefriedigung zu sehen:

---

[2]) die Besessenen verkörpern Götter, die nicht notwendigerweise ihrem Geschlecht entsprechen: Männer können von Göttinnen besessen sein und umgekehrt.

Der Urkörper: Durch die Mythologie nimmt der Kranke teil am kulturellen Unterbau seiner Gruppe. Die mythischen Erzählungen, das sagenhafte Epos der Vorfahren bilden die nicht niedergeschriebene Geschichte seines Volkes. Sie ist das Gedächtnis und gleichzeitig das Gesetzbuch, denn die Beziehungen zwischen den Geistern spiegeln die selbstbestimmte gesellschaftliche Ordnung wieder. Die Inkarnation der Geister (Götter oder mythischer Vorfahren) reaktualisieren ihre Vergangenheit und bewahren die Gesetze. Der Besessene Kranke, der als Vehikel diese zeitlose Vergangenheit sichtbar macht, findet sich so mitten im Herzen dessen, was ihn umgibt und stützt: seine Geschichte und seine sozialen Gesetze. Er ist am Ursprung seiner selbst; er ist wieder eingefügt in seine Genealogie, da der Geist sich vererbt und man seine Abstammung oft über mehrere Generationen verfolgen kann. Er ist ein Glied der langen Kette, die vor ihm begonnen wurde und nach ihm weitergehen wird. Er wird nicht wie eine einsame Monade, ein einsames Gestirn, abgeschnitten von den anderen, getrieben. Eingebunden in seine Vergangenheit, ist er gleichzeitig verbunden mit den Mitgliedern seiner Gruppe, die diese Vergangenheit mit ihm teilen (die Mythologie), ebenso wie die Gegenwart (das aus der Vergangenheit ererbte Gesetz). Er wird also doppelt gesichert, vertikal durch seine Vorfahren und horizontal durch seine Zeitgenossen, seine „Brüder", die Teil seiner Gruppe sind. Sein Körper ist die fühlbare Wurzel, die alle, ihn und die Gruppe, in die gemeinsamen Quellen eintaucht. Der Besessene verschmilzt mit diesen Quellen, die anderen trinken daraus und haben daran Anteil, indem sie aktiv an dieser Reaktualisierung teilnehmen, durch ihren Blick, ihre körperliche Beteiligung im Gesang, im Tanz, in der Sorge für den Besessenen, etc. Es gibt keinen „Voyeur", alle sind angesprochen, und diese Gemeinschaft mit dem „Mutterkörper" ist heilsam für alle Teilnehmer, nicht nur für den Besessenen. Aber diesem ist zusätzliche Befriedigung zugedacht:

Der Körper ohne Grenzen: Indem sich die zeitliche Dimension außer Kraft setzt, mündet es notwendigerweise in einen unsterblichen Körper (weil er nun der Körper der Vorfahren ebenso ist wie der der Nachkommen). Zum Beispiel taucht der haitische oder brasilianische Besessene in das unendliche Afrika — seine Mutter —, von der er so grausam getrennt wurde, als man ihn als Sklaven entführte. Diese Rückkehr, ein immer gegenwärtiges „Zurück", entspricht genau dem, was man in der Psychoanalyse Regression nennt. Das bedeutet, zu seinen Ursprüngen stehen, und nicht Regression als Gegenteil von Progression. *R. Bastide* hat in seiner Untersuchung über „Le Candomblé de

Bahia" die symbolische Übertragung dieses Regressionszustandes beobachtet: der Gott, schreibt er, verlangt oft von seinem „Pferd", an einer Flasche zu saugen. Der Akt, seine Schuhe abzulegen, um Kontakt mit der Mutter Erde zu haben, hat wahrscheinlich dieselbe Bedeutung. Die Mutter ist auch symbolisiert durch die Gruppe, die einen Kreis um den Besessenen bildet, während der Pfahl oder Baum, der den Mittelpunkt des Raumes bildet, den Beischlaf des Himmels mit der Erde symbolisiert (der Vater und die Mutter). Das führt uns dahin zu sagen, daß der Besessene eine doppelte und fundamentale Transgression durchlebt: er ist gleichzeitig, wie alle Säuglinge, mit dem mütterlichen Körper inzestuös verbunden — er kehrt vielleicht sogar zum Fötuszustand zurück — und wohnt dem Zeugungsakt (dem Koitus, aus dem er hervorgegangen ist) bei. Hier überschreitet er andere Grenzen als die, die dem Menschen gemeinhin zugänglich sind.

Zu sagen, daß der Besessene, da er nicht „bewußt" erlebt, dem Sinn der Zeichen gegenüber unempfindlich sei, würde zwangsläufig bedeuten, daß die Symbole auf der Ebene des Unbewußten nicht wirksam wären, und dies wird heute niemand mehr aufrechterhalten können.

Der Besessene teilt mit dem Säugling das, was *Freud* das „ozeanische Gefühl" genannt hat, das er in „Das Unbehagen in der Kultur" beschreibt. Es ist ein Gefühl des Eins-sein mit der äußeren Welt. Dieses Gefühl des Kindseins bildet nun einen Teil des Besessenen. Dieses Gefühl entspricht annähernd den Beschreibungen der Patienten, die LSD genommen oder Haschisch geraucht haben; aber das wirkliche ozeanische Gefühl ist ein Zustand, der etwas besonderes hat: das Bewußtsein, das der Kranke von seiner Wesenseinheit mit der Welt hat (ein Zustand, in dem er sich so wahrnimmt), wird nicht durch Bezugnahme zu jemand anderem bewirkt. Im Gegensatz zu dem Bewußtseinszustand, der in dem „Spiegelstadium" erworben wird, spielt der andere im Bewußtsein der Ich-Welt keine Rolle — was schließlich nicht bedeutet, daß dieser andere nicht existiere als Teil dieser Wesenheit, er ist hier sogar anerkannt: die Gestalt gewordenen Götter reden miteinander während der Zeremonien und fordern sich gegenseitig heraus. Der Kranke mit dem „ozeanischen" Körper ist nicht Objekt geworden für den anderen, er kann sich folglich nicht sehen, d.h. den Blick des anderen in seinem Auge wiederfinden, mit dem Blick des anderen sehen. Da er eins ist mit der Welt, ist in ihm kein Platz mehr für anderes. Deshalb kann er sich auch auf einer Photographie nicht erkennen: er ist da, was *J. Lacan* das „Spiegelstadium" genannt hat.

Ein Körper-Universum, gleichzeitig im ganzen Kosmos, ein Körper, der das Leben der Tiere, Planeten, Steine wesensgleich lebt, ein unend-

licher Körper, Stern, Fluß, Tiger oder Insekt, dieser Körper hat keine Grenzen. So kann man auch die folgenden Eingriffe verstehen, die die Gruppe zur Vorkehrung trifft, um einen totalen Ausbruch des Besessenen zu vermeiden:
— die durch Zuschauer geschlossene Begrenzung des Platzes, in dessen Mitte sich der Besessene bewegt;
— die Fürsorge, die ihm die „friedlichen" Frauen zuteil-werden lassen (Frauen, die nicht besessen werden können);
— die physische Unbeweglichkeit des Besessenen im Falle eines Sturzes oder einer Störung. Man könnte dieses mit klinischen Fällen Geisteskranker vergleichen, die sagen, durch physischen oder institutionellen Zwang beruhigt worden zu sein, wenn sie sich dem Ausbruch nähern;
— die Tatsache, daß von Beginn der Trance an der Besessene tatsächlich eingegrenzt ist (Halstücher und Bänder um Kopf und Brust), wie ich es in Afrika und bei haitischen Zeremonien in Paris beobachten konnte.

Diese Vorsichtsmaßregeln verhindern den Ausbruch. Sie verhindern nicht, daß die Grenzzone des Körpers, die Inneres und Äußeres, das Ich und das Andere trennt, sehr durchlässig ist. Wenn es diese Durchlässigkeit der körperlichen Grenzen nicht gäbe, könnte es keine Besessenheitskrise geben, das heißt, das Überfluten seiner selbst durch eine fremde Instanz: das geht nur, wenn die Grenzen des Ich weich werden, damit das Andere und die Welt eindringen können.

Der Wunderkörper: Nur durch diese Wesenseinheit von Universum und Körper können die Vorstellungen Wirkung zeigen. Weil es kein Anderes gibt, ist der Körper ebenso Schlange wie Fluß oder Vorfahre. Weil er alles ist, ist er alle Geschlechter und alle Altersstufen; daher ist es nicht überraschend, daß ein Mann eine Frau darstellt, ein junger Mann eine alte Frau etc. Besser noch: da der Körper des Besessenen und die Welt eins sind, ist es unvorstellbar, daß es zwischen ihnen einen Zusammenstoß gebe. Wie könnte das Feuer den, der es in sich hat, verbrennen? wie könnte ein Schwert jemandem weh tun, der an demselben Wesen teilhat, der von derselben Substanz ist? Das „ozeanische" Subjekt ist allmächtig, weil sein Körper und die Welt aus dem selben Stoff sind, aus Elementen geschaffen, die alle im Körper des Besessenen vorhanden sind. Mir scheint, man muß von dieser Seite der Wesenseinheit, der Konsubstantialität den Schlüssel der Effizienz des Symbols suchen, von dem *Lévi-Strauss* spricht: die durch die Medizinmänner praktizierten Heilungen resultieren aus der Transformation, die auf den Körper wirkten durch bestimmte Worte, bestimmte Mythen, welche den Prozeß Krankheit - Heilung in ein Epos umbilden. Im Körper des Besessenen unterwirft sich tatsächlich die biologische Maschine der symbolischen. Und diese verschafft sich die Mittel, die biologische Maschine durch den „Sprung des Psychischen ins Somatische" zu unterwerfen. Denn es ist diese Umwandlung, die diese „Wunder" ermöglicht, vielleicht vermittelt durch ein Einschrumpfen des Feldes der libidinösen Energie, durch eine Bündelung der Strömungen auf diesen oder jenen Teil des Körpers, der zu „versorgen" ist, mehr um dort einen sonst ungebräuchlichen Schutzmechanismus oder eine ungenutzte Kraft zu entwickeln[3]. Dieser Wunderkörper ist wohlgemerkt immer noch ein biologischer Körper, der seinen physischen Bestimmtheiten (Gewicht, Verbrennungen, Verletzungen etc.) nur durch eine Aktivierung physiologischer Mechanismen (Regulierung des Blutdruckes, Veränderung von Reflexen, zum Beispiel durch Funktionshemmung gewisser Neuronen etc.) zu entrinnen scheint; gleichzeitig ist der Wunderkörper der Körper der Freude des Besessenen, da sich sein Verlangen erfüllt: seine Wahnvorstellungen verwirklichen sich, also der Besessene sich selbst, der daraus seine Kraft schöpft. Gegründet auf den Mangel, mit dem er ausgestattet ist, erfüllt sich der Besessene in der Zeit der Krise seine Vorstellungen, indem er aus seinen Wünschen Fähigkeiten macht: Fähigkeit der Verwandlung, Macht über die Elemente (Regen fallen lassen oder anhalten, enorme Gewichte tragen), Fähigkeit der Hellseherei, der Heilung, der Hexerei, der Magie — diese Techniken, die immer verbunden waren mit Symbolmanipulationen, der Umwandlung gewisser symbolträchtiger Worte bis hin zur Befreiung von einem Übel oder bis hin zum Tod einer Person.

Der Körper der Worte: Außer wenn er von einem stummen Gott besessen ist, was selten der Fall ist, ist der Besessene ein „Wesen, das spricht". Diese Sprache ist niemals neutral, da sie Auswirkungen hat. Deshalb werden die Worte des Besessenen sehr ernst genommen. Sie dienen mal persönlichen, mal politischen Absichten, sofern man beide unterscheiden kann. So kann es sich um Drohungen oder persönliche Abrechnungen handeln: man kann ungestraft seine Feinde verleumden, ihnen Böses ankündigen, indem man von der Orakelkraft des Gottes „profitiert". Aber das geht niemals sehr weit, denn der Gott hat

---

[3] Wie Michael Strogoff, im berühmten Roman *Jules Vernes*, einen Tränenschirm bildet, um seine Augen gegen die weißglühende Klinge zu schützen.

Bedenken, die mehr das Unbewußte des Kranken und besonders das der Gruppe ausdrücken. Zum Beispiel kann der Gott zum Raub anstiften: auf Madagaskar läßt ein Gott Rinder stehlen, ein anderer in Niger läßt Ehebruch begehen: eine subversive Sprache, die Besitzvorstellungen und eheliche Treue in Frage stellt. Auf Haiti begnügt sich der Geist nicht, nur zu bestimmten Handlungen zu ermuntern: die von der Liebesgöttin Erzulie besessenen Männer nähern sich anderen Männern und durchbrechen so das extrem starke Tabu der Homosexualität. Auf diese Weise schlossen sich die vom Kriegsgott Ogou Besessenen während des Unabhängigkeitskrieges dem Angriff der Entrechteten an. Man sieht also, daß Religion subversiv sein kann. Wenn das Verlangen revolutionär ist, was man hoffen sollte, haben die Besessenheitskulte ein unzweifelhaft subversives Potential, denn die Übertretungen können sich unter dem Deckmantel der Götter vollziehen. In Haiti, schließlich kritisiert mancher vom Friedhofsgott Guédé Besessene — im Prinzip ungestraft — das Regime.

3.3.6. Die Katharsis

Die Heilung vollzieht sich gemäß dem Prinzip der Rückorientierung auf den negativen Antrieb. Aber um das zu erreichen, muß es einem gelingen, diese mit einem Gott in Verbindung zu bringen, der die „Träger"-Rolle spielt. Man muß also einen finden, der es ermöglicht, die auslösende Verwirrung zu *verschlüsseln*. P. Verger[4] nennt das Beispiel des von heftigem Jucken befallenen Mannes in Brasilien, ein Mann mit masochistischen Tendenzen, der in Gestalt des Pockengottes erscheinen kann. Dieses erlaubt ihm, sich zu schlagen, zu kratzen, was er normalerweise nicht tun könnte, wodurch ihm dann dieses Unbefriedigtsein Anspannung und Leiden bereitet. Indem er sich dem Programm des Gottes anpaßt, ist er befreit, „gereinigt" von einem „schlechten" Verlangen.

Dieses Beispiel zeigt, daß der jeweils diagnostizierte Gott immer dem unbewußten Wunsch des Kranken sehr nahe kommt. Jedesmal, wenn nicht kultivierte oder enkulturierte Strömungen ein Individuum durchdringen, entstanden aus Störungen im Funktionieren der Gesellschaft, geht es dieser Gesellschaft darum, die Strömungen zu verschlüsseln und sie um das Symbol des Gottes herum spielen zu lassen. Das ist die Rolle der Besessenheitskrise, die so den Erfolg der Verschlüsselung des Verlangens in einer mythischen, therapeutischen Gestalt manifestiert: dieses Symbol, das der Kranke verkörpert, die Gestalt des Gottes, den

---

[4] P. Verger, Rencontres de Bouaké, p. 107.

er gewählt hat oder der ihn gewählt hat, läßt ihn in der „Verkleidung" göttlicher Personen seinem für immer unbekannten Verlangen am nächsten kommen, es wird seine Verwirklichung erlauben. Wie der Traum hat die Besessenheitskrise die Funktion, Wünsche zu befriedigen. Es handelt sich hier jedoch nicht um halluzinatorische Befriedigung, denn die Handlungen werden tatsächlich vor Zuschauern getätigt, die gleichzeitig Zeugen und Garanten der Verschlüsselung sind.

Dank dieser Verschlüsselung, der Artikulation der Wünsche durch die der Gruppe bekannten Mythen binden sich die Ströme an die Psychologie des Gottes, und der Kranke, der durch das Verlangen des Gottes verändert wird, lernt sein Unbewußtes zu erkennen und zu benennen. Denken wir an das Beispiel des brasilianischen Pockengottes Omolou. Aber es gibt noch mehr: Götter, die sich außergewöhnliche Dinge erlauben. Man hat in Haiti eine von Guédé besessene Frau beobachtet, die sich der Koprophagie hingegeben hat, obwohl das bei diesem Gott nicht vorgesehen ist, was von den Zuschauern aber hingenommen wurde. Dies zeigt, daß das sozial verabscheuungswürdige Verlangen nicht länger „schlecht" ist, sobald es von einem solchen Symbol abhängt. Statt den Begriff Exorzismus zu gebrauchen, der bedeuten würde, daß das Böse verjagt wird, ist es besser, den Begriff Katharsis zu verwenden, der besagt, daß der Kranke von dem Bösen „gereinigt" wird, aber eben auf Grund der neuen Orientierung und nicht der Vertreibung. Diese neue Orientierung der Ströme, die über das Pathogene und Asoziale für das Individuum und die Gruppe positiv werden, ist noch einmal gebunden an die Ambivalenz des Gottes, der zunächst in der Krankheit als „schlechtes" Objekt gesehen wird und in der Besessenheitskrise zum „guten" Objekt wird. Deshalb hat jede Besessenheitskrise, wenn sie Katharsis ist, Erfolg.

In allen Besessenheitskulten entspringen die Krankheitsgestalt und die Art, sie zu heilen, demselben Schema: „Eine Notlage oder ein Unglück, Zeichen einer Aggression, die gleichzeitig eine Erwählung bedeutet"[5], muß entziffert und kodiert werden, um den Kranken von seiner negativen Seite zu reinigen, indem sie sich in ihrer verschlüsselten Form durch die Besessenheitskrise abreagiert.

Denn nur während der Besessenheitskrise können die pathogenen Elemente, die sich in der Gestalt des Gottes zeigen, aus dem Kranken „herauskommen". Entweder nehmen sie Gestalt an, oder sie reagieren sich nicht ab, wenn sie nicht durch eine symbolische Gestalt aufgefangen werden können. Man sieht hier, daß die Besessenheitskrise die-

---

[5] *J. Puillon*, Fétiches sans fétichisme, p. 97, Maspéro 1975.

selbe Rolle wie die Verbalisierung in einer analytischen Behandlung spielt: es ist der normale Weg der Affekterleichterung, der es ermöglicht, den Kranken von seinen Symptomen zu heilen.

So werden alle Affekte, die mit den schon verschlüsselten Strömen verbunden sind, abreagiert, anders gesagt, die Besessenheitskrise ist eine Therapie, die den Affekten einen normalen Abgang verschafft (neuromuskulärer Weg) und so verhindert, daß die Affekte pathogen werden. Die Häufigkeit der Besessenheitskrise ist ein Gleichgewichtsfaktor, denn die Affekte können, bevor sie pathogen werden, früh genug abreagiert werden. Die Besessenheitskrise ist ebenso präventiv wie heilsam; sie ist praktische Hygiene: man wäscht sich dabei die Seele.

Die Besessenheitskrise kann somit als die Psychiatrie der Gesellschaften bezeichnet werden, die diese Kulte praktizieren, denn die Katharsis ist auch auf der Ebene des Zuschauers wirksam (wie in der griechischen Tragödie), da er dem vor ihm gespielten „sympathisch" gegenübersteht.

4. Schlußfolgerung

Da die Psychiatrie Aufschluß gibt über die durch Entsymbolisierung hervorgerufenen Krankheitszustände, spielt sie wohl eine Restaurationsrolle, die in einer Welt wichtig ist, deren symbolische Ordnung durch den weißen Menschen zerstört ist (den Kapitalismus, der auch eine Entsymbolisierung bedeutet), bei den Gruppen, die sich in einer Auflösungsphase befinden und deren großes Bedürfnis nach Wiederherstellung einer genealogischen Basis dadurch unterstützt wird. Bezogen auf die Wichtigkeit der Symbole erinnert der psychiatrische Gedanke, der sich in den Besessenheitskulten durchsetzt, an die Lektüre über das Unbewußte nach *Jung*. Die Archetypen des Westens könnten diesen Mythen entsprechen. Aber wenn sie wahrgenommen werden, werden sie nicht in der hochgradigen Krise verkörpert und bleiben daher nur Bilder, außer vielleicht im sexuellen Bereich, wo die Bilder umgesetzt werden, was den Orgasmus mit der Besessenheitskrise vergleichbar macht.

Zum zweiten heilt diese Psychiatrie. Um es noch einmal zu betonen, der Heilungsmodus ähnelt der psychoanalytischen Methode, indem Besessenheit und Psychoanalyse, hier noch im Gegensatz zur westlichen Psychiatrie, den Konflikt, der am Anfang der Krankheit steht, nicht verschweigen, sondern versuchen, ihm durch die Sprache eine Ausflußmöglichkeit zu geben. Da die pathogenen Affekte noch nicht symbolisiert sind, z. B. die Affekte, die mit aggressiven Antrieben verbunden sind und die (bei dem Kranken) in einem Konflikt „festgeklemmt" sind oder (beim Nicht-Initiierten und beim Kind) noch nicht kodifiziert sind, finden sie ihren Ausfluß durch die Artikulation um eine symbolische Gestalt (z. B. einen Kriegsgott), die Erleichterung verschafft, indem sie das Verlangen deutlich macht. Wie in der Psychoanalyse handelt es sich darum, die Symptome verschwinden zu lassen, indem die Affekte deutlich und akzeptabel gemacht werden.

Es erscheint mir wichtig, in einer Zeit, wo der Körper mehr und mehr in Therapien benutzt wird, das Konzept seiner „Befreiung" aufzuhellen; unsere Überlegungen müßten erweitert werden durch die Konfrontation unserer therapeutischen Techniken, die die Körperaktivität miteinbeziehen, mit den Techniken, die die Besessenheitskrise anwenden.

Tatsächlich ist diese nicht eine einfache „Entmassung" der pathogenen Affekte. Sie ist vor allem eine Möglichkeit für den Kranken, die Affekte zu reorientieren. Denn das „Böse", das uns „angegriffen" hat, ist von nun an Teil unserer Struktur, es gibt uns einen festen Grund in der Art unserer anderen Charakterzüge. Es ist illusorisch, zu denken, man könne sich seiner entledigen (es handelt sich nicht um ein Bekenntnis zum Exorzismus), man kann es nur umformen, indem man ihm eine andere Gestalt vorschlägt. Mir scheint, es ist unseren modernen Therapien unmöglich, wenn sie wirksam sein wollen, die Ausarbeitung eines symbolischen Systems auszusparen. Sonst wird der Körper in einem starren Verhalten festgefahren bleiben, da er keine symbolische Gestalt, die ihn ausdrücken könnte, zur Verfügung hat: in dieser Übernahme eines symbolischen Systems vollzieht sich seine einzig mögliche Befreiuung.

Übersetzt aus dem Französischen von *Maria Lindemann*.

Literatur

Bastide, R., Les religions africaines au Brésil, PUF, Paris 1960.
Deschamps, H., Les religions de l'Afrique noire, PUF, Paris 1960.
Durand, M., Technique et panthéon des médiums vietnamiens, Publication de l'Ecole française d'Extrême Orient, Paris 1959.
Fanon, F., Les damnés de la terre, Maspéro, Paris 1966.
Freud, S., Malaise dans la civilisation, PUF, Paris 1973; dt.: Das Unbehagen in der Kultur, 1930.
—, Totem et tabou, Payot, Paris 1966; dt.: Totem und Tabu, 1913.
—, Essais de psychanalyse, Payot, Paris 1966.
Jeanmaire, H., Dionysos, Payot, Paris 1951.

Lacan, J., Ecrits, Seuil, Paris 1971.
Leiris, M., La Possession et ses aspects théatraux chez les Ethiopiens de Gondar, Plon, Paris 1958.
Lévi-Strauss, C., Mythologiques, Plon, Paris 1964, 1971⁴.
Martino, E., de, La terre du remords, Gallimard, Paris 1966.
Métraux, A., Le Vaudou Haitien, Gallimard, Paris 1957.
Oesterreich, T. R., Possession (demoniacal and other) among primitive races in antiquity, the middle ages and modern times, Kegan Paul, Trench, Trubner and Co, Ltd, London 1939.
Pankow, G., L'homme et sa psychose, Aubier-Montaigne, Paris 1969.
Planson, C., Vaudou, un initié parle, Dullis, Paris 1974.
—, Recontre internationale de Bouaké, Seuil, Paris 1965.
Rouch, J., Essai sur la religion Songhay, PUF, Paris 1960.
Vernant, J. P., Mythe et pensée chez les Grecs, Maspéro 1971.
Zempleni, A., Pouvoirs dans la cure et pouvoir social, in: *Nouvelle Revue de Psychoanalyse*, Gallimard, Paris, No. 8 (1973) S. 141 ff.

Teil III
Therapeutische Perspektiven

Die modernen Verfahren der Bewegungs- und Leibtherapie und die „Integrative Bewegungstherapie"

Hilarion G. Petzold, Düsseldorf

„Habe ich meinen Körper verloren, so habe ich mich selbst verloren. Finde ich meinen Körper, so finde ich mich selbst. Bewege ich mich, so lebe ich und bewege die Welt. Ohne diesen Leib bin ich nicht, und als mein Leib bin ich. Nur in der Bewegung aber erfahre ich mich als mein Leib, erfährt sich mein Leib, erfahre ich mich. Mein Leib ist die Koinzidenz von Sein und Erkenntnis, von Subjekt und Objekt. Er ist der Ausgangspunkt und das Ende meiner Existenz."

Vladimir Iljine (1965)

„Wir können also zuerst feststellen, daß die Entwicklung des Seelenlebens an die Bewegung gebunden ist, und daß der Fortschritt alles dessen, was die Seele erfüllt, durch diese freie Beweglichkeit des Organismus bedingt ist."

Alfred Adler (1929)

1. Historischer Abriß und Überblick über die Methoden

Bewegungs-, Atem- und Tanztherapie, Massage und physiotherapeutische Anwendungen wurden schon in den Tempeln der Askläpiaden praktiziert (*Kouretas* 1962) — zur Heilung des Leibes *und* der Seele, wie es das ganzheitliche Menschenbild der Antike nahelegte. In ähnlicher Weise wird Bewegung, Berührung, Tanz noch heute in originären Kulturen verwandt. In die moderne Psychotherapie fanden diese Elemente als „nonverbale Therapieverfahren" durch verschiedene Strömungen Eingang.

1.1 Physiotherapie, Sporttherapie

Physiotherapeutische Anwendungen, Massage, Hydro- und Balneotherapie, gymnastische Übungen zur leiblichen Ertüchtigung finden sich seit den Anfängen neuzeitlicher Psychiatrie als „ancillarische" Behandlungsverfahren (*Reil* 1803) mit z. T. recht drastischen Applikationen (*Kirchhoff* 1890). Zur physischen Mobilisierung und damit psychischen Stabilisierung werden physiotherapeutische Verfahren auch heute in der Behandlung psychiatrischer Patienten eingesetzt (*Maurer* 1979; *Sivadon, Gantheret* 1972; *Bunkan* 1982). Auch aus dem sportmedizinischen und -therapeutischen Bereich (*Deimel* 1983) kommen Methoden, die in die Bewegungstherapie Eingang fanden wie z. B. das isometrische Training (*Hettinger* 1969), die Isodynamik (*Petzold* 1985) oder das therapeutische Jogging (*Weber* 1984; *Sacks, Sacks* 1981; *Rüegsegger* 1985).

1.2 Tanz und Theater

Mit dem um die Jahrhundertwende aufkommenden Expressionismus als Gegenbewegung zur einseitigen Überbetonung der Rationalität, des Determinismus und verfestigter bürgerlicher Moral suchten Tanz und Theater nach neuen Ausdrucksformen, Möglichkeiten sinnenhafter Erfahrung, Überwindung von Körperfeindlichkeit (*Günther* 1971). *François Delsarte* (1811-1871) fand in seiner Delsartik eine Methode leiblich-seelischen Ausdrucks, die den Tanz (*Isadora* und *Elisabeth Duncan*) und die allgemeine Körperkultur und Bewegungserziehung (*Geneviève Stebbins, Bess Mensendieck*) nachhaltig beeinflußte und bis in die moderne Tanztherapie hineinwirkt (*Günther* 1971; *Briner* 1978). Später haben *Rudolf Laban* (1948) und seine Schülerin *Mary Wigman* durch die Schulung der Körperwahrnehmung und die Einbeziehung des Raumes als Bewegungs- und Lebensraum weitere bedeutende Impulse für die aufkommende Tanztherapie gegeben, die sich in den vierziger Jahren durch die Pionierarbeit von *Miriam Chace* (*Chaiklin* 1975) und *Trudi Shoop* (1974) zu elaborierten, z. T. tiefenpsychologisch fundierten Ansätzen entwickelt hat (*Briner* 1978; *Willke* 1976, 1978, dieses Buch; *Mason* 1980; *Espenak* 1981; *Bernstein* 1981). Aus dem Theater kamen Einflüsse durch die von *Stanislavskij* (1863-1938) entwickelte Technik der psychischen Gesten. Zur Verkörperung von Lebenswirklichkeit wurde der Schauspieler durch Atem- und Bewegungstraining vorbereitet. *Vladimir Iljine* (1890-1974) entwickelte seit 1908, später unter Einbezug der „aktiven Technik" seines Lehranalytikers *Ferenczi,* auf dieser Grundlage das „Therapeutische Theater" (*Iljine* 1942, 1972), dessen Improvisationstraining die Entwicklung der „Integrativen Bewegungstherapie" von *Petzold* (1970, 1974) nachhaltig beeinflußte (*Kirchmann* 1979; *Ullmann* 1984). Auch die „Psychomotor Therapy" von *Pesso* (1979) und die Methode von *F. M. Alexander* (vgl. *Barlow* 1983) entstammen dem Theater, den Trainingsverfahren für Schauspieler.

1.3 Rhythmik

Nicht unbeeinflußt von diesen Entwicklungen, aber auch auf diese einwirkend, kam die deutsche Rhythmusbewegung auf, die den Rhythmus nicht als Zeit-, sondern als Bewegungsphänomen deutete, das nur durch den menschlichen Körper erfahrbar wird. Die Anregungen von *Bücher* (1896), *Sievers, Saran* u. a. (vgl. *Günther* 1971; *Frohne* 1981) fanden im System „rhythmisch-musikalischer Erziehung" von *Emile Jaques Dalcrozes* (1865-1948) eine Integration. In der „Rhythmik" wurde leibliches Erleben und leiblicher Ausdruck eigenschöpferisch gestaltet. *Mimi Scheiblauer* (1945) und *Elfriede Feudel* (1974) entwickelten diesen Ansatz so weiter, daß die Basis für eine „therapeutische Rhythmik" (*Kirchmann* 1979; *Frohne* 1981; *Wolfgart* 1971; *Friedrich-Barthel* 1979) bereitstand. *Carl Orff*, der Musik, Sprache und Bewegung als Einheit empfand, beeinflußte mit seinem musikpädagogischen Werk sowohl die rhythmische Therapie wie auch die aufkommende Musiktherapie (vgl. *Gertrud Orffs* rhythmische Musiktherapie 1974). Insbesondere die Heil- und Sonderpädagogik hat im Grenzbereich von Therapie und Agogik diese Ansätze aufgenommen, die unter vielfältigen Namen in therapeutischen Feldern Verbreitung fanden: Rhythmische Gymnastik (*Dietrich, Hengesch* 1973), Heileurhythmie (*Nordoff, Robbins* 1975), tänzerische Gruppenmusiktherapie (*Schwabe* 1974), Symboltanzdrama (*Maas* 1966) usw. Die Grenzen zu Musik-, Tanz- und Bewegungstherapie sind fließend.

1.4 Gymnastik

Auf dem Hintergrund der Turnbewegung (*Jahn*), dem Gedanken der Leibesertüchtigung in der Pädagogik (auf *Montaigne, Rousseau* und *Pestalozzi* zurückgehend) und in wechselseitiger Beeinflussung mit den vorgenannten Bereichen hat sich die Gymnastik entwickelt, deren therapierelevante Impulse kurz erwähnt seien. *Rudolf Bode* (1922) entwickelte die Ausdrucksgymnastik mit einem reichen Repertoire an Übungen zur Bewegungsschulung, Tonusregulierung und Entspannung, die zu einem Gutteil in die modernen therapeutischen Entspannungsverfahren eingegangen sind (*Frohne* 1981). *Heinrich Medau* (1967), von *Bode* beeinflußt, legte den Schwerpunkt seiner Arbeit auf die Beziehung von Atem- und Bewegungsrhythmus, um den ganzen Organismus, Kreislauf, Organe, Verdauung einzubeziehen. Die Medau-Schule nannte ihren Ansatz konsequenterweise „Organgymnastik" (*Holler-von der Trenck* 1971, 1974) mit therapeutischen Zielsetzungen und psycho-physiotherapeutischen Weiterentwicklungen, z. B.

der „relaxativen Organgymnastik" (*Petzold, Berger* 1974). Auch die mit strukturierten Haltungsübungen arbeitende Methode von *Feldenkrais* (1978) kann in weiterem Sinne den gymnastischen Verfahren zugerechnet werden.

1.5 Atemschulung, Atemtherapie, Sensory Awareness

Eng verbunden mit der Entwicklung der Gymnastik und Heilgymnastik ist das Aufkommen der Atem- und Stimmerziehung (Pneopädie, Phonopädie) bzw. Atem- und Stimmtherapie. Die Schule von *Schlaffhorst* und *Andersen* (1955) arbeitet mit Stimmführung und Gesang, die von *Schaarschuch* (1962) mit aktiven und passiven Dehnübungen, die Arbeit nach *Schmitt* (1959) mit Massagepraktiken, die Psychotonik von *Glaser* (1980) mit atemzwingenden Positionen und Bewegungen. Das „Locken" und „Anspüren" des Atems kennzeichnet die atemtherapeutischen Ansätze von *Dürckheim* (1974) und *Middendorf* (1984), die auf den „ganzen Menschen" abzielen und psychisches Geschehen einbeziehen. Eine Verbindung von aktiver und passiver Atem- und Stimmentwicklung unter Einbeziehung von Atemkatas findet sich in der „integrativen Atemarbeit" von *Petzold* (1970, 1985 b). Zwischen Gymnastik, Entspannungs- und Atemtherapie angesiedelt ist die Spür- und Tastarbeit von *Elsa Gindler*, die auf ein feinspüriges, ganzheitliches Körpererleben abzielt. *Gindler* hat einen außerordentlich bedeutsamen Einfluß gewonnen. *Reich* bekam von ihr die Anregung zu Körperinterventionen. *Laura Perls* brachte ihre Erfahrungen mit *Gindlers* Arbeit in die Gestalttherapie ein. Die Gindler-Schülerin *Charlotte Selver* machte das Verfahren als „Sensory Awareness" in den Vereinigten Staaten als körperzentrierte Methode der Humanistischen Psychologie bekannt (*Brooks* 1979). Schließlich wurde auf dieser Grundlage die „Konzentrative Bewegungstherapie" entwickelt (*Kirchmann* 1979) und durch die Initiative des Arztes und Psychotherapeuten *Helmut Stolze* (1977, 1984) zu einer körperzentrierten Form der Psychotherapie ausgebaut (*Becker* 1981).

1.6 Entspannungsverfahren

Die Mehrzahl der Entspannungsverfahren hat sich im klinischen Kontext entwickelt, z. T. im Bereich der physikalischen Therapie bzw. Physiotherapie, z. T. im Bereich der Psychotherapie selbst. Die „progressive Relaxation" nach *Jacobson*, das „autogene Training" nach *I. H. Schulz*, die „aktive Tonussteuerung" nach *Stokvis*, die „funktionale Entspannung" nach *Fuchs* (um nur einige der wichtigsten Methoden zu nennen), zielen auf eine psychophysische Entspannung über imaginative, respiratorische und/oder muskuläre Relaxationsübungen und werden mit spezifischer Indikation vorwiegend im Bereich der Psychotherapie eingesetzt (vgl. das Handbuch von *Stokvis, Wiesenhütter* 1979). Eine Zwischenstellung zwischen Entspannungs-, Bewegungs- und Atemtherapie nimmt die Eutonie von *Gerda Alexander* (1978) ein. Entspannungsmethoden haben in praktisch alle Verfahren der Leib- und Bewegungstherapie Eingang gefunden.

1.7 Psychotherapie

Aus der Psychotherapie selbst ist in spezifischer Ausarbeitung des libido-ökonomischen Ansatzes von *Freud* durch die Arbeit von *Wilhelm Reich* eine Reihe von Verfahren körperzentrierter Psychotherapie hervorgegangen, z. B. die Bioenergetik (vgl. 2.2). Weitere Impulse kamen durch die Arbeiten von *Paul Schilder* zum Körperschema und von *Felix Deutsch* zur Haltungsanalyse, ohne daß daraus eigenständige Verfahren hervorgingen (vgl. *Ammon*, dieses Buch). Die auf *Freud* und *Rank* zurückgehende Lehre vom Geburtstrauma führte *Arthur Janov* zu einer konkretistischen Konsequenz, der Primärtherapie, in der durch Atem- und Körpertechniken tiefe Regressionen zur Reaktivierung früher traumatischer Erfahrungen, insbesondere des Geburtserlebnisses, bewirkt werden sollen. Inzwischen haben sich verschiedene primärtherapeutische Richtungen entwickelt: „corrective birthing" (*D. Freundlich*), „re-birthing" (*L. Orr*) u. a., die z. T. mit Hyperventilationseffekten arbeiten (vgl. *Teegen* und *Petzold*, dieses Buch S. 499 und S. 547 und insgesamt *Freundlich* 1979). Von der „aktiven Technik" *Sándor Ferenczis* in der Psychoanalyse, der — ähnlich wie *Georg Groddeck* — mit Entspannungsübungen und Mikrobewegungen arbeitet, und von dem gestaltpsychologischem Organismus-, Selbstregulations- und Stimulierungskonzept (*K. Goldstein, V. v. Weizsäcker*) sowie von *Reich* und *Gindler* beeinflußt sind Gestalttherapie (*Perls* 1980), Gestaltkörperarbeit und Thymopraktik (*Petzold* 1977).

1.8 Gegenwärtiger Stand

Die Zahl der „neuen Körpertherapien" (vgl. *Petzold* 1974, 1977) ist nur schwer überschaubar und weist damit die nonverbalen Therapieverfahren als eigenen Bereich mit unterschiedlicher Schwerpunktbildung aus. Einige Verfahren haben sich auf internationaler und nationaler Ebene in Fachgesellschaften organisiert und verfügen über differenzierte Ausbildungscurricula und z. T. Institute mit staatlicher Anerkennung und staatlichem Abschluß (z. B. die Motopäden oder die Atem- und Stimmlehrer der Schule, *Schlaffhorst, Andersen,* vgl. Blätter zur Berufskunde). Die Atemtherapeuten sind in der „Arbeitsgemeinschaft für Atempflege — Verband der Pneotherapeuten und Pneopäden e.V." zusammengeschlossen. Mit den Instituten von Prof. *Middendorf,* Berlin, Dr. *Glaser,* Freudenstadt, Prof. *Petzold,* Hückeswagen, Beversee, Prof. *Dürckheim,* Todtmoos, gibt es für Leib- und Atemtherapie gute Ausbildungsstätten und -möglichkeiten (3-4jährig). Die „Deutsche Gesellschaft für Integrative Bewegungs- und Leibtherapie e. V.", die „Deutsche Gesellschaft für Tanztherapie e.V." und die „Deutsche Gesellschaft für klinische Musiktherapie e.V." bieten in Zusammenarbeit mit der „Fritz Perls Akademie" vierjährige berufsbegleitende Curricula an. Der „Deutsche Arbeitskreis für konzentrative Bewegungstherapie e.V." und die „Deutsch-österreichische Gesellschaft für bioenergetische Analyse e.V." verfügen gleichfalls über mehrjährige Ausbildungsgänge (vgl. *Petzold,* dieses Buch S. 587). Die Situation der nonverbalen Therapieverfahren, die immer weitere Verbreitung finden, ist bislang von seiten des Gesetzgebers nicht spezifisch geregelt (außer für die Krankengymnasten und damit für die rein funktionalen Verfahren). Da die angestrebten Regelungen für den „nicht-ärztlichen Psychotherapeuten" sich auf „psychologische Therapie mit psychologischen Mitteln" beziehen, werden körperbezogene Verfahren nicht erfaßt und bleiben weiterhin den Bestimmungen des Heilpraktikergesetzes zugeordnet. Hier werden bei dem ständig wachsenden Bedarf an psychotherapeutisch ausgerichteten Bewegungs- und Musiktherapeuten neue Wege zu beschreiten sein (vgl. Blätter zur Berufskunde: Musiktherapeut).

2. Formen der Leib- und Bewegungstherapie

Die Mehrzahl der leib- und bewegungstherapeutischen Verfahren stehen im Zwischenbereich von Psychotherapie, Physiotherapie und Heilpädagogik. Sie setzen Leib und Person gleich, sehen Bewegung als Lebensphänomen auf der körperlichen und der seelischen Ebene (*e-motion*) und wollen durch Berührung auch Berührtheit erreichen, dies allerdings in unterschiedlichem Maße und mit unterschiedlichen Mitteln. Es können deshalb drei Gruppen leib- und bewegungsorientierter Therapieverfahren unterschieden werden:

2.1 Funktionale Verfahren

Zu ihnen gehören die Formen der Kranken- und Heilgymnastik, Physiotherapie, Psychomotorik, Entspannungs-, Atem- und Sporttherapie (*Deimel* 1983; *Kipard* 1975; *Stokvis, Wiesenhütter* 1979; *Derbolowsky* 1978; *Middendorf* 1984; *Maurer* 1979) sowie die unter 1.2–1.6 beschriebenen bzw. erwähnten Verfahren, schließlich die *funktionalen* Formen und Anteile tiefenpsychologisch fundierter Tanz- und Bewegungstherapie, die allerdings nur *einen* Bereich in komplexen Methoden wie integrativer oder konzentrativer Bewegungstherapie (*Petzold* 1974; *Stolze* 1984) oder Psychomotor Therapy (*Pesso* 1969) ausmachen. Die funktionalen Ansätze sind auf die Förderung und Verbesserung psychophysischer Funktionen gerichtet. Sie fördern das Körpererleben, die Bewußtheit der und den Bezug zur eigenen Leiblichkeit, die Prägnanz des Körperschemas, die Sensibilität, Expressivität und Entspannungsfähigkeit. Deshalb ist ein besonderer Indikationsbereich für langzeitig hospitalisierte psychiatrische und geriatrische Patienten, aber auch bei psychosomatischen und Suchterkrankungen gegeben. Auch verbal eingeschränkte Patienten können über die nonverbale Kommunikation erreicht werden. Besondere Effizienz gewinnt der funktionale Ansatz, wenn in der Einzel- und Gruppenbehandlung über den Trainingsaspekt hinaus psychodynamische Aspekte einbezogen werden oder eine Kombination mit Einzel- oder Gruppenpsychotherapie im Rahmen eines komplexen klinischen Therapieprogramms durchgeführt wird, wie z. B. bei der Methode von *Bülow-Hansen* (*Bunkan* 1982).

2.2 Konfliktorientierte Verfahren

In dieser zweiten Gruppe finden sich Verfahren, die in der Regel auf die Arbeiten von *Wilhelm Reich* (1971) — er wurde von E. *Gindler* beeinflußt — zurückgehen. *Reich* hat die Zusammenhänge von „Charakterstruktur" und Körperlichkeit herausgearbeitet. Ihm geht es nicht um funktionales Training, sondern um das Aufdecken traumatischen Materials, das „in den Körper verdrängt" wurde. Neurotische Konflikte schlagen sich in bestimmten Mustern muskulärer Verspannung nieder, der „Charakterpanzerung", die nur durch unmittelbare Einbeziehung des Körpers in die Behandlung, etwa durch direkte Körperintervention, angegangen und aufgelöst werden kann. Wo immer emotionaler Ausdruck bei Enttäuschungen, Liebesentzug, Verletzung, Bedrohung unterdrückt wird und der freie Fluß vitaler Bewegung und „Lebensenergie" nicht möglich ist, tritt Erstarrung, Panzerung ein. Schon 1935 beobachtete *Reich*, daß sich der Widerstand gegen den analytischen Prozeß im unbewußten Anhalten des Atems manifestierte und daß mit einer Mobilisierung der Atmung verdrängtes Material und die dazugehörigen Gefühle teilweise mit großer Heftigkeit freigesetzt wurden. Den adäquaten Ausdruck der festgehaltenen und aufgestauten bzw. verdrängten Lebensenergie sah *Reich* (1969) im erfüllten orgastischen Sexualerleben, das für ihn damit zur Grundlage psychophysischer Gesundheit wurde. In seinem Spätwerk verschärfte er den libido-ökonomischen Ansatz *Freuds*, indem er sich vorwiegend mit der Manipulation der von ihm als „*Orgon*" bezeichneten Lebensenergie befaßte. Aus der vegeto-therapeutischen Charakteranalyse wurde die Orgon-Therapie. Nur wenige seiner Schüler folgten ihm auf diesem wenig gesicherten und strittigen Weg (*Baker* 1980). Der größere Teil entwickelte seine geniale Idee des Ineinanderwirkens von physischer und psychischer Struktur weiter, wie z. B. *A. Lowen, J. Pierrakos, O. Raknes, G. Boeysen* u. a. (vgl. *Petzold* 1977). Sie schufen die „bio-energetische Analyse" (*Sollmann* 1984), die auf das Wahrnehmen muskulärer Verspannungen, das Aufdecken ihres biographischen Ursprungs, das Fördern eines adäquaten Ausdrucks blockierter Emotion und den Gewinn von Lust als über bloß orgastische Potenz hinausgehende Lebensfreude gerichtet ist. Dabei wird der charakteranalytische Ansatz von *Reich* und *Lowen* (1976, 1981) mit den Grundstrukturen „oral, masochistisch, hysterisch, phallisch, passiv-feminin, schizoid" im Sinne einer Körperdiagnostik und Körpertherapie entwickelt und zu einer differenzierten Interventionslehre mit spezifischen Techniken und Übungen für die Behandlung der einzelnen Strukturen ausgebaut. Es ist damit allerdings auch die Gefahr einer starren Typologie und einer Reifizierung von Psychodynamik von seiten der bioenergetischen Analyse und der übrigen reichianischen und neoreichianischen Verfahren gegeben (vgl. *Petzold* 1977). Die bioenergetische Analyse ist von ihrem Hintergrund und Selbstverständnis her ein analytisches Verfahren, in dem der Arbeit mit Übertragung und Widerstand große Bedeutung zukommt. Indikationsbereiche sind die Behandlung von Neurosen, psychosomatischen Erkrankungen und — bei spezifischer Modifikation der Technik — „frühe Störungen bzw. Schädigungen".

2.3 Integrative bzw. multimodale Verfahren der Leibtherapie

Sind in der bioenergetischen Analyse *Lowens* (1976) schon konfliktzentrierte und funktionale Ansätze verbunden, so findet sich noch deutlicher eine derartige Integration bei der „Lomi-Therapie" (*Leeds* 1977), einer Verbindung von Gestalttherapie und funktionalen Übungen aus dem Yoga und anderen Ansätzen fernöstlicher Atem- und

Bewegungstherapie, bei der „Thymopraktik", einer aufdeckenden Form der Körperarbeit, der „konzentrativen und integrativen Bewegungstherapie" und bei der „analytischen Tanztherapie" (*Espenak* 1981; *Stolze* 1977, 1984; *Becker* 1981; *Petzold, Berger* 1977).

Die Thymopraktik als aufdeckende Form der Körperarbeit bezieht je nach Indikation auch funktionales und übungszentriertes Vorgehen ein und will durch direkte Körperintervention (Einwirkung auf Muskulatur und Atmung) die im „Körpergedächtnis" festgehaltenen *Szenen* aktivieren und erlebbar machen. Mit Verspannungen verbundene biographische Situationen sollen evoziert und durchgearbeitet werden. Unter Rekurs auf eine Stimulierungstheorie wird damit der allein auf das Konzept der „Bioenergie" zentrierte Ansatz der Reichianer und Neoreichianer vermieden (*Petzold* 1977, 1984a).

Die Konzentrative Bewegungstherapie geht auf den ursprünglich funktionalen Ansatz von *Elsa Gindler* zurück. Er wurde von ihrer Schülerin *Charlotte Selver (Silber)* in Richtung einer humanistischen Psychotherapie entwickelt (*Brooks, Selver* 1979) und insbesondere durch die Arbeiten von *Helmut Stolze* (1977, 1984) in die Richtung einer tiefenpsychologisch fundierten Leib- und Bewegungstherapie, die funktionales, nachreifendes und aufdeckendes Vorgehen verbindet (*Kirchmann* 1979). Auch für die Arbeit mit Psychosomatikern ist eine spezifische Indikation gegeben (*Becker* 1981; *Stolze* 1984).

Die Integrative Bewegungstherapie, die auf der Grundlage des Improvisationstrainings des Therapeutischen Theaters von *Iljine* und seiner Rezeption der aktiven Ferenczi-Technik, ferner der Stanislavskij-Methode zur psychophysischen Ausbildung von Schauspielern sowie verschiedener funktionaler Ansätze entwickelt wurde (*Petzold* 1970, 1974), versucht eine Integration von phänomenologischer Leibtheorie (*Marcel, Merleau-Ponty*), gestalttheoretischem Organismusmodell (*Goldstein* 1934, *V. v. Weizsäcker* 1973, *Perls* 1980) und Psychoanalyse (*Freud, Reich, Schilder, Ferenczi, Groddeck, Deutsch*) über die Annäherung der Konzepte Leib und Unbewußtes (*Frostholm* 1978) sowie von Konzepten zur Körpersozialisation bzw. zum „social body" (*Bernard* 1980; *Kamper, Wulf* 1982, 1984). Die Sprache der Leiblichkeit wird im Sinne einer „Kollektivsprache" (*Douglas* 1984) in das psychotherapeutische Vorgehen einbezogen (*Küchler, Salisch* 1983). Dadurch können frühe Entwicklungsstörungen, wie sie z. B. von *Freud, Ferenczi, Balint, Winnicott, Kohut* und *Mahler* beschrieben worden sind, in der Behandlung gegenwärtig gesetzt und therapeutisch nutzbar gemacht werden. Tücher, Reifen, Stöcke werden zudem als „Übergangsobjekte" (*Winnicott*) eingesetzt, so daß frühe Schädigungen in besonderer Weise behandelbar werden (vgl. *Petzold, Epe* 1984, *Petzold, Metzmacher* 1984, *Petzold, Maurer* 1984).

Gemeinsam ist den genannten Verfahren dynamischer Bewegungstherapie ein methodenintegrativer Ansatz (*Herzog* 1982; *Petzold* 1982, 1984), eine Übereinstimmung in wesentlichen anthropologischen Grundaxiomen und behandlungstheoretischen Konzepten, von denen der Leibbegriff kurz dargestellt sei.

3. Zum Leibkonzept — anthropologische Positionen

Für die Methoden dynamischer Leib- und Bewegungstherapie, wie z. B. die integrative, die konzentrative Bewegungstherapie (*Kirchmann* 1979; *Stolze* 1977; *Becker* 1981), die Psychomotor-Therapy (*Pesso* 1969) u. a. ist kennzeichnend, daß sie einen ganzheitlichen Zugang in der Behandlung vertreten. Sie setzen an der Basis der menschlichen Existenz an: am Leibe. Der Leib als *„sujet incarnée"* als *„totales Sinnesorgan"* (*Merleau-Ponty* 1966; 1976; 1964) umfaßt die körperliche, seelische und geistige Dimension des Menschen mit seiner Einbindung in den sozialen und ökologischen Bereich, in den Lebensraum (*Lewin* 1963), die Lebenswelt (*Husserl* 1954; *Schütz, Luckmann* 1973; vgl. *Sprondel, Grathoff* 1979; *Coenen* 1979 und dieses Buch). Dieser Ansatz „an der Basis" macht es möglich, den Patienten als Mitsubjekt zu berühren, ihn ohne Verstellung durch soziale Klischees und Ängste auf der Ebene leibhaftiger Koexistenz zu erreichen. Es ist dies die Ebene, die der Patient mit dem Therapeuten unabhängig von allen Unterschieden in Sprache, Bildung, Rolle und Status gemeinsam hat, die *Ebene der Koexistenz.* Im folgenden wird exemplarisch der Leibbegriff der „Integrativen Bewegungstherapie" (*Petzold* 1974, 1985 a) entfaltet.

Der Leibbegriff, der der „Integrativen Bewegungstherapie" zugrunde liegt, bestimmt die Breite ihres Ansatzes im Sinne des einleitenden Iljine-Zitates und bestimmt damit auch die Dimension ihrer Vermittlung im Rahmen von Ausbildungskonzepten (vgl. *Petzold,* dieses Buch S. 587). Ausgangspunkt ist die phänomenologische Auffassung des Leibes, wie sie von *Gabriel Marcel* (dieses Buch), *Merleau-Ponty* (1948), *Plessner* (1970, 1975) u. a. entwickelt wurde, wobei der letztere eine soziologische Dimension eröffnete, *Weizsäcker* (1973) und *Buytendijk* (1956, 1958) biologische und physiologische Perspektiven einbrachten und besonders durch das Spätwerk *Merleau-Pontys* (1964) Orientierungen zur Psychoanalyse möglich wurden, die eine Näherung der Begriffe Leib und Unbewußtes (*Frostholm* 1978) erlaubten. Weiterhin wird die soziale und politische Dimension des Leibes herausgestellt (*Armstrong* 1983; *Kamper, Wulf* 1984; *Bernard* 1980; *Petzold* 1984c; *zur Lippe* 1979, 1983). Es seien kurz einige Dimensionen eines integrativen Leibkonzepts aufgeführt (vgl. weitere *Petzold* 1985a), die gleichzeitig die Ebenen der therapeutischen Interventionen kennzeichnen.

3.1 Körper im Raum — Leib in der Welt

Im Sinne phänomenologischer Philosophie unterscheiden wir zwischen dem *Leib*, der ich *bin (corps phénoménal)* und dem *Körper*, den ich in einer gewissen Weise *haben* kann (*corps objectif*), dann nämlich, wenn ich mich von ihm gedanklich distanziere oder ihn verdingliche, etwa wenn ich ihn wie eine Maschine mißbrauche, mich von ihm entfremde, ihn abspalte. Unter Körper wird das physikalische Substrat des Leibes verstanden, die Materialien, die ein bestimmtes Gewicht und Volumen umfassen, ein „Raum-Körper", ein „Körper im Raum" (*Eichberg* 1983). Der „reine Körper" ist nur im „toten Leib" gegeben, der „unbeseelt" sich wieder der Welt der Objekte eingliedert. Man kann beim lebenden Menschen nur vom Körper*aspekt* seines Leibes sprechen, denn wenn ich einen Körper berühre, fasse ich immer einen Menschen an (*Dürckheim* 1974). Der Körperaspekt macht für den Therapeuten eine gute Kenntnis der somatischen Funktionsabläufe erforderlich, um den Körper „be-greifen" zu können. Der Ding-Körper suggeriert die reale Möglichkeit einer „Haben-Relation": „Ich habe einen Körper". Diese aufgrund der „exzentrischen Position" des Menschen (*Plessner* 1975) mögliche Aussage darf jedoch nicht darüber hinwegtäuschen, daß das Subjekt dieser Körper-Habe wiederum der Leib ist, der diese Aussage denkt. Der Seins-Modus des Leibes: „Ich bin mein Leib" (*Marcel*, dieses Buch; *Plügge* 1967 und dieses Buch) wird damit zur ultimativen Kategorie, hinter die nicht zurückgegangen werden kann: Der Leib wird zur Koinzidenz von Subjekt und Objekt (*Iljine* 1965), zum *Apriori* der Erkenntnis (*Apel*, dieses Buch) und als „Wahrnehmungsleib" zur Möglichkeit, eine Welt zu haben (*Hoffmann-Axthelm* 1984).

Mit seiner „Inkarnation" hat er sich aus dem Strom des Lebens, der durch die Evolution fließt, aus der „*chair commune*" (*Merleau-Ponty* 1964, vgl. *Waldenfels*, dieses Buch) ausgegliedert, ohne ihn dabei zu verlassen. Er hat sich ausgegrenzt, und die Grenze ist zugleich zwischenleiblicher *Kontakt*. In seiner DNA ist die Einzigartigkeit des Leibes, seine äußerste Spezifität festgelegt und gleichzeitig seine äußerste

Kollektivität, das Erbe der Evolution, an dem er in all seinen Funktionen und Reaktionen partizipiert (*Sidenbladh* 1983; *Orban* 1981; *Hernegger* 1978). Der Leib lebt, er bewegt sich. Bewegung ist Leben! Sie verwandelt den bloßen physikalischen Raum des Dingkörpers zur Lebenswelt. Der Leib ist auf die Welt gerichtet: *„être-au-monde"* (*Merleau-Ponty* 1974); er ist ökologisch eingebettet (*Bronfenbrenner* 1978; *Lewin* 1963). Der Bewegungstherapeut ist deshalb immer bemüht, den aktualen Raum und den Lebensraum des Patienten in die Behandlung einzubeziehen.

3.2 Zeit-Leib — Leibzeit

Wie sich der Leib aus dem Strom des Lebens ausgegliedert hat, so hat er sich auch ausgegrenzt aus dem Strom der Zeit. Mit der Geburt wird ein Anfang gesetzt für eine *Lebensspanne*, die ein Ende finden wird (*Spiegel-Rösing, Petzold* 1984). Diese Spanne ist „meine Zeit", mit jedem Atemzug, jedem Herzschlag. Der Leib ist damit auch meine Zeit: nicht nur, daß ich mit ihm und in ihm Zeit erlebe, sondern durch seine Rhythmen einerseits und durch seine Begrenzung von Anfang und Ende andererseits wird Zeit erst möglich. Er ist meine Geschichte (*Marcel* 1978), denn in seinen Archiven, in seinem Gedächtnis ist meine Vergangenheit eingegraben und in seiner Vitalität und Dynamik meine Zukunft begründet. In jeder Lach- und Gramfalte wird das Phänomen „eingefleischter Geschichte", wird „Leibzeit" deutlich (*Petzold* 1981). Lebensraum und Lebenszeit, Zeit-Leib und Raum-Leib müssen in ihrer unlösbaren Verbindung gesehen und in ihrer sozialen Determiniertheit verstanden werden (*Hopf* 1981; *zur Lippe* 1979, 1983; *Krawczyk* 1983; *Elias, Dunning* 1983.) Durch rhythmische Übungen, Bewegungs- und Pantomimenspiele zu den Lebensaltern (*Joerißen* 1983) o. ä. wird Zeit als Leibzeit erfahrbar gemacht.

3.3 Social-body — Rollen-Leib

So wie der Körper in die Lebenswelt eingebunden ist, in seinen ökologischen Raum, dem er zugehört, so ist der Leib eingebunden in die soziale Welt. Er ist *„my body"* und *„social body"* zugleich. Die individuelle Leiblichkeit partizipiert an der kollektiven (*Coenen* 1979; *Meyer-Drawe* 1984). Die Mimik, Gestik, die Haltungen, nonverbale Kommunikationsformen, die „Symbole und Riten des Körpers" (*Douglas* 1984) repräsentieren den gemeinsamen Grund (*Bernard* 1980; *Schrenk* 1983; *Gehrke* 1981). Die Sozialisation des Leibes (*Paulus* 1982; *Mrazek* 1984) darf nicht als Aneignung von Fremdem verstanden werden. Der Leib ist darauf gerichtet, die sozialen Formen aufzunehmen; die Strukturen der Lebenswelt sind für ihn „immer schon" da. Mit der Fähigkeit zur Rollenübernahme (*Flavell* 1975; *Petzold, Mathias* 1983) ausgestattet (jener Möglichkeit, die Rollen einer gegebenen Kultur in ganz persönlicher Weise zu verkörpern, bis daß sie in „Fleisch und Blut" übergegangen sind), ist der Leib *Rollen-Leib*. In seinen Archiven sind die verkörperbaren Rollen eingegraben, und die Kenntnis der dazugehörigen Szenen, der Muster und Rituale des „social body", seine kulturspezifischen Wandlungen von der Kindheit über die Adoleszenz zum Alter werden damit zu einem Schwerpunkt leib- und bewegungstherapeutischer Arbeit durch Bewußtmachen von Verkörperungen, Rollenzwängen, Verdinglichungen, Mißbrauch, vor allem, weil hier auch der Einbruch zivilisatorischer Gewalt erfolgen kann, und Gewalt erweist sich in letzter Auswirkung immer an Leibern, die eingekerkert, gefoltert oder getötet werden (*Foucault* 1978; *Kamper, Wulf* 1981, 1984; *Petzold* 1984c; *Strunk* 1983; *Armstrong* 1983; *Kuper* 1981).

3.4 Traum-Leib — Corps Phantasmatique

Der Körper ist der Ort der Träume und des Begehrens (*Bernard* 1980; vgl. *Bataille* 1981; *Klossowski et al.* 1979). Aus seinem phylogenetischen Grund, aus dem kollektiven ES tauchen Träume auf, Phantasien des Unbewußten, die einen Zugang in „die Tiefen des Leibes" vermitteln und das Geheimnis zu seiner Transzendierung werden. Der phantasmatische Leib birgt in sich den guten und den bösen Traum, den Wunsch nach Unsterblichkeit, Unbesiegarbkeit, Schönheit, Vollkommenheit und das Wissen um Schwäche und Zerfall, die Phantasien der Einverleibung (*Ridder* 1983), die Erinnerung an die gute und an die böse Brust (*M. Klein* 1974), den Alptraum, den Paradiestraum, den Erlösungstraum: dream-body, subtle body (*Mindel* 1981; *Tansley* 1977). Die Strebungen des Traum-Leibes zu verstehen (*Duerr* 1978), sensibel für seine Artikulationen zu sein und das zerbrechliche Gleichgewicht zwischen Angst und Begehren zu bewahren, die Kraft der bösen Objekte im Zaum zu halten, stellt sich wiederum als eine der Aufgaben leib- und bewegungsorientierter Therapie dar; denn es gilt nicht, das ES durch das Ich zu disziplinieren oder zu ersetzen (*Freud*) — *Adorno* hat dies schon zurückgewiesen: „Wo Ich war, soll Es werden!" (vgl. *Petzold* 1983 a). Es geht vielmehr darum, mit dem Traum-Leib vertraut zu werden. Wir müssen ihn dann nicht mehr fürchten. Phantasiearbeit, Tanzimprovisationen, Maskentanz sind hier faszinierende Möglichkeiten.

3.5 Sprach-Leib — Corps métaphorique

Der Körper wird von der Sprache ergriffen. Seine Teile werden benannt. Er erhält in unseren Kommunikationen symbolische Bedeutung (*Wigand* 1899) und tritt selbst durch sein Sprechen, durch die Körpersprache (*Argyle* 1979) in den Bereich der Symbolisierung ein (*Schrenk* 1983). Er steht dabei in der Gefahr, sich zu verlieren, in kulturellen Riten zum „Zeremonialkörper" (*Baudrillard* 1978) oder zum „Maschinenkörper" (*Deleuze, Guattari* 1974; *Guattari* 1976, 1981), zur „pleasure machine" (*Gehrke* 1981) reduziert zu werden, wenn erlebnishafte Unmittelbarkeit nicht bewahrt wird. Wendungen wie: „jemandes Herz anrühren, so daß es betrübt ist oder lacht, mit strahlenden oder trüben Augen, mit aufrechtem Gang oder gramgebeugt", drücken die metaphorische Realität des Körpers aus, der sich unter dieser Perspektive des *„corps métaphorique"* in genuiner Weise als *„corps humain"* erweist. Die Leibtherapien versuchen, die Sprache des Körpers zu verstehen (*Rumpf, Schumann* 1983; *Küchler* 1983), die Ausdruck der Prosa dieser Welt (*Merleau-Ponty* 1969) ist. Ihre Übungen und Interventionen sind vielfach auf den metaphorischen Körper gerichtet, weil oft nur so das Leib-Subjekt, der ganze Mensch mit allen Strebungen seiner Persönlichkeit erreicht werden kann.

Die hier aufgezeigten Aspekte von Leiblichkeit — und es wären noch andere zu nennen wie z. B. den lebendigen, den ästhetischen, den arbeitenden Leib (vgl. *Petzold* 1985a) — fließen zusammen im „Leib als Ganzem", im „Leib mit der Welt" (*être-au-monde*). Die Verfahren psycho-physischer Leib- und Bewegungstherapie vertreten demnach ein integratives Konzept. Sie sind Somatotherapie, Psychotherapie, Nootherapie und Sozialtherapie zugleich und beziehen, wo erforderlich und möglich, ökologische und politische Interventionen mit ein (*Heekerens* 1984) im Sinne einer *„Politik des Körpers"*. Dies leitet sich aus einem komplexen Leibkonzept zwingend ab (*Petzold* 1984c). Eine Fragmentierung des Menschen, eine Trennung des Menschen von seiner relevanten Umwelt wird damit genauso abgelehnt, wie cartesianisches Denken: die Subjekt-Objekt-Spaltung, Leib-Seele-Trennung oder -Parallelismus, die Trennung von Innen und Außen. Es wird vielmehr ein ganzheitliches, systembezogenes Denken vertreten, das durch die „Verschränkung von Innen und Außen" (*Waldenfels* 1976), die Verbundenheit von Figur und Grund, die wechselseitige Bezogenheit von Mensch und Umwelt gekennzeichnet ist, die *verstanden, be-griffen* werden muß. Es kann daher von einer *„Hermeneutik der Leiblichkeit"* gesprochen werden, die in der Therapie sich als „persönliche Hermeneutik des Subjekts" realisiert (*Heinl, Petzold, Fallenstein* 1983; *Bollweg* 1980).

4. Persönlichkeitstheorie

Die Überlegungen zur Leiblichkeit führen zu einer anthropologischen Grundformel, die die Basis der Persönlichkeitstheorie darstellt: *Der Mensch ist ein Körper-Seele-Geist-Organismus, d. h. ein Leib-Subjekt, das in einem unlösbaren Verbund mit dem sozialen und ökologischen Umfeld, der Lebenswelt, steht. Aus der Interaktion mit diesem Umfeld gewinnt er seine Identität* (vgl. *Petzold* 1974). Leib-Subjekt und Lebenswelt müssen dabei immer in ihrer Historizität auf dem Hintergrund einer konkreten persönlichen Biographie und kollektiven Geschichte gesehen werden (*Bernard* 1980; *Elias, Dunning* 1983).

Die Entwicklung der Persönlichkeit wird als das Zusammenwirken von angelegten Reifungsprozessen und Sozialisiation gesehen, wobei letztere definiert wird als: „die wechselseitige Veränderung von Systemen entlang eines Zeitkontinuums" (*Petzold, Bubolz* 1976) durch „die Internalisierung von Szenen und Szenensequenzen" (*Petzold* 1982 a). Ontogenetisch gesehen ist mit dem Leib die Basis und das „älteste" Element der Persönlichkeit gegeben: das *Selbst* als Leib-Selbst. Der Zusammenhang zwischen Leib und Selbst ist durch neuere Untersuchungen z. T. an größeren Populationen unterstrichen worden (*Paulus* 1982; *Mrazek* 1984).

Mit der wachsenden Funktionsreife der sensorischen, perzeptuellen und motorischen Möglichkeiten des Leib-Selbst, insbesondere mit den corticalen Bahnungen und Differenzierungen und den damit einhergehenden komplexen Lernprozessen (auf der motorischen wie auf der emotionalen, sozialen und kognitiven Ebene, *Heuser* 1983) bildet sich das *Ich* als das synergetische Zusammenwirken aller Ich-Funktionen (bewußtes Wahrnehmen, Handeln, Fühlen, Denken). Das Ich vermag auf das Leib-Selbst zu reflektieren („*Ich* schaue in den Spiegel und sehe mich *Selbst* — auf körperliche Weise"). In diesem Prozeß der Spiegelwahrnehmung und durch propriozeptive Informationen gewinnt das *Ich* Bilder über das *Selbst*. Diese „*Identifikationen*" bilden *eine* Quelle für den Aufbau einer Identität, Rollenzuschreibungen von Seiten der Umwelt, Identitätsattributionen sind die andere Quelle. Derartige „*Identifizierungen*" von „außen" werden vom Ich wahrgenommen, mit „Identifikationen" (von „innen") belegt und in das Selbst integriert. Negative Attributionen („Feind von außen") können so zum „Feind von innen" werden und pathogen wirken (*Petzold* 1984d).

Identität wird gewonnen, indem sich ein Mensch durch die Akte des Ich in leibhaftigem Wahrnehmen und Handeln und auf dem Hintergrund seiner Geschichte als der erkennt, der er ist (*Identifikation*) *und* indem er von den Menschen seines relevanten Kontextes auf dem Hintergrund gemeinsamer Geschichte als der erkannt wird, als den sie ihn sehen (*Identifizierung*).

Die Identität entsteht also als Leistung des Ich im Zusammenwirken von Leib (L) und Kontext (Kn) im Zeitkontinuum (Kt): **I = Kt (L, Kn)**. Es wird damit von einem Strukturmodell der Persönlichkeit (*Freud*) ähnlich wie in der Gestalttherapie (*Hartmann-Kottek-Schröder* 1983; *Bünte-Ludwig* 1984; *Petzold* 1984a) zu einem Prozeßmodell übergegangen. Die Sozialität ist beständig präsent in der Persönlichkeit, die mit dem sich fortwährend wandelnden Kontext Leib und Persönlichkeit in *permanentem Wandel* und *Bewegung* ist.

Ich sehe mich selbst
(Identifikation)

Ich werde von anderen gesehen
(Identifizierung)

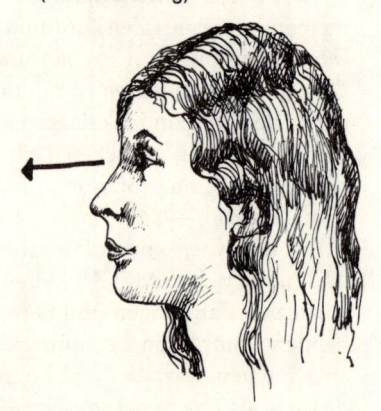

Ich sehe, wie andere mich sehen
(Identifikation und Internalisierung, d.h. „Verleiblichung"
der Identifizierung)

Abb. 1: Konstituierung von Identität
Aus: *Petzold, Mathias* 1983, S. 169.

Identität artikuliert sich im Schnittpunkt von Kontext und Kontinuum, im Hier-und-Jetzt der Leiblichkeit und der Begegnung (*Petzold, Mathias* 1983; *Petzold* 1984a). Es ist damit unter Rekurs auf die *Integrative Therapie* (ibid; 1980) ein relativ komplexer persönlichkeitstheoretischer Ansatz in der Integrativen Bewegungstherapie gegeben,

Legende:

Dimensionen des Leib-Subjekts
* I Körper
II Seele
III Geist
IV *Lebenswelt* (sozialer u. physikalischer Kontext)

Persönlichkeit
Identität = VGZ (I, II, III, IV)
Selbst = t (1, 2, 3, 4; I, II, III, IV)
Ich (Selbst in actu) = G (2)

Dimensionen der Bewußtheit
1 individuelles Unbewußtes
2 Bewußtes } Awareness
3 Mitbewußtes
4 kollektives Unbewußtes

Gemeinsamkeiten und Divergenzen
1 Differentes u. Divergentes
2 Homologes (strukturelle Gleichheit)
3 Similares (strukturelle Ähnlichkeit)
4 Synergetisches (Prinzip der kreativen Übersummativität)

Zeit
t = Kontinuum, d. h. die „ganze" Zeit
t_1 = individuelle Geschichte
t_2 = kollektive Geschichte
V = Vergangenheit
G = Gegenwart
Z = Zukunft

* Die römischen Zahlen gelten nur für den jeweiligen Kreis; die arabischen Zahlen für die jeweilige Farbe.

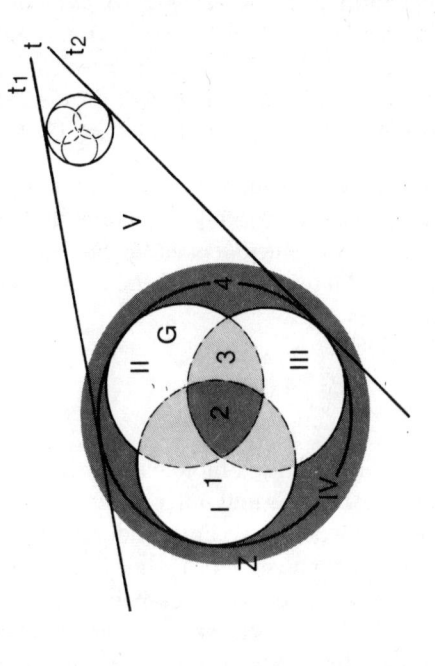

Abb. 2: **Integratives Modell der Persönlichkeit**
Aus: *Petzold* 1984a.

der auf einem ebenso vielschichtigen sensumotorischen, kognitiven, sozialisationsbestimmten und psychodynamischen Entwicklungsprozeß beruht. Letzterer ist von *Becker* (1981) unter Rückgriff auf *Mahler, Erikson* und von *Petzold* (1983a), *Petzold, Metzmacher* (1984) und *Hausmann* (1984) unter Beiziehung von *Winnicott* für die Bewegungstherapie dargestellt worden (vgl. auch *Bünte-Ludwig* 1984).

Identität entfaltet sich in verschiedenen Bereichen, von denen die wesentlichsten im Modell der „Fünf Säulen der Identität" (*Petzold, Heinl* 1983) dargestellt wurden: *1. Leiblichkeit, 2. Soziales Netzwerk, 3. Arbeit und Leistung, 4. Materielle Sicherheiten* (ökologische und ökonomische), *5. Werte.*

5. Krankheitslehre

Krankheit wird unter medizinisch-biologischer Perspektive als „Fehlfunktionieren" des Organismus und unter psychologisch-soziologischer und politischer Perspektive als „Entfremdung" des Menschen von seiner Leiblichkeit (er *hat* seinen Leib, ist mit ihm im Krieg, Leib und Selbst sind getrennt), von seinen Mitmenschen (*consortes, syssarkoi*), seiner Arbeit (*Marx*), seiner Lebenswelt und seiner Lebensspanne (Kontinuumsdimension) gesehen (*Petzold* 1985a). Krankheit kann entstehen durch fehlgesteuerte Stimulierungsprozesse, denen das Leibsubjekt ausgesetzt ist, z. B. durch:
Defizite, d. h. mangelnde Stimulierung (z. B. Deprivation, Hospitalismus),
Traumata, d. h. Überstimulierung (z. B. Unfall, Vergewaltigung),
Störungen, d. h. uneindeutige Stimulierung (z. B. Double-binds),
Konflikte, d. h. gegenläufige Stimulierung interner oder externer Art (vgl. *Petzold* 1977, 1984a).

Auf der Grundlage derartiger pathologischer Stimulierungen und chronifizierter Abwehrmechanismen können Neurotisierungen über die gesamte Lebensspanne auftreten. Ihre Genese ist nicht nur an die Kindheit gebunden (vgl. Altersneurosen, *Petzold* 1984d), obgleich „frühe Schädigungen", d. h. archaische Defizite, Störungen usw. und im Verein mit einer unglücklich verlaufenden Lebenskarriere zur Ausbildung schwerer Psychosomatosen, Borderline-Erkrankungen, Suchten und Psychosen (hier oft auf dispositioneller Grundlage) führen können (vgl. *Petzold, Epe* 1984; *Hartmann-Kottek-Schroeder* 1983).

Abb. 3: Konzepte der Pathogenese

Pathogene Situation
DEFIZITE

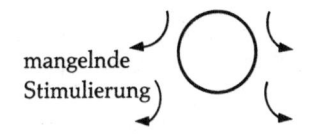

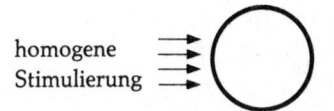

mangelnde Stimulierung

homogene Stimulierung

Pathogene Situation
STÖRUNGEN

uneindeutige Stimulierung
(z. B. durch mangelnde oder fehlgeleitete Empathie des „Selbstobjektes")

inkonstante Stimulierung
(z. B. durch fehlende „Objektkonstanz")

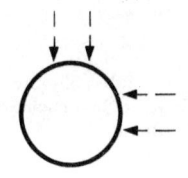

Pathogene Situation
TRAUMATA

Externe Überstimulierung

Interne Überstimulierung

Pathogene Situation
KONFLIKTE

1. *O-O-Konflikt*
   Zwei autochthone Bedürfnisse, (d.h. Stimulierungssituationen), die im Organismus angelegt sind, treten gleichzeitig auf. Sie kollidieren miteinander und hemmen sich wechselseitig, z.B. das Bedürfnis nach Nahrung und Schlaf.

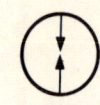

2. *O-E-Konflikt*
   Ein autochthones Bedürfnis des Organismus kollidiert mit Außenrealität, z.B. Hunger oder Müdigkeit, mit dem Entzug von Nahrung oder Schlaf in einer Katastrophensituation. Oder: Klara will naschen. Die Mutter kommt hinzu. „Läßt du das wohl sein!" (Mangelnde Empathie des „Selbstobjektes".)

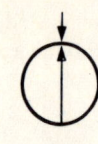

3. *O-I-Konflikt*
   Das Bedürfnis nach Nahrung als autochthoner organismischer Stimulierungszustand wird durch ein internalisiertes Verbot gehemmt (Es/Über-Ich-Konflikt). Klara will naschen. Die „innere Mutter": „Das darf man doch nicht."

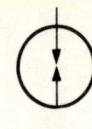

4. *I-E-Konflikt*
   Eine erlernte und internalisierte Strebung und die Außenrealität kollidieren miteinander, z.B. das Bedürfnis, einem anderen Menschen in Schwierigkeiten zu helfen, und das Verbot einer äußeren Instanz, etwa in einem totalitären Staat.

5. *I-I-Konflikt*
   Zwei erlernte und internalisierte Strebungen stehn gegeneinander, z.B. das Streben nach Erfolg in einer Konkurrenzsituation (Stimulierung) und das Gebot der Fairness (Hemmung).

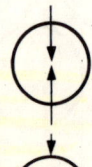

6. *E-E-Konflikt*
   Zwei externe, gleich starke Impulse treffen auf den Organismus und führen zu dem Konflikt, in welche Richtung er reagieren soll.

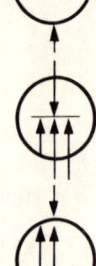

7. *O/I 1,2 — I-Konflikt*
   Hunger (O) auf ein sauber (I^1) und schmackhaft (I^2) zubereitetes Gericht wird in seiner Befriedigung dadurch gehemmt, daß noch nicht alle Gäste am Tisch sitzen (I).

8. *O/I-E-Konflikt*
   Das basale Bedürfnis nach Sexualität (O), gekoppelt mit dem erlernten Bedürfnis nach einer anregenden, angenehmen Umgebung (I), wird durch widrige äußere Umstände (E) gehemmt.

Obwohl sich also Neurosegenese über die gesamte Lebensspanne hin vollzieht, sind die Schädigungen aus der frühen Phase besonders nachhaltig, da das kleine Kind in den ersten beiden Lebensjahren belastende Einwirkungen als Totalitätserfahrungen erlebt, denn die Fähigkeit zur Memoration, Antizipation, Erklärung, Benennung sowie die Möglichkeiten der Affekt- und Impulskontrolle sind noch nicht ausgebildet. Die physische Hilflosigkeit — es kann sich weder Negativreizen durch Flucht entziehen noch sie durch aggressive Aktionen zerstören — und die kognitive Defizienz führen zu sehr primitiven und nachhaltig wirkenden Abwehr- bzw. Bewältigungsstrategien, die übrigens bei schweren Erkrankungen und im Senium gehäuft (wieder) auftauchen. Folgende seien genannt:

1. Archaische Regression *in die pränatale, uterine Konfluenz*

Nehmen Defizite oder Überstimulierungen eine für den Säugling bedrohliche Form an, so kann als Ausflucht eine Regression der schon entwickelten Ich-Funktionen eintreten. Dieser Rückzug dient der Reproduktion der totalen Stimulierung im Schoße der Mutter, die im Körpergedächtnis abgespeichert wurde (vgl. *Ferenczis* Thalassa-Theorie). Es werden durch eine solche Reaktion nicht nur für die Entwicklung notwendige Außenstimulierungen abgeschirmt — korrektive, positive Erfahrungen können nicht mehr aufgenommen werden —, sondern die autochthonen Wachstumsimpulse des Organismus selbst werden gehemmt und können über den Weg der Retroflektion ein hochgradig toxisches Potential entwickeln. Setzen sich Defizite und/oder Traumatisierungen intermittierend im Verlaufe der Entwicklung und Sozialisation fort, so besteht die Möglichkeit, daß die Regression in archaische Körperebenen hinein zu einem habituellen Bewältigungsmechanismus wird, der wegen seiner Fixierung auf der Körperebene, im präverbalen und präszenischen Bereich, destruktive Wirkungen im Organischen haben kann. Die „archaische Regression" als Verarbeitungsversuch von Belastungen führt zu konfluenten Verhaltensweisen. Verschmelzungsphantasien und Symbiosewünsche bestimmen die Beziehungen. Abgrenzungsfähigkeit ist kaum ausgeprägt. Verluste werden als extrem bedrohlich erlebt.

Die archaische Regression hat zur Folge, daß die Strukturen des Selbst an der Basis defizitär sind. Fallen zu einem späteren Zeitpunkt in der Entwicklung wieder genügend fördernde Stimulationen an, so können sich die Ich-Funktionen noch in einem Maße entwickeln, daß ein leidlich funktionsfähiges Ich gebildet wird und damit die Identität aufgebaut werden kann. Die Basis jedoch ist schwach. Bei fortgesetzten Belastungen oder schweren Traumatisierungen kann der archaische Abwehrmechanismus wieder zur Wirkung kommen, der zu den Außenstimulierungen natürlich in dysfunktionalem Kontrast steht und den Organismus in ständigem Spannungszustand hält. Dabei können, wie *Jonas* (1982) deutlich gemacht hat, auch noch archaische, phylogenetische Relikt-Mechanismen aktiviert werden; dieses Zusammenwirken vermag ein hohes pathogenes Potential zu entfalten.

2. Archaische Retroflektion

Die archaische Retroflektion ist einer der primitivsten Abwehrmechanismen. Er wurde im Prinzip von *Wilhelm Reich* entdeckt, der als einer der ersten Psychotherapeuten eine *psychosomatische* Theorie des Krebses entwickelte. In der Gestalttherapie bzw. Integrativen Therapie kommt der archaischen und der sekundären Retroflektion große Bedeutung zu. Es setzt dieser Mechanismus besonders bei Traumatisierungen, also Überstimulierungen, ein. Der Organismus des Säuglings bzw. Kleinkindes kann auf die unlustvollen Reize nicht durch Flucht reagieren. Aggressive Äußerungen führen zu weiteren Negativreaktionen (z. B. Mißhandlungen).

Deshalb werden aggressive Regungen zurückgehalten; es kommt zu einem Affektstau; die aggressiven Impulse richten sich gegen den Organismus selbst, der ohnehin als Quelle des Schmerzes und der Unlust erlebt wird; sie werden auf den bzw. in den Körper *retroflektiert* und entfalten hier ihre destruktiven Kräfte (vgl. *Petzold*, dieses Buch S. 547)

Die Folge sind psychosomatische Beschwerden verschiedenen Schweregrades, wenn sich ein solches Muster chronifiziert und auch noch in der weiteren Entwicklung und im Erwachsenenalter zur vorherrschenden Strategie der Konfliktbewältigung wird. Das Leib-Selbst wird durch diesen Mechanismus unter einen Dauerstreß gesetzt und ist den archaischen Impulsen ausgeliefert. Zwar wird ein kohärentes *Ich* ausgebildet, aber dieses negiert den Leib bzw. steht ihm feindselig gegenüber. Die Identitätssäule „Leiblichkeit" wird unzulänglich ausgebildet bzw. ist Gegenstand negativer Selbstattributionen. Der Mensch ist in einer permanenten Kampfhaltung. Er ist mit seinem Leib „im Krieg", der z. T. gnadenlos geführt wird.

3. Archaische Anästhesierung

Auf Überstimulierung, also Traumatisierungen, Störungen oder konflikthafte Stimulierungen kann neben archaischer Regression und Retroflektion mit einer Anästhesierung reagiert werden. Der Organismus versucht, sich gegen destruktive Impulse unempfindlich zu machen. Der Leib wird verdinglicht, als Fremdkörper erlebt, gefühllos gemacht. Das *Selbst* wird sich damit kaum erlebbar. Ich-Funktionen werden mangelhaft ausgeprägt, und so ergeben sich auch in der Konstituierung von Identität Mängel. Das Gefühl der Nicht-Identität mit dem Körper führt zu einer vernachlässigenden, lieblosen Haltung dem Leib gegenüber, der oftmals wie eine Maschine ausgebeutet wird und dessen Signale der Erschöpfung oder Überforderung nicht wahrgenommen werden können. Im Unterschied zur archaischen Regression, die oftmals mit Impulslosigkeit und Apathie einhergeht, sind Menschen mit dem Mechanismus der archaischen Anästhesierung durchaus aktiv. Sie weisen oftmals das Krankheitsbild einer *„larvierten Depression"* auf, die durch Leistung und Aktivismus überdeckt wird.

Das relativ funktionsfähige *Ich* konstituiert eine in mehreren Bereichen (Arbeit und Leistung, materielle Sicherheit, Werte) klar ausgeprägte Identität. Die „Säule der Leiblichkeit" ist defizient, der Bereich „soziales Netzwerk" im Hinblick auf die Beziehungsintensitäten arm. Es erscheinen diese Menschen psychisch und sozial weitgehend unauffällig, in hohem Masse angepaßt, zumeist leistungsbezogen. Beim Mechanismus der archaischen Retroflektion hingegen tritt die depressive Symptomatik und der Leistungsaktivismus klarer hervor. Die archaische Alles-oder-Nichts-Haltung wird in ihren destruktiven Aspekten deutlicher erkennbar (Überforderungstypen).

4. Archaische Spaltung

Ein weiterer Mechanismus, insbesondere mit frühen Konflikten, aber auch mit Traumatisierungen umzugehen, findet sich in der archaischen Spaltung. Die unlustvollen, belastenden Ereignisse werden abgespalten, „in den Körper hinein" gedrängt, womit wieder ein retroflektives Moment oder ein Kampf widerstreitender Impulse im Körper gegeben ist. Die Folge der Spaltung ist eine Fragmentierung des Selbst. Die Ich-Funktionen werden unausgeglichen ausgeprägt, und die Identität erweist sich als brüchig.

Bei aller Bedeutung der *frühen Schädigungen* (wir ziehen diesen Begriff dem der „frühen Störungen" vor, weil er Traumata, Defizite und Konflikte mit einschließt) muß doch die Lebenslaufperspektive für die Genese schwerer psychischer und psychosomatischer Erkrankungen unterstrichen werden. Nur die ständige Einwirkung von Belastungssituationen, die immer wieder zur Reproduktion archaischer ontogenetischer und phylogenetischer Abwehrmuster führt, nur die Gesamtauswirkungen unglücklicher Lebensverläufe können zu derart destruktiven Resultaten führen. Er muß dabei immer gegenwärtig bleiben, daß im integrativen Ansatz *gesundes wie krankes Verhalten aus dem Zusammenwirken aller positiven, negativen und defizitären Erfahrungen resultiert* (Petzold 1980), daß also die Abwesenheit kompensatorischer Erfahrungen von Glück, Zuwendung, Sicherheit usw. als pathogene Faktoren mit berücksichtigt werden müssen.

Als weiterer Gesichtspunkt ist hervorzuheben, daß die beschriebenen pathogenen Konstellationen im sozialen Raum, einem sozialen Netzwerk bzw. System stattfinden, in der Regel im System der Familie, als Gruppe von Menschen, die in intimer Leiblichkeit aufeinander bezogen sind.

Auf der Grundlage derart komplexer Erfahrungen, die *leiblich* gemacht werden und damit auch den Leib prägen, kommt der phänomenalen und strukturalen Körperdiagnostik (*Rumpf, Schumann* 1983) und der Körpersprache (*Küchler* 1982, 1983; *Bollweg* 1980; *Steere* 1982) daher große Bedeutung in einer systembezogenen, „prozessualen Diagnostik" (*Petzold* 1984e, S. 457; *Rahm* 1985) zu.

6. Behandlungsmethodik

Die Formen der Bewegungstherapie können die der Einzel- und Gruppenbehandlungen (*Petzold, Berger* 1978; *Petzold, Frühmann* 1985) sein, von kurzzeitiger, mittel- und langfristiger Dauer, je nach Art der Patienten und des Settings. Von diesen abhängig sind auch die Therapieziele, die sich aus den allgemeinen anthropologischen Prämissen einerseits und andererseits aus der *Analyse der Ressourcen, Bedürfnisse Probleme* bzw. *Konflikte* sowie der *Lebenswelt* und des *Lebenskontinuums* auf pathogene Stimulierungskonstellationen hin (*Spiegel-Rösing, Petzold* 1984, S. 457; *Petzold, Schneewind* 1983) ergeben. Aneignung der eigenen Leiblichkeit, die Einheit von Leib und Person, Fähigkeit zur Zwischenleiblichkeit, Förderung einer prägnanten *Identität*, eines funktionstüchtigen *Ich* und damit eines integrierten *Selbst* sind einige der globalen Therapieziele. Die Analyse der verschiedenen Dimensionen (Ressourcen, Bedürfnisse etc.) ergibt die therapeutischen Grob- und Feinziele und damit die Indikation für Einzel- und/oder Gruppentherapie und für den vorherrschenden Modus der Arbeit; dieser kann sein: *übungszentriert-funktional,* auf „richtige" Atmung, Entspannung, Bewegung etc. gerichtet; oder *erlebniszentriert-agogisch,* auf Förderung der Kreativität, Sensibilität, Expressivität, Kommunikationsfähigkeit usw. gerichtet; oder *konfliktzentriert-aufdeckend,* auf das Auffinden und Einsichtig-Machen von in den Leib verdrängten Konflikten gerichtet. Oft gehen die drei Arbeitsmodi, den Erfordernissen der Situation entsprechend, ineinander über. Bei geriatrischen und langzeitig hospitalisierten psychiatrischen Patienten (*Petzold, Berger* 1977, 1979) kommt die konfliktzentriert-aufdeckende Arbeitsweise weniger oder erst nach längerer Vorbereitung zum Einsatz; anders bei Neurose- oder Psychosomatikpatienten, ja bei Borderlinepatienten, für die eine gute Indikation besteht (*Ullmann* 1984; *Hausmann* 1984, *Petzold, Epe* 1984; *Petzold, Maurer* 1984; *Becker* 1981). Hier wird in der mittel- und langfristigen Gruppenbehandlung versucht, im Sinne einer Nachsozialisation (*reparenting*) wichtige Entwicklungsstadien im therapeutischen Klima herzustellen und mit den Patienten zu durchlaufen (*Petzold, Berger* 1978). Der Handhabung Übertragung und Gegenübertragung und dem Umgang mit den Widerständen kommt hier besondere Bedeutung zu (*Petzold,* 1980, 1981 d). Widerstände werden in Bewegungsexperimenten dem Patienten vertraut gemacht, vorsichtig verbal oder nonverbal gedeutet, nicht forciert. Dabei ist die Haltung des Therapeuten von „*selektiver Offenheit*" und „*partiellem Engagement*" bestimmt (ibid.) und je nach den Erfordernissen des Patienten einmal stärker der *Abstinenz,* ein anderes Mal dem „*selfdisclosure*" verpflichtet.

7. Die therapeutische Beziehung

Die therapeutische Beziehung ist ein intersubjektives Geschehen, in dem *Objektbeziehungen* (Haben-Relationen), z. B. Übertragungen, verdinglichende Interaktion, in *Subjektbeziehungen* (Sein-Relationen) verwandelt werden, in „intersubjektive Korrespondenz" (*Petzold* 1978; 1980), in bedeutungsvolle Begegnungen, eine warme, akzeptierende Haltung und ein verstehendes Bezogensein (*Marcel,* dieses Buch). *Sachlich-funktionale Beziehungen* (Machen-Relationen), wie sie für praktisches Alltagshandeln kennzeichnend sind, sollen zumindest in einer intersubjektiven Haltung gründen (*Besems* 1977). Bewegungstherapie ist Begegnungstherapie, dialogisches Geschehen und darüber hinaus ein basales Sich-in-Beziehung-Setzen, in Korrespondenz-Stehen (*Petzold* 1978, 1980). Damit wird die verbale und die nonverbale Kommunikation (*Argyle* 1979) wichtig. Unter entwicklungspsychologischer Perspektive wurzelt Beziehungsfähigkeit im präverbalen *„dialogue tonique"* der Mutter-Kind-Dyade. Die sich hier vollziehenden Prozesse der *Bindung* und *Lösung*, wie sie von *Spitz, Bowlby, Mahler* u. a. beschrieben worden sind, bestimmen späteres Kommunikations- und Kontaktverhalten nachhaltig. Wesentliche und bestimmende Modalitäten des Kontaktes reproduzieren sich in der therapeutischen Beziehung. Das Kontaktverhalten kann sich im Spektrum zwischen Isolation (Position A) und totaler, symbiotischer Konfluenz (Position H) bewegen, wie sie im pränatalen Bereich, in der Zeit der Schwangerschaft zwischen Mutter und Kind besteht. Aus der „Erinnerung" des Körpergedächtnisses an diesen Zustand ergibt sich die Möglichkeit seiner Reproduktion in der positiven Konfluenz (Position D), zu der erwachsene Menschen in Verschmelzungserfahrungen (Liebe, Tanz, Musikerleben) fähig sind, nur daß dieses „ozeanische Gefühl" zeitlich begrenzt ist und wieder Trennung in ein abgegrenztes Ich und Du möglich macht, indem die Position des Kontaktes (C) hergestellt wird. Die Paradoxie des Kontaktes besteht darin, daß er Berührung und Abgrenzung zugleich ist. In empathischen Vorgängen (Position E) ist eine einseitige positive Konfluenz gegeben, in der Weise wie eine Mutter sich auf ihr kleines Kind, ein Therapeut auf seinen Patienten, (ihn in der Regression mit eigener Regression begleitend), richtet. Auch hier ist die Möglichkeit der Restabilisierung der Ich-Grenzen, des *Kontaktes* und *Rückzuges* (*Perls* 1980) (Position B, C) möglich. Kann im Jugend- und Erwachsenenalter die Ich-Grenze nicht mehr stabilisiert werden, so daß es zu einseitigen, bemächtigenden Bindungen kommt (schwere Übertragungsneurose, Kollusion, Beziehungswahn) finden wir eine Form pathologischer Konfluenz, in der eine Person an eine andere fixiert ist und in sie einzudringen sucht (Position F, Intrusion). In pathologischen Paarbeziehungen findet sich die Möglichkeit zu wechselseitiger pathologischer Konfluenz, d. h. zur Fusion (Position G). In der pathologischen Konfluenz des Erwachsenenalters sind Reste der Ich-Grenzen erhalten, nur daß die Prozesse der Restabilisierung hin zum Kontakt oder zur Abgrenzung (B, C) nicht vollzogen werden können. Allenfalls besteht die Gefahr der pathologisch spaltenden Trennung hin zur Isolation (Position A), die keinen Kontakt mehr möglich macht (Autismus, Katatonie, grandiose Selbstübertragung). Sowohl in Position A als auch in B sind Gefühlsreaktionen der Grandiosität ($A+$, $B+$) oder der totalen Wertlosigkeit und Vernichtung ($A-$, $B-$)

möglich, bei A− in massiver, bei B− in schwächerer Form. In der Beziehung zwischen Mutter und Kind, Therapeut und Patient oder zwischen Partnern finden sich die verschiedenen Modalitäten des Kontaktverhaltens in okkasioneller, passagerer oder pathologisch fixierter Form, d. h. in verschiedenen Qualitäten und Intensitäten von Übertragungen, Widerständen und Abwehr (Position F u. G), die wiederum entsprechende empathische Gegenübertragungsreaktionen (Position E)

Position A
(Isolation)

Position B
(Abgegrenztheit)
Rückzug

Position C
(Kontakt)

Position D
(positive Konfluenz)

Position E
(postnatale Konfluenz)
Empathie
kontrollierte Gegenübertragung

Position F
(pathologische Konfluenz)
Intrusion
Übertragung

Position G
(pathologische Konfluenz)
Fusion

Position H
(pränatale Konfluenz)
Symbiose

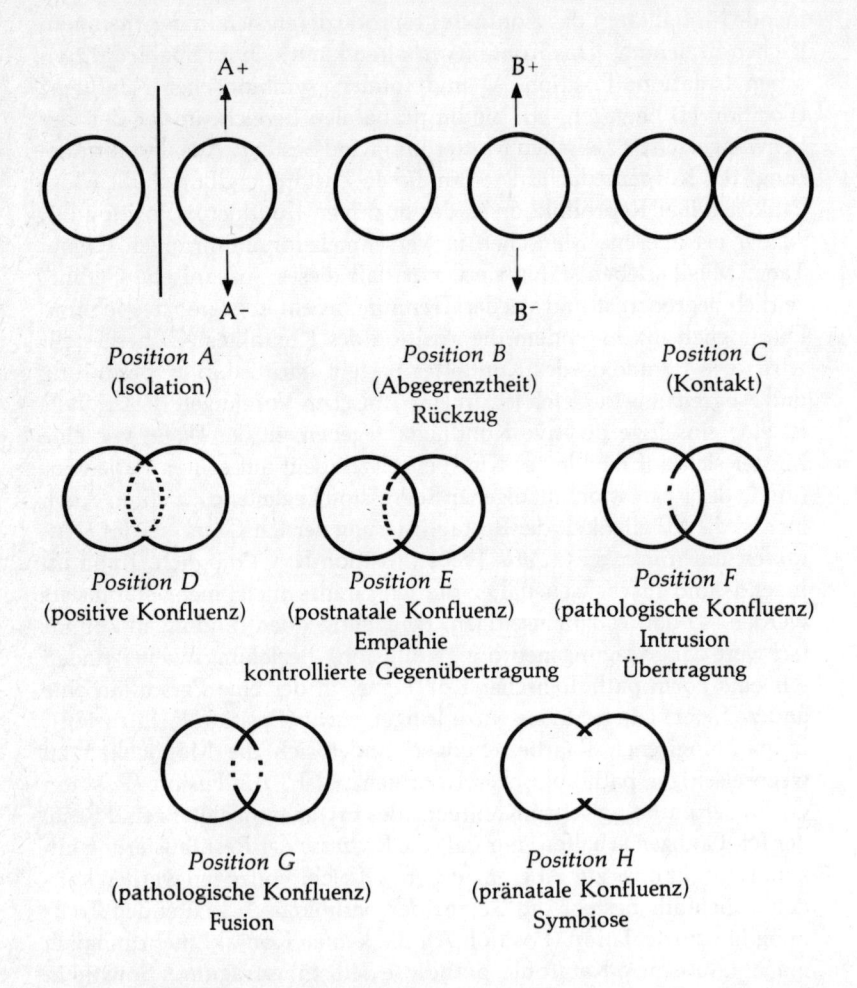

Abb. 4: Schema des Kontaktverhaltens
(Aus *Petzold, Maurer* 1984)

hervorrufen (*Petzold* 1980, 1981a). Der Handhabung der Gegenübertragung auf der Grundlage der diagnostischen Einschätzung des Übertragungs-/Gegenübertragungsgeschehens als Ausdruck der Modalitäten des Kontaktverhaltens kommt deshalb in der Therapie hervorragende Bedeutung zu. Es wird damit auch gleichzeitig eine biographische Zuordnung möglich, eine Verortung der Kontakt- und Kommunikationsformen in entwicklungspsychologischer und entstehungsorientierter Sicht. Archaische Übertragungs- und Abwehrformen werden identifizierbar und es können damit angemessene Strategien der Behandlung entworfen werden, um nach und nach Übertragungen (Position F u. G) in ungestörtes, nicht projektiv eingetrübtes Kontaktverhalten umzuwandeln, wie es für intersubjektive Beziehungen, für Korrespondenzprozesse kennzeichnend ist (*Petzold* 1980).

Dimensionen der therapeutischen Beziehung

Primordiale Korrespondenz

Therapeut — Gegenübertragung — intersubjektive Korrespondenz — Übertragung — Patient

S   S

Koexistenz in der Lebenswelt

S = Störungen durch Übertragungen

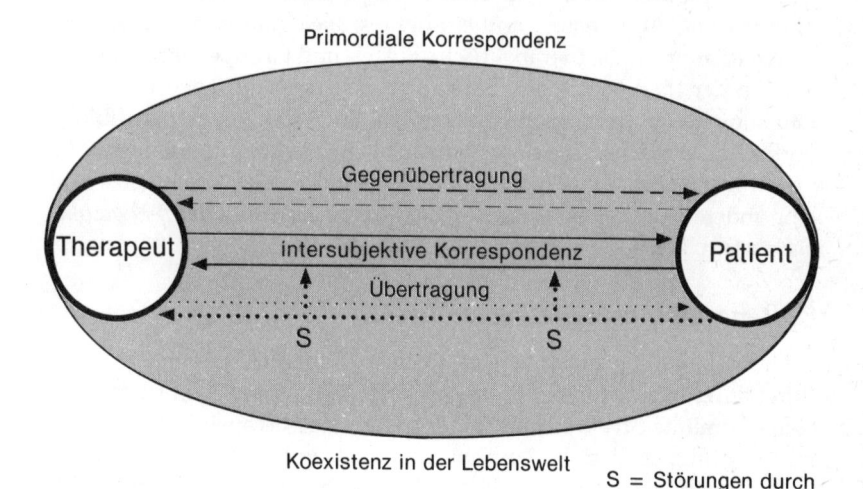

Abb. 5.: Intersubjektive Korrespondenz
(Aus: *Petzold* 1980)

Die therapeutische Beziehung steht auf dem Hintergrund der gemeinsamen Lebenswelt und dem Faktum, daß der Mensch immer nur als Mitmensch existiert. Therapeut und Patient sind in einer sehr grundsätzlichen Weise *Koexistierende*. Diese schon je gegebene Bezogenheit, die in der Intentionalität der Leiblichkeit und der sozialen Natur des Menschen wurzelt, bietet die Grundlage für Kommunikation schlechthin, auch die in der therapeutischen Beziehung. Diese „pirmordiale Korrespondenz", wie sie für ungestörte Mutter-Kind-Beziehungen und Familienrelationen kennzeichnend sind, wird durch negative Beziehungserfahrungen oftmals getrübt oder verschüttet, so daß sich die Fähigkeit zu „intersubjektiver Korrespondenz", zu Begegnung und Auseinandersetzung von Person zu Person, nicht entwickeln kann. Alle „alten" Beziehungsmuster, die nicht distanzierungsfähige Reproduktion archaischer Szenen und Stücke, d. h. Übertragungen, verstellen die Realität hier und jetzt. Aber *„wo Übertragung war, soll Beziehung werden"*. Die weitgehend unbewußten Übertragungsmuster werden im therapeutischen Prozeß erfahrbar, gedeutet, verändert. — Übertragungen können nicht nur von Seiten des Patienten aufkommen. Auch Therapeuten können *unbewußte*, archaische Übertragungskonstellationen agieren. Gegenübertragungen sind in Unterschied zur „Übertragung der Therapeuten" in unserem Ansatz bewußte bzw. bewußtseinsnahe, empathische Reaktionen des Therapeuten, auf das, was ihm der Patient entgegenbringt. Insbesondere in der Schlußphase einer Therapie nehmen auch die empathischen Gegenübertragungen des Patienten zum Therapeuten hin zu. Wechselseitige Empathie ist die Voraussetzung für Begegnungs-, Auseinandersetzungs- und Beziehungsfähigkeit, d. h. für die intersubjektive Korrespondenz als Form gesunden Kontaktes und klarer Interaktion.

Die leibzentrierte Arbeit versucht die verschiedenen Übertragungsqualitäten und die damit verbundenen Modalitäten des Kontaktverhaltens zu aktualisieren und bezieht körperliche Berührung, die Verbindung und Abgrenzung und ein breites Spektrum von Kontaktverhalten erlaubt, in die therapeutische Einzel- und Gruppenarbeit ein. So wird in der therapeutischen Beziehung in hermeneutischen Prozessen intersubjektiver Korrespondenz *Freiheit* und *Sinn* gewonnen (ibid.), und zwar zunächst in sinnenhaft-leiblichen, dann in dialogischen Erfahrungen (*Brooks* 1979; *Buber* 1965), mit dem Ziel, „sich selbst und den anderen im Lebensganzen verstehen zu lernen" (*Heinl, Petzold, Fallenstein* 1983).

8. Behandlungsprozeß

Die Behandlungsprozesse sind in ihrer sinnkonstituierenden Funktion häufig auch Problemlösungsprozesse. Sie weisen damit wie diese eine bestimmte Struktur auf. In der bewegungstherapeutischen Arbeit mit konfliktzentrierter Ausrichtung wird von einem vierstufigen Modell, dem „tetradischen System" ausgegangen (*Petzold* 1974; *Ullmann* 1984; *Bünte-Ludwig* 1984). In einer diagnostisch-anamnestischen *Initialphase* sammeln Therapeut, Klient und Gruppe Materialien, kommen miteinander in Kontakt, bauen Kohäsion auf, formulieren Probleme. Diese werden in der folgenden *Aktionsphase* in Bewegungssequenzen, Pantomime, Rollenspiel o. ä. verbal und nonverbal ausgearbeitet, wobei es zu kathartischen Abreaktionen kommen kann, und die initiale Komplexität strukturiert wird. In der anschließenden *Integrationsphase* wird das emotionale Geschehen aufgearbeitet, durch „Sharing" der Gruppenteilnehmer vertieft, durch „Feedback" geklärt, durch „Analyse und Deutung" in einen lebensgeschichtlichen

Bezug gesetzt, so daß in der *Neuorientierungsphase* eine Umsetzung stattfinden kann, eine neue Perspektive gewonnen wird, die eventuell durch ein Bewegungsspiel übend vorbereitet wird (*Petzold, Metzmacher* 1984).

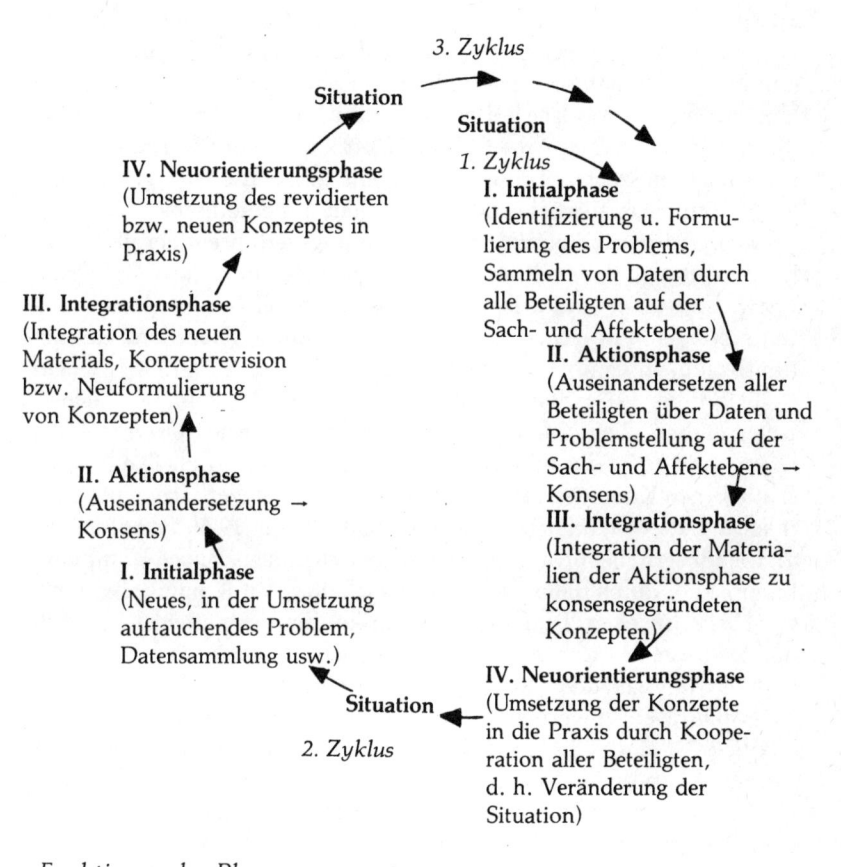

3. Zyklus

Situation

IV. Neuorientierungsphase
(Umsetzung des revidierten bzw. neuen Konzeptes in Praxis)

III. Integrationsphase
(Integration des neuen Materials, Konzeptrevision bzw. Neuformulierung von Konzepten)

II. Aktionsphase
(Auseinandersetzung → Konsens)

I. Initialphase
(Neues, in der Umsetzung auftauchendes Problem, Datensammlung usw.)

Situation
2. Zyklus

Situation
1. Zyklus
I. Initialphase
(Identifizierung u. Formulierung des Problems, Sammeln von Daten durch alle Beteiligten auf der Sach- und Affektebene)

II. Aktionsphase
(Auseinandersetzen aller Beteiligten über Daten und Problemstellung auf der Sach- und Affektebene → Konsens)

III. Integrationsphase
(Integration der Materialien der Aktionsphase zu konsensgegründeten Konzepten)

IV. Neuorientierungsphase
(Umsetzung der Konzepte in die Praxis durch Kooperation aller Beteiligten, d. h. Veränderung der Situation)

Funktionen der Phasen:

I. Differenzierung → Komplexität
II. Strukturierung → Prägnanz
III. Integration → Stabilität
IV. Kreation → Transgression

Abb. 6: **Das Korrespondenzmodell als „tetradisches System".**
(Aus: *Petzold/Mathias* 1983, S. 187)

Es wird damit eine „Überschreitung" vorgenommen, die nicht nur eine Anpassung des Patienten an das Leben, sondern auch eine Veränderung der Lebenssituation durch ihn zum Gegenstand haben kann.

9. Methoden, Techniken, Medien

Methoden sind in sich konsistente Strategien des Handelns im Rahmen einer therapeutischen Theorie, *Techniken* sind Strukturierungsinstrumente innerhalb des methodischen Rahmens; *Medien* dienen der Übermittlung von oder sind Systeme von Information in der methodisch-therapeutischen Arbeit (*Petzold* 1983 a). In der Bewegungstherapie sind übungszentriert-funktionales, erlebniszentriert-agogisches und konfliktzentriert-aufdeckendes Vorgehen methodische Ansätze. Andere sind Vitalitätstraining, Entspannungsverfahren, Sensibilitäts-, Expressivitäts-, Flexibilitäts-, Orientierungstraining usw. (*Petzold* 1974). *Techniken* sind z. B. Dehnungs-, Wahrnehmungs-, Improvisationsübungen, Awareness- und Interaktionsspiele, Atem- und Relaxationstechniken usw. (*Derbolowsky* 1978; *Petzold, Epe* 1984; *Stevens* 1975; *Brooks* 1979; *Spolin* 1984). *Medien* sind Bälle, Stäbe, Tücher, Seile, Farben, Ton, Musikinstrumente, Puppen usw. (*Frohne* 1981; *Kirchmann* 1979; *Jason-Michl* 1978; *Petzold* 1983 a, c). Die Medien ermöglichen Kommunikation auch mit sehr zurückgezogenen psychiatrischen Patienten (*Schwabe* 1983; *Petzold, Berger* 1979; *Petzold,* 1983 a). Sie fördern die intragruppale und zwischenmenschliche Kommunikation (z. B. durch Bälle, Seile), aber auch die „Autokommunikation", wenn z. B. in einer Tonfigur oder Maske, die der Patient hergestellt hat, ihm eine „Botschaft von sich über sich" deutlich wird und unbewußtes Material zutage kommt (*Petzold* 1983 a; *Petzold, Metzmacher* 1984). Die Medien werden vielfach gezielt als Übergangsobjekte (*Winnicott* 1973) eingesetzt, so daß im Zusammenwirken von präverbaler Kommunikation und Medium im „intermediären Raum" der Therapie Nachreifungsprozesse stattfinden können. Der besondere Reichtum der leib-, tanz- und bewegungstherapeutischen Verfahren liegt in ihrem medialen Ansatz und in ihrer Methodenvielfalt (*Shoop* 1974; *Espenak* 1981).

10. Einsatzbereiche, Indikation, Kontraindikation

Die bewegungstherapeutischen Ansätze, insbesondere Integrative und Konzentrative Bewegungstherapie (*Becker 1981; Ullmann* 1984) oder die klinische Tanztherapie (*Klein* 1983; *Chaiklin* 1975; *Willke*, dieses Buch) haben besonders im psychiatrischen Bereich Eingang gefunden, da die durch die Krankheit, starke Medikation und Hospitalismuserscheinungen schwer zugänglichen Patienten körperlich mobilisiert werden können, sich im nonverbalen Bereich eher ansprechbar erweisen und allmählich dazu kommen, ihre Probleme auch sprachlich fassen zu können. Der nonverbale Ansatz erweist sich auch für Patienten aus benachteiligten Schichten als besonders geeignet (*Briner* 1977; *Deimel* 1983; *Hausmann* 1985).

Eine spezifische Indikation besteht für den geriatrischen Bereich (*Petzold, Berger* 1979) und für psychosomatische Störungen (*Petzold* 1977; *Becker* 1981; *Stolze* 1984). Bewegungstherapie vermag dazu beizutragen, daß der Psychosomatiker seinen „Kriegszustand mit seinem Körper" beendet, daß er die in den Leib hinein verdrängten Probleme erkennt und bearbeitet; vor allem, daß er seine Muster der Somatisierung wahrnimmt und ablegen lernt. Entlastung, Entspannung muß an die Stelle von Spannung treten (*Stockvis, Wiesenhütter* 1979). Suchtkranke, Alkoholiker und Drogenabhängige, die zu ihrem Körper in einem destruktiven Verhältnis stehen, können durch Bewegungstherapie zu einer Wiederaneignung ihrer Leiblichkeit gelangen (*Rinast* 1978; *Kombächer* 1977; *Petzold, Epe* 1984).

In der Therapie mit Kindern und Jugendlichen, insbesondere wiederum im kinderpsychiatrischen Bereich, bietet die spielerische und mediale Komponente der Bewegungstherapie einen kindgemäßen Zugang (*Petzold, Metzmacher* 1984, *Frostig* 1975; *Kipard* 1979).

Das Spektrum der Neuroseerkrankungen erfordert einen jeweils angemessenen methodischen Zugang. Bei Patienten mit stark rationalisierender Abwehr und wiederum bei „Unterschichtpatienten" erweisen sich die nonverbalen Verfahren als recht geeignet.

Kontraindikationen sind meistens mit dem Setting verbunden (z. B. keine Behandlung akuter Suizidalität im ambulanten Setting). Durch eine Modifikation des methodischen Zuganges lassen sie sich zumeist beseitigen, z. B. indem mit einem akut psychotischen Patienten in Einzelsitzungen gearbeitet wird (*Chaiklin* 1975) oder ein sehr zum Agieren neigender Patient sehr strukturierte Übungen erhält, oder ein Patient mit großen Nähe- und Berührungsängsten „seine Distanz" im Gymnastikraum erhält, vielleicht noch mit einem stützenden Intermediärobjekt.

Abschließend sei auf die breiten Verwendungsmöglichkeiten der bewegungs-, leib- und tanztherapeutischen Verfahren im pädagogischen Bereich (*Petzold* 1978 a; *Rosenkranz* 1978), in Prävention und Erwachsenenbildung (*Petzold, Berger* 1974; *Ullmann* 1981) als Ansätze zur Entwicklung der Persönlichkeit und zum Gewinn eines unentfremdeten Bezuges zur eigenen Leiblichkeit (*Brooks* 1979) hingewiesen. Die sozial-hygienische, ja politische Dimension der „neuen Körpertherapien" muß in diesem Sinne als bedeutsam veranschlagt werden (*Kamper, Rittner* 1976; *Kamper, Wulf* 1982, 1984; *Petzold* 1984c, 1981b; *Gehrke* 1981).

11. Evaluation

Die Bedeutung der Körpererfahrung für ein prägnantes Selbsterleben ist in einer Vielzahl empirischer Untersuchungen nachgewiesen worden (vgl. eine Übersicht bei *Paulus* 1982). Ein gleiches gilt für die Bedeutung der nonverbalen Kommunikation (*Argyle* 1979), deren Ausdruckswert, Form und Einschränkung bei psychiatrischen und psychosomatischen Erkrankungen Gegenstand ausgedehnter Forschungsvorhaben war und ist (Übersicht bei *Küchler* 1983). Verfahren, die das Körpererleben fördern und durch Aufgreifen und Entwickeln nonverbaler Kommunikation verbale Kommunikation und zwischenmenschlichen Umgang verbessern oder wieder ermöglichen, sollten damit über ein hohes therapeutisches Potential verfügen. Dies wird nun gerade in den vergangenen Jahren durch Prozeß- und Evaluationsstudien, die Entwicklung eigener Erhebungs- bzw. Meßinstrumente und Follow-up-Untersuchungen im amerikanischen Raum belegt. Leider steht hier noch eine umfassendere Übersichtsarbeit aus (siehe einstweilen *Deimel* 1983). Die Proceedings der Annual Conference der „American Dance Therapy Association" sowie die von dieser Gesellschaft herausgegebenen Monographien, Bibliographien, das „American Journal of Dance Therapy" und die Zeitschrift „Somatics" sind gute Fundquellen für empirische Untersuchungen, die im europäischen Raum erst zögernd in Angriff genommen werden (*Maurer* 1979, 1984; *Deimel* 1983).

12. Fallbeispiel

Eine Gruppe von Alterspatienten in einem Altenheim arbeitet zweimal wöchentlich in einer Sitzung von 60 Minuten mit Integrativer Bewegungstherapie. Die Teilnehmer, sieben Frauen und vier Männer, sind zwischen 68 und 77 Jahre alt. Die hauptsächlichen Beschwerden sind „somatischer" Art, wobei wir aufgrund der Anamnesen, der Ressourcen-, Konflikt-, Bedürfnis- und Lebensweltanalyse (vgl. 6) einen Gutteil der „alterstypischen" Multimorbidität als psychosomatische Beschwerden einordnen können. Schlafstörungen, unklare Leib- und Gliederschmerzen, gastrointestinale Beschwerden und Herz-/Kreislaufprobleme ließen sich im Verlauf der therapeutischen Arbeit dieser Gruppe immer wieder mit Problemen aus dem Heimalltag oder der Familie verbinden. An psychischen Beschwerden standen Depressionen, Dysphorien, diffuse Ängste, Angst vor dem Tod im Vordergrund. Eine Patientin litt unter Zwangsgedanken. Ein Patient hatte paranoide Vergiftungsphantasien von schwankender Intensität.

Die Gruppensitzung wurde in der Regel von Therapeut und Kotherapeutin gemeinsam geführt und begann immer *„übungszentriert-funktional"* (vgl. 6), weil funktionale Ziele wie Beweglichkeit, Entspannungsfähigkeit, Herz-Kreislaufstimulierung (Vitalitätstraining) ein wichtiges Element des Behandlungskonzeptes darstellten. Außerdem wurde die Gruppe damit für soziale Interaktion und *konflikt-zentrierte* Arbeit „aufgewärmt" im Sinne einer *Initialphase* (vgl. 8).

Th: „Wir beginnen heute einmal mit Dehnen und Strecken. Gehen Sie durch den Raum, in dem Tempo, das Ihnen zusagt." (Ebene des Körpers im Raum, vgl. 3.1).
Th: „Recken und strecken Sie dabei die Arme... dehnen Sie den Rücken... bleiben Sie dabei in Bewegung!"
Th: „Ja, Frau Bayer, sie können ruhig laut gähnen. Die anderen können das auch versuchen. Das fördert die Tiefenatmung."
Th: „So, Sie können jetzt zu den Liegen gehen... Machen Sie es sich bequem. Wir fangen jetzt an, den Körper durchzudehnen. Erst die Füße... nach vorne strecken! Stellen Sie sich vor, sie würden dabei länger, als ob sie ein Stück wachsen würden..."
Es wird so der ganze Körper, von den Füßen bis zum Nacken, durchgedehnt, wobei im Sinne der *Isodynamik* (*Petzold* 1985) immer wieder die Imagination einbezogen wird und durch direkte Körperinterventionen Hilfen gegeben werden („relaxative Organgymnastik", vgl. *Petzold, Berger* 1974). —
Frau B: „Mein Körper ist wieder voller Schmerzen. Besonders das Bein." —
Th: „Stellen Sie sich vor, es schwimmt auf warmen Wasser wie ein Kork, und Sie massieren es sanft." (Ebene des „corps métaphorique, vgl. 3.5). —
B: „Das ist wie ein Klotz. (Jammert) Ich bin es so leid mit dem Bein!" —
Die Therapeutin geht zu der Patientin, massiert das Bein ein bißchen und spricht das Bein direkt an: „Du hast die Frau B. ja auch viele Jahre getragen. Da wird man halt auch mal müde!" Die Verdinglichung soll relativiert werden (vgl. 3.1 u. 3.). —

Th: „So, Frau B, massieren Sie weiter und reden Sie Ihrem Bein gut zu!"

Nach der Entspannungsübung wieder Gehen im Raum, ganz leicht, wie auf Watte. Nach dieser *erlebniszentrierten* (vgl. 6) Arbeit findet ein kurzes Gespräch über die Erfahrungen in der Gruppe statt. —
Herr K: „Die Entspannung hat mir gut getan. Ich konnte mich danach ganz beschwingt im Raum bewegen." —
Frau F: „Ich konnte mich auch gut bewegen, aber man merkt das Alter eben doch sehr. Wenn ich daran denke, wie gut ich mich bewegen konnte" (wird traurig). —
Th: „Woran denken Sie jetzt?" —
F: „An das Wandern und das Tanzen. Ich war eine gute Tänzerin!" —
Th: „Gehen Sie in der Phantasie mal auf die Tanzfläche. Versuchen Sie ihre Lieblingsmelodie zu hören, und beginnen dann mit dem Körper leicht im Rhythmus zu schwingen. Vielleicht erst nur mal mit dem Kopf. Wer von den anderen das für sich auch machen will, der kann das tun."

Der „*Zeitleib*" (vgl. 3.2) wird angesprochen, wir treten in die *Aktionsphase* (vgl. 8) ein. Fast alle Teilnehmer machen mit, einige im Sitzen, andere gehen „auf die Tanzfläche" in den Bewegungsraum und tanzen für sich. Es bildet sich ein Paar. Die Atmosphäre ist dicht und von der des Seniorentanznachmittags im Heim gänzlich verschieden. Frau F. weint. Die Arbeit gewinnt eine *konflikt-zentrierte* Ausrichtung (vgl. 6). —
Th: „Frau F, versuchen Sie Ihren Gefühlen in der Bewegung Ausdruck zu geben!" — Frau F. macht abwehrende Bewegungen. „Ich will das nicht!" —
Th: „Was?" —
F: „So langsam immer weniger werden. (Weint stärker) Ich war eine sehr schöne Frau." Die Abwehrgesten sind jetzt heftig, schlagend. Wir haben den Eindruck, daß Frau F. den Tod und den physischen Verfall abwehren will, halten aber eine Deutung für unangebracht. Plötzlich werden die Bewegungen sanfter.
Th: „Was geht in Ihnen vor?" —
F: „Ich fühle mich leichter. Es war wie ein Kampf zwischen dem Alter und der schönen, jungen Frau von damals. Aber ich bin jetzt alt und hatte eine lange, gute Zeit." —
Th: „Schauen Sie, was Sie aus dieser Zeit bewahren konnten." —
Frau F. ist still. Nach einiger Zeit beginnt Sie sich zu wiegen.
F: „Die Melodien und den Rhythmus, die hab ich mir bewahrt." —
Th: „Und ich hoffe, die Freude daran."

Der phantasmatische Kampf zwischen dem jungen, schönen Leib und dem Altersleib ist vorüber (Ebene des corps phantasmatique", vgl. 3.4). Die Gruppe ist sehr betroffen.
Th: „So allmählich ausklingen lassen. Suchen Sie sich wieder einen Platz. Wir können dann ein wenig über das Erlebte sprechen."
Die *Integrationsphase* (vgl. 8) beginnt. Die meisten Teilnehmer sind in berührter Stimmung.
Frau F: „Ich bin ein bißchen jünger geworden, und das alte Gefühl... das war ein bißchen wie damals." —
Frau B: „Aber wir sind heute alt." —
Frau F: „Aber man müßte nicht so freudlos sein. Beim Tanznachmittag ist das oft so gezwungen, anstrengend. Für mich war's gut, nur zu sitzen und den Kopf im Rhythmus zu wiegen." —
Herr K: „Wir müssen ja da so tun, als wenn wir noch jung und frisch wären."
Die Gruppe verschiebt das phantasmatische Thema und spricht über den Tanznachmittag, der von einer resoluten Altenpflegerin „geschmissen" wird und der bislang unreflektierte und unausgesprochene Zwiespältigkeit bei den Heimbewohnern ausgelöst hatte, weil „ein Zwang zur Vitalität" ausgeübt werde. Damit wird die Frage nach der Bewertung von Verhaltensweisen des „alten Leibes" berührt, die in der Gruppe in anderen Sitzungen verschiedentlich angesprochen wurde (Ebene des „social body", vgl. 3.3). Die Erwartungen der Altenpflegerin und der Kinder („Papa, Du mußt was für dich tun, du mußt dich bewegen!") werden als Druck im Sinne gesellschaftlicher Normen („Feind von Außen") erlebt, den man sich aber nicht recht eingestehen kann. Dagegen steht das Gefühl, daß man im Alter seine Ruhe verdient hat, aber das auch leicht in Passivität umschlägt („Feind von innen", vgl. *Petzold, Berger* 1979 und 4.).
Th: „Man ist eben auch als alter Mensch sehr von außen bestimmt: was richtig ist und falsch, was man tun sollte und nicht. Aber es geht doch letztlich darum, herauszufinden, was man wirklich selber will, was für einen gut ist, und offenbar hat die Übung allen gefallen... Ich möchte vorschlagen, daß wir uns nochmals in die Bewegung begeben, im Sitzen oder auf der Fläche, und jeder versucht, das zu tun, was ihm gemäß ist!"
Damit sind wir in die *Neuorientierungsphase* (vgl. 8) eingetreten. Die Teilnehmer folgen ihren eigenen Bewegungsimpulsen. Spontan bilden sich immer wieder Paare oder kleine Gruppen, die sich für eine Zeitlang bewegen, sich setzen und ausruhen oder nur noch mit dem Körper wiegen. Die Gruppenstunde ist zu Ende.

Literatur

Adler, A.: Menschenkenntnis, Leipzig 1929, 3. Aufl.
Adorno, Th. W.: Minima Moralia, Frankfurt 1964.
Alexander, G.: Eutonie, München 1978.
Ammon, G.: Die Rolle des Körpers in der Psychoanalyse, dieses Buch S. 391ff.
Anzieu, D.: Psychoanalyse und Sprache, Paderborn 1983.
Apel, K.-O.: Das Leibapriori der Erkenntnis, Archiv f. Philosophie, 12 (1963), 152-172 und dieses Buch S. 47ff.
Argyle, M.: Körpersprache und Kommunikation, Paderborn 1979.
Armstrong, D.: Political anatomy of the body, Cambridge University Press, London 1983
Baker, E. F.: Der Mensch in der Falle. Das Dilemma unserer blockierten Energie, Kösel, München 1980.
Barlow, W.: Die Alexandertechnik, Kösel, München, 1983.
Barthes, R.: Fragmente einer Sprache der Liebe, Frankfurt 1984.
Bataille, G.: Die Tränen des Eros, München 1981.
Baudrillard, J.: Agonie des Realen, Berlin 1978.
Becker, H.: Konzentrative Bewegungstherapie, Stuttgart 1981.
Bernard, M.: Der menschliche Körper und seine gesellschaftliche Bedeutung, Bad Homburg v. d. H. 1980.
Bernstein, P. L.: Eight theoretical approaches in dance-movement-therapy, Dubuque 1981.
Blätter zur Berufskunde, Bundesanstalt für Arbeit, Bertelsmann Verlag, Gütersloh.
Besems, Th.: Überlegungen zu intersubjektivem Unterricht in der integrativen Pädagogik, in: Petzold, H. G., Brown, G. T.: Gestaltpädagogik, München 1977, 45-75.
Bode, R.: Ausdrucksgymnastik, München 1922.
Bollweg, B.: Hermeneutik der Körpersprache, Oldenburg 1980.
Briner, F.: Tanztherapie, Integrative Therapie, 2 (1977), 72-90.
Bronfenbrenner, U.: Ansätze zu einer experimentiellen Ökologie menschlicher Entwicklung, in: Oerter, R.: Entwicklung als lebenslanger Prozeß, Hamburg 1978, 33-65.
Broatoy, T.: De nervøse sinn, Oslo 1947.
Brooks, Ch., Selver, Ch.: Erleben durch die Sinne, Paderborn 1979.
Brown, G. I., Petzold H. (Hrsg.): Gefühl und Aktion, Frankfurt 1978.
Buber, M.: Das dialogische Prinzip, Heidelberg 1965.
Bunkan, B. H. et. al.: Psykomotorisk Behandling. Festskrift til Adel Bülow-Hansen, Universitätsforlaget, Oslo 1982.
Bünte-Ludwig, Ch.: Gestalttherapie — Integrative Therapie, in: Petzold, H. (Hrsg.): Wege zum Menschen, 2 Bd., Paderborn 1984.
Buytendijk, F. J. J.: Allgemeine Theorie der menschlichen Haltung und Bewegung, Berlin/Heidelberg 1956.
—, Das Menschliche. Wege zu seinem Verständnis, Stuttgart 1958.
Chaiklin, H. (Hrsg.): Marion Chace: Herr Papers, Columbia 1975.
Coenen, H.: Diesseits vom subjektivem Sinn und kollektivem Zwang. Phänomenologische Soziologie im Feld des zwischenleiblichen Verhaltens. Diss. Kath. Hochschule Tilburg, Tilburg 1979; Fink, München 1985.
—, Leiblichkeit und Sozialität — ein Grundproblem der phänomenologischen Soziologie, Integrative Therapie 2/3 (1981), 138-166, und dieses Buch S. 197ff.
Dalcroze, E.: Rhythmus, Musik und Erziehung, Genf 1921.
Deimel, H.: Sporttherapie bei psychischen Erkrankungen, Berlin 1983.
Deleuze, G., Guattari, F.: Anti-Ödipus, Frankfurt 1974.

Derbolowsky, U.: Richtig atmen hält gesund, Düsseldorf 1978.
Deutsch, F.: The misterious leap from the mind to the body, New York 1957.
—, Thus speaks the body — An analysis of postural behaviour, *Trans. New York Academy of Science,* Serial 2, 12 (1949).
—, Thus speaks the body, IV. Some psychosomatic aspects of the respiratory disorder: Asthma, *Acta Medica Orientalia,* 3/4 (1951), Israel, 67-69.
Dietrich, K., Hengesch, G.: Rhythmische Gymnastik in der Psychiatrie, *Krankengymnastik* 25 (1973).
Douglas, M.: Ritual, Tabu und Körpersymbolik, Suhrkamp, Frankfurt 1984.
Duerr, H. P.: Traumzeit. Über die Grenze zwischen Wildnis und Zivilisation, Frankfurt 1978.
Dürckheim, K. v.: Vom Leib, der man ist, in initiatischer und pragmatischer Sicht, in: Petzold, H. G.: Psychotherapie und Körperdynamik, Paderborn 1974.
Eichberg, H.: Das Fortschreiten der Körper und die Kolonialisierung des Raumes, Münster 1983.
Elias, N., Dunning, E.: Sport im Zivilisationsprozeß, Lit-Verlag, Münster, 1983.
Espenak, L.: Dance Therapy: Theory and Application, Springfield 1981.
Feldenkrais, M.: Bewußtheit durch Bewegung, Frankfurt 1978.
Ferenczi, S.: Bausteine zur Psychoanalyse, 4. Bde., Bern 1964.
Feudel, E.: Durchbruch zum Rhythmischen in der Erziehung. Stuttgart 1974.
Flavell, J. H.: Rollenübernahme und Kommunikation bei Kindern, Weinheim 1975.
Foucault, M.: Von der Subversion des Wissens, München 1978.
Frank, R.: Zur Ausbildung in körperorientierter Psychotherapie, *Integrative Therapie,* 2/3 (1976), 103-108.
Freud, S.: Werke, Imago, London/Frankfurt 1960 ff.
Freundlich, D.: Geburtstrauma und die „Geburtstherapien", in: *Gestalt-Bulletin,* 1/2 (1981) 69-82.
Friedrich-Barthel, M.: Rhythmik zwischen Pädagogik und Psychotherapie, Frankfurt 1975.
Frohne, I.: Das Rhythmische Prinzip, Lilienthal 1981.
Frostholm, B.: Leib und Unbewußtes. Freuds Begriff des Unbewußten interpretiert durch den Leib-Begriff Merleau-Pontys, Bonn 1978.
Frostig, M.: Bewegungserziehung. Neue Wege der Heilpädagogik, München 1975.
Fuchs, M.: Funktionelle Entspannung, Stuttgart 1974.
Gehrke, C.: Ich habe einen Körper, München 1981.
Glaser, V.: Eutonie, Heidelberg 1981.
Goldstein, K.: Der Aufbau des Organismus, Den Haag 1934.
Göllnitz, G., Schulz-Wulf, G.: Rhythmisch-psychomotorische Musiktherapie, Jena 1976.
Groddeck, G.: Das Buch vom Es, Klett, Stuttgart 1964.
Guattari, F.: Schizoanalyse und Wunschenergie, Bremen 1982.
—, Maschine und Struktur, in: Psychotherapie, Politik und die Aufgaben der institutionellen Analyse, Frankfurt 1976.
Günther, H.: Historische Grundlinien der deutschen Rhythmusbewegung, in: *Bünner/Röthig* (Hrsg.): Grundlagen und Methoden rhythmischer Erziehung, Stuttgart 1971.
Habermas, J.: Theorie des kommunikativen Handelns, 2. Bd., Frankfurt 1981.
Haddenbrock, S., Mederer, S.: Tänzerische Gruppenausdrucksgymnastik in der Psychosebehandlung, *Zeitschr. Psychother. Med. Psychol.* 6 (1960).

Hartmann-Kottek-Schroeder, L.: Gestalttherapie, in: *Corsini, R.* (Hrsg.): Handbuch der Psychotherapie, Weinheim 1983.
Hausmann, B.: Integrative Bewegungstherapie in der Arbeit mit frühgestörten und psychotischen Patienten, 3. Jahrestagung der „Deutschen Gesellschaft für Integrative Bewegungstherapie", vom 26.-28. Oktober 1984, Fritz Perls Akademie, Hückeswagen, Beversee, erscheint im Kongreßbericht „Wege klinischer Bewegungstherapie", Junfermann, Paderborn 1985.
Heinl, H., Petzold, H. G., Fallenstein, A.: Das Arbeitspanorama, in: *Petzold, H. G., Heinl., H.*: Psychotherapie und Arbeitswelt, Paderborn 1983.
Hekerens, H.-P.: Aspekte der Berufstätigkeit von Gestalttherapeuten — Ergebnisse einer Umfrage, *Integrative Therapie 1/2 (1984)*.
Hernegger, R.: Der Mensch auf der Suche nach Identität, Habelt, Bonn 1978.
Herzog, W.: Die wissenschaftstheoretische Problematik der Integration psychotherapeutischer Methoden, in: *Petzold, H. G.*: Methodenintegration in der Psychotherapie, Paderborn 1982.
—, Modell und Theorie in der Psychologie, Göttingen 1984.
Hettinger, T.: Fit sein fit bleiben. Isometrischer Muskeltraining für den Alltag, Stugart 1969.
Heuser, H.: Bewegungslernen, Stuttgart 1983.
Hoffmann-Axthelm, D.: Sinnesarbeit. Nachdenken über Wahrnehmung, Campus, Frankfurt 1984.
Hofmarksrichter, K.: Das Orff-Schulwerk bei tauben, schwerhörigen und sprachkranken Kindern, in: *Wolfgart, H.* (Hrsg.): Das Orff-Schulwerk im Dienste der Erziehung und Therapie behinderter Kinder, Berlin 1971.
Holler-von der Trenck, J.: Rhythmische (Moderne) Gymnastik, in: *Bünner/Röthig* (Hrsg.): Grundlagen und Methoden rhythmischer Erziehung, Stuttgart 1971.
—, Einführung in die Organgymnastik, Lehrweise Medau, Bad Homburg v. d. H. 1974.
Hopf, W.: Soziale Zeit und Körperkultur, Münster 1981.
Iljine, V. N.: Le corps et le coeur. Skriptum zur gleichlautenden Vorlesung am Institut St. Denis, Paris WS 1965 (mimeogr.).
—, Therapeutisches Theater, in: *Petzold, H.* (Hrsg.): Angewandtes Psychodrama, Paderborn 1972.
Janson-Michl, C.: Gestalten, Erleben, Handeln, München 1980.
Janov, A.: The Primal Scream — Primal Therapy: The Cure for Neurosis. Dell Publishing Co., New York, 1970.
—, The Anatomy of Mental Illness. The Scientific Basis of Primal Therapy, G. P. Putnam's Sons, New York 1971.
—, Primal Man: The New Consciousness, Thomas Y. Crowell, New York 1975.
Joerißen, B.: Die Lebenstreppe. Schriften des Rheinischen Museumsamtes, Rheinland-Verlag, Köln 1982.
Kamper, D., Rittner, V.: Zur Geschichte des Körpers, München 1976.
Kamper, D., Wulf, Chr.: Die Wiederkehr des Körpers, Frankfurt 1982.
Kamper, D., Wulf, Chr.: Der andere Körper, Verlag Mensch und Leben, Berlin 1984.
Kipard, E. J.: Leibesübungen als Therapie, Gütersloh 1979.
—, Motopädagogik, Dortmund 1979.
Kirchhoff, Th.: Grundriß einer Geschichte der dt. Irrenpflege, Berlin 1890.
Kirchmann, E.: Moderne Verfahren der Bewegungstherapie, *Beihefte zur Integrativen Therapie* 2, Paderborn 1979.
Klein, M.: Die Psychoanalyse des Kindes, München 1974.
Klein, P.: Tanztherapie, Suderburg 1983.

Kogan, G.: Your body works, Transformation Press, Berkley 1980.
Kombächer, J.: Integrative Bewegungstherapie mit Alkoholikern, Grad. Arbeit, Fritz Perls Institut, Düsseldorf 1977.
König, K.: Zur Musiktherapie in der Heilpädagogik, in: *Teirich, H. R.* (Hrsg.): Musik und Medizin, Stuttgart 1958.
Kouretas, D.: Aspects modernes des cures psychothérapiques pratiqués dans les sanctuaires de la Grèce antique, *Rev. fran, psychanal.* 5/6 (1962), 1039-1043.
Krawczyk, Z.: Sport, Kultur, Gesellschaft, Verlag Karl Hofmann, Schorndorf 1983.
Kreuzer, K. J.: Handbuch der Spielpädagogik, 5. Bd., Düsseldorf 1983-1984.
Klossowski, P., Battaille, G., Blanchot, M., Deleuze, M., Foucault, M. et al.: Sprachen des Körpers, Berlin 1979.
Küchler, Th.: Eine konzeptionelle und empirische Studie zum nonverbalen und verbalen Gefühlsausdruck bei Patienten mit psychosomatischen Erkrankungen, Diss. Univ. Hamburg 1982.
Küchler, Th., v. Salisch, M.: Ein inhaltsanalytischer Ansatz zur Interpretation von nonverbalem Verhalten, *Gruppendynamik 1* (1983) 3-24.
Kuper, L.: Genocide, its political use in the twentieth century, Pengum Brooks, Harmondsworth 1981.
Laban, R.: Modern Educational Dance, London 1948.
Leeds, A.: Lomi, in: *Petzold, H. G.:* Die neuen Körpertherapien, Paderborn 1977, 313-330.
Lewin, K.: Feldtheorie in den Sozialwissenschaften, Bern 1963.
Lippe zur, R.: Am eigenen Leibe: Zur Ökonomie des Lebens, Frankfurt 1979.
Lippe zur, R.: Leib, Arbeit und Arbeit am Leib, in: *Petzold, H., Heinl, H.*, Psychotherapie und Arbeitswelt, Junfermann, Paderborn 1983.
Lowen, A.: Bioenergetik. Der Körper als Retter der Seele, Bern 1976.
—, Körperausdruck und Persönlichkeit, München 1981.
Maas, G.: Die gestaltungstherapeutische Gruppe, in: *Preuss, H. G.* (Hrsg.): Analytische Gruppenpsychotherapie: Grundlagen und Praxis, München 1966.
Marcel, G.: Leibliche Begegnung, in: *Kraus, A.:* Leib, Geist, Geschichte, Heidelberg 1978 und dieses Buch S. 15ff.
Mason, K. C.: Dance Therapy, Washington 1980.
Maurer, Y.: Physikalische Therapie in der Psychiatrie, Bern 1979.
—, Körperzentrierte Psychotherapie, in: *Maurer, Y.* (Hrsg.): Bedeutende Psychotherapieformen der Gegenwart, Stuttgart 1984.
Medau, H.: Moderne Gymnastik, Celle 1967.
Meyer-Drawe, K.: Leiblichkeit und Sozialität, Fink, München 1984.
Merleau-Ponty, M.: Le visible et l'invisible, Paris 1964.
—, Phänomenologie der Wahrnehmung, Berlin 1966.
—, La prose du monde, Paris 1969.
—, Die Struktur des Verhaltens, Berlin 1976.
Middendorf, I.: Atemtherapie in Prävention und Rehabilitation, *Atem,* 3 (1969).
—, Atem und seine Bedeutung für die Entwicklung und das Heilsein des Menschen, in: *Petzold, H.G.:* Die neuen Körpertherapien, Paderborn 1977, 436-451.
—, Der erfahrbare Atem, Paderborn 1984.
Mindell, A.: Dream body, Los Angeles 1981.
Mrazek, J.: Die Verkörperung des Selbst, *Psychologie Heute 2*, (1984), 50-58.
Naville, S.: Psychomotorische Therapie und Musik, in: *Pahlen, K.* (Hrsg.): Musiktherapie, München 1973.
Nordoff, P., Robbins, C.: Musik als Therapie für behinderte Kinder, Stuttgart 1975.

Orban, P.: Psyche und Soma, Athenäum, Frankfurt 1981.
Orff, C.: Das Schulwerk — Rückblick und Ausblick. Orff-Institut, Jahrbuch 1963, Mainz 1964.
Orff, G.: Die Orff-Musiktherapie, München 1974.
Paulus, P.: Zur Erfahrung des eigenen Körpers, Weinheim 1982.
Perls, F. S.: Gestalt therapy verbatim, Laffayette 1969a; dtsch.: Gestalttherapie in Aktion, Stuttgart 1974.
—, Gestalt, Wachstum, Integration, Paderborn 1980.
Pesso, A.: Movement in psychotherapy. Psychomotor techniques and training, New York 1969.
Petzold, H. G.: Thérapie du movement, training relaxatif, thymopratique et éducation corporelle comme integration, Paris 1970, (mimeogr.).
—, Angewandtes Psychodrama, Paderborn, 1972.
— (Hrsg.): Psychotherapie und Körperdynamik, Paderborn 1974; 3. erw. Aufl. 1979.
—, Integrative Therapie ist kreative Therapie, Düsseldorf: Fritz Perls Institut, 1975 (mimeogr.).
— (Hrsg.): Die neuen Körpertherapien, Paderborn 1977.
—, Das Korrespondenzmodell in der Integrativen Agogik, *Integrative Therapie 1*, (1978), 21-58.
—, Integrative Körper- und Bewegungserziehung, in: *Brown, Petzold,* (1978 a) 100-114.
—, Psychodrama-Therapie, Paderborn 1979.
— (Hrsg.): Die Rolle des Therapeuten und die therapeutische Beziehung, Paderborn, 1980.
—, Leibzeit, *Integrative Therapie*, 2/3 (1981) 167-178.
—, Der Mensch lebt nicht in freier Wildbahn, *Psychologie Heute*, 10 (1981 b), 32.
—, Vorsorge — ein Feigenblatt der Inhumanität — Prävention, Zukunftsbewußtsein und Entfremdung, *Zeitschrift für Humanistische Psychologie 3/4* (1981 c) 82-89.
—, Das Hier- und-Jetzt-Prinzip in der psychologischen Gruppenarbeit, in: *Bachmann, C. H.:* Kritik der Gruppendynamik, Frankfurt 1981d, 214-299.
— (Hrsg.): Widerstand — ein strittiges Konzept in der Psychotherapie, Paderborn 1981e.
— (Hrsg.): Methodenintegration in der Psychotherapie, Paderborn 1982.
—, Theater — oder das Spiel des Lebens, Frankfurt 1982a.
— (Hrsg.): Psychotherapie, Meditation, Gestalt, Paderborn 1983.
— (Hrsg.): Puppen und Puppenspiel in der Psychotherapie, München 1983a.
—, Zur Ausbildung von dynamisch orientierten Leib- und Bewegungstherapeuten, *Gruppendynamik* (Schwerpunktheft Körpertherapie, hrsg. v. *H. Petzold*) 1 (1983b) 63-89; gekürzt, dieses Buch S. 587.
—, Die Rolle der Musik in der integrativen Bewegungstherapie, in: *Petzold, Frohne* (1983c).
— (Hrsg.): Wege zum Menschen, 2 Bd. Paderborn 1984.
—, Vorüberlegungen und Konzepte zu einer integrativen Persönlichkeitstheorie, *Integrative Therapie 1/2* (1984a).
—, Der Schrei in der Psychotherapie, in: *Sollmann, U. (Hrsg.):* Bioenergetische Analyse, Synthesis Verlag, Essen 1984b und erw. dieses Buch S. 547.
—, Neue Körpertherapien für den bedrohten Körper, New Age Tage, Zürich, 16.-18. 11. 1984, Cassette, Sphinx Verlag, Basel 1984c; überarbeitet *Petzold* (1985a).
—, Mit alten Menschen arbeiten, Pfeiffer, München 1984d.
—, Integrative Therapie mit Sterbenden, in: *Spiegel-Rösing, Petzold* (1984e) 431-500.

Petzold, H.: Neue Körpertherapien für den bedrohten Körper. Leiblichkeit, Zeitlichkeit und Entfremdung, in: *H. Petzold al.,* Wege der klinischen Bewegungstherapie, (in Vorber., 1985 a)
Petzold, H.: Integrative und differentielle Atemarbeit und Stimmentwicklung, Fritz Perls Institut, Düsseldorf 1985b (mimeogr.).
Petzold, H. G., Berger, A.: Integrative Bewegungserziehung, in: *Petzold* (1974), 407-426.
Petzold, H. G., Brown, G. I.: Gestaltpädagogik, München 1977.
Petzold, H. G., Berger, A.: Integrative Bewegungstherapie und Bewegungsagogik als Behandlungsverfahren für psychiatrische Patienten, in: *Petzold, H. G.* (Hrsg.): Die neuen Körpertherapien, Paderborn 1977, 452-477.
Petzold, H. G., Berger, A.: Die Rolle der Gruppe in der integrativen Bewegungstherapie, *Integrative Therapie* (1978), 79-100.
Petzold, H. G., Berger, A.: Integrative Bewegungstherapie und Bewegungsagogik in der Arbeit mit alten Menschen, in: *Petzold, H. G., Bubolz, E.* (Hrsg.): Psychotherapie mit alten Menschen, Paderborn 1979, 397-423.
Petzold, H. G., Frohne, I. et. al.: Poesie- und Musiktherapie, Paderborn 1983.
Petzold, H. G., Schneewind, U.: Die Rolle der Gruppe in der integrativen Gestalttherapie, Fritz Perls Institut, Düsseldorf 1983.
Petzold, H. G., Heinl, H.: Psychotherapie und Arbeitswelt, Junfermann, Paderborn 1983.
Petzold, H. G., Mathias, U.: Rollenentwicklung und Identität, Paderborn 1983.
Petzold, H. G., Maurer, Y.: Integrative Gestaltpsychotherapie, in: *Maurer* (1984).
Petzold, H. G., Epe, C.: Das Spiel und seine Bedeutung für die stationäre Langzeittherapie mit drogenabhängigen Jugendlichen in der Integrativen Gestalttherapie, in: *Kreuzer,* Bd. 4 (1984).
Petzold, H. G., Metzmacher, B.: Kreative Medien, Awareness-Training und Interaktionsspiele der Integrativen Gestalttherapie in der Arbeit mit Kindern und Jugendlichen, in: *Kreuzer,* Bd. 4 (1984).
Petzold, H. G., Frühmann, R.: Die Rolle der Gruppe in den psychotherapeutischen Verfahren, Junfermann, Paderborn 1985.
Petzold, H. G. et al.: Isodynamik — Trainingsmethode für vitale und integrierte Leiblichkeit, Fritz Perls Institut, Düsseldorf 1985.
Plessner, H.: Philosophische Anthropologie, Frankfurt 1970.
—, Die Stufen des Organischen und der Mensch, Berlin 1975.
Plügge, H.: Der Mensch und sein Leib, Tübingen 1967.
Priestley, M.: Musiktherapeutische Erfahrungen, Stuttgart 1982.
Rahm, D., Gestaltberatung, Paderborn 1985, 3. Aufl.
Reich, W.: Charakteranalyse, Frankfurt 1973.
Reil, J. Ch.: Rhapsodien über die Anwendung der psychischen Curmethode auf Geisteszerrüttungen, Halle 1803.
Ridder, P.: Einverleibung, *Z. f. klin. Psychol. Psychopathol. Psychother.* 2 (1983) 149-157.
Rosenkranz, M.: Hände — eine Arbeit zu integrativen Körpererziehung, in: *Brown, Petzold* (1978).
Rüegsegger, U.: Laufen in der integrativen Bewegungstherapie — Methodik und psychische Auswirkungen, Fritz Perls Institut, Düsseldorf 1985.
Rumpf, H.: Die übergangene Sinnlichkeit, München 1981.
Rumpf, H., Schomann, H.: Möglichkeiten der Körperdiagnostik in der Therapie, *Gruppendynamik* 1 (1983) 25-33.

Sacks, H. M., Sacks, M. L.: The psychology of running, Human Kinetics, Champain 1981.
Schaarschuch, A.: Lösungs- und Atemtherapie bei Schlafstörungen, Bietigheim 1962.
Scheiblauer, M.: Die musikalisch-rhythmische Erziehung im Dienste der Heilpädagogik, in: Festschrift zum 60. Geburtstag von E. Jaques Dalcroze, Zürich, 1946.
Schlaffhorst, C., Andersen, H.: Atem und Stimme, Wolfenbüttel 1955.
Schmitt, J. L.: Atemheilkunde, München 1956, 3. Aufl.
—, Das Hohelied vom Atem, München 1966, 4. Aufl.
Schrenk, M.: Gestalt und Symbol des menschlichen Leibes, Z. f. klin. Psychol. Psychopathol. Psychother. 2 (1983) 158-173.
Schütz, A.: Der sinnhafte Aufbau der sozialen Welt, Wien 1960.
Schütz, A., Luckmann, Th.: Strukturen der Lebenswelt, Neuwied 1973.
Schwabe, C.: Musiktherapie bei Neurosen und funktionellen Störungen, Jena 1974.
—, Aktive Musikgruppentherapie, Stuttgart 1983.
Selver, C., Brooks, Ch.: Sensory Awareness, in: Petzold, H. (Hrsg.): Psychotherapie und Körperdynamik, Paderborn 1974.
Shoop, T.: Won't you join the dance?, Palo Alto 1974.
Sidenbladh, E.: Wasserbabys, Synthesis, Essen 1983.
Sivadon, P., Gantheret, F.: La reéducation corporelle des fonctions mentales, Paris 1972.
Sollmann, U.: Bioenergetische Analyse, Synthesis, Essen 1984.
Spiegel-Rösing, I., Petzold, H. G.: Die Begleitung Sterbender, Junfermann, Paderborn 1984.
Spolin, V.: Improvisationstraining, Junfermann, Paderborn 1984.
Sprondel, W. M., Grathoff, R.: Alfred Schütz und die Idee des Alltags in den Sozialwissenschaften, Stuttgart 1979.
Stanislavskij, K. S.: Theater, Regie und Schauspieler, Hamburg 1958.
Steere, D. A.: Bodily expression in psychotherapy, Brunner & Mazel, New York 1982.
Stevens, J.: Die Kunst der Wahrnehmung, München 1975.
Stokvis, B., Wiesenhütter, E.: Handbuch der Entspannung, Stuttgart 1979.
Stolze, H.: Konzentrative Bewegungstherapie, in: Psychologie des 20. Jahrhunderts, Bd. 3, München 1977 a.
—, Konzentrative Bewegungstherapie, in: Petzold, (1977 b).
—, Die konzentrative Bewegungstherapie. Grundlage und Erfahrungen. Verlag Mensch und Leben, Berlin 1984.
Strunk, D., Political dimensions of the body, Cambridge, University Press 1983.
Tansley, D. V.: Subtle body, London 1977; dtsch. bei Junfermann, Paderborn 1985 (in Vorbereitung).
Thomae, H.: Patterns of aging, Basel, 1976.
Ullmann, R.: Lernen, den Leib zu (be)achten. Integrative Bewegungserziehung in der Prävention, in: Zeitschr. f. Humanist. Psychol. 3/4 (1981) 43-55.
—, Integrative Bewegungstherapie, in: Y. Maurer, Bedeutende Psychotherapieformen der Gegenwart, Hippokrates, Stuttgart 1984.
Waldenfels, B.: Die Verschränkung von Innen und Außen im Verhalten, Phänomenologische Forschungen 1976, II.
—, Der Spielraum des Verhaltens, Suhrkamp, Frankfurt 1978.
—, Phänomenologie in Frankreich, Suhrkamp, Frankfurt 1984.
Weber, A., Gesundheit und Wohlbefinden durch regelmäßiges Laufen. Junfermann, Paderborn 1984.

Weise, K., Albert, H.-D.: Psychomotorische Therapie auf der psychiatrischen Station, in: *Köhler, Ch.* (Hrsg.): Musiktherapie. Theorie und Methodik, Jena 1971.
Weizsäcker, V. v.: Der Gestaltkreis, Frankfurt 1973.
Wigand, P.: Der menschliche Körper im Munde des deutschen Volkes, Frankfurt 1899; 2. Aufl. Münster 1981.
Willke, E.: Psychotherapie durch Bewegung, *Sportunterricht* 3 (1976) 72-77.
—, Tanz-Erfahrung jenseits der Sprache, *Psychologie Heute* 7 (1978), 15-25.
—, Tanztherapie, *Psychomotorik* 3 (1978 a) 54-59.
—, Klinische Tanztherapie, dieses Buch, S. 465.
Winnicott, D. W.: Vom Spiel zur Kreativität, Stuttgart 1973.
Wolfgart, H. (Hrsg.): Das Orff-Schulwerk im Dienste der Erziehung und Therapie behinderter Kinder, Berlin 1971.
Zuckrigl, H., Zuckrigl, A., Helbling, H.: Rhythmik hilft behinderten Kindern, München 1976.

Die Rolle des Körpers in der Psychoanalyse

Günter Ammon, Berlin, München

Der Begriff eines körperlichen Ichs bzw. Körper-Ichs findet sich bereits in *Freuds* Schrift „Das Ich und das Es" aus dem Jahre 1927. Im Rahmen seiner Neukonzeption des psychischen Apparates entwickelt *Freud* hier den Gedanken eines Zusammenhangs zwischen Ich-Entwicklung und Körpererleben. Mit seinen Untersuchungen zum Narzißmus und seinen späteren Ich-psychologischen Schriften hat er für die Weiterentwicklung der psychoanalytischen Ich-Psychologie Perspektiven eröffnet, die sich für die Folgezeit als außerordentlich fruchtbar erweisen sollten (*Ammon* 1974).

Ansätze für die wissenschaftliche Erforschung von Ich-Bildung und Körper lassen sich aber schon in frühen Arbeiten *Freuds*, vor allem in seinen grundlegenden psychosomatischen Konzepten, aufweisen. Es handelt sich hier um die hysterische Konversion und um das Äquivalent des Angstanfalls.

Freud war nicht davon überzeugt, den Sprung aus dem Seelischen ins Körperliche vollends aufklären zu können, den er als „geheimnisvoll" bezeichnete. Ihm kam es vielmehr darauf an, die Konversion als ein spezifisches Verhalten zu erklären, den Konflikt unverträglicher Vorstellungen, der im somatischen Symptom eine Repräsentanz findet, zu schlichten. Die Umsetzung der Erregungssumme der am Konflikt beteiligten Vorstellungen ins Körperliche stellte sich für *Freud* als ein Spezialfall der neurotischen, d. h. der unvollständigen Verdrängung dar.

Für das Konversionsmodell wie für das Äquivalent des Angstanfalls gilt, daß die organische Symptomatik nicht bloß eine physiologische Funktionsstörung ist, sondern Folge einer Störung des Erlebens und Verhaltens. Das Konversionssymptom muß als Ausdruck eines unbewußten Konfliktes zwischen Triebwunsch und Ich-Abwehr begriffen werden, während die Angst- bzw. Aktualneurose durch ein Nicht-Zustandekommen eines psychischen Konfliktes gekennzeichnet ist. Durch Verdrängungsleistungen ist das Ich an der Entstehung der Konversionshysterie wesentlich beteiligt, weshalb *Freud* das psychosomatische Symptom des Hysterikers als Symptomverhalten darstellen konnte. Daher ließ sich für *Freud* der der hysterischen Neurose zugrundeliegende Konflikt im Rahmen der psychoanalytischen Therapie auch durch die Technik der freien Assoziation lösen. Die Aktualneurose war mit dieser Technik nicht zu beheben, da an ihr keine Ich-Anteile auszumachen waren und im organischen Symptom somit kein Verhalten manifest wurde. Freud hat deshalb die Psychoanalyse für die Angstneurose als nicht zuständig erklärt. Freilich lassen sich schon bei ihm Angstneurose und Konversionssymptom bei gründlicher Betrachtung noch einmal in der Weise abgrenzen, daß verständlich wird, warum gerade die Behandlung und Erforschung des Angstäquivalents zu den tiefgreifenden Veränderungen in der Geschichte der psychoanalytischen Theorie geführt haben. Man wird sagen können, daß durch diese erneute Abgrenzungsmöglichkeit von Angstäquivalent und Konversionssymptom jener Begriff vorbereitet wurde, der später — aber schon in Ansätzen bei *Freud* — als Körper-Ich Eingang in die psychoanalytische und Ich-psychologische Konzeptbildung gefunden hat.

Als Ursache der Konversionshysterie muß nämlich ein „somatisches Entgegenkommen der Organe" angesehen werden, das dem psychischen Konflikt einen symbolischen Ausdruck verschafft. Diese spezifische Eignung zur Konversion stellt nach *Freud* die Bedingungen bereit, unter denen ein psychischer Inhalt mit dem organischen Symptom „gleichsam verlötet wird" (*Freud* 1894).

In der Angstneurose dagegen ist es nicht die somatische Fähigkeit zur Konversion, sondern die Entfremdung zwischen dem Somatischen und Psychischen, die es zu der undifferenzierten Angst kommen läßt, die nach *Freud* keine psychische Ableitung erlaubt.

In seiner Schrift „Hysterische Materialisationsphänomene" (1919) meinte der ungarische Schüler *Freuds, S. Ferenczi*: „Der rätselhafte Sprung aus dem Seelischen ins Körperliche ist immer noch ein Rätsel" (*Ferenczi* 1919). *Ferenczi* sucht die Lösung des Problems mit Hilfe einer theoretischen Kombination des *Freud*schen Instanzenmodells (Ich, Über-Ich, Es) und metapsychologischen Gedankengängen, die *Freud* bereits 1900 im VII. Kapitel der Traumdeutung vorgelegt hat. Der Ansatz *Ferenczis* besteht zunächst wie derjenige *Freuds* in der Voraussetzung des psychischen Apparates, dessen primäres, den Eintritt vom Körperlichen ins Psychische bezeichnendes System das Wahrnehmungsorgan darstellt. Dementsprechend verbindet *Ferenczi* zur Erklärung der Konversionssymptome die Konfliktdynamik zwischen widerstreitenden Triebkräften vor allem mit dem Aspekt der „topischen Regression", die „bis zu einer Tiefe des psychischen Apparates" reicht,

„in der Erregungszustände nicht mehr mittels — wenn auch nur halluzinatorischer — psychischer Besetzung, sondern einfach durch motorische Abfuhr erledigt werden" (*Ferenczi* 1919). Das Konversionssymptom ist ein Materialisationsphänomen, das entsteht, wenn affektbesetzten Gedankenkomplexen der Weg zur Motilität durch die Zensur versperrt ist und sie sich regressiv auf der primären Wahrnehmungsstufe aus der dem Körper verfügbaren Stofflichkeit realisieren. Dieser Regressionsvorgang steht somit in einer gewissen Analogie zu den Traumbildungsprozessen, in denen sich Wunschgedanken halluzinatorisch äußern; im hysterischen Symptom reicht die Regression bis in Schichten des physiologischen Ursprungs des Psychischen, in die protopsychische Struktur primitiver körperlicher Reflexvorgänge. Von hier aus gesehen, erscheint *Ferenczi* der rätselhafte Sprung vom Psychischen ins Körperliche „minder wunderbar" zu sein (*Ferenczi* 1919). War bei *Freud* das Symptom noch die Körperrepräsentation verdrängter Triebspannungen, die im Psychischen eben keine Repräsentanz haben finden können, so kommt bei *Ferenczi* die Konversion durch die regressive Dynamik der seelischen Regungen auf ihre organischen Grundlagen zustande. Im Rahmen dieser Konzeption *Ferenczis*, des auf dem Organismus sich aufbauenden psychischen Apparates, aus dessen Struktur sich die Konversion versteht, ist freilich wie bei *Freud* noch keine Rede von einer Beteiligung oder gar einer Kausalität des Ichs bzw. Körper-Ichs an der Pathogenese hysterischer Materialisationsphänomene. Gleichwohl hat *Ferenczi* bereits hier die enge Beziehung zwischen Organischem und Psychischem gesehen und im Begriff der topischen Regression deren Einheit ausgesprochen, die er jedoch nicht zu einem Körper-Ich-Konzept ausbaut.

Hierzu finden sich aber nähere Andeutungen in seiner Schrift „Psychoanalytische Betrachtungen über den Tic" (1921); hier reflektiert *Ferenczi* die zur hysterischen Konversion umgekehrt verlaufende Dynamik einer psychischen Repräsentanz pathogen wirkender organischer Traumen. Ausgehend von der Annahme eines „konstitutionellen Narzißmus", unter dem *Ferenczi* den Gesamtzusammenhang aller Erregungssysteme des psychischen Apparates versteht, begreift er Organdefekte und die seelische Fixierung an die Erinnerung körperlicher Traumen als Bedingungen für pathologische Erscheinungen im Umfeld der psychischen Repräsentation der entsprechenden Organe. *Ferenczi* verwendet hierfür den Ausdruck „Ich-Hysterie".

Wird auch der Korrelation von psychischen und Organzuständen, die in dem global umschriebenen „Ich-Erinnerungssystem" ihre topische Abgrenzung findet, noch kein Identitätsgedanke im Sinne einer ursprünglich gegebenen Ich-Autonomie späterer Ich-Psychologen unterlegt, so sind bei *Ferenczi* doch Vorstufen dieser theoretischen Entwicklung sichtbar. So nimmt er an, daß bei schweren Schäden körperlicher Funktionen, d. h. Defekten an der Ich-Peripherie, die „Einheit der Persönlichkeit" derart gefährdet sein mag, daß nur noch die Regression auf einen „Ich-Kern", nämlich auf die noch undifferenzierte, psychosomatische Stufe der archaischen Wahrnehmungsmodalität, die für diese Einheit unabdingbare, gesamtseelische Beziehung zwischen körperlichen und den höheren geistigen Prozessen retten kann. Geht aber auch dieser Ich-Kern zugrunde, so kommt es zur Desintegration der Persönlichkeit als ganzer.

In diesem Konzept der synthetischen Struktur primärer Ich-Kerne berührt *Ferenczi* bereits Auffassungen, die in der Folgezeit besonders von *E. Glover* (1933/1943) und *R. Spitz* (1957) hervorgehoben worden sind. Unter Verwendung des frühen topischen Modells *Freuds* versucht *Ferenczi* die Einheit der Persönlichkeit auf ihren Elementarebenen als eine psychosomatische zu begreifen. Freilich bezieht seine Theorie vom Ich-Erinnerungssystem, der Ich-Peripherie und der Ich-Kerne die genuin psychosomatische Qualität des Ichs ausschließlich auf die früheste Dimension primärer Reflexvorgänge, wie sie am Anfang der Individualgeschichte der Psyche stehen und welche dann erst später im Zuge der Libidoentwicklung psychodynamisch umgewandelt werden.

Ähnlich wie *Ferenczi* geht auch *O. Rank* (1924) von einer primären psychophysischen Einheit aus, auf der sich die späteren Stadien der psychischen Organisationen aufbauen. Im Unterschied zu *Ferenczi* nimmt *Rank* zunächst aber keine rudimentäre, psychosomatische Ich-Qualität an den ontogenetischen Anfangspunkten des psychischen Apparates an — der im Rahmen einer metapsychologischen Theorie reflektiert würde —, sondern lokalisiert die Einheit des Psycho-Physischen im geschichtlichen Ursprung des Geborenwerdens. Aus der innigen Verbundenheit der psychischen und physischen Dimension, die prä- und perinatale Zustände auszeichnet, versteht sich die Konvertierbarkeit physischer Regungen in Bereiche des Psychischen, die sich auf späteren Entwicklungsstufen in den Konversionssymptomen pathologisch widerspiegeln. Daher liegen für *Rank* die Ursachen der Symptome in der Hauptsache nicht in intrapsychischen Konflikten, die zwischen den Systemstellen des psychischen Apparates verlaufen, auch nicht in der topischen Regression, sondern in den Reminiszenzen der Trennung des Kindes vom Mutterleib, der *Rank* konstitutive Bedeutung für die seelische Entwicklung des Individuums zuschreibt. Im Grunde ist jede psychische Erkrankung in genetischer wie symbolischer Hinsicht Abkömmling dieser traumatisch erlebten Geburtssituation.

Die frühe biologische Einheit Mutter-Kind, die traumatische Ablösung des Kindes von der Mutter bei der Geburt und die ersten oralen Versagungen an der Mutterbrust reproduzieren sich auf Grund der Verschiebungsfähigkeit psychischer Energie auf den nachfolgenden Entwicklungsstufen der Libido, wie sie *Freud* erstmals in den „Drei Abhandlungen zur Sexualtheorie" (1905a) beschrieben hat. *Rank* kombiniert die Dynamik der psycho-physischen Vorgänge im frühen Mutter-Kind-Verhältnis mit dem Phasenkonzept der *Freud*schen Libido-Theorie; aus dieser Verknüpfung resultiert sein Konzept der körperlichen Identität bzw. des Körper-Ichs. Während bei *Freud* nach der Zusammenfassung der Partialtriebe unter dem Genitalprimat die libidinös organisierte, psychische Identität erreicht ist, enthält für *Rank* diese Identität eine fundamentalere, weit über die Genitalstruktur hinausgehende Qualität. Die unbewußte Erinnerung an die psychophysische Einheit mit der Mutter ist dem Kind auf der genitalen Organisationsstufe seiner Libido nicht verlorengegangen, auch nicht die geburtstraumatische Lösung aus dieser Einheit. Es versucht, das verlorengegangene Objekt, die Mutter, am eigenen Körper-Ich wiederherzustellen und als dessen konstitutiven Bestandteil zu integrieren. Das Festhalten an der Mutterbrust, Bedingung früher Objekt- und Selbsterfahrung, entspricht, libido-theoretisch betrachtet, der Identifizierung mit dem Genital als der Entdeckung des eigenen Ichs. Die Verschiebung von der oralen zur genitalen Stufe bedeutet die Reproduktion der Mutterbrust in der Erfahrung des eigenen Genitals, das nun integriertes Element der Körper-Ich-Identität geworden ist. Die Überwindung des Geburtstraumas auf der genitalen Libidostufe bedeutet einmal die konstruktive Abwehr der Regression in den Mutterleib und eben damit den Aufbau der Ich- und Körper-Ich-Identität als Manifestation der Abgrenzung von der Mutter, zum anderen die Integration des mütterlichen Objekts in die Dimension des eigenen Ichs. Damit ist nach *Rank* (1925) über den Umweg der Ich-Entwicklung das Aufgeben der Mutter als erstes Liebes-Objekt verdrängt, auf der anderen Seite ist sie als mit Libido narzißtisch besetztes Objekt in Gestalt des Genitals am eigenen Körper wiedergewonnen worden.

Unter den Voraussetzungen dieses Konzeptes kann *Rank* z. B. die mit dem Ödipus-Komplex zusammenhängenden pathologischen Erscheinungen der Neurosen als Reaktivierung pathogener Liebesversagungen erklären, die perinatalen oder oralen Ursprungs sind. So wird der Knabe so lange Kastrationsängste zeigen, als er am Penis als einem passiven Brustersatz festhält, den er erfahrungsgemäß wieder verlieren kann. Das Geburtstrauma und die oralen Frustrationen wiederholen sich somit in den libidoökonomischen Bedingungen der neurotischen Erkrankungen. Damit ist bei *Rank* schon der Weg späterer Ichpsychologischer Forschungen vorgezeichnet, die ihrerseits davon ausgehen, daß die primäre Körper- und Ich-Identität in der Beziehung des Kindes zur Mutter die Matrix auch für die Struktur und die Dynamik der entwickelten, libidinösen Prozesse bilden. Störungen in dem Bereich der perinatalen und oralen Kommunikation zwischen Mutter und Kind bedrohen die psychosomatische Organisation des heranwachsenden Individuums; sie zeigen die Tendenz, sich auf die später einsetzenden Libidostufen zu verschieben und sich phasenspezifisch abzubilden; daher gehören sie zugleich in den kausalen Zusammenhang der pathologischen Abwehrformation neurotischer Krankheiten.

In der späteren Ich-psychologischen Identitäts- und Persönlichkeitsforschung ist die Psychodynamik der Entfremdung (vgl. die Depersonalisationsphänomene bei P. *Federn*, 1956) zwischen Somatischem und Psychischem zu einem wichtigen Anknüpfungspunkt weiterer Entwicklungen auf dem Gebiet des Körper-Ichs, des Körper-Ich-Gefühles und der Körper-Ich-Grenzen geworden. Die bisherigen Ergebnisse dieser Untersuchungen haben gezeigt, „daß diese Form der Entfremdung nicht hereditär gegeben ist, sondern als Ausdruck eines pathogenen interpersonellen Geschehens psychodynamisch verstehbar ist und daher auch mit Hilfe einer adäquaten psychoanalytischen Therapie verändert werden kann" (*Ammon* 1974).

Die Entwicklung der psychoanalytischen Ich-Psychologie brachte hinsichtlich des Konversions- wie des Äquivalenzkonzeptes grundlegende Verschiebungen der Problemstellungen. Das Interesse verlagerte sich dabei vom Inhalt des Symptoms immer mehr auf die Seite der funktionellen Störung: „An die Stelle der Frage: Was sagt der Körper? trat nunmehr die Frage: Wie spricht der Körper, und auf welche Weise ist es möglich, das organische Symptom zum Sprechen zu bringen?"

In diesem Zusammenhang nimmt P. *Federn* 1913 in seiner Arbeit „Ein Beispiel von Libidoverschiebung während der Kur" *Freuds* Darstellung vom somatischen Entgegenkommen der Organe auf. *Federn* spricht hier von einer „besonderen organischen Disposition", die sich in der Prävalenz bestimmter erogener Zonen äußert und die wesentlich zur Entstehung der Neurose beigetragen hat.

G. *Groddeck* (1917), von dem *Freud* später (ab 1920) den Terminus „Es" in seine metapsychologische Konzeption, speziell für die Umschreibung des triebhaft Unbewußten, übernahm, erweitert die

Theorie der hysterischen Konversion um die Dimension einer jede Lebensregung des Menschen bestimmenden Dynamik des Es. „Ich halte es für einen grundsätzlichen Irrtum, anzunehmen, nur der Hysteriker habe die Gabe, sich zu irgendwelchen Zwecken krank zu machen, jeder Mensch besitzt diese Fähigkeit, und jeder verwendet sie in einer Ausdehnung, die man sich nicht groß genug vorstellen kann."

Felix Deutsch (1924) knüpft an das *Freud*sche Modell der hysterischen Konversion an und weitet dieses im Rahmen der psychoanalytischen Neurosenlehre aus, ohne diese jedoch grundsätzlich zu verlassen. Das Konversionsgeschehen versteht *Deutsch* als ein lebenslanges Kontinuum, das durch den allgemeinen Zwang zur Triebunterdrückung infolge kultureller Ansprüche notwendig geworden ist.

Ein kontinuierlicher Konversionsstrom hat beim Gesunden die Funktion einer fraktionierten Angstzertrümmerung und Affektentschärfung. An dieser Stelle entwickelt *Deutsch* seine Auffassungen von der Körpersprache, die sowohl die krankhaften wie die gesunden intrapsychischen Konstellationen von Triebwunsch und Ich-Abwehr zum Ausdruck bringt und sich auch im kontinuierlichen Konversionsstrom darstellt. Daher ist für *Deutsch* jede psychische Erkrankung mit einer besonderen Form der Körpersprache und ihrer pathologischen Veränderung verbunden.

Neben dem Konzept der Körpersprache hat *Deutsch* seine Anschauungen über die spezifischen Weisen menschlicher Körperhaltungen vorgetragen, deren Grundformen in der Zeit der frühesten Kindheit, d. h. noch vor Beginn der Sprachentwicklung, angelegt werden.

In diesem Zusammenhang verdienen auch Gedankengänge von *W. Reich* Interesse, die er in der „Charakteranalyse" (1933) vorgetragen hat. *Reich* bemüht sich ähnlich wie *Deutsch* um das Verständnis der Sprache des körperlichen Ausdrucks, den er als Spiegel des gesamten Charakters versteht. In der theoretischen Fundierung dieses Gedankens knüpft er an *Freuds* Konzept vom Ich als „Reizschutzapparat" an, der gegen die Außenwelt gewandt ist und daher zu dem exponiertesten Teil der seelischen Organisation gehört (*Freud* 1923). Das Ich ist im Rahmen dieser zunächst biologisch orientierten Theorie aus der Vermittlung einer alloplastischen mit einer autoplastischen Anpassung im psycho-physischen Gesamtorganismus entstanden; um bestehen zu können, verändert dieser Organismus sich selbst und die Umwelt; er entwickelt an seinen Grenzen Verhärtungen und Durchlässigkeiten, die die Kommunikation von Ich und Außenwelt regulieren. Im weiteren Verlauf dieses Prozesses entstehen spezifische Stereotypen von Aufnahme- und Abwehrmechanismen, die die Reizzufuhr aus der äußeren und inneren Realität sich in einer für jeden Organismus charakteristischen Weise, d. h. in festgelegten Bahnen, vollziehen lassen. Diese biologischen Vorgänge im Aufbau organischer Regulationsmechanismen überträgt *Reich* vornehmlich auf die autoplastischen Funktionen der Ich- und Charakterbildung.

An dieser Stelle zieht *Reich Freuds* Instanzenmodell heran. Das Ich ist eine Strukturinstanz, welche libidinöse Strebungen aus dem Es wegen zwingender Realitäten zurückdrängt; das Ich steht zwischen dem Es und der Außenwelt, welche die dem Lustprinzip entgegenstehenden Objekte enthält. Seine Charakterformationen gewinnt es unter dem Druck der Realangst, wenn Es und Außenwelt zusammenprallen, demnach in Analogie zur Organisierung eines Schutzapparates auf der Primärebene der Entwicklung des Psycho-Physischen. Die Koordination libidinöser Tendenzen mit der Außenwelt, die Annahme und Abwehr von Triebregungen und Forderungen der Realität, die in die weitere Ich-Bildung als Über-Ich-Struktur eingehen, erhalten die feste Gestaltung der ein jedes Ich bestimmenden Verdrängungsmuster; in ihnen werden störende, frei flottierende Libidoenergien gebunden und bei stärkerer Abwehr in pathologischen Charakterpanzerungen gestaut. Der Charakter und seine Verkrustungen nehmen so gesehen im psychischen, d. h. in der unbewußten Dimension des abwehrenden Ichs, den Stellenwert ein, den der verfestigte Schutzapparat auf der biologischen Ebene für die Organisation der Reizbewältigung eingenommen hat.

Der Rückgriff auf biologisch-organische Ursprünge in der Evolution des Ichs hat für *Reichs* Theorie der Charakterbildung aber mehr als nur die Bedeutung einer Analogie. Der Charakter demonstriert, inwieweit und in welcher Weise das Ich den Es-Über-Ich-Konflikt verarbeiten kann; in ihn gehen aber auch die neurotischen Fehlentwicklungen als manifeste und bleibende Deformationen ein, die von den unbewältigten und auf die jeweils nächsthöhere Triebphase mitgeschleppten Restkonflikten herrühren.

Reichs Charakteranalyse vereint sowohl die libidinösen Bedingungen neurotischer Ich-Störungen im theoretischen Bereich der Metapsychologie wie die Folgerungen für die soziale Anpassungsproblematik und das psychosomatische Verhalten des Charaktergestörten. Die verschiedenen Charaktertypen (z. B. der hysterische, der Zwangs-, der phallisch-narzißtische Charakter), die entsprechend der in ihnen fixierten infantilen Konflikte libidinös gestaute Energie pathologisch repräsentieren, vermitteln ein psychosomatisches Ausdrucksgeschehen, das sich in den körperlich defizitären Haltungen, den psychischen Kommunikationsverzerrungen und in ihrer Realitäts- wie Ich-abwehrenden

Irrationalität äußert. Der Charakter stellt somit die Konversionsmodalität psychischer Konflikte in körperliche Symptomatik als eine am erkrankten Ich auf Dauer haftende Struktur dar, welche die Dimension libidinöser Arretierungen, sozialer Verhaltensstörungen und der psychosomatischen Krankheiten umfaßt.

Für *F. Deutsch* (1922, 1926) ist die psychische Repräsentanz des eigenen Körpers, das Körper-Ich, zugleich Ausgangspunkt für die Bildung des Realitätsgefühls, das aus der Projektion von Sinneswahrnehmungen am eigenen Körper entsteht. Das Kind erlebt die Objekte der Außenwelt noch als verlorengegangene Teile des eigenen Körpers. Um für das Individuum erfahrbar zu sein, werden sie als libidinös besetzte Objekte in Prozessen der Retrojektion mit dem Körperbild wiedervereinigt. Die Dynamik von Projektionen und Retrojektionen, die durch die Vermittlung des Körper-Ichs Objekterfahrung konstituiert, nennt *Deutsch* auch Symbolisation. Konversionssymptome entstehen, wenn Triebwünsche, die mit den symbolisierten Objekten im Körperbild durch den Vorgang der Retrojektion zusammenhängen, zu stark werden.

Auch wenn *Deutsch* das organische Symptom der psychosomatischen Erkrankung analog zum neurotischen Symptom in der Hauptsache als Ausdruck eines bestimmten Triebschicksals versteht, geht er in seinen Konzepten der Körpersprache als Kontinuum von Erleben und Verhalten, der Symbolisation und des Körper-Ichs, entscheidend über *Freud* hinaus. Die zentrale Frage, die wir hier stellen, lautet: „Wer spricht, wenn der Körper spricht, und mit wem spricht der Körper?"

Blickt man auf die Geschichte der psychoanalytischen Theorie, wird man schon bei *Freud* Gedankengänge finden, die den Begriff des Körper-Ichs vorbereiten und konzeptionelle Erweiterungen herausfordern.

In der Schrift „Das Ich und das Es" (1923) ist für *Freud* der „eigene Körper und vor allem die Oberfläche desselben ... ein Ort, von dem gleichzeitig äußere und innere Wahrnehmungen ausgehen können. Er wird wie ein Objekt gesehen, ergibt aber dem Getast zweierlei Empfindungen, von denen eine einer inneren Wahrnehmung gleichkommen kann". Daher ist das Ich „vor allem ein körperliches, es ist nicht nur ein Oberflächenwesen, sondern selbst die Projektion einer Oberfläche". Und: „Das Ich ist in letzter Instanz von den körperlichen Empfindungen abgeleitet, vor allem von denen, die von der Oberfläche des Körpers herrühren. Es kann also als eine seelische Projektion der Oberfläche des Körpers betrachtet werden neben der Tatsache ..., daß es die Oberfläche des seelischen Apparates ist".

Um eine Bestimmung des unbewußten Körperbildes und seiner Störungen hatte sich P. *Schilder* in seinem Hauptwerk „The Image and Appearance of the Human Body" (1935) bemüht. Bereits 1925 entwickelte er das Konzept des Körperschemas, das „die Einzelorgane und die Lage der Einzelorgane zueinander enthält. Es kann in primitiver Weise gestört werden durch Störungen im groben Material, es kann auch Störungen unterliegen, welche ungefähr den agnostischen und apraktischen Störungen entsprechen, d. h., das vorhandene Körperschema kann im Erkennen und Handeln nicht ohne weiteres verwertet werden". *Schilder* geht davon aus, daß emotionaler Einfluß die relative Bedeutsamkeit und die Abgrenzbarkeit der verschiedenen Teile des Körper-Bildes gemäß libidinöser Strebungen verändern kann. Dieser Wandel kann eine Veränderung an der Oberfläche des Körpers sein, wie eine in der Zuordnung der inneren Teile des Körpers.

Schilder untersucht das Körperschema auch nach seiner biologischen, psychologischen und sozialen Seite hin. Es steht sowohl in Beziehung zur innerseelischen Dynamik der Triebbedürfnisse wie zu den interpersonellen Erfahrungen im sozialen Bereich. Von hier aus kann *Schilder* schließlich zu der Folgerung kommen, daß die sozialen Beziehungen letztlich als Beziehungen zwischen Körperbildern zu verstehen sind.

Schilder hat mit seinen Ich-psychologischen Ansätzen, in denen der Körper unter dem Identitätsaspekt verstanden wird und nicht allein funktionell als Schauplatz von Konversionssymptomen, die klassische Neurosenlehre und individualpsychologische Triebtheorie grundsätzlich überschritten (*Federn* 1956; *Spitz* 1955; *Ammon* 1975). Es ist der eigene Körper des Menschen selbst, der eine „Art Reflexion" vollzieht (*El-Safti* 1973). Für *Schilder* ist es das Ich, „das da empfindet und sich an den Empfindungen freut".

Das Ich steht aber in engster Beziehung zum Körper und zur Umwelt. Dieser Gedanke hat bei *Schilder* eine intrapsychologische und eine interpersonelle Dimension. An pathologischen Erscheinungen wie der Schizophrenie und anderen psychotischen Reaktionen oder an hypochondrischen Zuständen und der Depersonalisation zeige sich z. B. eine Aufspaltung des Ichs, in der ein Teil den anderen beobachtet. In der Hypochondrie ist der andere Teil ein Organ, das dem eigenen Ich-Erleben fremd geworden ist. Das Verhältnis des Körpers zu sich selbst und seinen Organen spiegelt aber nicht nur den Grad der Ich-Integration wider, sondern setzt auch den Korrelatbegriff Welt voraus. „Der menschliche Körper wird erst lebendig (wird Leib), wenn er mit Dingen oder Menschen in Berührung kommt. Die Struktur dieser

Lebendigkeit oder deren Erfahrung macht auch das Körperschema aus" (*El-Safti* 1973).

Einen wesentlichen Beitrag für die Erforschung der Wechselbeziehungen von Körper-Erleben und Ich-Erleben hat P. *Federn* in seinem Werk „Ich-Psychologie und die Psychosen" (1956) geliefert. Hier bemüht sich *Federn* vor allem um das Verständnis der verschiedenen Ich-Zustände. Das Ich ist nicht identisch mit einer Systematik von Funktionen, sondern muß als kontinuierliches psychisches Erleben, das er als Ich-Gefühl bezeichnet, begriffen werden. *Federn* unterscheidet das seelische vom körperlichen Ich-Gefühl: „Das körperliche Ich-Gefühl ist ein Gesamtgefühl aller motorischen und sensorischen Erinnerungen, die den eigenen Körper betreffen; es ist aber nicht mit diesen Erinnerungen identisch; es enthält vielmehr das einheitliche Gefühl von der Libidobesetzung der sensorischen und motorischen Apparate. Das körperliche Ich-Gefühl ist nicht identisch mit dem Körper-Schema, der Gesamtheit der richtig geordneten Wahrnehmungen vom eigenen Körper. Das eine kann schwinden ohne das andere."

Federn erklärt aber ausdrücklich, daß das Körper-Ich-Gefühl sich zu dem von *Schilder* entdeckten Körper-Schema analog verhält, wie sonst „evidentes Erleben des gesamten Körpers nach Schwere, Größe, Ausdruck und Ausgefülltsein". Das Körperschema wird auf der Ebene des sekundären Narzißmus ausgebildet, der nicht nur den Körper zum Gegenstand hat, sondern auch Vorstellungsbilder des eigenen Körpers; diese Vorstellungsbilder sind die Elemente des Körperschemas. *Federn* kann deshalb auch sagen: „Das Ich-Gefühl des Erwachsenen entspricht seinem Körperschema", das von diesem allmählich erworben wurde. Im Zuge dieser individualgeschichtlichen Entwicklung ist der Körper mit Ich-eigener, narzißtischer Libido besetzt worden, die der Selbsterhaltung dient und bei *Federn* von der sexuellen Libido und dem Todestrieb unterschieden wird.

Dem Ich sind aufgrund der spezifischen Besetzung, der Egocathexis, stabile und flexible Ich-Grenzen gegeben. „Das seelische, den inneren Wahrnehmungen entsprechende Ich-Gefühl ist das dem Kinde ursprüngliche. Das dem Körper und den durch ihn vermittelten Wahrnehmungen entsprechende Ich-Gefühl ist schrittweise dazugekommen; dann wurde allmählich das Gefühl der Besetzung der Objektvorstellungen von dem der Besetzung des körperlichen Ichs geschieden, während gleichzeitig die Außenwelt vom Körper als Wahrnehmungsinhalt gesondert wurde. Das Wichtigste für das Individuum ist aber die Scheidung von Körper-Ich und seelischem Ich". Nach Maßgabe der wechselnden Ich-Zustände wird das Ich dadurch fähig, sich selbst als

Ich und das Körper-Ich nach innen und außen gegen das Nicht-Ich abzugrenzen.

Schon 1927 äußert *Federn* in seiner Schrift „Narzißmus im Ich-Gefüge" die Überzeugung, daß „die Evidenz der Körper-Ich-Grenze (durch eine ausreichende Ich-eigene narzißtische Besetzung, G. A.) erhalten bleiben muß, damit die Außenwelt evident bleibe. Wir besitzen also, ganz getrennt von der *Freud*schen Realitätsprüfung, welche die Außenwelt durch Absuchen und Vergleichen an ihrer Unabhängigkeit vom Ich erkennt, ein dauerndes Evidenzgefühl der Außenwelt, welches dadurch entsteht, daß die Eindrücke aus der Außenwelt eine mit einer besonderen Qualität an Sensation und Körper-Ich-Gefühl besetzte Körper-Ich-Grenze passieren. Die psychische Repräsentanz der Körper-Ich-Grenze, ihr Evidenzgefühl, fehlt manchmal nur für Teile desselben, z. B. für die Beine beim Gehen oder für das Gehör, Gesicht oder den Geschmack. Leichte Grade, als eine bloße Abstumpfung einer Ich-Grenze, können durch Anstrengungen kompensiert werden. Diese Anstrengungen begleiten die uns wohlbekannte Realitätsprüfung. Mit ihr stellt sich dann eben gleichzeitig das Evidenzgefühl ein. Hingegen hat der Normale, völlig Ich-Gesunde, ununterbrochen sein volles Körpergefühl, welches dauernd unauffällig die Außenwelt abgrenzt."

Für eine gestörte Erfahrung der Objekte gilt jedoch folgendes: „Wenn Objekte der Außenwelt wahrgenommen werden, ohne daß im Körper-Ich jene Apparate oder Teile, welche das Objekt wahrnehmen, im Ich-Gefühl enthalten sind, so erscheinen diese Objekte als fremd; nicht deshalb, weil sie schwerer erkannt werden, sondern weil der Teil der Ich-Grenze, an welcher das betreffende Objekt an das Ich herantritt, nicht mit Libido, narzißtisch verwendeter Libido, besetzt ist. Jeder Depersonalisierte klagt darüber, daß er nicht an das Objekt, das Objekt nicht an ihn heran kann."

Ihren Anfang finden psychische und psychosomatische Erkrankungen durch Regression des Ich-Gefühls auf bestimmte in der Ontogenese des Individuums ehemals erreichte Ich- und Körper-Ich-Stufen, die sich in der weiteren Entwicklung aber fixiert und den Aufbau einer dem Erwachsenenalter entsprechenden Dimension der Ich- und Körper-Ich-Grenzen mit adäquater Objekterfahrungsfähigkeit arretiert haben. So treten Depersonalisationssymptome dort auf, wo Objektlibido den Objekten entzogen wurde und wo gleichzeitig die narzißtische Libido an der betreffenden Ich-Grenze ausblieb. Den Zwangsneurosen liegen Störungen der Ich-Grenze an den Fixierungsstellen des seelischen Ich-Gefühls zugrunde. Die Konversionshysterie wird als

Mechanismus verstanden, bei welchem „ein libidobesetzter Vorgang im Unbewußten unter Regression auf die Fixierungsstelle zwischen seelischem und körperlichem Ich aus diesem in das körperliche Ich projiziert wird" (*Federn* 1956).

Bei den Psychosen wird durch Regression die Ich-Grenze zwischen dem Gefühl des Körper-Ichs und dem Gefühl der Wahrnehmung des Objektes durchbrochen. Wir verstehen in diesem Zusammenhang und in Anknüpfung an *Federn* die Symptomatik der archaischen Ich-Krankheiten, der psychosomatischen Symptome, der Borderline-Syndrome und der sexuellen Perversionen als selbstzerstörerischen Versuch, ein beim Aufbau der Ich-Grenze entstandenes narzißtisches Defizit („Loch im Ich") auszufüllen, zu kompensieren und auf diese Weise die Integration der Person zu erhalten. Die Verarmung von Ich-Energie für potentielle Ich- und Körper-Ich-Grenzen, die durch regressive Arretierung der Ich-Besetzungsprozesse an den präödipalen Fixierungsstellen der Ich-Entwicklung zustande gekommen ist, macht das strukturell-narzißtische Defizit aus, welches in der archaischen Symptomatik den (autoreparativen) Ausdruck einer sekundärpathologischen Autonomie des beschädigten Ichs findet.

Die archaischen Ich-Krankheiten sind nach unserer Auffassung Defekte des komplizierten Wechselspiels von Ich- und Körper-Ich-Identität auf den ontogenetischen Ebenen der symbiotischen Kommunikation des Kindes mit der Mutter bis hin zu den Differenzierungsvorgängen der Identitätsgrenzen, in denen Ich, Körper-Ich und Objekterfahrung ödipaler Entwicklungsstufen integriert sind.

Während der ersten Lebenszeit erlebt sich das Kind als nicht getrennt von der Mutter; es unterscheidet nicht zwischen Innen und Außen, zwischen Selbst und Nicht-Selbst, zwischen Ich und Nicht-Ich. Die Mutter wird als Teil des eigenen Körpers erlebt, der Körper selbst hat weder klare Grenzen, noch ist das Kind in der Lage, seine Funktionen anders als in allgemeiner und unspezifischer Weise wahrzunehmen.

Wir greifen hier die Gedankengänge von *Spitz* (1955) auf, der die Situation der frühen Symbiose in der Mutter-Kind-Dyade als Welt der Urhöhle beschrieben hat. Das Kind erlebt sich selbst und die Mutter im „Höhlenmodus der Wahrnehmung", der eine doppelte Struktur aufweist: Für *Spitz* besteht das „intraorale Erleben (des Kindes, G. A.) darin, daß das Kind die Brust in sich hineinnimmt, während es zugleich in Arm und Brust der Mutter eingehüllt ist. Der Erwachsene betrachtet dies als getrennte Erlebnisse. Aber für das Kind sind sie nur eines, sind singulär und untrennbar."

Im Medium der „Urhöhle", der „Matrix von Introjektion und Projektion" bildet sich ein Erfahrungsfeld, in dem das Kind seine primär gegebenen Ich-Funktionen entwickelt.

Spitz weist darauf hin, daß schon *Freud* (1923) dieses rudimentäre Ich als Körper-Ich bezeichnet hat. Es wird ein Teil dessen, was *Hartmann* (1939) die „konfliktfreie Sphäre des Ichs" genannt hat. Das Körper-Ich ist für *Spitz* ein archaischer Vorläufer des Ichs, dem, wie bei allem Lebendigen, eine Tendenz zur Synthese, eine integrative Tendenz, innewohnt. *Spitz* hat sich an dieser Stelle von *Glovers* Theorie der Ich-Kerne anregen lassen. Bei dem Begriff der Ich-Kerne denkt *Spitz* an „Bestandteile des Ichs, deren Prototypen angeborene, meist phylogenetisch weitergegebene physiologische Funktionen sowie angeborene Verhaltensweisen sind".

Diese Prototypen autonomer Ich-Kerne werden unmittelbar nach der Geburt ausgebildet; von hier aus vollzieht sich später der bruchlose Übergang vom Somatischen zum Psychischen. Im Verlauf der Interaktion mit der Mutter werden die Ich-Kerne „infolge libidinöser Besetzungen mit psychischem Inhalt versehen und in psychische Ich-Kerne umgewandelt". „Die Prototypen der psychischen Ich-Kerne sind daher in den physiologischen Funktionen und im somatischen Verhalten (des rudimentären Ichs) zu suchen."

Metapsychologisch gesehen, steht der Begriff Körper-Ich bei *Spitz* im systematischen Zusammenhang von Ich, Selbst und Ur-Selbst. Die Ich-Instanz (vgl. *Freud*, Das Ich und das Es) ist dabei eine Teilstruktur der Persönlichkeit, die durch ihre Funktionen definiert wird (das Ich als Steuerungs- und Anpassungsorgan des seelischen Apparates). Die Konstituierung der Ich-Instanz ist eine wesentliche Bedingung für die Selbst-Wahrnehmung und damit für die Konstituierung des Selbst. Das Selbst ist ein Produkt der vom Ich gesteuerten Wahrnehmung. Wie *Erikson* reserviert *Spitz* den Terminus Ich (= Ich-Instanz) für das Subjekt, das sich selbst wahrnimmt. Das Objekt dieser Wahrnehmung ist das Selbst; das Selbst somit ein Produkt der Ich-gesteuerten Wahrnehmung.

Bevor jedoch in der Ontogenese die Selbstwahrnehmung möglich wird, kommt es zur Wahrnehmung des Nicht-Selbst, des anderen, im Erleben des Kindes. Wenn der Säugling das Nicht-Selbst entdeckt, ist an seinem Verhalten noch kein Wissen um ein Selbst abzulesen.

Gegenüber *Spitz* haben wir an anderer Stelle betont, daß der Aufbau von Ich-Grenzen und Ich-Identität schon im frühesten Stadium der Mutter-Kind-Symbiose ermöglicht wird. Bereits der Akt des Lächelns ist erstes Anzeichen für den Aufbau von Ich-Grenzen, die es dem Kind ermöglichen, sich in der Gegenwart der Mutter existent zu fühlen. Die „Uridentität" (*Spitz* 1955), die das Kind im Schutz der Symbiose mit der Mutter erlebt, verstehen wir als Vorläufer der Ich-Grenze. Diese Ich-Grenze baut das Kind in der „Welt der Urhöhle" allmählich auch als Körper-Ich-Grenze auf. Daher hat das Körper-Ich, das sich in der Symbiose von Mutter und Kind entwickelt, im Gegensatz zu *Spitz*, auch einen Identitätsaspekt; es bringt die Körperidentität zum Ausdruck. Störungen im Bereich der archaischen Körper-Ich-Entwicklung sind daher immer auch Identitätsstörungen, die psychodynamisch zugleich Schädigungen der Erfahrungsfähigkeit in den interpersonellen und Objektbeziehungen bedeuten.

Bei Störungen der Körper-Identität sind auch die Subsysteme des Körper-Ichs, das Körper-Ich-Ideal und das Körper-Real-Ich wie deren Beziehungen betroffen. Denn mit dem Körper-Ich spielt das später entwickelte und das ganze Leben bestimmende Körper-Ich-Ideal eine wichtige Rolle, ganz besonders bei Menschen, bei denen das Körper-Ich-Ideal und die Körper-Ich-Realität nicht in Übereinstimmung stehen. Nach psychoanalytischer Theorie ist bekanntermaßen das Ich-Ideal der bewußte Anteil des Über-Ichs und ist bestimmt von gesellschaftlichen Einflüssen und Wertvorstellungen, die in der Kindheit zuerst durch die Primärgruppe vermittelt werden. Es handelt sich hierbei nicht nur um bestimmte Vorstellungen von körperlicher Schönheit, sondern auch um die körperliche Geschlechtlichkeit.

Es ist eine jedem Psychoanalytiker bekannte Tatsache, daß oft der Wunsch der Eltern nach einem bestimmten Geschlecht des Kindes nicht erfüllt wird; daß dies jedoch dem Kind nicht verborgen bleibt und dann z. B. Jungen, die als Mädchen gewünscht waren, auf den verschiedenen Ebenen des Bewußten und Unbewußten versuchen, dem Wunsch der Eltern bzw. eines Elternteils nachzukommen. In den Lebensgeschichten aus der psychoanalytischen Praxis sind auch die Fälle nicht selten, wo Jungen wie Mädchen gekleidet und erzogen werden bis weit in die Pubertät und desgleichen Mädchen wie Jungen.

In meiner langjährigen psychoanalytischen Erfahrung konnte ich immer wieder feststellen, daß einer der zentralen psychischen Konflikte zwischen dem Körper-Ich-Ideal und der Körper-Ich-Realität mit der Spannung zwischen Ich-Ideal und Real-Ich einherging. Es läßt sich hinzufügen, daß diese Problematik dem Konflikt zwischen der Selbstwahrnehmung und der Realwahrnehmung entspricht. Prozesse dieser Art stehen in engem Zusammenhang mit den Strukturvarianten der libidinösen Entwicklung. Diesen Sachverhalt möchte ich an einigen Fallvignetten exemplifizieren.

So zeigte es sich in der Behandlung einer jungen Frau z. B., daß erhebliche Widersprüche zwischen ihrer subjektiven Körper-Ich-Ideal-Vorstellung und ihrer realen Körperlichkeit bestanden. Körper-Ich-Ideal-Vorstellung und Triebbedürfnis bestimmten diese Frau, sich als weiblich einladend und begehrenswert darstellen zu wollen; ihr Körperbau war jedoch breit und grobknochig gestaltet; außerdem neigte sie zur Fettsucht. Diesen inneren Zwiespalt eines auf sich selbst projizierten und innig gewünschten Körper-Ich-Ideals und dem realen Ausdrucksverhalten ihres körperlichen Erscheinungsbildes hatte sie seit ihrer Kindheit in sich getragen; er war Ursache einer nicht abreißenden Kette von Enttäuschungen und Konflikten in ihren Partnerbeziehungen. Ein anderer Patient, ein breitknochiger, zur Körperfülle neigender junger Mann, weckte bei Frauen, die sich für ihn interessierten, seinem Aussehen nach entsprechende Erwartungen, die er jedoch nie erfüllen konnte, da sein eigenes Körper-Ich-Ideal wie die damit einhergehende Triebstruktur ihn sich selbst als femininen Epheben erleben ließen. Diese aktuelle Problematik, die in dem Bruch zwischen einer realitätsgerechten Einschätzung der eigenen Körper-Ich-Grenzen, d. h. auch der charaktertypischen Bestimmtheit des Körper-Ichs und den an irrationale Wunschvorstellungen fixierten, als Realität phantasierten Körper-Ich-Qualitäten sich manifestierten, hatte tiefe Wurzeln in den primär- und sekundärprozeßhaften, interpersonellen Erfahrungen dieser Patienten. Daher wird man die hier angeschnittene Problematik in dem Gesamtzusammenhang von Lebensgeschichte und Psychopathologie verstehen müssen sowie in den gruppen- und psychodynamischen Analogien, die eine defizitäre Körper-Identitäts-Entwicklung im Rahmen des psychoanalytischen Prozesses widerspiegelt.

Die Faktoren, die an einer gelingenden Koordination von Körper-Ich-Ideal und ihren identitäts- wie realitätsbewußten Verwirklichungen innerhalb einer flexibel mit sich selbst und anderen kommunizierenden Gesamtidentität beteiligt sind, lassen sich in der Gruppenanalyse auf entwicklungsgeschichtlich bedingte Konstellationen des Triebgeschehens und auf die unbewußte Dynamik des primären wie sekundären intersubjektiven Verhaltens in den für die Körper-Ich-Kranken bestimmenden Bezugsgruppen zurückführen. Daher kommt der psychoanalytischen Gruppenpsychotherapie bei der Durcharbeitung des Körper-Ich-Ideal-Konflikts eine entscheidende Bedeutung zu. An dieser Stelle sei darauf hingewiesen, daß sich die Indikation therapeutischer Gruppenprozesse gerade auch auf das noch kaum erforschte Gebiet der schweren körperlichen Verletzungen nach Unfällen und ihrer psychopathologischen Folgen erstreckt. Bei gravierenden, irreversiblen Verstümmelungen kann es zu posttraumatischen Körper-Ich-Rupturen kommen, die das gesamte Persönlichkeitsgefüge des Betroffenen grundsätzlich in Frage stellen können.

So habe ich einen 33jährigen Mann analysiert, der an einer schweren narzißtischen Depression mit psychotischen Zügen litt, nachdem bei seiner Tätigkeit als Installateur sein Gesicht durch eine Explosion zerstört war. Er war ursprünglich ein ausgesprochen gut aussehender Mann gewesen, zudem ein glücklich verheirateter Familienvater. Das eigene Gesicht zu verlieren, in einem buchstäblich körperlichen Sinne, und damit in elementarer Weise an der Identität und dem Körper-Ich-Gefühl geschädigt zu werden, bedeutet ein schweres, sekundär erworbenes, narzißtisches Trauma, das im Fall dieses Patienten im Zuge einer segmentanalytischen Psychotherapie in zwei Jahren erfolgreich behandelt werden konnte. Die Schwierigkeit einer solchen Behandlung besteht darin, daß ein derartiges Trauma die individualgeschichtlichen Persönlichkeitsformungen aus den komplizierten, miteinander verbundenen Entstehungsprozessen von Identität, Körper-Real- und Körper-Ideal-Ich wie die Körper-Identität mit einem Schlage zunichte machen kann.

Aufgrund meiner klinischen Forschungen und theoretischen Bemühungen bin ich der Meinung, daß die sekundärprozeßhafte Dynamik posttraumatischer Körper-Ich-Neurosen, die nach Tragweite der erlittenen körperlichen Verletzungen Formen einer psychotischen Desintegration der gesamten Körper-Identität annehmen können, deutlich auf dem theoretischen Hintergrund jener narzißtischen Störungen verstanden werden können, die ich als das Syndrom des archaischen Symbiosekomplexes bezeichnet und in seinen psychopathologischen Folgen depressiver, schizophrener und psychosomatischer Reaktionen verfolgt habe.

Ich möchte hier meine Position in Auseinandersetzung mit Ansätzen E. *Jacobsons* (1954) erläutern, die sich dem Problembereich frühkindlicher Ich-Störungen im Kontext von Identitätsentwicklung und der Geschichte der präödipalen Objektbeziehungen in eingehenden Untersuchungen gewidmet hat.

Nach *Jacobson* wird die Ich-Entwicklung verhindert, wenn Eltern ihr Kind durch verfrühte Abwertung exzessiven Frustrationen aussetzen. In der präödipalen Zeit sind Selbst- und Objektvorstellungen nicht klar voneinander unterschieden; daher trifft die Abwertung von Objekten auch das präödipale Selbst, welches damit den „Kollaps seiner magischen Welt" erlebt. Die Folge ist ein pathologisches Alternieren von „optimistischer und pessimistischer Illusion", von manischer Selbstaufblähung und depressiver Entleerung.

Metapsychologisch geht *Jacobson* davon aus, daß der Einfluß der Mutter auf das Wachstum des Ichs in der frühen Kindheit am besten mit der Triebtheorie konzeptualisiert werden kann.

Metapsychologisch gesehen ist also für *Jacobson* das seelische und körperliche Selbst Folge der libidinösen Besetzungen des Ichs auf den Umkreis seiner eigenen psychophysischen Dimension. Die Selbstrepräsentanzen (analog zu den Objektrepräsentanzen) bezeichnen die unbewußten, vorbewußten und bewußten intrapsychischen Repräsentanzen des körperlichen und seelischen Selbst im System Ich.

Das Selbst, welches durch psychische Repräsentanz im System Ich unterhalten wird, bezieht sich auf die gesamte Person eines Individuums, einschließlich seines Körpers und seiner Körper-Teile, wie auch seiner psychischen Organisation und deren Teile. Für *Jacobson* ist das Selbst ein auxiliarer und deskriptiver Begriff, der auf die Person als Subjekt verweist im Gegensatz zu der Welt der sie umgebenden Objekte. Wie *Fenichel* (1945) in seinem Buch „The Psychoanalytic Theory of Neurosis" meint auch *E. Jacobson*, daß das Bild unseres Selbst aus zwei Quellen stammt: 1. aus einer unmittelbaren Wahrnehmung unseres inneren Erlebens, der Körpergefühle, der Gefühls- und Denkvorgänge und der zweckgerichteten Aktivität; 2. aus der indirekten Selbstwahrnehmung und Introspektion, d. h. aus der Wahrnehmung unseres körperlichen und seelischen Selbst als eines Objektes.

Doch sind die Repräsentanzen des Selbst niemals objektive Vorstellungen. Das Ich besetzt sich selbst und gewinnt eine quasi-objektive Selbstvorstellung im Unterschied zur Objektwahrnehmung. Das seelische und körperliche Selbst werden durch die Funktion psychischer Repräsentanzleistungen im Ich selber aufgebaut und in ihrer Ausdehnung voneinander abgegrenzt. Nur in dem kohärenten Bezugsrahmen der libidinös ausgewogenen seelischen und körperlichen Selbst- und Objektrepräsentanzen vermag das Ich beschwerdefrei zwischen innerer und äußerer Realität zu kommunizieren.

Jacobson hat aufgrund dieses Konzeptes gezeigt, daß frühe und schwere Enttäuschungen durch die Eltern und die daraus folgende Selbst- und Objektentwertung zum Krankheitsbild depressiver Patienten gehören; eine Fixierung an präödipale Formen der gestörten Körper- und Selbstbilder führt zu der spezifischen Ich-Schwäche der Depressiven, die aufgrund des in der archaischen Symbiose als abwesend und fremd erlebten Teilobjekts der Mutter verstanden werden kann. Das Verhalten depressiver Patienten wird daher durch einen signifikanten Objekthunger, einer oft lebenslangen Suche nach Objekten bestimmt, von denen der Kranke die Liebe und Zuwendung erwartet, die ihm seine affektschwache Mutter nicht hat geben können (*Ammon* 1973).

In der Auseinandersetzung mit *Jacobson* grenzen wir die Depression von der Schizophrenie ab: „Die Depression bezeichnet eine spezifische Form der ständig mißlingenden bzw. defizitären Objektbeziehung, die Schizophrenie dagegen ist Ausdruck einer Situation, in der bereits der Ansatz zu Objektbeziehungen nicht gelungen ist, weil keine Ich-Grenzen aufgebaut werden konnten" (*Ammon* 1973).

Jacobson hat den Unterschied von Depression und Schizophrenie in Anknüpfung an *Freuds* Konzeption in „Trauer und Melancholie" (1916) und „Das Ich und das Es" (1923) wie folgt formuliert: „Wenn der Melancholiker sich selbst behandelt, als wäre er das Liebesobjekt, dann imitiert der Schizoide oder der präpsychotisch Schizophrene das Objekt, er verhält sich so, als ob er das Objekt wäre, während der Patient im schizophrenen Wahnzustand schließlich bewußt glauben wird, daß er ein anderes Objekt sei."

In meiner Konzeption steht die Depression im Spektrum der narzißtischen Persönlichkeitsstörungen und der archaischen Ich-Krankheiten. Die Ich-Schwäche des „melancholischen Komplexes" (*Freud* 1916) ist Ausdruck einer nicht gelungenen Abgrenzung des Ichs in der präödipalen Lebenszeit und einer Schädigung im Aufbau von Ich-Grenzen dem eigenen Körper wie der Außenwelt gegenüber. Das durch das narzißtische Defizit gelähmte Ich-Gefühl des Depressiven, vor allem die Verstümmelung der primären Ich-Funktionen, der konstruktiven Aggression und der Kreativität, spiegelt sich im Körper-Ich-Gefühl als senso-motorische Intentionslähmung und in Form von körperlichen Entfremdungszuständen bis hin zur manifesten psychosomatischen Symptomatik.

Von der Depression und der Schizophrenie ist die sogenannte anaklitische Depression zu unterscheiden, in der ein totaler Objektverlust und ein völliger Zusammenbruch der Ich- und Körper-Ich-Repräsentanzen eingetreten ist. Die Abgrenzung der anaklitischen Depression von der Schizophrenie ist insofern schwierig, als auch die schizophrene Reaktion gerade durch das Fehlen von Objektbeziehungen gekennzeichnet ist, weil Ich-Grenzen nicht aufgebaut werden konnten. Dieser Mangel an flexiblen und objektregulierenden Ich-Grenzen in der Schizophrenie ist jedoch nicht statisch als endgültige Destruktion der Besetzungsmobilität des Ichs zu verstehen — wie das für die anaklitische Depression vorausgesetzt werden muß —, sondern als der psychodynamisch arretierte Prozeß in dem regressiven Arrangement einer pathologischen Symbiose des Kranken mit seiner Primärgruppe. „Indem der Kranke einseitig ganz in dieser symbiotischen Beziehung aufgeht, andererseits aber gerade dieses Aufgehen als Verlust der eigenen Identität fürchtet, kann er ein eigenes emotionales Leben nicht organisieren und befindet sich daher im Zustand einer intensiven und extremen Isolation" (*Ammon* 1973).

Für das psychosomatische Erscheinungsbild der anaklitischen Depression könnte man sagen, daß ein nicht mehr zur Besetzung von Selbst und Körper-Ich fähiges Ich in einen nur noch vegetativ funktionierenden Körper gleichsam hineinfällt; insofern liegt der anaklitischen Depression eine noch gravierendere pathologische Problematik zugrunde als der Schizophrenie.

Die Bedeutung des primärprozeßhaften Vorfeldes von Ich-Grenzen und des von ihnen in der präödipalen Symbiose ermöglichten Gleichgewichts von Differenzierung und Übereinstimmung im Rahmen der Körper-Ich-Grenzen zeigt sich auch an den katatonen Ich-Zuständen. Hier hat entweder unbewußtes Material die Körper-Ich-Repräsentanzen überschwemmt und deren Grenzen zu den seelischen Bereichen des Ichs verwischt, oder der pathologisch unterbesetzte Körper isoliert auch das Ich. Die beim Austritt aus der präödipalen Symbiose entscheidende Abgrenzung von Ich und Körper-Ich ist hier nicht vollzogen worden.

So versucht z. B. G. *Pankow* (1968) in der analytischen Technik, Patienten mit depressiven, psychotischen und psychosomatischen Reaktionen wieder erlebnisfähig zu machen, indem sie sie zur Anerkennung ihrer Körpergrenzen bringt. „Bei den schweren klinischen Fällen erfolgt die Herbeiführung dieser Anerkennung durch direkte Arbeit am Körper des Patienten mit dem Ziel, Körperemotionen hervorzurufen durch Massagen, Bäder, Duschen und Packungen." Diese Technik hängt bei *Pankow* mit dem Konzept einer Dialektik des Körperbildes zusammen, der Dialektik von Ganzem und Teil.

Von hier aus muß das Ziel der Psychosentherapie verstanden werden, den Körper als in sich sinnvoll und evident koordinierte Einheit wieder erlebbar zu machen.

Der Ansatz unserer psychotherapeutischen Technik psychosomatischer Krankheiten, die auf einen archaischen Identitätsdefekt in den Ich- und Körper-Ich-Grenzen zurückgeht, unterscheidet sich sowohl von dem mehr existenzphänomenologischen Modell *G. Pankows* als auch von der triebpsychologisch orientierten psychosomatischen Medizin. Die Desintegration von Ganzem und Teil im Körper-Bild und seinen Abgrenzungen wird aus der präödipalen Lebenssituation in der psychosomatischen Matrix der Mutter-Kind-Dyade analysiert; die Deformationen des archaischen Körper-Ichs lassen sich nicht als Darstellung intrapsychischer Konflikte zwischen den entwickelten psychischen Instanzen deuten. Die Symptomatik der archaischen Ich-Krankheiten bringt zum Ausdruck, daß eine Differenzierung und Abgrenzung der psychischen Instanzen gerade nicht erfolgen konnte.

Aus diesem Ansatz folgt unser Konzept der therapeutischen Indikation. Für den Körper-Ich-Kranken, der an einer spezifischen Unfähigkeit leidet, flexible Ich-Grenzen aufzubauen, ist die analytische Gruppentherapie geeignet, da sie intrapsychische Prozesse des Kranken mit der interpersonellen Dynamik seiner Primär- und Sekundärgruppen verbindet und somit im Medium des „facilitating environment" (*Winnicott* 1972) der therapeutischen Gruppe dem Kranken neue Identitäts- und Gruppengrenzen ermöglicht.

Literatur

Ammon, G., Auf dem Wege zu einer Psychotherapie der Schizophrenie I, *Dyn. Psychiat.* 4 (1971), 9-28.

—, Zur Genese und Struktur psychosomatischer Syndrome unter Berücksichtigung psychoanalytischer Technik, *Dyn. Psychiat.* 5 (1972), 223-251.

—, Dynamische Psychiatrie — Grundlagen und Probleme einer Reform der Psychiatrie, Luchterhand, Darmstadt 1973.

—, Psychoanalyse und Psychosomatik, Piper, München 1974.

Deutsch, F., Psychoanalyse und Organkrankheiten, *Int. Z. Psychoanal.* 10 (1922), 380-392.

—, Zur Bildung des Konversionssymptoms, *Int. Z. Psychoanal.* 10 (1924), 380-392.

—, Der gesunde und der kranke Körper in psychoanalytischer Betrachtung, *Int. Z. Psychoanal.* 12 (1926), 493-503.

Federn, P., Beispiel von Libidoverschiebung während der Kur, *Int. Z. Psychoanal.* 1 (1913), 303-306.

—, Narzißmus im Ich-Gefüge, *Int. Z. Psychoanal.* 13 (1927), 420-438.

—, Ego Psychology and the Psychoses, Basic Books, New York 1952; dtsch.: Ich-Psychologie und die Psychosen, Huber, Bern 1956.

Fenichel, O., The Psychoanalytic Theory of Neurosis, Norton, New York 1945.

Ferenczi, S., Hysterische Materialisationsphänomene, in: Schriften zur Psychoanalyse, Bd. II, hrsg. von *M. Balint*, S. Fischer, Frankfurt 1972.

Freud, S., Die Abwehr-Neuropsychosen (1894), Ges. W. I, Imago, London.

—, Die Traumdeutung (1900), Ges. W. II/III.

—, Drei Abhandlungen zur Sexualtheorie (1905a), Ges. W. V.

—, Bruchstück einer Hysterieanalyse (1905 b), Ges. W. V.

—, Bemerkungen über einen Fall von Zwangsneurose (1909), Ges. W. VII.

—, Trauer und Melancholie (1916), Ges. W. X.

—, Das Ich und das Es (1923), Ges. W. XIII.

Glover, E., The Relation of Perversion-Formation to the Development of Reality Sense, *Int. J. Psychoanalysis* 14 (1933).
—, The Concept of Dissociation (1943), in: On the Early Development of Mind, International Universities Press, New York 1956.
Groddeck, G., Psychische Bedingtheit und psychoanalytische Behandlung organischer Leiden (1917), in: Psychoanalytische Schriften zur Psychosomatik, hrsg. v. G. Clauser, Limes, Wiesbaden.
Hartmann, H., Ich-Psychologie und Anpassungsproblem (1939), Klett, Stuttgart 1960.
Jacobson, E., The Self and the Object World. Vicissitudes of the Infantile Cathexes and their Influence on Idealitional and Affective Development, in: Psychoanal. Study Child IX, Int. Univ. Press, New York 1954.
Pankow, G., Gesprengte Fesseln der Psychose, Reinhardt, München 1968.
Rank, O., Das Trauma der Geburt und seine Bedeutung für die Psychoanalyse, Int. Psychoanal. Verlag, Leipzig/Wien/Zürich 1924.
—, Zur Genese der Genitalität, *Int. Z. Psychoanal.* XI, 1925.
Reich, W., Charakteranalyse (1933), Kiepenheuer & Witsch, Köln/Berlin 1970[2].
El-Safti, M. S., Die Konzeption des Körper-Ichs unter besonderer Berücksichtigung der Beiträge von P. Schilder, *Dyn. Psychiat.* 6 (1973), 57-64.
Schilder, P., Das Körperschema. Ein Beitrag zur Lehre vom Bewußtsein des eigenen Körpers, Springer, Berlin 1924.
—, Entwurf einer Psychiatrie auf psychoanalytischer Grundlage, Int. Psychoanal. Verlag, Wien 1925.
—, The Image and Appearance of the Human Body: Studies in the Constructive Energies of the Psyche, Paul, French & Trubner, London 1935.
Spitz, R., Die Urhöhle: Zur Genese der Wahrnehmung und ihre Rolle in der psychoanalytischen Theorie, *Psyche* IX (1955), 641-667.
—, No and Yes: On the Beginning of Human Communication, Int. Univ. Press, New York 1957; dtsch.: Nein und Ja. Die Ursprünge menschlicher Kommunikation, Klett, Stuttgart 1959.
Winnicott, D. W., The Maturational Process and the Facilitating Environment: Studies in the Theory of Emotional Development, Hogarth Press, London 1972; dtsch.: Reifeprozeß und fördernde Umwelt, Kindler, München 1974.

Nachschrift unter Berücksichtigung der körperlich-psychisch-geistigen Androgynität des Menschen

Nach meiner obigen Veröffentlichung sind nunmehr neun Jahre vergangen und nach meinem grundlegenden Werk „Psychoanalyse und Psychosomatik" zehn Jahre. Das Körper-Ich, das sich in der Symbiose von Mutter und Kind entwickelt, hat m. E. einen Identitätsaspekt. Es darf nicht lediglich als funktionell bestimmte psychische Repräsentanz eines physiologischen Apparates betrachtet werden. Das Körper-Ich bringt vielmehr zugleich auch die Körper-Identität zum Ausdruck, im Sinne der einmaligen Art und Weise, wie das Kind seinen Körper erlebt und wie es von der Mutter erlebt wird. Störungen der frühen Körper-Ich-Entwicklung, wie sie durch einen mangelhaften und unzureichenden affektiven Körperkontakt zwischen Mutter und Kind hervorgerufen werden, sind daher nicht allein Störungen einer funktionellen Struktur, sie sind immer auch Identitätsstörungen (vgl. Ammon 1974).

Neuerdings unterscheide ich zwischen der erlebten Körper-Ich-Identität und dem realen Körper-Ich. Die Diskrepanz zwischen den beiden Dimensionen ist ein Faktor schwerer psychischer Störungen, in die auch die sexuelle Identität und androgyne Problematik mit einbezogen werden können. Die Funktion der umgebenden Gruppendynamik ist hierbei von entscheidender Bedeutung, worauf ich bereits 1970 in „Gruppendynamik der Aggression" und 1973 in „Dynamische Psychiatrie" hingewiesen habe.

In der Zwischenzeit habe ich meine Lehre und die damit integrierte Praxis der Humanstrukturologie entscheidend weiterentwickelt (vgl. bes. Handbuch der Dynamischen Psychiatrie, Band 1, 1979, und Band 2, 1982, sowie meine Veröffentlichungen in den folgenden Jahren in der Zeitschrift „Dynamische Psychiatrie/Dynamic Psychiatry"). Diese Weiterentwicklung findet auch ihren Niederschlag in meinen beiden Arbeiten „Psychoanalytische Aspekte des Widerstandes" (*Ammon* 1981b) und „Methodenintegration — Möglichkeiten und Gefahren aus der Sicht der Psychoanalyse" (*Ammon, Griepenstroh* 1982).

Als wesentlichsten Punkt möchte ich die Konzeption der Sozialenergie (*Ammon* 1982c, 1983b) bezeichnen, wobei es sich nicht um nach heutigen Methoden physikalisch meßbare Energie handelt, sondern um ein zwischenmenschliches und gruppendynamisches Ich-Strukturen bildendes und veränderndes Geschehen, das im heutigen Wissenschaftsverständnis metaphorisch aufzufassen ist.

In engem Zusammenhang damit steht der nunmehr standardisierte Ich-Struktur-Test nach *Ammon* (ISTA) als wesentliches Instrument der Messung unserer therapeutischen Effizienz (*Ammon, Burbiel, Finke, Wagner* 1982) und Diagnostikum von Ich-Strukturen in Verbindung mit unseren Hirnstrom-Messungen (*Ammon* 1979a, 1982f, *Ammon* et al. 1984), dem Androgynen Dimensionstest nach *Ammon* (ADA), dem ich-strukturell weiterentwickelten Autokinetischen Lichttest (*Ammon, Burbiel, Stuck* 1983) und dem ich-strukturell weiterentwickelten Gesichtshälften-Test nach *Sperry* (1974).

Während ich mich mein ganzes Leben mit der Androgynität auf verschiedenen Ebenen auseinandergesetzt habe (*Ammon* 1946), habe ich nunmehr auch das androgyne Prinzip im Menschen in die Humanstrukturologie mit einbezogen (*Ammon* 1984b).

Der Mensch ist androgyn, d. h. zweigeschlechtlich angelegt, sowohl körperlich als auch psychisch. Das ganzheitliche Verständnis des Menschen wie auch das Wissen um seine biologische und psychologische, eigentlich nicht voneinander zu trennende phylogenetische und ontogenetische Entwicklungsgeschichte geben den Hintergrund zusammen mit den religions- und kulturgeschichtlichen Entwicklungen, Darstellungen und Kulten und besonders den androgynen Gottheiten der Hochkulturen, ebenso wie androgynes und transsexuelles Verhalten und Erziehen in derzeitigen schamanistischen Kulturbereichen (*Ammon* 1982g, 1983, 1984b; *Andritzky* 1983).

Unser Anliegen beruht auf einer lebenslangen Beschäftigung mit dem Thema. Von seiten der Humanstrukturologie beschäftigt uns die androgyne Persönlichkeitsstruktur in spektral- und dimensionaltheoretisch verschiedenster Ausprägung und Bedeutung für den einzelnen Menschen bis hin zu transsexueller Einstellung und Struktur.

Das Nichtbewußtsein der eigenen androgynen und sexuellen Struktur kann den Menschen durch gesellschaftlichen Rollenzwang in Depression und Identitätsdiffusion treiben, wobei die freudianische Therapie mit ihrem eingeschränkten Verständnis von Sexualität und Lebensstil großes Unglück bei diesen Menschen durch ihre Anpassungsideologie bringen kann. Diesen Menschen zu helfen, ist eines unserer wesentlichen Anliegen.

Darüber hinaus meinen wir, daß der heutige Trend zu transsexualisierenden chirurgischen Eingriffen völlig am Menschen und seinen Bedürfnissen vorbeigeht, unwissenschaftlich im speziellen und besonders im ganzheitlichen Verständnis des Menschen ist und ersetzt werden sollte durch ganzheitlich gerichtete psychologische therapeutische Maßnahmen, um diesem immer weiter ansteigenden Personenkreis zu helfen, einen transsexuellen Lebensstil zu entwickeln, ohne dabei verstümmelt zu werden.

Bei Bewußtwerdung seiner Androgynität wird der Mensch ein mit seinen Bedürfnissen übereinstimmendes identitätsträchtiges, volles und kreatives Leben führen können. Je größer androgyne Bedürfnisse nichtbewußter Art und androgyne Körperlichkeit mit dem Erfüllen und Anpassen an erwartete Rollen auseinanderklaffen, desto mehr wird der Mensch in psychische oder körperliche Krankheit getrieben. Die Krankheit kann man dabei auch positiv als eine Flucht aus einer unerträglichen Lebenssituation verstehen. Wir meinen, daß unser Ansatz nicht nur ein ganzheitliches Verstehen und Behandeln des Menschen vertritt, sondern darüber hinaus auch eine humanistische Konzeption (*Ammon, Griepenstroh* 1982).

Freud wußte zwar um die Androgynität (*Lebzeltern* 1982, S. 98-113), verfolgte sie aber seltsamerweise nicht weiter. *Weininger* (1908) und *Magnus Hirschfeld* (1903) wandten sich diesem Thema zentral zu.

Es erhebt sich die Frage, warum in der modernen europäischen Philosophie seit der Aufklärung androgynes Gedankengut kaum in Erscheinung tritt, wohl aber in der Dichtung, im gegenwärtigen Film und Theater, während in der Philosophie der großen Akademie von Athen die Androgynität im Mittelpunkt stand und ihre philosophische Ausformung in Platons Kugelmenschen zum Ausdruck kam, wie auch in der platonischen Liebe zwischen Lehrer und Schüler (vgl. auch *Ammon* 1950). Es ist bemerkenswert, daß in patriarchalisch strukturierten Gesellschaften im Lehrer-Schüler-Verhältnis der Lehrer wie selbstverständlich eher eine dominierende Position innehat und der Schüler eine gefügige, während in der heute sich wandelnden, zum Matriarchat sich hinentwickelnden Gesellschaft auch das Lehrer-Schüler-Verhältnis sich entsprechend in einem Wandlungsprozeß befindet. Durch die Protestbewegung der Jugend und der Studentenrevolte der sechziger Jahre, wo die Schüler mehr eine aktiv dominierende, fordernde und neue Denkwege beschreitende Rolle einnahmen und als Lehrer mehr androgyne, gewährende und Kritik annehmende Persönlichkeiten forderten, veränderte sich die platonische Beziehung zwischen Lehrer und Schüler entsprechend. Verlassen wir an diesem Punkt unsere androgynen Betrachtungen, und wenden wir uns wieder der psychiatrisch-therapeutischen Dimension unseres Vorhabens zu.

Neben verschiedenen aus der Praxis heraus entwickelten Körpertherapieformen in unserer Dynamisch-Psychiatrischen Klinik Menterschwaige/München wie Reittherapie, Sporttherapie, Massagen, Mal- und Musiktherapie (*Ammon* 1983), Theatertherapie (*Buckley*,

Schwenkglenks, Vigener 1981) sowie die gesamte Milieutherapie (*Ammon* 1959, 1971, 1979c) habe ich dann in den letzten Jahren die Ich-strukturelle Tanztherapie (*Ammon* 1983d) aufgrund meiner eigenen lebenslangen Beschäftigung mit dem Tanz konsequenterweise entwickelt. Ausgangspunkt dieser Weiterentwicklung war das Ringen von mir und meinen Mitarbeitern um die Gruppe der „Unerreichten" (*Ammon* 1984a), d.h. der Patienten, die wir nicht erreichen konnten und die sich durch uns wie durch das gesamte therapeutische Milieu nicht berühren ließen. Das Leid dieser Menschen drückt sich oft aus durch Gefühle unerträglicher innerer Leere und Angst, allein zu sein, und andererseits durch das Suchen nach Identität und verläßlichen Menschen, von denen sie sich doch immer wieder verletzt und unverstanden fühlen. Destruktive Aggression oder Rückzug, suizidale Verzweiflung, psychosomatische Integrationsversuche unbewußter Art bei oft hoher Intelligenz und körperlicher Schönheit zeichnen das Krankheitsbild, um das es hier geht, aus (*Ammon* 1978b, 1979d, e, 1984b).

Wir machten dann während der therapeutischen Arbeit in unserer Dynamisch-Psychiatrischen Klinik die Erfahrung, daß die „Unerreichten" auch die Unberührbaren waren, d.h., man hatte das Gefühl, sie nicht anfassen zu können, ihre Haut wirkte kalt und unbelebt, obwohl es sich dabei oft um junge und schöne Menschen handelte. Bei diesen Menschen stellten wir oft eine Angst fest, andere zu berühren. Die Lebensgeschichte ergab, daß sie nichtgestreichelte Kinder waren und selten Körperkontakt mit den Eltern erlebt hatten. Es waren in der Regel auch ungeküßte Kinder. Wir konnten diese Erfahrung auch in den psychoanalytischen Kindergärten unserer Akademie bei Kindern und deren Eltern beobachten. Ganz im Gegenteil gab es dann auch Kinder und Erwachsene, von denen wir sagen können, daß sie eine sog. Streichelhaut haben.

Es ist erstaunlich, daß die *Freud*sche Psychoanalyse, die sich mit dem Menschen beschäftigt, den Körper weitgehend ausspart, nur auf verbaler Ebene arbeitet und den Körper als solchen in die Analyse gar nicht einbezieht. Selbst bei der Traumanalyse wird in der Regel dem körperlichen Erscheinungsbild der Traumfiguren, die bekanntermaßen oftmals den Träumer selbst darstellen, keine besondere Bedeutung zugemessen. Ich stimme mit *Eicke* (1973) überein, wenn er sagt: „Gerade als Psychotherapeut unterliegt man allzuleicht der Gefahr, die Störungen der Seele zu überschätzen und den Körper in seiner Daseinsberechtigung zu übersehen."

In meinem humanstrukturologischen Verständnis ist der Körper integrierter Bestandteil der gesamten Persönlichkeit. Es ist deshalb von zentraler Bedeutung, daß der Körper wahrgenommen wird, so wie er uns in der therapeutischen Situation zunächst gezeigt wird. Dazu gehört die Körperhaltung, der Gesichtsausdruck, die Stimme, die Art, wie der Patient sich bewegt, der Geruch des Körpers, der Händedruck, der Körperbau, die Beschaffenheit der Haut, die körperliche Ausstrahlung, die Art, wie er sich kleidet, sowie die Gestaltung der primären und sekundären Geschlechtsmerkmale. Es war das einmalige Verdienst des großen *Wilhelm Reich* (1933), den Aspekt der Körperlichkeit in der Psychoanalyse entwickelt zu haben.

Ebenso wichtig für die diagnostische Einschätzung ist das Gefühl, das durch den Körper des Patienten beim Therapeuten ausgelöst wird. Es ist sehr ernst zu nehmen, ob er diesen Menschen anfassen kann, ob er ihn beim ersten Kontakt am liebsten in den Arm nehmen und ihn erst einmal schützen und trösten möchte oder ob er unberührbar wirkt.

Es ist darüber hinaus von Bedeutung, daß wir mit dem Patienten auch über seinen Körper sprechen. Ich werde nie vergessen, daß der orthodoxe Psychoanalytiker *Karl Müller-Braunschweig*, der ein Mitarbeiter des Magnus-Hirschfeld-Instituts in Berlin war, sich bei seinen Patienten genau nach der Form ihrer Genitalien und ihrer Brust erkundigte. Er bekam dabei ein Bild über die körperliche Struktur, die auch sehr stark mit der psychischen Struktur zusammenhängt, und gleichzeitig ein Bild davon, wie der einzelne mit seinem Körper umging, ob er offen und frei über seinen Körper berichten konnte oder gar keine Beziehung zu ihm hatte.

Ich spreche in diesem Zusammenhang auch von einer Körperlandschaft, wobei der Körper vieles erzählt und mitteilt und sich darin, ähnlich wie im Gesicht, eine Lebensgeschichte ausdrückt. Ähnlich wie die psychische Struktur des Menschen, die von den Erfahrungen in der Lebensgruppe, in der er sich befindet, bestimmt wird, werden auch die Körperstruktur und das Körpererleben dadurch bestimmt, wie die Primärgruppe mit dem Körper des Kindes umgegangen ist. Der menschliche Körper ist von Anfang an immer als ein Körper in der menschlichen Gemeinschaft zu verstehen, von deren Hilfeleistung und Zuwendung er abhängig, mit deren Erwartungen er konfrontiert ist. Es besteht ein Synergismus zwischen Körperstruktur und psychischer Struktur, d. h., daß sich beide Strukturen wechselseitig beeinflussen in Abhängigkeit von der Gruppendynamik und nur ganzheitlich zu verstehen sind. Auch kulturelle und gesellschaftliche Rollenerwartungen sind beeinflussende Faktoren für die körperliche Entwicklung (*Ammon* 1982d, c).

Liebevolle, körperliche Berührung am ganzen Körper ist ein primäres Bedürfnis, ein Bedürfnis, das befriedigt werden muß, wenn das Kind sich zu einem gesunden menschlichen Wesen entwickeln soll. Dazu gehört, daß es in die Arme genommen, angefaßt, getragen, gestreichelt wird, daß es an den Körper der Mutter oder anderer wichtiger Bezugspersonen gedrückt und zärtlich angesprochen wird. Dieses Bedürfnis nach körperlicher Berührung und körperlichem Angenommensein ist primär, Grundlage aller psychischen Entwicklung und besteht, solange der Mensch lebt. Dieses Berühren wird nur dann zu einem freundlichen Körpererleben, wenn es auch mit einer freundlichen und offenen inneren Haltung und Einstellung verbunden ist. Es ist entscheidender Motor für die Entwicklung der Kontaktfähigkeit, der Gemeinschaftsfähigkeit und der Identität (*Ammon* 1982d).

Ein Ich, das keine Grundlage im Körpergefühl hat, führt zu einem Gefühl von innerer Leere und Nichtangenommensein. Ein gestörtes Körpererleben ist somit Ausdruck einer ablehnenden, zurückweisenden oder ambivalenten Haltung der Gruppe dem Kind gegenüber. Die krankmachendste Form ist die Verweigerung von Berührung, Zuwendung und Kontakt, was ich auch immer als Verweigerung von Sozialenergie verstehe. Man könnte hierbei sogar von einem hospitalisierten Körper sprechen.

Ich möchte in diesem Zusammenhang den spanischen Philosophen *Ortega y Gasset* (1953) zitieren: „Es ist klar, daß die entscheidende Form im Umgang mit Dingen nichts anderes als die Berührung sein kann. Und da es so ist, sind Berührung und Kontakt die unbedingt wichtigsten Faktoren in der Struktur unserer Welt." Diese körperliche Berührung, eingebettet in eine liebevolle Beziehung, ohne die ein Mensch gar nicht leben kann, ist auch ein Grundpfeiler für die geistige Entwicklung, für das Be-greifen-Können des Menschen. Es besteht ein inniges Zusammenspiel zwischen körperlicher, psychischer und geistiger Struktur, diese Bereiche sind eng miteinander verwoben. So ermöglicht beispielsweise die kinästhetische Sinneswahrnehmung dem Kind, auf die innere Befindlichkeit der Mutter zu reagieren, gleichgültig, wie sie sich nach außen hin gibt.

Es ist daher kaum nachzuvollziehen, daß sich in der Psychoanalyse eine Ausklammerung des Körpers so lange aufrechterhalten lassen konnte und daß es zu einem so massiven Berührungstabu in den psychoanalytischen Sitzungen kommen konnte. *Sandor Ferenczi* (1921) und *Wilhelm Reich* (1933) bekamen große Schwierigkeiten und wurden heftig angegriffen und schließlich unabhängig voneinander aus der Psychoanalytischen Vereinigung ausgeschlossen, weil sie erkannt hatten, daß Berührungen und die Einbeziehung des Körperlichen bei manchen Patienten unabdingbar waren. Die tragische Behandlung von *Wilhelm Reich* durch die psychoanalytische Organisation und Behörden ist bekannt.

Die meisten Menschen, die psychisch krank und in therapeutischer Behandlung sind, haben ein gestörtes Körpererleben. So verletzen sich z. B. viele schizophren strukturierte und Borderline-Patienten mit Messern, Bügeleisen etc., um sich körperlich existent zu erleben und ihrer grauenvollen Angst und inneren Leere zu entfliehen. Dabei soll der körperliche Schmerz sie von dem qualvollen psychischen Schmerz entlasten, den sie kaum auszuhalten vermögen. Manche Patienten schneiden sich in die Handgelenke, um zu prüfen, ob noch Leben in ihnen ist. Andere Patienten erleben ihren Körper in Einzelteile aufgelöst, sie können ihn nicht als Einheit erleben bzw. erleben sich selbst außerhalb ihres Körpers. *Harry Stuck Sullivan* (1953) spricht von „not-me-" und „bad-me"-Anteilen, die als nicht zugehörig zu ihrem eigenen Körper erlebt werden. Auch bei gesunden Menschen können in extremen Belastungssituationen bestimmte Körperteile als nicht mehr zu ihnen gehörig erlebt werden, bzw. sie haben sie nicht mehr unter Kontrolle (vgl. *Ammon, Patterson* 1971, S. 47-71).

Die körperliche Berührung mit den Patienten kann in unserem Verständnis besonders bedeutsam sein. Dieses Einbeziehen des Körpers kann bei schwer gestörten Patienten in der Schizophrenie (*Ammon* 1979d, 1980), der Zwangsneurose und dem Borderline-Syndrom (*Ammon* 1976), bei Selbstverletzungen und in großen Angstzuständen oft lebensrettend sein. Durch Berühren an der Schulter oder an der Hüfte können sie wieder ein Gefühl bekommen für die Zusammengehörigkeit ihres Körpers durch das Erleben ihrer Körpergrenzen.

Die Notwendigkeit der Einbeziehung des Körperlichen versteht sich bei der Psychosomatik von selbst, da hier der Patient keine Beziehung zu seinem gesunden Körper, sondern nur zu seinen kranken Körperanteilen hat und auch nur über diese Zuwendung erhalten hat (*Ammon* 1978c).

Manchmal kommt es darauf an, den Körper ganzheitlich berührt zu sehen durch eine Streichelmassage, die die Körpergrenzen fühlbar und erlebbar macht. Diese Form der Körpertherapie hilft jedoch nicht allein, sondern ist ein Teil der gesamten ich-strukturellen Arbeit.

In diesem Zusammenhang entwickelte ich die ich-strukturelle Tanztherapie (*Ammon* 1983d): In einer größeren Gruppe von dazu eingeladenen oder sich selbst dazu gesellenden Patienten werden in mehreren Vorbesprechungen Erwartungen, Bedürfnisse und Notwendigkeiten von den Patienten geäußert und besprochen. Es handelt sich hierbei vorwiegend um Patienten, die Schwierigkeiten haben, sich verbal zu äußern oder ihre Gefühle zu zeigen, Patienten, die durch mehr formale Einzel- und Gruppenpsychotherapie wenig Hilfe bekommen haben.

Nach einer sorgfältig durchgeführten Strukturierung einer geschlossenen Gruppe von etwa 20 bis 30 Patienten kommen die Patienten mit ihren eigenen Schallplatten oder Tonbändern und tanzen einzeln in der Mitte der Gruppe, indem sie sich selbst mit ihrem Gefühl, ihrer Vorstellung, ihrem Leid und manchmal auch ihrer Geschichte zeigen. Es kommt hierbei nicht auf tänzerisches Können an, sondern auf das unbedingte Sich-der-Gruppe-gegenüber-Darstellen. Manchmal können die Patienten sich kaum bewegen, oder es steht ihnen nur eine einzige Bewegungsmöglichkeit, wie z. B. des Im-Kreis-Herumrennens, zur Verfügung; manchmal verbindet sich bei ihnen Lust und Freude am körperlichen und tänzerischen Ausdruck zu einem ergreifenden Tanz, manchmal versuchen sie durch Perfektion und „schönes Tanzen" den Menschen dahinter zu verbergen.

Anschließend an jeden Tanz spricht der Patient über seine Erlebnisse dabei und über das, was er versuchte darzustellen. Manchmal bleibt er jedoch auch erschüttert und weinend inmitten des Tanzes stehen, manchmal tritt ein anderer Patient zu ihm und tanzt mit ihm, sei es in Lust oder in Leid.

Beim Ich-strukturellen Tanz tanzen auch des öfteren Patienten ohne Musik und stellen sich selbst durch Pantomime dar, besonders auch in ihrer Beziehung zum Therapeuten. Manchmal tanzen auch Patienten zu zweit oder zu dritt, manchmal begleitet vorerst ein Patient einen anderen, der Angst hat, sich selbst zu zeigen, und schüchtern ist, und läßt ihn dann alleine weitertanzen, sobald er sich sicherer fühlt. Manchmal drücken die Tänze auch größte Wut und Aggression aus.

Anschließend geben viele Patienten der Gruppe dem Tänzer ein Feedback durch ihre eigenen Wahrnehmungen und Gefühle. Es ergeben sich auch emotionale Auseinandersetzungen untereinander. Des öfteren greift auch der Therapeut in die Besprechung ein und bezieht die getanzte Darstellung eines Patienten auf sein Verhalten in anderen Situationen in der Klinik, wie z. B. während der Gruppenpsychotherapie, Reit- oder Maltherapie, bei der Theatertherapie oder selbst seinen Reaktionen beim Autokinetischen Lichttest und im Hirnstrombild.

Die tanztherapeutische Sitzung findet in der Regel ohne Zuschauer statt und endet mit einem Finale, wo alle Patienten als Gruppe tanzen.

Die bisherige Erfahrung ist, daß Patienten, die bisher wenig verstanden waren und wenig erreichbar waren, sich im Klinikmilieu isolierten und versteckt hielten oder ständigen Streit verursachten, besser verstanden wurden, ergreifende und liebenswerte Seiten ihres Wesens zeigten und dadurch in Kontakt mit der Gruppe kamen.

Der Ich-strukturelle Tanz ist in prozeßhafter und sich strategisch aufbauender Arbeit zu verstehen; während z. B. anfangs viele Patienten in Straßenkleidung tanzten, kamen sie nach etwa einem halben Jahr im Tanzkostüm, und später kann es ihnen auch gestattet sein, nackt zu tanzen und die Tanzarbeit mit Formen von Körpertherapie abzuschließen; z. B. Trocknen des durchgeschwitzten Körpers mit Frottierhandtüchern und Massage durch Masseure oder gegenseitig. Die Tanztherapie erfreut sich in unserer Klinik und neuerdings auch in den Instituten unserer Akademie großer Beliebtheit und ist für viele Patienten die effektivste Form der Therapie.

Trotzdem darf man die Tanztherapie nicht als eigenständige Therapie ansehen, sondern muß sie verstehen als einen Aspekt des gesamten therapeutischen Milieus und seiner verschiedenen therapeutischen Facetten, die als eine Ganzheit zu verstehen sind.

Ursprünglich hielten wir diese Methode für kontraindiziert bei offen psychotisch reagierenden Patienten, ließen diese jedoch dann versuchsweise auf ihren von den Mitpatienten unterstützten Wunsch zu und stellten die integrative Funktion für das Ich durch unsere Form der Tanztherapie fest. Dagegen kam es bei starren, präpsychotischen Persönlichkeitsstrukturen zu psychosenahen Ausbrüchen, verbunden mit großer Angst, Weinen, Schreien und Weglaufen. Es waren dies auch Patienten, die ein sehr bewegtes, von Abbrüchen gekennzeichnetes autokinetisches Lichttestbild aufwiesen. Wir konnten jedoch zusammen mit der ganzen Gruppe diese Patienten auffangen, d.h., in der Regel bildete sich spontan um sie eine Gruppe von einigen sie tröstenden und umarmenden Mitpatienten, der Therapeut trat auf sie zu, legte seinen Arm auf sie und führte sie beruhigend auf ihren Platz, besprach mit ihnen ihre Angst und ihre Gefühle. In der Regel war es nicht nötig, diesen Patienten die Tanztherapie zu verwehren, sondern sie ihrem Wunsche gemäß in der Gruppe zu belassen, ohne daß sie im einzelnen aufzutreten brauchten. Oft tanzten sie dann bereits in der nächsten Sitzung im Finale mit großer Beteiligung mit.

Darüber hinaus haben wir den Ich-strukturellen Tanz als solchen auch bei unseren gruppendynamischen Klausurtagungen eingeführt, wobei es oft ergreifend war, wenn weibliche oder männliche Teilnehmer auf einer sonnendurchfluteten Gartenterrasse z. B. nackt nach

Beethoven ihre Lebensgeschichte oder ihr Dasein tänzerisch darstellten. Man sieht dann, wie der ganze Körper tanzt, selbst Muskeln und Haut vibrierend zu uns sprechen.

Der Ich-strukturelle Tanz ermöglicht so eine Vertiefung der Selbsterfahrung des einzelnen mit der Gruppe in ihrem Körpererleben und über die elementaren eigenen Bedürfnisse. Der Ich-strukturelle Tanz stellt u. E. dem einzelnen im schützenden Freiraum der Gruppe ein Potential für einen tiefgehenden, kreativen und integrierenden Selbstausdruck zur Verfügung, indem er im Tanz sein Körper-Ich und seine Körpergrenzen in der Bewegung durch den Raum „erlebt" und auch durch den Körperkontakt der übrigen Gruppenmitglieder erfährt und spürt. Er kann im Tanz sein Ideal-Ich und verschiedene Identifikationsmöglichkeiten sich und den anderen „vorstellen", darstellen, ohne das Medium der Sprache, und aus dem nonverbalen und verbalen Feedback Sozialenergie zur Veränderung des Real-Ichs, dessen Struktur deutlicher wird, erfahren. Er erlebt sich ganzheitlich im Tanz: Körper (im Spiel der Muskeln) und Psyche (in der Umsetzung der Musik in Choreographie) sind gleichzeitig und integrativ beteiligt. Dabei spielen auch das Angeschautwerden und Anschauen eine große Rolle (*Ammon* 1983c).

Die Ich-strukturelle Tanztherapie stellt in ihrem Handlungs- und Entwicklungsaspekt eine intensive Form von Körpertherapie dar, aber auch eine konzentrierte Form der Gruppentherapie, die sich überwiegend auf einen Patienten konzentriert und erst am Schluß die ganze Gruppe einbezieht.

Tanz, Theater, Malerei und das Arbeiten mit Ton stellen seit der ältesten Steinzeit archaische Formen von Kult, Religiosität und Gruppendynamik dar. Diese gleichen archaischen Elemente finden wir auch bei den Kindern. Wir machten die Entdeckung, daß durch diese archaischen Elemente, die wir intuitiv einsetzen, bisher unerreichte Patienten berührbar wurden, psychisch, geistig und körperlich.

Im Einklang mit *Rotenberg* (1982) und *Zenkov* (1978) können wir mit einiger Sicherheit sagen, daß bei unseren Patienten der Synergismus der rechtshemisphärischen Hirnkräfte (die vorwiegend nichtbewußten Fähigkeiten von Phantasie und Denken) und der linken Hirnhemisphäre (die die Fertigkeiten und praktischen Fähigkeiten des Menschen vertritt) gestört ist und daß bei Kindern rechtshemisphärische Fähigkeiten im Vordergrund stehen, die durch kulturelle Lernprozesse die linkshemisphärischen Fertigkeiten überwiegen lassen (vgl. *Ammon* 1982d). Dies spielt auch eine zentrale Rolle bei der Kreativität, die wir als Ich-Funktion auch in den Strukturen der rechten Hirnhemisphäre ansiedeln (*Ammon* 1981a, 1982e, 1983a).

Es war für uns eine überraschende Erfahrung, daß der Ich-strukturelle Tanz eine unerhört integrative Wirkung für unsere Klinik, Institute, Klausurtagungen und Balintwochenenden auslöste und damit auch die Effektivität der Arbeit dieser Institutionen am Menschen und an Gruppen entscheidend vertiefte und humanisierte.

Als der eigentliche Begründer der Tanztherapie muß *Pythagoras* angesehen werden, der in den Sanatorien der großgriechischen Tempel die Heilungsuchenden bis in Trancezustände hinein tanzen ließ. Sie verfielen dann in einen Heilschlaf für mehrere Wochen und sprachen über ihre Träume mit den Priestern.

Lassen Sie mich an dieser Stelle zwei Reaktionen auf tanztherapeutische Sitzungen in Form von Briefen aufzeigen:

„Es fällt mir gar nicht leicht, zu schreiben, aber es ist mir äußerst wichtig, Ihnen mitzuteilen, was in der Tanztherapie am Freitag passiert ist. Ich habe zuerst getanzt. Ich habe lieb und freundlich getanzt — alle sagten es. Aber ich wollte etwas ganz anderes und konnte nicht. Sie sind der einzige, der gesehen hat, wie starr und angepaßt es war. Ich hatte das Gefühl, daß ich es nicht bin, daß ich irgend etwas mache, was ich gelernt habe. Der Tanz war alles, was ich mir in meinem Leben angeeignet habe, hatte mit mir und meinem Körper nichts zu tun. Ich bin das ganze Wochenende sehr traurig gewesen, weil ich gemerkt habe, durch Sie, was mir fehlt — daß ich fast keinen Bezug zu meinem Körper habe, und hoffe nur, daß es nicht so bleiben muß. Sie haben gesehen, wie ich es geschafft habe, nichts von mir zu zeigen, und ich habe dadurch merken können, wie sehr ich darunter leide. Ich wollte mich zeigen und habe gezeigt, was ich nicht bin. Ich bin Ihnen sehr dankbar, daß Sie meine Verzweiflung gesehen haben. Tanztherapie ist für mich sehr wichtig geworden, und ich spüre das erste Mal, daß mein Körper mir noch nicht gehört. Ich spüre für das erste Mal die Verzweiflung und Verlassenheit dabei. Über Ihr Ernstnehmen von mir und Ihre Aufmerksamkeit bin ich sehr froh und will auf alle Fälle weitermachen."

Und:

„Ich schreibe Ihnen, weil ich mich bei Ihnen für alles, was ich in Paestum erlebt habe, bedanken möchte, und ich schreibe Ihnen, weil Sie mir — ich glaube, das größte und schönste Geschenk meines Lebens gegeben haben. Sie haben mir auf so eine liebevolle Art Mut gegeben, daß ich vor der Gruppe und vor Ihnen tanzen konnte. Ich war sehr berührt, als Sie sich für den Augenkontakt, den Sie mit mir während des Tanzens hatten, bedankten. Mir war es nicht bewußt, daß ich Sie so lange angeschaut habe, aber es war das, was ich mir gewünscht hatte. In dem Moment wußte ich, daß ich für Sie getanzt habe, und ich war sehr glücklich. Mein Gefühl von mir war bis jetzt, daß ich ein unbeweglicher und fetter Elefant bin, und zu erleben, daß ich mich bewegen kann und durch meinen Körper das, was in mir ist, auszudrücken vermag, war einfach unendlich wichtig. Ich habe mich zum ersten Mal mögen können. Dieser liebevolle Kontakt mit Ihnen und die Begegnung mit so vielen lieben Menschen ist in mir und bleibt in mir. Ich kann zum ersten Mal aufrecht gehen und den Menschen in die Augen schauen. Das ist für mich meine neue Welt. Eine Welt mit unendlich vielen Möglichkeiten. Diese Welt hat sich plötzlich vor mir geöffnet, und ich spüre ganz fest, daß *ich leben will* und daß das Leben ganz kostbar ist."

Neuerdings haben wir den Ich-strukturellen Tanz mit einleitender Meditation nach vom Therapeuten ausgesuchter Musik begonnen und diese Musik ebenfalls benutzt zum Tanz des Finales. Ich benutze zum Beispiel Tantric-Songs oder das 5. Klavierkonzert von Beethoven. Auch haben sich neuerdings mehr und mehr verschiedene Therapeuten und Mitarbeiter an dem Tanz beteiligt. Dies vermittelt den Patienten und Teilnehmern ein Gefühl von Solidarität und Partnerschaft. Der therapeutische Effekt ist oft der gleiche bei Tänzern wie bei Zuschauern.

Es ist die Aufgabe des Therapeuten, den Menschen mit seinem eigenen Körper in Beziehung zu bringen. Er kann beispielsweise einer Frau, die einen androgynen Körper hat, aber infolge ihrer Erziehung darüber unglücklich ist, da sie meint, als Frau weibliche Brüste haben zu müssen, helfen, ihren Körper zu akzeptieren, ihn schön zu finden und zu genießen. Er kann ihr helfen, sich als ein androgyner Mensch zu erkennen, dies als etwas Schönes und Bewundernswertes zu erleben, und sie dabei unterstützen, einen entsprechenden Lebensstil und Partner zu wählen. Eine androgyn knabenhafte Frau kann nicht sexuell glücklich werden mit einem männlichen Partner, der bei ihr volle Brüste und entsprechende Weiblichkeit erwartet.

Das gleiche gilt für psychisch transsexuell strukturierte Menschen. Man kann ihnen helfen, sich transsexuell in Erotik und Sexualität zu erleben, auch ihr Genitale entsprechend zu erleben, was besonders leicht beim männlichen Geschlecht ist im Sinne einer Transsexualisierung wie z. B. bei den Schamanen.

Mein Mitarbeiter *Walter Andritzky* hielt auf unserem letzten XV. Internationalen DAP-Symposium und 2. Weltkongreß der World Association for Dynamic Psychiatry ein Referat über eine ethnologische Literaturstudie zur Transsexualität:

„Ausgehend von den Materialien des Ethnologen *Baumann* (1955) über die Verbreitung des ‚Doppelten Geschlechts' im kultischen Transvestitismus und in kosmologischen Weltbildern stellt sich die Frage nach dem Umgang mit individuellen Abweichungen vom Geschlechtsrollenideal in ethnischen Gruppen. Dies ermöglicht einen differenzierten Umgang mit Problemen der geschlechtlichen Identität in unserer eigenen Kultur. Die Spannweite der Reaktionen auf androgynes Verhalten, vom Lächerlichmachen bis zum Status des durch ‚Geschlechtstransformation' besonders gefürchteten und verehrten Schamanen, besonders die häufig institutionalisierte Sonderstellung der Kult-Transvestiten, führt zur Frage eigener Gefühle gegenüber Menschen, in deren Persönlichkeit Männliches und Weibliches gemischt oder vertauscht uns gegenübertreten." (*Andritzky* 1983)

In allen großen antiken Religionen spielte die Androgynität der Gottheiten und der zentralen Kultfiguren von Mysterienbünden eine besondere Rolle, z. B. im Hinduismus, bei Echnaton (Amenophis IV.,

1375-1358 vor unserer Zeitrechnung), bei dionysischen Mysterienbünden wie auch in fernöstlichen Philosophien sowie Ansätzen neuer dionysischer Mysterienkulte in der westlichen Welt (*Ammon* 1984b, c). In diesem Zusammenhang ist auch der syrische Priester und römische Kaiser Heliogabal (204-222 nach unserer Zeitrechnung) zu erwähnen, der in seinen Kulttänzen durch Veränderung seines Genitals mit Hilfe von Schmuck die männliche und weibliche Erscheinung wechselte. Es sollte uns zu denken geben, daß während Jahrtausenden androgyn bestimmter Kultformen bei bereits in der Antike hochentwickelter Chirurgie niemand auf die Idee kam, chirurgische Geschlechtsumwandlung vorzunehmen.

Der Therapeut wird in diesem Zusammenhang auf die partnerschaftlichen Beziehungen eingehen wie auch auf die Partnerwahl. Chirurgische Geschlechtsumwandlungen sind dabei keine Lösungen, da sie oft eine schöne, natürliche Körperlichkeit zunichte machen. Sie sind sehr schwerwiegende Eingriffe in den Körper und die Psyche und irreversibel, während bei einer psychischen Geschlechtsumwandlung die Partner beglückter sind und alles noch viel reizvoller erleben. Als ich-struktureller Therapeut wird man einem Menschen deutlich machen können, daß er auch ohne medizinische Geschlechtsumwandlung die Rolle des anderen Geschlechts im sexuellen Zusammensein und Lebensstil übernehmen kann. Auch ist dem Menschen dabei freigegeben, sich von einer transsexuellen Fixierung wieder hinzuentwickeln zur Androgynität, d. h., wo beides, männliches und weibliches Geschlechtserleben, flexibel zur Verfügung steht, oder auch zu der anatomischen geschlechtlichen Fixierung. *Andritzky* (1983) faßte es in die Worte: „Im Sinne *Ammons* Spektraltheorie gleitender Übergänge von Männlichem und Weiblichem werden die gruppendynamischen Vorgänge während eines Geschlechtsrollenwechsels untersucht und die Veränderung körperlich-morphologischer Prozesse als Geschehen an der Grenze von Psyche und Soma verstanden."

Wir stimmen mit *Hilarion Petzold* (1977, S. 252) überein, wenn er schreibt: „Die Wiederentdeckung des Körpers und das Konzept ganzheitlicher Behandlung müssen als die wichtigsten Errungenschaften moderner (Psycho-)Therapie angesehen werden." Und: „Die Zeit der ‚eindimensionalen' Behandlungen beginnt abzulaufen, und die Forderung nach einem ganzheitlichen und integrativen Ansatz der Therapie, der sich nicht nur auf die psychische Realität beschränkt, sondern auch die körperliche, geistige und soziale Dimension des Menschen zu erreichen sucht, stellt sich immer dringlicher."

Unsere neue Richtung der Humanstrukturologie hat konsequentermaßen nunmehr auch das Berührungstabu nur verbal arbeitender, den Körper des Menschen ausklammernder Therapieformen aufgegeben. Die Gruppendynamik ist das Alpha und Omega unserer Theoriebildung und praktischen Arbeit. Sie bestimmt die Effektivität der Team-, Forschungs- und besonders der Behandlungsarbeit und ihres Geflechtes in unseren Kliniken und Instituten und bestimmt den Erfolg oder Mißerfolg unserer Behandlungsmethodik (*Ammon* 1976).

Die heutige Hirnforschung (*Eccles* 1979, *Sperry* 1974, *Pribram* 1978, *Rothschild* 1982, *Kostandov* 1978, *Rotenberg* 1982, *Zenkov* 1978, *Varela* 1984 u. a.), Philosophie (*Popper* 1974, *Feyerabend* 1976, *v. Weizsäcker* 1963, *Keyserling* 1984, *Dürckheim* 1979 u. a.), Physik und Astrologie (*Jantsch* 1979, *Capra* 1983 u. a.), Biologie (*Sheldrake* 1983 u. a.) sowie die heutige humanistische Psychiatrie und Psychologie haben, wie ihre Ergebnisse zeigen, die alten Denkwege verlassen.

Zu dem weltweiten Aufbruch eines neuen Humanismus mit einer ganzheitlichen Schau des Menschen, neuen Denkwegen und sich verbindenden Entdeckungen in Astrophysik, Biologie, Mathematik, Philosophie, Hirnforschung, meditativer Religiosität und humanistischer Psychologie und Psychiatrie gehört auch ein neues Erleben von Zeit, neue Wege der Politik und ein neues Denken mit einer ganzheitlichen Sicht unserer Erde und des Menschen in seiner Androgynität und Leiblichkeit.

Literatur

Ammon, G., Als die Mütter herrschten, *Für Dich* (1946).
—, Gruppendynamik der Aggression, Pinel-Publikationen, Berlin 1970.
—, Freizeitgestaltung im Rahmen einer gruppendynamischen Milieutherapie, *Psychother. med. Psychol.* 21 (1971), 197-204.
Ammon, G., Patterson, P. G. R., Peyote: Zwei verschiedene Ich-Erfahrungen, in: Ammon, G. (Hrsg.), „Bewußtseinserweiternde" Drogen in psychoanalytischer Sicht, Pinel-Publikationen, Berlin 1971.
Ammon, G., Dynamische Psychiatrie — Grundlagen und Probleme einer Reform der Psychiatrie, Luchterhand, Darmstadt/Neuwied 1973a; Neuauflage, Kindler, München 1980.
—, Psychoanalyse und Psychosomatik, Piper, München 1974.
—, Das Borderline-Syndrom, ein neues Krankheitsbild, *Dyn. Psychiat.* 40 (1976a), 317-348.
—, Analytische Gruppendynamik, Hoffmann & Campe, Hamburg 1976b.
—, Theoretical Aspects of Milieu Therapy, The Menninger School of Psychiatry, Topeka/Kansas 1959. Pinel-Publikationen, Berlin 1977.

—, Das Verständnis eines Entwicklungsdefizits von Ich-Strukturen in Persönlichkeit und umgebender Gruppe als Grundlage für Wissenschaft und Praxis einer Dynamischen Psychiatrie, *Dyn. Psychiat.* 49/50 (1978a), 120-140.

—, Die psychosomatische Erkrankung als Ergebnis eines ich-strukturellen Defizits — Eine Betrachtung unter genetischen, dynamischen, strukturellen und gruppendynamischen Gesichtspunkten, *Dyn. Psychiat.* 51 (1978b), 287-299.

—, Entwurf eines Dynamisch-Psychiatrischen Ich-Struktur-Konzepts — Zur Integration von funktional-struktureller Ich-Psychologie, analytischer Gruppendynamik und Narzißmus-Theorie, in: *Ammon, G.* (Hrsg.), Handbuch der Dynamischen Psychiatrie, Bd. I, Ernst Reinhardt Verlag, München 1979a.

—, Gruppendynamisches Prinzip, in: ebda. 1979b.

—, Psychoanalytische Milieutherapie, in: ebda. 1979c.

Ammon, G. unter Mitarbeit von *Wallenberg Pachaly, A. von*, Schizophrenie, in: ebda. 1979d.

Ammon, G., Das ich-strukturelle Prinzip bei Depression und psychosomatischer Erkrankung, *Dyn. Psychiat.* 59 (1979e), 445-471.

—, Ich-strukturelle und gruppendynamische Aspekte bei der Entstehung der Schizophrenie und deren Behandlungsmethodik, *Dyn. Psychiat.* 65 (1980), 429-450.

—, Kreativität, Therapie und künstlerische Gestaltung, *Dyn. Psychiat.* 68 (1981a), 101-115.

Ammon, Gü. unter Mitarbeit von *Ammon, Gi., Griepenstroh, D.*, Psychoanalytische Aspekte des Widerstandes, in: *Petzold, H.* (Hrsg.), Widerstand. Ein strittiges Konzept in der Psychotherapie, Junfermann, Paderborn 1981b.

Ammon, G., Kreativität als Grenz- und Identitätsgeschehen, in: *Ammon, G.* (Hrsg.), Handbuch der Dynamischen Psychiatrie, Bd. II, Ernst Reinhardt Verlag, München 1982a.

—, Das sozialenergetische Prinzip in der Dynamischen Psychiatrie, in: ebda. 1982b.

—, Hirnstrukturen, Unbewußtes und Ich-Strukturologie, in: ebda. 1982c.

—, Identität — ein Geschehen an der Grenze von Raum und Zeit. Zum Prinzip der Sozialenergie, *Dyn. Psychiat.* 74/75 (1982d), 114-128.

—, Die Bedeutung der Hirnhemisphärenforschung für die Humanstrukturologie, *Dyn. Psychiat.* 76/77 (1982e), 195-226.

—, Androgynität, Oberseminar am Lehr- und Forschungsinstitut der Deutschen Akademie für Psychoanalyse, Berlin, 1982f-1984.

Ammon, G., Burbiel, I., Finke, G., Wagner, H., Ergebnisse Dynamisch-Psychiatrischer Forschung, in: ebda. 1982.

Ammon, G., Griepenstroh, D., Harlander, U., Methodenintegration aus der Sicht der Dynamischen Psychiatrie, in: ebda. 1982.

Ammon, G., Zur Dynamik des Schöpferischen, in: Kindler's Enzyklopädie „Der Mensch", Bd. 6, Kindler, München 1983a.

—, Das Prinzip der Sozialenergie im holistischen Denken der Dynamischen Psychiatrie, *Dyn. Psychiat.* 80/81 (1983b), 169-191.

—, Ego-Structural Conception of Art Therapy, *Japan. Bull. of Art Ther.* 14 (1983c) S. 93-100.

—, Ich-strukturelle Tanztherapie, Vortrag gehalten am 2. Weltkongreß der World Association for Dynamic Psychiatry WADP und XV. Int. Symposium der Deutschen Akademie für Psychoanalyse (DAP), München, 11.-16. Dez. 1983, (1983d).

Ammon, G., Burbiel, I., Stuck, U., Der Autokinetische Lichttest in der Humanstrukturologischen Forschung, *Dyn. Psychiat.* 78/79 (1983), 63-109.

Ammon, G., Die Unerreichten — Zur Behandlungsproblematik des Urnarzißmus, *Dyn. Psychiat.* 85 (1984a), 145-164.
—, Der androgyne Mensch, *Dyn. Psychiat.* 86 (1984b) in Druck.
—, Religiosität und Gottesbegriff als ganzheitliches Geschehen, *Der evangelische Erzieher* 3 (1984c), 302-309.
Ammon, G., Köppen, U., Hoffsten, M., Wolfrum, G., Terpeluk, V., Vilbig, M., Hoffmann, H., Vergleichsuntersuchungen bei Gruppen narzißtisch depressiv und psychosomatisch reagierender Patienten im Schlaf- und Traumlabor in der Dynamisch-Psychiatrischen Klinik Menterschwaige, *Dyn. Psychiat.* 85 (1984), 165-195.
Andritzky, W., Eine ethnologische Literaturstudie zur Transsexualität, Vortrag gehalten auf dem 2. Weltkongreß der World Association for Dynamic Psychiatry WADP und XV. Int. Symposium der Deutschen Akademie für Psychoanalyse (DAP), München, 11.-16. Dez. 1983.
Baumann, H., Das doppelte Geschlecht. Studien zur Bisexualität in Ritus und Mythos, Reimer Verlag, Berlin 1955.
Buckley, K., Schwenkglenks, F., Vigener, B., Theatertherapie in der Dynamisch-Psychiatrischen Klinik Menterschwaige, Vortrag gehalten auf dem XIII. Int. Symposium der Deutschen Akademie für Psychoanalyse (DAP), München, 11.-16. Dez. 1981.
Capra, F., Wendezeit, Scherz-Verlag, Bern 1983.
Dürckheim, K. Graf, Vom Leib, der man ist, in: *Petzold, H.* (Hrsg.), Psychotherapie und Körperdynamik, Junfermann Verlag, Paderborn 1979.
Eccles, J. C., Das Gehirn des Menschen, Piper, München 1979.
Eicke, D., Der Körper als Partner, Kindler, München 1973.
Ferenczi, S., Weiterer Ausbau der aktiven Technik in der Psychoanalyse, *Int. Z. f. Psychoanal.* 7 (1921), 233-251.
Feyerabend, P., Wider den Methodenzwang, Suhrkamp, Frankfurt 1976.
Griepenstroh, D., von Wallenberg Pachaly, A., Das energetische Prinzip bei Freud und Ammon, in: *Ammon, G.* (Hrsg.), Handbuch der Dynamischen Psychiatrie, Bd. I, Ernst Reinhardt Verlag, München 1979.
Hirschfeld, M., Ursachen und Wesen des Uranismus, *Jahrbuch für sexuelle Zwischenstufen* 5 (1903), 1-193.
Jantsch, E., Die Selbstorganisation des Universums. Vom Urknall zum menschlichen Geist, dtv, München 1979.
Keyserling, A. Graf, Wir haben die menschliche Norm noch nicht erreicht. Interview mit *Keyserling, A. Graf*, in: *Geisler, G.* (Hrsg.), New Age — Zeugnisse der Zeitenwende, Hermann Bauer Verlag, Freiburg i. Breisgau 1984.
Kostandov, E. A., Physiological Mechanisms of „Psychological Defense" and Unaccountable Emotions, in: *Prangishvili, A. E., Sherzozia, A. E., Bassin, F. V.* (Hrsg.), The Unconscious I, Metsniereba, Tbilisi 1978.
Lebzeltern, G., Zu Unrecht vergessene Freud-Briefe, *Dyn. Psychiat.* 74/75 (1982), 97-113.
Ortega y Gasset, J., Aufstand der Massen, Deutsche Verlagsanstalt, Stuttgart 1953.
Petzold, H., Thymopraktik als Verfahren integrativer Therapie, in: *Petzold, H.* (Hrsg.), Die neuen Körpertherapien, Junfermann Verlag, Paderborn 1977.
Petzold, H., Berger, A., Integrative Bewegungstherapie und Bewegungspädagogik als Behandlungsverfahren für psychiatrische Patienten, in: ebda. 1977.
Popper, K. R., Objektive Erkenntnis. Ein evolutionärer Entwurf, Hoffmann & Campe, Hamburg 1974.
Pribram, K. H., Consciousness and Neurophysiology, *pederation proceed.* 37 (1978), 2271-2274.

Reich, W., Charakteranalyse, Fischer, Frankfurt/M. 1933.
Rotenberg, V. S., Funktionale Dichotomie der Gehirnhemisphären und die Bedeutung der Suchaktivität für physiologische und psychopathologische Prozesse, in: *Ammon, G.* (Hrsg.), Handbuch der Dynamischen Psychiatrie, Bd. II, Ernst Reinhardt Verlag, München 1982.
Rothschild, F. S., Unbewußtes und Identität — Vermittlung des Psychischen durch das Zentralnervensystem, in: ebda. 1982.
Sheldrake, R., Das schöpferische Universum, Meyster-Verlag, München 1983.
Sperry, R. W., Lateral Specialization in the Surgically Separated Hemisphere, in: *Schmitt, F. O., Worden, F. G.* (Hrsg.), The Neurosciences: Third Study Program, M. I. T.-Press, Cambridge Mass. 1974.
Sullivan, H. S., The Interpersonal Theory of Psychiatry, *Perry, H. S., Gawel, M. L.* (eds.), Norton, New York 1953.
Varela, F., Die Möglichkeit der Transformation. Interview mit *Varela, F.*, in: *Geisler, G.* (Hrsg.), New Age — Zeugnisse der Zeitenwende, Hermann Bauer Verlag, Freiburg i. Breisgau 1984.
Weininger, O., Geschlecht und Charakter, Wien/Leipzig 1908.
Weizsäcker, C. F. von, Die Verantwortung der Wissenschaft im Atomzeitalter, 1963.
Zenkov, L. R., Some Aspects of the Semiotic Structure and Functional Organisation of „Right Hemispheric Thinking", in: The Unconscious: Nature, Functions, Methods of Study, Vol. I, Metsniereba Publishing House, Tbilisi 1978.

Leiberfahrung und Darstellung

Renate C. Weyde, Braunschweig

1. Einleitung

Es hieße, Eulen nach Athen zu tragen, an dieser Stelle den Verlust des Leibbewußtseins kulturkritisch zu beklagen und die Störungen im Verhältnis zum eigenen Leib individuell und gesellschaftlich zu charakterisieren.

Ich möchte hier einige „mikrokosmische" Möglichkeiten der Wiederaneignung des eigenen Leibbewußtseins innerhalb kunstpädagogischer Arbeit, angeregt durch gestalttherapeutische Konzepte, anschaulich machen. Mein besonderes Interesse gilt dabei der Funktion bildender Tätigkeit im Prozeß dieser Wiederaneignung.

H. Rumpf beschreibt den Verlust von Leiberfahrung und Sinnlichkeit in der Schule auf der Basis des gegensätzlichen Begriffspaares der „diakritischen Wahrnehmung" und der „coenästhetischen Rezeption". Während die diakritische Wahrnehmung differenzierend, objektivierend und „abstandnehmend" arbeitet, geschieht die coenästhetische Rezeption ganzheitlich-erlebend, leibgebunden und „mitschwingend" (*Rumpf* 1981, S. 32f). Diese Art der Wahrnehmung ist sozusagen die Bewußtseinsform des Leibes. Wenn nun im Laufe der Sozialisation diese coenästhetische Vermögen der Wahrnehmung dem Bewußtsein entfremdet wird, so erhält es sich doch gesellschaftlich gesehen in einigen Berufsgruppen, insbesondere in den künstlerischen, und: „Ganz verschwunden kann demnach diese Art der Wahrnehmung doch auch für die vielen nicht sein, in denen immerhin die Fähigkeit erhalten ist, sich von den Produkten solcher Menschen anrühren zu lassen; denn die Annahme, daß dort in „präsentativen" Formen (*Langer* 1979, S. 103-105) auch coenästhetische Resonanzen vermittelt werden, liegt nahe" (*Rumpf* 1981, S. 34/35). Mit anderen Worten: In den künstlerischen Ausdrucksformen sind nicht nur coenästhetische Qualitäten der Wahrnehmung enthalten, sondern diese Ausdrucksformen und ihre Produkte sind selbst ein Schlüssel zur Wiederaneignung dieses Bewußtseins, — des ganzheitlichen Bewußtseins des Leibes. — Dies ist in etwa der Ansatz, von dem aus ich die folgenden Beispiele aus dem Unterricht vorstellen möchte.

2. Beispiele

2.1 Leiberfahrung und Körperausdruck im plastischen Gestalten (8. Klasse, etwa 14 Jahre alt)

Ich möchte den Schülern dieser Klasse mit einer Arbeit „Plastisches Gestalten" Gelegenheit geben, den menschlichen Körper in Bewegung und in Beziehung zueinander mit einfachen Mitteln darzustellen. Das Material ist Pappmaché (Kleister und Zeitung) mit Steinen für die Füße, damit die Statik einfacher wird. Die Figuren sollen ungefähr 50 cm hoch werden. Bevor die Arbeit mit dem Material beginnt, arbeite ich mit der Gruppe zwei bis drei Doppelstunden mit dem eigenen Leib. Aufwärmübungen sind in dieser Altersgruppe zumeist überflüssig. Die Struktur dieser Arbeit sieht etwa so aus:

Die Schüler bilden Paare, in denen sich der Eine im Anderen „spiegelt". In der anschließenden Übung „Wachsen" versuchen sie zuerst, sich so klein wie möglich zu machen, um sich dann langsam nach oben und in die Breite auszudehnen, so wie es ihnen unter den jeweiligen körperlichen und räumlichen Bedingungen möglich ist. Schließlich spielen jeweils zwei oder drei Schüler eine pantomimische Szene, z. B. ein Liebespaar oder Musiker, in der die Beziehung nur durch die Bewegung deutlich wird. Nach jeder Übung teilen sie sich paarweise oder in kleinen Gruppen mit, welche Erfahrungen sie gemacht haben. Die Sensibilität und Aufmerksamkeit soll so zunächst auf den eigenen und fremden Leib, dann auf das Körpervolumen und die Entfaltung im Raum und schließlich auf die Bewegung in der Beziehung zueinander gerichtet werden.

Der nächste Teil der Arbeit konzentriert sich bereits auf die Themenfindung und die plastische Form. Die Schüler stellen „Lebende Bilder" dar, d. h. sie versuchen zu zweit oder zu dritt, eine Haltung zueinander zu finden, aus der eine bestimmte Beziehung zueinander hervorgeht. Gezeigt werden z. B. „Mutter und Kind" oder „Zwei Boxer und ihr Schiedsrichter".

Die „Zuschauer" raten nun, was jeweils dargestellt ist. Hier setzt bereits Klärung und Reflexion ein; *Wie* entsteht der Eindruck von „Zuneigung" oder „Angriff"? Die vorher entstandenen Leib- und Ausdruckserfahrungen werden so auf eine spezifische Darstellungsform hin (Plastik) verdichtet und mit der Reflexionsebene in Kontakt gebracht.

Jeder Schüler wählt sich nun einen Partner, und die Aufgabe ist, zwei Figuren in Beziehung zueinander mit den Materialien herzustel-

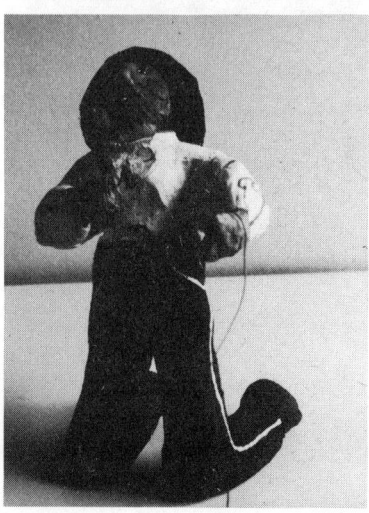

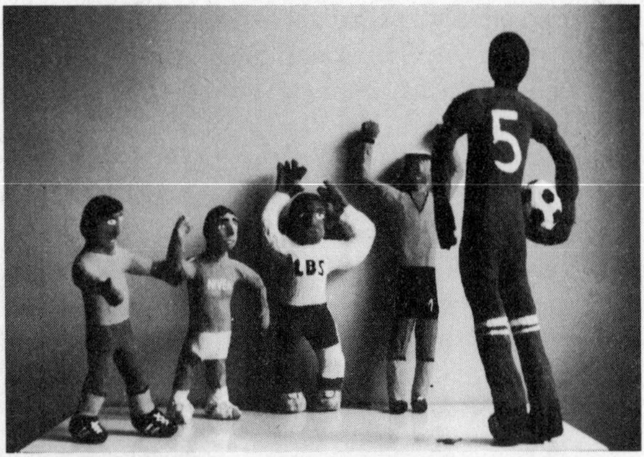
LBS
5

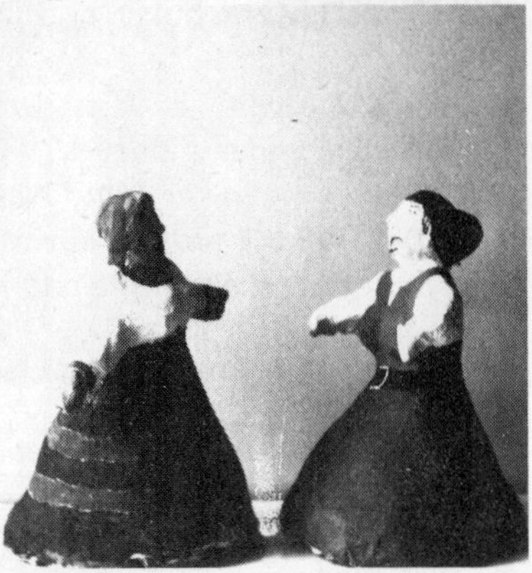

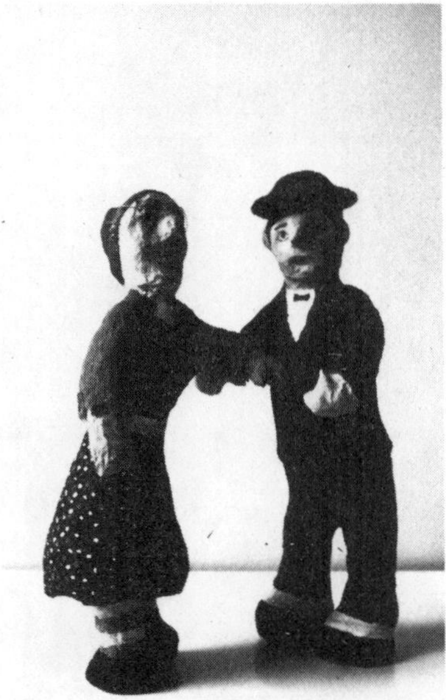

len. Einige Schüler arbeiten jedoch lieber allein, andere schließen sich zu größeren Gruppen zusammen. Ich lasse sie auch.

Es entstehen Musikpaare und Gruppen, Liebes- und Tanzpaare, Großeltern, sportliche Szenen, Clowns, zwei Frauen im Gespräch und vieles Andere.

Die Figuren werden bemalt, anschließend in der Gruppe vorgestellt und besprochen und schließlich in der Schule ausgestellt.

Ich gehe hier nicht weiter auf die Besprechung und die Bedeutung der Figuren selbst ein. (Interessant erschiene mir hier eine Betrachtung unter den Gesichtspunkten: „Befürchtung" und „Wunsch" sowie „Personen, die mir wichtig sind".) An dieser Stelle möchte ich vor allem erwähnen, daß diese Einführungsarbeit mit dem eigenen Leib für die Schüler im Kontext „Schule" offensichtlich eine besondere und sie „bewegende" Erfahrung war, welche über die Stimmung in den Stunden selbst noch hinausging. Durch Zufall erfuhr ich von einer außenstehenden Bekannten, daß eine Gruppe von Schülern aus dieser Klasse während der Heimfahrt mit einem lauten und intensiven Erfahrungsaustausch über das Erlebte in dieser Stunde den Autobus beherrschte.

2.2 Sich-Hineinversetzen und Abbilden
(Klasse 12, etwa 18 Jahre)

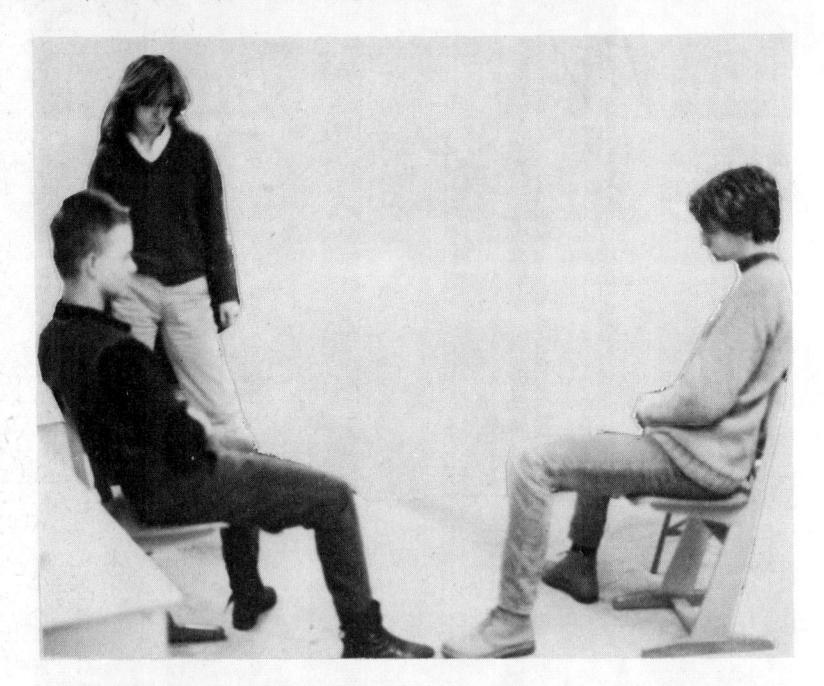

Die folgende Übung habe ich im Zusammenhang des Arbeitsthemas Menschendarstellung entwickelt.

Sie beginnt mit einer Aufwärmübung: Im Raum umhergehen und Kontakte entstehen lassen. Danach sucht sich jeder Schüler einen Partner, so daß sich zwei gegenüberstehende Reihen bilden.

Die Schüler auf der einen Seite nehmen die Haltung ihres Partners auf der anderen Seite ein, so daß sich jeder im „Spiegel" betrachten kann.

Nach dem Wechsel tauschen sich die Paare über ihre Erfahrung aus. Nun bilden sich neue Dreiergruppen. Der Prozeß wird zunächst von einer Kleingruppe demonstriert.

Jede Gruppe besteht aus einem *Modell*, einem *Nachbilder* und einem *korrigierenden Beobachter*. Das Modell findet eine möglichst angenehme Haltung im Sitzen, der Nachbilder versucht, diese Haltung präzise nachzuahmen, und der Beobachter korrigiert ihn solange, bis die Haltung stimmt.

439

Hier stimmt z. B.
die Handhaltung nicht.
Sie muß überprüft
werden.

Danach können sich Nachbilder und Modell mitteilen, wie es ihnen in der Haltung gegangen ist: fremd oder vertraut, anstrengend oder leicht oder wie auch immer. Das Modell nimmt sich auf diese Weise selbst bewußter wahr. Für den Nachbilder geht es hier darum, Selbst- und Fremdwahrnehmung zu unterscheiden. Schließlich nimmt das Modell wieder seine Haltung ein, und der Nachbilder beginnt zu zeichnen.

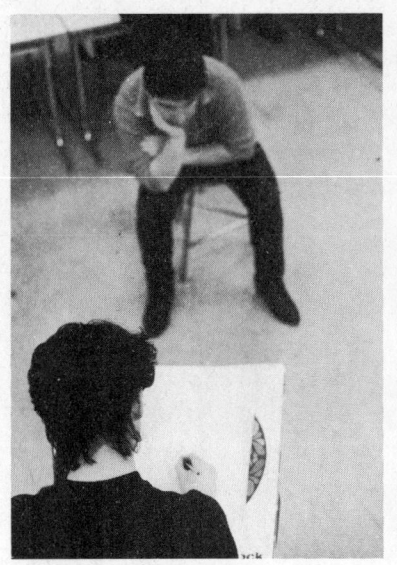

Der Beobachter schaut zu und schreibt auf, was er während des Zeichnens wahrgenommen hat.

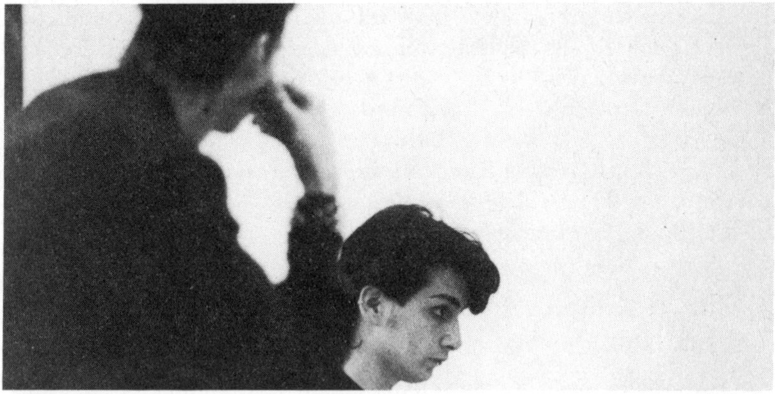

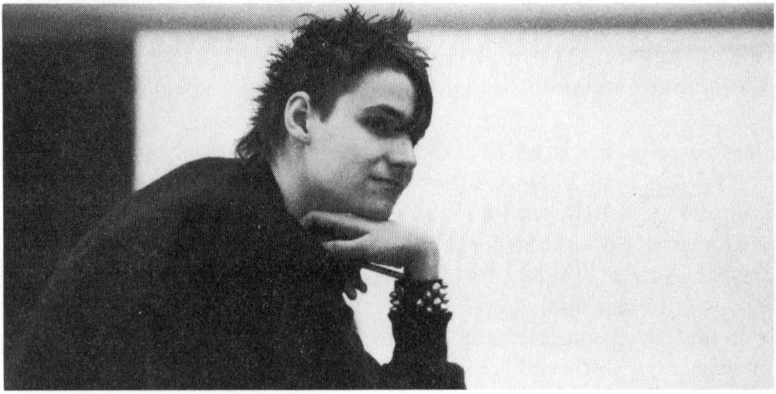

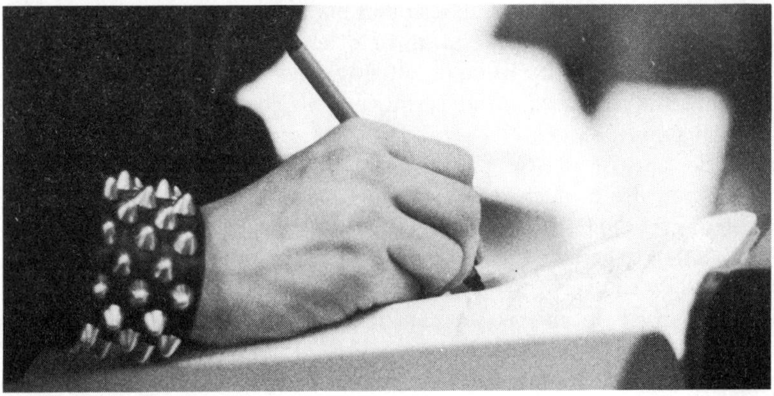

Nach der Übung werden die entstandenen Erfahrungen unter den Gesichtspunkten der Rollenerfahrung, des Prozeßerlebens und der Frage, was für jeden Einzelnen heute von besonderer Bedeutung war, reflektiert. Die Arbeitsprodukte werden wohl betrachtet, sind aber an dieser Stelle weniger wichtig. Die nächste Aufgabe ist dann die Zeichnung einer lebensgroßen Figur (schwarze und weiße Kreide auf Packpapier) zum Thema Körperausdruck. Diese Arbeiten werden auf „Ausstellung" hin konzipiert.

3. Zur Verknüpfung von Leibwahrnehmung und Darstellung

Ich verzichte hier auf eine Darstellung der Stimmungsveränderung, welche durch die Integration von Leiberfahrung im Unterricht entsteht. In den Bildern selbst schwingt vielleicht etwas davon mit. Hinweisen möchte ich hier noch auf eine andere Möglichkeit der Verbindung von Bild und Leibwahrnehmung. Auf der Basis der oben geschilderten Erfahrungen ist bereits die Arbeit mit der Vorstellung des eigenen Leibes hinreichender Impuls, um Unterricht lebendig zu machen. Beispielsweise fordere ich die Schüler auf, in der Analyse eines Bildes von *Menzel* (Das Balkonzimmer, 1845) sich ihrer leiblichen Wahrnehmung in diesem Raum voll bewußt zu werden, die in diesem Raum möglicherweise vorangegangenen Ereignisse zu phantasieren und auf dieser Basis das Bild zu betrachten. Die Ergebnisse lösen bei den Schülern Faszination aus.

In diesem Zusammenhang hat mich die Beobachtung eines Schülers überrascht. Er schreibt, daß der Betrachter sich etwa 1,5 m stehend über dem Boden befindet. *Menzels* Zwergwüchsigkeit war ihm, so sagte er auf meine Nachfrage hin, nicht bekannt.

Bei dieser Art der Verknüpfung von bildlicher Darstellung und Leibbewußtsein geht es um die Erfahrung der coenästhetischen Resonanzen, wobei nicht entscheidend ist, inwieweit die historische Realität des Bildes erfaßt wird, sondern inwieweit sich der Betrachter der bei ihm entstandenen mitschwingenden *Wirkung* bewußt wird.

Anders bei den vorweg beschriebenen Beispielen. In beiden Fällen erwachsen die bildlichen Vorstellungen aus coenästhetischen Wahrnehmungsqualitäten. Der Prozeß der Entwicklung bildlicher Wahrnehmung aus der ganzheitlichen Leibwahrnehmung heraus (*Rumpf* 1981, S. 39/40) wird hier noch einmal modellartig wiederholt, wobei die plastische Arbeit durch das Moment der Berührung, des Erfassens und Begreifens noch eine stärkere sinnliche Rückbindung an die Leibwahrnehmung enthält als die zeichnerische Arbeit.

Im Gegensatz zu gesondertem Unterricht: Körper- und Bewegungserziehung (*Petzold*, 1978, S. 103) sind die hier dargestellten Ansätze Versuche, abgespaltene und verschüttete Leiberfahrung in Fachunterricht zu integrieren. Der Lernbewegung und der Bewußtseinsarbeit in Anlehnung an therapeutische Verfahren kommt hier jedoch keine große Bedeutung zu. Die Erfahrungen des Leibes werden wohl an das Bewußtsein angebunden, fließen dann aber in die konkrete Tätigkeit des Gestaltens ein.

Über die Bedeutung hinaus, welche solche gemeinsamen Erfahrungen für das Selbstverständnis der Gruppe als soziale Einheit haben, kommt der „Veröffentlichung" ihrer Ergebnisse eine weitere wichtige Funktion zu. Sie sind ein Beitrag zur Bewußtseinsbildung des „Social-Body" der jeweiligen Schule. Befürchtungen, Zustandsbeschreibungen und Wunschvorstellungen im leiblichen Sinn können hier im bildlichen Ausdruck in einem größeren Zusammenhang vermittelt werden.

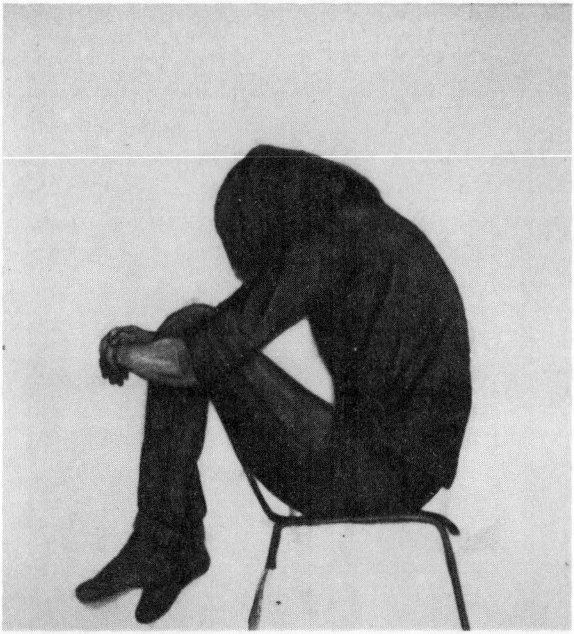

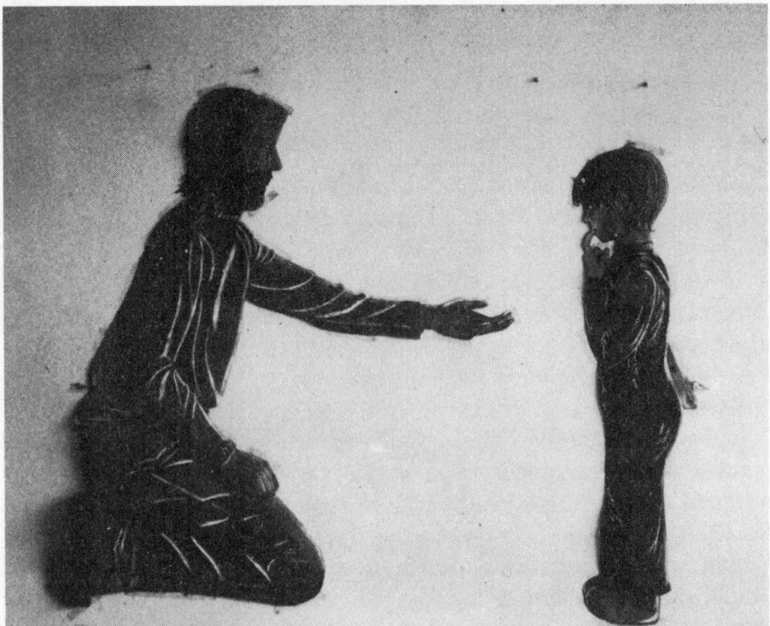

4. Mein Leib — Meine Zeit

Nach diesem Einblick in die pädagogische Arbeit möchte ich die Aufmerksamkeit auf den gestalttherapeutischen Zusammenhang richten, aus dem wesentliche Anregungen für diese Arbeit stammen. Die Übung, die ich hier vorstellen möchte, ist keine „Körperarbeit" im derzeit gebräuchlichen Sinne des Wortes; sie ist jedoch Modell des Integrativen Vorgehens, und vor allem aber wird hier Leiblichkeit im Hinblick auf Zeit durch leibliche Symbolisierung in den Erlebnishorizont gestellt.

Die Samenkornübung (*Petzold/Orth*) beginnt damit, daß der Übende sich selbst als das Samenkorn einer Pflanze vorstellt und die entsprechende, ihm gemäße leibliche Haltung findet. Während der Leiter (Therapeut) den Jahreszyklus mit den Einwirkungen und Qualitäten der Elemente in Worten inszeniert, läßt der Übende durch seinen Leib die Entwicklung der Pflanze im Jahreszyklus (Aus-der-Erde-Kommen, Wachsen, Reifen, Zur-Erde-Zurückkehren) zum Ausdruck kommen. Dann wird die Art der Pflanze vorgestellt, z. B. Baum, Busch oder Blume, und im Anschluß bildlich dargestellt. Schließlich wird ein Text geschrieben, in dem vor allem die Zeiterfahrung in Worte gefaßt wird.

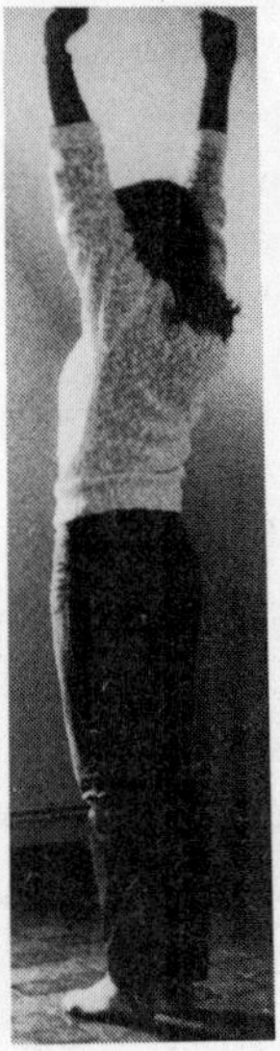
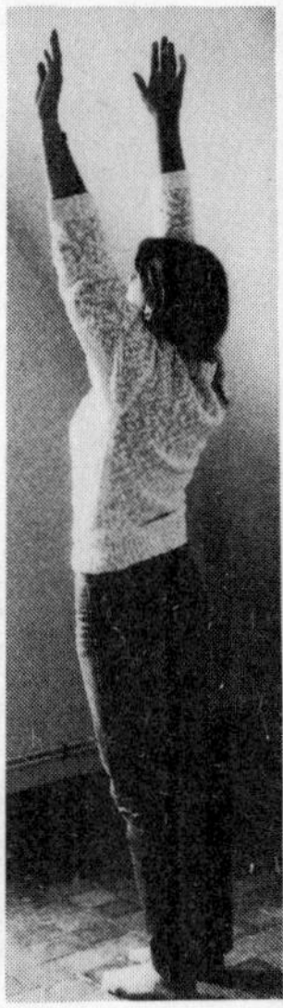
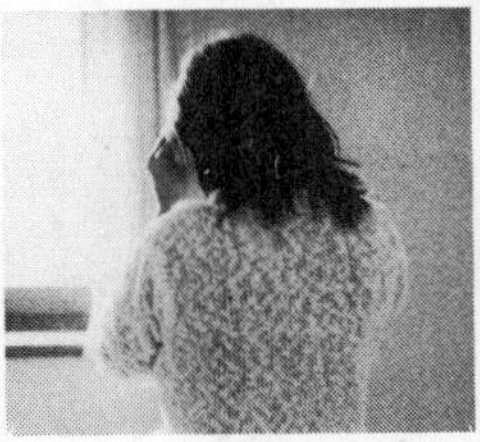
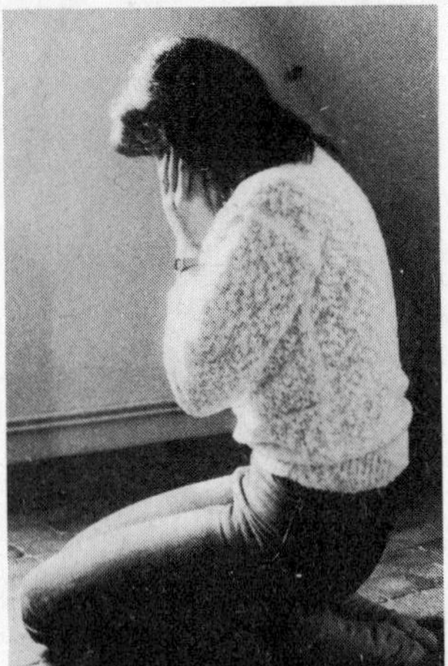

449

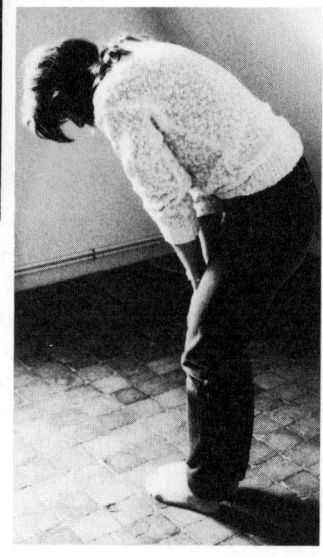

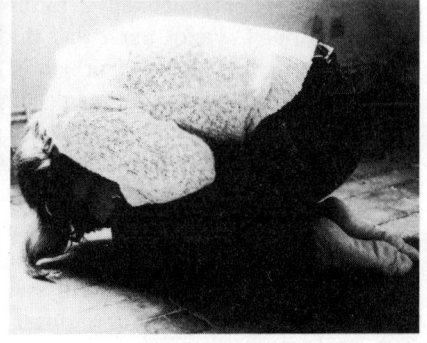

In der tiefen Erde liege ich
Dunkelheit herrscht
Ich weiß, daß es mich gibt.

Ich treibe aus mir heraus
Ich weiß nicht wie,
es geschieht.

In eine andere Welt
bin ich gewachsen.

Himmel und Sonne,
Luft und Wärme
geben mir neue Gestalt —
Blatt, Stamm und Blüte —

Früchte entstehen
und ziehen schwer zur Erde
Ich lasse sie los.

Wind, Regen und Wolken sagen
daß die Zeit reif ist.
Ich gehe zurück zur Erde.

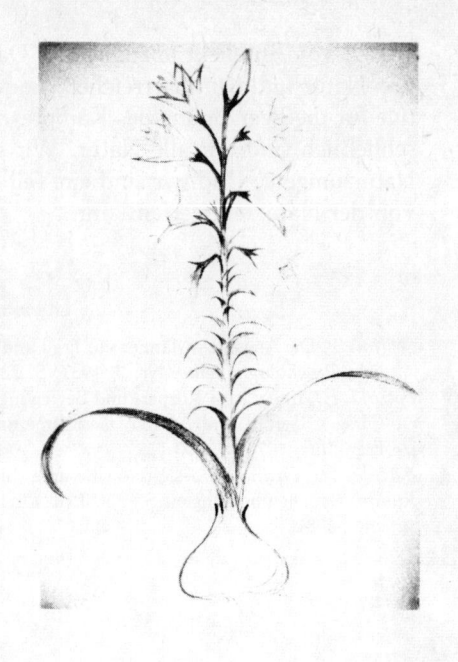

Die Samenkornübung ist nicht nur diagnostisches Instrument, sondern selbst heilende Struktur. Sie ist nicht konfliktzentriert, wenngleich sie auch schwere Konflikte aktualisieren kann, sondern ganzheitlich. Sie bietet verschiedene Medien an, so daß die Erfahrungen des Leibes je nach Persönlichkeitsstruktur und Situation wiederangeeignet werden können, wenn auch das Bild hier zumeist Gegenstand und Gegenüber der Bewußtseinsarbeit ist. Sie bringt mit Entstehen und Vergehen, mit der Zeit, die mein Leib ist, in Kontakt, und sie macht wieder bewußt, daß mein Leib selbst Natur ist. „Wirkliche Selbsterkenntnis heißt, die entfremdeten Teile der eigenen Psyche wieder zu vereinen — vor allen Dingen die Akzeptierung des verbotenen sinnlichen Wissens um unseren sterblichen Körper", sagt *Susan Griffin* (1981, S. 27/29) und formuliert weiter die Notwendigkeit dieser Integration: „Wir müssen aufhören, zwischen Eros und Wissen zu trennen, und wir müssen aufhören, unser sinnliches Wissen, unser Körperwissen vom Intellekt abzuspalten. Dann können wir die Versöhnung von Natur und Kultur erreichen, und dann gibt es auch eine Perspektive für die Beendigung des Kampfes zwischen Mann und Frau. Denn schließlich sind wir alle Natur. Wir sind ein Teil der Natur, der mit Natur umgeht. Und wir sind ein Teil der Natur, der sich ein Konzept von der Natur entwerfen kann."

Literatur

Griffin, S., Die Angst der Männer vor Frau und Natur: Sinnlich, Gierig, Grausam, Tödlich, *Psychologie heute*, Nr. 7, 1981. S. 22-29

Petzold, H., Integrative Körper- und Bewegungserziehung, in: G. I. Brown, H. Petzold (Hrsg.), Gefühl und Aktion, Gestaltmethoden im integrativen Unterricht. Flach, Frankfurt, 1978, S. 100-115.

Petzold, H., Orth, I., Poesie und Therapie, Junfermann, Paderborn 1985.

Rumpf, H., Die übergangene Sinnlichkeit. Drei Kapitel über die Schule, Juventa, München 1981.

Bewegung in Raum und Zeit
Zum Sinn von Tanz und Bewegung in der „Expression Corporelle"
Laura Sheleen, Noyers (Frankreich)

Ich kann mich in der heutigen Zeit nicht mit Betrachtungen über den Tanz beschäftigen, ohne sie in den beunruhigenden Zusammenhang der zeitgenössischen Welt zu setzen, die sich zwischen Eros und Thanathos hin und her bewegt. Früher oder später kommt im Leben eines jeden Künstlers — und als solchen betrachte ich mich — der Augenblick, in dem er aufgerufen ist, sich sowohl mit den Leiden als auch mit den Freuden seinesgleichen zu indentifizieren. Ich gestehe, daß ich sehr schwierige Augenblicke erlebe, wenn ich die Angemessenheit meiner künstlerischen Aktivitäten und der dazugehörigen Pädagogik hinterfrage. Dies alles erscheint mir als Luxus in einer Welt, in der Millionen von Menschen weiterhin verfolgt werden, vor Hunger sterben, politische Unruhen erleiden und in der Angst vor einem Nuklearkrieg leben. Dennoch setze ich meine Arbeit, für die ich mich ausgebildet habe, fort, im Glauben, daß es wichtig ist, unser kulturelles Erbe zu bewahren und zu entwickeln und diejenigen künstlerischen Techniken zu praktizieren, die dem geängstigten Menschen helfen können, sich dem Guten, Schönen und Wahren im sokratischen Sinne zuzuwenden. Da der Großteil meiner Tätigkeiten unterdessen pädagogischer und therapeutischer Art ist, beschäftigen mich auch Fragen aus diesem Gebiet. Ich verpflichte mich selber als Lehrende, über den Inhalt meines Unterrichts und die Bedürfnisse meiner Schüler — derer, die unterrichtet werden wollen — immer wieder neu nachzudenken.

Unterricht bedeutet: Anerkennung von Zeichen. Die meisten Zeichen stehen ihrer Natur nach in einem Zusammenhang mit dem Raum. Keine menschliche Geste ist ohne Bedeutung, sie ist Zeichen. Wie können wir seine Bedeutung entschlüsseln? Wie es entziffern, um einerseits die Mitteilung empfangen und andererseits eine entschlüsselbare Antwort geben zu können? Der Tanz, die Choreographie, die Pantomime, das Bildertheater, sie alle sind „Kunst der Zeichen" par excellence. Sie sind Kommunikation durch nonverbale Zeichen, ein ikonischer Ausdruck in Bildern.

Der Tanz selber war zu verschiedenen Zeiten Ausdruck von großem Streß und tiefer Angst. So wurden beispielsweise in Zeiten von Pest, Hungersnöten und großen Katastrophen ganze Volksgruppen von einer Tanzmanie ergriffen, die manchmal bis zum Tode der Tänzer führen konnte. Dr. *Joost A. M. Meerloo* hat die modernen Formen dieses Phänomens studiert. Sein Vorschlag ist, daß unsere Tendenz zur Tanzmanie „kanalisiert" und in Richtung einer Katharsis und Sublimation geführt werden könne. Diese würden den Ausdruck der inneren Gefühle erlauben, auch wenn sich die Tänzer nicht des ganzen Prozesses bewußt waren. Ich persönlich meine, daß die aus dem modernen Tanz hervorgegangenen Unterrichtsformen ihrerseits Anzeichen für das Bedürfnis sind, unsere Triebe und Impulse zu kanalisieren, die uns — heute wie früher — in Anbetracht der Hoffnungslosigkeit einem einbrechenden Thanatos gegenüber zu überschwemmen drohen. Die gleichen Methoden können auch unseren Eros wieder wecken, indem sie uns mit der Wahrnehmung der universalen Gesetze, die uns alle bestimmen, in Kontakt bringen. Auf dieses Ziel zustrebend verdanke ich *van Laban* meine größte Inspiration.

Für meine Schüler habe ich *Labans* System der bewußten Raumstrukturierung auf eigene Art weiterentwickelt. Diese Arbeit ist im 11. Jahr meiner eigenen Ausbildung entstanden und schließt eine solide Kenntnis der Praxis von *Graham*, *Humphrey-Weidmann*, *Hanya Holm*, *Jose Limón* und des klassischen Tanzes ein. Ich habe auch verschiedene Formen des ethnischen Tanzes exploriert und mit *Louis Horst* und *Mary Anthony* Choreographie studiert. Aber schließlich ist es Van Laban, der mir ermöglicht hat, meine eigene Synthese zu finden. Sein Analyseraster, „Labanotation" genannt, hat mir schließlich erlaubt, das „Raum-Zeit"-Problem auf befriedigende Weise zu lehren und es bewußt mit der Welt der Archetypen, diesen Prototypen symbolischer Ganzheiten, die das Unbewußte umfassen, zu verbinden.

Die Fragen der „Körper-Raum-Zeit-Imagination" und der Kommunikation beschäftigen mich unterdessen seit 35 Jahren. Ich habe sie auf sehr verschiedene Weise erforscht: durch den Tanz und die funktionelle Bewegung, durch die *Jungsche* Psychotherapie und das Psychodrama *Morenos*, durch das „Théatre de l'image" und die Gesten des handwerklichen Schaffens. Ich machte Untersuchungen über die Symbolik von Gegenständen und Gestik. Ebenso habe ich Theatertechniken verwendet bei der Erforschung des Selbst mittels Masken und Körperspielen.

Als Menschenbildnerin und Psychotherapeutin habe ich das Anliegen, die „êtres en manque" („die Menschen, denen etwas fehlt") wieder mit ihrem Gefühl für ihren Körper zu verbinden, mit ihrer Energie und ihrem Erleben von Raum und Zeit. Ich möchte möglich machen, daß jeder sein Wort wieder ganz „verkörpern", sein Imaginäres benennen kann. Der Tänzer, der seine Geste nicht in Worte fassen kann, hat nur die Hälfte seiner Initiation ins Leben geleistet, sowie umgekehrt der Intellektuelle, der sein Wort nicht in Handlung umsetzt, sein Wort nicht verkörpert. Nach meinem Arbeitsplan muß das „Ich in Bewegung" zum „Ich, das seine Handlung benennen kann" gelangen, das heißt zum Wort, und zwar zum eigenen Wort, das die persönliche Dynamik innerhalb einer sozialen und kosmischen Dynamik ausdrückt. In späteren Abschnitten des Artikels werden Sie sehen, wie ich *Labans* System angewendet und durch psychoanalytische Kenntnisse über Sinn und Symbolik erweitert habe. Mein Plan war es, ein Erziehungsinstrument zu entwickeln — hauptsächlich für „normale" Erwachsene —, das die gesamte psychomotorische Entwicklung der Persönlichkeit fördert, um damit gehemmte oder schlummernde Potentiale zu wecken und zu entfalten. Mit den nötigen Anpassungen kann diese Methode in der Rehabilitation verschiedener physischer und psychischer Krankheiten verwendet werden. Allerdings ist es nicht mein Ziel, diese Aspekte hier zu behandeln.

Meine Erfahrung im Tanz und besonders mit *Labans* Konzeption haben mir persönlich die Vision und das Erleben eröffnet, da ich ein multidimensionales Wesen *werden* kann im Bewußtsein meiner Entwicklung in einem multidimensionalen Universum. Diese Vision wiederum versuche ich meinerseits in den Menschen, mit denen ich arbeite, zu wecken. Idealerweise wäre ein solcher Mensch „sonnenhaft", insofern er in Analogie zur Sonne die Fähigkeit hat, in alle Richtungen und Dimensionen, die ihm entsprechen, zu funktionieren. Er wäre auch fähig, die Einsamkeit (*solitude*), die in der „Sonnenhaftigkeit" (*soleil-tude*) liegt, zu bewältigen. Oder anders gesagt: Er könnte Zugang dazu finden, eine Sonne zu sein, das heißt zu spüren, einzigartig (*unique*), also einzig (*une*), also allein zu sein.

Für viele ist diese Vorstellung erschreckend. Sie bleiben wegen ihrer Erziehung oder wegen mangelnder Erziehung symbiotisch, d. h. sie bleiben unfähig, für sich (einzigartig und einzeln, *unique et solitaire*) zu existieren. In der Symbiose erwirbt der Mensch nicht alle seine Fähigkeiten. Vielmehr bleibt er Objekt und hängt dabei von den Entscheidungen und Launen anderer ab, statt Subjekt zu werden, d. h. seine eigenen Anliegen wahrzunehmen und seine Wahl selbst zu treffen. Auf verschiedenen Ebenen wird eine entsprechende Disharmonie sichtbar und tritt besonders in Bewegung und Haltung in Erscheinung.

Macht man eine eingehendere Analyse, so findet man entweder einen schlechten Gebrauch der Kraft, eine unvollständige Zeitkoordination oder einen mangelhaften Umgang mit dem Raum. Auf Anhieb fällt der motorische Aspekt der Problematik auf. Aktuelle Untersuchungen enthüllen sehr enge Verbindungen zwischen dem Körper- und Bewegungsverhalten und der Tiefenpsychologie. Wir können unsere Verhaltensmuster bezüglich Körperhaltungen und Bewegungen nicht verändern, ohne unser Wesen in der Tiefe zu verändern. Unsere psychischen und physischen Verhaltensmuster sind zu großen Teilen erworben, wenn auch unbewußt. Indem wir sie uns bewußt machen, können wir diese mangelhaften Haltungen schrittweise verbessern.

Manchmal sind solche Veränderungen unerwartet und radikal. Ich werde mich immer an den jungen Mann erinnern, der so sehr stotterte, daß er 15 Minuten brauchte, um 5 Wörter zu sagen. Das war furchtbar peinvoll — sowohl für ihn als auch für seine Zuhörer. Durch Zufall besuchte er einen modernen Tanzkurs und bekam großen Spaß daran. Nach kurzer Zeit entdeckte er, daß der Tanz seine Berufung würde, und verschrieb sich ihm mit Leib und Seele. Drei Jahre später stotterte er nicht mehr. Jeder Orthophonist und Psychologe weiß, wie schwierig es ist, einem Stotterer zu helfen. Hier also einer, der sein Symptom verloren hat ohne gezielte Therapie. Das Verschwinden seines clonischen Stotterns war nicht voraussehbar, sondern das Nebenprodukt der strukturierenden Aktivitäten des modernen Tanzes, allerdings gekoppelt an den Unterricht bei einem „good enough teacher" („a good enough mother" nach Winnicott). Dieser Mensch wurde ein vorzüglicher Lehrer mit einer sehr guten verbalen Ausdrucksfähigkeit.

Ein anderer Fall zeigt eine radikale, irreversible und unerwünschte Entwicklung. Es handelt sich um eine 19-jährige junge Frau, die wie ein Zweijähriges an ihrem Daumen lutscht, sobald sie sich ängstigt. Ihr Lehrer hatte sich darauf versteift, ihr diese „schlechte Gewohnheit" auszutreiben ... und es ist ihm gelungen, mit dem Preis, daß anstelle des Daumenlutschens ein Tic im Gesicht auftrat, der sie durch den Muskelspasmus viel mehr entstellte als das erste Symptom.

Es ist klar: Wer es übernommen hat, andere zu erziehen oder zu rehabilitieren, wer sie dazu führen will, Entdeckungen über sich selbst zu machen, der muß seinerseits recht präzise Vorstellungen haben von dem, was er vermitteln oder entdecken lassen will. Meine theoretischen Untersuchungen sind nur das Resultat und die Bestätigung dessen, was ich vorher durch meine eigene Erfahrung begriffen habe.

Heute ist mein Unterricht eine organische, unteilbare Einheit. Dennoch kann ich meine Darstellungsform je nach Gruppe variieren: sei es für Tänzer, Schauspieler oder Mimen, für Erzieher oder Psychologen; ebenso für alle Alter und für die verschiedenen physischen und kulturellen Niveaus. Die wichtigsten Aspekte der „réalité globale" (unserer Wirklichkeit, die ich bearbeite) sind: der Raum, die Zeit, die Energie und die Symbolik ihrer Strukturen.

In der Praxis beginne ich mit den „Richtungen" (*directions*). Mein scheinbar unbeweglicher Körper kann sich nicht bewegen, es sei denn, er nimmt eine Richtung. Keine Richtung heißt keine Bewegung. Hinter dem Wort „*direction*" höre ich das Wort „Erektion", der Körper-Phallus, der in den Raum dringt, nicht in den Gesamtraum, sondern in den Raum meiner gewählten Richtung. Meine Bewegung — bewußt oder unbewußt — wird das Ergebnis sein, eine Bahn, die zum Zeichen wird und eine Spur hinterlassen kann.

Nach der Lehre *Labans* beruhen alle für unseren Körper möglichen Richtungen auf vier Richtungskategorien. Das sogenannte „Körperschema" (*schéma corporel*) ist nicht die Basis, sondern das Ergebnis dieser Raumkonstruktion, die man nur erwirbt, indem man den Raum zerteilt (*diabolos*, Teufel: derjenige, der teilt) und ihn organisiert (*symbolon:* dasjenige, das eint, ergänzt und zuführt, was fehlt). Ich existiere und besitze eine „persönliche Sphäre" von etwa 1 1/2 Kubikmeter, deren Meister ich durch meine Gesten werde. Von hier aus nehme ich — von innen nach außen, wie eine Zwiebel mit ihren sich überdeckenden Schichten — meinen Anfang und verschiebe mein Gravitationszentrum, das sich in der Mitte meines intimen physischen Seins befindet. Aus diesem Zentrum, von diesem *Punkt* aus, aus diesem „*Gon*" werden die vier Richtungskategorien aus mir hervorgehen.

Kehren wir kurz zum Wort „*Gon*" zurück. Im Griechischen heißt „*gonos*" Keim oder *Ausgangspunkt*. Betrachten wir die Wurzel im Wort „Gonade" (Hoden/Eierstöcke), die Organe, wo die kleinsten Partikel (*Gene*), die die genetischen Mitteilungen enthalten, gesammelt sind. Es sind Keime und potentielle Ausgangspunkte mit der Fähigkeit ausgerüstet, zu reisen, eine Bahn zu ziehen. Eine Bewegung entsteht immer aus einem „*Gon*". Es ist die Verschiebung dieses Punktes, der eine Richtung nimmt und damit die Bewegung bestimmt.

Untersuchungen wir also die 4 Richtungskategorien, die alle Labanschüler kennen und vermitteln.

a) Die *kosmischen Richtungen*, so genannt, weil sie die beiden sichtbaren Richtungen des Makrokosmos und des Mikrokosmos sind. Die Wahl besteht darin, in Richtung der Sonne oder gegen ihren Lauf zu reisen. Die Bewegung mit der Sonne heißt *dextrogyr* (*dexter* = rechts, *gyr* = drehen). Eine Bewegung gegen den Sonnenlauf nennt man *sini-*

strogyr (sinister = links). Beachten Sie den Doppelsinn des Wortes „Sinn", das sowohl „Bedeutung" als auch „Richtung" (z. B. Uhrzeigersinn) enthält. Der Richtungswechsel einer Bewegung bewirkt auch eine Änderung der symbolischen Bedeutung. Ein Beispiel: Die Involution wird durch eine linkswendige (sinistrogyre) Spirale, die dem Zentrum zuläuft, versinnbildlicht. Die Evolution wird durch eine Spirale symbolisiert, die rechtswendig (dextrogyr) nach außen läuft. Ein wirkliches Labyrinth ist nach diesem Modell gebaut und wird so getanzt. Die Nabelschnur des Menschenkindes ist eine dreifache Spirale aus zwei Venen und einer Arterie. Sie läuft immer linkswendig der Plazenta zu. Auf der Symbolebene kommen wir zu folgendem Bild: Das Blut, das von der Mutter zum Kind strömt, läuft in dextrogyrer Bewegung in Richtung Kind, dem Projekt oder Entwurf der Mutter als Fortsetzung des Lebens in die Zukunft (symbolisch nach rechts). Auf dem Rückweg fließt das Blut linkswendig der Mutter zu, zur Quelle hin, zum Ursprung und zur Vergangenheit des Kindes.

b) Die *„absolut"* genannten *Richtungen* bestimmen immer eine Vertikale von oben nach unten, zwischen dem Zentrum der Erde und der Unendlichkeit in Funktion der Schwerkraft. Die beiden Richtungen werden *„Null und Unendlich"* genannt und sind die *polaren* Richtungen der absteigenden Linie nach unten und der aufsteigenden nach oben. Wenn ich aufrecht stehe, steigt eine Linie der Schwerkraft vom Zentrum der Erde durch mein eigenes Zentrum (mein Gon) und wächst durch meine Fontanelle ins Unendliche. Diese Linie verbindet mich wie eine kosmische Nabelschnur nach unten hin mit der Großen Mutter Erde, der Materie, der Matritze (Gebärmutter), den chthonischen Kräften, der Schwerkraft und dem Tod. Zum anderen Pol Richtung Unendlichkeit verbindet sie mich mit dem Vater Himmel, der Fruchtbarkeit des Regens, den himmlischen Lichtern, der Sonne, den Sternen, dem niederschmetternden Blitz, dem Bewußtsein, dem Geist, dem Wachstum und dem Gedankenflug.

c) Die *persönlichen Richtungen*, so genannt, weil sie zu mir gehören. Wo immer ich hingehe, nehme ich sie mit. Sie haben ihren Ursprung in der phylogenetischen Entwicklung. Sie ermöglichen die Bewegungen, die nach außen gerichtet sind auf die Ernährung und Fortpflanzung hin. Diese Richtungen heißen: *nach vorne* (vor mir), *nach hinten* (hinter mir), *nach rechts* (zu meiner Rechten), *nach links* (zu meiner Linken). Das „Ich" kann Vektor, Bezugspunkt oder Betrachter sein — jedenfalls gehen die Richtungen von mir aus. Wenn ich untergehe, werden sie mit mir untergehen. Mit ihnen entstehen *meine* Zeitbegriffe in der dreifachen Dimension von Vergangenheit, Gegenwart und

Zukunft. Ich bin „Ich-jetzt" gegenwärtig (präsent sein heißt, Anwesenheit/Gegenwart haben) und gerichtet in Raum und Zeit. Die Zukunft liegt vor mir, die Vergangenheit liegt hinter mir. Ich gehe in die Zukunft; gehe ich in die Vergangenheit zurück, so tue ich das lediglich in meiner Vorstellung. Will ich mir etwas einverleiben (z. B. essen), dann wende ich mich normalerweise der gewünschten Sache zu und gehe vorwärts, das bedeutet ein körperliches Ja. Ich kann aber auch gewahr werden, daß ich das Objekt eines Wunsches nach Einverleibung von jemand anderem bin (gefressen werden). Dann werde ich zurück gehen, d. h. meine Bewegung wird nach hinten sein; ich werde mich also drehen, um zu entfliehen in Richtung meines Wunsches nach Überleben. Der Rückzug drückt ein Körper-Nein aus. Wir geben Bewegungen, die nach vorne gehen, einen positiven Sinn: der Wunsch, die Attacke oder der Angriff, der Mut, das Vorwärtsstreben (Progression). Bewegungen, die den Rückzug ausdrücken, geben wir eher eine negative Bedeutung: die Angst, die Flucht, die Regression. Die Begriffe *vorwärts und rückwärts* sind die polaren Richtungen meiner Tiefenebene oder der sagittalen Symmetrieebene.

Die *persönlichen Richtungen* von *rechts* und *links* führen den Begriff der Lateralität (Seitigkeit) ein, die dem Menschen allein eignet — der Mensch sozusagen als einziges, meist rechts lateralisiertes Tier. Diese Seitigkeit formt sich zuerst von der Hand aus, später breitet sie sich allmählich über die ganze halbe Seite des Körpers aus, dann wird sie eine „Richtung" und schließlich eine „Situation" (Ort oder Ding), immer von mir aus als Bezugspunkt bestimmt. Die Rechte und die Linke haben je eine eigene, oft widersprüchliche Symbolik. Wir müssen den Ursprung dieser Divergenzen am räumlichen Bezugspunkt suchen; das war ursprünglich die Sonne. Betrachten wir die Sonne im Osten und Süden, so wird die scheinbare Rotation in der nördlichen Hemisphäre als dextrogyr wahrgenommen. Nach Süden gewandt geht die Sonne zu unserer Linken auf und zu unserer Rechten unter. Umgekehrt wird die Rotation in der südlichen Hemisphäre als sinistrogyr erlebt; und nach Norden gewandt, geht die Sonne recht von uns auf, um links von uns unterzugehen. Die Sonne, der Orientierungspunkt unserer Vorfahren, hat unsere Symbolik von rechts und links, Vergangenheit und Zukunft geprägt. Für uns wie für unsere Vorfahren steht die Sonne im Süden am höchsten, bei Tag- und Nachtgleiche mit dem Sonnenaufgang im Osten und zur Linken und dem Sonnenuntergang im Westen und zur Rechten des Beobachters. Die Sonnenpositionen links und im Osten (Aufgang), im Zentrum und im Süden (Zenith), rechts und im Westen (Untergang) haben uns den Zeitbegriff, der von der Vergangenheit über die Gegenwart in die Zukunft läuft, auferlegt.

Die beschriebenen Phänomene haben das Unbewußte und die Sprache der gesamten Menschheit geprägt. Sie bleiben unsere Orientierungsbasis — auch wenn wir heute durch die Erkenntnisse der Physik und der *Einstein*schen Relativitätstheorie mit neuen Kenntnissen über Raum und Zeit konfrontiert sind.

Balanciere ich von meinem rechten Fuß auf meinen linken — gewissermaßen als Waage der Justitia —, um auf der einen Seite, in der Mitte oder auf der anderen Seite Halt zu machen, so hat diese Bewegung je eine andere symbolische Bedeutung. Der Halt in der Mitte heißt, mich in meinem Zentrum ins Gleichgewicht zu bringen. Die Gravitationslinie geht dann durch mein Zentrum und macht mich „enantiomorph", d. h. von der Energie aus gesehen symmetrisch. Das ist die Position des „Ich bin", die Situation und der Zustand, in dem sich meine verschiedenen Achsen kreuzen: die Tiefenebene, die Frontalebene und die Diagonalen. Dies entspricht einem Zustand von besonderer Wachsamkeit und Undurchdringlichkeit (z. B. der Zen-Meister).

In unserer Kultur ist die rechte Seite die männliche, die aktive, mit der Bedeutung der Zukunft, die Seite der günstigen Voraussetzungen und der Auserwählten beim Jüngsten Gericht. Die Linke ist die weibliche Seite, die passive, bedeutet auch die Vergangenheit, die düsteren Vorhersagen und die Verdammten, die zur linken Seite Gottes dargestellt sind und zur Hölle gehen. Andere Kulturen haben andere Interpretationen gegeben. Rechts und links sind die polaren Richtungen auf meiner Frontalebene.

d) Die *horizontalen Richtungen* heißen so, weil sie am *Horizont* wahrgenommen und auf ihn projiziert werden; der Horiziont ist dieser *Kreis*, der um das „Ich-Situation-Zentrum" einen Umkreis zeichnet. *Norden und Süden* sind die *polaren* Richtungen der *Longituden* (Längengrade) des Planeten Erde. *Osten* und *Westen* sind die polaren Oppositionsrichtungen der *Latituden* (Breitengrade) der Erde. Mit ihren Komponenten *Nord-Ost*, *Nord-West*, *Süd-Ost* und *Süd-West* verbinden sie sich zu einer Windrose mit acht Richtungsarmen. Diese horizontalen Richtungen sind immer außerhalb von mir und um mich herum (auf meinem Horizont). Aber um sie nutzen zu können, muß ich sie zu meinen Introjekten machen, bevor ich sie projizieren kann. Um die Projektionen (Bewegungen und Gedanken) in diese Richtungen zu erleichtern, habe ich die Zahlenkonvention übernommen und die Richtungen dextrogyr von 1-8 numeriert. Um einer Strecke im Raum zu folgen oder sie zu beschreiben, benutze ich diese Zahlen. Sie repräsentieren ja nicht nur eine Quantität, sondern sind auch Symbole eine spirituellen Ordnung. Wenn ich so sehr auf den Zahlen bestehe, geschieht es mit dem Ziel, sie auf vitale Weise wieder ins persönliche Erleben der Menschen zu integrieren.

Ein „durch den Umkreis dominiertes Ich" wird Gefühle und Empfindungen einer geschlossenen Welt ohne Ausgang haben. Es ist Objekt von Druck und Zwang aus der Umwelt. Regiert im Gegensatz dazu das „Ich-Zentrum", dann wird der Raum von Strahlen geordnet sein, ein Bild, das uns wieder zur „Ich-Sonne" zurückführt, wie wir weiter oben erläutert haben. Ein „Ich-Zentrum" wird Gefühle und Empfindungen haben, daß es existiert und präsent ist in einem unendlich expandierenden Universum. Es wird sich als Subjekt, also als Handelnder erleben, der sich mit anderen Handelnden zusammenfinden und auf neue Attraktionszentren zustreben kann. Die zeitliche Funktion des Zentrums ist, unaufhörlich präsent zu sein.

Mit den beiden Bildern des „durch die Umgebung dominierten Ich" und des „Ich-Zentrum" treffen wir auf zwei Welten: diejenige eines auf sich selbst zurückgezogenen, geschlossenen Umkreises, der ein Eingeschlossensein ohne Ausgang suggeriert, ein *Teufelskreis* also — so wie *Dantes* Vorstellung von der Hölle; und diejenige des unbeweglichen Zentrums, des vollkommenen Wesens, die Darstellung der Himmelsrose.

Diese vier Richtungskategorien bilden das Fundament eines Code, einer „Raum-Zeit-Sprache", die durch verschiedene wesentliche Begriffe ergänzt wird: Bezugspunkt und Orientierung, Tempi, Komplementarität etc. Die Kombination und das Jonglierspiel mit diesen Begriffen wird es erlauben, sich bewußt in Raum und Zeit zu bewegen, oder genauer gesagt, in einem Kontinuum, wo Raum, Kraft und Zeit ständig im Wechsel aufeinander Einfluß nehmen. Diese gesamte Strukturierung des Raumes bildet eine Bewußtwerdung. Mit diesem Bewußtwerden der Dinge haben wir zwar immer gelebt, aber eben unbewußt.

In meinen Kursen werden diese Begriffe durch eine recht direktive „Impression Corporelle" geschult. Die gesuchte „Expression Corporelle" kommt später, wenn der Schüler die Ausdruckssprache kennt. Ich unterscheide zwischen der „Expression Corporelle" der Instinkte und der „Expression Corporelle" dessen, was man zum Ausdruck gewählt hat. Die Instinkte wurden von der Natur in unsere Natur eingeprägt. Alles andere hingegen hat einen kulturellen Ursprung. Mit der Kultur entsteht Sprache und „Nomination". Jedes Kind findet von der Natur zur Kultur, indem es Sprache entwickelt und alles benennt: hoch — tief, vorne — hinten, rechts — links und unendlich viele andere Dinge, Wesen, Zustände und Affekte.

Indem wir diese Dinge strukturieren, integrieren und sie uns *einverleiben*, streben wir auf unsere Multidimensionalität, unser *Selbst* zu. Um von mir sprechen oder zuhören und jemand anderen empfangen zu können, ist es wichtig, daß ich meine Körperteile, die ich berühre und bewege, benennen und die Richtung der Bewegungen genau beschreiben kann. Damit beginnt die Differenzierung im Wissen und in der Fähigkeit des Handelns. Aus dem Handeln entstehen meine Handlungen im Raum; Handlungen mit einer Dauer und einem Ablauf in der Zeit. Will ich die Zeit strukturieren, so muß ich mir der Abfolge meiner körperlichen Handlungen bewußt sein. Meine Handlungen sind Inhaltspunkte, die mir erlauben, die Zeit wahrzunehmen. Ereignisse ordnen sich *nah oder weit* im Raum, *vorher* oder *nachher* in der Zeit. Mein Zeiterleben scheint eine lineare Richtung zu haben, immer in einer Vorwärtsbewegung. Ein Zurück in der Zeit ist zwar möglich, aber nur in unserer Vorstellung. Die Zeit hat also eine festgelegte Orientierung von der Vergangenheit in die Zukunft. Meine Handlung (Bewegung oder Strecke) hat ihre Zeiten: einen Anfang, eine Mitte und ein Ende. Die zeitlichen Anhaltspunkte sind durch den dynamischen Ablauf der Handlung bestimmt.

Ich bestehe auf der Wichtigkeit, das Raum-Zeit-Erleben in die bewußte Erfahrung zu integrieren, damit ich wählen kann, mich nach vorne und anderswohin zu ent-werfen (*pro-jeter*), um ein anderer zu werden als der, der ich heute bin. Die Arbeit der „*Impression corporelle*", des „körperlichen Eindrucks", ist eine Disziplin der Wiederholung, etwas zu tun und wieder zu tun, noch einmal und noch einmal (*encore et encore*), bis es in den Körper (*en corps*) eingeprägt ist; das gleiche (*le même*) wieder und wieder zu produzieren, bis es im Gedächtnis (*en mémoire*) sitzt.

Paul Klee hat gesagt: „Je schlimmer diese Welt ist (so wie heute), desto abstrakter wird die Kunst, wohingegen eine glückliche Welt auch eine diesseitige Kunst hervorbringt." Es scheint mir, daß die Tendenz heute auf diese Abstraktion zugeht. Und für mich wie für *Klee* besteht ein direkter Zusammenhang mit unserem Bewußtsein vom Leiden um uns herum und in uns drin.

Der Tanz war schon immer ein Vehikel für das Symbolische, und das Symbolische ist oft hochabstrakt. Hier trifft sich die psychologische oder therapeutische Arbeit mit der funktionellen und mechanischen des Körpers. Dabei geht es um die Beschäftigung mit den Zeichen eines Inhalts in einem Körper, der die Form ist und seinerseits Zeichen. In diesem Zusammenhang muß eine ganze Reihe von Zeichen auf der Körperebene aufgeschlüsselt werden; übrigens ist das Fehlen von Zeichen ebenfalls Zeichen, und zwar für das, was verloren gegangen oder nie erworben worden ist.

Früher fand der Mensch seine Orientierungspunkte in Bezug auf die Sonne und die Sterne. Sein Körperrhythmus war auf die Natur eingestellt und wurde vom Wechsel der Jahreszeiten geprägt. Der Mensch unserer Städte in den entwickelten Ländern hingegen ist un-natürlich. Er ist durch den Beton der Türme, die Digitaluhren und die städtisch-industrielle Programmierung von der Verbindung mit dem Kosmos abgeschnitten. Um unsere verlorene Körperlichkeit wiederzufinden,

Nördliche Hemisphäre

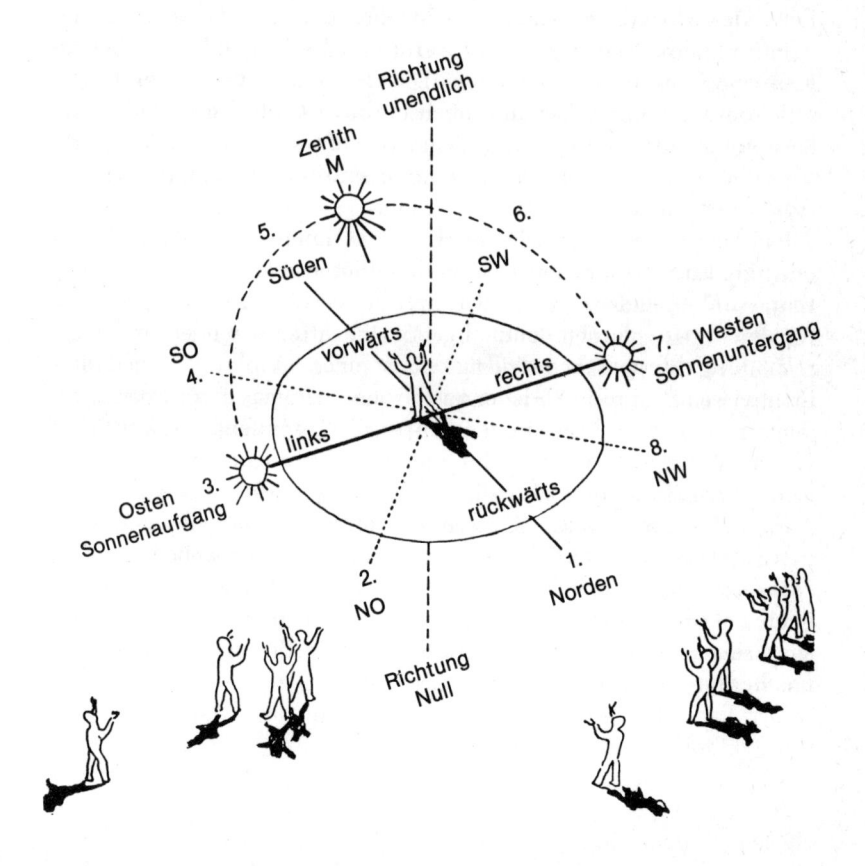

muß sich der Mensch erneut „fleischlich" und persönlich in die Struktur von „Körper-Raum-Zeit" und ihre Symbolik zurückbegeben. Eine Funktion der Symbolik besteht darin, den Mangel, das Fehlende zu repräsentieren. Das heutige Wiederaufkommen des Tanzes scheint mir in direkter Beziehung zu stehen mit einem gewissen Leiden in unserer Bevölkerung und Zeichen eines Versuchs zu sein, das, was verloren oder nie errungen war, wieder herzustellen oder neu zu erwerben.

Der Tänzer, der für sich selbst tanzt, gibt seinem persönlichen mythischen Raum Ausdruck. Indem er für andere tanzt, läßt er den kollektiven mythischen Raum erstehen. Was er vermitteln kann, ist das Versprechen einer archetypischen Mutation, den Übergang von der „großen chaotischen Raum-Zeit" zur beherrschten „Raum-Zeit". Denn das ist es auch, was unsere Mythen und Rituale ausdrücken.

In Raum und Zeit nichts einordnen zu können, heißt heute „geistige Konfusion", es ist ein Zeichen geistiger Verwirrung. Von dieser universellen geistigen Konfusion zu einer universalen Ordnung zu finden, das bedeutet Handeln — und zwar nicht in der Vorstellung, sondern wirkliches Handeln, das auf die Elemente des Universums Einfluß nimmt (vgl. *Pierre Solié*, Médecines Initiatiques, Epi, Paris 1976).

Es bereitet mir große Schwierigkeiten anzunehmen, daß eine Bewegung keinen Sinn haben soll. Sie hat mindestens den „Sinn" ihrer Richtungen. Die Tendenz zu meinen, daß die Bewegung des Tänzers nur für ihn allein bestehe, ohne irgend eine affektive oder imaginäre Bedeutung zu suchen, befriedigt mich nicht. Will ein Tänzer diese Sichtweise annehmen, so ist das sein Recht. Hingegen wird derjenige, der die „Geste, die zum Sehen gegeben wird", empfängt, bewußt oder unbewußt versuchen, sie zu entschlüsseln: entweder die bewußt beabsichtigten Zeichen oder aber diejenigen, die aus dem Unbewußten des Tänzers kommen. Es versteht sich von selbst: mit Hilfe der empfangenen Zeichen wird der Empfänger seine Projektionen weben.

Bewegung um der Bewegung willen scheint mir wie *l'art pour l'art* ein Zeichen für einen möglichen Autismus zu sein, für eine gewisse Verweigerung, die Kommunikation aufzunehmen, und dafür, sich in einen imaginären Narzißmus einzuschließen.

Übersetzung aus dem Französischen von Ursina von Albertini.

Tanztherapie
Zur Verwendung des Mediums Tanz in der Psychotherapie
Elke Willke, Pulheim

1. Einführung

Tanztherapie ist ein psycho- und körpertherapeutisches Verfahren, das sich in den vierziger Jahren in den USA entwickelt hat. Der Berufsverband der amerikanischen Tanztherapeuten definiert Tanztherapie folgendermaßen: Tanztherapie verwendet Tanz und Bewegung als psychotherapeutisches Medium in dem Prozeß, die psychische und physische Integration des Individuums zu fördern. Um seine Grundlagen zu verstehen, ist es notwendig, die Geschichte des Tanzes insoweit nachzuvollziehen, als daraus Ideen und Wirkungen deutlich werden, die eine therapeutische Nutzung von Tanz verstehbar machen. Die Entwicklung und die wechselnden Funktionen von Tanz hängen eng zusammen mit einer allgemeinen Geschichte des Körperverständnisses und der Körperbeherrschung. Die folgenden Abschnitte geben einen kurzen Einblick in die Geschichte des Körpers und in die Verbindung zur Geschichte des Tanzes.

Tanz gilt als eine der ersten und ältesten Formen menschlichen Ausdrucksstrebens überhaupt. „Der Tanz ist unsere Mutterkunst ... Rhythmische Bewegungen im Neben- und Nacheinander, gestaltetes Raumgefühl, lebendige Nachbildung erschauter und erahnter Welt — tanzend schafft sie der Mensch im eigenen Körper, bevor er Stoff und Stein und Wort zwischen sich und sein Erleben setzt" (*Sachs* 1976, 1). Der Tanz umfaßte für die Naturvölker das ganze Leben und spielte eine integrale Rolle im sozialen und religiösen Leben. Es gab kein Ereignis, bei dem nicht getanzt wurde: Geburt, Tod, Hochzeit, Krieg, Ernte, Jagd, Einsetzung eines Häuptlings, Austreibung böser Geister, Heilung von Kranken, Beschwörung von Naturgewalten, Bitten um Regen, Sonne oder Fruchtbarkeit. Für den „primitiven" Menschen war der Tanz gleichbedeutend mit allen wichtigen Aspekten seines Lebens, mit Arbeit, Liebe und Ritual. Ein mexikanischer Indianerstamm hatte für Tanz und Arbeit sogar ein und dasselbe Wort!

Diese Einheit ist für den modernen Menschen allerdings unwiederbringlich verloren. Der Soziologe *Norbert Elias* arbeitet heraus, wie sich der Körper und die Psyche im Laufe des Zivilisationsprozesses verändern und wie diese Veränderungen mit der jeweiligen Sozialstruktur zusammenhängen. Er stellt fest, daß „der Prozeß der Zivilisation eine Veränderung des menschlichen Verhaltens und Empfindens in einer ganz *bestimmten* Richtung ist" (*Elias* 1969, II, 312). In diesem Prozeß werden von außen kommende Zwänge — Fremdzwänge — internalisiert und wirken in Form von Selbstzwängen. Die beginnende gesellschaftliche Arbeitsteilung, die Ausbildung der Gewalt- und Steuermonopole, die sozialen Interdependenzen und Konkurrenzen über große Räume und große Menschenmassen hinweg bringen die Notwendigkeit mit sich, das Verhalten von Menschen in räumlicher, zeitlicher und sozialer Hinsicht nach abstrakten Prinzipien zu ordnen und die Fähigkeit der Voraussicht über weite Handlungsketten zu kultivieren. Entsprechend stark ist der soziale Zwang zur Selbstbeherrschung, zur Affektdämpfung und Triebregulierung. Menschliche Verrichtungen werden in immer differenzierterer Form hinter die Kulissen des gesellschaftlichen Lebens verdrängt und mit Schamgefühlen belegt. Die Regelung des gesamten Trieb- und Affektlebens wird durch beständige Selbstkontrolle gleichmäßiger, stabiler, rationaler. Der Differenzierung des gesellschaftlichen Gewebes entspricht die Differenzierung der psychischen Selbstkontrollapparatur: „Die verschiedenen Stufen des Zivilisationsprozesses haben die abendländische Rationalität gezüchtet, dabei den Seelenhaushalt gezüchtigt" (*Rittner* 1975, 124).

Als Material führt *Elias* Beispiele aus einer Vielzahl von Aspekten des menschlichen Sozialverhaltens an. Er wählt die fundamentalen und allen Menschen gemeinsamen Funktionen des täglichen Lebens aus, wie z. B. Verhalten beim Essen, Trinken, Schlafen, Verhaltensweisen gegenüber dem Körper sowie die Entwicklung von Scham und Peinlichkeit. Auch die Physis wird — in unlösbarem Zusammenhang mit der Psyche — im Laufe der Geschichte modelliert. Der Körper wird in dem Maße zurückgedrängt, wie die „Kopflastigkeit" und die spezifisch abendländische Rationalität in komplexer werdenden Sozialsystemen dominiert.

In diese Gedankengänge ordnen sich nahtlos auch die Ergebnisse von *Douglas* (1974) ein, die die Zusammenhänge von sozialen Beziehungen und Formen nicht-verbaler Kommunikation untersucht. Sie geht von der Hypothese aus, daß das Muster der sozialen Beziehungen auch die Formen der nicht-verbalen Kommunikation prägt und die Kommunikation durch den Körper selbst wiederum die Art der Reaktionen kontrolliert, die in einer bestimmten sozialen Umwelt möglich sind. So ist zu verstehen, daß der Körper zu einem restringierten Ausdrucksmedium wird, in dem sich die vom Sozialsystem ausgeübten Kontrollen zeigen. In ihrer weiteren Analyse kommt *Douglas* zu dem Ergebnis, daß mit zunehmender Komplexität von Gesellschaften körperliches Verhalten zunehmend zurückgedrängt und der Mensch ent-körperlicht wird. Die Stufen der Ent-Körperlichung dienen sogar dazu, Stufen in der sozialen Hierarchie zu markieren. Diese Entwicklung hat schließlich so weit geführt, daß *zur Lippe* feststellt: „Im gegenwärtigen neuen Stadium dieser unserer Geschichte werden Körperfeindlichkeit und Körperunterdrückung extrem: Der menschliche Körper erscheint so gut wie überflüssig" (1976, 105). Und *Kamper* (1976, 7) spricht vom Schweigen des Körpers, der „allerdings zum Schweigen gebracht worden (ist)".

Auch der Tanz ist ein Bereich, in dem sich die wechselseitige Beeinflussung von Individuum und Gesellschaft spiegelt. In seinen Stilrichtungen zeigt er das Bewegungsideal und die Affektlage seiner Epoche. „Im Tanz erscheint der Einfluß der äußeren Bedingungen auf die psychische Struktur in ästhetisch vermittelter Form" (*Müller/Servos* 1979, o. S.).

Der klassische Tanz des 19. Jahrhunderts ist dafür ein typisches Beispiel. Er übernahm in seine Form den Leistungs- und Technikgedanken der sich entwickelnden Industriegesellschaft. Normierte Bewegungs- und Schrittfolgen, bis zur technischen Virtuosität gesteigert, gewannen die Oberhand. Der Tänzer war in der Hand des Choreographen ein bloß perfekt funktionierendes Instrument. Auf der Bühne sah der Zuschauer den Tänzer in dem Zwang zur Perfektion dieselben Mechanismen produzieren, die auch sein alltägliches Leben bestimmten.

Eine Gegenreaktion gegen die einseitige Betonung formalistischer und technisierter Aspekte setzte zu Beginn des 20. Jahrhunderts ein. *Isadora Duncan* gelang es, durch die Wiederentdeckung der Natur und im Rückgriff auf die Ästhetik der griechischen Antike die Einschränkung und „Vergewaltigung" des klassischen Balletts zu durchbrechen und eine „natürliche" Ausgangsbasis für den Tanz zu schaffen. Die deutsche Ausdruckstanzbewegung setzte die Gegenreaktion fort und entwickelte ein Tanzverständnis, das für die Tanztherapie bis heute bestimmend ist. Der Tanz sollte den menschlichen Körper und seine organischen Bewegungsmöglichkeiten in den Mittelpunkt stellen. Er sollte gespeist werden aus der individuellen Erfahrung und dem emotionalen Erleben. *Rudolf van Laban* war der Philosoph des Ausdruckstanzes und *Mary Wigmann* seine früheste Schülerin. Für *Wigmann* war der Tanz eine Möglichkeit, sich als Persönlichkeit zu verwirklichen und Themen und Gefühlen ganz individuellen Ausdruck zu verleihen. Diese Konzentration auf den individuellen Ausdruck schloß natürlich aus, sich festgelegter Techniken zu bedienen. „Das war der Anfang des neuen künstlerischen Tanzes in Deutschland, und das meint nichts anderes, als daß im Tanz von nun an der ganze, ungeteilte Mensch wieder in Erscheinung trat. Der tanzende Mensch ward sich der strömenden Kraft seiner naturgegebenen Bewegungen wieder bewußt, und die rhythmische Sprache seiner Gebärde empfing Sinn und Bedeutung durch ihre Verankerung im lebendigen menschlichen Sein" (*Wigmann* 1936, 9).

Die deutsche Ausdrucksbewegung war wegweisend für den amerikanischen *„modern dance"* und die gesamte nachfolgende Ballett- und Tanzgeschichte. Ohne diese Entwicklung des Tanzes ist die Entstehung einer Therapieform, die Tanz als Medium verwendet, nicht denkbar. Alle Pionierinnen der Tanztherapie sind zur Zeit des Ausdruckstanzes groß geworden oder haben sogar selbst bei *Mary Wigmann* studiert. Die Anfänge der Tanztherapie in den USA sind geprägt durch wenige charismatische Tänzerinnen, die eine immense Erfahrung im Tanz als künstlerischem Ausdrucksmedium mitbrachten. Klinikerin, Psychologin oder Psychotherapeutin war zunächst keine von ihnen.

Fünf Tänzerinnen mit unterschiedlichen Persönlichkeiten und unterschiedlicher tänzerischer Erziehung markieren den Beginn der Tanztherapie in Amerika: *Franziska Boas, Marian Chace* und *Liljan Espenak* an der Ostküste, *Mary Whitehouse* und *Trudi Schoop* an der Westküste. Durch Erfahrungen in ihren Tanzstudios, Berichte von Teilnehmern, eigene Beobachtungen und durch Kontakt mit tiefenpsychologischen Therapeuten und psychiatrischen Institutionen „entdeckten" sie den Tanz als therapeutisches Medium wieder und erhielten Gelegenheit, ihn in den verschiedensten Institutionen zu erproben.

Franziska Boas führte schon 1941 zusammen mit einer Fachärztin für Kinderpsychiatrie den Versuch durch, mit Kindern einer psychiatrischen Klinik im Alter von 12 Jahren und jünger tänzerisch zu arbeiten. Beeinflußt vom modernen Tanz benutzte sie die natürlichen und spontanen Bewegungen der Kinder: Primitive Haltungen einnehmen und verändern, kriechen, rollen, springen, hüpfen, aber auch Darstellung von Tieren oder anderen Rollen — mit oder ohne Begleitung von Instrumenten — waren einige der benutzten Elemente (*Boas* 1943).

Liljan Espenak lernte in Europa modernen Tanz und arbeitet in Amerika mit einer Gruppe von Psychotherapeuten der *Adler*schen Richtung zusammen. Sie arbeitet mit neurotischen und psychotischen Patienten sowie mit retardierten und geistig behinderten Kindern. In ihrer Arbeit betont sie die Reintegration der Haltung als Basis für die

Entwicklung oder Reintegration von körperlich-seelischen Problemen. Sie benutzt die ganze Vielfalt moderner tänzerischer Möglichkeiten, zum Beispiel Musik, Improvisation, Objekte wie Masken, Fächer und Perkussionsinstrumente (*Espenak* 1981).

Marian Chace war Tänzerin in der Tanzgruppe von *Ruth St. Denis* und *Ted Shawn*, ehe sie ihr eigenes Tanzstudio eröffnete. Dort entdeckte sie bald, daß einige ihrer Schüler nicht kamen, um ihre tänzerischen Fertigkeiten zu entwickeln, sondern um mehr Vertrauen und Selbstbewußtsein zu bekommen. 1940 hatte sie schon zwei Gruppen von Schülern — eine Gruppe, die im Tanz trainiert wurde, und eine Gruppe, die im Tanz Hilfe suchte. 1942 begann sie an einer psychiatrischen Klinik mit einem Tanzprogramm. Seit 1942 widmete sie sich als Tanztherapeutin hospitalisierten psychiatrischen Patienten. Sie war die treibende Kraft, die schließlich 1965/66 zur Gründung der *American Dance Therapy Association* (ADTA) führte (*Chaiklin* 1975).

Mary Whitehouse erhielt ihre tänzerische Erziehung teils in Europa, teils in Amerika. Ihr Ansatz entwickelte sich auf diesem tänzerischen Hintergrund und durch ihre Kontakte mit der Tiefenpsychologie C. G. *Jungs*. Sie betont *„body awareness"* als Quelle von spontanem oder authentischem echten Sich-Bewegen. Die symbolische Repräsentation der inneren Erfahrungen, besonders auch der Träume in der Bewegung und ihre verbale Bearbeitung, zeigt den *Jung*schen Einfluß (*Whitehouse* 1979).

Die Schweizerin *Trudi Schoop* war in Europa vor dem Zweiten Weltkrieg durch ihre Tanzkomödie „Fridolin" bekannt und berühmt. Zu Beginn des Krieges löste sich ihre Tanzgruppe auf, und *Trudi Schoop* ließ sich in Kalifornien nieder. Dort begann sie, ihre Tanztherapie für chronisch psychotische Menschen zu entwickeln (*Schoop* 1974).

Die Pionierinnen von damals und die Tanztherapeuten von heute verstehen Tanz, wenn sie ihn als therapeutisches Medium verwenden, unabhängig von den Techniken bestimmter Stilrichtungen. Das Verständnis von Tanz in der Tanztherapie geht vielmehr auf die Wurzeln allen Tanzes zurück, auf das, was in der amerikanischen Literatur als *„basic dance"* bezeichnet wird. Basic Dance ist einmal Tanz als Ausdruck menschlicher Befindlichkeit, als Ausdruck von Emotionen, Zuständen und Bedürfnissen zu verstehen. Er ist gleichzeitig getragen von dem Bedürfnis aller Menschen, sich mitzuteilen, sich durch Bewegung einer Gruppe oder einem einzelnen verständlich zu machen. „Dance is a language which uses the totality of body-mind-spirit to relate to the most profound experiences, painful and joyous, to those who would observe or share in the experience" (*Chaiklin* 1975, 701). Basic Dance hat immer eine *Bedeutung*, er ist nie Tanz um der bloßen ästhetischen Form willen. „Basic dance is the externalisation of these inner feelings which cannot be expressed in rational speech but can only be shared in a rhythmic, symbolic action" (*Chace* 1975, 203). *Trudi Schoop* weist darauf hin, daß sie ihren Klienten nur die technischen Erfordernisse beibringt, die die Funktion des Körpers erhöhen, und nichts, was mit irgendeinem Tanzstil zu tun hat. „The only style they learn is represented by my concept of the ideal body... Within their own limitations they try to achieve the highest physical level of all the movements common to men" (*Schoop* 1974, 154).

Der Terminus Tanztherapie ruft immer wieder Mißverständnisse hervor, da Tanz in unserer Kultur eine sehr enge Definition hat und gerade auf Tanzstile bezogen wird. Das Konzept des „basic dance" ebenso wie die Ausführungen zum Ausdruckstanz zeigen, daß der Tanz ein Medium sein kann, über welches Menschen ihren persönlichen Ausdruck erleben und erarbeiten. Dies ist für eine therapeutische Arbeit grundlegend. In einer Zeit, die durch Ausdrucksverarmung auf allen Gebieten des Lebens gekennzeichnet ist, ist allein diese Möglichkeit von großem Wert.

Wie *Elias* und andere herausgearbeitet haben, ist der Tanz aber — auch wenn er „entfesselt" erscheint wie im deutschen Ausdruckstanz der 20er Jahre — in jeder Epoche Ausdruck der herrschenden Affektlage. Der persönliche und natürliche Ausdruck ist immer schon einer, der durch gesellschaftliche Bedingungen im engen und weiten Sinn geformt und in bestimmter Richtung eingeengt ist (vgl. *Benthall/Polhemus* 1975, 16 ff). Gelingt es in der Therapie — und in der Kunst — die Einengung, die körperbezogenen Zwänge und Selbstzwänge sichtbar zu machen, die Beengung und Reduziertheit darzustellen und bewußt zu machen, wird Tanz zum Medium der Befreiung.

Als Medium der Befreiung hat Tanz eine doppelte Funktion: Über die Sichtbarmachung und die Konkretisierung am eigenen Körper zeigt er die Beengung und Verarmung des Bewegungsverhaltens auf, macht sie greifbar und erlebbar und läßt gleichzeitig in der Freiheit des tänzerischen Raumes alternative und neue Weisen des Bewegungs- und Körperverhaltens zu. Im Tanz wird Identität und Authentizität des Selbst wieder zurückgewonnen. „Die Individuen gewinnen in einer paradoxen Volte zum Zivilisationsprozeß ihr Selbst über den Körper zurück" (*Rittner* 1983, 234).

Der Tanz hat sich, wie alle Künste, längst von den alltäglichen Notwendigkeiten gelöst. Dabei konnte er sich etwas bewahren, was im

Alltag des Lebens und Bewegens nicht mehr vorzufinden ist — und dies ist seine Chance und Bedeutung für die Therapie: Die Möglichkeit der Befreiung aus Zwängen und Zwecken, die Möglichkeit des direkten Selbstausdrucks und Erlebens, den direkten Kontakt zu sich selbst und anderen über Körper und Bewegung und nicht zuletzt das lustvolle Erleben der eigenen Bewegung und Bewegtheit — der Lebendigkeit überhaupt — im Tanzen, alleine und mit anderen. „... there are just no words to impart the measureless sense of joy, the love of live, the enchantment with existence that envelops the dancing human" (*Schoop* 1974, 158).

Die allgemeine Charakterisierung der Bedeutung von Tanz wird im folgenden differenziert im Hinblick auf die Bedeutung von Tanztechniken (2), die Rolle der Improvisation (3) und schließlich der Bedeutung tänzerischer Gestaltung (4) für die Therapie.

2. Zur Bedeutung und Verwendung von Tanztechniken und vorgestalteten Tänzen in der Tanztherapie

Die Bedeutung von Tanztechniken und vorgestalteten Tänzen in der Tanztherapie und deren Verwendung hängt grundsätzlich mit dem Verständnis und der Rolle des Tanzes in der Therapie zusammen. *Whitehouse* beschreibt die Veränderung der Sichtweise treffend mit dem Satz: „It was an important day when I discovered that I did not teach Dance, I taught People" (1969/70, 62).

In der Tanztherapie kann es kein Ziel sein, eine Technik oder einen festgelegten Tanz um seiner selbst willen zu lehren. Festgelegte Bewegungsweisen haben in der Therapie eine rein dienende Funktion. Eine Tanztechnik — eine geformte Bewegung — gibt durch ihre klare Form dem einzelnen einen strukturellen Halt und schafft Klarheit im Bewegungsausdruck. Struktur, Klarheit und Eindeutigkeit sind Möglichkeiten, Situationen überschaubar zu machen und Ängste zu vermindern.

Tänze und Tanzformen sind Ausdruck authentischen Erlebens — wenn auch einer anderen Person oder einer anderen Zeit oder einer anderen Gruppe. Sie heben sich deutlich vom Alltag funktionsorientierter Bewegungen ab und erschließen dadurch therapeutisch bedeutsame Erlebens- und Freiheitsräume. In der Übernahme dieser Tänze und im Nachvollziehen ihrer Schritte, Rhythmen, Raumfolgen usw. können diese unterschiedlichen Erlebensbereiche aktiviert und erfahren werden. Das Nachvollziehen tänzerischer Kreationen eröffnet selbst neue kreative Freiheiten des In-sich- und Außer-sich-Entdeckens, die in der Alltagswirklichkeit der zweckorientierten Bewegungen nicht denkbar und teilweise sogar unangemessen wären. Dies ermöglicht den Teilnehmern, sich besser selbst kennenzulernen und sich selbst zu nähern, ohne gleich ganz auf sich allein gestellt zu sein.

Auch wenn die Form und der Ausdruck des jeweiligen Tanzes einen bestimmten „Sinn" nahelegt, geschieht die persönliche Sinnbildung in der Therapie jeweils neu und in Zusammenarbeit von Therapeut, Klient und in Anbetracht der jeweiligen Tanzkreation. Denn auch in der vorgestalteten Form als symbolischer Form sind „Spielräume", Deutungsräume und Erlebnisräume vorhanden, die der einzelne individuell nützen und füllen kann. Die vorgestaltete Form ist ja gerade auch angewiesen auf einen Tänzer-Interpreten, der in der aktuellen Situation den Tanz Realität werden läßt. So kann z. B. ein rumänischer Drehtanz Unterschiedliches an Sinnzusammenhängen und Bedeutungen aktualisieren. Für den einen steht das ekstatische Erleben des Losgelöst-Seins, der Entrückung im Vordergrund, eine andere Person erlebt die Unbeschwertheit des Sich-Gehenlassens oder des „Nur-Spielens" der Kindheit wieder u. v. a. m.

Bei der choreographischen Arbeit im künstlerischen Tanz ergibt sich manchmal folgende Situation: Der Choreograph legt eine Bewegungsfolge fest, die seine Idee oder seine Vorstellung repräsentiert und ausdrückt. Er entdeckt dann plötzlich bei der Ausführung seiner Bewegungen durch einen Tänzer oder eine Tänzerin etwas, das er als bedeutungsvoll oder gar als das „Eigentliche" seines Ausdruckswillens ansieht, das ihm selbst jedoch nicht direkt zugänglich war. So ergibt es sich, daß der Ausführende, der Tänzer, den Choreographen durch sein eigenes Miterleben und Interpretieren besser „versteht" als dieser zunächst sich selbst. Und dieses Beispiel zeigt auf, daß viele psychische Inhalte dem direkten Zugriff entzogen sind, und weist gleichzeitig auf die relative Offenheit tänzerischer Form für individuelle Deutungsarbeit hin.

Der Klient handelt und bewegt sich beim Tanzen von bestimmten Tanzrollen und -formen so, als ob er gemäß der Tanzform der „Beschwingte", der „Verführerische" oder der „Wütende" wäre. Schon allein diese Möglichkeit, zu tun „als ob", gibt ihm ein Stück Freiheit wieder. Indem er handelt, als ob er in einem bestimmten Ausdruck oder Zustand ist, wird deutlich, daß *er* es ist, der seine Handlungen und Bewegungen bestimmen kann. Dieses Erleben steht häufig im Gegensatz zu der Hilflosigkeit, mit der sich der Klient seinen Gefühlen ausgeliefert sieht. Konkret ist es schwer, wenn nicht gar unmöglich, einfach fröhlich oder sicher zu werden. Im Tanz jedoch kann der Klient sich verhalten, als ob er sicher und fröhlich wäre. Er kann all die Bewegungen nachvollziehen, die mit dem als positiv erlebten Zustand verknüpft sind. Die Erfahrung zeigt, daß sich durch das Bewegen auch der tatsächliche Zustand ändert. So wie es unmöglich ist, ein bestimmtes Gefühl zu induzieren, wenn es nicht mit der entsprechenden motorischen Haltung verknüpft ist (vgl. *Gellhorn* 1964, 463 ff.), so kann die Ausführung der entsprechenden Bewegung der erste Ansatz zu einem veränderten Erleben sein.

Ein weiterer Aspekt bestimmt die Bedeutung festgelegter Tanzformen in der Therapie. Die Imitation der Bewegungsform anderer Menschen führt — wenn auch scheinbar auf Umwegen — zur eigenen Bewegungsform und damit zur Persönlichkeitsentwicklung bzw. -veränderung. Auf der Suche nach sich selbst Gefühle, Zustände oder Rollen anderer zu tanzen, scheint paradox. Die Imitation von anderen, die Identifikation mit anderen, aber auch die Ablehnung und der Widerstand gegen andere Personen und Bewegungsformen geben eine direkte Rückmeldung über die eigene Person. Dieser Zugang ist oft der einzig mögliche. Denn die Forderung an den Klienten, er selbst zu sein, sich selbst zu tanzen, ist meist eine Überforderung.

Die Erarbeitung von „Sinn" muß kein vom Tanz selbst losgelöster Prozeß sein. Sie kann sich direkt und unmittelbar aus dem Tanz selbst ergeben. Er kann aber auch in einem Prozeß im Anschluß an den Tanz verbal oder sukzessive über weitere Tänze, über eine Improvisation oder über eine Gestaltung erarbeitet werden. Hier deutet sich an, wie in der Arbeit sich Tanz-Technik, Improvisation und Gestaltung sowie verbale Verarbeitung unterstützen und ergänzen können.

Die Tanztechniken verschiedener Tanzstile basieren auf jeweils unterschiedlichen Prinzipien und betonen damit bestimmte Ausdrucksqualitäten, die verschiedene Erfahrungen zugänglich machen können. Die Prinzipien von Isolation, Polyzentrik und binnenkörperlicher Bewegung im Jazztanz erschließen Ausdrucks- und Erfahrungsmöglichkeiten, die dem klassischen Ballett beispielsweise völlig entgegengesetzt und fremd sind. Das Ballett betont Vertikalität und Ganzkörperkontrolle, um nur wenige Prinzipien zu nennen, und es strebt nach Leichtigkeit, Anmut und Eleganz (vgl. *Martin* 1965, 217 ff.). Die fünf Grundpositionen des Balletts waren einmal mit jeweils anderen expressiven Inhalten verknüpft: Die erste Position bedeutete eine Einstellung von Aufmerksamkeit, die zweite eine Haltung von Selbstvertrauen und Sicherheit, die dritte eine Einstellung von Bescheidenheit und Grazie, die vierte eine Haltung von Stolz und Würde und die fünfte eine Attitüde von Kunstfertigkeit und körperlichem Können (vgl. *Bartenieff* 1980, 110). Leider gibt es heute im künstlerischen Tanz nur wenige Lehrmeister, die über die Form und ihre Affinität zu einem Ausdruck oder einer Ausdrucksqualität differenziert Bescheid wissen und dieses Wissen lehren könnten.

Deshalb wird Tanztechnik sehr häufig als bloße Technik gelehrt, und allein das Meistern und Beherrschen der Technik wird zum Lehrziel. Geschieht dies, dann wird ein Tanzstil allmählich inhaltsleer und bedeutungslos und das Erlernen eines solchen ein rein mechanisches Nachvollziehen von Bewegungen.

In der Übernahme einer Form liegt auch in der Therapie natürlich die Gefahr, daß Bewegungen bloß äußerlich übernommen und ohne innere Beteiligung nachvollzogen werden. Diese Gefahr ist bei vorab festgelegten Bewegungsabläufen besonders groß. Wird die Technik zum Vordergrund und nur ihr die Aufmerksamkeit geschenkt, so wird die Bewegung selbst zu einer Form des Widerstandes und der Abwehr. Der therapeutische Wert der festgelegten Form geht dabei verloren. Dies gilt für die Bewegung überhaupt, für „technische" Bewegungen aber in besonderem Maße, da sie quasi von sich aus — in ihrer Fremdheit — eine Distanzierung zum eigenen Selbst anbieten.

Schoop gibt in ihrer Arbeit den Patienten und Studenten immer wieder die Möglichkeit, über ihre verbalen Anleitungen in bestimmten Bewegungen Sinn und Ausdruck zu finden, und entgeht dabei der Gefahr des bloßen veräußerlichten Übens. Wird z. B. zunächst die Bewegung des Stampfens ausgeführt, so knüpft sie über ihre Fragen Verbindungen zum inneren Erleben an: Wann stampfen wir Menschen denn? Wo hast du das schon mal gemacht? Was hast du dabei erlebt? Sie vermittelt deutlich, daß wir zu allen Bewegungen unsere Gefühle heraufholen können (der eine leichter, der andere schwerer oder bei bestimmten Bewegungen überhaupt nicht!). Sie arbeitet auf diese Weise daran, die äußere und innere Bewegungswelt zusammenzuführen, und vermeidet auch bei festgelegten, zu erlernenden Übungen ein rein mechanisches Nachvollziehen. Das Hineinschlüpfen in eine fremde Form bietet dem Klienten auch die Möglichkeit, seine Distanz zum jeweiligen expressiven Gehalt der Form zu bestimmen. Er reguliert selbst und drückt selbst aus, inwieweit er bereit ist, sich mit bestimmten Aspekten seiner selbst zu identifizieren bzw. sie sich zu eigen zu machen. Der Therapeut kann ebenfalls auf unterschiedlichem Niveau auf die expressiven und emotionalen Gehalte der Form eingehen und sie mit dem Klienten in der ihm entsprechenden Weise herausarbeiten.

Es ist für eine Patientengruppe z. B. durchaus angemessen, verschiedene Volkstänze zu erlernen, die in immer wechselnder Form und unterschiedlicher Intensität körperlichen Kontakt anbieten: Vom einfachen rasch wechselnden Sich-die-Hände-Geben über längere Handfassungen mit einem Partner zu Schulterfassungen oder Fassungen um den Körper des Partners in unterschiedlicher Dauer und Nähe u. ä. Die therapeutische Wertigkeit liegt hier u. a. darin, die in den unterschiedlichen Formen liegenden Erlebnisse des Kontaktes erfahrbar und bewußt zu machen.

Für die Tanztherapie ist es wesentlich, das Repertoire an Bewegungsmöglichkeiten und das Spektrum der Ausdrucksmöglichkeiten verschiedener Tänze und Tanzstile an geeigneter Stelle im therapeutischen Prozeß einzusetzen. Ich möchte dies an einem Beispiel verdeutlichen:

> Ein Klient versuchte z. B. immer wieder, durch kleine Stampfer seine Wut zu zeigen. Entweder er tat sich weh, oder er war mit dem Ergebnis unzufrieden. Verschiedene Stampftechniken — teilweise aus dem afrikanischen Tanz — konnten ihm helfen, seine Bewegung und seinen Ausdruck zu finden. Eine andere Klientin äußerte den Wunsch, die Beckenbewegungen des Bauchtanzes lernen zu wollen. Sie war sich bewußt, daß sie sich in ihrem Becken steif und gehalten fühlte. Für sie hatten diese Bewegungen mit Weiblichkeit, Sexualität und Verführung zu tun und knüpften direkt an ihr aktuelles Thema an.

Für die therapeutische Arbeit mit vorgestalteten Tänzen und Techniken gibt es keine allgemeingültigen Auswahlkriterien. Ein Urteil über sinnvolle, günstige oder gar angemessene Tänze ist für die Tanztherapie äußerst relativ. Denn die Auswahl ist abhängig von der therapeutischen Situation in allen ihren Differenzierungen, vom Klienten und dessen Vorlieben und Ablehnungen und natürlich vom Können des Therapeuten und dessen Fähigkeit, den Prozeß der Sinnbildung mit dem Klienten zu leiten. Ein an „hard rock" gewöhnter Jugendlicher wird vielleicht einen deutschen beschwingten Volkstanz von vornherein ablehnen. Er kann das, was dieser Tanz ihm anbietet, nicht im Tanz und auch nicht bei sich selbst entdecken.

Abhängig von der Gesamtsituation kann es wichtig sein, Tänze und Techniken (falls überhaupt konkrete Vorstellungen davon vorhanden sind) selbst auswählen zu lassen. Der Auswahlprozeß selbst wie auch der Sinn des ausgewählten Tanzes im Lebensganzen und für die aktuelle Situation des Klienten ist therapeutisch wertvoll. Der Therapeut kann selbst Tänze und Techniken auswählen und sie dem Klienten anbieten oder ihn damit konfrontieren. Es versteht sich von selbst, daß bei der Auswahl nicht die Vorliebe des Therapeuten oder gar ein ästhetisches Urteil maßgebend sein kann. Denn es ist sicher kein Ziel einer therapeutischen Arbeit, den Tanz einfach „schön" zu finden oder gar mit dem Therapeuten darüber einig zu werden. Ästhetische Urteile sind häufig Störungsgrößen des therapeutischen Arbeitens, und manchmal machen sie ein Weiterkommen sogar unmöglich.

Ein weiteres grundlegendes Element tanztherapeutischer Arbeit ist die Verwendung von Improvisation.

3. Improvisation in der Tanztherapie

Improvisation im Tanz entwickelte sich zu Anfang des 20. Jahrhunderts, etwa zur selben Zeit, als der Tanz die rigiden Normen des klassischen Balletts durchbrach und seine kreativen Möglichkeiten und die Freiheit des Ausdrucks wiedergewann. Charakteristisch für die Tanz- und Bewegungsimprovisation ist es, das Unvorhergesehene, das Unvermutete, das Nichtvorgeplante in der Bewegung geschehen zu lassen (vgl. lat. *improvisus*: unvermutet, unvorhergesehen). Die Improvisation dient keinem bestimmten äußeren Zweck außer dem, sich unzensiert und unkontrolliert von den Bewegungen und Impulsen leiten zu lassen, sich dem Eindruck und gleichzeitig dem Ausdruck hinzugeben und das entstehen zu lassen, was entstehen will. Ihr Wert liegt gerade in diesem spontanen Bewegen und Sich-Ausdrücken. Improvisation ist als primär *kreative* Aktivität anzusehen. Sie ist durch ihre Natur jeweils persönliche „Kreation" des Individuums in ständiger Erneuerung und Veränderung. Improvisierte Bewegungen werden nicht festgehalten, jede Bewegung ist im Moment ihres Daseins schon wieder vergangen und gibt Raum für Neues. Der Fluß von einem zum anderen in ständig neuen und veränderten Anordnungen und Kombinationen von Körper — Raum — Zeit — Kraft — Rhythmus — Fluß ist charakteristisch für das Improvisieren. Formale Gebote des Bewegungsausdrucks existieren nicht, gerade die Freiheit des Erkundens dessen, was im Moment ist, wird wichtig. „Improvisation is a form of ‚physical doodling', a process of nonverbal free association during which the individual permits his body to move spontaneously and unguardedly" (*Schoop*, 1974, 143).

In der Improvisation gibt es keine Leistung im Sinne einer Erfüllung bestimmter Standards. Die Anstrengung zur Erfüllung einer bestimmten Vorgabe ist unnötig. Überhaupt sollte Anstrengung, die ja eine bestimmte Spannung erzeugt, minimal sein. Improvisation gleicht teilweise dem Spiel und wird manchmal auch als „spielende Erfahrung" (*Haselbach* 1976, 5) bezeichnet. In der Improvisation können Spielfreude, Spontaneität und Intuition gleichzeitig lebendig werden. Improvisation ist eine Möglichkeit, im „Hier und Jetzt" zu sein und gleichzeitig diesem Sein als ständigem Prozeß von Empfinden, Erleben, Erfahren und Begreifen in Bewegung Ausdruck zu geben.

Das Element des *Spielens* ist in der Improvisation besonders herauszuheben. Denn gerade das spielerische Moment gibt die Möglichkeit, festgefügte realisierte Wirklichkeiten aufzulösen und neue, andere Wirklichkeiten zu schaffen. Dies ist deshalb leichter möglich, weil — wie bei jedem Spiel — die Gesetze und Routinen des Alltags, der Arbeit und des zweckrationalen Handelns ihren Einfluß verlieren und in der Leichtigkeit des „Als ob" aufgehoben werden können. Es liegt auf der Hand, daß dies therapeutisch bedeutsam werden kann. „Spiel ist die Ausdrucksform eines Daseins ohne Angst und Sorge. ... Außer sich selbst hat es weder Zweck noch Ziel. Es ist, was es ist: ein Sich-Lösen aus Begrenztheiten" (*Wils* 1977, 56). In dem spielenden Erproben von Bewegung kann ein Stück Freiheit verwirklicht werden, das damit die Wiedergewinnung von Freiheit bedeutet. Auch für die Improvisation gilt: „Das konstituierte, seriöse Dasein wird, zumindest zeitweilig, von seiner einseitigen Sinngebung befreit und spielenderweise freigegeben" (*Wils* 1977, 57).

Die Einschränkung der Bewegungsmöglichkeiten und -notwendigkeiten, die Festlegung auf Funktion und Zweck und auch die Verminderung des expressiven Gehalts auf nur noch wenige erlaubte Ausdrucksmuster hin sind der Hintergrund, auf dem Tanz und Improvisation ihre Bedeutung gewinnen. Die Arbeit, in und über die Improvisation ein Stück Freiheit des Bewegens, des Sich-Ausdrückens wiederzugewinnen, ist „heilende" Arbeit. In einer Situation, in der die Sorge und Angst der Alltagsrealität vermindert ist und demzufolge größere Freiheiten des Agierens und Handelns und Erlebens gegeben sind, können Erfahrungen von „Grenzüberschreitungen" und neuartige Lösungen verwirklicht werden. So werden „spielenderweise ... alle möglichen Welten — einschließlich der alternativen und der verwirklichten — getestet. Spielenderweise werden neue Beziehungen des Umgangs mit geprüft und ausprobiert. Spielenderweise wird menschliche Kreativität in Gang gesetzt im Prozeß eines erneuernden Konstituierens der Welt" (*Wils* 1977, 57).

Der Anfang von Improvisation in der Therapie ist für die Klienten meist erschreckend. Sie treten — vielleicht zum ersten Mal bewußt — aus ihrer Alltagsrealität heraus und erleben, daß auch in einer Freiheit gebenden Situation dieselben Beschränkungen, Schranken und Begrenzungen sichtbar werden wie in ihrem Alltag. Sie erleben häufig zum ersten Mal, wie sie sich selbst ihre Grenzen und Schranken setzen, die sie bisher irgendwelchen Alltagsnotwendigkeiten zugeschrieben haben.

Ein Klient zeigt dies in aller Deutlichkeit: Er träumt und wünscht sich ein sehr großes Zimmer zum Leben und stellt sich — wenn auch recht unkonkret — vor, wie schön dies sein müßte. Als er einen großen Therapieraum zur Verfügung hat („so einen großen Raum habe ich mir immer gewünscht"), wird er fast bewegungsunfähig. Er weiß nicht, was tun, steht herum und erlebt und verbalisiert sehr rasch, daß er mit diesem großen Raum gar nichts anfangen kann. Er konstruiert sich seine Raumgröße. Dieser ist so klein, daß er gerade noch darin liegen kann. Jetzt kann er sich diesen Raum wenigstens einrichten für die täglichen Funktionen des Essens, Schlafens und Lernens. Er erkennt für sich sehr rasch, daß er auch in dem kleinen Raum nur sehr wenige Möglichkeiten des Ausfüllens, des Bewegens, des Lebens hat. Die Freiheit, sich zu bewegen, wie er möchte oder wie er fühlt, ist für ihn nicht nutzbar, seine Einschränkung wird plastisch.

Teilweise erleben Klienten bei der Improvisation sich selbst in anderen, reicheren Bewegungsmöglichkeiten als im Alltag. Eine solche kontrastierende Erfahrung im Tanzen gibt oft Anlaß, Dissonanzen zu überdenken oder Begrenzungen des Alltags deutlicher wahrzunehmen.

Leistungsanforderungen sind in der Improvisation gegenstandslos, da es keine meßbaren oder zu erreichenden Leistungsstandards gibt. Damit hat die Suche nach Erfolg und die Angst vor einem Mißerfolg keinen Platz. All die Anstrengung, die im Alltag hierauf verwendet wird, erweist sich in der Improvisation schnell als hinderlich, wenn nicht gar als sinnlos. Denn „was wir wollen, ist gerade, uns alles dessen bewußt zu werden, was von selbst kommt, wenn wir von fruchtlosen Anstrengungen ablassen" (*Dropsy* 1982, 188). Ein „Ablassen von Anstrengungen" bedeutet gleichzeitig auch, Spannungen abzubauen, Entspanntheit im Tun, im Bewegen zu erreichen und nur den für die Bewegung nötigen Grad an Spannung zu produzieren. Entspanntheit ist aber eine der Voraussetzungen für das Freiwerden schöpferischer Kräfte.

Das sensible Wahrnehmen von Empfindungen ist abhängig von dem Grad der Entspanntheit. In einem total verspannten Muskel oder Körper sind kaum andere Empfindungen wahrzunehmen als die der Verspanntheit. Gelingt es in der Improvisation, unnötige Spannungen aufzulösen bzw. nicht entstehen zu lassen, so werden immer nuanciertere Wahrnehmungen von Empfindungen, Zuständen, Gefühlen oder Körpersensationen möglich. Entspanntheit ist aber nur eine der Voraussetzungen für die Improvisation. Einher mit der Entspanntheit geht die Konzentration auf das, was ich jetzt bin, was ich jetzt bewege, was ich fühle, oder die Konzentration auf die Aufgabe, auf die Musik, das Objekt oder was immer gerade Thema der Improvisation ist. In dem Feld zwischen fehlendem äußerem Druck und Entspanntheit und gleichzeitig äußerster Konzentration auf den Moment spielt sich all das ab, was Improvisation sein kann. Entspanntheit und Konzentration sind beide Voraussetzungen für kreatives Bewegen und damit in therapeutischer Hinsicht Voraussetzung für Wachstum und Veränderung.

Die Ausschaltung des Intellekts als kontrollierender Instanz ermöglicht einen graduellen und zugleich schöpferischen Zugang zum Unbewußten. Vergessene, unterdrückte, verdrängte Gefühle, Szenen, Erinnerungen oder emotionale Bewegungen können „verkörpert", in den Körperbewegungen lebendig werden und damit über Bewußtheit einer Bearbeitung und Veränderung zugänglich werden. Je länger die Kontrolle des Intellekts ausgeschaltet werden kann — alle Wertungen, alle „Sollen" und „Müssen" und „Nicht-Dürfen" sind in der Improvisation bedeutungslos —, um so eher kann in der tänzerischen Improvisation bisher Unbekanntes und Verborgenes aufsteigen. Manchmal kommt es dann zu Gefühls- und Bewegungsausbrüchen, die als Katharsis bezeichnet werden. Und manchmal wird das Gefühl von Freiheit als übergroßes Glücksgefühl erlebt. Nicht umsonst setzt *Schoop* an den Beginn ihrer Arbeit: „... my first undertaking is to restore the person's body freedom, the freedom he lost when his mind began to censor his body's behavior" (*Schoop* 1974, 144).

Tanzimprovisation als Teilbereich von Tanz als ästhetischer Kunstform verweist auf einen Aspekt, der im Kapitel über Tanztechnik schon erwähnt wurde. Wie *Kris* (1952) betont, bietet die „ästhetische Illusion" eine Schutzfunktion gegen Ängste und Schuldgefühle. Sie ist besonders bei der Improvisation hervorzuheben, weil manchmal ungesteuert und ungewollt Bewegungen und Gefühle entstehen, deren volle Bewußtheit und Übernahme vom Klienten nicht zu ertragen oder zu leisten wäre. So kann die Aktivität als nur-ästhetische, als Spielerei mit Bewegung ohne direkten personalen Bezug, als Tanzausdruck und nicht unbedingt als persönlicher Ausdruck angesehen werden.

Nun ist Tanzimprovisation natürlich auch kein Wundermittel, das einfach nur einzusetzen wäre. Viele Menschen können Freiräume im Bewegen, Handeln und Fühlen nicht wahrnehmen und für sich nutzen. Sie können gerade nicht den Intellekt ausschalten und sich auf ihre Gefühle verlassen, sie können Leistungsbewertung nicht beiseite lassen. Sie können gerade nicht sich nicht anstrengen, sie haben nun mal Angst vor Mißerfolg. Sie erleben große Spannungen, Ver- und Überspannungen, und sie sind voll Angst. Und oft wissen sie nicht, wie sie sich bewegen können; oder sie haben eine sehr eingeschränkte Vorstellung davon, welche Möglichkeiten in ihrem Körper — in ihnen — stecken, was sie hemmt und einschränkt. Sie können die Freiheit der Bewegungen, die der Körper anbietet, nicht nutzen.

Allerdings läßt sich daraus nicht einfach schließen, daß vielen Menschen die Fähigkeit zur Improvisation abgeht. Oder gar, daß besonders psychisch kranke Menschen kein „Vermögen" zur Improvisation haben. Eher angemessen scheint die Auffassung, Improvisation als Medium für und Ausdruck von Wachstumsprozessen der Persönlichkeit zu begreifen. Hieraus entsteht die Frage, *wie* Improvisation angelegt und geleitet werden kann, damit therapeutische Veränderungen im Sinne von Wachstum möglich werden. *Was* inhaltlich zu geschehen hat, kann allgemein nicht festgelegt werden. Denn die Inhalte sind — wie in jeder Therapie — abhängig von Individuum, Therapeut und Gesamtsituation. Wie wichtig das „Wie" bei Improvisationsleitung ist, zeigt sich schon an den Schwierigkeiten im pädagogischen Bereich. Unerfahrene Tanzlehrer scheitern häufig bei der Anleitung und führen das Scheitern dann resigniert auf das Unvermögen ihrer Teilnehmer zurück. Ein Ausspruch ist typisch dafür: „Meine Hausfrauen können einfach nicht improvisieren!"

Grundlegend für die Improvisation gilt, daß dabei Bewegungs-, Wahrnehmungs- und Gefühlsprozesse ablaufen, die der Therapeut nicht direkt beeinflussen kann. Steuerbar sind nur die Umstände, die den Prozessen Richtung und Struktur geben können. Nach Art und Strukturgebung lassen sich im Tanz und in der Therapie verschiedene Improvisationsformen unterscheiden. Eine Improvisationsform geht z. B. von vorher bekanntem, d. h. gelerntem Material aus. Erlernte Bewegungen und Bewegungsabläufe werden in jeweils eigener Weise kombiniert, verändert, es werden neue Akzente gesetzt, sie in andere Rhythmen gebracht u. ä. Diese Art der Improvisation erfordert allerdings die Fähigkeit, festgelegte Formen in individueller Weise zu verändern oder teilweise aufzulösen. Die normsetzende Seite der Form — als ein Aspekt der Form — muß hierbei überwunden werden.

Werden Formen zu lange und zu intensiv eingeübt, dann ist ein Spielen mit ihnen sehr schwer. Ballettänzer haben häufig diese Schwierigkeit. Sie können sich aus ihrer gelernten Form nicht mehr befreien und können allenfalls die Figuren neu kombinieren. Sie tanzen dann statt Figur eins, zwei und drei hintereinander die Figur zwei, drei und eins hintereinander. Für therapeutische Zwecke ist es notwendig, den Zeitpunkt zu beachten, zu dem die Form zwar gekonnt, aber für den Klienten noch handhabbar ist, und die Norm der Form nicht dominant wird. Die Eingabe von Themen in das Improvisationsgeschehen stellt eine andere Weise dar, eine struktur- und sinnstiftende Einheit zu schaffen. Die Themen können unterschiedliche „Weiten" haben, so daß sich daraus unterschiedliche Strukturierungsgrade ergeben. Der

Klient kann beispielsweise erproben und experimentieren, welche Bewegungen seine Hand machen kann, oder er kann den Raum erforschen oder sein Gefühl zu einer Musik etc. ausdrücken. Hier besteht die Kunst des Therapeuten darin, *den* Strukturierungsgrad zu finden, also die Freiheit soweit einzuschränken und Schutz zu geben, daß Angst vermindert wird, und dennoch das Maß an Freiheit zu geben, das notwendig ist, um das Erproben und Experimentieren für jeden sinnvoll, erfahrungs- und erlebnisreich werden zu lassen. Der Vorgang scheint paradox: Erst das Einschränken von Freiheit ermöglicht das Erleben von Freiheit in den Bewegungen. Die Komplexität der gesamten Möglichkeiten wird so reduziert, daß für den Klienten Bewegung überhaupt möglich wird, und gleichzeitig kann der Klient über das Bewegen innerhalb dieser Begrenzungen neue Komplexitäten entdecken.

Die bisher geschilderten Formen der Improvisation beziehen sich auf den Umgang des Klienten mit der äußeren Realität. In einem anderen Kontext hat die Improvisation in der Tanztherapie ebenfalls eine wichtige Bedeutung. Sie dient dann dazu, die weniger bekannten Teile der menschlichen Psyche zu erforschen und zu erfahren, nämlich das Innere, das Unbewußte. Eine äußere Struktur ist bei dieser Improvisationsform kaum wahrnehmbar. Die Rolle des Therapeuten verändert sich von dem eines strukturgebenden zu dem eines teilnehmenden Beobachters. Äußerlich geschieht zunächst nichts, der Klient konzentriert sich nach innen, auf seinen inneren Raum, und läßt Gefühle, Sensationen, Bilder, Gedanken auftauchen und fließen, ohne sie festzuhalten. Er wartet, bis innere Impulse wie von selbst nach außen gelangen, ohne daß er bewußt deren Ausdruck will oder an dem Ausdruck arbeitet. Er läßt sich bewegen, oder er wird bewegt, mehr, als daß er sich selbst willentlich bewegt. „Movement, to be experienced, has to be *found* in the body, not put on like a dress or a coat" (*Whitehouse* 1963, 5). Bewegungsfolgen, die auf diese Weise zustande kommen, werden sehr häufig mit dem Terminus „authentic movement" bezeichnet (vgl. *Smallwood* 1974, *Alperson* 1974). Kennzeichnend für authentisches Sich-Bewegen ist einmal das „Involvement", das innere Beteiligtsein, und gleichzeitig die Möglichkeit, sich frei und ohne Zensur zu bewegen. *Alperson* (vgl. 1974, 213 ff.) benutzt auch den Begriff „*felt-movement*", um die Verbindung zum Gefühl, zur Empfindung oder zum inneren Beteiligtsein deutlich zu machen. Interessanterweise ziehen diese Bewegungen oft das Auge des Beobachters wie magisch auf sich. Manchmal wird sogar der Moment sichtbar, in dem eine Bewegung „authentisch" wird: „... it (the movement A. d. A.) could be recognized as genuine, belonging to that person. Authentic was the only word I could think of that meant thruth — thruth of a kind unlearned but there to be seen at moments" (*Whitehouse* 1979, 57).

Authentisches Bewegen ist nicht nur auf die geschilderte Improvisationsform begrenzt. Immer wenn zu der bloßen Abfolge von Bewegungen die innere Beteiligung und Sinngebung hinzukommt, wird Bewegung authentisch, d. h., sie wird in diesem Moment Ausdruck des Individuums. Nicht authentisches Bewegen ist möglich, weil Handlungen und Bewegungen eher willentlich gesteuert werden können als z. B. Emotionen und Empfindungen. Nicht authentisches Bewegen wird häufig als Widerstand und als Abwehr interpretiert. Die „eigentlichen" Gefühle und Zustände der Person sind anders als die, die der Klient im Moment in seiner Bewegung zeigt. Die Arbeit an der Authentizität nimmt in der Tanztherapie einen wichtigen Stellenwert ein.

In der tanztherapeutischen Literatur und Praxis finden sich häufig diese klaren Unterscheidungen der zwei Kategorien des Arbeitens: Die Arbeit mit der äußeren Welt und die Arbeit mit der inneren Welt des Klienten. *Schoop, Smallwood* und *Chace* arbeiten mit psychotischen Klienten nicht an unbewußten Teilen, sondern bleiben sehr bestimmt in der äußeren realen Welt, um zunächst eine klare und stabile Ich-Struktur aufzubauen. Die Arbeit mit dem Unbewußten in der Improvisation ist von einer stärkeren Eigenstruktur abhängig. Sie ist für Klienten angemessen, die in der Welt zwar effizient funktionieren, aber dennoch von Gefühlen der Leere und Sinnlosigkeit beherrscht werden.

4. Gestaltung in der Tanztherapie

In der Tanztherapie steht der künstlerische Wert einer Gestaltung im Hintergrund. Therapeutisch sinnvoll kann, wie in dem Abschnitt über Improvisation verdeutlicht, ein „Stück" auch dann sein, wenn es spontan produziert und tänzerisch wenig geformt scheint. Dies gilt auch für die Gestaltung. Eine Gestaltung ist auch dann therapeutisch wertvoll, wenn nur die Anfänge oder Andeutungen eines Gestaltungsprozesses erkennbar sind. — Ehe ich aber auf die therapeutische Bedeutung von Gestaltung eingehe, möchte ich zunächst Begriff und Rolle der Gestaltung etwas verdeutlichen, wie sie für die Tanztherapie sinnvoll ist und produktiv wirken kann.

Der Begriff „Gestaltung" weist im üblichen Sprachgebrauch auf die Gestalt-Gebung, auf die prägnante Formung einer Sache hin. Im Begriff Gestaltung ist sowohl der Vorgang selbst, das einer Sache oder einem Thema Gestalt-Geben, enthalten wie auch das Produkt, das Ergebnis des Vorgangs. Für die Therapie sind beide Facetten des Gestaltungsbegriffes bedeutsam. Gestaltung und Gestalt hängen eng zusammen, müssen jedoch für therapeutisches Arbeiten unterschieden werden. Vieles und viele Bewegungen, auch improvisierte Bewegungen, haben in jedem Moment eine Gestalt, ohne daß es sich um das Ergebnis eines besonderen Gestaltungsprozesses handelte.

Bollnow weist darauf hin, daß Gestaltung sich nicht nur auf das einfache Schema der Formgebung eines Stoffes oder einer Materie allein bezieht. Gestaltung steht für ihn „in der Mitte zwischen der willkürlichen Formung eines beliebig formbaren Materials und der zwangsläufig sich vollziehenden organischen Entwicklung und geschieht immer in der unaufhebbaren inneren Spannung zwischen den durch das Vorgestaltete gegebenen Bedingungen und dem darüber hinausführenden Gestaltungswillen". Gestaltung besteht „in einem Aus- und Fortgestalten des schon Vorgestalteten. Sie ist in dieser Weise (differenzierend und integrierend) die Fortführung und Vervollkommnung schon vorhandener Gestaltungen und Gestaltungsmöglichkeiten" (*Bollnow* 1967, 21).

Wenn wir seine Aussage auf die Tanzgestaltung mit dem Instrument Körper und dem Medium Bewegung beziehen, dann wird deutlich, daß die „Vorgestaltetheit" des menschlichen Körpers berücksichtigt werden muß. Gestaltung beginnt erst dort, wo der Herrschaftsbereich rationaler Zweckmäßigkeiten überschritten wird und wo Spielräume neuere und höhere Möglichkeiten der Formgebung zulassen. Erst wenn Freiheiten des Spielens gegeben sind, wird Gestaltung möglich. Diese Vorbedingung ist dieselbe, die ich schon für die Improvisation herausgearbeitet habe.

Eine Voraussetzung für die Gestaltung von Bewegung im Tanz beschreibt *Grupe* (vgl. 1967, 46) mit der Verfügbarkeit der Bewegung und ihrer Objektivierbarkeit, das heißt der von Fall zu Fall möglichen, obschon veränderlichen Distanz zur Bewegung. Notwendig für die Gestaltung ist außerdem eine gerade auf sie gerichtete Aufmerksamkeit und Anstrengung und damit gleichzeitig ein anderes Verhältnis zur Bewegung, das Abstand und Distanzierung fordert. Um eine Geschichte, ein Thema, ein Problem zu gestalten, in die Gegenwart zu holen und bewußt zu machen, muß sie u. a. auch aus dem alltäglichen Kontext gelöst und in einen Zusammenhang gestellt werden, der genau diese Geschichte oder dieses Thema auszudrücken zum Ziel hat. Damit kann die notwendige Distanzierung und Aufmerksamkeit hergestellt werden.

Tanz als künstlerischer Tanz ist immer gestalteter Tanz. Im künstlerischen Tanz werden Inhalt und Form durch das Gestalten zu ihrer höchstmöglichen Einheit verschmolzen und zur Vollendung gebracht. „When the fusion of inner and outer experience is attained, form is achieved in its fullest meanings as ‚art form'" (*Doubler* 1977, 101). *Wigmann* drückt in ihrer expressiven Sprache das Verhältnis von Form und Inhalt und die daraus entstehende Problematik so aus:

„Aber wenn der letzte Schritt getan ist, wenn die abschließende Gebärde den Schlußstrich zieht, wenn ich nun nichts mehr ändern darf und mich mit dem Erreichten begnügen muß — dann tritt nicht nur das Form gewordene Werk mir gegenüber, dann fordert auch sein Urbild Rechenschaft von mir und fragt: Was hast Du aus mir gemacht? In hundert Schleier gehüllt, kam ich zu Dir. Sie alle hatten Sinn und Bedeutung. Hast Du sie mit hineingewoben in das Gespinst, das mein Sinnbild und Ebenbild werden sollte? Ist es mein Ebenbild geworden? Und wenn die Antwort auch ein zögerndes oder gar unbekümmertes JA wäre — JA sein müßte, weil das neugeborene Geschöpf der Phantasie leben will, leben soll und — vielleicht — auch leben kann, so stünde dahinter doch die tiefere Erkenntnis: Unvollkommen — unvollendet — auch dieses Mal!" (1977, 14).

In der Kunst ist die Gestaltung ein arbeitsintensiver Prozeß. Denn die Momente sind selten, in denen sich der Einfall direkt in einer klaren Form verdichtet oder sich die Form ohne Hemmnisse gestalten läßt. Die Improvisation erweiternd und ergänzend, integriert die Gestaltung die bewußten und die unbewußten Kräfte dadurch, daß zur Impulsivität, zur Spontaneität, zur Emotionalität auch die Disziplinierung, die Kontrolle, die Überprüfung der Stimmigkeit, ein Abwägen und Auswählen hinzukommt. „It is the systematizing, according to the laws of a medium, that separates art from accident and nature. It is only when these random yet expressive movements are subjected to the harmonizing influence of rhythm, and consciously given form, that dance comes into being as an art form" (*Doubler* 1977, 56).

Auf Malerei und Zeichnungen bezogen, führt *Jung* eine ähnliche Unterscheidung ein. Die Veranschaulichung „dunkel gefühlter Vorgänge" und „geahnter Inhalte" im Bild nennt er „aktive Imagination". Denn das Bewußtsein muß dabei bis zu einem gewissen Grad „aktiv" mitbeteiligt sein; nicht, indem es wertet, sondern indem es am Bild, „arbeitet, es formt, Inneres äußerlich zum Ausdruck bringt" (*Jacobi* 1981, 37). Bei der „passiven Imagination" ziehen die Bilder nur am inneren Auge vorüber, ohne daß sie festgehalten werden. Diese Trennung entspricht der hier vorgenommenen Unterscheidung von Improvisation und Gestaltung zumindest in einigen Aspekten.

In der tanztherapeutischen Literatur ist wenig über das Thema Gestaltung aufzufinden. Einzig *Trudi Schoop* macht hierzu einige Ausführungen. Deshalb bin ich darauf angewiesen, auf die eigene Gestaltungserfahrung zurückzugreifen, um Ansätze zu der Bedeutung dieser Arbeit zu finden. Aus anderen Bereichen von Gestaltung, vor allem aus der Kunst, kommen weitere Ideen hinzu.

Die unterschiedliche Bedeutung von Bewegung, in der Improvisation einerseits, in der Gestaltung andererseits, ist auch therapeutisch bedeutsam. Dies deckt sich mit der Entwicklung der Phasen des kreativen Prozesses überhaupt, wie sie *Kliphius* (1977, 60 ff.) beschreibt: Im kreativen Prozeß läßt das anfängliche emotionale Beteiligtsein allmählich nach, die „instinktiven" Aspekte verlieren sich immer mehr, genauer: Sie verwandeln sich nach und nach in etwas anderes, nämlich in die Bereitschaft und Fähigkeit, die emotionelle und physische Beteiligung zu formen.

Für die Tanztherapie beschreibt *Schoop* den Übergang von der Improvisation zur Gestaltung. Dieser Übergang ist dann angezeigt, wenn sich durch die Arbeit ergeben hat, daß ein Konflikt sich im Körper ausdrücken kann, und es sich erweist, daß er in immer ähnlicher oder gleicher Form seinen Ausdruck findet. Der Klient hat dann gelernt und erfahren, daß er seine Probleme und Konflikte in Bewegung ausdrücken kann, eine Veränderung des Problems kann, muß sich aber damit notwendigerweise nicht ergeben: „Once a person's feeling of conflict has been brought into the body, improvisation has served its main purpose. There's no point in going on and on with it, for no matter how many times the body ‚admits' to a feeling, it will continue to express it in the same manner, over and over. Though the surplus of energy and of affect will be temporarily discharged, it will only accumulate again ... to be discharged again ... to accumulate again ... It can become a mindless circle, a kind of self indulgence. There will be no change in the problem itself. Something constructive has to be done about it" (*Schoop* 1974, 146). An dieser Stelle setzt *Schoop* die Gestaltung ein: „This production requires him to organize the forces both of his mind and his body as he does something about himself, with himself. As he develops a logical framework for his expression, seeks movement patterns for it, gives it a particular rhythm, a certain step, a special tension, he is gaining the upper hand" (*Schoop* 1974, 146).

Ehe ich auf die Bedeutung der Gestaltung eingehe, möchte ich einige Möglichkeiten beschreiben, wie der *Prozeß der Gestaltung* in Gang kommen kann. Herausgehoben wurde bisher, daß für die Gestaltung das bewußte Wählen und Entscheiden bzw. die Arbeit am Auswählen und Entscheiden charakteristisch ist. Therapieklienten fällt es häufig sehr schwer, von vornherein bewußt eine Bewegung für einen Ausdruck auszuwählen, den sie durch diese Bewegung symbolisieren wollen — und dies sicher aus unterschiedlichen Gründen. Mancher Klient findet zwar rasch eine Bewegung, aber diese wird gemessen, beurteilt, für nicht gut befunden, verworfen. Mit der nächsten Bewegung geht es ebenso, bis er/sie schließlich sich die Überzeugung schafft, daß er/sie überhaupt nichts kann. Ein Zweiter produziert eine Möglichkeit nach der anderen und steht hilflos vor dieser Fülle. Ein Dritter wird plötzlich völlig unfähig, sich zu bewegen, etc.

Sollen diese Reaktionen nicht selbst zum Thema in der Therapiesitzung und zum Thema einer Gestaltung gemacht werden, muß der Therapeut Gestaltungssituationen so strukturieren, daß eine Arbeit am jeweiligen Thema möglich wird. Der Klient kann beispielsweise aus der Improvisation heraus die Stellen und Bewegungen sich zurückrufen, die ihm für sein Thema als Ausdruck geeignet erscheinen. So kann es vorkommen, daß ein Klient aus einer längerdauernden Improvisation vielleicht nur eine oder zwei Bewegungen als adäquaten Ausdruck für sich und sein Thema festhalten will. Er/sie kann dann von neuem improvisieren, neue Bewegungen finden und sukzessive die festgelegten Bewegungen über erneutes Improvisieren und Festlegen erweitern.

Diagnostisch bedeutsam ist für den Therapeuten mitzuvollziehen, welche Stellen, welche Ausdrucksqualitäten leicht festzulegen sind und welche Teile eines Themas sich einer bewußten Herausarbeitung widersetzen. So kommt es häufig vor, daß die Gestaltung aus einer Mischung von festgelegten und improvisierten Teilen besteht. Um eine Gestaltung zu erleichtern, kann eine Eingrenzung des Themas angeboten werden, oder eine *Zeitstruktur* wird als Grenze und Halt gesetzt. Es ist äußerst aufschlußreich für Klient und Therapeut, beispielsweise eine tänzerische Aussage auf einen Zeitraum von acht Schlägen zu begrenzen. Der Klient kann in diesem Zeitraum improvisieren und sukzessive seine Bewegungen bewußt erleben und festlegen, bis er sich schließlich in seiner klaren Form stetig wiederholen kann.

Eine weitere Möglichkeit besteht darin, dem Klienten vorzuschlagen, sein Thema nur in einer Hinsicht zu bearbeiten. Er kann einen der Faktoren, die den Tanz bestimmen (Zeit, Raum, Gewicht, Fluß), wählen und sein Thema auf diese Größe hin untersuchen. Ein Klient kann daran arbeiten, was mit dem Gewicht geschieht, wenn er in Zustände von Depression fällt; oder ein anderer findet heraus, wie sich seine Unsicherheit räumlich ausdrückt. Alle anderen Faktoren bleiben dem improvisatorischen Spiel überlassen und variieren auch von Wiederholung zu Wiederholung. Nur die Wege, die Raumform sind bewußt festgelegt und klar wiederholbar. Diese Art des Vorgehens läßt sich mit anderen Elementen des Tanzes ebenso durchspielen. Manche Klienten beginnen zu gestalten, indem sie ein inneres Bild ihrer Bewegung entwickeln, diese auch innerlich proben, so lange, bis die Bewegungen für sie deutlich sind. Sicherlich gibt es fast so viele Möglichkeiten, Gestaltungsprozesse zu leiten, wie es Themen und Klienten gibt. Die wenigen Beispiele dienen eher der Veranschaulichung und sind nicht schon als Systematisierung zu verstehen.

Aus dem bisher Gesagten ergibt sich folgendes: Zum einen gibt es in der Therapie unterschiedliche Grade der Gestaltetheit der jeweiligen Produkte. Einem Klienten gelingt es vielleicht nur, eine einzige Bewegung für sich festzuhalten und sich Klarheit darüber zu verschaffen, wie er in dieser Bewegung den Faktor Kraft einsetzt, während ein anderer einen fast bühnenreifen Tanz gestaltet, in dem sogar Musik oder Instrumente, Kostüme und Licht und viele der Faktoren einbezogen sind, die einen Bühnentanz zum beinahe vollendeten Kunstwerk machen.

In der Therapie sind Gestaltungen Durchgangsstadien zu neuen Gestaltungen und Kreationen. Eine wenig durchgestaltete Bewegungsfolge weckt oft das Bedürfnis, Bewegungen differenzierter festzulegen und Unstimmigkeiten zu beseitigen. Aber auch weitgehend durchkomponierte Tänze werden häufig weiterentwickelt, verändert und neu geordnet. So kann eine Gestaltung nach der anderen entstehen, die ein Thema in immer wieder anderer Weise bearbeiten und darstellen und unterschiedliche Aspekte herausarbeiten. Eine Gestaltung kann auch in verschiedenen Stadien des Therapieprozesses in immer differenzierterer Weise Elemente von Bewegung integrieren und immer weitere Lebensbereiche einschließen und umfassender werden.

Gestaltungsserien geben Aufschluß über die Entwicklung eines Themas und über die Art und Weise des Veränderungs- und Verarbeitungsprozesses im Klienten. Der Therapeut verfolgt die Abfolge der Themen, die Inhalte der Themen, die Art und Weise ihrer Verarbeitung in der Tanzform, die zeitliche Dauer von Veränderungen und die Qualität der Veränderung usw. Solche Serien geben aufschlußreiche Einblicke in die Arbeit an der Veränderung und am Wachstum des Klienten und haben großen diagnostischen Wert.

Alles, was den Klienten betrifft, kann Thema einer Gestaltung sein. Er/sie kann Wünsche und Gefühle ausgestalten, Zustände und Erinnerungen, Nachbildungen und Abbildungen von Szenen und deren dramatischen Verlauf, Träume, Phantasien usw., also Material aus dem Bewußten und Unbewußten. Klienten gestalten Einzeltänze, und sie gestalten Gruppen verschiedener Größe. Die Gruppenmitglieder übernehmen dabei sowohl die Rollen verschiedener Personen wie auch Aspekte und Teile einer einzigen Person. Ein Klient ließ z. B. die zwei Seiten seiner Mutter von zwei Gruppenmitgliedern tanzen; eine Klientin gestaltete einen Gruppentanz mit 5 Personen; sie ließ die gute Mutter, die böse Mutter, den guten Vater, den bösen Vater und sich selbst als Kind auftreten und arbeitete ihre Verstrickung in dem Netz der unterschiedlichen Beziehungen heraus.

Tanztherapeuten unterscheiden sich sehr stark darin, welchen Stellenwert sie Gestaltungsprozessen und dem Produkt selbst in der Therapie zumessen. Dies ist nicht nur abhängig von den jeweiligen Klienten, sondern in besonderem Maße vom Therapeuten selbst, seiner theoretischen Orientierung und seiner tänzerischen Ausbildung.

In ihrer Besonderheit kommt Tanztherapie erst dann zum Tragen, wenn die diagnostischen und therapeutischen Möglichkeiten des Tanzes selbst weitreichend genutzt werden, ohne zu schnell und kurzatmig in therapeutische Theorien zu springen. Je exakter und genauer das Medium der tänzerischen Bewegung für die Arbeit eingesetzt wird, um so sparsamer und gezielter können psychotherapeutische Theorien herangezogen werden, um den Fortgang der Arbeit zu leiten und zu führen. Wenn der Satz ernst genommen wird, daß der Mensch nicht nur einen Körper *hat*, sondern sein Körper *ist*, dann wird die Arbeit am Körper immer eine Arbeit am ganzen Menschen sein. Tanz spricht durch seine Verbindung von emotionalen, psychischen und geistigen Anteilen den Menschen in dieser Ganzheit an und vermeidet dadurch von vornherein eine wie immer geartete Aufteilung der Persönlichkeit.

Grundlage wäre allerdings eine Art „Theorie der Bewegung". Die wenigsten Tanztherapeuten machen ihre Theorie der Bewegung oder ihr Bewegungsreferenzsystem explizit, sehr viel häufiger jedoch ihr psychotherapeutisches System. Das hat gute Gründe. Einmal liegen ausgearbeitete psychotherapeutische Theorien vor, die benutzt werden können. Die Tanztherapie selbst aber hat noch keine Theorie für sich entwickelt. Reputation und Prestige eines Verfahrens mißt sich aber noch immer an den ausgearbeiteten stimmigen theoretischen Äußerungen. So nimmt es nicht wunder, daß viele Tanztherapeuten auf vorliegende Theoriesysteme aufbauen oder ihre Arbeit dort einordnen. Hinzu kommt, daß die Bewegungsforschung ihren Aufschwung erst in den letzten zehn Jahren erlebte, in denen Körper und Bewegung auch zum Thema der Wissenschaft geworden sind.

Schoop (1974, 83 ff.) ist eine der wenigen Tanztherapeutinnen, die zumindest die Elemente herausstellt, die sie bei der Arbeit beachtet. Sie gibt an, daß sie von der Vorstellung eines „idealen Körpers" ausgeht (vgl. 1974, 47 f.), den sie eindrucksvoll schildert. An einzelnen Elementen beachtet sie in ihrer Arbeit z. B. die Atmung, deren Störung und Nichtfunktionalität, die Haltung im Vergleich zur „idealen" Haltung, das Zentrum als Stabilisator für das Gleichgewicht, als Mitte der menschlichen Form, als Koordinator für Bewegungen, als Referenzpunkt für die Definition unserer Grenzen, unseres Anfangs und Endes. Sie bezieht Spannung als Möglichkeit des Anwachsens und Verminderns von Energie ein, Rhythmus als universales und menschliches Muster, Raum als die eigentliche Domäne des Tänzers.

Siegel (1970, 1973) führt, wenn auch unsystematisch, in ihren Artikeln aus, auf welche Elemente sie achtet: auf muskuläre Muster, Art und Weise der Fortbewegung, Hemmungen in Skelett und Muskulatur, Atemmuster, physische Spannung, Körperteilungen, simultane Bewegungen und Ganzkörperbewegungen, Raum und Zeit, Zentrum, Körperteile z. B.

Diese Aufzählungen ließen sich sicher weiter ergänzen. Jeder Tanztherapeut hat, explizit oder nicht, solche Kriterien, nach denen er beobachtet und mit denen er arbeitet. Für eine Arbeit mit Tanz und Bewegung ist es notwendig, differenziertere und vor allem aufeinander bezogene Kriterien zu haben, in denen die Verbundenheit und gegenseitige Abhängigkeit der Teile des Körpers und der Bewegung mit erfaßt werden. Weiterhin wäre notwendig zu wissen, was die einzelnen Kategorien der Beobachtung und Arbeit, nicht nur bezogen auf den Körper und die Bewegung, sondern auf den Menschen als Ganzen, bedeuten, wie Inneres und Äußeres in diesen Kategorien verknüpft sind.

Erste Schritte zu einer Systematisierung von Arbeitskategorien — zunächst nur als Beobachtungskategorien angelegt — erarbeiteten *Laban* (1971) und in seiner Nachfolge *Bartenieff* und Mitarbeiter (1980).

Exkurs zur Laban-Analyse

Bartenieff (1980) stellt drei zentrale Kategorien heraus: zunächst den Körper selbst, seine Teile und ihre Funktion und ihre ständige Beziehung untereinander und ihre Variationen. Die zweite zentrale Kategorie ist der Raum (*space*), in welchem sich der Körper bewegt und die daraus resultierenden Formen (*shapes*) in diesem Raum. Die dritte Bewegungskomponente sind die *„efforts"* als Einstellung (*attitude*) zur Energie in Raum und Zeit und zum Gewicht und Fluß der Bewegung. Alle drei Komponenten sind untereinander in dem Prozeß von Bewegung verbunden.

Jede dieser Komponenten wird in differenzierter Weise weiter aufgeschlüsselt. Diese Differenzierung wird hier nur teilweise mit nachvollzogen, da sie für einen ersten Einblick in mögliche systematische Bewegungsansätze diagnostischer und therapeutischer Art zu komplex sind.

Die Kategorie *Körper* wird beispielsweise aufgeteilt in Kategorien der Körperhaltung, die wiederum nach einzelnen Fakten abgefragt wird: Wie ist der Stand (breit, normal, schmal)? Wie ist die Gesamthaltung — eher konkav oder konvex? Ist sie im gesamten konkav oder konvex oder im oberen und unteren Teil des Körpers verschieden? Welche räumlichen Ebenen betont die Körperhaltung — die vertikale, die horizontale, die sagitale, oder ist sie eher neutral? Betont sie die Diagonale? Wie wird der Körper gebraucht? Werden alle Teile zusammen benutzt, gibt es dominante Teile, ist der Ober- oder Unterkörper dominant, wie verhält sich der Torso zu den Extremitäten? Und der Kopf zum Torso? Gibt es diagonale Verbindungen, werden Qualitäten von *„shaping"* verwirklicht? Wie ist der Atemfluß und Rhythmus? Wie werden die Körperteile gebraucht — als „support"-System oder als gestisches System? Verschmelzen Haltung und Gestik in der gleichen Qualität, oder sind Teilungen zu beobachten? Wie verhält sich die untere Hälfte des Körpers mit dem Zentrum des Gewichts und der Aufgabe der Fortbewegung zur oberen Hälfte des Körpers, die eher zur Erforschung, zur Manipulation und gestischen Aktivität dient? Beobachtet wird ebenfalls die Links-Rechts-Teilung des Körpers, die Teilung von Torso und Körpersegmenten, die Beweglichkeit der Wirbelsäule, Funktion und Benutzung der Gelenke nach ihren anatomischen Möglichkeiten, Gebrauch der Oberflächen- und Tiefenmuskulatur usw.

Bei der zweiten zentralen Kategorie *Raum* wird beispielsweise aufgeschlüsselt nach Raumwegen: Sind diese gerade, rund oder am Ort? Ist die allgemeine räumliche Orientierung mehr nach vorn, nach der Seite, nach unten oder oben gerichtet? Wie ist der allgemeine Gebrauch der Ebenen (*levels*) — wird eher die tiefe Ebene, die mittlere oder die hohe Ebene benutzt, oder wird dies verändert und wie? Wie ist die Menge des benutzten Raumes — viel, wenig? Wie sieht die *„kinesphere"* als dreidimensionale Struktur, als der persönliche Raum in Weite, Tiefe und Höhe aus? Ist diese nah, mittel oder fern, und welches ist die vorherrschende Bewegungssphäre? Wie ist der Bewegungsansatz, zentral oder peripher oder transvers? Wie wird der Raum in den Dimensionen und Ebenen benutzt? Welche eindimensionalen Größen werden benutzt, welche zweidimensionalen (Ebenen und Kreise), welche dreidimensionalen Kombinationen etc.

In die dritte große Kategorie gehören die „*efforts*" als Bewegungsfaktoren, zu denen der Bewegende verschiedene Einstellungen (*attitudes*) realisieren kann. Es werden vier „efforts" unterschieden mit jeweils zwei Extrempunkten:

flow effort — geht von *free flow* zu *bound flow*
space effort — geht von *direct* zu *indirect*
weight effort — geht von *strong* zu *light*
time effort — geht von *sudden* zu *sustained*.

Es gibt dazu noch unterschiedliche Kombinationen von „efforts", von zweien, von dreien, die in dem System erfaßt werden und es äußerst komplex machen.

Weitere Beobachtungspunkte sind Rhythmus und Phrasierung der Bewegung, die Beobachtung von Spannung und Gegenspannung und die Beobachtung von Affinitäten von Körper, Raum und Efforts im Vergleich mit dem Wissen um die Affinitäten.

Wichtig für therapeutisches Arbeiten ist einmal, daß dieses System äußerst genaue und vielseitige Beobachtungskriterien bietet, die hier in ihrem Gebrauch natürlich nicht angeführt werden können. Es liefert damit nicht nur die Möglichkeit zur differenzierten Bewegungsdiagnostik für den einzelnen oder für bestimmte umschriebene Krankheiten des medizinischen Systems, sondern gleichzeitig neue Ansätze zur Bewegungsarbeit. Am bedeutungsvollsten ist sicherlich, daß die einzelnen Kategorien auf übergreifende Zusammenhänge zwischen körperlichen und psychischen Vorgängen hinweisen. Haltung ist schließlich nicht nur Körperhaltung und Bewegung nicht nur äußere Bewegung. Beweglichkeit ist nicht nur bezogen auf den Zustand der Gelenke, Sehnen und Muskeln; und Raum ist nicht nur der Tanzraum. Es ist bedeutsam, ob nur wenige Teile des Körpers gebraucht werden oder viele, ob ich den ganzen Körper bewege oder mehr nur einzelne Teile, ob ich eher wenig oder viel Raum benutze usw. Diese Annahmen sind die Grundlage einer psychotherapeutischen Tanztherapie überhaupt.

Ein ausführliches Beispiel von *Bartenieff* soll das verdeutlichen: Zunächst stellt sie fest, daß z. B. der Faktor Gewicht als Effort nicht verwechselt werden soll mit dem Körpergewicht per se. Sie unterscheidet dann drei Möglichkeiten, wie ich das Körpergewicht betrachten kann: einmal als neutral — hier ist das Körpergewicht muskulär unterstützt; als passiv — wo das Körpergewicht nicht unterstützt ist und der Schwerkraft nachgibt; und drittens als aktiv — wenn die Passivität des Körpergewichts überwunden wird durch eine Einstellung (*attitude*) zum Körpergewicht — also ein „*weight effort*" entsteht. Auch wenn der „*weight effort*" nicht dominant oder leicht ist, ist sein neutrales

Stadium nicht passiv! Es hat eine Bereitschaft zur Aktion. Bei schwer depressiven Patienten ist oft die Qualität von großer Schwere zu beobachten, die daher rührt, daß sie fast total in einer passiven Weise dem Gewicht nachgeben. „When the slightest attitude toward the use of that body weight can be activated, a move that may lead out of the depression has been initiated. It does not matter if that attitude — the Weight Effort, is in the Strong or Light range. What is important is the indication of participation rather than passivity and the diminuition of heaviness and immobility in the experience of the depressed person" (1980, 56).

Je differenzierter der Therapeut Bewegung in allen Äußerungsformen beobachten kann, und je mehr er/sie über die Bedeutung der einzelnen Kategorien und ihre Zusammenhänge weiß, um so differenziertere und sicher auch effektivere Arbeit kann er/sie leisten.

Nach diesen Exkursen möchte ich nochmals auf die Bedeutung von Gestaltungsprozessen und deren Funktion eingehen. Gerade weil Bewegung dauernd im Fluß ist und sich stetig verändert, ist die Gestaltung der Versuch, das Flüchtige zu bannen und auf das, was ist, einen bewußten Blick zu werfen.

Während des Gestaltungsprozesses geschieht im Veräußerlichen, Prüfen, Nachfühlen und Anschauen eine sukzessive Klärung des jeweiligen Themas. Wenn jemand versucht, seine Wut der Mutter gegenüber zu gestalten, ist er gezwungen, diese Wut auf ihre Äußerungsform — in den Bewegungselementen, die ihm derzeit deutlich sind oder die ihm der Therapeut als Fragen und Hilfen gibt — hin zu reflektieren. Er muß sich fragen, mit welchem Körperteil die Wut stimmig artikuliert wird, wie der ganze Körper eingesetzt wird, welche Richtungen vorherrschen, auf welchem Bewegungsniveau er sich befindet, wie er sein Gewicht dabei einsetzt und vieles andere mehr. Je deutlicher und genauer er die Bewegungen für sich festlegen kann, um so klarer wird ihm seine Wut gegenüber der Mutter werden, mit all den anderen Komponenten und Sinnzusammenhängen, die bislang vielleicht verborgen waren.

Indem die Tanzgestaltung vor dem inneren Auge selbst betrachtet oder gar von einer anderen Person getanzt werden kann, wird Distanz zu dem Problem und den begleitenden Gefühlen geschaffen. (Werden Rollen von anderen Personen getanzt, tauchen Probleme — Nachteile, aber auch Vorteile — für die therapeutische Arbeit auf. Darauf gehe ich hier nicht näher ein.) Der Klient kann zu seiner eigenen Gestaltung in Beziehung treten, d. h. zu einem Teil von sich selbst Beziehung aufnehmen. Die Betrachtung von außen bedeutet immer ein Stück Distanzierung und erlaubt es, neue Perspektiven aufzufinden. Orientierung, Selbstfindung (durch die Formulierung in eigener Bewegung) und Selbstreflexion schaffen die Voraussetzung, um neue Sinnzusammenhänge zu entdecken und wirksam werden zu lassen. Die Gestaltung bietet aber nicht nur an, mit sich selbst in Kommunikation zu treten, sondern sie ist ebenso wesentlich auch ein Mittel, um mit anderen zu kommunizieren. Ist der eigene Standpunkt artikuliert, ist eine Kommunikation und ein Austausch mit anderen möglich.

Die tänzerische Bewegung in der Improvisation und besonders bei der Gestaltung erlaubt dem Tanzenden, sich einerseits zu zeigen in seinem So-Bewegen und So-Gestalten und sich zu offenbaren. Sie bietet andererseits auch an, sich hinter der Bewegung, hinter der Gestaltung zu verstecken. Der Klient kann für sich genau den Distanzierungsgrad wählen und finden, der für ihn notwendig ist, und die Weise und „Menge" an Offenheit und Tiefe, die er sich erlauben und verarbeiten kann. Damit bietet die tänzerische Bewegung vielfältige differenzierte Möglichkeiten für die Therapie. Denn gerade die Vielfalt der Deutungsmöglichkeiten und Interpretationen erlaubt eine Fülle an Kontaktmöglichkeiten. Therapeutische Prozesse können so auf einer symbolischen Ebene in ihrer jeweiligen Tiefe sowohl vom Klienten als auch vom Therapeuten gesteuert werden.

Dazu ein Beispiel: Ein Klient gestaltet „das Böse". Er wählt sich hierzu die Figur des Untertans aus dem Roman von Heinrich Mann aus. In drei kurzen Szenen stellt er diese Figur mit einer atemberaubenden Ausdruckskraft (die bisher bei ihm so deutlich nicht zu sehen war) dar. In recht kurzer Zeit hatte er alle drei Szenen festgelegt und konnte sie wiederholen. In einem Gespräch über diese Gestaltung wählte er die Rolle desjenigen, der „das Böse" — diesen Untertan — absolut verurteilt und als ekelhaft empfindet und ihn total ablehnt. In den nächsten Sitzungen berichtet er, daß er sich Gedanken gemacht hat, weshalb er diesen Typ so gut habe tanzen können und inwieweit dieser ein Teil von ihm sei. Er drückte dann aus, daß er im Moment sich noch nicht damit identifizieren könne und daß er den Schutz brauche, die Gestaltung auf einer Ebene von Tanzausdruck-Erproben anzusiedeln.

Ein wichtiger qualitativer Umschlag während des therapeutischen Prozesses liegt im Übergang vom bloßen Geschehenlassen eines Gefühls und dieses einfach in Bewegung fließen zu lassen einerseits und der aktiven Gestaltung dieses Gefühls andererseits. Während ich im ersten Fall von dem Gefühl „besessen" bin, bin in der Gestaltung ich derjenige, der sich aktiv bemächtigt, der das Gefühl selbst besitzt und nicht von ihm besessen wird (*Schoop*, Kursgespräch 1983). Der Umschlag von der Passivität des Erleidens einer wie auch immer belastenden Situation in die Aktivität des Gestaltens ist ein heilender Vorgang. Hinzu kommt, daß der Klient ständig erlebt und erfährt, daß er selbst Optionen wählen kann und er sich selbst bestimmen kann.

Gestaltungsprozesse sind Formungsprozesse, und Gestaltung ist wesentlich bestimmt durch ihre Form. Diese grenzt nicht nur das Gestaltete vom Nichtgestalteten ab und hebt es damit heraus. Sie macht die Inhalte zugänglich, gleichzeitig aber ist der Zugang zur direkten Aussage über ihre Form verschlossen. Diese beiden Aspekte bedingen, daß einmal ein Verständigungsprozeß überhaupt ermöglicht wird und — gleichzeitig — daß Arbeit notwendig wird, um das in Form Gebrachte zu deuten. Bei gestaltetem Tanz ist die Notwendigkeit der Deutung maximal im Verhältnis zur Alltagsbewegung, wo sie minimal ist. Der Deutungsprozeß selbst kann als ein kreativer Prozeß betrachtet werden. Sehr häufig entdeckt der Gestalter in seinem Werk mehr und anderes, als von ihm intendiert wurde. Der Zuschauer findet als Betrachter und Miterlebender Tiefen und Bezüge, die zwar in der Form des Stoffes enthalten sind, jedoch der bewußten Setzung entgehen. In dieser Spannung zwischen Verschlossenheit der Form und Zugang durch die Form werden neue Sinnbildungen erschaffen.

Schon allein die Möglichkeit, in Bewegung zu kommen, im direkten und übertragenen Sinn, kann lösende und heilende Wirkung haben. Der Bewegung und Bewegtheit Form zu verleihen, ist ein weiterer Schritt. Die Fähigkeit, das Gestaltete voll ins Bewußtsein zu heben und aufnehmen zu können, ist Voraussetzung für eine dauerhafte und durchgreifende Wirkung.

Sehr häufig läßt sich nachweisen, daß in den Formen etwas „anderes" verborgen liegt. Dieses „andere" ist etwas, das indirekt zum Ausdruck bringt, was explizit oder unmittelbar nicht gesagt werden kann und oft nicht „gewußt" wird. Damit weist die Form auf eine zusätzliche — ihre symbolische — Funktion hin. Eine Gestaltung, eine Bewegung bzw. ein Wort oder ein Bild ist dann symbolisch, „wenn es mehr enthält, als man auf den ersten Blick erkennen kann. Es hat dann einen weiteren ‚unbewußten' Aspekt, den man wohl nie ganz genau definieren kann" (*Jung* 1968, 20).

Wenn formale Strukturen schon symbolisch gedeutet werden können, wird dies bei bildhaften oder figurativen Motiven im Tanz noch deutlicher.

Meier (1983, 163 f.) betont die Doppelnatur der Symbole im *Jung*schen Verständnis. Die Symbole weisen in ihrer Bildhaftigkeit hin auf die Beheimatung im Unbewußten, „in ihrer Sinnhaftigkeit als ‚Sinnbild' erweisen sie ihre Kompatibilität mit dem Ich-Bewußtsein, so daß sie sich als Mittler zwischen beiden Subsystemen ausgesprochen eignen. Aber auch in anderer Hinsicht zeigen sie eine Doppelnatur: In ihrem Eindruckscharakter sprechen sie die Emotionalität und Wertfühlung an und bringen sie in Bewegung, sie ‚beschäftigen'. In ihrem Ausdruckscharakter als Sinnbild sind sie aber auch Botschaft und Medium der Kommunikation."

Diese Aussagen lassen sich unmittelbar auf die Tanzgestaltung übertragen und belegen in ihrer Mittlerrolle zwischen Unbewußtem und Ich-Bewußtsein ihren hohen therapeutischen Wert. Die Einbeziehung der symbolischen Ebenen in die Deutung der Gestaltung ermöglicht ein reicheres Erleben, das die Zersplitterung in Einzelteile und Einzelerlebnisse aufzuheben imstande ist und eine Ganzheit in einem umfassenden Sinn erlebbar macht. Was *Jacobi* (1981) auf die „Bilder aus dem Unbewußten" bezieht, gilt in gleicher Weise für den Tanz: „Insofern nämlich archetypische Motive vorhanden sind, ist deren kollektiver allgemeinmenschlicher Aspekt in Betracht zu ziehen, um sie nicht auf eine rein persönliche Problematik zu reduzieren" (104). Sie betont, daß das Zusammenschauenkönnen der individuellen und kollektiven Aspekte im Symbol gleichzeitig Bewirkung und Ausdruck der Überwindung der innerlichen Zerrissenheit bedeutet. „In diesem tiefen Verstehen ... der doppelaspektigen Inhalte ... liegt sein heilender Aspekt beschlossen" (104).

Schoop (vgl. 1977, 1 ff.) weist darauf hin, daß tief in jedem Menschen ein Wissen um seine Ur-Existenz schlummert, als „Ahnung von etwas Unendlichem, alles Verbindendem — von einer Ganzheit" (1977, 2). Sie bezeichnet dies als die erste Erfahrungsebene. Die zweite Erfahrungsebene ist die irdische, individuelle Wirklichkeit unseres Daseins. Obwohl jeder Mensch in seiner zeitlichen und räumlichen Begrenztheit mit der jetzt zur Verfügung stehenden Energie tanzt, hat der „tanzende Mensch in seinem Zeit-Raum-Energie-begrenzten Tun auch Anteil an unendlicher Zeit, unendlichem Raum und unendlicher Energie" (1977, 3). Für *Schoop* durchdringt der Tanz klar beide Erfahrungs- und Bewußtseinsebenen und macht diese gleichzeitig erlebbar.

Die Betrachtung der Gestaltung als symbolischer Form erweitert den individuellen Aspekt und läßt eine Ahnung heraufscheinen von der Schöpfung insgesamt. Die heilende Kraft des Tanzes liegt dann auch darin, nicht nur die Einheit und Ganzheit in mir und mit mir zu erleben für den Moment des Tanzes, sondern gleichzeitig innere Verbindungen herzustellen zu allen Menschen, zu dem gemeinsamen Schicksal.

Die Arbeit mit der Technik, die Improvisation und die Gestaltung sind drei unterschiedliche Arbeitsweisen in der Tanztherapie. Sie bauen analytisch und in der Stufenfolge der Anforderungen aufeinander auf: Improvisation ist nicht möglich ohne ein Repertoire an Bewegungen, und Gestaltung ist ebenfalls ohne ein solches Repertoire und ohne kreative Bewegungseinfälle und Themen kaum zu verwirklichen. Dennoch sind in der therapeutischen Arbeit diese Aspekte in unterschiedlicher Gewichtung miteinander verflochten. Sie sind nicht festgelegt als Abfolge, da es in der Therapie nicht auf künstlerisch-ästhetische Ansprüche ankommt, bei denen ein hohes technisches Niveau als „Handwerkszeug" unverzichtbar wäre.

Alle Menschen haben ein Bewegungsrepertoire, auch wenn es noch so eingeschränkt sein mag, von welchem der Therapeut ausgehen kann. Gewisse „Techniken" liegen also schon vor: das, was als „aktuelles Bewegungsmuster" des Klienten bezeichnet wird. Ob ich daran arbeite, mit festgelegten Bewegungen neue und andere Weisen des Bewegens zu erlernen, ob ich in thematische Improvisation hineingehe oder ob ich Gestaltung betone: Dies hängt von der Population und dem jeweiligen Stand des therapeutischen Prozesses ab. Technik, Improvisation und Gestaltung können in einer einzigen Stunde miteinander verwoben sein oder auseinander erwachsen. Aus einer Improvisation kann ein „Bedarf" nach einem neuen anderen Repertoire entstehen. Aus einer Gestaltung kann eine neue Erprobens- und Experimentierphase mit Improvisation hervorgehen. Es ist durchaus möglich, längere Zeit nur technisch oder nur improvisatorisch zu arbeiten oder das Schwergewicht auf die Gestaltung zu legen. Bei chronisch psychotischen Menschen, mit denen *Chace* und *Schoop* hauptsächlich gearbeitet haben, nimmt die Verwendung der Tanztechnik als funktioneller Übungsmöglichkeit einen breiten Raum ein. Die Patienten müssen erst wieder ein gewisses Spektrum an Bewegungs- und Erlebensmöglichkeiten erlangen, in denen sie sich, aus sich selbst heraustanzend, ausdrücken können. Aber auch bei diesen Patienten werden die kleinsten Ansätze zur Improvisation aufgegriffen und mit eingeflochten und so Technik und Improvisation ständig miteinander verwoben. Gestaltungen sind oft erst nach einer längeren Dauer der Tanztherapie möglich.

Bei Studentinnen/Studenten, die eine Tanzausbildung hinter sich haben und die sowohl technisch als auch improvisatorisch geschult sind, werden Gestaltungen im Gesamtverlauf besonders bedeutsam. Denn durch die Gestaltung gelingt es ihnen, einen bewußten Blick auf das zu werfen, was sie beschäftigt oder bedrückt. Sie finden in der Gestaltung eine adäquate Möglichkeit für eine Verarbeitung ihrer Probleme.

Der Tanz erreicht den Menschen in allen seinen Teilen, seinen bewußten und unbewußten, in seiner Körperlichkeit und seinen

Gefühlen und auch in den Teilen, die vor und jenseits von Sprache liegen. Im Tanz kann zum Ausdruck kommen, was der verbalen Sprache noch nicht oder nicht mehr zugänglich ist. Für *Mary Wigmann* ist Tanz eine Sprache, mit der der Mensch geboren wird, eine ekstatische Manifestation seiner Existenz. „It is the entity of expression and function, pellucid corporeality, a form made alive through the pulsebeat of experience" (Holm 1968, 42).

Literatur

Alperson, E. Dosamantes: Carrying Experiencing forward through Authentic Body Movement, *Psychotherapy, Theory, Research and Practice* 11, Fall 1974, 211-214.
Bartenieff, Irmgard: Body Movement — Coping with the Environment, Gordon + Breach, N. Y. 1980.
Benthall, J., Polhemus, T. (Hrsg.): The Body as a Medium of Expression, London 1979.
Boas, Franziska: Psychological Aspects in the Practice and Teaching of Creative Dance, *Journal of Aesthetics and Art Criticism* 2 (1943) 7, 3-20.
Bollnow, Otto F.: Gestaltung als Aufgabe, in: Die Gestaltung (Hrsg.: Ausschuß Deutscher Leibeserzieher), Schorndorf 1967, 17-38.
Chaiklin, Harris (Hrsg.): Marian Chace — Her Papers, ADTA 1975.
Chaiklin, Sharon: Dance Therapy, in: *Arieti, S.* (ed.): American Handbook of Psychiatry, 1975, 701-720.
Doubler, Margret: Dance — A Creative Art Experience, Univ. Wisc. Press, Madison 1977.
Douglas, Mary: Ritual, Tabu und Körpersymbolik, Fischer, Frankfurt 1974.
Dropsy, Jaques: Lebe in deinem Körper, Kösel, München 1982.
Elias, Norbert: Über den Prozeß der Zivilisation, Francke, Bern 1969, I und II.
Espenak, Liljan: Dance Therapy — Theory and Application, Springfield, Ill. 1981.
Gellhorn, E.: Motion and Emotion: The Role of Proprioception in the Physiology and Pathology of the Emotion, *Psychol. Rev.*, Washington, 71 (1964), 457-472.
Grupe, Ommo: Bewegung und Bewegungsgestaltung in pädagogischer Sicht, in: Die Gestaltung (Hrsg.: Ausschuß Deutscher Leibeserzieher), Schorndorf 1967, 39-56.
Günther, H., Grimmer, M.: Theorie und Praxis des Jazz-Dance, Stuttgart 1972.
Haselbach, Barbara: Improvisation — Tanz — Bewegung, Klett, Stuttgart 1976.
Holm, Hanya: The Mary Wigmann I know, in: *Sorell, W.* (Hrsg.): The Dance Has Many Faces, Columbia Univ. Press, New York 1968, 40-50.
Jacobi, Jolande: Vom Bilderreich der Seele, Walter, Olten 1969.
Jung, Carl G. u. a.: Man and his Symbols, New York 1964; dt.: Der Mensch und seine Symbole, Walter, Olten 1968.
Kamper, Dietmar: Einleitung: Vom Schweigen des Körpers, in: *Kamper, D., Rittner, V.* (Hrsg.): Zur Geschichte des Körpers, Hanser, München 1976, 7-12.
Kliphius, Mark: Die Hantierung kreativer Prozesse in Bildung und Hilfeleistung, in: *Wils, Lex:* Spielenderweise, Hans Putty, Wuppertal 1977, 60-119.
Kris, E.: Psychoanalytic Explorations in Art, New York 1952.
Laban, Rudolf van: The Mastery of Movement, London 1971.
Lippe, Rudolf zur: Anthropologie für wen? in: *Kamper, D., Rittner, V.* (Hrsg.): Geschichte des Körpers, Hanser, München 1976, 91-129.

Martin, John: Introduction to the Dance, Brooklyn, N. Y. 1972.
Meier, Georg: Symboltherapie, *Integrative Therapie* 2-3, 1983, 158-179.
Müller, H., Servos, N.: Pina Bausch — Wuppertaler Tanztheater, Köln 1979.
Rittner, Volker: Norbert Elias: Das Konzept des Zivilisationsprozesses als Entsatz des epischen Moments durch das Konstruktive, in: *Kamper, D.:* Abstraktion und Geschichte, Hanser, München 1975, 83-125.
—: Zur Soziologie körperbetonter sozialer Systeme, *Sonderheft der Kölner Zeitschrift für Soziologie und Sozialpsychologie* 25 (1983), 233-255.
Schoop, Trudi: Won't You Join the Dance, Mayfield Publ. Comp. 1974.
—: Referat Trudi Schoop, Referatesammlung zum Forum für Musik und Bewegung, CH Lenk 1977, 1-8.
Siegel, Elaine: Movement Therapy as a Psychotherapeutic Tool, *Journal of the American Psychoanalytic Ass.* 21 (1973) 2, 333-350.
—: Psyche and Soma, in: Movement Therapy, *Voices, the Art and Science of Psychotherapy,* Special Issue 1970, 29-32.
Smallwood, Joan: Philosophy and Methods of Individual Work, in: Focus on Dance VII. AAHPER Publ., Washington 1974, 24-26.
Whitehouse, Mary: Physical Movement and Personality. Lect. for the Analytical Psychology Club. L. A. 1963, unpublished.
—: Reflections on a Metamorphosis Impulse, *Annual of Contemporary Dance* 1969-70, 62-64.
—: C. G. Jung and Dance Therapy: Two Major Principles, in: *Bernstein, P. L.* (Hrsg.): Eight Theoretical Approaches in Dance Movement Therapy, Dubuque, Iowa 1979, 51-70.
Wigmann, Mary: Vom Wesen des neuen künstlerischen Tanzes, in: *Laban, R. v., Wigmann, M.* u. a.: Die tänzerische Situation unserer Zeit, Dresden 1936.
—: Die Sprache des Tanzes, Stuttgart 1963.
Wils, Lex: Ausdruck und Kreativität. Philosophische Bemerkungen, in: *Wils, L.* (Hrsg.): Spielenderweise, Hans Putty, Wuppertal 1977.

Verstärkte Atmung und seelisches Erleben

Frauke Teegen, Hamburg

> Die rechte Bewegung des Atems ist der nie
> endende Rhythmus völliger Hingabe und eines
> sich Zurückempfangens.
> Dies führt, je tiefer es wird, zu jenem Stirb und Werde,
> das der Rhythmik alles Lebendigen zugrunde liegt
> und als Gesetz aller Verwandlung echtes inneres
> Wachstum ermöglicht.
>
> Karlfried Graf Dürckheim

Verstärkte Atmung (Hyperventilation) gilt aus medizinischer Sicht als Störung und Krankheit. Die *willkürlich eingeleitete* Hyperventilation wird jedoch auch zunehmend als psychotherapeutisches Verfahren und als Möglichkeit zu intensiver Selbsterfahrung betrachtet. Bisher sind jedoch Erlebnisprozesse und Auswirkungen noch nicht genau belegt, untersucht und beschrieben worden.

So war das Ziel dieser Untersuchung, Prozesse und Effekte bei willkürlich verstärkter Atmung in einem gruppentherapeutischen Setting zu erforschen. Dabei erlebten insgesamt 50 Teilnehmer in drei aufeinanderfolgenden Gruppen 1 bis 7 Sitzungen mit verstärkter Atmung, die jeweils über 10 Monate verteilt waren und in vorbereitende Übungen und Sitzungen zur Aussprache und Aufarbeitung der Erfahrungen eingebunden waren. Anhand von ausführlichen Berichten der Teilnehmer über ihre Erfahrungen sollten wesentliche Erlebnisformen während der verstärkten Atmung erkundet werden. Es wurden Veränderungen zu kurz- und längerfristigen Auswirkungen des körperlichen und seelischen Befindens, von Wahrnehmung, Verhalten und Einstellungen erhoben.

Die vorliegende Dokumentation von Erlebnisprozessen und Effekten soll eine Bewertung und Einschätzung dieses Verfahrens ermöglichen. In dem Ausmaß, in dem auch ungewöhnliche und persönlichkeitsübergreifende (sog. transpersonale) Erfahrungen beschrieben wurden, die das vertraute lineare Alltagsbewußtsein stark transzendieren, sehe ich diese Untersuchung auch als einen Beitrag zur modernen Bewußtseinsforschung.

Atmung

Auf der *biologisch-körperlichen Ebene* wird unter Atmung der Gasaustausch von Lebewesen verstanden, wobei Sauerstoff (O_2) aus dem umgebenden Medium (Luft, Wasser) aufgenommen und Kohlendioxid (CO_2) an dieses abgegeben wird. In den Zellen des Organismus werden unter Oxydation von Sauerstoff energiereiche Substanzen (Zucker, Fette, Eiweiße) abgebaut; die dabei frei werdende Energie dient zur Aufrechterhaltung von Lebensvorgängen für Bewegung und Wachstum. Durch Volumen und Frequenz der Atmung wird die Konzentration von Blutgasen reguliert. Eine Verminderung des CO_2-Drucks wird durch Chemorezeptoren im Glomus caroticus (in der Nähe der Kopfschlagader in der Halsgegend) wahrgenommen und an die Atemzentren (in der Medulla oblongata) weitergeleitet. Von diesen Zentren geht die unwillkürliche Innervierung der Atemmuskulatur aus.

Bei der Atmung des Menschen handelt es sich jedoch um einen Sonderfall eines biologischen Regulationssystems: Während normalerweise willentliche Beeinflussungen körperlicher Regulationen (z.B. Herzschlag, Kreislauf) nicht ohne Übung möglich sind, können wir Atemvolumen und -frequenz ohne weiteres beeinflussen. Der biologisch notwendige Atmungsprozeß steht deutlich im Zusammenhang mit unserem *affektiven und gefühlsmäßigen Erleben* und der Intensität unserer Körperwahrnehmung. Im Zusammenhang mit starken Gefühlsbewegungen (Ärger, Wut, Freude, Lust) verstärkt sich die Atmung, bei Schreck stoppt sie. Bewußte Verlangsamung der Atmung wirkt angstlösend.

Der Atem wird nicht nur im biologischen, sondern auch im *geistig-seelischen Bereich* als vitaler Energieträger („Odem des Lebens") verstanden. So ist es auch nicht erstaunlich, daß viele therapeutische und spirituelle Verfahren dem Atem eine Schlüsselposition bei der Förderung körperlich-seelisch-geistiger Vitalität und Reifung und zur Erweiterung des Bewußtseins zugemessen haben. Die Atmungsorgane, die Lungen, sind (anders als z.B. das Herz, das von einem kräftigen Muskel gebildet wird) passiv angewiesen auf die Atmungsmuskulatur in Schultergürtel, Brustkorb und auf das Zwerchfell. Bei den meisten Menschen, die über Störungen ihres Wohlbefindens klagen (wie Müdigkeit, Depression, körperlich-seelische Verspannungen, psychosomatische Störungen) können immer auch Verspannungen der Atmungsmuskulatur und ein verändertes (meist zu flaches) Atemmuster beobachtet werden. Auffällig sind vor allem die hochgezogenen

Schultern, der verfestigte Brustkorb und das festgehaltene Zwerchfell (weiter damit zusammenhängende Verspannungen können beobachtet werden in: Kehle, Armen, Händen, Beckenboden, Beinen, Knien, Füßen, Gesicht). Diese Verspannungen können auch als Ausdrucksgebärde verstanden werden, als innere und äußere Selbstschutzhaltung. Und auch als Ausdruck mangelnden Vertrauens und fehlender Zentrierung in die eigene körperlich-seelisch-geistige Mitte.

Die Verspannungen stehen vor allem im Zusammenhang mit dem Bedürfnis nach rationaler Kontrolle und Vermeidung von Schmerz. Sie dienen dem Festhalten des Ausatmens (und damit verbundener Gefühle und Aktionen) und verhindern damit auch ein volles und tiefes Einatmen. Die Fixierung des Zwerchfells verhindert eine freie und tiefe Bauchatmung und blockiert das Fühlen und Ausleben heftiger Emotionen und auch sexueller Energien. Gleichzeitig wird die Verbindung zwischen Brust- und Bauchraum blockiert, d. h. auch die Verbindung zwischen sexuellen und emotionalen Impulsen und die „Öffnung des Herzens".

Schon bei Kindern kann man beobachten, wie sie ihre Gefühle durch das Anhalten des Atems und die Fixierung des Zwerchfells kontrollieren. Bei einer so eingeschränkten Atmung wird dem Organismus weniger Sauerstoff zugeführt, so daß die vegetativen Funktionen geringer sind und damit auch leichter zu bewältigen. Die flache Atmung hat letztlich die Funktion, die Energieproduktion des Organismus und damit auch die Angstproduktion herabzusetzen.

Die im Zusammenhang mit solchen Kontrollbemühungen verspannte Atemmuskulatur verlegt meist auch den Schwerpunkt des Menschen zu weit nach oben — er ruht dann nicht mehr in seiner Mitte. Das Gewinnen und Festigen des Schwerpunktes in der inneren und äußeren Mitte (d. h. körperlich im Bauch-Beckenraum) galt in östlichen Kulturen immer auch als Voraussetzung für Vollkommenheit in der Leistung und für die Selbst-Verwirklichung des Menschen.

„Im Japanischen heißt die Mitte Hara, das bedeutet wörtlich Bauch. Im übertragenen Sinn jedoch bedeutet Hara eine Gesamthaltung des Menschen, in der er, dank seiner Verwurzelung in der Leibesmitte, in sich eine überpersönliche Dimension erschließt, die ihn von der Vorherrschaft des immer besorgten Ichs befreit und in jeder Situation die wirkkräftige Präsenz der ihm unbewußt innewohnenden Kräfte und Fähigkeiten gewährleistet ... Die Bejahung des Bauches — das meint nicht den dicken Bauch, sondern den Schwerpunkt im Unterbauch — befindet sich auch ganz selbstverständlich im Leibbewußtsein des Menschen, der nicht durch eine zivilisatorische Erziehung deformiert wurde. Das Einziehen des Bauches, die Kultur der ‚Wespentaille', das Aufblähen der Brust sind typisch für eine Lebensauffassung, die das natürliche Verhältnis zu den Kräften der Erde verneint, sich kopflastig dem Rationalen unterwirft und sich unfromm in eine nur vom Ich genährte Geistigkeit erhebt. In ihr glaubt der Mensch, alles selbst ‚machen' zu können, und versteigt sich, selbstgerecht, aber ohne Vertrauen in die überpersönlichen Mächte des Himmels und der Erde, in eine Haltung, in der er sich selbst verfehlt und schließlich physisch und psychisch krank wird." (*Dürckheim* 1978, 13-15)

Verstärkte Atmung als therapeutisches Verfahren

Durch Beobachtung und Wahrnehmung unserer Atembewegungen haben wir ein natürliches Feedback-System für unser körperlich-seelisches Wohlbefinden. Ohne größere Anstrengungen können wir die Atmung auch beeinflussen und damit auf körperlich-seelisch-geistige Haltungen einwirken.

Die Bedeutung des Atems und die Anwendung von spezifischen Atemtechniken ist in östlichen Kulturen lange bekannt. So werden im Yoga bestimmte Atemtechniken verwandt, um den psychophysischen und spirituellen Energiefluß zu steigern. Die Verwurzelung des Menschen im Hara wird im Za-Zen durch das Geschehen-Lassen und die Beobachtung des Atems gefördert. Im Dhikr der Sufis oder bei rituellen Gruppengesängen und -tänzen geschieht die Vertiefung und Lösung des Atems. Auch im Westen wird die Bedeutung der Atmung für Leistungsfähigkeit, persönliche Entwicklung und Bewußtseinserweiterung zunehmend erkannt. Da in dem hier dargestellten Projekt Prozesse und Auswirkungen bei verstärkter Atmung erkundet wurden, möchte ich mich auf die Darstellung dieses atemtherapeutischen Verfahrens beschränken.

So weit ich die Entwicklung überblicken kann (viele Praktiker nennen ihre Quellen nicht oder sind sich ihrer nicht bewußt), geht der Einsatz verstärkter Atmung (Hyperventilaton) auf *Wilhelm Reich* (1969) zurück. Bei seiner Arbeit mit körperlichen und emotionalen Blockaden, dem Versuch, Widerstände, Symptome und Verpanzerungen in Erfahrungen umzusetzen, benutzte er sowohl spezifische Körperübungen als auch Atemübungen. Er setzte auch Hyperventilation ein, um Energieniveau, Empfindungsfähigkeit und Beweglichkeit zu fördern. Seine theoretischen und praktischen Hinweise haben viele Therapeuten beeinflußt (wie *A. Lowen*, den Begründer der Bioenergetik, *I. Rolf* und ihre Strukturelle Integration oder *M. Proskauer* mit ihrem System der Breathing Awareness). Später brachte *L. Orr* (Orr, Ray 1977) die gestörten und flachen Atemmuster des modernen Menschen in Zusammenhang mit den Erfahrungen und Konditionierungen bei der Geburt. Er ging davon aus, daß mehr als 90 % aller Ängste und körperlichen Beschwerden im Zusammenhang mit dem Geburtstrauma verstanden und auch wieder gelöst werden könnten.

Die Geburtserfahrung (vor allem wenn die Geburt unter den üblichen Versorgungsbedingungen in Kliniken geschieht) ist im wesentlichen eine Konfrontation mit einer Umwelt, die gegenüber den idealen Bedingungen des Uterus als feindlich erlebt wird. Grelles Licht, harte Berührungen und vor allem: das Durchtrennen der Nabelschnur geschieht überwiegend, bevor der erste Atemzug selbständig vollzogen wird, so daß am Beginn des Lebens für viele Menschen die reale Erfahrung, zu sterben, zu ersticken, steht und der Eintritt in diese Welt erfahren wird als „Die Welt ist feindlich" oder (nach dem anstrengenden Weg durch den Geburtskanal) „Es hat ja doch keinen Zweck". (*Orr* zentriert sich bei seinen Überlegungen auf das Geburtserlebnis und geht z. B. auf vorgeburtliche Traumen oder die Phasen der Geburt nicht ein.)

Eine ganz andere Erfahrung macht das Neugeborene z. B. bei der sog. „sanften Geburt" nach *Leboyer* (1981), wobei neben freundlichen äußeren Bedingungen die Nabelschnur erst durchtrennt wird, wenn das Kind den ersten Atemzug von sich aus eingeleitet hat. Außerdem wird z. B. durch eine sanfte Massage nonverbal vermittelt: „Das war eine große Anstrengung, aber nun ist alles gut. Wir freuen uns, daß du da bist."

Bei seinen Überlegungen ging *Orr* davon aus, daß Atmung für die meisten Menschen von Beginn an mit Schmerz und Angst assoziiert wird. Eine unserer Möglichkeiten, uns auf erwarteten Schmerz einzustellen, so daß wir ihn nicht zu sehr spüren, besteht darin, die Atmung festzuhalten, flach zu atmen. Nach *Orr* besteht die Therapie gegen dieses eingeschränkte Atem- und Lebensmuster darin, den Atem wieder zu lösen und damit auch Angst, Vermeidung und Widerstand gegen die Erfahrung des Lebens in all seinen Qualitäten zu öffnen. *Orr* versuchte, die Prägung durch das Geburtstrauma durch verstärkte Atmung (Hyperventilation) zu lösen. Nach seinen Erfahrungen betrachtet er Hyperventilation als *Kur gegen Sub-Ventilation* („meist als normale Atmung beschrieben"). Er berichtet, daß sich während des Hyperventilationsprozesses durchaus auch schmerzhafte körperliche Begleiterscheinungen zeigen. Wenn der Prozeß jedoch *nicht unterbrochen wird*, vermindern sich diese Beschwerden, und allein die andere Art zu atmen scheint eine Quelle von Energie, Gesundheit und Freude zu sein. „Was medizinisch als Krankheit etikettiert wird, könnte eine der wesentlichen Techniken für spirituelle Erneuerung und Reinigung sein."

Orr berichtet im Zusammenhang mit Hyperventilationssitzungen bei ca. 1000 Menschen global über Verbesserungen psychosomatischer Störungen (z. B. bei Colitis, Migräne, Arthritis, Dermatitis). Dies scheint plausibel (vor allem, wenn man psychosomatische Erkrankungen auch im Zusammenhang mit übertriebenem rationalem Kontrollbemühen sieht, das bei der Hyperventilation meist überschritten wird), ist jedoch bisher nicht systematisch überprüft und belegt. In der Therapie nach *Orr* wird der Klient überwiegend verbal stimuliert, Formen des Ausagierens werden nicht ermutigt. Das Ziel liegt im bewußten Wiedererleben der Geburt und der damit verbundenen traumatischen Erlebnisse während dieser verletzlichen und sensiblen Phase. Zusätzlich zur Hyperventilation werden Affirmationen eingesetzt, d. h. Vorgabe und Neuprägung von ermutigenden und lebensbejahenden Einstellungen. So lernt ein Klient z. B. statt der frühen traumatischen Kernerfahrung „ich bekomme nicht genug" (Luft, Essen, Liebe), sein Leben und Verhalten neu auszurichten nach: „Für mich ist gesorgt, ich erfahre, daß ich alles bekomme, was ich benötige."

Dieser Ansatz geht davon aus, daß der Übergang vom intrauterinen zum extrauterinen Leben für den Menschen eine sehr bedeutsame Lebens- und Lernphase darstellt, in der sich alle über die Sinneserfahrung aufgenommenen Informationen zu einer tiefen Kernerfahrung (neuronal) einprägen, so daß dieses Erfahrungsmuster sowohl die Vitalität als auch die grundlegende Haltung zur Welt sowie Lebensstrategien mitbestimmt. Die so geprägte Ausrichtung (Welt-Bild, Glaube) führt zu weiteren ähnlichen Erfahrungen, die die erste Prägung wiederum bestätigen und verstärken, so daß durch die Wiederherbeiführung der sensiblen Prägungsphase in einem liebevollen und sicherheitsgebenden Setting (verstärkt durch sprachliche Symbole) eine lebensbejahende Neuprägung ermutigt wird.

Inzwischen haben sich auch andere Formen der Therapie mit verstärkter Atmung entwickelt (die sich m. E. stärker wieder auf *Reich* beziehen), in denen kein vorher bestimmtes Ziel erreicht werden soll und alle auftauchenden Erfahrungen und Erlebnisse als persönlich sinnvoll angenommen werden. Häufig werden dabei auch körpertherapeutische Hilfen gegeben, das Ausagieren von Spannungen und Schmerzen wird zugelassen und ermutigt („heilende Bewegungen"). Manchmal werden die Hyperventilationssitzungen in Wahrnehmungs- und Sensibilisierungsübungen eingebunden. *K. Fromm* (1982) hat im Rahmen ihrer Diplomarbeit die spezifische Entwicklung von Breath-Therapy im Shree Rajneesh Ashram in Poona beschrieben. Ein anderer Vertreter der von *Orr* abgeleiteten Atemtherapie ist *Grof*, der die verstärkte Atmung vor allem auch als Möglichkeit der Bewußtseinserweiterung sieht. *Grof* geht davon aus, daß allein das Durcherleben traumatischer Erfahrungen (das muß nicht unbedingt die Geburtserfahrung sein) in einer sicheren und liebevollen Umgebung sowie der Kontakt mit tiefen Bewußtseinsschichten (jenseits der biologischen und sozialen Programmierung) zur Lösung alter und einengender „innerer Glaubenssätze" führen kann.

Aus verschiedenen Quellen ist bekannt, daß eine Veränderung der Sauerstoffzufuhr ungewöhnliche Bewußtseinszustände hervorrufen kann. *McFarland* (zit. nach *Grof* 1980) hat demonstriert, daß Menschen in anoxischen Kammern Erfahrungen machen, die denen von LSD-Probanden sehr ähnlich sind. *Meduna* (zit. nach *Grof* 1980) berichtete über die therapeutische Verwendung eines spezifischen Sauerstoff-Kohlendioxyd-Gemisches bei emotionalen Störungen. (Die sog. Meduna-Mischung — 30 % Sauerstoff, 70 % Kohlendioxyd — kann nach kurzer Inhalierung einen Bereich seelischer Erfahrungen auslösen, wie er aus psychedelischen Sitzungen vertraut ist.) Diese Forschungen knüpfen auch an bestimmte Initiationsriten an, wie sie aus vielen Kulturen bekannt sind, in denen häufig durch veränderte Sauerstoffzufuhr bestimmte spirituelle Erfahrungen gebahnt wurden, die zu einer Neuorientierung und Erweiterung des Weltbildes führen.

Verstärkte Atmung aus medizinischer Sicht

Aus medizinischer Sicht wird die verstärkte Atmung (Hyperventilation) als Störung oder Krankheit gesehen. Das Hauptaugenmerk liegt dabei auf der Beobachtung von Beschwerden: Kribbeln, Verkrampfungen in den Extremitäten, Schwindel, Lufthunger, Schmerzen, Druck in Hals, Herz, Magen. Von Hyperventilationstetanie spricht man, wenn es bei verstärkter Atmung zu Pfötchenstellung der Hände, Spitzfußstellung und Karpfenmaul kommt. Ein Großteil der Beschwerden wird dadurch erklärt, daß durch die verstärkte Atmung zuviel Kohlendioxyd ausgeatmet wird. Dadurch sinkt der arterielle CO_2-Druck, das Säure-Base-Gleichgewicht wird auf die basische Seite verschoben (Alkalose), es kommt zu einer Verengung der Hirngefäße und der Bronchiolen. Es wird auch angenommen, daß durch die Verschiebung des Säure-Base-Gleichgewichtes ein Mangel an freiem Kalzium entsteht, der zu einer Steigerung der Nervenerregbarkeit führt (*Piiper, Koepchen* 1975). Eine Sofortmaßnahme, wenn Hyperventilation bei Patienten (z. B. in Aufnahmestationen) beobachtet wird, besteht darin, ihnen eine Plastiktüte über Mund und Nase zu stülpen, um so durch erzwungene Rückatmung des ausgeatmeten CO_2 den CO_2-Druck wiederherzustellen. Bei Gebärenden oder bei psychiatrischen Patienten wird Hyperventilation oft medikamentös unterbrochen (Kalziumspritze, Morphium).

Bisherige Forschungsprojekte zur Hyperventilation beobachten entweder physiologische Begleiterscheinungen, spezifische Atemmuster, Zusammenhänge mit verschiedenen Beschwerden oder mit Persönlichkeitsvariablen oder spezifischen Lebenssituationen — z. B. emotional belastenden Konflikten (*Haugartner-Wurtz* 1976; *Weimann* 1968; *Pfeffer* 1978). Aus psychosomatischer Sicht wird Hyperventilation

jedoch auch teilweise als „Ausdrucksbewegung" für ängstliche Erregung oder für eine Erwartungsspannung gewürdigt (*Jores* 1981).
Die psychischen Erlebnisvorgänge *während* der Hyperventilation wurden bisher nicht erforscht. Deutlich wird auch, daß eine Anzahl von Beschwerden (z. B. Druck- und Schmerzwahrnehmung in Kehle, Herz, Magen) durch die bekannten physiologischen Prozesse bei der Hyperventilation nicht erklärt werden.

Die isolierte Betrachtung von Einzel-Symptomen auf der körperlichen Ebene (wie auch die Ausrichtung auf Schmerzvermeidung und Unterbrechung von Kontrollverlust) erschwert ein Verständnis für funktionelle und ganzheitliche Zusammenhänge. Die Körperverspannungen und -schmerzen werden z. B. nicht in Zusammenhang gebracht mit inneren Haltungen oder mit Emotionen und können so auch nicht als Ausdrucksgesten für Blockierungen verstanden werden (die unter einem höheren Energie- und Erfahrungsniveau deutlicher und spürbarer werden und natürlich auch als Schmerz empfunden werden). Bei dieser Sichtweise wird auch nicht in Betracht gezogen, daß die spontane Hyperventilation evtl. als körperlich-seelischer Selbstregulationsvorgang verstanden werden könnte. Ebenfalls nicht in Betracht gezogen wird der Schock, der durch die (oft als gewaltsam empfundene) Unterbrechung der Hyperventilation erlebt wird.

Zwei Beispiele:

„... dann wurde mir in der Aufnahmestation ohne Kommentar eine Plastiktüte über den Kopf gestülpt. Es war grauenhaft. Dabei bekam ich erst richtige Angst und begann, die Schmerzen viel mehr zu fühlen (die Hyperventilation trat im Zusammenhang mit schweren Verletzungen bei einem Unfall auf). Vorher wollte ich eigentlich nur Ruhe und Zuwendung. Aber unter der Plastiktüte, und weil sie nichts sagten, hatte ich fürchterliche Angst, zu sterben ..." (aus dem Vorgespräch mit einer Projektteilnehmerin).

„... Als es zur Geburt kam, ging es in der letzten Phase los: Ich fühlte ungeheure Energieströme, da war weißes Licht, Erbeben, lauter befremdliche Sachen — jenseits aller Erfahrung, die ich je gemacht hatte. Jedoch alle Signale der Menschen um mich herum waren: Das ist nicht gut! Und ich war sowohl freudig erregt als auch angstvoll. Und die anderen verstärkten meine Angst. Und dann bekam ich Morphium, und das stoppte alles. Dasselbe geschah zwei Jahre später mit meinem zweiten Kind. Und diesmal war die Erfahrung noch intensiver. Und sie gaben mir Tranquilizer mitten während des Geburtsprozesses, um es zu stoppen. Und jetzt weiß ich: Wenn ich damals gewußt hätte, was ich heute weiß, wenn ich diese Erfahrung hätte zulassen können, dann wären mir viele Probleme erspart worden. Damals versuchte ich die Energie zurückzudrängen. Und doch kroch sie in mein tägliches Leben in Form von Depressionen, Allergien, Bronchitis, Erkältungen und dem ständigen Gefühl der Erschöpfung. Und ich weiß jetzt: Es war damals nicht so, daß ich keine Energie gehabt hätte — sondern ich hatte zuviel davon. Und ich bemühte mich so, sie zurückzuhalten. Klar war ich erschöpft." (Bericht von *Christina Grof* 1980)

Verhüllte und enthüllte Ordnung — Ego und Selbst

Sowohl die Neurophysiologie und -psychologie als auch Biologie und Physik haben in den letzten Jahren Forschungsergebnisse erbracht, die eine Erneuerung unserer Annahmen über „die Realität" und über Wahrnehmung und Bewußtsein nahelegen:

— In dem Modell der Autopoiesis (Selbstserschaffung) der Biologen *Maturana* und *Varela* (1980) wird die Vorstellung einer stabilen (und für alle Menschen gleichen) äußeren Welt aufgegeben. Vielmehr gehen sie davon aus, daß jeder Mensch seine Welt erschafft, indem er Wahrnehmungen, die sich bei seinem Verhalten ergeben, im Zusammenhang mit schon vertrauten Regelmäßigkeiten und Ordnungen interpretiert. So daß letztlich die innere Organisation des Nervensystems bestimmt, was als wichtige und stabile Wahrnehmung und Erfahrung gilt.

— Nach der holonomischen Theorie, wie sie von dem Physiker *Bohm* (1973) formuliert wurde, repräsentiert die gewöhnliche Welt, wie wir sie in unseren gewöhnlichen Bewußtseinszuständen wahrnehmen, nur einen Teil der Wirklichkeit, die „enthüllte Ordnung". Der andere Teil ist unter gewöhnlichen Bedingungen unserem Bewußtsein nicht zugänglich, obwohl diese sog. „verhüllte Ordnung" die verursachende Matrix für das von uns wahrnehmbare Universum ist. Diese verhüllte Ordnung kann in bestimmten ungewöhnlichen Bewußtseinszuständen direkt erkannt werden (tiefe Entspannung, Meditation, psychedelische Erfahrung, Streßerlebnisse, mystische Erlebnisse — eventuell auch durch Hyperventilation).

— Der Neurophysiologe *Pribram* (1971) konnte demonstrieren, daß das menschliche Gehirn außer seinen digitalen Operationen auch parallele Verarbeitungsprozesse nach holographischen Prinzipien ausführt.

— Die Forschungen von *Sperry* und anderen (*Ornstein* 1975) verdeutlichen, daß der Mensch neben dem (in unserer Kultur dominanten) logisch-rational-sprachlichen Bewußtseinsmodus auch enorme Fähigkeiten zur ganzheitlich-bildhaften — intuitiven Wahrnehmung hat.

— *Nicolis* und *Prigogine* (1977) konnten zeigen, daß offene Systeme (Lebewesen, soziale Systeme) mit einer höheren Veränderungsrate auf eine wesentliche neu hinzukommende Information zunächst mit einer Zunahme von Entropie (Zerfall von Ordnung, Chaos) reagieren, jedoch dann auf eine höhere Stufe der Organisation springen.

Verschiedene tiefenpsychologische und andere therapeutische Verfahren öffnen manchmal die Erfahrungen für diesen anderen Bereich des Seins. Sie erschließen so direktere Zugänge zu solchen normalerweise verhüllten Realitätserfahrungen, die jenseits der biologischen und sozialen Konditionierung von Sichtweisen, Einstellungen und Erwartungen liegen, und fördern die körperlich-seelisch-geistige Integration auf einer Stufe höherer Ordnung.

C. G. Jung hat im Zusammenhang mit seiner Darstellung des „Individuationsweges" ein sehr anschauliches Modell zur seelischen Struktur und Entwicklung entworfen:

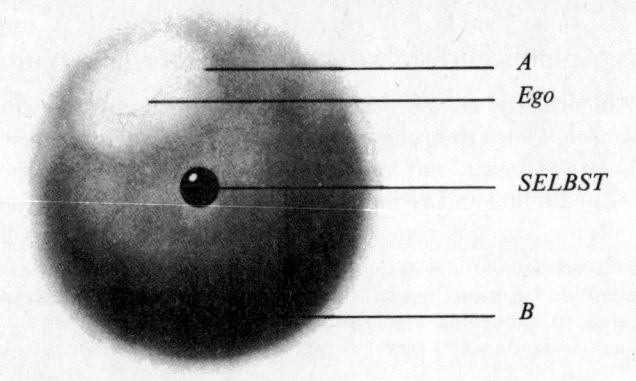

Die Psyche ist mit einer Kugel zu vergleichen, die auf ihrer Oberfläche ein helles Feld (A) hat, welches das Bewußtsein darstellt. Das Ego ist das Zentrum des Feldes (bewußt ist etwas nur dann, wenn „ich" es weiß). Das Selbst ist der Kern und gleichzeitig die ganze Kugel (B) (Jung 1980, S. 161).

Die Psyche ist als Kugel dargestellt. Ihre Oberfläche ist zu einem kleinen Teil erhellt durch das Bewußtsein (der Raum, in dem sich bewußte Wahrnehmung, Interpretation und Einordnung von Gedanken, Gefühlen, Empfindungen abspielen). Im Mittelpunkt des erhellten Raumes steht das Ego (der Teil der Psyche, mit dem der Mensch sich identifiziert). Im Mittelpunkt der Gesamtpsyche ruht das Selbst (der Seelenkern, Ursprung und Quelle unseres Seins; es ist der Kern und gleichzeitig die ganze Kugel). Die Annäherung des Menschen an sein Selbst ist heil-sam, führt zur Vereinigung mit seiner wahren ganzen Natur. Der Weg zum Selbst führt durch Schatten (abgelehnte und abgespaltene Erfahrungen, Wahrnehmungen und Persönlichkeitsanteile) und archetypische Ebenen und ist ein Prozeß der Entautomatisierung und Bewußtseinserweiterung. Die Erweiterung des Bewußtseins zur Mitte hin erhellt schließlich den seelischen Kern und erleuchtet gleichzeitig die gesamte Kugel (die gesamte psychische Struktur) und damit auch die „verhüllte Ordnung" des Universums.

Im Zusammenhang mit diesen Vorstellungen sollten die Erlebnisprozesse bei verstärkter Atmung auch beobachtet werden hinsichtlich:
— Zunahme rechts-hemisphärischer Bewußtseinsprozesse.
— Erkundung ungewohnter seelischer Räume, die eventuell im *Jung*schen Sinne als Annäherung an das Selbst verstanden werden können.
— Auflösung und Überschreitung alter Ordnungen, Wahrnehmungs-, Interpretations-, und Verhaltensgewohnheiten.

Meine persönliche Erfahrung mit verstärkter Atmung

Bei Aufenthalten in Kalifornien und im Shree Rajneesh Ashram in Poona machte ich Erfahrungen mit Rebirthing-Einzelsitzungen (nach *Orr*). Dabei beeindruckten mich sowohl das Erleben spezifischer körperlicher Spannung und deren Lösung im Verlauf der Sitzung als auch die Erfahrung, die mit dem Aufgeben der rationalen Kontrolle und dem freien Geschehenlassen des Atems und intensivem inneren Erleben verbunden war. Einige dieser Erlebnisse brachte ich in Zusammenhang mit meiner biologischen Geburt und erlebte zugleich ein tieferes existentielles Verstehen von Geburt und Tod. Beeindruckt hat mich auch die Sensibilisierung, Zentriertheit und Kraft, die ich im Anschluß an die Sitzung spürte.

Die eigentlichen Möglichkeiten des Verfahrens erschlossen sich mir jedoch erst im Kontakt mit *Stanislav Grof* bei einer Konferenz in Spanien 1980 und durch Teilnahme an von ihm und seiner Frau geleiteten Gruppensitzungen. Wichtig war für mich vor allem:

— Die positive Bewertung von sog. transpersonalen Erfahrungen und von Verfahren, die einen Zugang dazu eröffnen.
— Die Einschätzung von Hyperventilation als einer sinnvollen Möglichkeit zum Erleben und Durchschreiten körperlicher und seelischer Blockaden und zur Freisetzung von Erlebnisebenen, die unmittelbar sinngebend und heilsam sind. Wobei diese Erfahrungen nicht einer Droge, einem Therapeuten oder Guru zugeschrieben werden können, sondern als Ausdruck des eigenen Selbst erlebt werden.
— Die genaue Benennung von Bedingungen, unter denen Hyperventilation evtl. ungünstig ist (Herz-Kreislauf-Schwächen, Vorgeschichte von epileptischen und bestimmten psychotischen Erfahrungen, bestimmte Stadien der Schwangerschaft).
— Die Kennzeichnung möglicher Erlebnisformen (Wiedererleben von spezifischen körperlichen und seelischen Traumen, z. B. in Zusammenhang mit der Entwicklung psychosomatischer Störungen; Erleben der Geburt; spezifische transpersonale Erfahrungen).
— Die Ermutigung, körperliche und seelische Spannungen und Schmerzen, die z. T. zu Beginn der Hyperventilation verstärkt erfahren werden, nicht zu unterbrechen oder zu vermeiden, sondern sich diesem Erleben zu stellen, um sie so tiefgreifender zu verstehen und evtl. zu lösen.
— Die Organisation der Gruppe zu Paaren, von denen jeweils einer der persönliche Helfer des anderen für den Prozeß ist (körperliche und seelische Fürsorge vor allem bei starker Regression), und die zusätzliche äußere körpertherapeutische Unterstützung bei Atemblockaden und Schmerz/Verspannung; die Unterstützung des Prozesses durch Musik (als Hilfe zur Lösung von der rationalen Kontrolle und Schutz gegen den Lärm der anderen Teilnehmer).

Meine persönlichen Erfahrungen in diesem Prozeß waren außerordentlich reich und sinngebend und schlossen teilweise an Erlebnisse der vorhergehenden Einzelsitzungen an. Einige Erlebnisse habe ich auch als Aufforderung verstanden, dieses Verfahren weiterzuvermitteln. Zugleich erwuchs in mir ein großes Interesse, mehr über spezifische Prozeßerfahrungen und Veränderungen, die sich im Zusammenhang mit diesem Verfahren ergeben, herauszufinden. Meine eigenen Erfahrungen hatten mir deutlich gemacht, daß die Leitung solcher atemtherapeutischer Sitzungen sowohl therapeutische Kompetenz als auch menschliche Reife erfordert, um angstfrei und empathisch Prozesse zu begleiten, die mit Verletzlichkeit, Angst, Aggression, Lust, Resignation, Todeserfahrung und transpersonalem Erleben verbunden sind. So habe ich versucht, meine Kompetenz für die Leitung eines solchen Projektes — vor allem durch intensive Selbsterfahrung — zu klären.

Durchführung des Projektes zur Erkundung von Prozeßerfahrungen bei Verstärkter Atmung

Ich entschloß mich, zunächst nicht mit Klienten, sondern mit freiwilligen studentischen Teilnehmern zu arbeiten, die bereit waren, ihre Erfahrungen ausführlich zu dokumentieren. Von Oktober 1980 bis Dezember 1983 nahmen insgesamt 50 Studenten (26 Frauen) an 1-7 Sitzungen mit Verstärkter Atmung teil. Die Sitzungen fanden in Gruppen von jeweils 4-7 Paaren statt und dauerten ca. 2 Stunden. Zu Beginn der Sitzungen begannen alle aktiven Teilnehmer, willkürlich verstärkt zu atmen, bis sich ihre individuellen Erlebnisprozesse entfalteten. Im wesentlichen habe ich dabei die Durchführung nach *Grof* übernommen. Der Helfer des jeweils aktiven Teilnehmers stand ihm/ihr auch jeweils für die folgende Woche für Aussprache und Unterstützung zur Verfügung.

Da ich das Verfahren selbst als hochwirksam erlebt hatte, führte ich für jeden Teilnehmer pro Vierteljahr nicht mehr als 2-3 aktive Sitzungen durch. Vorbereitet wurden diese Sitzungen durch theoretische Einführung und Information über das Verfahren, Klärung der Motivation sowie Visualisierungsübungen, Einführung in einfache körpertherapeutische Hilfen und in meditative Übungen (die auch zwischen den Sitzungen geübt werden sollten). Weitere Sitzungen dienten der Aussprache über die Erlebnisse, der Aufarbeitung der Erfahrung und ihrer Umsetzung in den Alltag (diese Sitzungen wurden durch Tonaufnahmen dokumentiert). Während der atemtherapeutischen Prozesse wurde die Lösung von Blockierungen durch körpertherapeutische Einwirkungen von außen unterstützt. Wenn dies als nicht sinnvoll erlebt wurde, konnte die Einwirkung von den Teilnehmern jederzeit durch ein verabredetes Zeichen gestoppt werden.

Vor Beginn der Sitzungen führte ich mit allen Teilnehmern Vorgespräche, um mich über ihr körperlich-seelisches Befinden, ihre soziale Situation, wesentlichen Lebensprobleme und ihre Motivation zu informieren. Alle Teilnehmer nahmen freiwillig an den Sitzungen teil, sie konnten aus dem Projekt auch jederzeit ausscheiden, wenn sie den Eindruck hatten, daß die Erfahrungen nicht günstig für sie seien. Alle Teilnehmer waren bereit, ihre Erlebnisse im Anschluß an die Sitzungen ausführlich zu dokumentieren, wesentliche Erfahrungen zu malen und genau über Veränderungen zu berichten. Ich gab zunächst keinerlei standardisierte Instrumente vor, da mir daran gelegen war, die aus der Sicht der Teilnehmer wesentlichen Informationen zu bekommen. Im Rückblick hat sich dieses Vorgehen für mich sehr bewährt. Die Erlebnisberichte, die nach den Atemsitzungen geschrieben wurden, sind überwiegend sehr ausführlich und engagiert geschrieben.

Beschreibung der Teilnehmer

Bisher wurden die Prozesse von 37 Teilnehmern aus den ersten beiden Gruppen ausgewertet. An der ersten Gruppe nahmen 10 Frauen teil (mittleres Alter: 32,4 Jahre; Range 23-46) und 12 Männer (mittleres Alter: 27,7 Jahre; Range 23-32). An der zweiten Gruppe nahmen 9 Frauen (26,8; 23-30) und 6 Männer teil (26,5; 25-30). Alle Teilnehmer hatten im Rahmen ihres Psychologiestudiums gewisse Vorerfahrungen mit Psychotherapie (Gesprächs-, Verhaltens-, Gestalttherapie) gemacht. Bis auf 6 Teilnehmer berichteten alle vor Beginn des Kurses über körperliche Beschwerden (Müdigkeit, Schwäche, Rücken- und Kopfschmerzen, Verdauungs- und Menstruationsbeschwerden, häufige Blasenentzündungen) sowie über Ängste, Partner- und sexuelle Probleme. Für alle Teilnehmer konnten jedoch starke akute körperliche oder seelische Beeinträchtigungen, höherer Medikamentenkonsum, Suizidgefahr und starke soziale Isolation ausgeschlossen werden. Kein Teilnehmer hatte epileptische oder psychotische Erlebnisse gehabt. 16 Teilnehmer berichteten jedoch Vorerfahrungen mit ungewöhnlichen seelischen Erlebnissen (Einheitserfahrungen in der Natur, Bewußtseinsveränderungen im Zusammenhang mit Drogen). Eine Erhebung zu Geburt und früher Kindheit zeigte, daß 17 Teilnehmer eine schwierige Geburt erlebt hatten (verschlungene Nabelschnur, Zangengeburt, Wiederbelebungsmaßnahmen) und 14 den Eindruck hatten, daß ihre Kindheit durch viele belastende Erfahrungen (z. B. lange Isolation als Kleinkind in Kliniken) gekennzeichnet war.

Überblick über Daten und Auswertung

1. *Aktive Prozeßerfahrungen:* Die Teilnehmer wurden gebeten, im Anschluß an ihre Sitzungen alle Erfahrungen, die ihnen bewußt waren, die sie erinnern konnten, aufzuschreiben. Zwei Beurteiler entwickelten nach Durchsicht der Berichte aus der ersten Gruppe ein Kategoriensystem zur Einordnung und Vergleichbarkeit der Erfahrungen. Anschließend wurden alle berichteten Erfahrungen pro Teilnehmer und Sitzung in diese Kategorien von zwei unabhängigen Beurteilern eingeordnet. Die hohe Übereinstimmung der Beurteiler gab einen Hinweis auf die Brauchbarkeit der Kategorien (*Kuhn* 1982). Die Erfahrungen ließen sich einordnen nach:

a) *Körpersensationen:* Formen des Ausagierens, Mißempfindungen, Schmerzen, Tetanie, Atemblockaden, Entspannung.
b) *Intensive Gefühle:* Sogenannte „positive Gefühle" (z. B. Liebe, Geborgenheit), sog. „negative Gefühle" (Traurigkeit, Angst).
c) *Psychodynamische Erfahrungen:* Bilder und Erlebnisse aus der aktuellen Gegenwart sowie frühere Erfahrungen.
d) *Transpersonale Erfahrungen:* Wahrnehmungsveränderungen, Bilder und Erlebnisse, die die vertraute Alltagsrealität überschritten und nicht als psychodynamische Erfahrung eingeordnet werden konnten.
e) *Intensität des Prozesses:* Hierzu wurden Formen von Vermeidung der Prozeßerfahrung beobachtet und eingeschätzt, inwieweit Blockaden (Schmerz- und Leiderfahrungen, neuartige Erfahrungen) abgewehrt bzw. angenommen und integriert wurden. Außerdem wurde eingeschätzt, inwieweit der Prozeß die vertraute Alltagsrealität überschritt und zu anderen Formen des Empfindens, der Wahrnehmung, der Erkenntnis führte.

Diese Auswertung ergab einen ersten Überblick über Art und Häufigkeit der Erfahrungen. Anhand dieser Beobachtungen wurde ein Fragebogen entwickelt, den die Teilnehmer der zweiten Gruppe neben ihren Berichten ausfüllten. Die Auswertung der Fragebogendaten ermöglichte eine genauere Erkundung der Prozeßverläufe. Die statistischen Auswertungen wurden von *R. Reinhold* (1984) vorgenommen; sie beziehen sich auf die 15 Teilnehmer der zweiten Gruppe und auf 11 Gruppensitzungen.

Zu allen Sitzungen wurden die Teilnehmer gebeten, ihre jeweils wichtigste Erfahrung auch zu malen. Vorgegeben wurde dafür eine Vorlage mit einer leeren Kreisform (Mandala-Bild)[1]. Diese Anregung

---

[1] „Mandala" ist ein Sanskritwort für Kreis. Es bezeichnet den rituellen und magischen Kreis sowie das universale Symbol für das Wesen, das es selbst ist, es selbst wird und in sich selbst zurückkehrt. *Jung* ging in seiner Analyse der Mandalasymbolik (1981) davon aus, daß die in den östlichen Mandalas verwendeten Symbole ursprünglich in Träumen und Visionen gefunden wurden und daß sie zu den ältesten religiösen Symbolen der Menschheit gehören und universell verbreitet sind. Bei seiner Deutung von Mandala-Träumen beschreibt er, daß unter bestimmten Bedingungen individuelle Symbole mit metaphysischer Qualität auftauchen und eine tiefe seelische Qualität andeuten.

habe ich ebenfalls von *Grof* übernommen. Die Vorgabe der leeren Kreisform scheint die Projektion und den Ausdruck wesentlicher seelischer Erfahrungen und die Zentrierung auf Bedeutsames besonders zu fördern. Die Bilder sollten zur Dokumentation des ganzheitlichen Erlebens und prozeßhafter Veränderungen dienen. Sie erwiesen sich auch als sehr geeignet, um bei den Gruppensitzungen den Austausch innerer Erfahrungen zu stimulieren. Für die Teilnehmer verbildlichten sich in den Mandalas häufig starke emotionale Erschütterungen sowie Versuche, Gegensätze innerhalb ihrer Psyche symbolisch zu überwinden und zu versöhnen. Solche Erlebnisse wurden beim erneuten Betrachten der Bilder häufig wiederum aktiviert. Im Rahmen dieses Berichtes beschränke ich mich darauf, einige Mandala-Bilder zur Illustration von Erfahrungen einzufügen.

2. *Erfahrungen der Helfer:* Die Helfer sollten sowohl für körperliche Bedürfnisse ihrer aktiven Partner sorgen (Abwischen von Tränen, Schleim; Handauflegen und Gegendruck — unter meiner Anleitung — bei Blockierung) als auch emotionale Zuwendung und Schutz vor allem bei starker Regression des aktiven Teilnehmers geben. Ich ging davon aus, daß die Unmittelbarkeit, Heftigkeit der aktiven Prozesse, das Äußern starker Gefühle, die Helfer erschrecken und verunsichern könne, sie auf der anderen Seite jedoch unmittelbar als helfende und unterstützende Mitmenschen ansprechen würde. Ich vermutete, daß so sehr schnell eine grundlegende therapeutisch-mitmenschliche Qualität erfahren und gelernt werden könne. Auf der anderen Seite würden jedoch auch Tendenzen zu übertriebener Fürsorge oder emotionaler Distanz deutlich (und evtl. überwunden) werden können. So interessierte mich an den Helfer-Erfahrungen vor allem:
— ihre Beziehung zum Partner,
— ihr Befinden während und nach der Sitzung,
— ihre Fähigkeit, in sich zentriert sein zu können als auch angemessene Unterstützung zu geben; und inwieweit sich diese Fähigkeit über die Sitzungen stärker ausbildete.

3. *Vergleich von Teilnehmern, die ausschieden, mit solchen, die die Erfahrung fortsetzten:* Aus der ersten Gruppe schieden 8 Teilnehmer aus. Dies stellte eine Möglichkeit dar (durch intensive Nachbefragung der Ausgeschiedenen und Vergleich ihrer Prozeßerfahrungen mit denen der Teilnehmer, die weiter teilnahmen) zu erkunden: welche Gründe zu einer Beendigung der Erfahrung führten, inwieweit Teilnehmer sich evtl. durch die Erfahrung beeinträchtigt fühlten und ob sich ihr Ausscheiden aufgrund andersartiger Erlebnisprozesse verstehen ließ.

4. *Kurz- und längerfristige Auswirkungen:* Ausgewertet wurden Hinweise zu Veränderungen im Anschluß an die Sitzungen, die in den Erlebnisprotokollen mitgeteilt wurden, außerdem Angaben aus Abschlußberichten und Nachbefragungen zu Veränderungen des körperlich-seelischen Befindens, der Wahrnehmung, Veränderungen von Verhalten, sozialen Beziehungen sowie Einstellungsveränderungen.

Beispiel für einen Erlebnisbericht

Der folgende Bericht einer 35jährigen Frau über ihre Erlebnisse zu Beginn und Mitte ihrer 2. Sitzung soll einen Einblick geben in die Vielzahl von Erfahrungen, die bei einer Sitzung auftreten können, und in die Intensität der sprachlichen Darstellung, die fast alle Berichte auszeichnete. Dieser Bericht zeigt, wie die Wahrnehmung gegenüber der alltäglichen Realität verändert und um eine bildhaft-symbolische Ebene erweitert sein kann. Körpersensationen werden kaum berichtet, das Erleben umfaßt jedoch zahlreiche psychodynamische und transpersonale Erfahrungen. Sie sind teilweise mit intensiven Gefühlen verbunden. Die Teilnehmerin nimmt dabei deutlich Kontakt auf mit vorher abgelehnten und ignorierten Lebenserfahrungen und Triebkräften. Diese Aspekte werden zugelassen, erlebt und in gewissem Ausmaß in eine umfassendere Lebensperspektive integriert.

2. Sitzung, Januar 1981: „Es begann damit, daß ich weinen mußte, heftig und intensiv. Ich beweinte den Abschied von meinem Freund. Vor 14 Tagen haben wir uns getrennt. Dann erblickte ich Augen, die mich aus dem Dunkel anschauten. Ich wußte, daß es die Augen eines Tigers waren. Dieser Tiger löste sich aus dem Dunkel und kam auf mich zu. Ich wußte anfänglich nicht, ob er mir was antun wollte, hatte dann aber das sichere Gefühl, daß mir nichts passieren könnte. Ich fühlte mich wie ein kleines Mädchen; ich bestieg den Tiger und genoß es, auf seinem Rücken zu reiten. Ich wußte, daß wir auf die Jagd gehen würden. Plötzlich wurde mir klar, daß er Menschen jagen und töten wollte. Doch der Gedanke erschreckte mich nicht. Wir gingen auf ein Dorf mit runden Hütten zu. Der Tiger hatte sein Opfer erspäht und riß ihm den Bauch auf. Ich konnte die Innereien und Gedärme sehen. Blut floß nicht. Bei dem Opfer handelte es sich um meine Mutter. Nach der Tat kehrte der Tiger mit mir um. Ich stieg ab. Und der Tiger legte sich zur Ruhe.

(Auch jetzt, wenn ich diese Vorstellung beschreibe, fühle ich nichts. Ich bin nicht entsetzt, ich bin nicht traurig, nicht wütend. Ich weiß allerdings, daß das wilde Tier ein Teil von mir ist. Und zwar habe ich es noch nie so deutlich gesehen wie in diesem Bild. Es scheint etwas Unausweichliches, fast Naturhaftes in dieser Tat zu liegen.)

Ich sehe mir und meiner Freundin beim ‚Doktorspielen' zu. Meine Eltern überraschen uns. (Das ist tatsächlich geschehen, als ich 5/6 Jahre alt war. Es gab einen großen Aufstand. Meine Eltern beschwerten sich bei den Eltern meiner Freundin, als ob diese mich angestiftet hätte, was nicht stimmt. *Ich* war die treibende Kraft!) Sie fingen an, furchtbar zu schimpfen und sich aufzuregen. Da rufe ich meinen Tiger, um ihnen Angst einzujagen. Er soll ihnen aber nichts tun. Er umkreist sie, und ich erkenne ihre übergroße

Angst. Ich nehme wahr, wie ängstlich *sie* sind und wie stark ihre Schuldgefühle sein müssen. Das erleichtert mich. Ich spüre, welch ein Ausmaß von Angst sie mir aufgebürdet haben, und merke, daß ich nicht ängstlich zu sein brauche, daß ich frei bin. Ich bin frei von Angst.

Nun kann ich allen Leuten zeigen, woher ich komme, wer ich bin. (Dazu folgendes: Ich habe über 13 Jahre in einem Nissenhüttenlager gewohnt, von 4-17 Jahren. Als ich später das Gymnasium besuchte und später die Lehre absolvierte, getraute ich mich nur wenigen Freunden zu sagen, wo ich wohne. Ich schämte mich unserer Wohnverhältnisse, meiner Herkunft. Und die Scham saß tief.) Ich sah zwei Gruppen von Menschen, auf der einen Seite diejenigen, denen ich jahrelang verschwiegen hatte, woher ich kam, und auf der anderen Seite diejenigen, die Bescheid wußten, zu denen ich Vertrauen habe. Ich zeigte den Nicht-Wissenden das Lager, aus dem ich kam. Ich bekannte mich sozusagen öffentlich zu meiner Herkunft. Der Tiger hatte sich in eine Katze verwandelt. Die Katze, die ich gern gehabt habe, sie hockte friedlich an meiner Seite (...)"

Ergebnisse und Beobachtungen

1. Aktive Prozeßerfahrungen

Im folgenden möchte ich wesentliche Erfahrungen der Teilnehmer anhand der verschiedenen Erlebnisebenen genauer charakterisieren.

a) Körpersensationen

Alle Teilnehmer berichten zu allen Sitzungen über körperliche Erfahrungen, die sowohl isoliert als auch im Zusammenhang mit spezifischen Gefühlen oder auch psychodynamischen und transpersonalen Erfahrungen erlebt werden. Als negative Körpersensationen wurden betrachtet: Tetanie, Schmerzen, Mißempfindungen, Atemblockaden. Außerdem wurden erhoben: Formen des Ausagierens und Entspannungserfahrungen.

Erscheinungen der Tetanie: Meist zu Beginn von Sitzungen und äußerlich häufig beobachtbar, sind spezifische Verkrampfungen an den Händen („Pfötchenstellung") und des Mundes („Karpfenmaul"). Seltener tritt das Phänomen an den Zehen auf („Spitzfußstellung"). An den Händen sind Zeige-, Mittel- und Ringfinger gestreckt verkrampft, und der Daumen drückt von innen gegen diese Finger. Der Mund kann sich verkrampfen, so daß die Lippen ein kleines O bilden, durch das die Luft zum Teil geräuschvoll ein- und ausgesogen wird.

„Der Mund zog sich so stark zusammen, daß ich nach Atem ringen mußte." (weibl., 27 Jahre, 1. Sitzung)

„Bald spürte ich, wie es in meinen Fingern anfing zu kribbeln, und wenig später waren sie auch schon steif." (männl., 26 Jahre, 2. Sitzung)

Für den Beginn von Sitzungen berichten 90 % der Teilnehmer über Tetanie, für die Mitte 54 % und für das Ende der Sitzungen nur noch 25 %. Diese Häufigkeitsunterschiede für die einzelnen Prozeßphasen wurden mit Chi-Quadrat geprüft und sind auf dem 1%-Niveau signifikant. In der Tendenz zeigte sich auch, daß die Neigung zu tetanischen Krämpfen sich mit zunehmender Sitzungszahl vermindert.

Mißempfindungen: Darunter wurden folgende Phänomene zusammengefaßt: Veränderung der Wärme-Kälte-Wahrnehmung, Schweißausbrüche, Schwindelgefühle, Kribbeln, Taubheit, Schweregefühl, Verkrampfungen in verschiedenen Körperteilen. Dauer und Intensität dieser Erfahrungen schwankten beträchtlich.

„Sehr deutlich habe ich die wechselnden Temperaturempfindungen gespürt. Mal war mir so kalt, daß ich unbedingt eine Decke haben wollte, mal war mir so warm, daß mir Schweißtropfen von der Stirn liefen und mein Hemd klebte." (männl., 26 Jahre, 3. Sitzung)

„Sehr schnell spürte ich das Kribbeln, zuerst im Kopf, dann in den Armen bis hinunter zu den Füßen." (weibl. 25 Jahre, 1. Sitzung)

„Ich verkrampfte erneut sehr stark, wobei kurzfristig einige Körperteile spannten, juckten bzw. schmerzten, wie z.B. die Nase, die Rippengegend, die Oberschenkel und der Bereich der linken Niere." (männl., 26 Jahre, 3. Kontakt)

Mißempfingungen werden für alle Sitzungen berichtet. Sie werden zu Beginn und in der Mitte der Prozeßerfahrung häufig berichtet und nehmen zum Ende hin signifikant (p = 0,1%) ab.

Schmerzen wurden für Beginn und Mitte von Kontakten häufig berichtet. Sie hängen oft mit den erwähnten Verkrampfungen oder spezifischen psychosomatischen Störungen oder mit früheren körperlichen Verletzungen zusammen. So schmerzten z.B. bei 8 Teilnehmern Narben, die mit Operationen und Unfällen in der Kindheit verbunden waren. Diese Schmerzen werden gewöhnlich auf einer körperlichen Ebene erfahren, können aber auch (sehr viel seltener) als „gefühlsmäßige Schmerzen" wahrgenommen werden oder auf einer eher symbolischen Ebene erlebt werden.

„Heftige Atembeschwerden (Asthma) mit starken Verkrampfungen, besonders schmerzhaft in den Kaumuskeln und in der Kehle." (männl., 32 Jahre, 2. Sitzung)

„Ich merkte starke Schmerzen im linken Unterbauch. Da saß ein schwarzer Kloß ... Dann hatte ich das Gefühl, dieser Kloß bestünde aus Tränen." (weibl., 24 Jahre, 1. Sitzung)

Manche Teilnehmer versuchen, ihre aufkommenden Schmerzen durch Unterbrechen des verstärkten Atems wieder abklingen zu lassen oder den Schmerz „wegzuatmen". Schmerzen können auch als willkommenes Gefühl empfunden werden, um sich selbst zu spüren, und als konkrete Empfindung, wogegen man sich wehren kann.

„Schmerz; gibt mir aber die Möglichkeit, mich zu wehren, zu schreien. Ich will den Schmerz fühlen!" (weibl., 26 Jahre, 2. Sitzung)

Bei manchen Teilnehmern führen Schmerzen zu motorischen Aktionen, oder sie vergehen ohne besonderes Zutun. Häufig ermöglichen körperliche Schmerzen auch einen Einblick in spezifische Haltungen und Lebensmuster.

„Meine rechte Gesichtshälfte ist voller Schmerz. Ich will mir die Hand drauflegen, dagegen drücken, lindern — es geht nicht! Ich bin wie angekettet, kann meine Arme nicht bewegen, liege wie ausgeliefert da. Die Fesseln kommen direkt aus meinem Kopf. Sie sind die Enttäuschung darüber, daß ich mal wieder nicht gut genug bin. Die Enttäuschung lähmt und fesselt mich, verhindert den Kontakt zwischen dem Schmerz und meiner Hand; ich kann den Schmerz nicht ‚anpacken', nicht ‚begreifen', nicht ‚zulassen'." (weibl., 24 Jahre, 1. Sitzung)

Abb. 1

Atemblockaden: Meist zu Beginn der Sitzungen berichten viele Teilnehmer, daß es für sie außerordentlich anstrengend war, über längere Zeit verstärkt zu atmen. Der Mund wurde trocken, es bildete sich Schleim, die Teilnehmer müssen schlucken, der Atemfluß wird unterbrochen und als blockiert erlebt.

„Mehrere Male war mir mein Hals wie zugeschnürt, so daß ich nur unter großen Anstrengungen Luft bekam." (männl., 32 Jahre, 1. Sitzung)

Im weiteren Prozeßverlauf werden dann meist ganz spezifische Atemblockaden gespürt und erkundet und auch im Zusammenhang mit bestimmten Emotionen gelöst. Männer spüren dabei häufiger Zwerchfell-, Frauen Beckenblockaden.

„Ich konnte nicht mehr bis ins Becken atmen, Becken und Beine fühlten sich an wie aus Stein ... der steinerne Krampf wurde unerträglich. Mit jedem Atemzug wuchs die Spannung, aber dann verschwand die Gefühllosigkeit ... ich bekam wieder Gefühl. Aber was für eins: eine Brutalität und Grausamkeit stieg da aus meinem Unterleib, und ich erlebte dieses grausame Gefühl äußerst lustvoll mit jedem Atemzug ... und es wandelte sich dann in eine Empfindung von Stärke und Kraft." (weibl., 26 Jahre, 1. Sitzung) Diese Erfahrung stellt sie in ihrem Mandalabild dar, zu dem sie schreibt: „Ich bin der Kali in meinem Unterleib begegnet. Sie ist urwüchsige brutale Kraft, beängstigend blutrünstig und grausam. Aber gleichzeitig ist sie die Wurzel meiner Kraft und Energie."

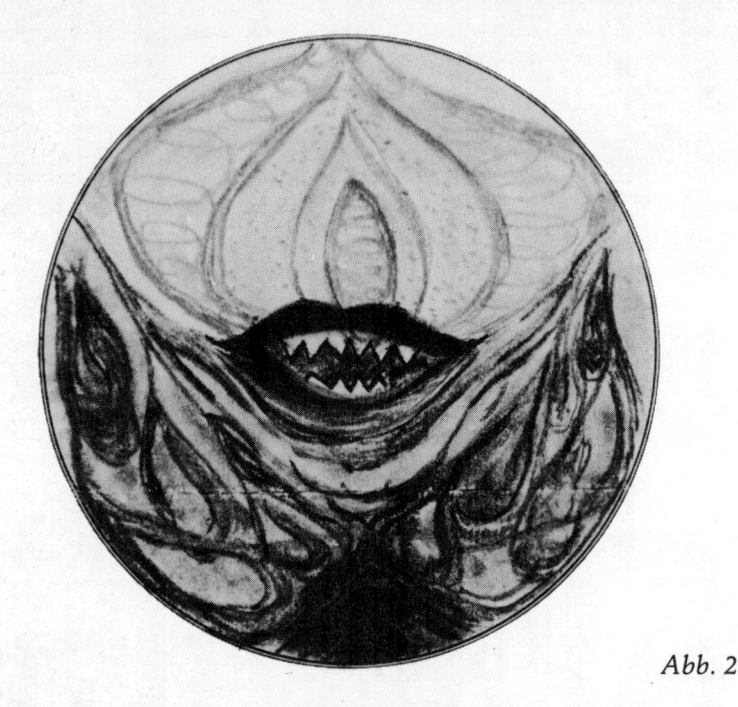

Abb. 2

Formen des Ausagierens: Meist sind dies Ausdrucksformen, die im Zusammenhang mit Schmerzen, Verspannungen, Gefühlen (oder psychodynamischen Erlebnissen) spontan entstehen. Besonders häufig berichtet werden: Weinen (z. B. in direkter Verbindung mit der Lösung von Atemblockaden und dem Erleben von Traurigkeit), Um-sich-Schlagen (z. B. bei Wut) sowie Strampeln, Treten, Zittern. Seltener sind: Würgen, Spucken, Schleimabsonderungen. Auch Schreien und andere Laute werden im Zusammenhang mit verschiedenen Gefühlen geäußert. Die Leiterin und die Helfer werden häufig (stellvertretend für wesentliche Bezugspersonen) heftig beschimpft und beschuldigt. Von außen eingeleitete Interventionen zielten oft darauf ab, Verspannungen, Körperblockaden zu verstärken und deutlicher zu machen. Die durch Druck oder Festhalten verstärkte Empfindung ermöglicht ein stärkeres Erleben und Bewußtwerden innerer Blockaden und führt zum Teil zu heftigen „Befreiungsversuchen".

„Meine anfängliche Haltung, ‚nicht loslassen zu wollen', fand ihre Entsprechung in einem Druck auf den Anus ... Ich kniff den Hintern zusammen. Der Druck erhöhte sich, bis der Schmerz so groß war, daß ich glaubte zu zerreißen. Ich gab meinen Widerstand auf, paßte jedoch gut auf, was passieren würde — nichts Unangenehmes. Ich begann zu weinen, — einfach so." (männl., 26 Jahre, 2. Sitzung)

„Irgendwann wurde mein Becken festgehalten, den Druck wollte ich unbedingt loswerden, der war ja fürchterlich. Ich fing an, euch stellvertretend für alle, die mich ständig unter Druck gesetzt haben, zu beschimpfen. Ich mußte alle meine Kräfte aufbringen, um da rauszukommen." (weibl., 36 Jahre, 2. Sitzung)

Formen des Ausagierens wurden für Beginn und Mitte der Sitzungen häufig berichtet, sie nehmen zum Ende der Sitzungen signifikant ab (Chi Quadrat; die Unterschiede sind auf dem 1 %-Niveau signifikant).

Entspannung: Vor allem im Zusammenhang mit dem Zulassen von körperlichen und seelischen Verspannungen und Schmerzen wird Entspannung erlebt, begleitet von der Öffnung, Vertiefung, Harmonisierung des Atems und einem „wohligen" Wärmegefühl oder auch „Strömungsempfindungen".

„Meine Atmung wurde tiefer, und die Verspannung im Bauch verschwand; alles war ganz locker, und ich begann eine Art Vollatmung, und plötzlich waren meine Finger nicht mehr steif." (männl., 26 Jahre, 3. Sitzung)

„Ich spüre deutlich, wie mein Unterkiefer lockerer wird. Ich löse mich ..., die Atmung vertieft sich und findet ihren Weg bis ins Becken." (weibl., 28 Jahre, 3. Sitzung)

„Sehr schön war für mich die Entspannungsphase, in der ich sehr gelöst dalag und eine wunderbare Wärme empfand. Mir war am ganzen Körper warm. Ich fühlte mich in Wärme gehüllt." (weibl., 24 Jahre, 1. Sitzung)

Die Angaben zu Entspannung nehmen vom Beginn über die Mitte der Sitzungen zum Ende hin zu (Chi Quadrat; signifikant auf dem 1 %-Niveau). Die Angaben der Teilnehmer zu Entspannungserfahrungen stehen auch in einem signifikanten Zusammenhang mit Hinweisen, daß sie körperlich-seelische Impulse spontan zuließen (Phi = .509, p = 0,01). Wenn die Teilnehmer Spannung und Schmerz und ihren Impulsen, zu weinen, zu schreien oder sich zu wehren, nachgeben, öffnen sich oft körperlich-seelische Blockierungen und erschließen neue Erlebnisräume. Die damit verbundene Entspannung wird häufig auch von harmonischen, ruhigen, „heilenden" Körperbewegungen begleitet.

„Als ich auch an den Schultern festgehalten werde, wehre ich mich mit aller Kraft, versuche mich loszureißen, schreie, schreie immer lauter — bis ich beim lautesten Schrei das Gefühl habe, daß irgend etwas in mir zerspringt, platzt. Sekundenlang umgibt mich totale Schwärze, das Nichts (?). Aber dann spüre ich, daß mir ein neuer Raum erschlossen ist, den ich vorher nicht kannte, daß ein alter Druck mit einem Knall verschwunden ist und ich plötzlich mehr Luft und Platz habe. Ganz langsam führe ich die Fingerspitzen meiner Hände aufeinander zu, bis sie sich über dem Sonnengeflecht treffen und sich dann darauf legen. Behutsam hebe ich sie wieder ab, führe sie wieder auseinander und zu den beiden Seiten zurück (...). Immer wieder kommt diese Handbewegung, wird weiter und bekommt immer mehr den Charakter einer Öffnung." (weibl., 24 Jahre, 6. Sitzung, s. Abb.)

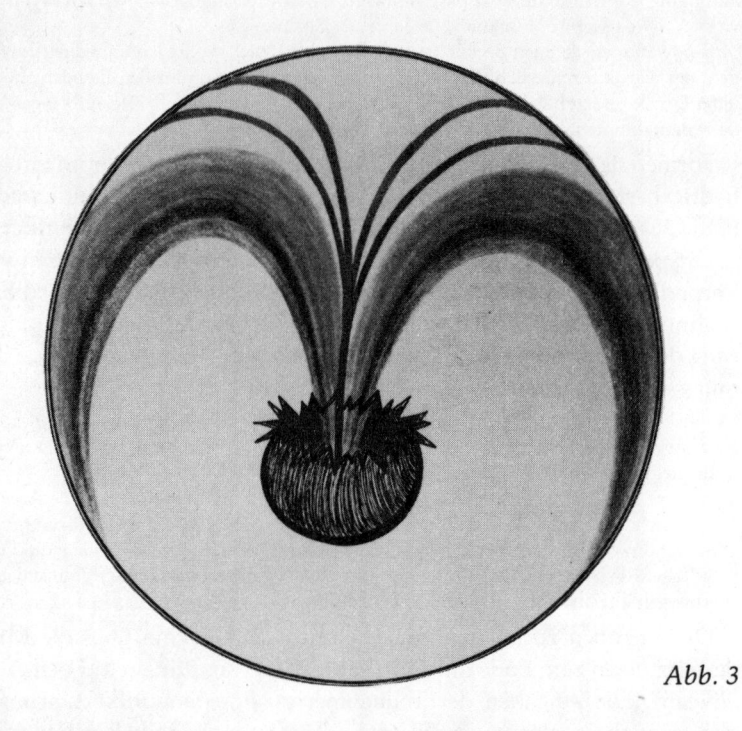

Abb. 3

Eine Gesamtbetrachtung der Angaben zu negativen Körpersensationen und Formen des Ausagierens zeigt, daß die Häufigkeit dieser Erfahrungen während der Sitzungen zunächst vom Anfang zur Mitte hin ansteigt (Duncan-Test, p = 0,05) und zum Ende abfällt (p = 0,01). Mit zunehmender Sitzungszahl berichten die Teilnehmer signifikant seltener über diese Erfahrungen (t-Tests, p = 0,05). Dies könnte ein Hinweis darauf sein, daß die in einem therapeutischen Setting bewußt eingeleitete Verstärkte Atmung zu einer Verminderung körperlicher Spannung und Blockierung führen kann. Die Teilnehmerberichte zeigen auch, daß in späteren Sitzungen die mit Körpersensationen verbundenen seelischen Erlebnisinhalte an Bedeutung gewinnen.

b) Intensive Gefühle

Alle Teilnehmer berichteten zu allen Sitzungen über intensive Gefühle — meist im Zusammenhang mit den anderen Erlebnisebenen. Um die Darstellung übersichtlich zu machen, wurden die gefühlsmäßigen Erfahrungen nach positiv-angenehmer und negativ-unangenehmer Qualität unterteilt, — obwohl mit zunehmender Intensität der Erfahrung die Unterscheidung für die Teilnehmer bedeutungsloser wird.

Unter den negativen Gefühlen werden am häufigsten *Traurigkeit und Verzweiflung* genannt (in 79 % der Sitzungen). Diese Erfahrung steigt zur Mitte der Sitzungen hin an und bleibt bis zum Ende konstant.

„Dabei kam mir ein trauriges Kindheitsgefühl hoch, so daß mein Atem in eine Art Jammern und Weinen überging." (weibl., 24 J., 1. Sitzung)

Wut, Haß, Aggression werden in 63 % der Sitzungen genannt — meist zu Beginn und Mitte der Prozesse.

„Er (Gott) kam mir so falsch vor. Er steht und hat die Arme geöffnet und läßt mich doch nicht zu sich. Ich spüre eine unbändige Wut! ‚Du Arschloch! Du mieser Scheißtyp!' dachte ich, ‚mach doch deinen Kram alleine!'" (männl., 26 J., 3. Sitzung)

Diese Gefühle lösen sich oft in Traurigkeit auf:

„Ich haßte meine Eltern, diese Schweinehunde ... ich war maßlos traurig, verzweifelt." (männl., 26 J., 3. Sitzung)

Hilflosigkeit wird in 64 % der Sitzungen erlebt — am häufigsten in der Mitte der Prozesse.

„Ich war das Kleinchen, hilflos und verzweifelt, der gesamten Unbill des Lebens ausgesetzt, hoffnungslos und ohne Wehr. Und irgendwo hinter mir war meine Mutter, der Ort von Zuflucht und Trost." (männl., 25 J., 2. Sitzung)

Das Gefühl von *Einsamkeit* taucht in 44 % der Sitzungen auf. Es wird für alle Prozeßphasen gleichmäßig berichtet und ist oft mit Traurigkeit verbunden.

„Ich kam mit einer Einsamkeit in Kontakt, die ich noch nie so stark erlebt habe, eine totale Einsamkeit, also richtig die im Weltraum, existentiell, wo nichts mehr zu machen ist, und das habe ich tief, unheimlich tief empfunden." (männl., 25 J., 1. Sitzung)

Angst, Todesangst wird in 23 % der Sitzungen erlebt — am häufigsten in der Mitte der Prozesse.

„Da bricht mir, wie durch einen Staudamm, Wasser in den Rachenraum, der Gaumen weicht auseinander, die Nasenflügel gleichen Wasserschläuchen ... Angst überflutet mich, ich glaube zu ersticken." (männl., 31 J., 2. Sitzung)

Gefühle von Ekel und Verachtung werden selten berichtet.

Unter den positiven Gefühlen wird am häufigsten *Freude, Wohlbefinden* erlebt in 61,5 % der Sitzungen; oft im Zusammenhang mit dem Loslassen und Aufgeben von Widerstand. Diese Gefühle werden überwiegend für Mitte und Ende der Prozeßerfahrung genannt.

"Ich öffne meine Arme zur Seite lang, die Fäuste geschlossen, und bin irgendwie froh ... Die Freude geht durch — von oben nach unten ... Ich fange an zu lachen, wundere mich und bin froh. Froh!" (weibl., 30 J., 2. Sitzung)

Freude und Wohlbefinden werden oft auch im Zusammenhang mit der Erfahrung von Kraft und Energie benannt, — die von Männern auch als „Allmachtsgefühl" erlebt wird.

Sehnsucht wird in 48 % der Sitzungen beschrieben. Die Häufigkeit steigt zum Ende der Prozesse an. Mit dem Erleben der Sehnsucht wird den Teilnehmern oft deutlich, was ihnen fehlt.

„Da war das intensive Gefühl, Bedürfnis, Halt zu suchen, sich an etwas festzuklammern, wie an einen Rettungsanker, wie beim letzten Mal ... das Streben, meinen Platz zu suchen, zu finden, das Gefühl, etwas zu umarmen, eins zu werden." (weibl., 46 J., 2. Sitzung)

Innerer Friede, Geborgenheit werden in 44 % der Sitzungen berichtet — am häufigsten am Ende, oft verbunden mit der Erinnerung an die Geborgenheit des mütterlichen Leibes.

„... ich verspürte totale Geborgenheit, die einfach schön war und mich nicht bedrängte. Ich hatte das Gefühl, an einem Punkt zu sein, wo meine Sehnsucht mich hintrieb — schön — ich war einfach zufrieden ... wie im Mutterleib ..." (männl., 27 J., 2. Sitzung)

Tiefgreifende seelische Erschütterung wird in 44 % der Sitzungen benannt — am häufigsten in der Mitte der Prozesse.

„Ich weine aus tiefster Seele, bin jedoch nicht traurig. Das, was ich fühle, vermag ich nicht zu beschreiben, es erfaßt mich ganz." (weibl., 35 J., 3. Sitzung)

Dankbarkeit wird in 38 % der Sitzungen erlebt, die Häufigkeit steigt zum Ende hin an.

„In mir wächst ein Gefühl tiefer Dankbarkeit und Ehrfurcht. Meine Hände berühren sich, und ich bedanke mich, ich weiß nicht bei wem ..." (weibl., 35 J., 3. Sitzung)

Glückseligkeit wird in 33 % der Sitzungen berichtet, auch diese Erfahrung nimmt zum Ende hin zu.

„Ich habe noch nie in meinem Leben so tief empfunden, und zwar erfahre ich Gefühle von unendlicher Heiterkeit, Freude, Geborgenheit. Ich wage es kaum zu sagen, so stelle ich mir Seligkeit vor." (weibl., 35 J., 4. Sitzung)

Liebe wird in 25 % der Sitzungen erfahren — ebenfalls zum Ende hin öfter. Meist wird die eigene Liebesfähigkeit erlebt.

„Zwischen den seitlich gehobenen Armen fühle ich die Fülle meiner Wärme, meiner Liebe. Sie füllt mein Innen aus und einen großen Raum über meiner offenen Vorderseite — so warm und weit ... ich streichle mit den Händen meine Liebe, meine Wärme — und schütze sie mit den Armen gleichzeitig behutsam."
In ihrem Mandalabild stellt sie die Liebe mit dem kostbarsten Material dar, das sie auf der Welt kennt: ungesponnene Seide. (weibl., 30 J., 5. Sitzung)

Eine Rangvarianzanalyse zum Vergleich der zentralen Tendenz für die Häufigkeit von negativen und positiven Gefühlen für Anfang, Mitte, Ende der Prozesse ergab: Negative Gefühle nehmen zur Mitte der Prozesse stark zu und fallen zum Ende wieder ab (sign. auf dem 2%-Niveau). Positive Gefühle dagegen nehmen von Anfang über Mitte bis zum Ende der Prozesse zu (sign. auf dem 0,1%-Niveau).

c) *Psychodynamische Erfahrungen*

Psychodynamische Erfahrungen wurden nicht von allen Teilnehmern zu allen Sitzungen berichtet. Sie kommen jedoch sowohl in Anfangsprozessen als auch in späteren Sitzungen vor und sind in der Tendenz in der Mitte der Sitzungen am häufigsten. Die Darstellung der Erlebnisse variiert in den Berichten von eher schwachen Erinnerungen bis zu der Erfahrung, eine Begebenheit noch einmal direkt zu erleben. Am häufigsten wurden Erfahrungen aus der gegenwärtigen Lebenssituation und aus dem Lebensalter von 18 Jahren bis heute berichtet. Daran schlossen sich oft thematisch ähnliche Erfahrungen aus der Kindheit an (wobei Frauen häufiger Erfahrungen der frühen Kindheit (0-6 Jahre) und Männer Erfahrungen aus der Zeit von 6-11 Jahren nacherlebten) oder auch Erlebnisse, die mit der Geburt oder vorgeburtlichen Erfahrungen in Zusammenhang gebracht wurden.

Fast alle Teilnehmer setzen sich mit bedeutsam traumatischen Erfahrungen auseinander, erleben erneut körperlich-seelische Verletzungen, Bedrohungen, Ängste.

„Da war ich wieder bei dem Krankenhausaufenthalt mit vier Jahren: ich sah mich fast immer im Bett liegen, ich brüllte nach meiner Mutter und fühlte mich so verlassen und dieser Krankenhausmacht ausgeliefert. Ich spürte wieder den Tropf an meiner rechten Hand und das Gefühl, meinen Daumen, noch nicht einmal meinen Daumen in den Mund stecken zu können." (weibl., 23 Jahre, 1. Sitzung)

„Ich erlebe mich wieder als Kind im Krankenhaus (ungefähr 6 Jahre alt), der Körper voller Schmerzen, dunkel; ich darf nicht schreien. Dann liege ich mit unsäglicher Angst auf dem Operationstisch; ich bin völlig wehrlos, grinsende erwachsene Gesichter, ich kann nicht weg, Panik, darf nicht schreien. Ich fühle, ich bin verloren." (männl., 31 Jahre, 4. Sitzung)

„Auf einmal hatte ich das Gefühl, in der Gebärmutter meiner Mutter zu sein. Ich wollte raus. Ich schrie, kämpfte. Kam nicht raus." (männl., 24 Jahre, 3. Sitzung)

Mit dem Wiedererleben spezifischer Lebenssituationen öffnen sich den Teilnehmern oft Einblicke in grundlegende Lebenshaltungen oder die Erkenntnis, wie bestimmte Lebenserfahrungen thematisch verbunden sind.

„Ich werde lieblos an den Beinen gezogen, auch mit dem Kopf nach unten in der Luft gehalten. Mein Atem setzt aus. — Er kommt nur noch stoßweise. Meine Geburt verläuft mechanisch — keine Wärme und zärtliche Berührung spüre ich. ‚Es wird etwas mit mir gemacht'; dieser Satz, der immer wieder bei mir auftaucht, hat für mich eine Erklärung. Danach bin ich traurig, ich weine." (weibl., 25 Jahre, 3. Sitzung)

„So kam ganz plötzlich die erste Begegnung mit E., einer 54jährigen Frau, die seit 11 Jahren an MS leidet und die ich 8 Jahre — seitdem sie im Rollstuhl sitzt — betreut habe.

Es war so etwas wie eine Erkenntnis, daß ich mich selber getragen habe, wenn ich sie die Treppe runtertrug, wenn ich sie ins Bett brachte, später sie in Windeln gelegt oder gebadet habe. — Dann kam kurz das Bild, als ich 6 oder 7 war. Ich hatte irgendeine Hüftknochenentzündung, und der Verlauf erschien so negativ, daß meine Eltern schon einen Rollstuhl gekauft hatten ... Dann sah ich mich im Rollstuhl als kleiner Junge, festgefahren im Rasen, und von weitem das große Haus meiner Familie." (männl., 30 Jahre, 1. Sitzung; während dieser Erfahrung spürt er seine Hüfte als „taub", seine Beine als „starr", und er ist sehr traurig.)

Psychodynamische Erlebnisse entfalten sich oft im Zusammenhang mit spezifischen Körpersensationen; wenn diese zugelassen werden, erschließen sie ganz spezifische Erinnerungen.

„Plötzlich merke ich, daß meine Beine nicht mehr zu mir gehörig erscheinen. Ich spüre Schmerzen im linken Kiefergelenk, drehe meinen Kopf nach links und bin plötzlich in einer Situation, in der ich ca. 5, 6 Jahre alt war. Ich liege auf dem Waldboden, vor mir ein Mann, der sich durch mich (mit mir) sexuell betätigen will. Links von der Lichtung tauchen Spaziergänger auf, die dieses Vorhaben unterbinden." (weibl., 28 Jahre, 4. Sitzung)

Die Tiefe des Verständnisses für die Bedeutung bestimmter Lebenserfahrungen (oder auch die Entwicklung einer neuen Haltung zu ihnen) entspricht oft der Öffnung und Lösung körperlich-seelischer Blockaden.

„Jemand drückte auf meinen Brustkorb, die Spannung nahm zu, da fühlte ich plötzlich einen stechenden Schmerz des Herzens. Eine Lawine von Eindrücken stürzte auf mich ein: sie (meine Eltern) haben mir das Herz gebrochen. Ich bin ein Kind, mein Brustkorb ist der eines Kindes, meine Eltern und ich sind im Garten vor unserem Haus. Es ist ein wunderschöner Sommernachmittag ... meine Eltern, sie sind in vollkommener Harmonie und Liebe miteinander verbunden — und ich habe keinen Anteil daran ... Ich bin eine Fremde ... Ich schreie. Ich will doch nichts anderes, als auch dabei zu sein, will eure Liebe ... warum gebt ihr mir das nicht? Es ist unmöglich für mich, daran Anteil zu haben. Ich habe einen Eisenring ums Herz. In dem Moment des Herzschmerzes ist der Ring aufgesprungen. Ich fließe aus mir heraus. Ein Strom von Leid und Liebe. ‚Ich liebe euch, auch wenn ihr mich nicht liebt.' Es ist wie ein Strom aus meinem Herzen. Meine Eltern tanzen mit mir, ich sehe ihre Gesichter ganz deutlich. Und dann immer wieder mein Freund. Ich habe plötzlich keine Angst mehr, seine Liebe zu verlieren." (weibl., 26 Jahre, 3. Sitzung)

d) Symbolische und transpersonale Erfahrungen

Unter dieser Kategorie wurden diejenigen Erlebnisse zusammengefaßt, die die vertraute Alltagsrealität überschreiten und auch nicht mehr als psychodynamische Erfahrungen verstanden werden können. Da es sich bei transpersonalen Erlebnissen teilweise um sehr ungewöhnliche und persönlichkeitsübergreifende Erfahrungen handelt, über die in unserer Kultur überwiegend wenig berichtet wird, habe ich versucht, möglichst alle Aspekte dieser Erlebnisform differenziert zu erfassen. Orientiert habe ich mich dabei an der „Topographie" von

Grof (1978). Es zeigte sich jedoch, daß die unter Hyperventilation berichteten Erfahrungen teilweise nicht so extrem waren wie unter LSD, auf der anderen Seite sich jedoch überwiegend sehr deutlich im Zusammenhang mit körperlichen, gefühlsmäßigen und Lebensereignissen ausformten — und überwiegend auch in oder nach den Sitzungen von den Teilnehmern damit in Zusammenhang gebracht wurden. So wurden die hier verwendeten Unteraspekte überwiegend direkt aus der Durchsicht der Berichte abgeleitet.

Transpersonale Erfahrungen sind bei Verstärkter Atmung relativ häufig. Fast alle Teilnehmer berichten in allen Sitzungen (ein- bis mehrmals) darüber. Transpersonale Erfahrungen werden für Mitte und Ende von Sitzungen signifikant häufiger als für den Anfang berichtet (Rangvarianzanalyse; $p = 0,001$); sie werden von Frauen signifikant häufiger als von Männern berichtet (U-Test, $p = 0,05$).

Die verschiedenen Aspekte transpersonaler Erfahrungen werden im folgenden so dargestellt, wie sie sich in den Prozessen der Teilnehmer häufig aufeinanderfolgend entwickeln. Insgesamt am häufigsten beschrieben wurden jedoch vor allem Veränderungen der Wahrnehmung und weiterhin: Sehen von Licht, Farben, Bildern; Energetisierung des Körpers; umfassende, ganzheitliche Informationen und Erlebnisse und Begegnungen mit anderen Wesenheiten.

Veränderung der Wahrnehmung: Dieses Phänomen wurde am häufigsten berichtet. Dabei verändert sich vor allem die Wahrnehmung des eigenen Körpers in eine bildhaft-symbolische Richtung: im Hals oder Bauch wird z. B. ein „Kloß" wahrgenommen, die Bauchdecke kann sich um den Nabel „wie ein Trichter zusammenziehen", Arme können zu „schwingenden Ästen" werden. Der Bauch wird als „rote Kugel" empfunden oder die Vagina als „zweiter Mund"; oder Teilnehmer haben den Eindruck, der Körper sei halb in die Erde eingelassen.

„Ich liege in der Erde eingebettet, die Beine, in denen es zuvor gekribbelt hat, sind jetzt bleiern schwer — ebenso meine Hände und Arme bis zu den Ellenbogen. Ich kann mich nicht bewegen. Mir ist durch und durch kalt." (weibl., 28 Jahre, 1. Sitzung)

Auch psychosomatische Beschwerden werden auf dieser Ebene erkundet und teilweise gelöst:

„Und dann geschieht etwas Eigenartiges: von meinem Rücken, meiner Wirbelsäule wächst blasenartig langsam eine Kappe über meinen Schädel; sie ist bläulich-durchsichtig, duftig-leicht. Da, wo sie meinen Schädel berührt, ist sie wie ein hauchartiger Kuß, der alle widerlichen Spannungen auflöst, mein Kopf wird leicht, befreit von allem Druck ... als diese Kappe aus meinem Rücken erwuchs, hatte ich kurze Zeit das Gefühl, ein noch durchsichtiger Embryo zu sein, in einem ganz frühen Stadium, und zu erleben, wie sich aus dem Neuralrohr die blasige Verdickung für das Gehirn bildet ..." (weibl., 44 Jahre, 3. Sitzung. Diese Teilnehmerin hatte langjährig sehr starke Migräneanfälle, die

sich nach dieser Sitzung verminderten). Sie führt diese „Heilung" in der nächsten Sitzung fort:
„Mein Atem durchflutet mich, von meinem Bauch aus löst er Starre, Härte auf, wie warmes Wasser Zucker-Salz-Kristalle auflöst; so fließt der Strom meiner Luft durch meine Beine, bis in meine Füße, jeden Zeh, in die Hände, Fingerspitzen, in die Schultern, Hüften, in den Nacken, in den Kopf, in das Gesicht, meine Augäpfel, Zunge. Ich erinnere mich meines ganzen Körpers mit meinem Atem und weiche so eine Kruste, Härte, Spannung nach der anderen auf, bis mein ganzer Körper gelöst ist, ich erlöst bin und mich bewege." (weibl., 44 Jahre, 4. Sitzung)
„Vagina und Atem gehören zusammen: je länger ich ausatme, desto mehr öffnet sich meine Vagina als zweiter Mund, desto mehr habe ich das Gefühl, mich zu geben, zu fließen." (weibl., 31 Jahre, 4. Sitzung; Verminderung von Unterleibsverspannungen und sexuellen und Menstruationsproblemen nach dieser Sitzung).
„... war in der Lage, tief in den Bauch zu atmen, bis in die Oberschenkel, und die Verspannung in der Genitalgegend verschwand. ... brachte mich eine Zeitlang zur Nasenatmung, meine ganze Genitalgegend wurde spürbar lockerer ... plötzlich waren auch die Finger nicht mehr steif, sondern der Daumen der rechten Hand berührte den Zeigefinger, und ich hatte das Gefühl, der Zeigefinger sei weich und feucht. In diesem Moment sah ich eine große Vagina vor mir. Das beeindruckte mich sehr stark und bewirkte ein Gefühl von Frohsein, das sich immer mehr befreite und in schallendes Gelächter überging. Ich habe das Gefühl, daß mein Unterleib freier geworden ist." (männl., 27 Jahre, 3. Sitzung. Er litt lange Jahre an allergischem Schnupfen und erlebte eine Zunahme von Körperbewußtheit nach dieser Sitzung).

Teilweise wird der eigene Körper auch aus der Perspektive und Erfahrungsmöglichkeit eines zellulären oder Organbewußtseins erkundet:

„Ich genoß die Exkursion durch meinen Körper. Als Blutkörperchen schwamm ich an den Wänden vorbei, durch Röhren, an den Knochen entlang, teilte mich in Verästelungen. Bei dieser Entdeckungsfahrt blieb ich im Becken. Ich empfand eine tiefe Ruhe und eine fast vergessene Ahnung davon, wie wohl ich mich in mir fühlen kann." (weibl., 28 Jahre, 2. Sitzung)

Häufig sind auch Erlebnisse von besonderer ästhetischer Intensität. Die Musik wird z. B. eher körperlich gefühlt oder gesehen:

„Die Musik verändert sich, mit ihr weicht die Spannung aus meinem Körper. Ich sehe Töne, glitzernd wie Kristalle oder wie Diamanten ... Ich bilde mit meinen Händen einen Trichter, und die glitzernden hellen Töne fließen durch mich hindurch." (weibl., 35 Jahre, 2. Sitzung)
„In der Ferne weitet sich das Tal ins Licht und zu leuchtenden Farben, und mir ist vielmehr, daß ich dieses Licht und diese Farben eher erfühlen könnte als sehen." (weibl., 44 Jahre, 1. Sitzung)

Licht- und Farberscheinungen: Bei geschlossenen Augen wurden (pseudo-optische) Wahrnehmungen berichtet: Helligkeitswahrnehmungen („ich sehe Licht über mir") und Farbwahrnehmungen; optische Wahrnehmungen wurden auch als Dunkelheit beschrieben.

„Nun tauchten kreisförmige Strahlen zwischen meinen Augen auf, die erst grün waren, aber ein gelbes Zentrum hatten, in das ich eindringen wollte ... Nun fing ich an, in der

Dunkelheit zu suchen, und tatsächlich tauchten wieder neue Strahlengebilde auf." (weibl., 27 Jahre, 3. Sitzung)

Die Empfindungen können als durchaus schön empfunden werden:

„Und dann entstand eine ganz wundervolle Folge von Farben, die bewegten sich so fließend. Es war ein sagenhafter Genuß, diesem Fluß zuzusehen." (männl., 26 Jahre, 4. Sitzung)

„Ich bin plötzlich vollkommen von Dunkelheit-Schwärze umgeben. So geborgen-dunkel ist es, wie ich es mir oft wünsche. Es ist eine schöne blau-schwarze Dunkelheit, aus der plötzlich Sterne, Lichter leuchten. Wunderschöne Farben haben sie — alles Blautöne, alle erdenkbaren Schattierungen, und nach innen hin wird die Farbe silbern. Ein Licht schickt einen gleißenden Strahl zu mir, um ihn dann wieder zurückzuziehen. Ein anderes — oder ist es das gleiche? — kommt auf mich zu, umfängt mich und geht auch wieder zurück. Ich denke, nein: die Worte kommen aus meinem Mund, ‚Nimm mich doch mit!'" (weibl., 31 Jahre, 3. Sitzung)

Berührungserfahrungen: Relativ selten werden Körperberührungen berichtet, die nicht von Anwesenden ausgeführt wurden. Die Berührungen wurden als tröstend, liebevoll und heilsam empfunden.

„Da berührten mich ungeheuer liebevolle, warme, strahlende Hände. Ich war so frappiert, daß ich mit den Händen nachfühlte, ob mich wirklich jemand anfaßt. Aber da war keiner! ... Und da war sie wieder, die Berührung: auf dem Brustbein und über dem Sonnengeflecht ... Ich empfand die Berührung als ungeheuer heilsam. Ich fühlte mich geborgen." (weibl., 27 Jahre, 4. Sitzung)

Übergangserlebnisse, Bilder eines Tunnels oder einer Röhre: Diese Erfahrungen leiten oft zum Sehen und Miterleben von Bildern und Szenen über oder setzen sich in Kontakten oder Begegnungen mit anderen Wesenheiten fort. Der dunkle Tunnel oder die Röhre (oft mit der Wahrnehmung von Licht am anderen Ende) symbolisiert offensichtlich eine Verbindung mit anderen (Bewußtseins-)Ebenen. Viele Teilnehmer brachten dieses Erlebnis in Zusammenhang mit der Geburt, dem Geburtskanal. Interessant ist, daß die von *Moody* (1977) befragten Menschen mit „Nahe-Todeserlebnissen" oft im Zusammenhang mit ihrem „Tod" berichten, durch einen „Tunnel", „Schacht" oder eine „Röhre" gegangen zu sein. Ähnlich beginnen auch die Reisen von Schamanen, bei denen sie nach wesentlichen Informationen oder Heilkräften in anderen Welten suchen:

„Eingänge in ... führen im allgemeinen hinunter in einen Tunnel oder ein Rohr, das den Schamanen zu einem Ausgang leitet, der sich in strahlende und wundervolle Landschaften öffnet. Von dort reist der Schamane minuten- oder sogar stundenlang, wohin er will, kehrt schließlich durch das Rohr nach oben zurück." (*Harner* 1982, S. 51)

(Der Bewußtseinszustand des Schamanen ist bei den Reisen in diese anderen Welten gegenüber dem normalen Alltagsbewußtsein verändert).

„Dann fällt mein Blick auf eine Betonröhre, die in einen Berg hineinführt. Ich spüre, daß ich durch die Röhre hindurch soll. Davor habe ich Angst, ich sträube mich dagegen,

fange an zu weinen, finde das schrecklich. Wieder will man mich in die Enge reinpressen ... Schließlich schwindet mein Widerstand. Ich soll ja wohl dadurch ... Ich spüre meine Kraft, als ich durch eine Röhre krieche, strenge mich ziemlich an, in der Röhre sehe ich nichts, Dunkelheit, ich bin mir sicher, daß sie irgendwo zu Ende sein wird. Plötzlich sehe ich einen Lichtschimmer, ich krieche weiter, am Ende der Röhre habe ich einen schneebedeckten, mit Bäumen bewachsenen Hang vor mir." (weibl., 38 Jahre, 2. Sitzung)
„Ich hatte große Angst und wollte nicht, wehrte mich innerlich sehr stark, als ich plötzlich merkte, daß ich in einem Tunnel war, dessen Wände sich bewegten. Ich hörte einen lauten Herzschlag, immer wieder, der so ähnlich klang wie Trommeln. Die Wände bewegten sich auf mich zu oder von mir weg ... ich rutschte, ob ich wollte oder nicht, immer weiter durch den Tunnel. Er schien endlos lang zu sein ... dann wurde ich geboren, aber nicht in einem Kreißsaal, sondern ins Weltall. Die Sterne glitzerten, und ich konnte die Erde sehen, wie sie zur Hälfte von der Sonne angestrahlt wurde."

Sehen von Bildern oder Szenen: Recht häufig wurden nicht nur Lichtwahrnehmungen berichtet, sondern auch gegenständliche Bilder und Szenen, die die Teilnehmer vor ihrem „inneren Auge" sehen. Hier wurden nur solche Bilder aufgenommen, die nicht als konkrete psychodynamische Rückerinnerungen verstanden werden können.

„Das Bild tauchte während der Sitzungen auf: das eigentlich weiße Pferd schlug mit den Vorderhufen. An einem Huf war es fest an einer Stange, wie ein Modellpferd. Das Bild war mir angenehm." (männl., 26 Jahre, 4. Sitzung)
„Vor meinen Augen Licht. Dazu ein Lichtstrahl, als mir U. über das Brustbein streicht — plötzlich, ich wundere mich nicht einmal darüber, taucht links etwas Spitzes, Dunkles auf, die Nase eines riesigen Wildschweines. Es kommt auf mich zu, läuft an mir vorbei und verschwindet in einem wunderschönen Wald. Es ist unglaublich majestätisch, wenn auch erschreckend. (männl., 26 Jahre, 4. Sitzung)

Die Übergänge von Lichtwahrnehmungen zum Sehen von Bildern und von hier zum Miterleben von Situationen sind manchmal fließend.
Miterleben von Situationen: Hier werden Szenen und Handlungsabläufe beschrieben, in denen die Teilnehmer aus der Perspektive eines Beobachters und als Handelnde teilnehmen:

„Ich sehe eine mächtige Burg vor mir. Die Prinzessin A. (Name der Teilnehmerin) kommt aus ihrer Burg heraus, ich beobachte sie aus der Ferne. Sie geht einen Weg hinunter; unten sind viele Leute versammelt, die schauen ihr entgegen und gehen dann, bis auf einen ‚Märchenprinzen', weg; dieser geht A. entgegen. Sie treffen sich, gehen gemeinsam auf eine Wiese zu, es ist sehr viel Wärme und Zuneigung da. Sie ziehen sich aus; jetzt beobachte ich A. nicht mehr, sondern bin wieder ich selbst. Ich spüre, wie ich mich anfangs verschämt etwas zur Seite wende, meine Beine verschließe, sie dann öffne und mit dem Prinzen schlafe. Ich bin selig und unheimlich entspannt, wie nach einem Orgasmus. Wir steigen gemeinsam auf in die Lüfte ..." (weibl., 38 Jahre, 2. Sitzung)
„Dann sah ich mich als schwarzen Läufer oder Jäger durch die Savanne laufen. Ich fühlte den Speer in meinen Händen ..." (männl., 31 Jahre, 3. Sitzung)
„So gewiegt und gehalten, sah ich mich auf einer rosa Wolke sitzen und über das Meer fliegen, so ganz allein und glücklich. Ich sah mich genau, so wie ich halt heute aussehe, nicht als Kind oder früher." (weibl., 46 Jahre, 1. Sitzung)

Kontakt, Identifikation mit anderen Wesen: Wenn Teilnehmer Szenen vor ihrem inneren Auge sehen und an dem Erleben auch teilnehmen, haben sie oft intensive Kontakte mit anderen Wesen und erleben oft auch eine Identifikation mit ihnen. Manchmal sehen sie diese Wesen, z. B. eine Blume oder ein Tier, erst als Beobachter und „werden" dann zu diesem anderen Wesen.

„Dann hatte ich die Vorstellung, ich sei der Tiger Shir Khan. War das toll. Ich bin geschmeidig mich hin und herwiegend durch den Dschungel geschritten. Wie stark fühlte ich mich." (weibl., 35 Jahre, 1. Sitzung)

„Ich bin ein dicker bunter Fisch, mit mir schwimmt ein anderer dicker bunter Fisch. Wir tauchen immer tiefer. Das Wasser ist wunderbar klar. Ich sehe andere Fische, prächtige Korallen, die verschiedensten Pflanzen." (weibl., 38 Jahre, 3. Sitzung)

Die häufigsten Identifikationen erfolgen mit Tieren, jedoch auch mit Pflanzen und Mineralien und anderen Wesenheiten. Sie stehen häufig im Zusammenhang mit der Erforschung dieser Seinszustände:

„Nun werde ich zu Stein, ein grauer Granitblock, eher oval. Ganz fest presse ich mich zusammen. Ich fühle mich wie ein schwerer Stein ... Der Stein verwandelt sich in einen Marmorblock, und aus diesem Marmorblock trete ich hervor, eine Gestalt, die sich aus dem Stein befreit hat." (weibl., 35 Jahre, 3. Sitzung)

„Ich stehe in Flammen, leuchtende Flammen kommen aus mir heraus, ich sehe das Bild vor mir, spüre gleichzeitig meinen Körper, der unheimlich kribbelt und warm ist, als ob er brennen würde. Dann wieder habe ich das Gefühl, ich liege da am Strand und verbrenne. Ich genieße das Feuer, die Flammen sind wunderschön, heiß, sie lodern. Ich genieße es, wie mein Körper verbrennt. Ich atme heftig und rufe dabei immer wieder ‚ja!' Ich bejahe es, daß ich verbrenne. Das, was von mir übrig bleibt, mein ‚innerstes Wesen' oder was immer es sein mag, wird mit dem Fluß davongetragen. Ich bin der Fluß, bahne mir meinen Weg durch Wüsten und karge Gebirgslandschaften. Ich bin in Ägypten, bin der Nil, fließe dahin." (weibl., 38 Jahre, 4. Sitzung)

Die Grenzen zwischen „ich bin ..." und „ich fühle mich wie" sind oft unscharf, und beide Haltungen können ineinander übergehen. Oft sind sie mit Gefühlen und körperlichen Erfahrungen verbunden.

Begegnung, Identifikation mit „höheren Wesenheiten": Seltener finden Begegnungen und Identifikationen mit „höheren Wesenheiten" statt, wie dem „alten Mann" oder „Gott". Meist sind die Teilnehmer bestrebt, sich mit diesen Wesen, die oft archetypische Qualität haben und m. E. auch als Symbole des „Selbst" (*Jung*) zu verstehen sind, zu vereinigen.

„Ich spüre, wie Gott mich mit ausgebreiteten Armen erwartet. Ich sehe ihn schemenhaft vor mir, er hat die Gestalt eines unheimlich lieben, älteren weisen Mannes. Ich strecke ihm meine Arme entgegen, ich nähere mich ihm ganz langsam, zögere noch etwas, brauche einige Zeit, bevor ich dann selig in seine Arme sinke. Ich fühle mich so sicher und geborgen, er hält mich fest in den Armen, ich habe das Gefühl, daß ich langsam eins mit ihm werde. Mir kommen die Tränen, das ist so schön, und ich liege ganz still und genieße es." (weibl., 38 Jahre, 4. Sitzung)

„... tauchte das Bild eines Tempelwächters in mir auf; nach dem Sieg war ich der Tempelwächter. Groß und majestätisch stand ich da: im Rücken das Tor des Tempels, zu dem ich gehörte, vor mir der Blick in eine weite Ebene hinab, ich fühlte mich omnipotent." (männl., 25 Jahre, 3. Sitzung)

Energetisierung: Sehr körperlich wird oft der Kontakt mit großen Energien beschrieben. Einzelne Körperteile, z. B. Bauch, Hände oder der ganze Körper, werden als „energetisiert" erlebt, werden von Energie durchflossen. Das steht häufig im Zusammenhang mit der Lösung von Atem- und Körperblockaden und teilt sich oft zunächst durch Kribbeln, Wärmestrahlung und Strömungserfahrungen mit.

„Dieses Kribbeln an den Unterarmen und Händen breitete sich wie Energiekreise aus, so daß ich das Gefühl hatte, sie würden immer größer und wärmer werden." (weibl., 24 Jahre, 1. Sitzung)
„Ich lege meine Hände auf meinen Unterbauch, bin dadurch mit seinem (Gottes) Energiefeld verbunden. Ich spüre, wie ich aufgeladen werde. Das Kribbeln am ganzen Körper wird stärker und immer stärker, besonders stark ist es am Bauch. Ich spüre, daß das mein Zentrum ist. Ich habe das Gefühl, ich bin jetzt so voll von Energie, mich kann nichts mehr erschüttern; ich fühle mich so aufgeladen, mehr paßt gar nicht in mich hinein." (weibl., 38 Jahre, 4. Sitzung)
„Ich habe für mich während der Sitzung eine totale Gefühlsvermischung gehabt: schreiend vor Schmerzen, intensive Trauer und viel Weinen, Lächerlichkeit, Hunger und zum Schluß ganz intensiv ein Gefühl, als würde mein Körper schwingen und beben. Das nahm ich zuerst als Zittern und Frieren wahr; ich hatte dann immer mehr das Gefühl, als würden irgendwelche Energien in mir meinen ganzen Körper zum Vibrieren bringen. Das war wahnsinnig schön. Ich fühlte mich zentriert und eine ganz große Kraft in mir. Das Gefühl hielt lange an, und ich genoß es in vollen Zügen. Ich fühlte mich auch nach der Sitzung energievoll, aktiv und habe viel von meiner Unsicherheit verloren." (männl., 31 Jahre, 4. Sitzung)
„Plötzlich spürte ich einen Fluß von Energien, die in meine Arme strömten. Meine Arme bewegten sich und entfernten sich vom Körper und lagen neben dem Körper, wie bei Jesus am Kreuz, und ich hob sie an und streckte sie in die Luft. Ich fühlte mich sehr gut dabei. Gefühle von Güte, Harmonie und Energieaufnahme durchzogen mich." (männl., 27 Jahre, 5. Sitzung)

Der Kontakt zu großen Energien wird, bis auf einige Fälle, als angenehm erfahren. Die Kraft kann sich jedoch als so unmittelbar und stark zeigen, daß sie dem Teilnehmer schon wieder Angst macht. Wenn dieses Phänomen bei Männern auftritt, so äußert es sich viel eher als bei Frauen in einem Zusammenhang mit „Kämpfen", „Besiegen-Wollen":

„... kam ich für einen Moment mit einer riesigen Kraft in Berührung, die mich hochkommen lassen wollte. Gleichzeitig bekam ich Angst, mein Kopf schaltete sich ein, dann wußte ich, daß ich euch (die Helfer) mit dieser Kraft weggeschleudert und verletzt hätte. Ich ließ sie nicht heraus und brach regelrecht unter meiner Kraft zusammen." (männl., 25 Jahre, 1. Sitzung)

Umfassende Erkenntnisse und Ganzheitserfahrungen: Einige Teilnehmer erfahren im Zusammenhang mit dem Nacherleben psychodynamischer Situationen oder im Zusammenhang mit dem Erleben von Bildern, Szenen oder Kontakten mit anderen Wesenheiten bedeutsame innere Erkenntnisse:

„Das Gefühl sagte/zeigte mir ganz klar, wie ich in meinem normalen Leben schlafe." (männl., 24 Jahre, 2. Sitzung)
„Ich spüre, welch ein Ausmaß an eigener Angst sie mir (die Eltern) aufgebürdet haben, und merke, daß ich nicht ängstlich zu sein brauche, daß ich frei bin. Ihre Ängste sind nicht mehr die meinen. (weibl., 35 Jahre, 2. Sitzung)

Diese inneren Erkenntnisse äußern sich manchmal in einem Gefühl, das kaum mitteilbar ist oder unbeschreibbar wirkt. Andere Teilnehmer können die neue, umfassende Erfahrung jedoch auch benennen:

„Ich *erfahre* die Unendlichkeit des Weltalls, seine Grenzenlosigkeit, seine Größe und meine Winzigkeit. Und mir ging auf, welch ein Wunder der Mensch ist, daß so etwas wie er in dieser Unendlichkeit existiert. Ja, ich konnte nur noch staunen und erkannte, daß der Mensch, daß ich etwas Kostbares, Einzigartiges bin. Es hat in mir das Gefühl der Verbundenheit mit allen Menschen ausgelöst, und ich empfand Ehrfurcht vor dem Wunder Mensch." (weibl., 35 Jahre, 3. Sitzung)
„Nach langer Zeit erschien mir ein Bild: eine Sonne über dem Wasser, alles in Orange, in Farbnuancen, die ich nicht wiedergeben kann. Das Bild strahlte viel Ruhe aus, Freude und Wärme. Ich weinte, es erschien eine Träne in dem Bild, aus der die Sonne schien. Es rührte mich so tief an, daß ich noch mehr weinte, und Trauer vermischte sich mit Freude. Eins ist nicht ohne das andere fühlbar und denkbar, zwei Seiten derselben Sache, begriff ich intuitiv." (männl., 27 Jahre, 2. Sitzung)
„Ich habe Bilder von Gebärenden, empfinde mich als Gebärende und gleichzeitig als geborenes Kind. Bin beides in einem. Das Gefühl erfüllt meinen ganzen Körper. Ich fühle mich eins, erfüllt, warm, weit. Es ist ein offenes Innen, kein Außen. Nach dem Gefühl, das ich jetzt habe, habe ich immer gesucht. Von dem Gefühl, der Form, dem Zustand muß ich gewußt haben ... ich kann es am besten mit dem Wort *heilig* beschreiben. Es ist eine andere Realität ... Anfang und Ende dasselbe?" (weibl., 30 Jahre, 4. Sitzung)

Ganzheitserfahrungen, in denen sich Polaritäten und Gegensätze versöhnen, sind oft überwältigend, von hoher Intensität und Beglückung und erinnern an kurze „Satori-Erlebnisse". Für Männer erschließt sich mit diesen umfassenden Erfahrungen eher ein Einblick in grundlegende Lebensprinzipien und geistige Gesetzmäßigkeiten; während Frauen eher gefühlsmäßig-ganzheitliches Erleben beschreiben, das von ihrem Körper ausgeht und sie mit der gesamten Natur verbindet (*Hansen* 1984).

„Ein helles Dreieck, eine Pyramide spiegelt sich in trübem Wasser — Himmel und Hölle, Oben und Unten. Tanzende Lichtpunkte, der Fluß der Dinge. Ich kniee ... ich bete ... Licht überflutet mein Gesicht, ich empfange eine Botschaft, erfahre Gnade." (männl., 27 Jahre, 4. Sitzung)
„Ich bin die Sonne, ich spüre meine unbändige Kraft, ich bin das Gebirge, ein Stein, ich spüre, ich bin zu allem im Kontakt, was es in diesem Universum gibt ... Mir wird bewußt, daß all das, was ich hier erlebe, zu mir gehört, daß ich das bin. Die Erkenntnis überwältigt mich fast. Mir kommen die Tränen." (weibl., 38 Jahre, 4. Sitzung)

e) Intensität der Prozeßerfahrungen

Die bewußt eingeleitete Verstärkte Atmung führt meist nach kürzester oder längerer Zeit zu einem unwillkürlichen und vertieften Atemmuster. Dabei werden Schmerzen und Spannungen erfahren und lösen sich, die Verbindung mit körperlichen und seelischen Traumen wird (im Zusammenhang mit der Körpererfahrung) erinnert und nacherlebt, ungewöhnliche seelische Räume, neue Bewußtseinserfahrungen können sich öffnen.

Die durchschnittliche Prozeßerfahrung folgt dabei der von *Reich* formulierten „Spannungs-Ladungs-Formel" (Spannung-Ladung-Entladung-Entspannung): Vom Anfang zur Mitte der Prozesse nehmen negative Körpersensationen, negative Gefühle, psychodynamisches Erleben, jedoch auch positive Gefühle und transpersonales Erleben zu. Diese Erfahrungen entladen sich in der Mitte der Prozesse — vor allem durch Formen des Ausagierens. Bis zum Ende nehmen dann negative Körpersensationen, negative Gefühle und psychodynamisches Erleben ab. Entspannung, positive Gefühle, transpersonales Erleben steigen jedoch weiterhin an (*Reinhold* 1984).

Dieser Prozeß kann jedoch fast immer durch den Teilnehmer gestoppt werden — im Gegensatz zu den meisten Drogenerfahrungen. So schien es wichtig zu prüfen, auf welche Weise und wie häufig die Teilnehmer bestimmte Erfahrungen vermieden. Außerdem wurde jeweils für den Gesamtprozeß eingeschätzt, inwieweit Blockaden (Schmerz- und Leiderfahrungen) abgewehrt oder angenommen und in die eigene Struktur integriert wurden; und wieweit der Prozeß die vertraute Alltagsrealität überschritt und zu anderen Formen des Empfindens, der Wahrnehmung, der Erkenntnis führte.

Vor allem in Anfangssitzungen waren viele Teilnehmer ängstlich und versuchten, schmerzliche Erfahrungen durch die Verminderung der Atmung zu unterbrechen. Oder sie störten den sich entfaltenden Prozeß durch zu intensive Beobachtung, durch Wertung oder Setzung bestimmter Ziele, die sie erreichen wollten. Auch bei ungewohnten Erfahrungen setzten einige zunächst die Verminderung der Atmung zur Kontrolle des Erlebens und zur Vermeidung der Erfahrung ein. Das Ausweichen in Formen der Trance, der Halbbewußtlosigkeit stellt eine andere (seltenere) Form der Vermeidung dar. In späteren Sitzungen lassen sich die Teilnehmer jedoch überwiegend auf das Spüren und Erleben körperlich-seelischer Blockaden ein und beginnen, vertraute Ängste und Lebenskonzepte auch zu überschreiten. Indem sie vorher abgewehrte Aspekte ihrer Person, ihrer Lebensgeschichte zulassen und annehmen, beginnen sie auch, begrenzende Erfahrungsmuster tiefgreifender zu verstehen und zu lösen.

Alle Prozesse beginnen mit dem Erleben von Widerstand. Dabei wird den Teilnehmern deutlich, mit welchen Verhaltensmustern sie bestimmte Erfahrungen (die sie als unangenehm bewerten) vermeiden. In späteren Kontakten wird dieses Verhaltensmuster nicht nur körperlich, sondern auch emotional im Zusammenhang mit dem Wiederauftauchen früher traumatischer Lebenserfahrungen tiefgreifend verstanden. Dabei lösen sich dann Blockierungen zunehmend schneller und stärker, und das Erleben vertieft sich über symbolische und transpersonale Erfahrungen. Im Verlauf der Prozesse wird so auch zunehmend stärker erlebt, daß alle Erfahrungen mit dem persönlichen Lebensweg verbunden sind, daß sie nicht nur von außen „aufgedrückt" wurden, sondern sinnvoll mit der Annäherung an das eigene Wesen verbunden sind. Dabei erschließt sich auch eine zunehmende Sicherheit über die eigene Existenzberechtigung und Bedeutung im Zusammenhang mit der Gesamtheit der Existenz. Diese Prozeßerfahrungen ähneln damit auch den von *Jung* beschriebenen Phasen des „Individuationsweges".

Alle Prozesse wurden so eingeschätzt, daß die Erlebnisse die vertraute Alltagsrealität „etwas" bis „sehr deutlich" überschreiten. Eine bedeutsame Vertiefung und Erweiterung der Wahrnehmung steht jedoch meist im Zusammenhang mit der Annäherung und dem Erleben von Blockierungen und dem Akzeptieren abgewehrter Teile der Person. Körpersensationen stehen für die Teilnehmer in Anfangssitzungen erlebnismäßig im Vordergrund. Obwohl sie auch für die weiteren Sitzungen berichtet werden, sind sie später nicht mehr so beeindruckend. Vielmehr werden dann zunächst intensive Gefühle und psychodynamische Erlebnisse wichtig. Die Bedeutung symbolischer und transpersonaler Erfahrungen steigt dagegen für die Teilnehmer von Anfangssitzungen bis zu späteren Prozessen stetig an. Hinsichtlich der Intensität unterscheiden sich die Prozesse von Frauen und Männern nicht bedeutsam. Die Berichte der Frauen zeigen jedoch, daß sie sich direkter in das Geschehen einbezogen fühlen, während Männer es oft als Beobachter miterleben (U-Test, $p = 0{,}05$).

2. *Erfahrungen der Helfer*

Vor allem in den ersten Sitzungen bildeten die Teilnehmer Paare nach Vertrautheit und Sympathie. Nicht alle Paare blieben über den Gesamtprozeß zusammen. Neue Konstellationen ergaben sich z. B., wenn ein aktiver Teilnehmer ausfiel oder wenn die Betreuung für einen

Helfer zu belastend wurde, weil sein Partner Erlebnisse hatte, die den Helfer zu sehr betroffen machten. Für die meisten Kontakte (88 %) ließ sich die Beziehung des Helfers zu seinem aktiven Partner als „gut" beschreiben. Der Helfer war am Geschehen beteiligt, beobachtete aufmerksam, versuchte sich in den Prozeß einzufühlen, gab Hilfen und Unterstützung, wo es nötig war. Zu ihrer ersten Helfererfahrung schreibt eine 36jährige Frau:

„Ich bin neugierig, gespannt und aufgeregt vor der Sitzung. Ich fühle mich während der ersten Phase sehr verantwortlich. Es wird mir bewußt, daß ich mich sehr anstrenge. Ich entspanne mich dann mehr, konzentriere mich mehr auf mich ... daß ich total überrascht bin, wieviel Energie ein Mensch haben kann ... bin erleichtert, freue mich, wenn die Schreie so richtig tief von unten kommen. In dieser Phase bemerke ich mich selbst wieder. Ich sehe, daß meine Unterstützung sinnvoll ist und daß der Prozeß, den K. macht, von ihm ausgeht."

Einige dieser Kontakte, bei denen die Helferbeziehung als „gut" und „angemessen" eingeschätzt wurde, zeichneten sich durch eine besonders liebevolle Betreuung aus. Dies hängt oft damit zusammen, daß der Helfer sich gegenüber einem schmerzlichen Prozeß des aktiven Partners nicht verschließt, sondern zuläßt, daß er selbst z. B. von der Schutz- und Hilflosigkeit des anderen angerührt wird oder auch offen wird für die Bedürfnisse und Verhaltensweisen „sehr kleiner Kinder":

„... sie schrie los und hörte nicht mehr auf. Sie wurde dann sehr traurig, wütend und verzweifelt, manchmal alles zugleich. Ich versuchte, sie zu trösten, und steckte einen Finger in ihre Hand. Sie hielt ihn fest und wurde dann ruhiger ... sehr beeindruckend war für mich, als sie anfing, an deinem Daumen zu lutschen. Als ich das dann selber machte, war ich sehr berührt. Sie war so schutzbedürftig wie ein Säugling — meinst du, daß auch Männer mütterliche Gefühle haben können?" (männl., 26 Jahre, 4. Helfer-Erfahrung)

Für einige der ersten Helferkontakte wurde die Beziehung des Helfers zu seinem Partner jedoch auch als kühl und distanziert eingeschätzt. Distanz ist häufig ein Ausdruck der Ängstlichkeit, die die Helfer bei sehr vehementen Erlebnissen empfanden. Dies wurde ihnen jedoch im Verlauf der Prozesse bewußter.

„Ich denke an meinen ersten Prozeß als Helfer: Ich hatte Angst, richtig starke Angst und dachte „Arme A., es geht ihr nicht gut!" Ihr ging es aber ganz anders, und entsprechend wenig hilfreich war ich für sie." (männl., 26 Jahre)

Vor allem in Anfangssitzungen fühlten sich viele Helfer unsicher, ängstlich und zu stark für den Partner verantwortlich und gaben an, während und nach der Sitzung erschöpft zu sein.

„Ich habe den Eindruck, daß ich mich stark auf ihn eingestellt und eingefühlt habe. Vielleicht eine Idee zuviel? Ich habe mich als Helferin total eingelassen und frage mich jetzt, ob das so gut für mich ist. Ich glaube, daß ich für meine Kraft und meinen Einsatz Grenzen finden muß, ansonsten überfordere ich mich." (weibl., 35 Jahre, 1. Helfererfahrung)

„Ich fühlte mich plötzlich ziemlich hilflos und kam mir ungeschickt vor ..." (männl., 30 Jahre, 1. Helfererfahrung)
„Ich spürte auch die Frustration, daß V. trotz meiner Bemühungen nicht die Intensität erreichte, die ich mir wünschte, denn ich wollte ein guter und erfolgreicher Helfer sein." (männl., 31 Jahre, 1. Helfererfahrung)

In späteren Sitzungen verminderte sich das Gefühl, für den Partner und seinen Prozeß verantwortlich zu sein. Fast alle Teilnehmer, die mehrere Helfererfahrungen hatten, berichteten, daß sie sich in späteren Sitzungen als sensibler und sicherer empfanden und sich weniger angestrengt fühlten.

„Ich war viel entspannter und sicherer. Es ist leichter zu helfen, wenn man die Erfahrung selbst erlebt hat. Ich konnte auch viel besser Verspannung und Schmerz bei ihr wahrnehmen und mich einfühlen, ohne Angst zu bekommen." (weibl., 38 Jahre, 2. Helfererfahrung)

3. Vergleich von ausgeschiedenen und weiterführenden Teilnehmern

Von 22 Teilnehmern zu Beginn des ersten Kurses sind eine Frau vor Beginn der ersten Atemsitzung, 5 Frauen und 2 Männer im Verlauf des ersten halben Jahres ausgeschieden. Eine Nachbefragung dieser Teilnehmer ergab, daß die Erfahrung unterbrochen bzw. nicht fortgesetzt wurde, vor allem aufgrund von Vorbehalten gegen das Verfahren („ich hatte Angst", „ist mir zu massiv", „nicht der richtige Weg für mich", „es lohnt sich nicht") und gegen die Leiterin („fühlte mich von ihr gedrängelt", „kam mir vor wie ein Kind, das allein gelassen wird") und aus terminlichen Gründen. Alle verneinten ausdrücklich, negative oder schädigende Auswirkungen erlebt zu haben.

Ein Vergleich ihrer Prozeßerfahrungen mit denen der 14 Teilnehmer, die die Erfahrungen fortsetzten, zeigte, daß die ausgeschiedenen Teilnehmer weniger Körpersensationen, Formen des Ausagierens, Mißempfindungen, Gefühle (vor allem negative) und transpersonale Erfahrungen berichteten (diese Unterschiede in Anfangssitzungen sind auf dem 1 %-Niveau signifikant; t-Test für relative Häufigkeiten).

Die Intensität ihrer Prozeßerfahrungen wurde hinsichtlich des „Annehmens abgewehrter Teile und Erfahrungen" als geringer eingeschätzt. Vermutlich hatten diejenigen Teilnehmer, die ihre Erfahrungen fortsetzten, eine andere Haltung zu dem atemtherapeutischen Verfahren: Sie waren eher bereit, (auch schmerzhafte) körperliche und gefühlsmäßige Erfahrungen sowie ungewohnte Erlebnisse zuzulassen, zu durchleben, zu erkunden. Aufgrund dieser Beobachtungen wurden für die Teilnehmer der folgenden Gruppen intensivere Beratungsgespräche zur Klärung der Motivation für die Teilnahme geführt.

4. Auswirkungen und Veränderungen

Kurzfristige Auswirkungen im Anschluß an die Sitzungen: In Anfangssitzungen unterbrechen Teilnehmer manchmal die Intensität ihrer Erfahrungen und erleben so auch keine vollständige Entladung, Lösung und Entspannung zum Ende der Sitzung. Nach einem solchen nicht ganz gelösten Prozeß wird auch körperliche Erschöpfung und Traurigkeit berichtet. Überwiegend erleben sich die Teilnehmer jedoch nach den Sitzungen als „wacher", „klarer", „entspannter", sie erwähnen ein vermindertes Schlafbedürfnis und eine Zunahme von Sensibilität, Vitalität. Häufig erwähnen sie bedeutsame Träume, in denen z. B. Geburts- und Erweiterungserlebnisse fortgesetzt werden. Daß in den Sitzungen sehr tiefgreifende körperlich-seelische Erfahrungen gemacht werden, zeigt auch eine Untersuchung von *F. Plotzitzka* (1983):

> Er untersuchte kurzfristige „charakterliche" Veränderungen von Teilnehmern der zweiten Gruppe über 2 Sitzungen. Er ging dabei (nach *Reich*) von der Annahme aus, daß sich Energieblockierungen (Panzerungen) auch im Gesicht ausdrücken, sowie von der Vermutung, daß sich solche Blockierung bei Verstärkter Atmung verändern. So ließ er Gesichtsportraits (die alle Teilnehmer unter standardisierten Bedingungen direkt vor und nach den Sitzungen von sich anfertigten) von einem erfahrenen Körpertherapeuten einschätzen. Diesem Beurteiler waren die Teilnehmer und ihre Erlebnisprozesse nicht bekannt. Es zeigte sich, daß bei allen aktiv atmenden Teilnehmern charakterliche Gesichtsveränderungen in Richtung Muskelentspannung/erhöhter Energiefluß beobachtbar waren. Solche Veränderungen waren bei den Helfern nicht beobachtbar — obwohl auch ihre Gesichter nach den Sitzungen „offener", „weicher" wirkten. Die bei den aktiv Atmenden beobachtbaren charakterlichen Veränderungen standen inhaltlich in einem deutlich nachweisbaren Zusammenhang zu den subjektiven Angaben aus den Teilnehmerberichten und Fragebögen. In der Tendenz wurde bei Männern eine höhere Ausgangsverspannung zu Beginn der Sitzungen beobachtet und bei Frauen eine weitergehende Lösung der Blockierungen.

Längerfristige Auswirkungen: Alle Teilnehmer, die vier bis sieben Prozesse erlebt haben, berichten über eine gewisse bis sehr starke Zunahme der Sensibilität für das eigene körperlich-seelische Befinden. Sie sind sich typischer Verhaltensmuster stärker bewußt und erleben Veränderungen im Kontakt mit anderen. Die meisten Teilnehmer sind davon beeindruckt, daß sie ihren Körper intensiver spüren, ihre „Körpersprache" und ihre Gefühle deutlicher wahrnehmen können.

> „Ich bin wacher geworden, kann meine Gefühle auch im Alltag mehr wahrnehmen und kann ihnen leichter nachgeben." (männl., 23 Jahre)
>
> „Ich fühle mich klarer, weniger ‚am Schlafen'. Mein Körper fühlt sich deutlich klarer/schöner an." (männl., 24 Jahre)

„Mein ganzes Leben habe ich mich durch Worte ausgedrückt. Jetzt fange ich an zu lernen, wie sich mein Körper ausdrückt." (weibl., 46 Jahre)
„Hektik und Unruhe nehme ich viel genauer und schneller wahr. So kann ich den Streß auch schneller abstellen und mehr in meinem Gleichgewicht bleiben." (männl., 31 Jahre)
„Ich habe jetzt das Gefühl, mit meinem Körper ganz anders umzugehen. Ich bin insgesamt, aber auch in meinem Körper viel beweglicher und leichter. Ich kleide mich auch anders, treibe mehr Sport und gehe in die Sauna." (männl., 25 Jahre)
„Ich bekomme mehr und mehr Zugang zu meinem Körper, zu meiner Kraft." (weibl., 44 Jahre)

Das Zusammenspiel zwischen körperlichen Prozessen und seelischem Erleben wird von fast allen (in jeweils persönlich bedeutsamen Aspekten) genauer wahrgenommen:

„Ich sehe jetzt genauer den Zusammenhang zwischen meinen früheren Ohnmachtsanfällen und der Enge und der eingeschränkten Atmung in der Brust. Und ich fühle, wie ich mich einenge, wenn ich die Schultern wieder nach vorn ziehe." (männl., 31 Jahre)
„Jetzt habe ich das Gefühl, total durchatmen zu können. Dabei hatte ich nie Atembeschwerden früher. Ich habe nur nie ganz geatmet, so als ob ich nur mit halber Kraft gelebt hätte. Darum fühle ich mich jetzt kraftvoller, lebensvoller." (weibl., 44 Jahre)
„Für mich war es wichtig zu erleben, wie ich mir mein Asthma mache. Ich weiß jetzt, daß meine Atemstörung — wenn ich nicht ganz ausatme und dann nach Luft schnappe — damit zusammenhängt, daß ich mich gegen etwas wehre oder mich zurückhalte. Wichtig war und ist für mich, wie sich der Atemblock auch durch Weinen löst." (männl., 32 Jahre)

Auch andere Störungen verändern sich im Zusammenhang mit den Prozeßerfahrungen: Bei einem Mann und einer Frau trat ein langjähriger allergischer Schnupfen nicht mehr auf.

„Mein Heuschnupfen, den ich oftmals schon im März bekam, unter dem ich 10 Jahre zu leiden hatte und dessentwegen ich ein bis zwei Cortisonspritzen pro Jahr erhielt, ist bis zum heutigen Zeitpunkt nicht aufgetaucht. Ich denke, daß mir die Pollen nichts mehr anhaben können, wenn ich nicht mehr gegen sie kämpfe und nicht gleich nach jedem Nießer ausflippe, sondern sie ganz gelassen an mich herankommen lasse und mich nicht mehr gegen sie wehre." (weibl., 27 J.)

Bei einem anderen Mann verminderten sich Atemstörungen, die im Zusammenhang mit schweren Asthmaanfällen in seiner Kindheit standen. Migräneanfälle einer 44jährigen Frau verminderten sich und wurden seltener. Kurzsichtigkeit verbesserte sich bei 3 Teilnehmern. Bei anderen verbesserten sich vereiterte Augen („festgehaltene Tränen"), Muskelverspannungen und die Körperhaltung. Frauen erkundeten in den Sitzungen häufiger ihre Sexualität, damit zusammenhängende Lebenserfahrungen und körperlich-seelische Blockierungen. So ist es nicht erstaunlich, daß Frauen auch häufiger über die Verminderung von Bauch-, Beckenverspannungen berichten sowie über eine Zunahme ihrer sexuellen Empfindungsfähigkeit.

„... Ich atme jetzt mehr in den Bauch. Das habe ich früher nicht gemacht. Und das führt auch in der Sexualität zur tieferen Erlebnismöglichkeit." (weibl., 34 Jahre)

„Meine sexuelle Empfindungsfähigkeit hat sich in dem letzten ¾ Jahr gesteigert. Ich habe mehr Lust und erlebe meine Sexualität auch intensiver als früher. Sie hat, wie mir scheint, eine andere Qualität erhalten. Ich kann mich mehr hingeben, gleichzeitig auch mehr geschehen lassen, bin nicht mehr so angestrengt bemüht ... Parallel dazu fühle ich mich in meinem Körper auch mehr zuhause." (weibl., 36 Jahre)

Den meisten Teilnehmern ist es wichtig, den Einblick, den sie in den Sitzungen in Lebens- und Verhaltensmuster gewonnen haben, auf ihre alltäglichen Erfahrungen zu übertragen.

„Ich habe übersteigert eines meiner Lebensmuster unter Hyperventilation wahrgenommen: die Kontrolle aufrechterhalten, weil sie mich schützt. Sie schützt mich vor Verletzungen, aber sie schützt mich auch vor totalen Gefühlen, wie Hingabe — Liebe. Ich beobachte dies jetzt genauer und versuche, mich auch mehr loszulassen." (weibl., 31 Jahre)
„Ich merke aber, wie dieser Drang, mich vor anderen Menschen zu profilieren, nachgelassen hat, wie ich auch im nachhinein merke, wenn ich in diese Verhaltensweise zurückgefallen bin. Dieser Trip war also nicht schlagartig weg, sondern ist sicher ein längerer Prozeß." (männl., 26 Jahre)
„Als Folge steht für mich im Vordergrund, daß ich liebevoller mit mir umgehe. Mein Verhaltensmuster, Dinge sehr powerful anzugehen (oftmals mit Freude und Begeisterung) und mich dabei zu schnell zu erschöpfen, weil ich mich dabei gar nicht mehr richtig spüre, möchte ich verändern. Ich lerne momentan, *mich* genauer wahrzunehmen, das, was ich brauche, und nicht zuerst die anderen, die sich mit ihren Bedürfnissen an mich wenden ... Ich habe sehr starke Auswirkungen dadurch auf mein Leben gespürt. Ich habe begonnen, mehr darauf zu achten, was ich mit mir mache. Und ich habe gespürt, daß ich sehr viel mehr Kraft habe und viel weniger Energie aufwenden muß, um Dinge zu tun." (weibl., 31 Jahre)
„Ich habe gesehen, wie starken Widerstand ich dagegen habe, mich fallen zu lassen, und wie schwer ich anderen Menschen vertrauen kann. Ich sehe jetzt, wie ich immer versuche, alle Fäden in der Hand zu haben. Ich verstehe erst jetzt, warum andere oft sagen: Du bist so mißtrauisch." (männl., 26 Jahre)

Das intensive Erleben bestimmter Verhaltensmuster, die genaue Beobachtung und der Versuch, neue Verhaltensmöglichkeiten zu realisieren, führen zu einer deutlichen Zunahme von Vitalität und Energie. Insgesamt drücken die Teilnehmer ein verändertes Lebensgefühl aus, das lebensbejahender wirkt.

„Ich merke bei mir eine langsame Veränderung, daß ich mehr Kraft kriege, gleichzeitig ruhiger werde und auch bewußter lebe. Ich achte mehr auf meine Ernährung und daddel nicht mehr so viel herum." (männl., 26 Jahre)
„Mein bisheriges Lebensgefühl verändert sich deutlich. Die Vision (sie sah ihr lächelndes und strahlendes Gesicht) war eine Botschaft und ein Hinweis. Ich erhielt einen Anstoß zur Veränderung. Das Erlebnis hat mich aufgewühlt und so geholfen, endlich Klarheit zu finden. Das Hauptthema war die Anstrengung, und wie ich vieles in meinem Leben angehe. Dabei war mir meine Lebendigkeit, meine Leichtigkeit und meine Heiterkeit verlorengegangen. Ich quälte mich und andere. Jetzt weiß ich, was ich will, und freue mich darüber. Ich fange neu an zu planen und zu gestalten. Ich nehme meine Zeit wichtig, und ist das nicht dasselbe wie: Ich nehme mich wichtig?" (weibl., 26 Jahre)

„Viele Dinge haben für mich eine andere Wertigkeit bekommen. Das Leben insgesamt scheint mir kostbarer und wunderbarer als zuvor. Mir ist die Begrenztheit des Lebens wirklich bewußt geworden — während ich solche Gedanken früher gern von mir schob. Das macht es mir möglich, jeden Tag wirklich zu erleben, auch wenn er Unangenehmes mit sich bringt. Ich genieße es zu leben. Viele ‚banale' Dinge enthalten jetzt unendlich viel Schönheit für mich: Ein Grashalm in der Sonne, ein Windhauch, die Natur in ihren Einzelheiten und als Ganzes. Der Duft einer Blume hat für mich eine ganz andere Bedeutung bekommen. Ich fühle mich stärker als zuvor als ein Teil der Natur." (weibl., 24 Jahre)

„Wichtige Stationen auf meiner inneren Reise waren die Erfahrungen von Geburt, mein Abstieg auf die Erde, mein Schatten, das schwarze Nichts, dann die Begegnung mit dem höchsten Licht, das in mich flutete, und die Erfahrung einer großen Kraft in mir. Diese Stationen spiegeln meine Haltung zum Leben, aber auch den Beginn einer Veränderung meines alten Lebensgefühls von genereller Unzufriedenheit, die sich meist als Langeweile ausdrückte, und meinem Verlangen nach immer neuen Abwechslungen, starken Reizen. Dahinter stand der Wunsch, mich nicht mit dem zu befassen, was mich tatsächlich umgibt und was tatsächlich in mir los ist. In meinen Sitzungen wurde mir aber gezeigt, daß dies genau mein Weg ist: hinein in die Welt, in den schwarzen Tunnel, das Chaos. Als ich diesem Weg folgte, kam ich mit großen Kräften in Kontakt: in einer Sitzung war ich zu großer Demut und Unterwerfung fähig. Und ich erfuhr mehr Glück als je zuvor in meinem Leben. Ich beginne zu verstehen: Wenn ich meine Wahrnehmung öffne, meine Aufmerksamkeit auf das richte, was gerade da ist, auch wenn es mir alltäglich und unangenehm scheint, finde ich, was ich immer gesucht habe und dort nie vermutet hätte: einen Sinn, eine Resonanz in mir für alles, was mich umgibt und was in mir ist." (männl., 27 Jahre)

Fast alle Teilnehmer berichten, daß sie eine stärkere Sicherheit bekommen haben, die aus ihnen selbst kommt und sich auch in Beziehungen zu anderen auswirkt. Im Kontakt mit anderen fühlen sie sich offener, manchmal dadurch auch verletzlicher. Sie können jedoch ihre Gefühle und Wahrnehmungen angstfreier und direkter mitteilen. Auch in den Kontakten zu wichtigen Bezugspersonen fühlen sie sich freier, „ver-söhn-licher" oder empfinden die Kostbarkeit einer Liebesbeziehung stärker.

„Wenn ich die Zeit vor den Atemsitzungen mit der jetzigen vergleiche, kann ich es kaum glauben, wie verändert ich mich jetzt fühle. Ich hatte früher immer das Gefühl, Lebensgefühl, in einem Morast zu leben. Ich habe viele Schlaftabletten genommen, hatte Magengeschwüre und ein sehr diffuses Gefühl von mir und meinem Körper. Einen Sinn sah ich in meinem Leben nicht.
Ganz wichtig ist mir, daß ich jetzt zu mir selber mehr Vertrauen habe. Ich habe mich früher immer an andere Menschen gehängt und versucht, mein fehlendes Lebensgefühl in ihnen auszugleichen. Ich habe ihnen Leben abgesogen, ausgesaugt für mich, ohne mir dessen überhaupt bewußt zu sein. Ich habe jetzt mehr das Gefühl von mir, ein Individuum zu sein. Ich habe in mir etwas gefunden, was ich bin, was mir Leben gibt und etwas ist, was einen Sinn hat. Ein Gefühl von einem Sinn an sich, der keine Begründung oder Rechtfertigung braucht." (weibl., 26 Jahre)
„Ich habe eine neue Gewißheit und Ruhe und Zuversicht, daß ich das, was immer ich auch machen werde, auch kann und keine Angst haben muß ... Ein neues wiederaufge-

fundenes Vertrauen in meine Kraft, die irgendwie aus dem Bauch kommt." (weibl., 26 Jahre)
„Ich habe eine Sicherheit in mir selbst und einen sicheren Platz in dieser Welt. Und ich habe das Gefühl, das ich mit allen Menschen und dem gesamten Universum irgendwie in Verbindung stehe. Bislang habe ich mich immer als materielles Wesen verstanden, jetzt habe ich die Sicherheit in mir: Da gibt es mehr in mir, das auch weiterleben wird. Und: daß ich, wie ich bin, richtig bin. Das sind sehr wichtige Erkenntnisse für mich." (weibl., 38 Jahre)

Zahlreiche Teilnehmer machten in ihren Prozessen sehr ungewohnte Erfahrungen (z. B. Begegnungen mit Symbolen oder archetypischen Erscheinungen, die oft verbunden waren mit Gefühlen der Ehrfurcht und der Seligkeit), die sie als „religiös" benannten. Dies führte bei einigen zu einer Auseinandersetzung mit ihrem religiösen Glauben und vertrauten kulturellen Ausdrucksformen. Dabei öffnete sich oft eine Art tieferer, unmittelbarer Spiritualität, die auf Erfahrungen beruht und nach lebendigen Ausdrucksformen sucht, z. B. in der Verbundenheit mit anderen Menschen und der Achtung für alle Seinsformen.

„Ich hatte vorher noch nie erlebt, daß ich vor Gott kniee und inbrünstig bete und gleichzeitig Demut und Würde empfinde. Diese Erfahrungen haben Auswirkungen auf meinen Alltag. Ich bin dem, was ich suchte, näher gekommen." (männl., 32 Jahre)
„... habe aber den Eindruck, daß meine Anschauung in Richtung Verbundensein mit allen Menschen, Zugehörigkeit zu ihnen, Geborgensein im Weltganzen sich verändern. Das Gefühl ist jedoch sehr vage und noch unsicher." (weibl., 44 Jahre)
„Mir ist stärker bewußt geworden, daß irgendwo alle Menschen miteinander verbunden sind, daß wir etwas Wesentliches gemeinsam haben, vielleicht den ‚Gott' in uns." (männl., 26 Jahre)

Für Bezugspersonen ist es nicht immer leicht, solche Einstellungs- und Verhaltensänderungen nachzuvollziehen und zu akzeptieren. So erfordert es auch Mut, den neuen Sichtweisen und dem eigenen Weg treu zu bleiben. Die Beziehungen mit anderen können sich dabei vertiefen und wesentlicher werden — oder aber auch lösen.

„Ich fühle mich im Umbruch zu meinen Bezügen zur Religion, zu Geburt und Tod, zu gewohnten Strukturen und Wertsystemen. Das löst Angst bei meinen Angehörigen aus ... und damit auch bei mir." (weibl., 46 Jahre)
„Wenn ich in engem Kontakt mit meiner Wahrnehmung bin, bin ich oft nicht sehr bequem für andere. Freunde wenden sich von mir ab, ich verletzte ungeschriebene Regeln von Rücksicht usw. Aber mein Leben wird irgendwie stetiger, es folgt einem Plan, den ich nicht kenne. Meine Erfahrungen sagen mir nicht, wie ich mich in jedem Moment verhalten soll, aber sie haben mir einen Weg gewiesen: Aufmerksamkeit und Respekt vor jeder Erscheinung in jedem Moment." (männl., 27 Jahre)
„Die Liebe zwischen meinem Mann und mir wird tiefer. Sie hat mir schon immer sehr viel bedeutet. Aber mir wird die Kostbarkeit dieser Beziehung erst so richtig bewußt, und es erfüllt mich eine große Dankbarkeit — niemandem direkt gegenüber, sondern vielleicht eine Dankbarkeit gegenüber allem, was existiert." (weibl., 25 Jahre)

Diskussion

Durchführungsbedingungen: Während der Prozeßerfahrungen erlebten die Teilnehmer körperlich-seelische Blockierungen teilweise intensiver und auch schmerzlicher. Wenn sie den Prozeß jedoch nicht unterbrachen, dann lösten sich Spannungen und verwandelten sich zu anderen Erlebnisqualitäten. Da die während der verstärkten Atmung erlebten Prozesse jedoch oft sehr intensiv und heftig sind, empfinde ich es als bedeutsam, daß während und nach den Sitzungen keine Beschädigungen auftraten und daß auch längerfristig kein Teilnehmer (auch nicht diejenigen, die vorzeitig ausschieden) über ungünstige Auswirkungen berichtete. M. E. hängt dies auch mit den folgenden Aspekten der Durchführung zusammen:

— Die Teilnahme an den Atemsitzungen erfolgte freiwillig und nach ausführlicher Information über das Verfahren. Die Information förderte auch eine Überprüfung der Motivation sowie Ernsthaftigkeit und Verantwortlichkeit.

— Spezifische Risiken (wie Vorgeschichte von epileptischen oder psychotischen Erfahrungen, Herz-Kreislauf-Schädigungen) wurden durch Vorgespräche ausgeschlossen.

— Vorbereitende Sitzungen erleichterten es den Teilnehmern, einen ihnen sympathischen Partner zu finden und das Gruppensetting so zu erleben, daß sie sich sicher fühlten, mit Hilfe der verstärkten Atmung ihre körperlich-seelische Verfassung umfassender zu erleben.

— Durch meine eigenen Erfahrungen hatte ich Vertrauen in die Selbstregulation körperlicher und seelischer Kräfte, die sich entfalten kann, wenn sie nicht durch Angst und starke rationale Kontrolle begrenzt wird. Ich vermute, daß ich diese Sicherheit auch den Teilnehmern vermittelte.

— Zeitliche Abstände zwischen den Atemsitzungen verhinderten eine „Überflutung" mit intensiven Erlebnissen. Nachbereitende Sitzungen erleichterten das Verständnis ungewohnter Erfahrungen und ihre Übertragung in die alltägliche Lebenssituation.

Eine sehr starke Beschleunigung von „Durchbrüchen" oder Selbst- und Weltbildveränderungen oder auch ein oberflächliches „Konsumieren" intensiver Erlebnisse scheint mir nicht wünschenswert und kann m. E. durch zeitliche Abstände zwischen den Atemsitzungen vermieden werden.

Ganzheitliches Erleben: In ihren Berichten beschreiben die Teilnehmer viele der Körpersensationen und Affekte, die auch sonst im

Zusammenhang mit Hyperventilation berichtet werden (Mißempfindungen, Verkrampfungen, Versteifungen, Schmerzen, Angst). Einen Unterschied sehe ich jedoch darin, daß die Teilnehmer dieses Projektes solche Erfahrungen überwiegend nicht isoliert oder abgespalten von ihren Gefühlen, Einstellungen und Lebenserfahrungen empfanden, sondern als damit verbunden erlebten und sie als ganz individuelle Form von Widerstand und Vermeidung spezifischer Lebenserfahrungen erkannten. Im Zusammenhang mit dem Zulassen und Verstehen dieser Erfahrungen lösten sich Schmerz und Verkrampfung im Verlauf der Prozesse zunehmend schneller und auch tiefgreifender.

Grace und *Graham* (1952) haben bei ihren Untersuchungen zu psychosomatischen Störungen aufgezeigt, daß gestörte körperliche Funktionen mit jeweils charakteristischen inneren Haltungen verbunden sind. Aussagen über solche „störungsspezifischen Haltungen" tauchen häufig in den Teilnehmerberichten auf. Daneben wurden jedoch auch Erfahrungen berichtet, die ich als „heilungsspezifische Einstellungen" bezeichnen möchte: In dem Ausmaß, in dem Teilnehmer z. B. schmerzhafte und leidvolle Erfahrungen nicht unterbrachen, erschloß sich ihnen ein erlebnismäßiger Zusammenhang zwischen Körperspannungen, Gefühlen, Lebenssituationen und spezifischen inneren Haltungen. Sie konnten erlebnismäßig nachvollziehen, daß Schmerz und Verspannung oftmals mit dem Vermeiden von Erfahrungen zusammenhängt, die in einem früheren Lebenskontext als „ungünstig" eingeordnet wurden, während sie jetzt oftmals erlebten, daß das Zulassen „unangenehmer" Erfahrungen mit Entspannung, Erweiterung, Energetisierung verbunden war — oder auch, daß das Ausagieren von körperlich-seelischen Schmerzen (durch Bewegung, Schreien) lösend und reinigend wirken kann. Weiterhin wurde die Erfahrung gemacht, daß der gelöste Kontakt zum eigenen Körper, körperliche Entspannung und das freie Pulsieren von Energie mit Gefühlen des Vertrauens, der Geborgenheit, der Hingabe und Liebe verbunden sind. Dies sind Empfindungen, die umfassende seelische Dimensionen und Erfahrungen der Einheit öffnen können, die oftmals auch als „religiöse Erfahrungen" beschrieben wurden. Solche Erfahrungen veränderten teilweise die Sichtweise zur Entstehung von Störungen, eigener Verantwortlichkeit für Krankheit bzw. Gesundheit und Möglichkeiten der Heil- und Ganzwerdung.

Veränderung, Erweiterung des Bewußtseins: Vor allem die häufige Erwähnung sog. transpersonaler Erfahrungen ist für mich ein Hinweis darauf, daß unter Bedingungen Verstärkter Atmung vermehrt rechtshemisphärische Wahrnehmungen zugelassen werden mit den typischen Charakteristika: bildhafte Symbolik, verändertes Zeitbewußtsein, ganzheitlich-sinnhafte Wahrnehmung, Zurücktreten von moralischer Zensur und linear-kausalem Denken. Während der Hyperventilation dringen viele Teilnehmer in Bewußtseins- und Erfahrungsebenen oder Schichten des eigenen Wesens ein, die sich von dem vertrauten Alltagsbewußtsein sehr unterscheiden. So wurden elementare Kräfte erkundet wie z. B. die Festigkeit des Steins, die Reinigungskraft des Feuers, das Im-Fluß-Sein und die Unbegrenztheit des Ozeans. Über die Identifikation mit anderen Lebensformen, mit organismischem und zellulärem Bewußtsein oder auch mit archetypischen Gestalten wird von einigen die Zugehörigkeit zur gesamten Schöpfung und das Eins-Sein mit ihr erlebt. Die in diesen Erfahrungen begründete Sicherheit und das Vertrauen wurden teilweise in das alltägliche Leben übertragen.

Für einige Teilnehmer war eine solche Lockerung der vertrauten Ich-Grenzen (vor allem, wenn sie dabei bedrohlichen psychodynamischen und transpersonalen Erfahrungen begegneten) beängstigend, so daß sie sie (meist über die Verminderung der Atmung) stoppten. Teilnehmer, die sich jedoch auf solche Erfahrungen einließen, erlebten ihre spezifischen Widerstandsmuster, deren lebensgeschichtliche Wurzeln, die Lösung dieser Prägungen und die Grenzenlosigkeit von Verwandlungs- und Erlebnismöglichkeiten.

Für diejenigen Teilnehmer, die ungewöhnliche Erfahrungen, schmerzliche und leidvolle Erlebnisse nicht unterbrachen, spiegelte sich dies meist auch in einer Erweiterung ihres Weltbildes. Als deutliches Überschreiten alter Ordnungen empfinde ich z. B. die Bereitschaft, nicht nur das sog. Angenehme zu suchen, sondern zu erfahren: „Beides ist da, Freude und Schmerz", oder: „Das macht ja gerade deine Vollkommenheit aus, daß du alles in dir hast (Böses und Gutes)", oder: „durch dunkle Erfahrungen kommst du zum Licht, zum Wahren". Eine der wertvollsten und beglückendsten Erfahrungen scheinen die Begegnungen mit „übermenschlichen" Wesenheiten zu sein, die als „Energie", „Licht" oder „Gott" beschrieben wurden und die ich als Annäherung an die Quelle des eigenen Seins (des Selbst nach *Jung*) verstehe.

In dem hier beschriebenen Zusammenhang scheinen mir diese Erfahrungen einen deutlichen Hinweis darauf zu geben, daß sich mit dieser „Bildersprache der Psyche" (sofern es möglich ist, sich ihr angstfrei zu öffnen) wertvolle und umfassende Erkenntnismöglichkeiten über die Dimensionen unseres Seins vermitteln. Neben anderen hat auch *C. G. Jung* auf die Bedeutung von solchen seelischen Erfahrungen und umfassenden Bildern hingewiesen. Er betont jedoch auch die Notwendigkeit, damit sorgfältig umzugehen.

„Ich verwandte große Sorgfalt darauf, jedes einzelne Bild, jeden Inhalt zu verstehen, ihn — soweit dies möglich ist — rational einzuordnen und vor allem im Leben zu realisieren. Das ist es, was man meistens versäumt. Man läßt die Bilder aufsteigen und wundert sich vielleicht über sie, aber dabei läßt man es bewenden. Man gibt sich nicht die Mühe, sie zu verstehen, geschweige denn die ethischen Konsequenzen zu ziehen. Damit beschwört man die negativen Wirkungen des Unbewußten herauf." (Jaffé 1981, S. 196)

Erfahrungen der Helfer: Der Schwerpunkt dieses Berichtes lag auf der Darstellung aktiver Prozeßerfahrungen bei willkürlich eingeleiteter Hyperventilation. Als bedeutsam empfinde ich jedoch auch die Erfahrungen, die die Teilnehmer als Helfer machten. Bei allen, die mehrmals als Helfer teilnahmen, war zu beobachten, daß sie zunehmend besser „sehen" konnten, was ihre Partner erlebten und an Unterstützung benötigten. Nachdem ich seit ca. 10 Jahren Erfahrungen in Therapieausbildung und Supervision gesammelt habe, hat mich bei diesem Projekt besonders beeindruckt, wie schnell eine grundlegende menschlich-therapeutische Kompetenz von den Helfern realisiert wurde. Ich möchte sie so beschreiben: aus der Zentrierung in sich selbst unmittelbar und mitfühlend bei dem anderen sein, ihn in seinem Prozeß intuitiv richtig darin zu unterstützen, seine Grenzen zu erfahren und neue Möglichkeiten zu erkunden.

Einschätzung des Verfahrens und Einsatzmöglichkeiten: Nach meinen Erfahrungen ist Verstärkte Atmung ein intensives Verfahren, das sorgfältige Vorbereitung, Durchführung und Nachbereitung erfordert. Verstärkte Atmung ersetzt m. E. andere therapeutische Verfahren zur kontinuierlichen Bearbeitung von seelischen, psychosomatischen und Lebensproblemen nicht, kann sie jedoch evtl. ergänzen und bereichern.

Vermutlich ist willkürlich eingeleitete Hyperventilation in der hier beschriebenen Durchführungsform besonders geeignet für Menschen, die nicht so stark auf seelische und körperliche Probleme zentriert sind, sondern eher nach Impulsen suchen, die ihnen eine Vertiefung und Erweiterung ihrer Wahrnehmung sowie ein umfassenderes Verständnis ihres Lebensweges und ihrer Existenz ermöglichen.

Für Menschen mit größeren Ängsten und starkem Bedürfnis nach rationaler Kontrolle kann eine Anleitung zur Vertiefung der Atmung jedoch ebenfalls hilfreich sein, wenn sie langsam geschieht und der verbale Kontakt mit dem Betreuer aufrechterhalten bleibt. Dabei öffnet sich meist ein Verständnis für die Kontrolle von Affekten durch verminderte Atmung, und es geschieht meist eine leichte Veränderung des Bewußtseinszustandes, so daß bildhaft-ganzheitliche Wahrnehmungen auftreten, die für Visualisierung und Imagination (z. B. im Zusammenhang mit psychosomatischen Störungen) sehr gut genutzt werden können.

Literatur

Bohm, D., Quantum Theory as an Indication of a New Order in Physical Law, Foundation of Physics, Vol. 3,2, 1973, S. 139-167.
Dürckheim, K., Übung des Leibes auf dem inneren Weg, Lutz, München 1978.
Fromm, K., Atemtherapie im Shree Rajneesh Ashram in Poona (Indien). Eine Darstellung des therapeutischen Konzepts, seiner praktischen Umsetzung und kurzfristigen Auswirkung. Unveröffentlichte Diplomarbeit, Hamburg 1982.
Grace, W. J., Graham, D. T., Relationship of specific attitudes and emotions to certain bodily diseases, *Psychosom. Medic.* 1952, 14, S. 243-251.
Grof, Ch., Bericht über persönliche Erfahrungen mit Hyperventilation. Konferenz „Psychotherapy of the Future", Spanien 1980.
Grof, St., Die Erfahrung des Todes, *Integrative Therapie* 2/3, 1980, S. 157-180.
—, Topographie des Unbewußten, Klett-Cotta, Stuttgart 1978.
Hansen, A., Seelisches Erleben bei Verstärkter Atmung — Prozeßverläufe und längerfristige Veränderungen, aufgezeigt an Selbstaussagen der Teilnehmer. Unveröffentlichte Diplomarbeit, Hamburg 1984.
Harner, M., Der Weg des Schamanen, Ansata, Interlaken 1982.
Haugartner-Wurtz, B.: Psychologische Determinanten des Hyperventilationssyndroms. Unveröffentlichte Diplomarbeit, München 1976.
Jaffé, A., Erinnerungen, Träume, Gedanken von C. G. Jung, Walter, Olten 1981.
Jores, A., Praktische Psychosomatik, Huber, Bern, Stuttgart, Wien 1981.
Jung, C. G., Der Mensch und seine Symbole, Walter, Olten 1980.
—, Psychologie und Alchemie, Walter, Olten 1981.
Kuhn, A., Innere Erlebnisprozesse bei Verstärkter Atmung. Unveröffentlichte Diplomarbeit, Hamburg 1982.
Leboyer, F., Geburt ohne Gewalt, Kösel, München 1981.
Maturana, H., Varela, F., Autopoiesis and Cognition, Reichel, Boston 1980.
Moody, R. A., Leben nach dem Tod. Die Erforschung einer unbekannten Erfahrung, Rowohlt, Reinbek 1977.
Nicolis, G., Prigogine, J., Self-Organization in Nonequilibrium Systems, Wiley, New York 1977.
Ornstein, R., Die Psychologie des Bewußtseins, Fischer, Frankfurt 1976.
Orr, L., Ray, S., Rebirthing in the New Age, Celestial Arts, Millbrae 1977.
Pfeffer, J. M., The Aetiology of the Hyperventilation Syndrome. A Review of the Literature, *Psychother. Psychosom.* 30, 1978, S. 47-55.
Piiper, J., Koepchen, M. P., Atmung. Physiologie des Menschen, Bd. 6, Urban & Schwarzenberg, München/Berlin 1975.
Plotzitzka, F., Psychische und körperliche Erlebnisprozesse und kurzfristige Veränderungen bei Verstärkter Atmung. Eine Untersuchung anhand von subjektiven Berichten und körpertherapeutischen Fremdeinschätzungen zu Gesichtsveränderungen der Teilnehmer. Unveröffentlichte Diplomarbeit, Hamburg 1983.
Pribram, K., Languages of the Brain, Prentice Hall, New Jersey 1971.
Reich, W., Die Funktion des Orgasmus, Kiepenheuer & Witsch, Köln 1969.
Reinhold, R., Seelisches Erleben bei Verstärkter Atmung — Untersuchung von Gruppenprozessen. Unveröffentlichte Diplomarbeit, Hamburg 1984.
Weimann, G., Das Hyperventilationssyndrom, Urban & Schwarzenberg, München 1968.
Weimann, G., Korschinsky, H., Durchführung und Bewertung des Hyperventilationsversuchs, *Medizinische Klinik* 2, 1970, S. 56-62.

Der Schrei in der Therapie
Hilarion Petzold

War einst die Rede das Medium der Therapie, in der die Diskurse des Unbewußten eine Sprache fanden, die Diskurse der Angst, des Begehrens und der Unterdrückung sich artikulieren konnten, so ist heute der Schrei an die Stelle des Redens getreten, um all das auszudrücken, was die Worte nicht mehr zu fassen vermögen. Von *Freud* bis *Janov*, von der „Urphantasie", die, ausgesprochen und erkannt, ihre Schemenhaftigkeit verliert, bis zum „Urschrei", der in seinem letzten, totalen Ausdruck sich selbst verzehrt, liegen mehr als sechs Jahrzehnte, liegt das Grauen zweier Weltkriege, liegen Materialschlachten und Massenvernichtungen, Hiroshima und Nagasaki, Vietnam und Afghanistan. Zwischen dem Aufkommen der Psychoanalyse zu Beginn dieses Jahrhunderts und dem Aufkommen der Schreitherapien[1] zu Beginn der siebziger Jahre liegen Ereignisse, die alle Regionalität verloren haben, deren Erschütterungen bis „an die Enden der Erde" gehen und deren Schatten sich in die Zukunft werfen — weit über die Lebensspanne einer Generation hinaus. Die Stichworte „ökologische Zerstörung" und „overkill" machen nur das Verstummen möglich oder den Schrei.

Die Schreitherapien nur als einen Fortschritt therapeutischer Technik, als „Wiederentdeckung des Gefühls" (*Casriel*), als eine Hinwendung zum Körper und den Gewinn einer neuen Natürlichkeit zu sehen, die sowohl das psychoanalytische Schweigen als auch die Rede in der Psychoanalyse überwinden, blendet wichtige Dimensionen aus. Die Schreitherapien sind Ausdruck einer Not, Ausdruck von Situationen, „die zum Himmel schreien". In ihnen artikuliert sich der Schrei der Verzweiflung, der Bedrängnis, der Hoffnungslosigkeit. Ohne es zu erkennen, haben die Schreitherapien den „bösen Schrei" aufgefunden und mit ihm das Entsetzen, das in unserem Unbewußten nistet: das Grauen vor der Macht menschlicher Destruktivität, deren Anonymität etwas Monströses hat, etwas Uraltes, aus Zeiten, in denen die Vernunft noch nicht erwacht war und der Schrei regierte.

Abb. 1: Der Schrei, *E. Munch*

Der domestizierte Schrei

Der Strom der Rede hat den Schrei nicht verstummen lassen, hat seine Herrschaft gebrochen, aber nicht ausgerottet. Der Schrei lauert hinter den Worten, wartet an der Schwelle der Stille, die sich ihm entgegendehnt, damit er sie ausfülle: ungezügelt, erbarmungslos, überschäumend. Es müht sich das Stakkato dürrer Worte, raschelnder Chiffren, die sich aus zusammengekniffenen Mündern, aus welken Lippen von Regierungssprechern, Kommentatoren, Beschwichtigern hervordrehen, dichter und dichter, um keine Lücke aufkommen zu lassen, keine Pause, keine Stille, in die sich der Schrei hineindrängen kann, raumgreifend, aushöhlend, alle Dämme brechend.

Je feiner der Film der Worte die Oberfläche bedeckt, je dichter das Sprachgewebe der Vernunft gezogen ist, desto mächtiger öffnen sich die Münder in der Tiefe. Sie wollen nicht ersticken: am Schrei der Lust, am Schrei der Qual, am Freudenschrei, am Zornesschrei, am Angstschrei. Es hat eine Disziplinierung des Schreis stattgefunden, eine trügerische Bändigung; doch je verzweifelter die Vernunft versucht, die Natur zu besiegen, desto gewaltsamer bekräftigt diese ihre Präsenz, die selbst die Rationalität infiltriert hat. Unmerklich dringt das Archaische durch ihr Gitterwerk, bereitet die Technik der Zivilisation die Schreie vor, die die Kultur verdrängen will. Das Kriegsgeschrei ist nie abgerissen. Das Geheul der Sterbenden auf den Schlachtfeldern hat nie ein Ende gefunden, auch wenn das Jammern der Klageweiber und das Weinen der Trauernden in den Steinwüsten der Städte verstummt ist.[2]

Das biblische Gebot: „Machet Euch die Erde untertan" (Gen. 1,28) und die aus ihm abgeleitete Praxis der Völker, die vom jüdisch-christlichen Geist geprägt sind,[3] hat zu einer Unterjochung und Ausbeutung der Erde durch das Regiment der Rationalität geführt, die auf eine totale Zerstörung hinausläuft. Das Siegesgeschrei über die Natur aber wird in die Todesschreie der Sieger münden, eben weil wir diese Natur auch *sind*, die wir bekämpfen. Wir gehören über unseren Leib dem „Fleisch" der Erde zu, partizipieren an dieser „chair commune" (*Merleau-Ponty*")[4]; doch unsere Blindheit, unsere Unfähigkeit zu fühlen, unsere Possessiv- und Machtrelation zur Natur verhindert, daß wir wahrnehmen — und eine „Wende der Wahrnehmung"[5] scheint nicht in Sicht. Der Schrei unserer vergifteten Leiber, der Schrei der verseuchten Flüsse und Seen scheint nur stumm für die stumpfe Wahrnehmung. In Wirklichkeit ist er schrill bis ins Unhörbare wie der Schrei der Fledermäuse, der uns in den Nervenfasern erzittern läßt.

Der Kampf des Geistes gegen die Natur ist nicht zu gewinnen. Warum muß *Ich* werden, wo *Es* war (*Freud*)? Warum muß das *lumen rationis* jeden Schatten ausleuchten? Warum müssen Worte an die Stelle von Wimmern, von Schreien, von Klagen, von Jauchzen treten? Das platonische Paradigma und das Freudsche sind hier gar nicht so weit voneinander entfernt. Ein radikales Umdenken wird notwendig. *Adorno* hat in diesem Sinne die Programmatik der kulturkonformen Psychoanalyse attackiert durch eine grundsätzliche Umstellung: „*Wo Ich ist, soll Es werden!*"[6] — „Wo Rede ist, muß der Schrei aufbranden", könnte man in dieser Linie ergänzen. Denn die Rede *Freuds* ist nicht die „Sprache des Körpers", wie sie sich bei *Bataille* oder *Klossowski* artikuliert.

Die Doktrin vom „schlechten Es" sät den permanenten Konflikt, der für die Freudsche Anthropologie kennzeichnend ist.[7] Den Wahnsinn zu feiern (*Lacan, Guattari*) ist die Lösung nicht, sondern in der Begegnung des Gestalteten und des Ungestalteten, von Dynamik und Form, von Rede und Schrei liegt die Chance des Novums. Ein wesentliches Ziel von Therapie muß daher sein, den phantasmatischen Schrei, die Schreie des Phantasmas als *die unseren* anzuerkennen und sie in ihre Rechte neben der geordneten Rede einzusetzen. Die Schreie des Wahnsinns brechen sonst auf und zerstören die Vernunft, die sie geknechtet hat. Sie verhängen die Umnachtung. In die Dunkelheit dieser Schreie einzudringen bedeutet, an die Schatten des Todes zu rühren, an den Tod von Liebe, von Beziehungen, an Mord und Suizid, an Kriege und Pogrome.[8] Es ist dies der Bereich, in dem sich der Schrei des einzelnen dem kollektiven Geschrei zugesellt, wo im Aufschrei eines persönlichen Wahnsinns, diesem Aufbäumen gegen die Knechtungen der Zivilisation, all die Schreie widerhallen, die die Diskurse der Gewalt auslösen — weltweit! In der Therapie wird diese Dimension selten berührt, obgleich sie immer anwesend ist.

Beispiel:

Ich begleite einen Heroinabhängigen im „kalten Entzug", 1968, in der ersten therapeutischen Wohngemeinschaft für Drogenabhängige in Europa, die ich in Paris ins Leben gerufen hatte: „Les quatre pas".[9] *Claude schreit seit Stunden. Er ist schweißnaß. Seine Augen sind unnatürlich weit aufgerissen in dem abgedunkelten Zimmer. Hämmern gegen die Schläfen. Er schlägt mit dem Kopf gegen die Wand, so daß ich dazwischengehen muß. Sein Heulen ist unerträglich, und ich sehe Bilder vor mir von eingeschlagenen Schädeln und Gesichtern, von Menschen, die verbrennen. Er krümmt sich, greift sich in den Leib, winselt, schreit auf, als seien ihm die Eingeweide zerfetzt. Ich sehe Bilder aus Kriegsfilmen, von Bauchschußszenen. Abflauen und Wimmern und erneutes Herausbrüllen. Er ringt nach Luft, reißt sich das Hemd auf, und vor meinen Augen erscheinen Fotos von Ustaschi-Soldaten, die Serben das Herz bei lebendigem Leib herausreißen, und von chinesischen Exekutoren bei der Zerstückelung ihres Opfers.*[10] — *Claude hat Durst. Sein ganzes Gesicht schreit nach Wasser. Er schüttet den Inhalt der Emaillekanne in sich hinein. Aber der grausame Durst verschwindet nicht aus seinen Zügen. Ich sehe vor mir Schreckensbilder von verdurstenden Kindern, Hungerszenen. Zuweilen reißt das Schreien ab, dann liegt er erstarrt da, irgendwie verrenkt, wie die Körper, die ich 1963 in Skopje unter den Trümmern gesehen habe.*

Ist das nun sein Delir oder meines? — *Jetzt, wo ich diese Ereignisse aufschreibe, tauchen erneut Bilder auf, Schreie in meinen Ohren von einem Jungen, dem eine Mine im thailändisch-kambodschanischen Grenzgebiet die Glieder zerfetzt hat, im Januar 1981, keine hundert Meter von unserem Quartier. Claudes Schreie hatten dieselbe Qualität. Wir haben einige Tage später, nachdem das Gröbste überstanden war, über seine Schreie gesprochen. Er mußte mir davon erzählen, von seinen Schreckensvisionen und von seinen brennenden Eingeweiden: „Als ob mir einer einen Bauchschuß versetzt hätte"; von seinem dröhnenden Schädel, der zerplatze: „In einer Serie von Kopfschüssen"; von einer Vision: „In der Wüste zu verdursten, neben Kadavern". Dieses gemeinsame Delir, des Abhängigen im Entzug und das seines Begleiters, war damals in einem gemeinsamen Schrei kulminiert. Seinem „Non!", meinem „Aufhören!". Herausgebrüllt, jenseits aller Vernunft; nicht um das Phantasma zu besiegen, sondern um darin einzustimmen, es in seinem Recht, seiner Berechtigung zu bekräftigen. Der Schrei war eine Erlösung, und die auf ihn folgende Stille war eine Erlösung. Auf das Reden folgt das Schweigen, auf den Schrei folgt die Stille.*

Man könnte diese Verschweißung im Delir, im Schrei, in der Stille sezieren. Die rationale Explikation fände eine Terminologie: Identifikation, Konfluenz, parallele Regression, „co-unconscious process"[11]. *Aber die Worte erfassen nicht einen Hauch des Schreis. Für diese Laute gibt es keine Sprache. Claude und ich haben miteinander geredet, haben Inhalte ausgetauscht, ohne Verwunderung und in einer seltsamen Übereinstimmung, genau zu wissen, worum es geht, als sich unser Dialog im Schweigen verlor.*

Monate später sagte mir Claude bei einem Rückfall: „Ich mußte einfach wieder schießen. Da war dieser Zwang. Gegen alle Vernunft. Ich wollte nicht, aber ich mußte. Dabei dachte ich, ich sei runter. Als dann der Kick kam, da wußte ich plötzlich: Jetzt brauche ich die Schreie nicht mehr zu hören. Und dann war ich schon abgedröhnt[12]*. Ich höre ja sonst die Schreie nicht von all der Scheiße. Aber sie sind da! Auch wenn du sie nicht hörst. Verstehst du das?"*

Der Schrei in der Therapie ist der Ausdruck des Kampfes von Natur und Vernunft. Und die Mehrzahl der Schreitherapeuten steht nur scheinbar auf der Seite der Natur; denn sie haben sich aufgemacht, den Schrei durch das Schreien zu bekämpfen, und sie unternehmen nichts, den Schrei in seine Rechte einzusetzen und ihn mit der Rede zu versöhnen. Die Schreitherapeuten haben die Herrschaft des rationalen Menschen auf ihre Fahne gesetzt[13] oder die des Gefühlsmenschen, und dabei haben sie eine disziplinierte, kultivierte, gezähmte Emotionalität im Blick.[14] Der „böse Schrei" soll beseitigt werden — und andere Schreie sind nicht erforderlich.

Es ist decouvrierend, wenn sich die Primärtherapie vorwiegend mit Schreien der Angst und der Pein befaßt. Mit „Schmerzpools", die „geleert" werden sollen, aber nicht mit Schreien der Lust, mit Freudenschreien, den Lauten der Sehnsucht und des Staunens. Es gibt nicht nur den bösen Schrei der Dunkelheit, der brennend die Nacht durchpflügt, ohne Licht zu schaffen; es gibt auch den Schrei des Tages[15], der nicht zerrissen ist und durch die Weite klingt; Jubelschreie, Rufe der Begeisterung. Die Schreitherapien verdrängen, daß der Schmerzensschrei eines einzelnen aufklingt in einem allgemeinen Wehgeschrei, daß der Ruf des einzelnen nach der Mutter im Geschrei einer allgemeinen Bedürftigkeit, dem Schreien nach Brot, nach Liebe, nach Tröstung, nach Linderung von Schmerzen mitklingt. Der Schrei des einzelnen ist eine Stimme in dem Chorus der Verzweiflung oder im Chorus des Hasses, für den wir unsere Ohren taub gemacht haben. Erst wenn wir beginnen, uns dem Schmerz der Dissonanzen auszusetzen, wenn wir aufhören, die Kakophonie der Gewalt zu verleugnen, können wir erkennen, daß die Schreitherapien als historisches Phänomen den *„conditions inhumaines"* dieser Zeit eine Stimme geben, die nicht ungehört von den Polsterwänden primärtherapeutischer Behandlungsräume verschluckt werden darf.

Wir werden das Bedrohliche, von dem die Schreie künden, nicht ausmerzen, indem wir Schreie unterdrücken. Wir werden ihm nicht begegnen können, wenn wir es durch Schreie zu übertönen versuchen; denn es läßt sich nicht niederschreien. Wir müssen die vielen Schreie hören, aushalten lernen, ihnen antworten. Es hat schon zu viele erstickte Schreie gegeben, und noch mehr, die ungehört geblieben sind.

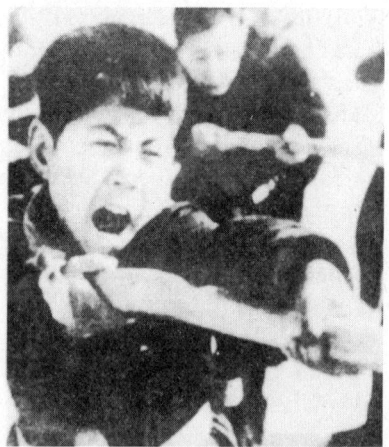

Abb. 2: Schrei der Gewalt — der Wille zu töten (Soldat beim Bajonettangriff; Vorbereitung chinesischer Schulkinder auf den Bajonettkampf: den Gegner einschüchtern, den Haß herausschreien, die eigene Angst übertönen, die Tötungshemmung niederschreien).

Therapie, die den Schrei als Medium neben der Sprache und den nonverbalen Ausdruck einsetzt, muß sich der aufgezeigten Dimension bewußt sein, wenn sie nicht die technische Manipulation von Emotionen als eingegrenztes, (pseudo-)therapeutisches Konzept vertreten will. Sie muß den Schrei des Aufruhrs und der Rebellion genauso ernst nehmen wie die Schreie der Qual. Sie darf das Geschrei der Kinder nicht von dem der Gefolterten abtrennen. Sie darf den Schrei nicht individualisieren — der Einzelfall beunruhigt uns nicht nachhaltig. Sie darf die Freudenschreie nicht ausgrenzen.

Der kollektive Schrei

Die Brandung und der kollektive Schrei sind Geschwister. Die funkelnden, zerstäubenden Brecher auf weißen Stränden und die perlenden Freudenschreie der Menge, die sich über die Festplätze ergießt, wogend, sich ballend, verlaufend, haben das Großartige gemeinsam, in dem Gut und Böse zu verschwinden scheinen; denn es muß nur ein Wind aufbrechen, damit die Brandung aufröhrt, gegen die Deiche schlägt. Mit dem Aufheulen des Sturmes brüllen die Brecher, reißen hinweg, krachen nieder. So erweckt ein Schrei den anderen. „Wollt ihr den totalen Krieg?" Diese aufpeitschende Sturmböe, dieser gellende

Ton, findet eine Antwort (vgl. Abb. 3). Der Schrei der Masse brandet auf. Die archaische Kraft der Brandung ist da. Sie reißt die kümmerlichen Dämme der Vernunft hinweg. Der Schrei der Finsternis und des Chaos ist anwesend. Nicht gut und nicht böse — moralische Kategorien verstummen in solchen Momenten —, nur gewaltig. Vielleicht kann sich der Schrei dem Schrei entgegenstellen, können sich die Freudenschreie mit den Schreien der Empörung, des Erschreckens, den Schreien der Menschen, die füreinander einstehen, zusammentun. Vielleicht beginnt die Vernunft zu schreien — es wäre ihre Rettung; denn die Brandung der Gefühle und der Leiber antwortet mit dem Ton, der sie berührt. Es gilt, die richtige Resonanz zu wecken — das war die Funktion des Chorus in der griechischen Tragödie. Es gilt den Ton zu finden, der Felsen zum Klingen bringt.[16]

Beispiel:

Ich bin wieder in einer therapeutischen Wohngemeinschaft, eine Einrichtung für drogenabhängige und delinquente Jugendliche auf den Philippinen, November 1981. Ich bin Gast und nehme an einer Sitzung teil. „All those kids from 13 to 20 are here on court order, you know. They've often done crazy things in their life. Not just taking dope, violence and crime, you know", so einer der Ex-Addicts, einer der Betreuer, die im Hause arbeiten. Es geht um einen 15jährigen Jungen. Er hat eine der Grundregeln des Programms gebrochen: „No drugs, no violence." In einer Auseinandersetzung hat er einen Kameraden blindwütig mit einem Stuhl angegriffen. Er ist seit einem Monat im Programm, sehr unzugänglich und verschlossen. In der Gruppe brodelt es. Antonio — so wollen wir den Protagonisten hier nennen — wird angegriffen, angeschrien, angebrüllt, geschmäht, mit Schreien überhäuft. Da ist nicht einer, der schreit, es ist der Schrei der Gruppe. „Warum hast du das gemacht?" — „Du willst dich nicht ändern!" — „Du hast doch selbst genug Prügel gekriegt!" — „Scheiß-Fixer, Scheiß-Fixer-Verhalten!" — „Du willst ja die Isolation!" — „Verreck doch in der Gewalt!" — „Mensch, komm doch raus aus dem Käfig!" — „Gib doch auf!"

Das Schreien in der Gruppe, der Schrei der Gruppe, ist doppelgesichtig, erfüllt von Wut und Sorge, „anger and concern". Die Atmosphäre ist dicht, geladen. „They are yelling at him! Will they reach him?" Antonio ist zusammengekauert, defensiv. Er rechtfertigt sich nicht. In seinen Augen, in seinem Gesicht wechseln Angst und Haß und Verstocktheit. Und plötzlich bricht Es auf, explosionsartig. Der Körper bäumt sich hoch im Schrei. Der ganze Ausbruch ist Verzweif-

lung, Wut, Schmerz, Verlassenheit. *Der Schrei fällt ein in das Schreien der Gruppe, vermischt sich, verschmilzt und verwandelt sich in ein gemeinsames Weinen, in Rufe der Zuwendung, der Zärtlichkeit. Eine Schale wurde durchbrochen. Antonio klammert sich an einen der Gruppenteilnehmer. Er wird gehalten, gestreichelt. Sein Weinen und Schreien hat Resonanz im gemeinsamen Weinen. „You feel the love, the beautiful love here present?" wispert mein Begleiter. „Yes, I feel it! And am crying myself." Die Auflehnung der Vernunft gegen diese Prozedur, die mich immer wieder befallen hat in solchen Szenen bei Synanon und bei Daytop in den USA*[17]*, die Auflehnung der europäischen Kultur, der psychoanalytischen Wissenschaft, der psychologischen Explikationen ist zusammengebrochen. „I am crying myself." Wie gut ist es doch, über die Sprache noch ein Restchen Distanz bewahren zu können, oder wie schwer ist es, aufzugeben. Besonders für einen wie mich, dem das Schreien der Masse tief im Mark sitzt, wie vielen Deutschen. Dieses „Jaa!", dessen Horror an unsere Generation weitergereicht wurde — durch das Schweigen.*

Ich bin herübergegangen zu der Gruppe um Antonio, kauere mit ihnen da. Die Gesten haben den Schrei abgelöst. Er ist zurückgetreten und wacht über der Stille.

Ich habe viele Verwandlungen durch den kollektiven Schrei gesehen. Antonio hat sich verwandelt, sein Gesicht, seine Haltung. Ein Stück zumindest. Vielleicht wird er noch viele Schalen abwerfen müssen.

Schrei und Expression

Der Schrei ist bei den höheren Wirbeltieren die zentrale Form des Ausdrucks und der Kommunikation. Er signalisiert innere Befindlichkeit, Zustände basaler Erregung: der Jagdschrei des Adlers, der Brunftschrei des Hirsches, der Zornesschrei des Gorillas, der Kampfschrei, der Schmerzensschrei, der Angstschrei, der Todesschrei. Im Ton des Schreis artikuliert sich die grundsätzliche Verwandtschaft allen Lebens. Er setzt ein Signal, das organismisch aufgenommen wird, über jede Art und Gattung hinaus. Es ist der Körper, der schreit, seine Erregung, seine Gestimmtheit hinausschreit, an seine Umgebung mitteilt: Hier ist Macht, dort ist Gefahr, Jagen und Gejagtwerden, hier ist Begehren, dort ist eine Antwort darauf.

Dem menschlichen Leib ist das Schreien zutiefst eingewurzelt. Entsetzen, Freude, Lust, Zorn, Schmerz — alle basalen Emotionen drängen zum Schreien. Sie wollen keine Sprache, sie sind Ausdruck, mit jeder Fiber des Körpers: erzitternd, sich zusammenballend, eine Verdichtung aller Energien, die im Schrei hervorbrechen, ein totaler Ausdruck des ganzen Organismus, der Mimik, Gestik, Atmung, Körperhaltung einbezieht. Überall, wo der Mensch wirklich *ur-*sprünglich wird, an seine Ursprünge rührt, als Säugling, als Begehrender, als Verwundeter, klingt der Schrei auf als Ausdruck von überflutender Erregung, von Wallungen, die die Vernunft hinwegschwemmen. Das archaische Gesetz der Macht des Stärkeren, der Lust, der Gier und des Todes brandet auf, und alle Kräfte der Kultur, alle Manifestationen der Vernunft werden aufgeboten, den Ausdruck von Gefühl und am besten noch das Aufkommen von Gefühl selbst zu verhindern. Die disziplinierenden Regeln und Normen, die Versprachlichung der Affekte richten eine Gegenkraft auf gegen die Macht des Schreies. So bedeutet Erziehung über weite Strecken Kampf gegen den Schrei. Sie ist darauf gerichtet, ihn zu unterdrücken, zu ersticken, zum Verstummen zu bringen. Er soll zurückgehalten werden, sich zum Wimmern verdünnen, und selbst das Jauchzen muß zum Lächeln verblassen. Zuweilen wird Schreien eingesetzt, um Schreie zu unterdrücken: in den Elternhäusern, in den Klassenzimmern, in den Anstalten und Gefängnissen, auf Kasernenhöfen. Aber der Ausdruck von Gefühl, von Erregung ist Kennzeichen von Lebendigkeit, und so wird mit diesem Schreien Leben unterdrückt.

Verletzung, Schmerz, Schmerzensschrei, Lösung — das ist eine Folge, die dem Gesetz des Körpers entspricht und die unter den kulturellen Normierungen degeneriert in die Folge: *Verletzung, Schmerz, Unterdrückung, Verhärtung.*[18] So erstirbt mit dem unterdrückten Schrei die Lebendigkeit. An ihre Stelle tritt Verfestigung, Panzerung, Starre. Der Leib wird verdinglicht unter der Disziplin der Vernunft, hinter der — paradoxerweise — nichts anderes steht als kreatürliche Angst: die Angst der Vernunft, im Chaos der Emotionen zu versinken. Dies ist ein Kampf im Organismus selbst, der Kampf der Erregung gegen die Kontrolle, der Dynamik gegen die Struktur, des *lumen rationis* gegen die Umnachtung, die nicht als vorübergehendes Versinken in samtige Schatten gesehen werden kann, sondern als totale Auslöschung in Finsternis.

Im Kampf des Leibes gegen den Leib gibt es keinen Sieger. Die Unterdrückung der Expression führt in die Zerstörung des individuellen wie des kollektiven Leibes. Die Repression der Ausdrucksgebärden, die Dämpfung der Laute, des Lauten, die Sedierung des Begehrens führt dazu, daß die Energien, die nach außen dringen, sich ins Leben sprühen, sich entfalten wollen, von der Finsternis verschluckt werden. *Sie brennen nach innen.* Das verbotene Feuer der Lust, der Liebe, der

Leidenschaft richtet sich verzehrend gegen die eigene Leiblichkeit und treibt sie in den Wahnsinn, weil selbst noch die Schreie, die das Innere verbrennen, nicht herausgeschrien werden dürfen, sondern in stummer Resonanz sich zurückwerfen und den Leib bis in die Gefüge der Zellen erschüttern; und so werden die Prozesse der Entfaltung, der Kreativität, der Ekstase invers. Der in den Raum gerichtete Schrei, die Dynamik der Ausdehnung, verklumpt, bläht sich wuchernd nach innen. Das Es, das seine Lebenskraft nicht herausschleudern darf, verschwenderisch, in Millionen von Lebenskeimen, das Es, das gehindert wird, Leben in die Welt hineinzugebären, dem der orgastische Ekstaseschrei und der Schrei der Erleichterung in der Geburt verwehrt wird, koaguliert seine Lebendigkeit zur Krebsgeschwulst — ein negatives Zeugen und Gebären. Das Feuer dieser negativen Energien setzt kein Licht mehr frei, sondern generiert Dunkelheit, Wahnsinn des Geistes, Wahnsinn des Leibes.

Beispiel:

Ich komme mit Frieda, 47 Jahre, in der Klinik in Kontakt.[19] *Sie ist während einer Psychotherapie psychotisch geworden. Ich kenne ihre Situation und ihre Geschichte, weil ihre behandelnde Therapeutin die Therapie und Lebenssituation über einige Zeit mit mir in der Kontrollanalyse besprochen hat. Frieda hat Brustkrebs, Skelett- und Lungenmetastasen. Ihre Lebensgeschichte ist eine Folge von Kränkungen, von Unterdrückungen, von Verlusten. Und über allem steht das Verbot der Äußerung, die Norm des Schweigens — von Kindheit auf. Die depressive und überstrenge Mutter konnte die Freudenschreie des Kindes nicht dulden. Der Vater erstickte jede Widerrede und jede Selbstäußerung. Die puritanische Enge im Elternhaus, durch die Großeltern, durch den Pfarrer, die Dorfgemeinschaft, überschattete jede Farbigkeit, bis sie grau wurde. Sich zeigen war Eitelkeit. Sich freuen war Übermut. Die Regungen des Leibes waren Sünde oder weniger als das, sie waren gar nicht existent. Als der Großvater stirbt, „der einzige, der etwas Liebe und Freundlichkeit gegeben hat", darf die Achtjährige keine Tränen zeigen: „Der Herr hat ihn zu sich genommen, der Name des Herrn sei gepriesen." Als der Vater stirbt, kann die Siebzehnjährige schon nicht mehr weinen. Als sie nach fünfzehnjähriger Ehe entdeckt, daß ihr Mann seit vielen Jahren ein festes Verhältnis mit einer anderen Frau hat, „bricht sie in sich zusammen" und verstummt ganz. Die ohnehin nur sporadischen und mit Widerwillen ertragenen sexuellen Kontakte zu ihrem Mann brechen ab. Mit fünfundvierzig Jahren wird ein fortgeschrittenes Mammakarzinom festgestellt — viel zu spät. Das*

Verbot, sich zu zeigen, war stärker als die Angst, ja die qualvolle Gewißheit, „etwas Bösartiges in der Brust zu haben". Nach der Amputation beider Brüste kommen schwere Angst- und Depressionszustände auf. Sie wird suizidal und wird zu einer Psychotherapeutin überwiesen. In der Arbeit mit Heilungsphantasien kommen bei der Patientin immer wieder spontane Bilder und Vorstellungen auf, Szenen von weiten Einöden, in denen sie aus dem Schutz einer Höhle schemenhaft Ungeheuer am Horizont sieht, Spukgestalten, Saurier und Urwelttiere, Bilder ihrer Seele, die die destruktive, dunkle Kraft von Lebensenergien widerspiegeln, die „toxisch" geworden sind. Beunruhigung ergreift die Patientin, die sich zum Entsetzen, zur Panik steigert, als sich in ihr ein Gedanke festsetzt, einnistet: „Ich glaube, hinten in der Höhle sind auch Tiere. Die Höhle ist sehr tief, und ich weiß nicht, was da alles drin ist."

Aus den Tiefen der Leibeshöhlen, in denen wahnsinnige Zellen zu Metastasen-Ungeheuern anwuchern, greifen Tentakeln des Grauens nach der Seele und verdunkeln das Bewußtsein. Die Patientin malt ihre Not in schreienden Farben. Der Mund, ein rotes Loch, aufgerissen im Schmerzensschrei, der die Augen aus den Höhlen quellen läßt. Der Kopf auf dem Hals verdreht, selbst in einem feurigen Schlund, um den sich Finsternis mauert. Grauschwarze Krallenhände greifen nach dem Verstand. Die Patientin ist stumm, doch ihr Bild ist ein Schrei. Sie nennt es „Das Grauen in meiner Seele". (vgl. Abb. 2) Der in den Körper verdrängte Schrei ist in die Seele gedrungen und sprengt sie, wie er zuvor die Gewebe des Körpers gesprengt hat. Jetzt wuchert die Psychose in unheiliger Synchronisierung mit dem Krebs. Die Patientin hört Geräusche, Scharren und Knirschen. Sie meint, die Ungeheuer seien in der Kanalisation. Sie kann nicht mehr allein auf die Toilette gehen. Sie wird von Ängsten geschüttelt, aber sie bleibt stumm, und von dem Verzweiflungsschrei ihres Bildes wird nur gepreßter Atem und manchmal ein Wimmern hörbar.

Ich versuche verschiedentlich über Gespräche, über kreative Angebote, Malen, Musik, Instrumente einen Zugang zu ihr zu finden, aber der Kontakt bleibt stumpf, gelingt nicht. Lediglich bei Besuchen ihrer Therapeutin wird sie etwas zugänglicher, fühlt sich in ihrer Anwesenheit entlastet und sicherer. Ansonsten liegt sie teilnahmslos da, und ihre Lippen bewegen sich lautlos. Die Medikation hat alles Laute in ihr, alles Schrille, Ausschreiende gedämpft, hat die Ungeheuer, den brüllenden Schlund wieder in die Tiefe verbannt, ohne sie zu vernichten. Und die Zerstörung geht weiter.

Drei Wochen nach ihrer Hospitalisierung tritt sie in die akute Sterbephase ein, und hier findet sie noch einmal Worte für ihre Furcht vor dem Sterben, ihre Schmerzen, für ihre Angst vor dem Fegefeuer oder der Hölle, für die Bitterkeit über ihr Leben. Es ist ein kurzes Gespräch, das sie mit dem Krankenhausseelsorger führt und von dem mich einige Sätze immer noch betroffen machen, wenn ich an sie denke: „In mir brennt alles. Die Schmerzen. Mein Leben hat mich verbrannt. Ich habe immer versucht, tapfer zu sein. Es geht nicht mehr. Ich habe solche Angst." Die Patientin beginnt, laut zu schluchzen. Ihr schwacher Körper bringt nur noch kleine Schreie hervor. Schreie der Angst und der Verzweiflung, die in der Erschöpfung und unter den tröstenden Händen des Seelsorgers verebben.

Der qualvolle Lebensweg dieser Patientin war von mühsamer Tapferkeit gekennzeichnet, dem Versuch, unter den Repressionen nicht gänzlich zu zerbrechen, eine Tapferkeit, deren Absurdität darin gipfelt, daß die Rettung vor dem Druck der Umwelt durch die Unterdrückung des eigenen Leibes, seiner Vitalität, seiner Wünsche, seiner Äußerungen erkauft wird. Eine graue *Jeanne d'Arc*, die nicht sehen konnte, daß sie gegen sich selbst in die Schlacht zieht, und die zu spät die grausame Wahrheit erkennt, daß die Schmerzensschreie, die von überall her zu kommen scheinen, ihre eigenen sind — inneres Verbrennen ... „and then she clearly understood, when he is fire I ... I must be wood" (*Leonhard Cohen*).

Die Lebens- und Krankengeschichte von Frieda zeigt, daß die Unterdrückung von Schmerz, von Trauer, von Lebensäußerungen mehr als Verhärtungen bewirken kann, daß die Retroflexion von Ausdruckspotential destruktiv implodieren kann, toxisch wird und sich gegen das Leben richtet. *Wilhelm Reich* hat diese „Biopathie" in ihrer kanzerogenen Wirkung erkannt, als Ursache für den Krebs, den Wahnsinn des Leibes und als Ursache für die Psychose, den Krebs der Seele. Das Wuchern der Zellen und das Wuchern der Halluzinationen sind ein verzweifelter Versuch, der Panzerung des empfindungsfähigen Leibes, der Verhärtung des schwingungsfähigen Gemütes, der Verkrustung des lebendigen Ausdrucks, der *Vereisung des Herzens* zu entkommen. Es ist dies ein letztes Wehren, eine Verzweiflungslösung, die in letzter Minute noch Rettung bringen soll — aber die Hilfe kommt zu spät. Die Frist des rettenden Eingreifens ist verstrichen, und nur selten sind die ablaufenden Prozesse der Zerstörung anzuhalten oder gar reversibel. Deshalb muß die therapeutische Hilfe früher einsetzen, bevor die Panzerung kanzerös entartet, die Lebensenergie des Organismus pervertiert — *Dor*, negatives Orgon. Die therapeutischen Ansätze in der Tradition *Wilhelm Reichs*, die um diese Zusammenhänge wissen, versuchen deshalb, die Panzerung aufzulösen, damit Erregung frei fließen kann und sich das Gefühl in Ausdrucksgebärden Raum schafft, sich der Schrei löst. In einer solchen Therapeutik aber wird noch mehr geleistet als ein Abschmelzen individueller Erstarrung. Das Tabu, das über der Expressivität liegt, wird angegangen. An die Stelle der kulturellen Norm von der Verwerflichkeit des Schreis tritt die „große Erlaubnis": „Du hast ein Recht, dein Gefühl herauszuschreien, und du bist nicht alleine mit deinem Schrei!" Die therapeutische Ratio gestattet dem Schrei, sich auszudrücken, und so wird er dem individuellen Ich vertraut. Er verliert an Fremdheit. Der Mensch gewinnt über den Schrei einen Zugang zur Kreatürlichkeit, zur Gemeinschaft der Leidenden, der Unterdrückten, der Rebellen, der Feiernden. Er gewinnt zur Dimension der Rede die Dimension des Schreies hinzu und damit eine neue Qualität seiner Existenz.

Beispiel:

Erika, 46 Jahre, ist wegen schwerer Depressionen und psychosomatischer Beschwerden (Migräne, Schlafstörungen) in Behandlung. Sie nimmt an einer Gruppe teil, die mit dem Verfahren der Integrativen Bewegungstherapie[20] *arbeitet. Ihre Erkrankung ist so massiv, daß sie seit zwei Jahren nicht mehr arbeiten kann. Es wird eine Anamnese erhoben. Als auslösend für die Erkrankung erscheint der Verlust ihres Arbeitsplatzes durch Firmenauflösung, ein Kleinbetrieb, in dem sie seit ihrer Lehrzeit mehr als dreißig Jahre gearbeitet hatte. Die Patientin lebt noch im elterlichen Haus. Vater und Firmenchef waren in gleicher Weise gütig-repressiv. Eine hohe Identifikation mit dem Betrieb, der ihr „Lebensinhalt" war, ließ den Verlust des Arbeitsplatzes für Erika zu einer existentiellen Krise werden.*

Diese Zusammenhänge und auch die erdrückende Bindung an das Elternhaus waren der Patientin aufgrund eigener Überlegungen und durch die Therapie „einsichtig". Die emotionale Berührtheit durch diese Situation wurde jedoch durch Rationalisierungen über „unvermeidliche Schicksalsschläge", mit denen man fertigwerden müsse, unabänderliche Verpflichtungen gegen die alten Eltern usw. abgeschottet. Durch die Bewegungsarbeit und die Gruppengespräche war zwar eine Entspannung eingetreten, insgesamt aber ging die Therapie nicht voran, obgleich die Ziele für die Patientin, den Therapeuten und die Gruppe klar waren: Die Fixierung an den alten Betrieb und die überstarke Bindung an das Elternhaus müssen abgebaut werden. Doch Einsicht ist offenbar häufig nur ein erster Schritt zur Besserung.

Abb. 3: Der Schrei und sein Echo — voicing destruction

Abb. 4: „Das Grauen in meiner Seele"
aus: *Spiegel-Rösing/Petzold,* Die Begleitung Sterbender

In einer Bewegungsübung geschah dann ein entscheidender Durchbruch: Die Teilnehmer sollten sich „leicht wie eine Daunenfeder" im Raum bewegen, und es kommt zu einer gelösten, anmutigen Gruppenimprovisation. Nur Erika bleibt unbeteiligt, gedrückt. Befragt, teilt sie mit, sie fühle sich so schwer wie Blei, als ob hundert Berge auf ihr lasteten. Ihre Haltung wird ganz starr. Sie beginnt schwer zu atmen, ist kaum noch ansprechbar. Um ihren Mund zittert es, und ich fordere sie auf, ihren Mund weit zu öffnen und durch ihn zu atmen. Auf dem gequälten Gesicht spielt sich ein innerer Kampf ab, stumm und erbarmungslos.

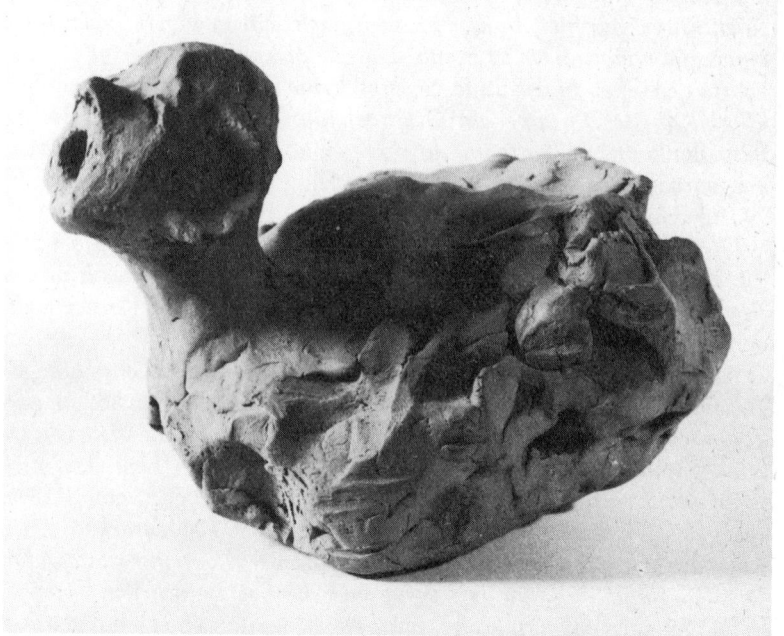

Abb. 5: Schrei aus der Erde (Tonarbeit aus einer Therapie)

Mit atemfördernden Körperinterventionen stütze ich den Prozeß, der dramatisch kulminiert und sich in einem Schrei Bahn bricht: gequält, auf- und abschwellend, grell, nicht enden wollend. Die Hände sind zu Fäusten geballt, krallen sich in ein Polster, das herbeigebracht wurde ... Der Schrei kippt um, seine Qualität ändert sich, er steigt hoch in den Kopf, schrill, schneidend verzweifelte, ohnmächtige Wut, die sich festsetzt, den Kopf zu sprengen scheint, den Körper verletzt, der sie hervorbringt. „Gib Kraft in deine Hände!" Ein Zittern geht durch die verkrampfte Rumpfmuskulatur, Erika hebt das Polster hoch über den Kopf und schlägt es auf den Boden, wieder und wieder, heftiger, rasend. Der spitze Ton fällt herunter, wird breit, wälzt sich aus dem Brustraum. Durch weitere Körperinterventionen fällt der Ton noch tiefer herab, Eruptionen von Wut, mörderischer Energie aus den Tiefen der Existenz. Der Aufruhr gegen dreißig Jahre Knechtung, gegen Unterdrückung von Kindheit an, schreit, tobt. Da ist keine Erstarrung mehr, keine Panzerung. Körper, Schrei, der ganze Mensch ist Expression. Die Erregung klingt ab.

Erika ist verstört, doch die Verwirrung klärt sich in Staunen. Gesicht und Körper sind gelöst. Es ist Schweigen in der Gruppe. Der Schrei hat einen Raum geöffnet, in dem er auch nach seinem Verstummen noch anwesend bleibt. „Das ist in mir! Das ist wirklich in mir drin!" — Die Worte versinken in der Stille. Sie sind keine Fremdkörper. Allmählich kommt in der Gruppe ein Gespräch auf. „Sharing"[21]*, Mitteilen, Betroffenheit: „Ich hätte mit dir schreien können!" — „Du hast etwas ausgedrückt, was auch in mir ist!" — Die Resonanz des Schreis. Die Worte erfüllen den Raum, ohne den Schrei zu verdrängen.*

Der Ausruf „Das ist in mir!" ist ein ganzheitliches Erkennen, bei dem die Vernunft nicht den Sieg über den Körper davonträgt, das Ich nicht den Leib, das Es unterdrückt, die Rede den Schrei nicht in Ketten wirft, sondern wo er in den Worten widerhallt.

Für die Patientin scheint diese Sitzung ein außerordentliches Ereignis zu sein: Sie hat den Schrei wiederentdeckt, oder besser, sie hat ihn aufgefunden. „Ich habe noch nie in meinem Leben geschrien. Vielleicht als Kind einmal, wenn ich hingefallen bin. Aber daran kann ich mich nicht erinnern. Bei uns wurde überhaupt nie geschrien. Laute Worte, das gab's gar nicht. Mein Schreien ... das war so elementar, so ... ich kann das gar nicht in Worte fassen. Da sind Berge von mir runtergefallen. Ich glaub', ich hab' mir Berge von der Seele geschrien."

Die Sitzung von Erika war nicht die Evokation einer „billigen Katharsis", ausgelöst durch „méthodes hystérisantes".[22] Es war der Beginn einer Befreiung, die im Alltag zu Konsequenzen führte: Aufnahme einer neuen Arbeit, Auszug aus der elterlichen Wohnung, Verschwinden der psychosomatischen Symptomatik und weitgehende Besserung der Depression.

Es wäre falsch anzunehmen, daß allein der Ausdruck des Schreies dies alles bewirkt hätte. Das Zusammenwirken von Erkennen (Einsicht), emotionaler Erfahrung und körperlichem Erleben in *einem* Ereignis von „vitaler Evidenz"[23] ist das Movens. Hier wurde kein „Sinn" gewonnen, der einzig dem Bereich der Rationalität zugehört, sondern ein sinnlicher Sinn.[24] Der Schrei wurde nicht domestiziert. Der gezähmte Schrei und der erstickte liegen zu dicht beieinander. Es ist einer der Irrwege der neuen Schreitherapien, daß sie auf eine „Befriedung des Schreis" hinarbeiten. Aber es geht nicht darum, den Schrei zum Verschwinden zu bringen, indem er sich verschreit; es geht vielmehr darum, die Welt des Phantasmas als eine uns zugehörige gelten zu lassen, gültig wie die Welt des Traumes.

Urschrei

Die Schreitherapien nahmen ihren Ausgangspunkt von den Spekulationen über das „Trauma der Geburt"[25]. Der Urschrei als Ausdruck fundamentaler Pein nach der gewaltsamen „Austreibung" aus dem uterinen Mikrokosmos, als Ausdruck totalen Protestes gegen die „Vertreibung aus dem Paradies" ist in das Zentrum der therapeutischen Praxis gerückt. Dabei drängt sich der Eindruck auf, daß eine beständige Rückverlagerung der Ausgangsproblematik in der Psychotherapie stattfindet — zurück zur ödipalen Situation, darüber hinaus zu den „frühen narzißtischen Störungen"[26], weiter zum Geburtstrauma und schließlich zu den pränatalen Störungen[27]. Der „Urschrei" ist, so zeigt uns die Intrauterinphotographie[28], präsent als stummer Schrei des Zorns, des Unbehagens, der Lust auf dem Gesicht des Foeten.

Das Spiel der menschlichen Emotionalität beginnt im Schoße der Mutter, der, aufgerissen wie ein Mund, das Kind freigibt wie in einem Schrei. Der Körper der Mutter schreit, im Schmerz, in Anstrengung, in Lust, in Lebensbejahung. Die Pathologisierung dieser frühen Schreie des Kindes und der Mutter durch die Psychotherapie entlarvt die Leibferne der Therapeuten, ihre akademische Entfremdung von den elementaren Lebensbereichen, ihre negativistische Bewertung der Natur und wesentlich wohl ihre Hilflosigkeit vor den Manifestationen der Pathologie. Es sind diese Theorien von *Männern* erdacht worden:[29] dieses Phantasma einer grundsätzlichen Schuldzuweisung an die Frau und an die Mutter, die schon mit der Geburt ihrem Kind ein erstes, unabwendbares Trauma zufügt und damit — wie Eva — Wurzel alles Bösen wird. Aber es ist wohl die Lösung nicht, unbewußten Frauenhaß zu agieren und Unwissenheit, Unsicherheit, Angst durch immer weitere Rückverlagerung zu verschieben.

Das Prinzip der „russischen Puppe" verschleiert strukturelle Probleme.[30] Der einseitige Rückgang auf das traumatische Ereignis „Geburt" verstellt das Faktum, daß der erste Schrei, der Geburtsschrei des Kindes, das Leben inauguriert als erste akustische Bekräftigung von Anwesenheit. Auch auf die „sanfte Geburt"[31] folgt der Schrei, nicht als Ausdruck der Qual — die Geburt ist bei normalem Verlauf kein traumatisches Ereignis — sondern als ein natürlicher Vorgang. Der erste Schrei ist Ausdruck von Lebenswillen. Die Pathologisierung des Geburtsereignisses durch die „Geburtstherapien" (in der Folge von *Freud* und *Rank*) halte ich für eine der schwerwiegendsten Irrungen in der neueren Therapieszene.[32] Die Suche nach dem verlorenen Schrei pervertiert, wenn sie einzig auf den „Urschrei", den „primal scream", gerichtet ist. Jeder Schrei aus dem Urgrund der Existenz hat ultimative Qualität: der erste Schrei und der letzte, Geburts- und Todesschrei, der Schrei der Lust und der Schrei der Angst.

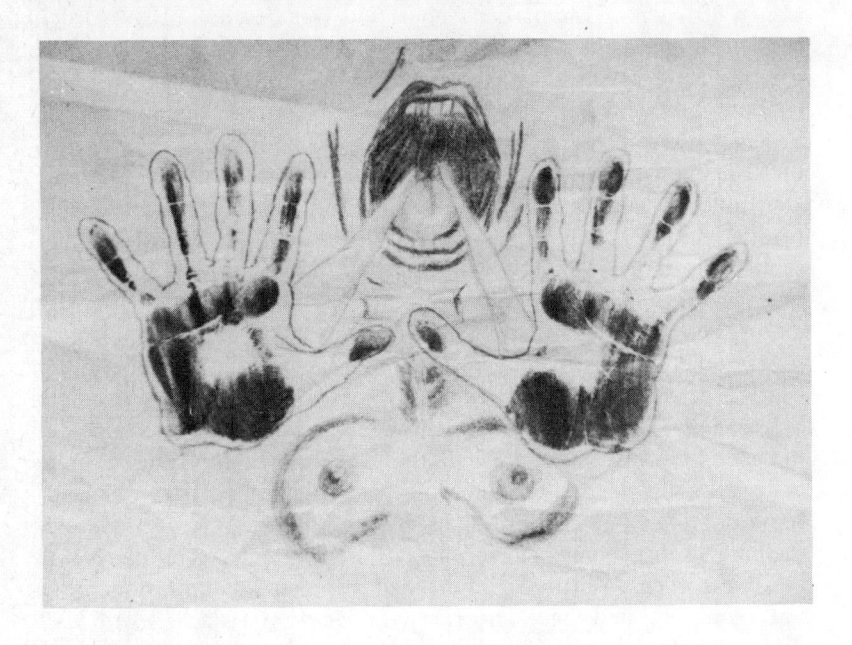

Abb. 6: Meine Existenz schreit (Bild aus einer Therapie)

Genauso wesentlich wie das Auffinden des verlorenen Schreies ist es, daß die Konditionen rekonstruiert werden, die ihn zum Verstummen brachten. Es ist eine schlechte Archäologie, die in der Jagd nach dem Erstursprung glaubt, die Geschichte in all ihren Schichten erfassen und verstehen zu können. In integrativen Ansätzen der Therapie[33] suchen wir nicht nach dem Prototrauma, nicht nach dem *Ur*schrei (*Janov*), nicht nach der *Ur*sache (*Freud*). Wir verfolgen Ereignisketten,

Szenensequenzen[34], Schreie, die sich aneinanderreihen, in zahllosen Qualitäten, Ausdehnungen, Höhen und Tiefen, Ursprünglichkeiten, die den individuellen Ton auffinden und über ihn hinausgehen. Der Geburtsschrei als Bekundung individuellen Lebens ist in diesem Ausdruck selbst die Bekundung einer Zugehörigkeit zu der Legion schreiender Säuglinge aller Zeiten. Der Schrei als die zentrale Form der Selbstäußerung und Kommunikation im ersten Lebensjahr zeigt eine Verbindung des Menschen mit dem Menschen, eine Verbindung mit der Natur und dem Archaischen, die kein Prozeß der Entkulturation in den letzten Wurzeln zerstören kann, ohne daß der Mensch dabei selbst zerstört wird.

Es ist dies die Dimension der Zugehörigkeit zu dieser Welt in all ihrer Vielfältigkeit. Das Archaische, die Natur, ist nicht nur Bedrohung, Fremdheit, Chaos, Pein. Die Natur ist zuerst und vor allem *Leben*, Lebensfülle. Sie umfaßt alle Dimensionen von Leben, auch das Leiden und den Schmerz und den Tod, so daß jede Einseitigkeit unangemessen ist. Die Qualität möglicher Schreie ist unendlich. Der eindimensionale Schrei ist selten. Er erhält im Echo Tiefe, Ausdehnung, Vielfalt. Der Geburtsschrei und alle nachfolgenden Schreie sind mehrdeutig. Ihre Brechungen und Resonanzen zeigen die Polymorphie der Wirklichkeit, ihre Wandlung und Möglichkeiten.

So sind die Schreie der Neugeborenen Zorn und Jauchzen, Schmerz- und Freudenschreie; die Töne des Hungers wechseln mit Lauten der Sattheit, zufriedenem Singsang, Stille, Schlaf.

Beispiel:

Ich arbeite mit einer 35jährigen Pfarrfrau, Heide. Sie hat zwei Kinder (7 und 5) und ist seit acht Jahren verheiratet. Kurz nach der Geburt ihres ersten Kindes treten Angstzustände auf. Sie kann nicht mehr allein im Hause sein oder allein über die Straße gehen. Besonders in der Nacht werden die Ängste unerträglich. Sie beginnt eine psychoanalytische Behandlung, unter der sich die Symptomatik nur vorübergehend bessert, dann aber verschärft auftritt. Es kommt zum Abbruch der Analyse, und Heide beginnt eine Primärtherapie. Die Ängste vor dem dunklen Primärkeller sind fast unerträglich. Das Schreien der Menschen um sie herum (Sitzungen mit sechs Patienten gleichzeitig!) bedrängt sie indes nicht. Es gibt ihr vielmehr Sicherheit. In der Intensivphase kommt sie dann in einer Einzelsitzung mit dem Therapeuten mit traumatischen Szenen in Kontakt. Ihre eigene Mutter mußte kurz nach ihrer Geburt aufgrund eines schweren Unfalls für mehrere Wochen ins Krankenhaus. Das Kind wurde in der Zwischenzeit mehr schlecht als recht vom Vater versorgt. Es kommt zu schweren Verdauungsstörungen und schließlich zu einer Lungenentzündung, die eine Hospitalisierung notwendig macht. Heide kann in der Primärarbeit die mit diesen Ereignissen verbundenen Gefühle von Angst, Verlassenheit, Schmerz, Hoffnungslosigkeit wiedererleben: die Dunkelheit des Kinderzimmers, die Schmerzen nach dem Trinken des Fläschchens. Der abstinente, zuweilen in seiner Abgrenzung schroffe Primärtherapeut läßt den Vater plastisch werden, der mit dem Säugling so recht nichts anfangen kann. Die Primärtherapie führt zu einem völligen Verschwinden der Angstsymptomatik.

Zwei Jahre nach Abschluß der Behandlung werde ich von Heide aufgesucht. Sie hat neue Schwierigkeiten. Ihre Ehe ist gefährdet. Seit der Primärarbeit hat sie jegliches sexuelle Interesse verloren. Sie muß sich „abringen", mit ihrem Mann zu schlafen. Manchmal hat sie geradezu Widerwillen. Sie beschreibt sich als im ganzen ausgeglichen, aber freudlos. Sie habe auch an den Kindern „keinen Spaß mehr", obwohl sie viel mit ihnen mache und das auch nicht als belastend empfinde. Ich denke zunächst an eine lavierte Depression. Die Behandlung gestaltet sich schwierig. Entweder verlaufen die Stunden in rational orientiertem Gespräch ohne emotionale Vertiefung, oder es kommt zu tiefgehenden Primärsitzungen, in denen die Klientin in schmerzvolle Ereignisse ihres ersten Lebensjahres regrediert. Es scheint ein Mechanismus zu wirken, ein „konditionierter Reflex", daß immer, wenn bestimmte Themen anklingen, Primärereignisse ausgelöst werden, und zwar schmerzliche.[35)]

Ich gehe dazu über, in diesen Primärsitzungen systematisch mit stützenden, tröstenden, wärmenden Körperinterventionen zu arbeiten. Ich lasse mich berühren von dem kleinen, wimmernden Bündel, diesem schlecht versorgten Säugling, der sich in den Primärsitzungen mit seinen verzweifelten Schreien meldet. Und diese Qualität von Väterlichkeit, ja von Mütterlichkeit, die in mir angesprochen wird, bestimmt mehr und mehr das Geschehen: halten, wiegen, zudecken. Zunächst kann diese Zuwendung kaum angenommen werden. Der Säugling schreit sich müde, schreit vor sich hin, bis er ruhig wird; aber es ist eine apathische Ruhe.

Erst allmählich gestaltet sich eine direkte, leibliche Interaktion: anklammern, festhalten. Die stützende Strategie des „caring" führt zu einer qualitativen Verwandlung der Primärerlebnisse. Das Weinen wird weniger hoffnungslos. Das Schreien ist nicht das ohnmächtiger Wut, sondern Protest — Forderungen, auf die ich zu antworten versuche. Und es stellen sich neue Töne ein: Laute der Zufriedenheit, Summen und Lallen, ein selbstvergessenes „Vor-sich-hin-Erzählen", das zuweilen in Schlaf übergeht. Dann geschieht eines Tages ein Jauchzen. Es ist eine eigenartige Erfahrung, von einem erwachsenen Menschen im Primärerlebnis ein Babyjauchzen zu hören, das aufklingt, zurückfällt in Glucksen und Lallen und wieder und wieder hervorbricht — Töne, die den Raum erfüllen, die in mir etwas zum Klingen bringen, eine Resonanz, in der sich Lachen und Lachen verbindet, im Wechselspiel und im Verschmelzen der Laute.

Wir haben viele Sitzungen so „gearbeitet", gespielt, geschwiegen. Ich habe zugehört und mit Heide die Stille geteilt. Ich habe mich auf die Schreie des Schmerzes und die der Freude eingelassen und oft diesem feinen Summen gelauscht, diesen suchenden Tönen, die sich manchmal zu einer kleinen Melodie formen, einem Klang, in dem sich der ganze Mensch ausdrückt und der den Zuhörenden im Innersten berührt und in ihm so etwas wie Ehrfurcht aufkommen läßt.

Die Therapie endete nach einer dieser Sitzungen. Sie hatte ihre Existenzberechtigung verloren, war überflüssig geworden, und wir beide wußten warum, ohne daß es ausgesprochen werden mußte. Heute sind Heide und ihr Mann gute Freunde von mir und Kollegen in der gestalttherapeutischen Arbeit.

Durch die Therapie hatte für Heide eine grundsätzliche Neuorientierung begonnen, eine neugierige, experimentierende Lebensführung; Gesangsunterricht, Ausbildung als Therapeutin, Familienarbeit im sozialen Brennpunkt ... Auf die Beziehung meiner Freunde schaue ich manchmal mit Neid — was soll ich weiter dazu sagen.

Bei Heide fiel meine Arbeit in eine „gute Kontinuität", in den Weg eines Menschen, der bereit war, sich zu konfrontieren, und der den gestalttherapeutischen Leitsatz „there is no end to integration and there is no end to creation"[36)] für sein Leben fruchtbar machen konnte.

Epilog

Schreie sind Töne. Jeder Mensch hat seinen Ton, jeder Ton seinen Menschen[37)]. Der „silberne Faden und die goldene Schale" haben ihren Klang. Der Schrei des Tages ist jauchzend, und der Schrei der Nacht ist sanft. Die bösen Schreie des Chaos und der Finsternis werden durch den Ton ertragbar, der zwischen Menschen aufklingen kann, die miteinander schwingen, im Zusammenklang, zufällig, absichtslos, aus dem Spiel der Expressionen. Seinen Ton finden bedeutet, ihn im feinen

Klingen zu haben, wie in der Fülle des Schreis. Der „tönende Mensch"[38] hat den Schrei nicht zu fürchten. Er kann sich von ihm hinwegtragen lassen, ohne sich zu verlieren — in die unendlichen Räume der Stille.

Anmerkungen

[1]) Vgl. *Janov* (1970); *Casriel* (1975); *Orr* (1977); *Freundlich* (1974, 1981).
[2]) Vgl. *Petzold* (1981a).
[3]) Ganz anders ist zum Beispiel das Verhältnis von Naturvölkern, etwa der Indianer, zur Erde. „Die Herrschaft des weißen Mannes wird zugrunde gehen, weil er die Erde beständig verletzt." Vgl. *Storm* (1972).
[4]) *Merleau-Ponty* (1964).
[5]) *Müller* (1980).
[6]) Vgl. *Adorno* (1964, S. 206 f.; 1967, S. 205 f.), der, wie *Perls* (1980) von anderer Seite, das Konzept vom Es als Feind des Ichs, der Vernunft, der Kultur, die Pathologisierung des Es und die damit verbundene Überbewertung der Rationalität angegriffen hat.
[7]) Das Ich zwischen den antagonistischen Kräften von Es und Über-Ich. Vgl. *Lückert* (1959), der den Menschen als „konfliktträchtiges Wesen" definiert. Bei *Freud*, der angetreten war, das Es zu befreien, dem tot-geschwiegenen Trieb Gehör zu schaffen, kommt mit der Doktrin vom „schlechten Es" in subtiler Weise die jüdisch-christliche Erbsündenlehre und die Doktrin vom „sündigen Fleisch" in der Psychoanalyse weiter zum Tragen. *Freud* scheitert an seiner eigenen Biographie (*Krüll*, 1981), die unter dem Schatten der Repression stand, denn er spricht über die Lust, läßt über sie sprechen. Da ist kein Jauchzen, kein Schrei im Orgasmus, *jouissance*. Vgl. die Beiträge in P. *Klossowski* et al. (1979).
[8]) Vgl. hierzu das Werk von *Georges Bataille*.
[9]) „Kalter Entzug" = Entzug ohne medikamentöse Dämpfung; zu den „Quatre pas" vgl. *Petzold* (1969), *Petzold, Vormann* (1980).
[10]) *Bataille* (1981) s. 245 ff.; *Paris* (1961); vgl. *Kuper* (1981).
[11]) Zur Konfluenz *Perls* (1980), *Polster, Polster* (1974); zum „Co-unconscious" *Moreno* (1961), *Petzold, Mathias* (1983); zum Therapeuten, der die Regression seines Patienten durch eigene Regression begleitet, vgl. *Balint* (1970); zur Psychologie des Schreiens vgl. *Searle* (1932) und die Arbeiten bei *Bucholz* (1983).
[12]) „Kick" = Einsetzen der Heroinwirkung nach der Injektion; „Abdröhnen" = Wegtreten im Rausch.
[13]) *Janovs* (1975) Vision des „primal man", des Menschen, der „erfolgreich" eine Primärtherapie durchlaufen hat und „infantile" Bedürfnisse wie Liebe, Bindung, Zärtlichkeit weitgehend abgelegt hat, macht den Primat einer *kalten* Rationalität in der Primärtherapie in erschreckendem Maße deutlich — eine Kälte, die sich bis in die Behandlungsmethodik hinein auswirkt; die mechanistische Induktion des Schreiens (Hyperventilationstechnik), die brutale Frustration, die Isolation des Patienten, die Anonymität der nebeneinander Schreienden in den schalldichten „Primärkellern", die das Geschrei nicht an die Außenwelt dringen lassen.
[14]) Vgl. *Casriels* „Kult des Gefühls" (1972) und die letztlich sehr kulturkonforme Auffassung der Emotionalität in der „Feeling Therapy" (*Hart* et al., 1975).
[15]) Vgl. *Fechner* (1879).

16) Vgl. die beeindruckende Szene aus *Peter Brooks Gurdjieff-Film*, in der Sänger und Instrumentalisten eines Stammes im Wettstreit stehen. Sieger wird, wer die Felsen des Tales zum Klingen bringt. Und das Echo wird erweckt, als sich Schrei und Ton vereinen. Der Flötenspieler schreit in seine Flöte hinein, und aus dem Innersten des Menschen, dem Innersten des Instrumentes, bricht dieser vieltönende, Lust und Schmerz umfassende *Ein*-Klang auf, der die Steine anrührt und die Felsen antworten läßt. Wir erleben jedoch, manchmal, daß das menschliche Herz die Härte von Felsen überbieten kann. Aber vielleicht auch nur, wenn ein Jüngling und ein Greis *alleine* versuchen, den Stein anzurühren. Es gibt Situationen, in denen der kollektive Schrei Felsen zerbersten läßt und Mauern zum Einsturz bringt (man lese in diesem Zusammenhang noch einmal Uhlands „Des Sängers Fluch" und den alttestamentlichen Bericht von der Eroberung Jerichos).
17) Berichte und Transkripte von derartigen Sitzungen bei *Petzold* (1974, S. 73 ff.) und *Yablonsky* (1974, S. 16 ff.). Es geht darum, die Schalen der Abkapselung zu durchbrechen; vgl. hierzu den beeindruckenden Monolog des Prinzen in *H. v. Hofmannsthal* (1810, V. 408-430).
18) Vgl. *Reich (1973); Petzold (1977); Searle (1932); Kutter (1983); Lowen (1975).*
19) Weiteres zu diesem Fallbeispiel: *Spiegel-Rösing, Petzold* (1984, S. 481 ff.).
20) Vgl. *Petzold, Berger (1977); Kirchmann (1979).*
21) Phase in Psychodrama und aktionalen Formen der Therapie, in der die Gruppenmitglieder nach der Arbeit eines Protagonisten ihre Beteiligung und Betroffenheit mitteilen (vgl. *Petzold*, 1979; *Leutz*, 1974).
22) *Blajan-Marcus* (1979).
23) *Petzold* (1981c, S. 54 f.; 1981b).
24) *Merleau-Ponty* (1945).
25) Der Mythos vom Geburtstrauma (*Rank*, 1929) liegt in auffälliger Nähe zum Mythos der Vertreibung aus dem Paradies, zur Doktrin der Erbsünde, zum Fluch, daß das Weib ob ihres Vergehens und Ungehorsams „in Schmerzen Kinder gebären soll" (Gen. 3,16), theologische Tradition in psychoanalytischem Gewand.
26) Vgl. die Arbeiten von *Kohut, Kernberg, Masterson* u. a.
27) *Orban* (1981).
28) *Schwabenthau* (1979).
29) *Freud* und *Janov* teilen sie mit Luther, dem heiligen Augustinus und anderen Protagonisten christlicher Theologie in gleicher Weise wie die zutiefst ambivalente Einstellung der jüdisch-christlichen Tradition zur Frau: Eva, die Wurzel des Bösen — Maria, Mittlerin aller Gnaden. Vgl. hierzu *Petzold-Heinz, Petzold* (1984).
30) Besonders deutlich wird das bei der Transaktionsanalyse, die seit ihrem Bestehen zu immer weiteren Substrukturen, Untergliederungen, kleinen Kreisen Zuflucht nimmt und damit Fehler im System kaschiert (vgl. *Kopp*, 1982).
31) Vgl. *Leboyer* (1981).
32) Vgl. z. B. *Orr, Ray* (1977), nach denen der erste Atemzug assoziiert ist mit Schmerz, Angst, Tod; Eindrücke, die unbewußt das gesamte Leben bestimmen: „Leben ist eine Qual ...; die Welt lehnt mich ab ... Leben ist schmerzhaft und Liebe gefährlich."
33) *Petzold* (1977; 1981b).
34) *Petzold* (1981b).
35) Ich habe jene Beobachtungen in den vergangenen Jahren übrigens bei der Nachbehandlung von Patienten machen können, die eine Primärtherapie hinter sich hatten. Zuweilen war die Konditionierung so massiv, daß die Betroffenen, wurden sie im Alltag durch irgendwelche Ereignisse verletzt und gekränkt, in „primals", unkontrollierbare Primärerlebnisse, hineinkamen. Die therapeutische Arbeit bestand dann

einerseits in der „Dekonditionierung" dieser Reaktionen, in der Bearbeitung der durch die Primärtherapie selbst gesetzten neuen Traumatisierungen, wie zum Beispiel Isolationserlebnisse, Kränkungen durch den Therapeuten, einseitige Evokation von Schmerzerfahrungen, sowie in der Integration der primärtherapeutischen Erfahrungen in die Gesamtheit des Lebensverlaufs und des Wertsystems der jeweiligen Patienten. Dabei soll betont werden, daß das primärtherapeutische Durcherleben insgesamt gesehen für die Mehrzahl der von mir erfaßten Patienten als sehr wesentlich in ihrem Therapieprozeß angesehen werden muß und Kritik an der Einseitigkeit und fehlenden Integrationsarbeit anzusetzen hat.

[36]) *Perls* beschließt seine Autobiographie mit dem Satz „There is no end to integration." Ich habe dieses Diktum ergänzt: „And there ist no end to creation" (*Petzold*, 1970).

[37]) *Petzold*, Nootherapie und „säkulare Mystik" in der Integrativen Therapie, in: *Petzold* (1983).

[38]) *Pontvik* (1962).

Literatur

Adorno, Th. W.: Negative Dialektik, Frankfurt/M., 2. Aufl. 1967.
—, Minima Moralia. Reflexionen aus dem beschädigten Leben, Frankfurt/M. 1964.
Balint, M.: Therapeutische Aspekte der Regression, Klett, Stuttgart 1970.
Bataille, G.: Die Tränen des Eros, Matthes & Seitz, München 1981.
Blajan-Marcus, S.: Du corps et des méthodes de psychothérapie utilisant le corps comme moyen d'expression, S.E.P.T. — *Revue du Psychodrame Freudienne* L VI/L VII (1979), S. 3-6.
Bucholz, M. et al.: Schreien, Chr. Kaiser, München 1983.
Casriel, D.: A scream away from happyness, Grosset & Dunlap, New York 1972; dtsch.: Die Wiederentdeckung des Gefühls — Schreitherapie und Gruppendynamik, Bertelsmann, München/Gütersloh 1975.
Fechner, G. T.: Tagansicht gegenüber Nachtansicht, Leipzig 1879.
Freundlich, D.: Der Körper in der Primärtherapie, in: *Petzold* (1977), S. 356-375.
—, What is a primal?, *Primal Community* I (1974), S. 37.
—, Geburtstrauma und die „Geburtstherapien", *Gestaltbulletin* 1/2 (1981), S. 69-82.
Grof, St.: Realms of the human unconsciousness. Observation from LSD research, Viking Press, New York; Dutton Paperback 1976.
Guattari, F.: Schizoanalyse und Wunschenergie, Verlag Impuls, Bremen 1981.
Hart, J., Corriere, R., Binder, G.: Going sane, A introduction to feeling therapy, Phoenix Books, Los Angeles 1975, Dell, New York, 2. Aufl. 1976.
Hofmannsthal, H. v.: Das kleine Welttheater (1810), in: Gesammelte Werke, hrsg. v. H. Steiner, Frankfurt 1945 ff., Bd. 15.
Janov, A.: The primal scream, New York 1970.
—, The Anatomy of Mental Illness, New York 1971.
—, The feeling child, New York 1973.
—, Primal Man, New York 1975.
Kirchmann, E.: Moderne Verfahren der Bewegungstherapie, Beiheft 2 zur *Integrativen Therapie*, Junfermann, Paderborn 1979.
Klossowski, P., Bataille, G., Blanchot, M., Deleuze, G., Foucault, M.: Sprachen des Körpers, Merve, Berlin 1979.
—, Die Gesetze der Gastfreundschaft, Rowohlt, Reinbek 1978.
Kopp, S.: Rollenschicksal und Freiheit, Psychotherapie als Theater, Junfermann, Paderborn 1982.

Krüll, M.: Freud und sein Vater, Walter, Olten 1981.
Kuper, L.: Genocide, Penguin Book, Harmondsworth 1981.
Kutter, P.: Der unterdrückte Schrei, in: *Bucholz et al.* (1983) 18-22.
Lacan, J.: Ecrits, Seuil, Paris 1966.
Laing, R. D.: The facts of life, Ballantine Books, New York 1976.
Leboyer, F.: Geburt ohne Gewalt, Kösel, München 1981.
Leutz, G. A.: Psychodrama, Theorie und Praxis, Springer, Berlin/Heidelberg 1974.
Lowen, A.: Breathing, movement and feeling, Institute for Bioenergetic Analysis, New York 1975.
—, The language of the body, McMillan, New York 1971.
—, The betrayal of the body, McMillan, New York 1967.
Lückert, H. R.: Konfliktpsychologie, Reinhardt, München 1959.
Merleau-Ponty, M.: Phénoménologie de la perception, Gallimard, Paris 1945; dtsch: Phänomenologie der Wahrnehmung, De Gruyter, Berlin 1966.
—, Le visible et l'invisible, Gallimard, Paris 1964.
Montagu, A.: Life before birth, New American Library, New York 1964.
—, Körperkontakt, Klett, Stuttgart 1975.
Moreno, J. L.: Interpersonal therapy and co-unconscious states, *Group Psychotherapy* 3/4 (1961), S. 234-241.
Müller, A. M. K.: Die Wende der Wahrnehmung, Kaiser, München 1980.
Orban, P.: Psyche und Soma, Athenäum, Frankfurt 1981.
Orr, L., Ray, S.: Rebirthing in the new age, Celestial Arts, Millbrae (Calif.) 1977.
Paris, E.: Genocide in Satellite Croatia 1941-1945, Amer. Inst. f. Balkan Affairs, Chicago 1961.
Perls, F. S.: Gestalt, Wachstum, Integration, Junfermann, Paderborn 1980.
Petzold, H. G.: Les quatre pas. Concept d'une communauté thérapeutique, Paris 1969; auszugsweise in: *Petzold* (1974), S. 524 ff.
—, Le „Gestaltkibbuz" modèle et méthode thérapeutique, Paris 1970 mimeogr.; auszugsweise in: *Petzold* (1974), S. 524 ff.
—, Drogentherapie, Junfermann, Paderborn 1974; 2. Aufl. Fachbuchhandlung für Psychologie, Klotz, Frankfurt 1980.
—, Thymopraktik als Verfahren Integrativer Therapie, in: *Petzold* (1977), S. 252-312.
Petzold, H.: Die neuen Körpertherapien, Junfermann, Paderborn 1977.
Petzold, H., Berger, A.: Integrative Bewegungstherapie und Bewegungsagogik als Behandlungsverfahren für psychiatrische Patienten, in: *Petzold* (1977), S. 452-477.
Petzold, H.: Psychodrama-Therapie, Junfermann, Paderborn 1979.
Petzold, H., Mathias, U.: Rollenentwicklung und Identität, Junfermann, Paderborn 1983.
Petzold, H. G.: Gestaltdrama, Totenklage, Trauerarbeit, in: *H. Petzold:* Dramatische Therapie, Hippokrates, Stuttgart 1981a.
Petzold, H.: Die Rolle des Therapeuten und die therapeutische Beziehung, Junfermann, Paderborn 1981b.
—, Integrative Dramatherapie, in: *H. Petzold,* Theater oder das Spiel des Lebens, Verlag für humanistische Psychologie, W. Flach, Frankfurt 1982.
Petzold, H.: Psychotherapie, Meditation, Gestalt, Junfermann, Paderborn 1983.
Petzold-Heinz, I., Petzold, H.: Mutter und Sohn, in: *Frühmann, R.,* Frauen und Therapie, Junfermann, Paderborn 1984.
Polster, E., Polster, M.: Gestalttherapie, Kindler, München 1974.
Pontvik, A.: Der tönende Mensch, Rascher, Zürich 1962.

Rank, O.: The trauma of birth, Harcourt Brace, New York 1929; 2. Aufl. Harper & Row, New York 1973.
Reich, W.: Die Entdeckung des Orgons. Die Funktion des Orgasmus, Kiepenheuer & Witsch, Köln, 5. Aufl. 1971.
—, Charakteranalyse, Fischer, Frankfurt 1973.
—, Die Biopathie des Krebses, Kiepenheuer & Witsch, Köln 1974.
Schwabenthau, S.: Life before birth, *Parents Magazine,* 54:10, Okt. 1979, S. 44-50.
Searle, M. N.: The psychology of screaming, *Int. J. Psycho-Anal.* XIV (1932) 193-205; dtsch. in: *Bucholz* et al. (1983) 32-40.
Spezzano, Ch.: Streß im Mutterleib, *Psychologie heute* 11 (1981), S. 22-29.
Spiegel-Rösing, I., Petzold, H.: Die Begleitung Sterbender, Junfermann, Paderborn 1984.
Storm, H.: Seven Arrows, Ballantine Books, New York 1972.
Swartley, W.: Major categories of early psychosomatic traumas, in: The undivided self, hrsg. v. *John Rowan* und *Ken Holme, 1978, S. 30-41.*
Yablonsky, L.: Synanon, ein neuer Weg in der Behandlung Drogenabhängiger, in: *Petzold* (1974), S. 96-104.

Wirksam durch Nicht Handeln

Erfahrungen mit Körperorientierter Psychotherapie und chinesischer Weisheit

Werner Singer, Ravensburg

Einem vier- oder fünfjährigen Kind mag folgendes widerfahren: Es ist voller wütender Verzweiflung, vielleicht weil ihm etwas wieder und wieder mißglückt ist und es so hart auf die Begrenztheit seiner Kräfte gestoßen wurde. Es zieht den Kopf zwischen die Schultern, ballt die Fäuste, schließt überhaupt alle Pforten seines Leibes, damit es in ihm um so heftiger brodeln soll.

Eine Erwachsenenperson, die sich zu pädagogischer Aktion berufen fühlt, kommt dazu und setzt der Ungehörigkeit ein augenblickliches Ende. So energisch, wie man einen brodelnden Topf vom Feuer stößt, wird der Trotzkopf vor die Tür gesetzt. Durch den Ortswechsel ist die Einschließung seines Körperinnerns aufgesprengt worden, die Wut fließt heraus, aus der wütenden Verzweiflung wird eine stille Verzweiflung.

Ein andermal — und hier setzt meine persönliche Erinnerung ein — kommt ein Mensch hinzu, der mich liebt. Als ob er meinen Zustand nachfühlen kann, schließt er seine Arme um meinen Körper, schließt seine Hände um meine geballten Fäuste, bedeckt meinen eingezogenen Kopf mit seiner Wange. Da dauert es nur Sekunden, bis sich die Wut in etwas Gutes, Stärkendes verwandelt, und ich spüre das Bedürfnis, mich wieder zu öffnen. Auf diese Kunst, meine Wut in Wärme und Zuversicht zu verwandeln, verstand sich mein Vater besonders gut.

Mit den Jahren wurden solche Wohltaten seltener, wurden wohl pädagogischer Aktion geopfert, blieben schließlich ganz aus und gerieten für lange Jahre meines Lebens in Vergessenheit. Auch als ich durch meinen Beruf Tag für Tag mit den seelischen Nöten meiner Klienten konfrontiert war, dauerte es noch Jahre des Suchens. Ich war auf der Suche nach einer Sache, die für mich keinen Namen hatte, von deren Vorhandensein ich aber dadurch überzeugt war, daß ich ihr Fehlen spürte. Dieser Beitrag soll über das Wiedergefundene berichten und ihm, so gut es geht, einen Namen geben.

So handelt der Weise nicht und verdirbt nichts

Worin lag der Unterschied zwischen den Handlungsweisen beider Betreuer? Was hat die liebende Person gemacht, um diese wundersame Wirkung zu erzielen? Es fällt zunächst leichter zu sagen, was sie nicht gemacht hat: Sie hat sich dem seelischen und leiblichen Prozeß, den sie bei mir beobachten konnte, *nicht* entgegengestellt. Sie hat in ihrem Innern und durch ihr Eingreifen diesen Prozeß geschehen lassen.

Von *C. G. Jung* kennen wir ein entschiedenes Plädoyer für die Haltung des Geschehenlassens. Er verfaßte es in der Vorrede für „Das Geheimnis der Goldenen Blüte", ein altes chinesisches Weisheitsbuch, übersetzt und herausgegeben von *Richard Wilhelm* im Jahre 1929. *Jung* entwickelt seine Erkenntnis,

„... daß die größten und wichtigsten Lebensprobleme im Grund genommen alle unlösbar sind; sie müssen es auch sein, denn sie drücken die notwendige Polarität, welche jedem selbstregulierenden System immanent ist, aus. Sie können nie gelöst, sondern nur überwachsen werden." (Jung 1948, 14)

Was bleibt dann für den Menschen zu tun?

„Das Geschehenlassen, das Tun im Nicht Tun, das Sich Lassen des Meister Eckart wurde mir zum Schlüssel, mit dem es gelingt, die Türe zum Weg zu öffnen: *Man muß psychisch geschehen lassen können*. Das ist für uns eine wahre Kunst, von welcher unzählige Leute nichts verstehen, indem ihr Bewußtsein ständig helfend, korrigierend und negierend dazwischenspringt und auf alle Fälle das einfache Werden des psychischen Prozesses nicht in Ruhe lassen kann." (ebd., 15)

„Man muß geschehen lassen können" ist hier eine Weisung an den suchenden Menschen, aber gewiß auch an den helfenden Menschen. Es will scheinen, als ob gerade die innere Spannung dieser Formulierung — das Wunschziel „Geschehenlassen" ist vorn und hinten blockiert durch den Imperativ „man muß... können" — die konfliktreiche Selbsterfahrung des Psychoanalytikers mit dieser Sache ausdrückt. Hiermit sei das Thema dieses Beitrags weiter eingegrenzt auf: Über die therapeutische Haltung des Geschehenlassens, dargestellt anhand von praktischen Problemen psychotherapeutischen Arbeitens.

Was heißt Geschehenlassen, Nicht-Tun? Die Bemerkung von *Jung* bezieht sich zunächst auf die Ebene des Psychischen und setzt als Gegenspieler das „einfache Werden des psychischen Prozesses" und „Bewußtsein". Bewußtseinstätigkeit, Erkenntnisstreben könne also unter Umständen gegen das natürliche Werden gerichtet sein. Forschen wir etwas tiefer in *Jungs* Quellenmaterial aus dem chinesischen Dauismus. Das 48. Kapitel des *Daudedsching (Tao-te-king)* macht eine entsprechende Aussage:

> Wer dem lernen ergeben, gewinnt täglich
> wer dem dau ergeben, verliert täglich
> verlierend, verlernend gelangt er
> mählich dahin, nicht mehr tätig zu sein
> nichts bleibt ungetan
> wo nichts überflüssiges getan wird
> zu wahrer herrschaft im reich gelangten
> immer nur tatenlose
> jene, die taten vollbringen
> sind nicht fähig, das reich zu erlangen
> (*Laudse* 1980, 98)

Der Weise hat sein Bewußtsein „verloren, verlernt". Nicht-Tun geht einher mit Nicht-Wissen, und die Frage nach dem psychischen Stoff des Nicht-Wissens taucht der Dauismus genauso in Unbestimmtheit, wie er das Nicht-Tun als hohe Kunst erklärt. Sicher ist die Wirkung dieses Zustands: Nichts bleibt ungetan, wo nichts Überflüssiges getan wird — wahre Herrschaft.

Wie ist diese Kunst zu erlernen? Wie findet der Mensch auf den Weg des Nicht-Handelns?

> so handelt der weise nicht und verdirbt nichts
> hält nichts und verliert nichts
> wenn menschen handeln
> versagen sie meist knapp vor der vollendung
> wer das ende bedenkt, wie er den anfang bedachte
> der wird nichts verderben
> so wünscht der weise das nicht wünschenswerte
> er schätzt nicht seltene güter
> lernt die ungelehrtheit
> geht zurück den weg, den die menschen gingen
> um den menschen zurückzuhelfen zu ihrer natur
> und wagt nur eines nicht: wider die natur zu handeln
> (ebd., 114)

Der Weg des Nicht-Handelnden führt zurück und leitet zur Natur der Dinge. Sein Erkennen geht nach innen: in seinem inneren Geschehen erschließt sich ihm die Welt.

Weiter erscheint hier Nicht-Tun als praktische Verhaltensmaßregel und ethische Maxime. Die Antithese zur Handlungsweise des Weisen, dem wu we, ist im Chinesischen das yo we, die Handlungsweise der „Herren" (ebd., 137). Der westliche Leser glaubt ohne Umschweife zu wissen, was damit gemeint ist: das Zuviel-, Zu-heftig-, Zum-falschen-Zeitpunkt-, An-der-verkehrten-Stelle-Handeln, kurz, das Handeln gegen das innere Lebensgesetz, die Natur der Dinge.

Weiter soll die Erläuterung und Abgrenzung von Begriffen hier nicht getrieben werden. Dieser Stoff scheint die Eigenart zu haben, daß ihn verschiedene Terminologien gleich gut darstellen. Eine Probe aufs Exempel: Die Übersetzer und Interpreten haben *Laudse* und *Meister Eckehart* verschiedene Sprachen gegeben. Und doch scheint *Meister Eckehart* den oben zitierten Worten *Laudses* in schönster Weise beizupflichten. Die folgende religiöse Unterweisung behandelt die Frage, wie der Mensch das göttliche Gesetz in sich zur Wirkung kommen lasse.

> Du mußt wissen, daß sich noch nie ein Mensch in diesem Leben so weitgehend gelassen hat, daß er nicht gefunden hätte, er müsse sich noch mehr lassen. (...) Es ist ein gleichwertiger Austausch und ein gerechter Handel: So weit du ausgehst aus allen Dingen, so weit, nicht weniger und nicht mehr, geht Gott ein mit all dem Seinigen, dafern du in allen Dingen dich des Deinen völlig entäußerst.
> (*Meister Eckehart* 1963, 57)

Dieser Hinweis auf die innere Verwandtschaft des abendländischen Mystikers mit dem fernöstlichen Weisen soll auf weitere Verwandtschaft aufmerksam machen. Das Prinzip Geschehenlassen verbindet Ost und West, Nord und Süd. Natürlich nicht in den offiziellen Lehren, hier regiert der Gegensatz. Es haust da, wo die offizielle Lehre nicht hinreicht: in den Alltagsbeziehungen der Menschen. Sicher nicht in allen, aber da, wo die Feierabend-Devise gilt: Leben und Lebenlassen. Ich möchte behaupten, daß es z. B. in der Betreuung der kleinen Kinder durch die Eltern vorherrschend ist. Hier gibt es oft genug ein heimliches Komplott der Generationen gegen die pädagogische Doktrin. Seine Verbreitung verdankt das Prinzip Geschehenlassen der besonderen Mischung seiner Merkmale Wirksamkeit und Menschlichkeit. Letzteres ist nicht moralisch gemeint, sondern im Sinne von menschengerecht; der Nicht-Handelnde bewirkt keinen Schaden und nimmt so auch selbst keinen Schaden.

Das Dau des Menschen offenbart sich in seinem körperlichen Leben

Das innere Lebensgesetz des Menschen, sein Dau, offenbart sich in einer eigentümlichen Sprache. Die Psychoanalyse hat herausgefunden, daß sich ihr „Unbewußtes" in der Sprache der Symbole offenbart. Ähnlich ist es hier, aber doch anders, regelloser, denn das Dau entzieht sich jeder katalogisierenden Festlegung. Wir wollen die Annahme machen, daß sich das innere Lebensgesetz eines Menschen in seinem körperlichen Leben ausdrückt, oder auch: daß das, was sich im körperlichen Leben ausdrückt, das innere Lebensgesetz ist. Das körperliche Leben umfaßt besonders die Konstitution, den Spannungszustand der Gewebe, die Art der Bewegung, die Art zu atmen und organische

Erkrankungen. Das seelische Leben erschließt sich auf dem Weg über das Verständnis des körperlichen Lebens[1].

Das innere Lebensgesetz des Menschen will in jeder Situation neu gefunden werden, wozu ein lebendiges Instrument notwendig ist. Das kann der Körper des Therapeuten sein, wenn er lebendig gehalten, sensibilisiert und geschult ist. Es kommt zu einer Kontaktaufnahme beider Körper, deren Verständigungsbasis wohl am besten mit Intuition oder Gestaltwahrnehmung beschrieben ist. Der therapeutische Kontakt geschieht gleichsam auf der Bühne. Hinter den Kulissen aber treten das Dau des Klienten und des Therapeuten in einen Dialog, der da, wo er bewußt wird, die Basis der Heilung bildet.

Wenn es im Folgenden um Fragen der therapeutischen Praxis geht, so wird nur um der leichteren Darstellbarkeit willen in zwei Schritten vorgegangen. Im ersten Schritt geht es um die Fragen des Erkennens. Wer das Risiko des Nicht-Wissens eingeht, sich von seinem angehäuften Wissen über Gesundes und Pathologisches, Symptombilder und Abwehrsysteme, Heilungschancen und Behandlungsrisiken usw. entleert, braucht eine neue Praxis des Erkennens. Im zweiten Schritt geht es um die Regeln des therapeutischen Eingreifens. Es sind strenggenommen alles Exemplifizierungen der einen Regel: Niemals gegen das innere Lebensgesetz des Klienten handeln.

Bevor ich auf praktische Erfahrungen zu sprechen komme, ist eine Danksagung angebracht. Sie gilt *Ron Kurtz*. Bevor ich ihn und seine Arbeit kennenlernte, habe ich nicht gewagt, mich dem der Entwicklung meiner Klienten innewohnenden Dau wirklich zu überlassen. In mir war eine Idee im Schwange, jenes aus meiner Kindheit genährte Gefühl „Es müßte doch möglich sein...", doch in der Praxis habe ich nur zaghafte Schritte gewagt. Die wenigen Schritte eines Ausbildungsworkshops, in denen *Ron Kurtz* die von ihm und seinen Mitarbeitern entwickelte Methode der „Bodycentered Psychotherapy" vorstellte, haben mir die Gewißheit gegeben, daß es möglich ist. Ich habe Ron als Virtuosen in der Kunst des Wirkens, ohne zu handeln, erlebt[2].

---

[1] Insofern geht der Ausdruck „Körperorientierte Psychotherapie" schwer über die Lippen. Es gäbe Berechtigung, daß Körper und Psyche die Rangplätze von Subjekt und Attribut tauschen, so daß wir zu einer „seelenorientierten Medizin" kämen. Aber es waren eben nicht die seelenorientierten Mediziner, die Psychosomatiker, die die alltägliche Beziehung von Körper und Psyche untersucht und therapeutisch genutzt haben, sondern die Psychotherapeuten der humanistischen Richtung. So bleibt es aus entwicklungsgeschichtlichen Gründen vorläufig bei der „Körperorientierten Psychotherapie".

[2] Informationen über Ausbildungsveranstaltungen sind erhältlich über Hakomi-Institute, P. O. Box 1873, Boulder, CO 80306. Der Synthesis-Verlag, Essen, hat für Frühjahr 1983 angekündigt: *R. Kurtz:* Körperorientierte Psychotherapie — Die Hakomi-Methode.

Stärkung des Bewußtseins durch Entleerung

Erkennen beginnt mit Vergessen. Der Klient sollte insbesondere vergessen, warum er zur Therapie gekommen ist, etwa, daß er an seinem Problem arbeiten wollte. Sein Bewußtsein läßt ihn sagen: Das und das ist mein Problem — und schon steht er zergliedert vor uns, aufgespalten nach gesund und krank, normal und anormal, wissend und unwissend. Dieses Wissen und sein Problem erscheint dem Klienten oft so bedeutungsvoll, ist jedoch aus unserer Sichtweise der weniger wichtige Teil. Es ist vor allem interessant unter dem Gesichtspunkt seiner Beschränktheit.

Der Therapeut sollte insbesondere vergessen, was das Kreuz seines Berufes ist: Man erwartet, daß er durch sein Tun den Klienten aus seinem Leid erlöst. Welcher Therapeut kennt nicht die aus dem Innern mahnende Stimme: Du mußt etwas tun für dein Geld, etwas vorweisen, zumindest ein paar schöne Deutungen hervorbringen! Besser wäre, beide, Therapeut und Klient, könnten vergessen, was sie zusammengeführt hat und kümmerten sich statt dessen um ihr augenblickliches Wohlbefinden. Ohne das gibt es keinen therapeutischen Prozeß.

Ich erinnere mich an die zweite Therapiestunde mit einer etwa dreißigjährigen Klientin[3]. Die erste Stunde war damit vergangen, daß sie klagte über Einschränkungen, die sie hinnehmen muß: einen frechen Sohn, den sie alleine erzieht, eine unausstehliche Mutter, in deren Haus sie wohnt, eine unterbezahlte Arbeit usw. Ich wartete einen passenden Moment ab und sagte die Worte: „Sie können jetzt frei entscheiden." Der Protest kam augenblicklich: „Dann sagen Sie mir mal, was! Ja, wenn ich Geld hätte, könnte ich..." „Gut", sagte ich, „ich gebe Ihnen alles Geld, das Sie haben wollen." Die Empörung darüber, daß sie nicht ernst genommen wurde, stieg ihr schon ins Gesicht, verschwand plötzlich wieder, und sie sagte vergnügt: „Dann lade ich Sie zum Essen ein." Dieses spielerische Heraustreten aus unser beider Rollen machte die Situation erst erträglich und ebnete den Weg für therapeutische Prozesse.

Die Befreiung des Bewußtseins durch Vergessen ist allen Meditierenden bekannt. Die therapeutische Technik, die dem entspricht, ist die Weckung der inneren Achtsamkeit[4]. Was ich in dem obigen Beispiel

---

[3] Die im folgenden beschriebenen Fallbeispiele und Behandlungsepisoden stammen aus meiner zurückliegenden Tätigkeit in einer Beratungsstelle für Erziehungs- und Lebensfragen.

[4] Besonders hilfreich waren für mich die Arbeiten der Schüler von *Elsa Gindler*, z. B. *Charlotte Selver* (vgl. Literaturverzeichnis unter *Charles V. W. Brooks*) und *Lily Ehrenfried*.

den „passenden Moment" nannte, läßt sich herbeiführen durch Fragen wie etwa die folgenden:
Wo fühlt sich dein Körper kalt an und wo warm?
Wie ist die Grenze zwischen kalt und warm beschaffen?
Bewegt sie sich? In welcher Richtung?
Mit erstaunlicher Genauigkeit können die meisten Klienten auf diese Fragen antworten und tun es meistens gern. Falls sie nicht laut antworten, ist es damit getan, daß die Aufmerksamkeit nach innen gewendet wurde. Die Entleerung des Bewußtseins, die Bedingung ist für das Gelingen dieses inneren Spürens, erscheint bei vielen Menschen wie eine lange entbehrte Wohltat. Die Entleerung und Innenwendung nimmt zu bis zum Augenblick der größtmöglichen Leere. Was hier passieren kann, will ich an einem Beispiel aus einem Workshop unter der Leitung von *Ron Kurtz* berichten.

A., eine Frau von etwa vierzig Jahren, bat um Hilfe. Sie war eine schlanke, elastische Erscheinung, und in ihrer Nähe konnte einen das Gefühl überkommen, daß sie innerlich gespannt ist wie ein Bogen. Eine Unachtsamkeit, ein verkehrtes Wort schien zu genügen, daß sie losschnellte. Ron verhalf ihr zu innerer Achtsamkeit, was bei A. den Wunsch hervorbrachte: Ich will mit dem Kopf durch die Wand. Ron begann, dieses Bild im Raum zu arrangieren. A. stellte sich gegenüber der Wand auf, wählte sorgsam Abstand und Körperhaltung, gab einigen Helfern Anweisungen, wie sie wünschte, gehalten zu werden; bestimmte selbst den Augenblick, in dem sie alle Kraft aufwandte, um mit zwischen die Schultern gezogenem Kopf die Wand zu durchbrechen. Der Versuch war für A. körperlich ohne Risiko, denn gut instruierte Helfer gaben ihr Sicherheit. Aus dieser Sicherheit und aus der einhergehenden Entleerung des Bewußtseins wurde ein neues Bild geboren: „Ich durchbreche die Wand und erblicke dahinter wieder eine Wand und dahinter wieder eine." Wie eine Welle breitete sich über A.'s Gesicht und Körper die Wirkung der Botschaft aus, die sie aus diesem Bild zog: *Auf diese Weise ist sowieso kein Durchkommen. Also habe ich erst einmal Zeit, um auszuruhen und einen anderen Weg ausfindig zu machen.*

In diesem Prozeß gab es eine doppelte Bewußtseinsleerung, die beiderseits vielleicht nur Sekundenbruchteile dauern mußte, um Wirkung zu haben. Auf der Seite des Therapeuten lag dieser Augenblick vermutlich da, wo er die Empfindung des gespannten Bogens körperlich nachvollzog und so die der Klientin innewohnende Tendenz erfuhr. Damit war er in der Lage, die beschriebene Übung richtig anzusetzen. Bei A. war es der Augenblick, als die phantasierte Wand aufbrach und ein neuer Bewußtseinsinhalt einbrechen konnte: So geht es nicht, aber vielleicht anders.

Das Bewußtsein wird gestärkt durch Entleerung, das erinnert an die Wirkung des Fastens oder Aderlassens, klingt simpel und etwas altmodisch. Jedoch wird kein moderner Mediziner die Wirkung jener Verfahren leugnen, worauf es hier ankommen soll.

Das weiter oben angeführte chinesische Weisheitsbuch lehrt die Kunst der Entleerung des Bewußtseins. „Bewußtsein löst sich in Schauen auf", heißt es, und *Jung* versucht in seinem Vorwort, diesen Vorgang aus dem Mystisch-Unverständlichen herauszuheben:

„Es handelt sich hier um eine Wirkung, die ich aus meiner ärztlichen Praxis sehr gut kenne, es ist die therapeutische Wirkung par excellence..." (Jung 1948, 50)

Ich halte es nicht für lohnend, *Jungs* Darstellung hier nachzuzeichnen, denn er führt den Leser einen verwickelten Weg durch die psychischen Regionen des Bewußten und Unbewußten. Wesentlich ist, daß der Weg der Selbstfindung in *Jungs* Betrachtung im „Selbst" mündet, das ist ein „virtueller Punkt zwischen dem Bewußten und dem Unbewußten". Ich fasse das wohl richtig auf, wenn ich sage, daß das Selbst Bewußtes und Unbewußtes vereint. Ich komme zu der Einsicht, daß nicht etwa die Quantität des Bewußten im Verhältnis zum Unbewußten psychische Gesundheit ausmacht, sondern ob die Grenze zwischen beiden Feldern durchlässig ist, ob der Mensch in der Lage ist, bei Bedarf die Grenze zu überschreiten. Wir kommen darauf noch zurück.

Der Therapeut stützt die körperliche Abwehrhaltung

Wie trete ich als Therapeut nicht-handelnd in einen Dialog mit dem Klienten? Und wie soll die Kommunikation aussehen, die den Körper einbezieht?

Jeder Therapeut gleich welcher Richtung vermag die Erfahrung zu machen, daß er sich körperlich auf den Klienten bezieht. Da mag in der Therapie der Wunsch aufkommen, dem Klienten über den Kopf zu streichen, ihn (oder sie) in den Arm zu nehmen oder aufmunternd auf die Schulter zu klopfen; oder aber die Nähe eines Klienten macht mir spürbares Unbehagen, ich würde ihm (oder ihr) am liebsten die Faust zeigen oder ihn mit einem Tritt hinausbefördern. All das unterbleibt zumeist, weil wir diese schönen oder weniger schönen Impulse handelnd unterdrücken. Andererseits wäre auch das Gegenteil, die entfesselte Spontaneität oder Handgreiflichkeit kaum eine Sache mit therapeutischer Wirkung. Bei der Frage nach der Art des therapeutischen Körperkontakts mögen zwei Annahmen weiterhelfen:

Erstens: Der Kontakt richtet sich ausschließlich nach den Bedürfnissen des Klienten.
Zweitens: Die therapeutische Begegnung führt also auf eine andere Zeit- und Bewußtseinsebene.

Zur ersten Annahme. *Ron Kurtz* liebt es, zur Beschreibung der grundsätzlichen Haltung des Therapeuten eine Zen-Geschichte zu erzählen. Es ist die Parabel vom leeren Boot. Wenn auf einem Teich Boote unterwegs sind, mag es passieren, daß zwei zusammenstoßen. Dann gibt es ein großes Geschrei, die beiden Bootsführer werden sich gegenseitig wegen des Malheurs bezichtigen. Wenn aber ein leeres Boot auf dem Teich treibt und es kommt zu einem Zusammenstoß mit einem bemannten, wird es anders gehen: Der Bootsführer bleibt stille und forscht bei sich selber nach, wie es zu dem Ungeschick kommen konnte.

Lassen wir also den Therapeuten die Eigenschaften des leeren Bootes annehmen, so ergibt sich: Er bewegt sich ohne Antrieb und festgelegte Richtung, reagiert aber sehr fein auf jede äußere Krafteinwirkung. Sollte es zu einem „Zusammenstoß" kommen, einem Konflikt zwischen Therapeuten und Klienten, ist die Frage nach dem Schuldigen müßig. Schon dadurch, daß einer von beiden sich von inneren Antriebskräften frei macht (dieser eine ist der Therapeut; sollte sich der Klient besser auf diese Kunst verstehen, kehrt sich das Verhältnis der beiden um, der Klient wird zum Therapeuten), wird der Kontakt harmonisch und spielerisch. Da eignet sich der Vergleich mit einem Tanzpaar, wo die anpassungsfähige Dame mehr zum Gelingen des Tanzes beitragen kann als der Herr trotz seines Selbstbewußtseins, der „führende" Teil zu sein.

Aus dem Gesagten läßt sich schon die Frage beantworten, wie ich mit den Widerständen, die der Klient gegen den Therapeuten und gegen das Gesundwerden entwickelt, umgehe. Dieser Widerstand ist keine Besonderheit, sondern eine Bedingung der Therapie; hätte der Klient seinen Widerstand gegen das Gesundwerden nicht, bräuchte er keinen Therapeuten aufzusuchen. Damit verliert der Widerstand seine Exklusivität, und das Sonderinteresse, das ihm im allgemeinen geschenkt wird — bei jeder Diagnosestellung beispielsweise — wird hinfällig[5].

---

[5]) In einem anregenden Beitrag hat *Arnold Mindell* (vgl. Lit.verzeichnis) das Konzept des Widerstandes für hinfällig erklärt. Er führt die Überlebenskraft des Konzepts vor allem auf das Bedürfnis des Therapeuten zurück, das Unbekannte, Unberechenbare mit einem Namen zu belegen und somit in gesicherten Rahmenbedingungen arbeiten zu können.

Durch eine nachgiebige Haltung bin ich in der Lage, mit dem Widerstand zu verfahren, ohne ihn bis ins letzte analysiert zu haben. Damit ist seine Präsenz und Wirkung akzeptiert. Mehr noch: Durch mein Nicht-Handeln ermutige ich den Klienten, seinen Widerstand ganz zur Geltung zu bringen, sich mit ihm zu identifizieren, so weit er es kann. Im Augenblick der intensivsten Abwehr kann es sein, daß der Widerstand verschwindet — ein Paradoxon, dessen theoretische Ergründung ich hier nicht wagen will. Die Bestätigung durch die praktische Erfahrung mag zunächst genügen.

Ich hatte als Klientin eine vierzigjährige Frau, die sich seit Jahren in ihrer Ehe unglücklich fühlte und mit sich rang, ob sie ihren Mann und ihre halbwüchsige Tochter verlassen sollte. Sie war mit der Diagnose „Depression" in nervenärztlicher Behandlung gewesen. In der ersten Sitzung türmte sie die Probleme, mit denen sie kämpfte, zu einem riesigen Berg vor sich auf, der unüberwindlich scheinen mußte, und äußerte Selbstmordgedanken. In der zweiten Stunde war sie soweit heimisch geworden, daß ich entschied, ihr Hilfen zu geben zur Erlangung innerer Achtsamkeit. Wir arbeiteten im Sitzen, und ich leitete sie mit einigen Fragen zum Gewahrwerden der bei ihr kritischen Körperregionen Schulter und Hals an. Dann setzte ich ein Wortexperiment an[6].
Th: Bitte geben Sie mir durch Kopfnicken zu verstehen, wenn Sie so weit sind, daß Sie ein paar Worte von mir aufnehmen wollen.
(Sie nickt nach einer Weile.)
Lenken Sie Ihre Aufmerksamkeit auf das, was passiert, wenn ich Ihnen jetzt die Worte sage: Du schaffst es.
(Die Reaktion der Klientin verriet eine innere Ambivalenz. Im ersten Augenblick schien eine Spannung abzufallen, der Brustkorb hob sich, der Hals hob sich aus den Schultern. Dann aber setzte sich eine Verhärtung durch, die wie Trotz wirkte.)
Th: Das hören Sie wohl nicht gern.
Kl: Nein, solche Beschwichtigungen höre ich schon seit Jahren, die helfen mir nicht.
Th: Möchten Sie versuchen, diesen Satz aufzubessern, so daß er für Sie akzeptabel wird.
(Sie ist etwas erstaunt, läßt sich aber dann darauf ein.)
Kl: Du schaffst es, wenn Du das Richtige tust.
(Die Klientin bekommt nun diesen Satz zu hören. Kaum daß er ausgesprochen ist, fällt sie ein und schüttelt dabei die rechte Faust.)
Kl: ...aber was ist das Richtige?

Mit dem Schütteln der Faust gab die Klientin ein überaus deutliches Signal, daß in ihrer Innenschau das Hemmnis ihrer Entwicklung in greifbare Nähe gerückt war. Es war der Augenblick des befreienden Schlags gekommen, gleichzeitig signalisierte die zur Brust hin einwärts gekrümmte Faust den Widerstand dagegen. An dieser Stelle entschied ich, der Klientin eine Übung vorzuschlagen. Ich würde ihre Faust in

---

[6] Die hier angewandte Technik des Wortexperiments stammt von *Ron Kurtz* und heißt bei ihm „probe", die nachfolgend beschriebene körperliche Übung geht auf das von ihm entwickelte „active taking over" zurück.

dieser einwärts gekrümmten Haltung gut festhalten, und sie könnte die Faust schütteln, so fest sie will, und dabei acht geben, wogegen die geballte Faust gerichtet ist. Sie war einverstanden. Sie ruckte mit der Faust, zuerst schwach, dann, als sie sich vergewissert hatte, daß ich festhalten würde, so stark, daß sie freikam. Augenblicklich brach sie ab und begann unter Tränen zu erzählen: „Mir stand plötzlich die Situation vor Augen, wie sie sich zu Hause mehrfach abgespielt hat. Ich bin allein und so voller Wut, daß ich Porzellan nehme und auf dem Boden zerschmeiße und dann einen Zwang spüre, mich in die Scherben zu werfen." Die Tränen wirkten wie ein Bindemittel, das ihre bis dahin nie ausgesprochene Wut und ihre Wendung zur Selbstzerstörung integrierte. Beim nachträglichen Gespräch kam die Klientin zu der Feststellung, sie müsse zunächst ausziehen, um sich zu retten.

Nun hat der Therapeut in dieser Behandungsepisode aus äußerlicher Sicht sicherlich gehandelt, er war jedenfalls mehr als nur nachgiebig. Was bleibt da von dem Vorsatz des Nicht-Handelns?

Wir haben weiter oben schon Nicht-Handeln präzisiert als größtmögliche Übereinstimmung zwischen therapeutischer Aktivität und den Bedürfnissen des Klienten. Diese Bedürfnisse sind in den seltensten Fällen einheitlich, bei den Menschen, die psychologische Hilfe in Anspruch nehmen, sind sie oft in drastischer Weise gegenläufig. Wie soll sich der Therapeut gegenüber diesen widerstreitenden Kräften verhalten?

Betrachten wir unser Beispiel. Das Wortexperiment (Du schaffst es) war durch das unbestimmte „es" eine Einladung für die Klientin, ihren Sinn hineinzulegen. Gleichzeitig aber war es für einen Teil der Person eine Konfrontation, denn ihre Haltung drückte (körperlich und in ihren Überzeugungen) aus: „Ich schaffe es nicht." Der Therapeut hat sich mit einer der beiden im Innern der Klientin wirkenden Stimmen identifiziert, um den Inhalt des Dialogs und die angestrebte innere Entscheidung für die Klientin deutlicher werden zu lassen. Dabei ist es keine prinzipielle Frage, daß der Therapeut diesen Part des Dialogs übernommen hat, eher eine Frage der Zweckmäßigkeit. Es ist etwa so, wie man ein im Morast festgefahrenes Auto bewegt: Man kann in Richtung der Schwerkraft oder in Richtung der Motorkraft schieben — beides hilft, das Auto freizuschaukeln. Das Resultat des „Freischaukelns" lautete in unserem Beispiel: Ich schaffe es, wenn ich das Richtige tue — sicherlich ein Schritt voran in der Selbsteinschätzung dieser Klientin.

Diese Technik folgt dem gleichen Geist wie die chinesische Kampfkunst des *T'ai Chi Ch'uan*, bei der sich zwei Übende mit bloßen Händen gegenüberstehen. In einer Unterweisung heißt es für den Fall, daß der Gegner keine erkennbare Bewegung macht:

„Wenn sich der Gegner nicht bewegt, bewege ich mich auch nicht. Das bedeutet, daß man entspannt, aber aufmerksam abwartet, bis der Gegner seine Kräfte zeigt. (...) Die Hände hastig und unkontrolliert in Stellung bringen, auf und ab schauen nach einer Chance, den Gegner zu treffen — das ist keineswegs die richtige Methode. Das dürfte einleuchten. Einige fragen aber, was sie tun sollen, wenn sich der Gegner durchaus nicht bewegt. In diesem Fall kann man eine Hand in einem Scheinangriff vorwärts bewegen und so den Gegner ein-, zwei-, oder dreimal herausfordern. Dann wird er sich bewegen müssen."

(*Liang* 1977, eigene Übersetzung a. d. Amerikanischen)

Es handelt sich beim *T'ai Chi Ch'uan* mehr um eine Körperschulung als um einen Kampfsport. Die Übenden lassen sich weniger von dem Gedanken des Sieges, mehr von dem Gedanken der Selbstvervollkommnung leiten. Darum scheint mir der Vergleich mit unserer therapeutischen Situation aufschlußreich.

Die körperliche Übung der festgehaltenen Faust folgt (ebenso wie die weiter oben berichtete Übung des Festhaltens vor der Wand) der Regel: Nimm dem Klienten die Mühe seiner körperlichen Abwehrhaltung (die seinem psychischen Widerstand entspricht) ab. Manchmal wird die Entscheidung nicht eindeutig zu treffen sein, was Abwehrhaltung und was die gegenläufige Tendenz ist. Es ist auch gar nicht von prinzipieller Bedeutung, ob der Therapeut die „richtige" Seite stützt. Wichtiger ist, daß ein Prozeß stattfinden kann an eben der Stelle, wo der Klient erstarrt war. In unserem Falle war der Impuls zum Fäusteballen und Zuschlagen als befreiend anzusehen. So bestand die Aufgabe des Therapeuten darin, die Befreiung sich vervollkommnen zu lassen, alle Energie des Klienten für die befreiende Handlung frei zu machen. Folglich übernimmt der Therapeut die Arbeit der inneren Hemmung, die den Arm zuerst lediglich zucken ließ. Mit anderen Worten, er macht die Situation für den Klienten sicher, so daß er seine ganze Aufmerksamkeit auf den inneren Prozeß richten kann.

Das ist der Sinn des Nicht-Handelns im therapeutischen Prozeß: Der Therapeut bringt nichts Neues ins Spiel, er forciert nichts und hält nichts auf. Er nimmt lediglich teil an einem Prozeß, der ohnehin passiert.

In dem Augenblick, als die Klientin die Befreiung erlebte, wechselte sie auf eine andere Bewußtseinsebene über. Wir kommen damit auf die zweite der oben gemachten Annahmen zurück. Es ist eine Tendenz im Bewußtsein zu beobachten, daß als Folge befreiender und entspannender körperlicher Erlebnisse Zeit- und Ortswechsel stattfinden. Es können biographische Situationen ins Bewußtsein treten (die Frau in ihrer

Küche) oder symbolisch verschlüsselte Bilder auftreten (hinter dieser Wand sind immer wieder Wände). Meistens enthält dieser neue Bewußtseinsinhalt einen Wink an den Klienten, der sich ihm ohne große Mühe erschließt. Es ist für mich immer wieder erstaunlich, welche Weisheit in diesen Weisungen liegt. Sie sind ausgewogen, sofort realisierbar und berücksichtigen auf das feinste die Kräfte und Möglichkeiten des Klienten.

Ich will dazu eine eigene Erfahrung berichten. Vor etwa einem Jahr begann ich, mich mit dem Gedanken zu tragen, meine damalige Arbeitsstelle aufzugeben. Es war eine angenehme Arbeit in sicherer und selbständiger Stellung, und doch hatte ich das Gefühl, daß sie mich auf Dauer einschränkte. In dieser Zeit nahm ich an einem körperorientierten Workshop teil. Ein Helfer übernahm die Aufgabe, mir das Gewicht meines Kopfes abzunehmen, indem er ihn in den Händen trug, d. h., er übernahm die Funktion der Kraft in mir, die den Kopf oben hält. Damit war mir die Sicherheit gegeben, nicht „kopflos" zu werden. Ich verspürte eine Neigung, den Kopf wie in einer Demutshaltung zu senken, dem wurde nachgegeben, dann entstand in mir ein Bild: Ich sinke auf den Grund des Ozeans hinab, wo mich ein Schatz erwartet. Es hat aber keine Eile, ihn zu bergen.

Für mich lag darin die Erfahrung: Wenn ich den Lauf meines Lebens mit Demut betrachte (was ich nur selten wage), finde ich, daß mein Glück mir sicher ist. Es ist also nicht nötig, gegen die Zeit zu arbeiten und Lösungen erzwingen zu wollen. Ich will herausstreichen, daß es unwichtig ist, welche Bedeutung der Therapeut in einem solchen Bild sieht. Nur der innere Dialog des Klienten zählt, und der Therapeut kann zufrieden sein, wenn er geholfen hat, daß der Dialog zustande kam.

Damit hoffe ich, der zu Beginn gestellten Frage nach dem Geheimnis, das in der intuitiven Handlung eines liebenden Menschen liegt, näher gekommen zu sein. Die therapeutische Beziehung steht natürlich unter einem anderen Vorzeichen als dem der Liebe, es geht um Wirkung — Heilung. Mir lag daran zu zeigen, daß das eine, die heilende Wirkung, nicht ohne das andere, die gleichsam liebende Einfühlung, bestehen kann.

Zu dieser Frage möchte ich noch einen Mann zu Wort kommen lassen, der vor zwei Generationen dies schrieb:

„Man muß sich ganz in den Dienst des Kranken stellen, jeden Ausdruck seines Bewußten und Unbewußten und Vegetativen beachten und als Befehl oder Verweis zur Richtschnur des ärztlichen Handelns machen. Der Kranke allein weiß, wie er behandelt werden muß; freilich nicht sein Bewußtes, auch sein Unbewußtes reicht dazu nicht aus, aber sein Es weiß es, und es gibt seine Wünsche und Bitten deutlich kund, deutlich für den, der dienen will und kann, deutlich in bewußten, unbewußten und vegetativen Vorgängen (...)

Der Arzt muß die Sprache des Es nicht nur verstehen, er muß sie selber sprechen, mit Bewußtsein sprechen. Dann wird sich in ihm auch die Fähigkeit ausbilden, zu dem Kranken in der Sprache des Unbewußten und Vegetativen zu reden, nicht als Kranker, sondern als Arzt, als Mensch, der gelernt hat, solche Sprachen zu sprechen und dabei gesund zu bleiben." (Groddeck 1966, 224)

Mit *Georg Groddeck* hatten wir einen Arzt, der die Sprache des Körpers beherrschte und nicht der Versuchung unterlag, sein großes Wissen zur Manipulation des Patienten zu mißbrauchen. Sein „Es" bezeichnet das, was in diesem Beitrag „inneres Lebensgesetz" und „Dau" genannt wird[7]. Dieses Zusammenfallen mag einen doppelten Brückenschlag symbolisieren: So wie die geistigen Welten des Westens und des Ostens einander zu ihrer Vervollständigung bedürfen, braucht unser Alltagsbewußtsein die Fühlungnahme mit seinem namenlosen Begleiter.

---

[7] „Das Es lebt den Menschen, es ist die Kraft, die ihn handeln, denken, wachsen, gesund und krank werden läßt, kurz, die ihn lebt." Vgl. Lit. verzeichnis *Groddeck* 1981, 259.

Literatur

Brooks, C. V. W.: Erleben durch die Sinne, in der deutschen Bearbeitung von *Charlotte Selver*, Paderborn: Junfermann, 1979.

Ehrenfried, L.: Körperliche Erziehung zum seelischen Gleichgewicht. Somato-Therapie — ein vergessener Heilfaktor, Berlin: Heenemann, 1957.

Groddeck, G.: Psychoanalytische Schriften zur Psychosomatik, hrsg. von *G. Clauser*, Wiesbaden: Limes, 1966.

Groddeck, G.: Das Buch vom Es, Frankfurt: Fischer, 1981.

Jung, C. G.: Kommentar zu „Das Geheimnis der Goldenen Blüte", übersetzt und erläutert von *R. Wilhelm*, Zürich: Rascher, 1948. Auch in: Werke Bd. 13. Olten: Walter, 1974.

Laudse: Daudedsching (Lao-tse: Tao-te-king), übersetzt und kommentiert von *E. Schwarz*, München: dtv, 1980.

Liang, T. T.: T'ai Chi Ch'uan for Health and Self-Defense, New York: Random House, 1977.

Meister Eckehart: Deutsche Predigten und Traktate, übersetzt von *J. Quint*, München: Hanser, 1963.

Mindell, A.: Widerstand und Körper — Überlegungen aus Jungianischer Sicht, *Integrative Therapie*, 1981, Heft 2-3, 197-203.

Zur Ausbildung von dynamisch orientierten Leib- und Bewegungstherapeuten

Hilarion Petzold, Düsseldorf

1. Leib- und Bewegungstherapie

Die Verfahren dynamisch orientierter Leib- und Bewegungstherapie sind noch relativ jung, zumindest was die differenzierte Ausarbeitung in Theorie, Praxis und Lehre anbelangt. Unter dem Oberbegriff Bewegungs- und Körper- bzw. Leibtherapie werden eine Reihe Verfahren zusammengefaßt, die vom Grundaxiom ausgehen, daß der Mensch der jeweilige Leib *ist*. Bewegung ist Leben, und da die Grundlage aller Lebensprozesse und -äußerungen (auch der kognitiven und emotionalen) der Leib ist, wird er von den bewegungstherapeutischen Verfahren zum Ausgangspunkt des therapeutischen Handelns gemacht; dabei wird ein komplexer, integrativer Leibbegriff zugrunde gelegt (vgl. *Petzold*, 1985 und dieses Buch), der den Leib als Zeit-Leib, als Raum-Körper, als Social-body, als Rollen-Leib, als Traum-Leib, als metaphorischen Leib auffaßt.

Die Verfahren psycho-physischer Leib- und Bewegungstherapie vertreten demnach ein integratives Konzept. Sie sind Somatotherapie, Psychotherapie, Nootherapie und Sozialtherapie zugleich und beziehen, wo erforderlich und möglich, ökologische Interventionen mit ein.

Eine Fragmentierung des Menschen, eine Trennung des Menschen von seiner *relevanten Umwelt* wird damit genauso abgelehnt wie die Subjekt/Objekt-Spaltung, der Leib-Seele-Parallelismus, die Trennung von Innen und Außen. Es wird vielmehr ein ganzheitliches, systembezogenes Denken vertreten, das durch die „Verschränkung von Innen und Außen" (*Waldenfels* 1976), die Verbundenheit von Figur und Grund, die wechselseitige Bezogenheit von Mensch und Umwelt gekennzeichnet ist.

Verfahren, die derartig komplexe Zielsetzungen verfolgen, müssen in ihren Ansätzen *offen* sein. Die Polymorphie der Wirklichkeit erfordert in jedem Moment neue Wahrnehmung und Speicherung, neue Verarbeitung, neue Handlung, erfordert beständige Integration und Kreation, Anpassung und Veränderung. Die Offenheit des Systems ist konstitutives Element, das dogmatischer Festschreibung entgegensteht. Methodenübergreifendes Denken, komplexes Wahrnehmen von Situationen und ihre kreative Strukturierung und Handhabung wird damit *conditio sine qua non*. Für einen Therapeuten, der ein solches Verfahren erlernen will, wird Offenheit gegenüber Neuem, eine komplexe Sicht des Lebens und ein Erschließen der eigenen kreativen Potentiale erforderlich. Eine Ausbildung muß deshalb darauf gerichtet sein, diese *Kompetenzen* zu fördern und ihre Umsetzung in Handeln, ihre *Performanzen* zu entwickeln. Es werden im folgenden Konzepte dargestellt, die in der Ausbildungspraxis der „Integrativen Bewegungstherapie" in den vergangenen 15 Jahren am „Fritz Perls Institut", Düsseldorf/Mainz entwickelt wurden.

2. Ziele und Inhalte der Ausbildung

Ziele und Inhalte von Ausbildungen in den „angewandten Humanwissenschaften" z. B. Psychotherapie, Soziotherapie/Sozialarbeit, Pädagogik sind wesentlich von den sie begründenden metatheoretischen Ansätzen geprägt: der jeweiligen Erkenntnistheorie, Wissenschaftstheorie, Kosmologie, Anthropologie, Gesellschaftstheorie, Ethik. Auch wenn diese theoretischen Hintergrundsdimensionen nicht für jedes Verfahren explizit ausformuliert sind, so sind sie doch als Implikate *präsent*. In diesem Sinne ist Leib- und Bewegungstherapie, ähnlich wie die schon genannten Ansätze und Verfahren, „angewandte Anthropologie" und in gleicher Weise „angewandte Gesellschaftstheorie". Das Maß an Reflexion auf den metatheoretischen Hintergrund bestimmt selbstverständlich die Gewichtung von Lernzielen und -inhalten. Man kann Körpertherapie ohne direkten Einbezug gesellschaftspolitischer Dimensionen betreiben, aber man steht dabei in Gefahr, wohlmeinend und unbeabsichtigt zum Handlanger der *Macht (Foucault* 1978) zu werden, zum Promotor weiterer *Verdinglichung (Kamper, Wulf* 1982). Es ist das Verdienst von *Wilhelm Reich*, die unlösbare Verbindung von Politik und Körper, von Herrschaft und Sexualität, von leiblicher Arbeit und Interessen erkannt und herausgestellt zu haben. Die „Neuen Körpertherapien" haben sein Erbe nicht aufgegriffen, sondern tendieren eher dazu, die „Politik des Körpers" zu negieren (*Petzold* 1981b). Aus dem Wissen um die Dimension des „social body", um die Gefahren der Verdinglichung, die Konditionen, die den Leib zum Schweigen gebracht haben (*Kamper, Rittner* 1976), sowie um die Verwertung des Leibes als „Ware" folgt, daß leib- und bewegungstherapeutische Verfahren diese Dimensionen einbeziehen müssen, und zwar sowohl was die Ausbildung von Therapeuten als was die Praxis der Behandlung anbetrifft. Es geht dabei im wesentlichen um das Stellen dieser Fragen, da Lösungen jeweils neu für konkrete Menschen und Situationen gefunden werden müssen, durch Korrespondenzprozesse, an denen alle Betroffenen beteiligt sind (*Petzold* 1978). Nur so kann einer weiteren Verdinglichung entgegengesteuert werden, die Lösungen für Menschen verfügt, anstatt sie mit ihnen dialogisch, korrespondierend, im Miteinander zu erarbeiten.

Neben der metatheoretischen Grundlegung von Zielen und Inhalten werden diese von *realexplikativen Theorien* bestimmt. Persönlichkeitstheorie, Entwicklungstheorie, Theorien zur Pathologie und zur Gesundheit, zur Bewegung, über Gruppen usw. Schließlich werden Ziele und Inhalte von der *praxeologischen Theorie* bestimmt, etwa einer Interventionslehre, Theorie des psychotherapeutischen Prozesses, Theorien über Methoden, Techniken und Medien, über Anwendungsbereiche und Zielgruppen (*Herzog* 1982).

Weitere Grundlegung von Zielen und Inhalten ergibt sich aus den Erfordernissen der Praxis. Die Vielzahl von Zielen und Inhalten sind, auch wenn sie in den meisten psychotherapeutischen, soziotherapeutischen und bewegungstherapeutischen Ausbildungen nur zum Teil explizit gemacht werden, in der praktischen Vermittlung präsent. Aufgrund der Komplexität der Bereiche und des Faktums, daß diese nicht fragmentiert vermittelt werden können (die Fragmentierung von Zielen, Inhalten und Methoden in der pädagogischen Curriculumsplanung ist deren neuralgischster Punkt), sind besondere Formen der Vermittlungsmethodik erforderlich. Eine Lernzieltaxonomie im Sinne von Global-, Grob- und Feinzielen wirft für ein „ganzheitliches Lernen" große Schwierigkeiten auf, insbesondere wenn man versucht, Lernziele wie „Intuition, Mitmenschlichkeit, Solidarität, Wärme, Offenheit usw." zu operationalisieren. Die Ausbildungscurricula für dynamisch-orientierte Bewegungstherapeuten (*Kirchmann* 1979) beschränken sich deshalb im wesentlichen auf die Herausarbeitung von Grobzielen (*Becker* 1981, 15) und eine mehr *kursorische* Aufstellung von Fernzielen und Zusammenstellung von Lerninhalten, die spezifische Ausbildungsschwerpunkte betreffen.

2.1 Kompetenz und Performanz

Die Vermittlung eines psychodynamisch orientierten Therapieverfahrens zielt auf die Entwicklung von „Kompetenzen", die zum Handeln in der Praxis, zu „Performanzen" befähigen. Die Verwendung der aus der generativen Linguistik stammenden Kategorien „Kompetenz, Performanz" (*Chomsky* 1965) werden hier nicht im klassischen Sinne dieses Ansatzes verwandt, in dem die Performanz als „defizienter Modus des In-Erscheinung-Tretens der Kompetenz" gekennzeichnet wird (ibid.). Die kompetenztheoretischen Überlegungen von *Wunderlich* (1972), *Habermas* (1971) oder *Schmidt* (1973) greifen hier weiter, obwohl auch sie die mit der Dialektik Kompetenz/Performanz gegebenen Probleme nicht lösen (vgl. Hörmann 1978, 189ff.). Kompetenz wird hier verstanden „als die Gesamtheit der Fähigkeiten, die erforderlich sind, um bestimmte Ziele zu erreichen"; dabei sind die Ziele einerseits von metatheoretischen *Prämissen* (s. o.) und zum anderen vom jeweilig anvisierten *Lebenszusammenhang* bestimmt. Unter *Performanz* verstehen wir alle jene Fertigkeiten, durch die Kompetenzen in *sinnvolles*, praktisches Handeln umgesetzt werden können. Performanzen, die nicht in Kompetenz gegründet sind, stehen in der Gefahr, Chaos zu schaffen (etwa durch die Verwendung einer psychotherapeutischen *Technik*, ohne daß eine kompetente Einschätzung der Situation, des Krankheitsbildes, der psychischen Belastbarkeit des Patienten vorliegt). Kompetenzen ohne angemessene Performanz stehen in ähnlicher Weise in Gefahr, in Unangemessenheiten zu führen (das theoretische Wissen um Neuroseformen und Krankheitsbilder ohne eine geschulte Intuition und Fähigkeit, dieses Wissen zu kommunizieren oder in Interventionen umzuformen, vermag in gleicher Weise einen Patienten zu überlasten oder zu schädigen).

Im Hinblick auf psychotherapeutisches, soziotherapeutisches sowie leib- und bewegungstherapeutisches Tun sind Kompetenz und Performanz nicht zu trennen. Sie können einander nicht nachgeordnet werden, sondern sie stehen „in gleichem Rang", sie bilden die unlösbare Bezogenheit von *Theorie* und *Praxis* im Sinne eines persönlichen Wissens und Vermögens. Im konsistenten Handeln eines Therapeuten geschieht eine *Synergie* von Kompetenz und Performanz.

Gerade im therapeutischen Sektor wird der aufgezeigte Doppelaspekt von Kompetenz und Performanz zu einer Grundlage jeglichen Ausbildungskonzeptes werden müssen. Die Theorie im Sinne „rein akademischen" Wissens reicht nicht aus. Die Praxis „rein pragmatischen" Trainings bleibt unzureichend. Die Einheit von Theorie und Praxis ist bei allen „angewandten Humanwissenschaften" als Formen „angewandter Anthropologie und Gesellschaftstheorie" unabdingbar, denn es handelt sich um „sinngeleitetes" Tun mit und zwischen Menschen (*Petzold* 1980). Damit rückt der Aspekt des kommunikativen Handelns, die „kommunikative Kompetenz" (*Habermas* 1971; 1981) in den Blickpunkt: Das Handeln selbst, das Miteinandersprechen selbst, das Einanderverstehen selbst, wird Gegenstand des Lernens. Eine solche Auffassung muß unmittelbare methodische Konsequenzen für eine Didaktik therapeutischen Handelns haben. Sie muß über sachorientierte Ziele und Inhalte hinausgehen und entfremdete institutionelle Zusammenhänge transzendieren; es ist erforderlich, einen lebensbezogenen Stoff in einem lebensbezogenen Kontext lebendig, dialogisch, intersubjektiv zu vermitteln (*Besems* 1977). Für die universitäre Lehre therapeutischer Verfahren muß die Frage nach ihrem *„Sitz im Leben"* gestellt werden, nach dem Praxisbezug, nach der Arbeit mit Patienten und weiterhin die Frage der Selbsterfahrung, der Reflexion auf die Bedingungen des eigenen „So-geworden-Seins" sowie des Erspürens der eigenen Dimension von Leiblichkeit. Es wird weiterhin die Frage nach der „kommunikativen Erfahrung" zu stellen sein, wie nämlich Wissen im gemeinsamen Erleben in Form interpersonaler Ereignisse gewonnen wird, wie in Korrespondenzprozessen Konsens über Erfahrungen gewonnen wird, der sich in Konzepten niederschlägt, die wiederum handlungsleitend werden und zu Kooperationen führen (*Petzold* 1978).

In gleicher Weise müssen außeruniversitäre Ausbildungen befragt werden, wobei sich hier noch Probleme der Anbindung vermittelter Inhalte an „Traditionen des Wissens" ergeben, damit nicht eine Trennung der Praxis von der Theorie erfolgt. Weiterhin ist das Problem der Verifikation des eigenen Tuns zu sehen, das sich der kritischen „empirischen" Überprüfungen zu unterziehen hat (wobei Empirie hier nicht einseitig positivistisch verstanden wird, sondern auch Formen qualitativer und aktionaler Forschungen einbezieht).

Auf diesem Hintergrund sind die Richtziele zu sehen, die für die Ausbildung dynamisch-orientierter Leib- und Bewegungstherapeuten ausgearbeitet wurden:

1. Förderung der personalen Kompetenz und Performanz
Personale Kompetenz ist die Fähigkeit der Person zu „komplexer Bewußtheit", d. h. ihre Möglichkeit, sich selbst im Umfeld wahrzunehmen und daraus folgend zu einer angemessenen Performanz zu gelangen: ihre Bedürfnisse und Interessen verantwortlich und adäquat zu regulieren, ihre Potentiale zu erhalten und zu entfalten und damit „Sinn" für das persönliche und gemeinschaftliche Leben zu gewinnen. Die Basis aller Lebensprozesse ist der Leib. Deshalb kommt der Förderung der Leibwahrnehmung und des Bewegungspotentials besondere Bedeutung zu. Personale Kompetenz besteht in der Fähigkeit zur Selbstwahrnehmung, Selbstregulation und Selbstverwirklichung im Leibe. Unter „Leib" wird in Abhebung vom Körper als Objekt das „sujet incarné", die Person in ihrer psycho-physischen Ganzheit, verstanden.

2. *Förderung der sozialen Kompetenz und Performanz*
   Soziale Kompetenz setzt personale voraus und ist die Fähigkeit der Person, komplexe soziale Situationen adäquat wahrzunehmen und auf sie angemessen zu reagieren. Soziale Performanz beinhaltet die Fertigkeit, soziale Situationen aufzubauen, mit anderen Menschen und Gruppen in „Korrespondenz" zu treten, um auf diese Weise zu „Konsens" und „Kooperation" zu gelangen.

3. *Förderung der professionellen Kompetenz und Performanz*
   Im Bereich der angewandten Humanwissenschaften können professionelle Kompetenz und Performanz nicht losgelöst von der personalen und der sozialen betrachtet werden. Die Arbeit als Pädagoge, Bewegungs-, Psycho- oder Soziotherapeut setzt ein hohes Maß an personaler und sozialer Kompetenz voraus. Spezifisch verstehen wir unter professioneller Kompetenz und Performanz die Beherrschung der theoretischen Konzepte und praktische Fertigkeiten, die zu einer qualifizierten Ausübung der Profession erforderlich sind.

4. *Förderung des sozialen Engagements*
   Arbeit mit Menschen, sei sie nun agogischer, sozio-, bewegungs- oder psychotherapeutischer Ausrichtung, erfordert Engagement für die „Integrität" von Menschen, Gruppen, Lebensräumen; ohne dies wird sie ineffizient und fragwürdig. Die Bereitschaft der Person zu „engagierter Verantwortung", ihre Entscheidung, sich für die Belange anderer einzusetzen und im sozialen und politischen Bereich Initiativen zu ergreifen, soll entwickelt und gefördert werden*) (vgl. *Petzold, Sieper* 1976).

Eine nähere Ausarbeitung der einzelnen Kompetenz- und Performanzbereiche kann an dieser Stelle nicht geleistet werden (vgl. hierzu *Kirchmann* 1979). Als spezifisch für die Ausbildung von Leib- und Bewegungstherapeuten ist die Betonung der Leiblichkeit im ersten Richtziel hervorzuheben. Wobei Konzepte wie „Zwischenleiblichkeit" und „social body" mit im Blick bleiben müssen, um zu verdeutlichen, daß es sich nicht nur um ein solipsistisches „Gewahrsein" (*awareness*) handelt, sondern daß der Bezug zum zweiten Richtziel durch die Annahme des „Koexistenzaxioms" (Mensch ist man nur als Mitmensch) gegeben ist. Auch die soziale Kompetenz und Performanz ist an Leiblichkeit gebunden, an die Formen non-verbaler Kommunikation und die Fähigkeit, mit sozialen „Körperspielen" angemessen umzugehen. Das dritte Richtziel schließlich ist die Spezifizierung eines Bereiches, der in der Patientenarbeit als „Förderung alltagspraktischer Kompetenz und Performanz" bezeichnet wird: die Fähigkeit, seinen Alltag, sein berufliches und familiäres Leben zu meistern. Die „Profession" des Therapeuten wird im Rahmen von Ausbildungscurricula hier nur herausgehoben. Das vierte Richtziel verweist auf den Hintergrund

---

*) S. 3 der „Ausbildungsrichtlinien für Integrative Leib- und Bewegungstherapie" der „Deutschen Gesellschaft für Integrative Bewegungstherapie" und des „Fritz Perls Instituts", erhältlich: Brehmstraße 9, 4000 Düsseldorf, abgedruckt im Anhang bei *Kirchmann*, 1979.

des theoretischen und methodischen Konzepts leibtherapeutischer Arbeit, auf die Notwendigkeit, sich für den „unterdrückten und zerstörten Leib" zu engagieren. Macht man sich deutlich, daß die ultimative Form der Machtausübung und Unterdrückung über den Leib geschieht, der geknechtet, gefoltert, zerstückelt wird, so muß man zu politischen Aktionen kommen, die Verdinglichung des Körpers denunzieren und attackieren, Verdinglichung durch die modernen Formen der „*Leib*eigenschaft" als krankheitsauslösende Faktoren; aber auch die Selbstverdinglichung durch die Entfremdung vom Leibe sind Realitäten, die nicht nur auf der individuellen Ebene angegangen werden können. Die Sensibilisierung der Leiblichkeit für die *Identität von Leib und Person* läuft der *Macht*, den Interessen vieler Mächtiger zuwider; denn wenn erst die Einheit von Leib und Person erfahren wird und die Realität von leiblicher Koexistenz, wird es schwerer möglich, Leiber an Fließbändern zu verschleißen, in Großraumbüros auszutrocknen oder als Kanonenfutter zu verheizen. Aber nur Leibtherapeuten, die sich dieser Dimension bewußt sind und sie in ihrer Arbeit berücksichtigen, vermögen der Gefahr zu entgehen, durch unangemessene Entlastungen den Betroffenen Pseudohilfen zu geben, die an der wirklichen Misere nichts ändern (*Petzold* 1981 c).

3. Zur Didaktik der Therapieausbildung

Es ist ein Charakteristikum aller dynamisch orientierten Psychotherapieverfahren, *daß die Methode durch die Methode erlernt wird*. Im Prozeß der Selbsterfahrung mit der und durch die Methode wird der Ausbildungskandidat in die Integrative Bewegungstherapie eingeführt. *Das Verfahren wird Lernziel, -inhalt, -methode, Lernmedium zugleich*. In ihr und durch sie werden alle wichtigen Anliegen des Verfahrens, seine anthropologischen und metatheoretischen Hintergründe, seine theoretischen Konzepte, seine Methodologie und seine Techniken vermittelt und ebenso seine Sicht verschiedener Praxisfelder. Die damit erforderliche Didaktik basiert auf dem Erfahren individueller Prozesse am „eigenen Leibe", in der Wahrnehmung anderer Leiblichkeit und in der Erfahrung von Zwischenleiblichkeit. Die eigene Biographie, die eigene Sozialisation, das „Material" der eigenen Gruppenarbeit wird zum Gegenstand des Lehrens und Lernens. Der Prozeß der Aneignung ist äußerst komplex, so wie die persönliche und soziale Lebenswirklichkeit vielperspektivisch ist. Eine Aufspaltung in Teilaspekte, ein Ausfiltern einzelner Dimensionen, ein Herauslösen eingegrenzter Variablen würde die Gesamtheit der Erscheinungen zerstören. Es müssen daher Möglichkeiten „ganzheitlicher Aneignung" geschaffen werden.

In jeglicher therapeutischer Arbeit geht es darum, den *Sinn* von Szenen „leibhaftig" zu erleben und zu verstehen, wobei die Szenen der Innenwelt und die Szenen der Außenwelt nicht geschieden sind (*Waldenfels* 1978). Im Geflecht der Interaktionen artikulieren sich Gefühle, Lebensstile, Selbstkonzepte, Werte, wird Vergangenes als Memoriertes und Zukünftiges als Antizipiertes im Hier-und-Jetzt konkret: Szenen, die vielgestaltig sind. Die therapeutische Ausbildung führt über das Miterleben zur *Internalisierung von Szenen und Szenensequenzen*, die in das *Leibgedächtnis* eingegraben werden. Zu sehen, wie ein Therapeut mit einer hohen persönlichen, sozialen und professionellen Kompetenz und Performanz komplexe Lebenssituationen von Patienten und Patientengruppen strukturiert, führt zur Verinnerlichung von szenischen Abläufen, zu einem „szenischen Verstehen" (*Lorenzer* 1970) von Ereignissen. „Sitzungen" werden ganzheitlich gespeichert in der Selbsterfahrung. Gesehenes, Gehörtes, Fremdwahrnehmungen, Selbstwahrnehmungen, die Reaktionen des eigenen Leibes auf das Geschehen in der Szene ringsum wird „holographisch" gespeichert, und je konsistenter die Interventionsstrategien des Therapeuten sind, je kohärenter sein Verhalten, seine Regulierung von Nähe und Distanz sich erweist, desto prägnanter werden die verinnerlichten „Hologramme" (*Pribram* 1974, 1979). Es werden keine Details im Sinne analytischer Zergliederung gelernt, es können Atmosphären, Qualitäten ganzheitlich aufgenommen werden, die selbst noch am Detail haften. Es ist ein Charakteristikum des Hologramms, daß sich selbst noch aus dem Detail die Atmosphäre des Ganzen evozieren läßt (*Ferretti* 1977; *Franson* 1972). Eine Geste, eine Regung der Mimik fängt das Flair der Gesamtsituation ein, und so werden in späteren Situationen, in denen der Ausbildungskandidat selbst als Therapeut tätig wird, komplexe Muster aktiviert, wird szenisches Verstehen relevant, das differenzierte und angemessene Interventionen ermöglicht. Der Prozeß der Internalisierung von Szenen und Szenensequenzen, von Hologrammen und Hologrammfolgen (*Petzold* 1982a) ist der eigentliche Lernprozeß in der „Lehrtherapie". Es können die Vorgänge im Sinne der „social learning theory" (*Bandura* 1976) beschrieben werden mit Begriffen des imitativen und vikariellen Lernens, doch der holographische Prozeß der Aneignung ist noch komplexer. Er bezieht nicht nur Interaktionen ein, sondern die gesamte soziale Situation, den anwesenden ökologischen Raum und den „Binnenraum", d. h. das Leib-Gedächtnis, die vorgängige Erfahrung. Die Schulung und Ausbildung therapeutischer Empathie und Intuition wurzelt in Prozessen scharfer, differenzierter Wahrnehmung und der Fähigkeit, die so gewonnenen „Daten" mit dem eigenen Erlebnishintergrund biographischer und therapeutischer Selbsterfahrung zu verbinden sowie die so entstandenen „inneren Szenen" zur Strukturierung gegenwärtiger Szenarien zu verwenden.

Die Selbsterfahrungsprozesse, die das bewußte Erleben komplexer innerer und äußerer Situationen und ihrer Verschränkungen ermöglichen, machen dem Therapeuten in vermehrtem Maße seine „Archive" verfügbar. Er kennt seine alten Szenen — die guten wie die bedrohlichen — und kann sie für seine Interventionen nutzen und fruchtbar machen. Die Aneignung therapeutischer Skills geht einher mit der Aneignung der eigenen Leiblichkeit in all ihren Dimensionen, der eigenen Emotionalität, der eigenen Geschichte, kurz des eigenen Lebens. Die Aneignung der therapeutischen Skills von Prozeßwahrnehmung und Prozeßstrukturierung erfolgt durch die Internalisierung der Interventionen des Lehrtherapeuten, seiner Fähigkeit, *Sinn* freizusetzen und Zusammenhänge zu strukturieren.

Die Imitation komplexer Handlungsmuster in der therapeutischen Selbsterfahrung ist aber nicht „theorielos", bloße intuitive Praxis. Genauso wie in der sozialisatorischen Aneignung von Alltagshandeln Theorien über die Welt und über die Menschen impliziert sind — wenn auch im Sinne von Common-sense-Theorien vorwissenschaftlichen Charakters —, so sind in einer konsistenten Interventionspraxis von den metatheoretischen bis zu den praxeologischen Konzepten das „ganze Wissen" des Therapeuten und seines Verfahrens impliziert. Die „professionelle Intuition" basiert nicht nur auf Alltagserfahrung, sie inkorporiert einen „body of knowledge" klinischer Traditionen, theoretischer Reflexionen, neurosetheoretischer, entwicklungspsychologischer, anthropologischer Konzepte. Der Lehrtherapeut übermittelt in seinem Handeln auch seine „theoretischen Erfahrungen". Seine Intuition ist reflektiert, theoriebegründet. Die kreativen Strukturierungen sozialer Situationen sind nicht nur Alltagsskills. Sie resultieren in ihrer Prägnanz aus dem Bemühen, das eigene Handeln zu verstehen und zu durchdringen, um die in diesem Prozeß erkennbar gewordenen Sinnzusammenhänge wiederum in die Praxis zu integrieren. Es entsteht auf diese Weise ein beständiger Zuwachs der Kapazität, Sinn zu erfassen und zu interpretieren. Mit jeder Szene, die der Therapeut aus dem Leben eines Patienten aufnimmt und speichert, wächst der Horizont seiner Erfahrung, das Spektrum seiner Sichtweisen und die Möglichkeit, dieses Erfahrungswissen in Interventionen, in wirklichkeitsgestaltende Praxis umzusetzen. Die „Väter" humanistischer Psychotherapie,

Moreno und *Perls,* haben gerne ihre Arbeit als „Kunst", eine Sitzung als „a piece of art" bezeichnet, und dieser Anspruch ist nicht unbillig. Verfolgt man etwa die Entwicklung eines Komponisten wie Mozart oder Beethoven, so sieht man, daß mit der immer vollkommeneren Aneignung des musikalischen Universums, mit einer immer souveräneren Beherrschung der Musiktheorie, der Kompositionstechnik, der Instrumentierung ihre Werke an Reichtum und Tiefe gewannen. Ihre kreative Intuition steht auf einem reichen Grund.

Das Miterleben „guter" Lehrtherapeuten vermittelt „ihre Synthesen" genauso wie Eltern, die integrierte Persönlichkeiten sind und ihren Kindern „Vorbilder" im guten Sinne des Wortes werden, ein Stück ihres Erfahrungsreichtums vermitteln können. Das aber entbindet nicht von der persönlichen Aneignung. Der persönlichen theoretischen Durchdringung des Erlebten kommt deshalb besondere Bedeutung zu; die Reflexion des Geschehens im Therapieprozeß führt zum Erkennen des darin eingeschlossenen *Sinnes;* die Betrachtung von Erfahrungen, Interaktionen, Prozessen unter dem Blickwinkel verschiedener theoretischer Zugänge ermöglicht ein „Verstehen", das durch seinen unmittelbaren Praxisbezug nicht „rationalisierend" oder abgehoben ist, sondern die Konturen der Wirklichkeit schärfer hervortreten läßt. In der Ausbildung von Therapeuten bildet deshalb das *„processing",* das theoretisch-methodische Reflektieren von Ereignissen, von miterlebter Praxis einen didaktischen Kern. Es geschieht damit eine *„Synopse",* eine Zusammenschau, die über die Summe der Teilaspekte hinaus ein neues Bild ergibt.

Unter Zugrundelegung eines solchen komplexen Modells der Aneignung von Kompetenzen und Performanzen über die Selbsterfahrung, die kommunikative Erfahrung, die Theorieerfahrung kommt der Therapeut selbst in den Blick als das „wichtigste Instrument" der Therapie. Seine Resonanzfähigkeit, sein Potential zur holographischen Wahrnehmung und zur integrativen Intervention, seine personale, soziale und professionelle Kompetenz und Performanz sind die ultimative Kategorie des therapeutischen Prozesses. *Ferenczi* hat den Therapeuten als „katalytisches Ferment" bezeichnet, und *Freud* (1909, GW 8, 54 f.) hat diese Formulierung lobend aufgegriffen. *Perls* (1969a) bezeichnete den Therapeuten als „catalyst and facilitator". All diese Attributionen suggerieren „naturgegebene Eigenschaften". Aber diese Suggestion täuscht. Resonanzfähigkeit muß erworben werden. Mitschwingen-/Mitfühlen-Können kann nicht nur als „Talent" betrachtet werden, sondern ist Frucht ernsthafter Arbeit an sich selbst mit anderen und erfordert methodischen Fleiß. Die Aneignung dieser „Kompositionstechnik" erfordert theoretische Arbeit und praktische Arbeit an sich selbst (*Kutter* 1981; *Katz* 1965; *Cohn* 1975).

So kommt in der Therapieausbildung der Entwicklung der Persönlichkeit des Therapeuten die zentrale Bedeutung zu, der Persönlichkeit mit ihren intuitiven, mitmenschlichen, emotionalen, aber auch intellektuellen und theoretischen Fähigkeiten. Eine Therapeutenausbildung muß derartigen Erfordernissen Rechnung tragen.

4. Form und Modalitäten der Ausbildung

Die Ausbildung von dynamisch-orientierten Leib- und Bewegungstherapeuten ist eine Ausbildung für den Umgang mit Menschen, die in ihrer Lebensführung, in ihrer Selbstregulation, in ihren Sozialbezügen beeinträchtigt und gestört sind, oder, sofern es sich um agogische oder prophylaktische Gruppen handelt, für Menschen, die mit anstehenden Problemen umzugehen suchen oder ihre persönlichen Potentiale entfalten möchten. Wenngleich dabei dem Aspekt von Leiblichkeit und Bewegung besondere Aufmerksamkeit geschenkt wird, bleibt der gesamte Kontext zwischenmenschlicher Wirklichkeit gegeben. Eine Ausbildung muß dem Rechnung tragen. So kann vieles, was hier für die Ausbildung von Leib- und Bewegungstherapeuten ausgesagt wird, auch allgemein für die Ausbildung dynamisch-orientierter Psychotherapeuten und Soziotherapeuten gelten. Leib- und Bewegungstherapie ist keine Psychotherapie im strikten Sinne des Wortes, doch sie schließt in starkem Maße psychotherapeutische und soziotherapeutische Dimensionen mit ein. Dies schlägt sich auch in den Ausbildungskonzepten nieder.

Es wird in dieser Arbeit Bezug genommen auf die Struktur und den methodischen Ansatz verschiedener Ausbildungscurricula, insbesondere den Studiengang „spezielle Bewegungsagogik und Bewegungstherapie" an der Freien Universität Amsterdam, Interfaculteit Lichamelijke Opvoeding, sowie die von den Fachgesellschaften für Konzentrative und Integrative Bewegungstherapie durchgeführten berufsbegleitenden Ausbildungen (*Kirchmann* 1979, *Becker* 1981) und die von der Bundesanstalt für Arbeit geförderten Weiterbildungen für Bewegungs- und für Tanztherapie*.

Auch die Ausbildung der „Deutsch-österreichischen Gesellschaft für bioenergetische Analyse" weist eine Struktur auf, die dem hier darge-

---

*) Bundesanstalt für Arbeit, Verzeichnis der Einrichtungen der beruflichen Bildung (EBB), Nürnberg 1983.

stellten Konzept entspricht (*Frank* 1976). Die vergleichende Analyse der verschiedenen Curricula bildet die Grundlage der nachstehenden Ausführungen.

Auf dem aufgezeigten Hintergrund und dem vertretenen Ansatz, „die Methode durch die Methode zu erlernen", haben Ausbildungsgänge in dynamisch-orientierter Leib- und Bewegungstherapie zumeist folgende Schwerpunkte:

4.1 Selbsterfahrung

Die Begründung für die Notwendigkeit von Selbsterfahrung wurde schon dargelegt. Sie dient zur Schärfung des intuitiven Vermögens; sie ermöglicht dadurch, daß man „das eigene Schicksal kennt", aufkommende eigene Betroffenheit besser zu handhaben. Sie vermag den Therapeuten, soweit irgend möglich, davor zu bewahren, von eigenen archaischen Gefühlen überflutet zu werden und die Prozesse der Patienten zu kontaminieren. Selbsterfahrung lehrt, die eigenen „wunden Stellen", den eigenen „Schatten" wahrzunehmen. Sie verhilft, Widerstände zu erkennen, sie aufzunehmen, zu konfrontieren oder zu akzeptieren (*Schmidtbauer* 1977).

In der Selbsterfahrung wird das Geflecht von Übertragungen und Gegenübertragungen zugänglich und kann für das den integrativen Ansatz leitende Postulat verwirklicht werden: „Wo Übertragung war, muß Beziehung werden" (*Petzold* 1980).

Selbsterfahrung als leibliche Erfahrung soll den Zugang zur eigenen Leiblichkeit, die Entfremdung vom eigenen Leib, seine Verdinglichung erfahrbar machen und Prozesse des „re-ownings" initiieren (*Petzold* 1984). Der Leib- und Bewegungstherapeut muß selbst zu einer integrierten Leiblichkeit finden, zu einer leichten, flüssigen Bewegung, zu Sensibilität für die Bedürfnisse seines Leibes (*Brooks* 1979). Dabei unterstützt die Kombination einzeltherapeutischer Arbeit durch eine tiefenpsychologisch orientierte Lehranalyse als Gestaltanalyse und die eigene Leibtherapie die Aneignung der eigenen Biographie. Die Selbsterfahrung in der Gruppe fördert die Rekonstruktion von Erfahrungen in der Primärgruppe, den eigenen Wachstumsprozeß im Milieu seines sozialen Netzwerkes (*Petzold, Berger* 1978; *Petzold, Frühmann* 1985).

4.2 Theorie

Die Theorievermittlung erfolgt in eigenen Seminaren und begleitenden Kursprogrammen und umfaßt neben den metatheoretischen Grundlagen, allgemeinen Kenntnissen der Anatomie, Physiologie,

Entwicklungspsychologie, Persönlichkeitstheorie, Pathologie die spezifischen Ansätze der integrativen Leib- und Bewegungstherapie. Dabei kommt der Theorievermittlung die Aufgabe zu, disziplinübergreifende Horizonte zu eröffnen und Brückenschläge zur Pädagogik, Soziotherapie und klassischen Verfahren der Psychotherapie zu ermöglichen. Es soll überdies eine Reflexion auf die dem therapeutischen Handeln zugrundeliegenden Werte gewährleistet werden, die handlungsleitend sind.

4.3 Theorie-Praxis-Vermittlung

In Veranstaltungen dieser Art wird Theorie aus der Praxis erarbeitet, bzw. die Praxis wird generativ für Theorie. In der Aufarbeitung von Selbsterfahrungssequenzen (processing) werden Techniken, Methoden, Interventionsstrategien transparent gemacht bis in ihre metatheoretische Grundlegung hinein. Das Erleben von Therapieszenen, ihre rationale Durchdringung führen zu „Evidenzerfahrungen", holographischen Synthesen, in denen die Einheit von Theorie und Praxis plastisch wird. Nicht zuletzt durch Supervisionsseminare und Kontrollanalysen kann ein derartiges exemplarisches Lernen im Theorie-Praxis-Verbund erreicht werden (*Petzold, Heinl* 1981).

4.4 Organisation und Ablauf der Ausbildung

Es ist nicht jedermanns Sache, Therapeut zu werden — ganz gleich, ob es sich um Leib- und Bewegungs- oder Psychotherapie handelt. Die hier als Richtziele aufgezählten Kompetenzen und Performanzen sollen durch die Ausbildung ja nicht von Grund auf neu erworben werden, sondern sie sollen entwickelt, ausgebaut, bereichert werden, deshalb muß ein Grundbestand vorausgesetzt werden. Der Zustrom zu den therapeutischen Berufen ist erheblich, und so sind die Interessenten auf ihren motivationalen Hintergrund zu befragen. Dabei werden häufig sehr starke eigentherapeutische Bedürfnisse deutlich, Impulse, die eigene Not dadurch zu meistern, daß man versucht, anderen zu helfen. Ein derartiges „Helfersyndrom" ist nicht immer die beste Voraussetzung für das Ergreifen eines therapeutischen Berufes, denn es schafft die Prädisposition für den „hilflosen Helfer" (*Schmidbauer* 1979) und für den „burn-out" (*Elsaesser* 1982; *Freudenberger* 1980). Für die Ausbildung von Leib- und Bewegungstherapeuten wird deshalb, wie auch für andere dynamisch-orientierte Verfahren, eine Modalität der Auswahl im Hinblick auf die „persönliche Eignung" (personale und soziale Kompetenz und Performanz) erforderlich, die durch Einzelinterviews und Auswahlseminare gegeben ist.

Da die Mehrzahl der dynamisch-orientierten Bewegungstherapeuten sowohl in der Einzel- wie auch in der Gruppentherapie (mit ihren Varianten Kinder-, Familien-, Geronto- und Thanatotherapie) eingesetzt werden, fokussiert die Ausbildung auf diesen beiden Modalitäten durch Teilnahme an einer fortlaufenden Selbsterfahrungs- und Ausbildungsgruppe und durch Absolvieren einer Lehr- und Kontrollanalyse. In ihnen sollen die komplexen Prozesse der Aneignung der eigenen Biographie und der Methoden erfolgen.

5. Therapieausbildung als Persönlichkeitsentwicklung durch „therapeutische Sozialisation"

Dynamisch orientierte Therapie ist niemals nur ein Bündel von Techniken, bloße Methode, sie ist ein Zugang zur Gestaltung des Lebens. Auch dieser Zugang muß im Verlauf der Ausbildung vermittelt und von jedem Ausgebildeten individuell verwirklicht werden. Damit wird die Ausbildung mehr als das Erlernen eines Verfahrens, sie wird ein *persönlicher Weg*, eine persönliche Suche (*Petzold* 1983). Sie führt immer zu nachhaltigen Veränderungen im persönlichen Leben. Das bedeutet, daß der Ausbildungskandidat mit seinen eigenen Entfremdungen, die im Verlauf seiner Sozialisation gesetzt wurden, in Kontakt kommt, daß er mit seiner „Geschichte" konfrontiert wird und daß er seine eigene Integration bewußt anstrebt und verfolgt. Die Heilung von Entfremdung und Disfiguration, die der Therapeut beim Patienten bewirken will, setzt voraus, daß er sein eigenes Heilsein anstrebt, daß er sich in seinem *Kontext*, seinem sozialen und ökologischen Zusammenhang, und in seinem Kontinuum, seiner Geschichte, verstehen lernt und verwirklicht. *Identität wird in Kontext und Kontinuum gewonnen*, wird nicht nur von der Gesellschaft zugeschrieben, sondern auch individuell *verkörpert*, entwickelt sich *unbewußt* und wird *bewußt* vollzogen (*Petzold, Mathias* 1983). Und je bewußter die eigene Identität gestaltet wird, desto größer sind die Freiheitsgrade gegenüber äußeren Determinierungen und Negativeinflüssen.

In jedem Augenblick meiner gegenwärtigen Existenz sind Vergangenheit und Zukunft voll präsent (*Perls* 1969a; *Petzold* 1981d).

Die in der Vergangenheit gesetzten, fremdbestimmten Kontinuitäten, die mein „Skript" (*Berne* 1975; *Steiner* 1982), meinen Lebensstil (*Adler*) festlegen, werden in einem Prozeß *persönlicher Archäologie* verfügbar; sie können *angenommen*, *abgelehnt* oder *verändert* werden. Die Möglichkeit, sein „eigenes Drehbuch zu schreiben", die determinierende Kraft der Vergangenheit zu relativieren, wird zu einer zentralen Aufgabe integrativ-therapeutischer Arbeit. Sie ist mit einer Dechiffrierung der eigenen Sozialisation gleichbedeutend und mehr als das, es ist der Beginn einer neuen, intensiven Erfahrung, die Rückwirkung auf die gesamte Lebensgestaltung hat (*Heinl, Petzold, Fallenstein* 1983).

Ausbildung in Leib- und Bewegungstherapie — und das gilt für jedes dynamische Therapieverfahren — *ist der Beginn einer neuen Sozialisation.* Hier liegt die therapeutische Effizienz ganzheitlicher (Psycho)therapie: der Patient/Klient/Ausbildungskandidat wird in ein neues Sozialisationsfeld gestellt, in dem korrektive und alternative Erfahrungen möglich werden. Therapie als Sozialisation und Therapie-Ausbildung als Sozialisation eröffnen ein sehr weites Verständnis für das, was in einer Behandlung und einem Selbsterfahrungsprozeß abläuft. Sozialisation wird hier verstanden als

„*die Veränderung eines personalen Systems durch die Interaktion mit anderen personalen, sozialen und ökologischen Systemen entlang eines zeitlichen Kontinuums*" (vgl. *Petzold, Bubolz* 1976, 132).

Ein derartig weites Verständnis wird vom Ansatz der Leib- und Bewegungstherapien her erforderlich (*Becker* 1981). Sozialisation geschieht nicht nur auf der kognitiven Ebene: auch emotionale und somato-motorische Prozesse werden sozialisiert, und zwar nicht nur durch die Einflüsse sozialer Gruppen, sondern auch des „Milieus", des ökologischen Feldes (*Bronfenbrenner* 1976, 1978). Es ist nicht unerheblich, ob wir auf einem Hinterhof oder in einem Park großgeworden sind. Wir werden von unserem gesamten „Lebensraum", unserer gesamten „Lebenswelt" (*Lewin* 1963, *Husserl* 1954) geprägt. Der sozialisierende Einfluß der Leib- und Bewegungstherapien in Ausbildung und Behandlung versucht in ähnlicher Komplexität zu wirken: als Einwirkung auf die Leiblichkeit, die Emotionalität, die geistigen Strebungen und die sozialen und ökologischen Einbettungen.

Ausbildung in den Verfahren dynamisch orientierter Leib- und Bewegungstherapie bedeutet, daß man seinen persönlichen Weg bewußter geht, daß man auf eine persönliche Suche geht, deren Ausgang nicht voraussagbar ist. Es ist ein bewußteres Voranschreiten im eigenen Lebensweg, ein bewußteres Gestalten der persönlichen Gegenwart und Zukunft. Der Therapeut geht den Weg, auf den er den Patienten bringen möchte: den Weg der Integration und Kreation. *Perls* schreibt zum Abschluß seiner Autobiographie
„*There is no end to integration*" (*Perls* 1969).
Und ich möchte ergänzen
„*there is no end to creation*".

Integration und Kreation *zusammen* begründen die Fülle des menschlichen Lebens. Therapie und Therapieausbildung müssen diesem Faktum Rechnung tragen. Sie dürfen niemals nur eine reparative Ausrichtung haben und auf die Behebung und Minderung von Störungen und Defiziten gerichtet sein, sondern sie müssen auch vorhandene, positive Substanz stabilisieren und erhalten und mehr noch, sie müssen vorhandene Möglichkeiten entfalten, neue Potentiale erschließen und eine kreative Therapeutenpersönlichkeit entwickeln.

Literatur

Bandura, A., Lernen am Modell, Stuttgart: Klett, 1976.
Becker, H., Konzentrative Bewegungstherapie, Stuttgart: Thieme, 1981.
Berne, E., Was sagen Sie, nachdem Sie guten Tag gesagt haben? München: Kindler, 1975.
Besems, Th., Überlegungen zu intersubjektivem Unterricht in der integrativen Pädagogik, in: *Petzold, H. G.; Brown, G. J.*, Gestaltpädagogik. München: Pfeiffer, 1977, 45-75.
Bronfenbrenner, U., Ökologische Sozialisationsforschung, Stuttgart: Klett, 1976.
—, Ansätze zu einer experimentellen Ökologie menschlicher Entwicklung, in: *Oerter, R.*, Entwicklung als lebenslanger Prozeß, Hamburg: Hoffmann & Campe, 1978, 33-65.
Brooks, Ch., Selver, Ch., Erleben durch die Sinne, Paderborn: Junfermann, 1979.
Cohn, R., Von der Psychoanalyse zur themenzentrierten Interaktion, Stuttgart: Klett, 1975.
Chomsky, N., Aspekte der Syntax-Theorie, Frankfurt: Suhrkamp, 1969.
Elsaesser, P. S., Wenn sie dir zu nahe kommen, Weinheim: Beltz, 1982.
Ferretti, M., Laser, Mazer, Hologramme, München: Franzis, 1977.
Frank, R., Zur Ausbildung in körperorientierter Psychotherapie, *Integrative Therapie*, 1976, 2/3, 103-108.
Franson, M., Holographie, Berlin: Springer, 1972.
Foucault, M., Von der Subversion des Wissens, München: Ullstein, 1978.
Freudenberger, H. J., Das Erschöpfungssyndrom von Mitarbeitern in alternativen Einrichtungen, in: *Petzold, H. G., Vormann, G.*, Therapeutische Wohngemeinschaften, München: Pfeiffer, 1980, 88-104.
Habermas, J., Vorbereitende Bemerkungen zu einer Theorie der kommunikativen Kompetenz, in: *Habermas, J., Luhmann, N.*, Theorie der Gesellschaft oder Sozialtechnologie, Frankfurt: Suhrkamp, 1971, 101-141.
—, Theorie des kommunikativen Handelns, 2. Bd., Frankfurt: Suhrkamp, 1981.
Heinl, H., Petzold, H. G., Fallenstein, A., Das Arbeitspanorama, in: *Petzold, H. G., Heinl, H.*, Psychotherapie und Arbeitswelt, Paderborn: Junfermann, 1983.
Herzog, W., Die wissenschaftstheoretische Problematik der Integration psychotherapeutischer Methoden, in: *Petzold, H. G.*, Methodenintegration in der Psychotherapie, Paderborn: Junfermann, 1982.
Hörmann, H., Meinen und Verstehen. Grundzüge einer psychologischen Semantik, Frankfurt: Suhrkamp, 1978.
Husserl, E., Erfahrung und Urteil, Hamburg: 1954.
Kamper, D., Rittner, V., Zur Geschichte des Körpers, München: Hanser, 1976.
—, *Wulf, Chr.*, Die Wiederkehr des Körpers, Frankfurt: Suhrkamp, 1982.

Katz, R. L., Empathy is nature and uses, London: Free Press, Glencoe/Collier McMillan, 1963.
Kirchmann, E., Moderne Verfahren der Bewegungstherapie, *Beihefte zur Integrativen Therapie* 2, Paderborn: Junfermann, 1979.
Kutter, P., Empathische Kompetenz — Begriff, Training, Forschung, Z. f. *Psychother. med. Psychol.*, 1981, 31, 37-41.
Lewin, K., Feldtheorie in den Sozialwissenschaften, Bern: Huber, 1969.
Lorenzer, A., Sprachzerstörung und Rekonstruktion, Frankfurt: Suhrkamp, 1970.
Perls, F. S., Gestalttherapy verbatim, Lafayette: Real People Press, 1979a; dtsch.: Gestalttherapie in Aktion, Stuttgart: Klett, 1974.
—, In and out the garbage pail, Lafayette: Real People Press, 1969b; dtsch.: Gestaltwahrnehmung — Verlorenes und Wiedergefundenes aus meiner Mülltonne, Frankfurt: Verlag für Humanistische Psychologie W. Flach, 1982.
—, Gestalt, Wachstum, Integration, Paderborn: Junfermann, 1980.
Petzold, H. G., Das Korrespondenzmodell in der Integrativen Agogik, *Integrative Therapie*, 1978, 1, 21-58.
—, Die Rolle des Therapeuten und die therapeutische Beziehung, Paderborn: Junfermann, 1980.
—, Der Mensch lebt nicht in freier Wildbahn, *Psychologie Heute*, 1981b, 10, 32.
—, Vorsorge — ein Feigenblatt der Inhumanität — Prävention, Zukunftsbewußtsein und Entfremdung, *Zeitschrift für Humanistische Psychologie*, 1981c, 3/4, 82-89.
—, Theater — oder das Spiel des Lebens, Frankfurt: Verlag für Humanist. Psychol. W. Flach, 1982a.
—, Psychotherapie, Meditation, Gestalt, Paderborn: Junfermann, 1983.
—, Integrative Arbeit mit Sterbenden, in: *Spiegel-Rösing, Petzold* 1984.
—, Neue Körpertherapien für den bedrohten Körper — Leiblichkeit, Zeitlichkeit und Entfremdung, in: *Petzold, H.* et al. (Hrsg.), Wege klinischer Bewegungstherapie (in Vorbereitung).
—, *Sieper, J.*, Zur Ausbildung von Gestalttherapeuten, *Integr. Ther.*, 1976, 2/3, 120-144.
—, *Berger, A.*, Die Rolle der Gruppe in der integrativen Bewegungstherapie, *Integrative Therapie*, 1978, 2, 79-100.
—, *Heinl, H.*, Einige Gedanken zu Inhalt und Struktur der Supervision in der Psychotherapieausbildung, *Gestalt-Bulletin*, 1981, 1/2, 38-41.
—, *Mathias, U.*, Rollenentwicklung und Identität, Paderborn: Junfermann, 1982.
—, *Frühmann, R.*, Das Konzept der Gruppe in den Psychotherapeutischen Schulen, Junfermann, Paderborn 1985.
Pribram, K. H., Nuwer, M., Baron, R., The holographic hypothesis of memory structure in brain function and perception, in: *Atkinson, R. C.*, et al., Contemporary developments in mathematical psychology, San Francisco: Freeman, 1974, 416-467.
—, Hologramme im Gehirn, *Psychologie Heute*, 1979, 10, 32-42.
Schmidtbauer, W., Selbsterfahrung in der Gruppe, München: List, 1977.
—, Die hilflosen Helfer, Reinbek: Rowohlt, 1979.
Schmidt, S. J., Texttheorie, München 1973.
Spiegel-Rösing, I., Petzold, H., Die Begleitung Sterbender, Paderb.: Junfermann, 1984.
Steiner, C., Wie man Lebenspläne verändert, Paderborn: Junfermann, 1982.
Waldenfels, B., Die Verschränkung von Innen und Außen im Verhalten, Phänomenologische Forschungen 1976, II.
—, Der Spielraum des Verhaltens, Frankfurt: Suhrkamp, 1978.
Wunderlich, D., Sprachakte, in: *Mass, U., Wunderlich, D.*, Pragmatik und sprachliches Handeln, Frankfurt: Suhrkamp, 1972.

Bibliographischer Nachweis

Günter Ammon, Die Rolle des Körpers in der Psychoanalyse, *Integrative Therapie* 2/3 (1975), S. 58 – 76 (hier erweitert).

Karl-Otto Apel, Das Leibapriori der Erkenntnis, *Archiv für Philosophie*, Bd. 12 (1963), S. 152-172; verbesserte Fassung in: *H. G. Gadamer, P. Vogler* (Hrsg.), Neue Anthropologie, Bd. 7, Georg Thieme Verlag, Stuttgart 1975, S. 264-288.

Herman Coenen, Leiblichkeit und Sozialität, *Integrative Therapie* 2-3 (1981), S. 138-166.

Walter Herzog, Der Körper als Thema der Pädagogik, in: *W. Herzog, B. Meile* (Hrsg.), Schwerpunkt Schule. Festschrift zum 60. Geburtstag von Prof. Dr. phil. Konrad Widmer, Rotapfel-Verlag, Zürich 1979, S. 181-231.

Gabriel Marcel, Leibliche Begegnung, in: *A. Kraus* (Hrsg.), Leib, Geist, Geschichte, Hütig-Verlag, Heidelberg 1978, S. 47-73.

Hilarion Petzold, Der Schrei in der Therapie, in: *M. B. Buchholz* (Hrsg.), Schreien. Anstöße zu einer therapeutischen Kultur, Chr. Kaiser Verlag, München 1983, S. 63-76 (hier erweitert).

Hilarion Petzold, Zur Ausbildung dynamisch orientierter Leib- und Bewegungstherapeuten, *Gruppendynamik* 14 (1983), S. 63-83.

Herbert Plügge, Über das Verhältnis des Ichs zum eigenen Leib, in: *H. Plügge*, Der Mensch und sein Leib, Niemeyer, Tübingen 1967, S. 69-94.

F. Schott-Billmann, Körper und Besessenheit als Medien der Psychotherapie in primitiven Gesellschaften, *Integrative Therapie* 4 (1979), S. 278-296.

Laura Sheleen, Bewegung in Raum und Zeit. Zum Sinn von Tanz und Bewegung in der „Expression Corporelle", *Integrative Therapie* 1 (1983), S. 62-72.

Werner Singer, Wirksam durch Nicht Handeln. Erfahrungen mit Körperorientierter Psychotherapie und chinesischer Weisheit, *Gruppendynamik*, Jg. 14 (1983), S. 35-46.

Bernhard Waldenfels, Das Problem der Leiblichkeit bei Merleau-Ponty, *Philosophisches Jahrbuch* 75, Verlag Karl Alber, Freiburg/München 1968, S. 347-365.

Den Verlagen sei für die freundliche Genehmigung zum Nachdruck gedankt.
Alle anderen Beiträge sind in diesem Band erstmals veröffentlicht.